D0724563

Berlitz®

Spanish
Pocket Dictionary

Spanish – English
Inglés – Español

Berlitz Publishing
New York · Munich · Singapore

Original edition edited by the
Langenscheidt editorial staff

Compiled by LEXUS

Inset cover photo: © Punchstock/MedioImages

Neither the presence nor the absence of a designation
indicating that any entered word constitutes a trademark should be regarded as affecting the legal status
thereof.

© 2006 Berlitz Publishing/APA Publications GmbH & Co.
Verlag KG, Singapore Branch, Singapore

Printed in Germany
ISBN-13: 978-981-246-872-7
ISBN-10: 981-246-872-2 (vinyl edition)
ISBN-13: 978-981-246-876-5
ISBN-10: 981-246-876-5 (paperback edition)

06
07
08
09
10
5.
4.
3.
2.
1.

Contents
Índice

Abbreviations
Abreviaturas

stands for the headword	~	sustituye la voz-guía
and	&	y
see	☞	véase
registered trademark	®	marca registrada
adjective	*adj*	adjetivo
adverb	*adv*	adverbio
agriculture	AGR	agricultura
anatomy	ANAT	anatomía
Argentina	*Arg*	Argentina
architecture	ARQUI	arquitectura
article	*art*	artículo
astronomy	AST	astronomía
astrology	ASTR	astrología
attributive	*atr*	atributivo
motoring	AUTO	automóvil
aviation	AVIA	aviación
biology	BIO	biología
Bolivia	*Bol*	Bolivia
botany	BOT	botánica
British English	*Br*	inglés británico
Central America	*C.Am.*	América central
Chile	*Chi*	Chile
Colombia	*Col*	Colombia
commerce, business	COM	comercio
computers, IT term	COMPUT	informática
conjunction	*conj*	conjunción
Southern Cone	*CSur*	Cono Sur
sports	DEP	deporte
contemptuous	*desp*	despectivo

education (schools, universities)	EDU	educación, enseñanza (sistema escolar y universitario)
electronics, electronic engineering	ELEC	electrónica, electrotecnia
Spain	*Esp*	España
familiar, colloquial	F	familiar
feminine	f	femenino
feminine noun and adjective	*f/adj*	sustantivo femenino y adjetivo
railroad	FERR	ferrocarriles
figurative	*fig*	figurativo
financial	FIN	finanzas
physics	FÍS	física
formal	*fml*	formal
photography	FOT	fotografía
feminine plural	*fpl*	femenino plural
feminine singular	*fsg*	femenino singular
gastronomy	GASTR	gastronomía
geography	GEOG	geografía
geology	GEOL	geología
grammatical	GRAM	gramática
historical	HIST	histórico
IT term	INFOR	informática
interjection	*int*	interjección
interrogative	*interr*	interrogativo
invariable	*inv*	invariable
law	JUR	jurisprudencia
Latin America	*L.Am.*	América Latina
law	LAW	jurisprudencia
masculine	m	masculino
masculine noun and adjective	*m/adj*	sustantivo masculino y adjetivo
nautical	MAR	navegación, marina

mathematics	MAT	matemáticas
mathematics	MATH	matemáticas
medicine	MED	medicina
meteorology	METEO	meteorología
Mexico	*Mex*	México
Mexico	*Méx*	México
masculine and feminine	*m/f*	masculino y femenino
masculine and feminine plural	*m/fpl*	masculino y femenino plural
military	MIL	militar
mineralogy	MIN	mineralogía
motoring	MOT	automóvil
masculine plural	*mpl*	masculino al plural
music	MUS	música
music	MÚS	música
noun	*n*	sustantivo
nautical	NAUT	navegación, náutica
negative	*neg*	negativo
noun plural	*npl*	sustantivo al plural
noun singular	*nsg*	sustantivo al singular
oneself	o.s.	sí mismo
popular, slang	P	popular
past participle	*part*	participio (del pasado)
Peru	*Pe*	Perú
pejorative	*pej*	peyorativo
photography	PHOT	fotografía
physics	PHYS	física
painting	PINT	pintura
plural	*pl*	plural
politics	POL	política
preposition	*prep*	preposición
pronoun	*pron*	pronombre
preposition	*prp*	preposición

psychology	PSI	psicología
psychology	PSYCH	psicología
chemistry	QUÍM	química
radio	RAD	radio
railroad	RAIL	ferrocarriles
relative	*rel*	relativo
religion	REL	religión
River Plate	*Rpl*	Río de la Plata
South America	S.Am.	América del Sur
singular	*sg*	singular
someone	s.o.	alguien
sports	SP	deporte
Spain	*Span*	España
something	*sth*	algo, alguna cosa
subjunctive	*subj*	subjuntivo
bullfighting	TAUR	tauromaquia
also	*tb*	también
theater, theatre	TEA	teatro
technology	TÉC	técnica, tecnología
technology	TECH	técnica, tecnología
telecommunications	TELEC	telecomunicaciones
theater, theatre	THEA	teatro
typography, typesetting	TIP	tipografía
transportation	TRANS	transportes
television	TV	televisión
vulgar	V	vulgar
auxiliary verb	*v/aux*	verbo auxiliar
verb	*vb*	verbo
Venezuela	*Ven*	Venezuela
intransitive verb	*v/i*	verbo intransitivo
impersonal verb	*v/impers*	verbo impersonal
transitive verb	*v/t*	verbo transitivo
West Indies	*W.I.*	Antillas
zoology	ZO	zoología

La pronunciación del inglés

A. Vocales y diptongos

[ɑ:] sonido largo parecido al de *a* en *raro*: *far* [fɑ:r].

[ʌ] *a* abierta, breve y oscura, que se pronuncia en la parte anterior de la boca sin redondear los labios: *butter* ['bʌtər], *come* [kʌm], *blood* [blʌd].

[æ] sonido breve, bastante abierto y distinto, algo parecido al de *a* en *parra*: *fat* [fæt], *ran* [ræn].

[ɔ:] vocal larga, bastante cerrada, entre *a* y *o*; más cercana a la *a* que a la *o*: *fall* [fɔ:l], *fault* [fɔ:lt].

[e] sonido breve, medio abierto, parecido al de *e* en *perro*: *bed* [bed], *less* [les], *hairy* ['heri].

[ai] sonido parecido al de *ai* en *estáis*, *baile*: *I* [ai], *lie* [lai], *dry* [drai].

[au] sonido parecido al de *au* en *causa*, *sauce*: *house* [haus], *now* [nau].

[ei] *e* medio abierta, pero más cerrada que la *e* de *hablé*; suena como si la siguiese una [i] débil, sobre todo en sílaba acentuada: *date* [deit], *play* [plei].

[ə] 'vocal neutra', siempre átona; parecida al sonido de la *a* final de *cada*: *about* [ə'baut], *connect* [kə'nekt].

[i:] sonido largo, parecido al de *i* en *misa*, *vino*: *scene* [si:n], *sea* [si:], *feet* [fi:t], *ceiling* ['si:liŋ].

[i] sonido breve, abierto, parecido al de *i* en *silba*, *tirria*, pero más abierto: *big* [big], *city* ['siti].

[ou] *o* larga, más bien cerrada, sin redondear los labios ni levantar la lengua: *note* [nout], *boat* [bout], *below* [bi'lou].

[ɔ:]	vocal larga, bastante cerrada; es algo parecida a la o de *por*: *abnormal* [æb'nɔ:rml], *before* [bɪ'fɔ:r].
[ɔɪ]	diptongo cuyo primer elemento es una *o* abierta, seguido de una *i* abierta pero débil; parecido al sonido de *oy* en *doy*: *voice* [vɔɪs], *boy* [bɔɪ].
[ɜ:]	forma larga de la 'vocal neutra' [ə], algo parecida al sonido de *eu* en la palabra francesa *leur*: *word* [wɜ:rd], *girl* [gɜ:rl].
[u:]	sonido largo, parecido al de *u* en *cuna*, *duda*: *fool* [fu:l], *shoe* [ʃu:], *you* [ju:], *rule* [ru:l].
[ʊ]	*u* pura pero muy rápida, más cerrada que la *u* de *burra*: *put* [pʊt], *look* [lʊk].

B. Consonantes

[b]	como la *b* de *cambiar*: *bay* [beɪ], *brave* [breɪv].
[d]	como la *d* de *andar*: *did* [dɪd], *ladder* ['lædər].
[f]	como la *f* de *filo*: *face* [feɪs], *baffle* ['bæfl].
[g]	como la *g* de *golpe*: *go* [goʊ], *haggle* ['hægl].
[h]	se pronuncia con aspiración fuerte, sin la aspereza gutural de la *j* en *Gijón*: *who* [hu:], *ahead* [ə'hed].
[j]	como la *y* de *cuyo*: *you* [ju:], *million* ['mɪljən].
[k]	como la *c* de *casa*: *cat* [kæt], *kill* [kɪl].
[l]	como la *l* de *loco*: *love* [lʌv], *goal* [goʊl].
[m]	como la *m* de *madre*: *mouth* [maʊθ], *come* [kʌm].
[n]	como la *n* de *nada*: *not* [nɑ:t], *banner* ['bænər].
[p]	como la *p* de *padre*: *pot* [pɑ:t], *top* [tɑ:p].
[r]	Cuando se pronuncia, es un sonido muy débil, más bien semivocal, que no tiene nada de la vibración fuerte que caracteriza a la *r* española; se articula elevando la punta de la lengua hacia el

paladar duro: *rose* [rouz], *pride* [praid], *there* [ðer].

[s]	como la *s* de *casa*: *sit* [sɪt], *scent* [sent].
[t]	como la *t* de *pata*: *take* [teɪk], *patter* [ˈpætər].
[v]	inexistente en español; a diferencia de *b*, *v* en español, se pronuncia juntando el labio inferior con los dientes superiores: *vein* [veɪn], *velvet* [ˈvelvɪt].
[w]	como la *u* de *huevo*: *water* [ˈwɔːtər], *will* [wɪl].
[z]	como la *s* de *mismo*: *zeal* [ziːl], *hers* [hɜːrz].
[ʒ]	inexistente en español; como la *j* en la palabra francesa *jour*: *measure* [ˈmeʒər], *leisure* [ˈliːʒər]. Aparece a menudo en el grupo [dʒ], que se pronuncia como el grupo *dj* de la palabra francesa *adjacent*: *edge* [edʒ], *gem* [dʒem].
[ʃ]	inexistente en español; como *ch* en la palabra francesa *chose*: *shake* [ʃeɪk], *washing* [ˈwɑːʃɪŋ]. Aparece a menudo en el grupo [tʃ], que se pronuncia como la *ch* en *mucho*: *match* [mætʃ], *natural* [ˈnætʃrəl].
[θ]	como la *z* de *zapato* en castellano: *thin* [θɪn], *path* [pæθ].
[ð]	forma sonorizada del anterior, algo como la *d* de *todo*: *there* [ðer], *breathe* [briːð].
[ŋ]	como la *n* de *banco*: *singer* [ˈsɪŋər], *tinker* [ˈtɪŋkər].

A

a ◇ *dirección* to; **al este de** to the east of; **ir ~ la cama / al cine** go to bed / to the movies ◇ *situación* at; **al sol** in the sun; **está ~ cinco kilómetros** it is five kilometers away ◇ *tiempo:* **~ las tres** at three o'clock; **estamos ~ quince de febrero** it's February fifteenth; **~ los treinta años** at the age of thirty ◇ *modo:* **a la española** the Spanish way; **~ mano** by hand; **~ pie** on foot; **~ 50 kilómetros por hora** at fifty kilometers an hour ◇ *precio:* **¿~ cómo o cuánto está?** how much is it? ◇ *objeto indirecto:* **dáselo ~ tu hermano** give it to your brother ◇ *objeto directo:* **vi ~ mi padre** I saw my father ◇ *para introducir pregunta:* **¿~ que no lo sabes?** I bet you don't know; **~ ver...** OK ...

abad *m* abbot

abajo 1 *adv* ◇ *situación* below, underneath; **en edificio** downstairs; **ponlo ahí ~** put it down there; **el cajón de ~** the drawer below; **último** the bottom drawer ◇ *dirección* down; **en edificio** downstairs; **empuja hacia ~** push down ◇ *con cantidades:* **de diez para**

~ ten or under **2** *int:* **¡~ los traidores!** down with the traitors!

abalanzarse rush *o* surge forward; **~ sobre algo / alguien** pounce on sth / s.o.

abandonar *lugar* leave; *objeto, a alguien* abandon; *a esposa, hijos* desert; *idea, actividad* give up; **abandonarse** let o.s. go; **~ a** abandon o.s. to; **abandono** *m* abandonment; DEP *de carrera* retirement; **en un estado de ~** in a state of neglect

abanicar fan; **abanicarse** fan o.s.; **abanico** *m* fan; *fig* range

abaratar reduce the price of; *precio* reduce

abarcar cover; *L.Am.* (*acaparar*) hoard; **~ con la vista** take in

abarrotado packed; **abarrotes** *mpl L.Am.* groceries; **(tienda de) ~** grocery store, *Br* grocer's

abastecer supply (**de** with); **abastecimiento** *m* supply

abatible collapsible, folding *atr*; **abatimiento** *m* gloom; **abatir** *edificio* knock down; *árbol* cut down; AVIA shoot *o* bring down; *fig* kill; (*deprimir*) depress

abdicación *f* abdication; **abdicar** abdicate

abecé

abecé *m fig* ABCs *pl*, *Br* ABC

abedul *m* birch

abeja *f* ZO bee; **abejorro** *m* bumblebee

abertura *f* opening

abeto *m* fir (tree)

abierto 1 *part* ☞ **abrir 2** *adj* open

abismo *m* abyss; *fig* gulf

ablandar *tb fig* soften

abnegación *f* self-denial; **abnegado** selfless

abogado *m*, **-a** *f* lawyer; *en tribunal superior* attorney, *Br* barrister; **no le faltaron ~s** *fig* there were plenty of people who defended him; **abogar: ~ por alguien** defend; *algo* advocate

abolición *f* abolition; **abolir** abolish

abollado dented; **abolladura** *f* dent

abominable abominable; **abominar** detest, loathe

abonable COM payable; **abonado** *m*, **-a** *f* subscriber; *a teléfono, gas, electricidad* customer; *a ópera, teatro* season-ticket holder; **abonar** COM pay; AGR fertilize; *Méx* pay on account; **~ el terreno** *fig* sow the seeds; **abonarse a espectáculo** buy a season ticket (**a** for); *a revista* take out a subscription (**a** to); **abono** *m* COM payment; AGR fertilizer; *para espectáculo, transporte* season ticket

abordar MAR board; *tema, asunto* broach, raise; *problema* tackle, deal with; *a una persona* approach

aborigen 1 *adj* native, indigenous **2** *m/f* native

aborrecer loathe, detest; **aborrecimiento** *m* loathing

abortar 1 *v/i* MED miscarry; *de forma provocada* have an abortion **2** *v/t plan* foil; **aborto** *m* miscarriage; *provocado* abortion; *fig* F freak *m*

abotonar button up

abrasar 1 *v/t* burn **2** *v/i del sol* burn; *de bebida, comida* be boiling hot; **abrasarse: ~ de sed** F be parched F; **~ de calor** F be sweltering F

abrazar hug; **abrazarse** embrace; **abrazo** *m* hug; **un ~ en carta** best wishes; *más íntimo* love

abrelatas *m inv* can opener, *Br tb* tin opener

abreviar shorten; *palabra* abbreviate; *texto* abridge; **abreviatura** *f* abbreviation

abridor *m* bottle opener

abrigar wrap up; *esperanzas* hold out; *duda* entertain; **abrigarse** wrap up warm; **abrigo** *m* coat; *(protección)* shelter; **ropa de ~** warm clothes; **al ~ de** in the shelter of

abril *m* April

abrir 1 *v/t* open; *túnel* dig; *grifo* turn on **2** *v/i de persona* open up; *de ventana, puerta* open; **en un ~ y cerrar de ojos**

in the twinkling of an eye

abrochar, abrocharse do up; *cinturón de seguridad* fasten

abrumar overwhelm (**con** *o* **de** with)

abrupto *terreno* rough; *pendiente* steep; *tono, respuesta* abrupt; *cambio* sudden

absolución *f* absolution

absolutamente absolutely; *no entendió ~ nada* he didn't understand a thing; *absoluto* absolute; *en ~* not at all

absolver JUR acquit; REL absolve

absorber absorb; (*consumir*) take; COM take over; **absorción** *f* absorption; COM takeover

abstemio 1 *adj* teetotal **2** *m*, **-a** *f* teetotaler, *Br* teetotaller

abstención *f* abstention; **abstenerse** refrain (**de** from); POL abstain; **abstinencia** *f* abstinence; *síndrome de ~* MED withdrawal symptoms *pl*

abstracción *f* abstraction; *hacer ~* exclude; **abstracto** abstract; **abstraer** abstract; **abstraerse** shut o.s. off (**de** from); **abstraído 1** *adj* preoccupied; *~ en algo* engrossed in sth **2** *part* ☞ **abstraer**

absurdo 1 *adj* absurd **2** *m*: *es un ~ que* it's absurd that

abuchear boo

abuela *f* grandmother; **abuelo** *m* grandfather; **~s** grand-

parents

abultar be bulky; *no abulta casi nada* it takes up almost no room at all

abundancia *f* abundance; *comida en ~* plenty of food; abundante plentiful, abundant; **abundar** be plentiful *o* abundant

aburrido (*que aburre*) boring; (*que se aburre*) bored (*de* with); **aburrimiento** *m* boredom; **aburrir** bore; **aburrirse** get bored (*de* with)

abusar: *~ de* abuse; *persona* take advantage of; *~ sexualmente de* sexually abuse; *abuso m* abuse; *~s deshonestos* indecent assault

a.C. (*= antes de Cristo*) BC (= before Christ)

acá here; *de ~ para allá* from here to there; *de entonces para ~* since then

acabado *m* finish; **acabar** finish; *acabé haciéndolo yo* I finished up *o* ended up doing it myself; *~ con* put an end to; *caramelos* finish off; *persona* destroy; *~ de hacer algo* have just done sth; *va a ~ mal persona* he's come to no good; *esto va a ~ mal* F this is going to end badly; **acabarse** *de actividad* finish, end; *de pan, dinero* run out; *se nos ha acabado el azúcar* we've run out of sugar; *¡se acabó!* that's that!

academia *f* academy; *~ de idiomas* language school

acallar *tb fig* silence

acalorado *fig* heated; **estar ~** be agitated; **acalorar** *fig* inflame; **acalorarse** (*enfadarse*) get worked up; (*sofocarse*) get embarrassed

acampada *f* camp; **ir de ~** go camping; **acampar** camp

acantilado *m* cliff

acaparar hoard, stockpile; *tiempo* take up; *interés* capture; (*monopolizar*) monopolize

acariciar caress; *perro* stroke; *idea* toy with

acarrear carry; *fig* give rise to, cause; **acarreo** *m* transportation

acaso perhaps; **por si ~** just in case

acatamiento *m* compliance (**de** with); **acatar** comply with, obey

acatarrarse catch a cold

acaudalado wealthy, well-off

acceder (*ceder*) agree (**a** to), accede (**a** to) *fml*; **~ a lugar** gain access to; *cargo* accede to *fml*

accesible accessible; **acceso** *m tb* INFOR access; *de fiebre* attack; *de tos* fit; **de difícil ~** inaccessible; **accesorio 1** *adj* incidental **2** *m* accessory

accidentado 1 *adj terreno* rough; *viaje* eventful **2** *m*, **-a** *f* casualty; **accidental** (*no esencial*) incidental; (*casual*) chance *atr*; **accidente** *m* accident; (*casualidad*) chance; GEOG feature; **~ de**

tráfico *o* **de circulación** road traffic accident; **~ laboral** industrial accident

acción *f* action; **acciones** COM stock, shares; **poner en ~** put into action; **accionar** activate; **accionista** *m/f* stockholder, shareholder

acebo *m* holly

aceite *m* oil; **~ de girasol** *o* **oliva** sunflower / olive oil; **aceitera** *f* TÉC oilcan; GASTR cruet; **aceituna** *f* olive

aceleración *f* acceleration; **acelerador** *m* accelerator; **acelerar 1** *v/t motor* rev up; *fig* speed up; **aceleró el coche** she accelerated **2** *v/i* accelerate

acelgas *fpl* BOT Swiss chard

acento *m* accent; (*énfasis*) stress, emphasis; **acentuar** stress; *fig* accentuate, emphasize

aceptable acceptable; **aceptación** *f* acceptance; (*éxito*) success; **aceptar** accept

acequia *f* irrigation ditch

acera *f* sidewalk, *Br* pavement; **ser de la otra ~** F be gay

acerbo sharp

acerca: **~ de** about

acercar bring closer; **~ a alguien a un lugar** give s.o. a ride *o Br* lift somewhere; **acercarse** approach; (*ir*) go; *de grupos, países* come closer together; *de fecha* draw near; **¡acércate!** come closer

acero *m* steel; **~** *inoxidable* stainless steel

acertado *comentario* apt; *elección* good, wise; *estar muy* **~** be dead right; **acertante** *m/f de apuesta* winner; **acertar 1** *v/t respuesta* get right; *al hacer una conjetura* guess **2** *v/i* be right; **acertijo** *m* riddle, puzzle

achacar attribute (*a* to)

achaque *m* ailment

achicar make smaller; MAR bail out; **achicarse** get smaller; *fig* feel intimidated

acidez *f* acidity; **~** *de estómago* heartburn; **ácido 1** *adj tb fig* sour, acid **2** *m* acid

acierto *m idea* good idea; *respuesta* correct answer; *habilidad* skill

aclamación *f* acclaim; **aclamar** acclaim

aclarar 1 *v/t problema* clarify, clear up; *ropa, vajilla* rinse **2** *v/i de día* break; *del tiempo* clear up; **aclararse: ~** *la voz* clear one's throat; *no me aclaro* F I don't understand; *por cansancio etc* I can't think straight

aclimatarse acclimatize, become acclimatized

acné *m* acne

acobardar daunt; **acobardarse** get frightened

acogedor welcoming; *lugar* cozy, *Br* cosy; **acoger** receive; *en casa* take in; **acogerse: ~** *a algo* have re-

course to sth; **acogida** *f* reception

acolchar quilt, pad

acometer 1 *v/t* attack; *tarea* tackle **2** *v/i* attack; **~** *contra algo* attack sth

acomodado well-off; **acomodador** *m* usher; **acomodar** adapt; *a alguien* accommodate

acompañamiento *m* accompaniment; **acompañante** *m/f* companion; MÚS accompanist; **acompañar** (*ir con*) go with, accompany *fml*; (*permanecer con*) keep company; MÚS, GASTR accompany

acondicionador *m* conditioner; **acondicionar** *un lugar* equip, fit out; *pelo* condition

acongojar grieve, distress

aconsejable advisable; **aconsejar** advise

acontecer take place, occur; **acontecimiento** *m* event

acoplar *piezas* fit together

acorazado armored, *Br* armoured; *acorazar* armor-plate, *Br* armour-plate; **acorazarse** *fig* protect o.s.

acordar agree; **acordarse** remember; **¿te** *acuerdas de él?* do you remember him?; **acorde 1** *adj*: **~** *con* in keeping with **2** *m* MÚS chord

acordeón *m* accordion

acordonar cordon off

acortar 1 *v/t* shorten **2** *v/i* take

a short cut

acosar hound, pursue; *con preguntas* bombard; **acoso** *m fig* hounding, harassment; **~ sexual** sexual harassment

acostar put to bed; **acostarse** go to bed; *(tumbarse)* lie down; **~ con alguien** go to bed with s.o.

acostumbrado *(habitual)* usual; **estar ~ a algo** be used to sth; **acostumbrar 1** *v/t* get used (*a* to) **2** *v/i*: **acostumbraba a venir** he used to come; **acostumbrarse** get used (*a* to)

acotar *terreno* fence off; *texto* annotate

acrecentar increase

acreditado well-known, reputable; **acreditar** *diplomático etc* accredit (*como* as); *(avalar)* prove; **acreditarse** get a good reputation

acreedor *m*, **~a** *f* creditor; **acreencia** *f L.Am.* credit

acróbata *m/f* acrobat

acta(s) *f(pl)* minutes *pl*

actitud *f (disposición)* attitude; *(posición)* position

activar activate; *(estimular)* stimulate; **actividad** *f* activity; **activo 1** *adj* active; **en ~** on active service **2** *m* COM assets *pl*

acto *m (acción)*, TEA act; *ceremonia* ceremony; **~ seguido** immediately afterward; **en el ~** instantly

actor *m* actor; **actriz** *f* actress

actuación *f* TEA performance; *(intervención)* intervention; **actual** present, current; *un tema muy ~* a very topical issue; **actualidad** *f* current situation; **en la ~** at present, presently; *(hoy en día)* nowadays; **~es** current affairs; **actualizar** bring up to date, update; **actualmente** currently

actuar *(obrar, ejercer)*, TEA act; MED work, act

acuarela *f* watercolor, *Br* watercolour

acuario *m* aquarium

Acuario *m/f inv* ASTR Aquarius

acuático aquatic; *deporte ~* water sport

acuchillar stab

acudir come; **~ a alguien** turn to s.o.; **~ a las urnas** go to the polls

acueducto *m* aqueduct

acuerdo *m* agreement; **estar de ~ con** agree with; **llegar a un ~, ponerse de ~** come to *o* reach an agreement; **de ~ con algo** in accordance with sth; *¡de ~!* alright!, OK!

acumulador *m* ELEC accumulator, storage battery; **acumular, acumularse** accumulate

acuñar *monedas* mint; *expresión* coin

acuoso watery

acupuntura *f* acupuncture

acusación *f* accusation; **acu-**

sado *m*, -a *f* defendant; acusar accuse (**de** of); JUR
charge (**de** with); (*manifestar*) show; ~ **recibo de** acknowledge receipt of; **acuse**
m: ~ **de recibo** acknowl-
edg(e)ment
acústico acoustic
adaptación *f* adaptation; ~ **ci-
nematográfica** movie version; adaptador *m* adaptor;
adaptar, adaptarse adapt
(**a** to)
adecuado suitable, appropriate
adelantado advanced; **por** ~
in advance; **ir** ~ **de un reloj**
be fast; adelantamiento *m*
AUTO passing maneuver,
Br overtaking; adelantar 1 *v/t* mover move
forward; *reloj* put forward;
AUTO pass, Br overtake; *dinero* advance; (*conseguir*)
achieve, gain **2** *v/i de un reloj*
be fast; (*avanzar*) make progress; AUTO pass, Br overtake; adelantarse mover
move forward; (*ir delante*)
go on ahead; **de estación, cosecha** be early; **de un reloj**
gain; **se me adelantó** he
got there first; adelante *en
espacio* forward; **seguir** ~
carry on, keep going; *¡~!*
come in; **más** ~ **en tiempo**
later on; **de ahora en** ~ from
now on; **salir** ~ fig: **de persona** succeed; **de proyecto** go
ahead; adelanto *m tb* COM
advance

adelfa *f* BOT oleander
adelgazar 1 *v/t* lose **2** *v/i* lose
weight
ademán *m* gesture; **hacer** ~
de make as if to
además 1 *adv* as well, besides
2 *prp*: ~ **de** as well as
adentro 1 *adv* inside; **mar** ~
out to sea; **de** *L.Am.* inside
2 *mpl*: **para sus** ~**s** to oneself
aderezar *con especias* season;
ensalada dress; (*fig* liven up);
aderezo *m* GASTR seasoning;
para ensalada dressing
adeudado in debt; adeudar
owe; ~ **en cuenta** debit an
account; adeudarse get into
debt
adherir stick; adherirse *a superficie* stick (**a** to), adhere
(**a** to) *fml*: ~ **a una organización** become a member of *o*
join an organization; ~ **a una
idea** support an idea; adhe-
sión *f* adhesion; adhesivo
m/adj adhesive
adicción *f* addiction; ~ **a las
drogas** drug addiction
adición *f* MAT addition; *Rpl
en restaurante* check, Br bill;
adicional additional; adi-
cionar MAT add, add up
adicto 1 *adj* addicted (**a** to);
ser ~ **al régimen** be a supporter of the regime **2** *m*,
-a *f* addict
adiestrar train
adinerado wealthy
adiós **1** *int* goodbye, bye; *al
cruzarse* hello **2** *m* goodbye

***decir* ~** say goodbye (*a* to)
aditivo *m* additive
adivinar guess; *de adivino* foretell; **adivino** *m* fortune teller
adjetivo *m* adjective
adjudicar award
adjunto 1 *adj* deputy *atr*; **pro-fesor**, *~a* assistant teacher; *en universidad* associate professor, *Br* lecturer **2** *m* assistant **3** *adv*: *~ le remitimos* please find enclosed
administración *f* administration; *de empresa etc* management; *~ pública* civil service; **administrador** *m*, *~a f* administrator; *de empresa etc* manager; **administrar** *medicamento* administer, give; *empresa* run, manage; *bienes* manage; **administrativo 1** *adj* administrative **2** *m*, *-a f* administrative assistant
admirable admirable; **admiración** *f* admiration; *signo de ~* exclamation mark; **admirador** *m*, *~a f* admirer; **admirar** admire; (*asombrar*) amaze; **admirarse** be amazed (*de* at *o* by)
admisible admissible; **admisión** *f* admission; **admitir** (*aceptar*) accept; (*reconocer*) admit
ADN (= *ácido desoxirribonucleico*) DNA (= deoxyribonucleic acid)
adobar GASTR marinate
adobe *m* adobe
adolescencia *f* adolescence;

adolescente *m/f* adolescent
adonde where
adónde where
adopción *f* adoption; **adoptar** adopt; **adoptivo** *padres* adoptive; *hijo* adopted
adoquín *m* paving stone
adorable lovable, adorable; **adorar** love, adore; REL worship
adormecedor soporific; **adormecerse** doze off
adormidera *f* BOT poppy
adornar decorate; **adorno** *m* ornament; *de Navidad* decoration
adquirir acquire; (*comprar*) buy; **adquisición** *f* acquisition; *hacer una buena ~* make a good purchase; **adquisitivo**: *poder ~* purchasing power
adrede on purpose, deliberately
adrenalina *f* adrenaline
aduana *f* customs; **aduanero 1** *adj* customs *atr* **2** *m*, *-a f* customs officer
aducir *argumentos* give, put forward; (*alegar*) claim
adueñarse: *~ de* take possession of
adulación *f* flattery; **adulador** flattering *atr*; **adular** flatter
adúltera *f* adulteress; **adulterar** adulterate; **adulterio** *m* adultery; **adúltero 1** *adj* adulterous **2** *m* adulterer
adulto 1 *adj* adult; *edad -a* adulthood **2** *m*, *-a f* adult

afluencia

adverbio *m* adverb
adversario *m*, **-a** *f* adversary, opponent; **adverso** adverse; **adversidad** *f* adversity, hard times *pl*
advertencia *f* warning; **advertir** warn (**de** about); (*notar*) notice
adviento *m* REL Advent
adyacente adjacent
aéreo air *atr*; *vista, fotografía* aerial; **compañía -a** airline
aerodeslizador *m* hovercraft; **aerodinámico** aerodynamic; **aeródromo** *m* airfield, aerodrome; **aerograma** *m* air mail letter; **aeromozo** *m*, **-a** *f L.Am.* flight attendant; **aeronáutica** *f* aeronautics; **aeronave** *f* airplane, *Br* aeroplane; **aeropuerto** *m* airport; **aerosol** *m* aerosol; **aerotaxi** *m* air taxi
afable pleasant, affable
afamado famous
afán *m* (*esfuerzo*) effort; (*deseo*) eagerness; **sin ~ de lucro** *organización* not-for-profit; **afanarse** make an effort
afear: **~** *algo* **a alguien** make sth / s.o. look ugly
afección *f* MED complaint, condition; **afectado** (*afligido*) upset (**por** by); (*amanerado*) affected; **afectar** affect; (*conmover*) upset, affect; (*fingir*) feign; **afectivo** emotional; **afecto** *m* affection; **tener ~ a alguien** be

fond of s.o.; **afectuoso** affectionate
afeitado *m* shave; **afeitadora** *f* electric razor; **afeitar** shave; *barba* shave off; **afeitarse** shave, have a shave
afeminado effeminate
aferrado stubborn
afición *f* love (**por** of); (*pasatiempo*) pastime, hobby; **la ~** DEP the fans; **aficionado 1** *adj:* **ser ~ a** be interested in 2 *m*, **-a** *f* enthusiast; *no profesional* amateur; **aficionarse** become interested (**a** in)
afilado sharp; **afilador** *m* sharpener; **afilar** sharpen; *L.Am. F* (*halagar*) butter up F; *S.Am.* (*seducir*) seduce
afiliación *f* affiliation (**a** to), becoming a member (**a** to); **afiliado** *m* member; **afiliarse:** **~ a** become a member of, join
afinar MÚS tune; *punta* sharpen; *fig* fine-tune
afinidad *f* affinity
afirmación *f* statement; *declaración positiva* affirmation; **afirmar** state, declare; **afirmativo** affirmative
aflicción *f* grief, sorrow
afligir afflict; (*apenar*) upset; *L.Am.* (*golpear*) beat up; **afligirse** get upset
aflojar 1 *v/t nudo* loosen; F *dinero* hand over **2** *v/i de tormenta* abate; *de viento, fiebre* drop
afluencia *f fig* influx, flow;

***horas de* ~** peak times;
afluente *m* tributary; **afluir**
flock, flow
afónico: está ~ he has lost his
voice
afortunadamente fortunately, luckily; **afortunado**
lucky, fortunate
afrenta *f* insult, affront;
afrentar insult, affront
África Africa; **africano 1** *adj*
African **2** *m,* -a *f* African;
afroamericano 1 *adj* African-American **2** *m,* -a *f* African-American; **afroantillа-
no, afrocaribeño 1** *adj* Af-
ro-Caribbean **2** *m,* -a *f* Af-
ro-Caribbean
afrontar face (up to)
afuera outside; **afueras** *fpl*
outskirts
agacharse bend down; (*acu-
clillarse*) crouch down;
L.Am. (*rendirse*) give in
agalla *f* ZO gill; **tener ~s** F
have guts F
agarradera *f L.Am.* handle
agarrado *fig* F mean, stingy
F; **agarrar 1** *v/t* (*asir*) grab;
L.Am. (*tomar*) take; *L.Am.*
(*atrapar, pescar*), *resfriado*
catch; *L.Am. velocidad* pick
up; ~ **una calle** *L.Am.* go
along a street **2** *v/i* (*asirse*)
hold on; *de planta* take root;
L.Am. por un lugar go; **agar-
ró y se fue** he upped and
went; **agarrarse** (*asirse*) hold
on; *L.Am. a golpes* get into a
fight
agasajar fête

agencia *f* agency; ~ **inmobi-
liaria** real estate office, *Br*
estate agency; ~ **de viajes**
travel agency
agenda *f diario* diary; *programa* schedule; *de mitin* agenda
agente *m/f* agent; ~ **de cambio y bolsa** stockbroker; ~
de policía police officer
ágil agile
agitación *f* POL unrest; **agitar**
shake; *brazos, pañuelo* wave;
fig stir up
aglomeración *f de gente*
crowd; **aglomerar** pile up
agobiado *fig* stressed out; ~
de trabajo snowed under
with work; **agobiante** oppressive
agolparse crowd together
agonía *f* agony; **agonizante**
dying; **agonizar** *de persona*
be dying; *de régimen* be
crumbling
agosto *m* August
agotado exhausted (*vendido*)
sold out; **agotador** exhausting; **agotamiento** *m* exhaustion; **agotar** exhaust; **agotarse** (*cansarse*) exhaust
o.s.; (*terminarse*) run out;
(*venderse*) sell out
agraciado *persona* attractive
agradable pleasant, nice;
agradar: me agrada la idea
fml I like the idea; **nos ~ía**
mucho que... *fml* we would
be delighted if ...
agradecer: ~ **algo a alguien**
thank s.o. for sth; **te lo agra-**

dezco I appreciate it; **agradecido** grateful, appreciative; **agradecimiento** m appreciation; **agrado** m: **ser del ~ de alguien** to be to s.o.'s liking

agrandar make bigger

agrario land atr, agrarian; *política* agricultural

agravante 1 adj JUR aggravating atr **2** f aggravating factor; **agravar** make worse, aggravate; **agravarse** get worse, deteriorate

agraviar offend, affront; **agravio** m offense, Br offence

agregado m, -a f en universidad senior lecturer; en colegio senior teacher; POL attaché; **~ cultural** cultural attaché

agregar add

agresión f aggression; **agresividad** f aggression; **agresivo** aggressive; **agresor** m, ~a f aggressor

agriarse de vino go sour; de carácter become bitter

agrícola agricultural, farming atr; **agricultor** m, ~a f farmer; **agricultura** f agriculture

agridulce bittersweet

agrietarse crack; de manos, labios chap

agrio fruta sour; disputa, carácter bitter

agrios mpl BOT citrus fruit

agrónomo: ingeniero ~ agriculture specialist, agrono-

mist

agrupar group, put into groups

agua f water; **~ corriente** running water; **~ dulce** fresh water; **~ mineral** mineral water; **~ oxigenada** (hydrogen) peroxide; **~ potable** drinking water; **es ~ pasada** it's water under the bridge; **se me hace la boca ~** it makes my mouth water; **~s residuales** effluent, sewage

aguacate m BOT avocado

aguacero m downpour

aguafiestas m/f inv party pooper F

aguafuerte m etching

aguamarina f aquamarine

aguantar 1 v/t un peso bear, support; respiración hold; (soportar) put up with; **no lo puedo ~** I can't stand o bear it **2** v/i hang on; **aguantarse** contenerse keep quiet; **me tuve que aguantar** conformarme I had to put up with it; **aguante** m patience; física stamina

aguar fiesta spoil

aguardar 1 v/t wait for **2** v/i wait

aguardiente m fruit-based alcoholic spirit

aguarrás m turpentine

agudeza f de sonido high pitch; MED intensity; (perspicacia) sharpness; **~ visual** sharp-sightedness; **agudo** acute; (afilado) sharp; sonido high-pitched; (perspicaz) sharp

aguijón *m* ZO sting; *fig* spur

águila *f* eagle; **¿~ o sol?** *Méx* heads or tails?

aguja *f* needle; *de reloj* hand

agujerear make holes in

agujero *m* hole

agujetas *fpl* stiffness; **tener ~** be stiff

aguzar sharpen; **~ el oído** prick up one's ears

ahí there; **está por ~** it's (somewhere) over there; *dando direcciones* it's that way

ahijada *f* goddaughter; **ahijado** *m* godson

ahínco *m* effort; **trabajar con ~** work hard

ahogado *en agua* drowned; **ahogar** *(asfixiar)* suffocate; *en agua* drown; AUTO flood; *protestas* stifle; **ahogarse** choke; *(asfixiarse)* suffocate; *en agua* drown; AUTO flood; **ahogo** *m* breathlessness

ahondar: ~ en algo go into sth in depth

ahora now; *(pronto)* in a moment; **~ mismo** right now; **por ~** for the time being; **~ bien** however; **desde ~, de ~ en adelante** from now on; **¡hasta ~!** see you soon

ahorcar hang; **ahorcarse** hang o.s.

ahorrador 1 *adj* thrifty **2** *m*, **~a** *f* saver, investor; **ahorrar 1** *v/t* save; **~ algo a alguien** save s.o. sth **2** *v/i* save (up); **ahorro** *m* saving; **~s** savings;

caja de ~s savings bank

ahumado smoked; **cristal ~** tinted glass; **ahumar** smoke

airado angry

airbag *m* AUTO airbag; **airbus** *m* AVIA airbus

aire *m* air; **~ acondicionado** air-conditioning; **al ~ libre** in the open air; **a mi ~** in my own way; **hace mucho ~** it is very windy; **airear** *tb fig* air

airoso: salir ~ de algo do well in sth

aislado isolated; **aislante 1** *adj* insulating **2** *m* insulator; **aislar** isolate; ELEC insulate; **aislador** *m* insulator; **aislamiento** *m* TÉC, ELEC insulation; *fig* isolation

ajado *flores* withered; *(desgastado)* worn

ajedrez *m* chess

ajeno *propiedad, problemas etc* someone else's; **me era totalmente ~** it was completely alien to me; **estar ~ a** be unaware of; **por razones ~as a nuestra voluntad** for reasons beyond our control

ajetrearse F get het up; **ajetreo** *m* bustle

ajo *m* BOT garlic; **estar en el ~** F be in the know F

ajuar *m de novia* trousseau

ajustable adjustable; **ajustado** tight; **ajustar** *v/t máquina etc* adjust; *tornillo* tighten; *precio* set; **~ cuentas** *fig* settle a score **2** *v/i* fit; **ajuste** *m*:

~ de cuentas settling of scores

ajusticiar execute

al *prp* a *y* art **el; ~ entrar** on coming in, when we / they *etc* came in

ala *f* wing; MIL flank; **~ delta** hang glider

alabanza *f* acclaim; **alabar** praise, acclaim

alabastro *m* alabaster

alacena *f* larder

alacrán *m* ZO scorpion

alado winged

alambique *m* still

alambrado *m* wire netting

alambre *m* wire; **~ de espino** *o* **de púas** barbed wire

alameda *f* boulevard; *de álamos* poplar grove; **álamo** *m* BOT poplar; **~ temblón** aspen

alarde *m* show, display

alargador *m* TÉC extension cord, Br extension lead; **alargar** lengthen; *prenda* let down; *en tiempo* prolong; *mano, brazo* stretch out; **alargarse** *de sombra, día* get longer

alarido *m* shriek

alarma *f* alarm; **dar la voz de ~** raise the alarm; **alarmar** alarm; **alarmarse** become alarmed

alba *f* dawn

albahaca *f* BOT basil

albañil *m* bricklayer

albarán *m* delivery note

albaricoque *m* BOT apricot; **albaricoquero** *m* apricot

tree

albergue *m* refuge, shelter; **~ juvenil** youth hostel

albóndiga *f* meatball

albornoz *m* bathrobe

alborotador *m,* **~a** *f* rioter; **alborotar** 1 *v/t* stir up; (*desordenar*) disturb 2 *v/i* make a racket; **alboroto** *m* commotion

albufera *f* lagoon

álbum *m* album

alcachofa *f* BOT artichoke; *de ducha* shower head

alcahuete *m,* **-a** *f* go-between; R*pl* (*chivato*) telltale F; *entre delincuentes* grass F

alcalde *m,* **-esa** *f* mayor; **alcaldía** *f* mayor's office, city hall

alcance *m* reach; *de arma etc* range; *de medida* scope; *de tragedia* extent, scale; **al ~ de la mano** within reach; **dar ~ a alguien** catch up with s.o.

alcanfor *m* camphor

alcantarillado *m* sewer system; *de sumideros* drainage system

alcanzar 1 *v/t* reach; *a alguien* catch up with; *cantidad* amount to 2 *v/i* reach; *en altura* reach; *en cantidad* be enough; **~ a oír** manage to hear

alcaparra *f* BOT caper

alcázar *m* fortress

alcoba *f* S.Am. bedroom

alcohol *m* alcohol; **~ de quemar** denatured alcohol, Br methylated spirits *sg*; **alcoholemia** *f* blood alcohol level; ***prueba de ~*** drunkometer test; Br Breathalyzer® test; **alcohólico 1** *adj* alcoholic **2** *m*, -a *f* alcoholic; **alcoholismo** *m* alcoholism

alcornoque *m* BOT cork oak; ***pedazo de ~*** F blockhead F

aldaba *f* doorknocker

aldea *f* (small) village

aleación *f* alloy

alegar 1 *v/t motivo* cite; **~ *que*** claim that **2** *v/i L.Am.* (*discutir*) argue; (*quejarse*) moan; **alegato** *m* JUR *fig* speech; *Andes* argument

alegoría *f* allegory

alegrar make happy; (*animar*) cheer up; **alegrarse** cheer up; **F *bebiendo*** get tipsy; **~ *por alguien*** be pleased for s.o. (*de* about); **alegre** happy; **F *bebido*** tipsy; **alegría** *f* happiness

alejamiento *m* removal, separation; *fig* distancing

alemán 1 *m/adj* German **2** *m*, -ana *f persona* German; **3** *m idioma* German; **Alemania** Germany

alentar (*animar*) encourage; *esperanzas* cherish

alergia *f* allergy; **alérgico** allergic (**a** to)

alerta 1 *adv*: ***estar ~*** be on the alert **2** *f* alert; ***dar la ~*** raise the alarm; ***poner en ~*** alert

aleta *f* ZO fin; *de buzo* flipper; *de la nariz* wing

aletear flap its wings

alevosía *f* treachery

alfabético alphabetical; **alfabeto** *m* alphabet

alfalfa *f* BOT alfalfa

alfarería *f* pottery; **alfarero** *m*, -a *f* potter

alféizar *m* sill, windowsill

alférez *m* second lieutenant

alfil *m* bishop

alfiler *m* pin; **~ *de gancho*** *Arg* safety pin

alfombra *f* carpet; *más pequeña* rug; **alfombrado** *m L.Am.* carpeting, carpets *pl*; **alfombrilla** *f* mouse mat

alga *f* BOT alga; *marina* seaweed

algarroba *f* BOT carob, carob bean; **algarrobo** *m* BOT carob, carob tree

álgebra *f* algebra

álgido *fig* decisive

algo 1 *pron* something; *en frases interrogativas o condicionales* anything; **~ *es* ~** it's something, it's better than nothing **2** *adv* rather, somewhat

algodón *m* cotton

alguacil *m*, **~esa** *f* bailiff

alguien somebody, someone; *en frases interrogativas o condicionales* anybody, anyone

algún *en frases* some; *en frases interrogativas o condicionales* any; **~ *día*** some day

alguno 1 *adj* some; *en frases interrogativas o condicionales* any; ***no la influyó de modo ~*** it didn't influence her in any way; ***¿has estado algu-***

na vez en...? have you ever been to ...? **2** *pron: persona* someone, somebody; **~s opinan que...** some people think that ...; *se podrá usar objeto* we'll be able to use some of them

alhaja *f* piece of jewelry *o Br* jewellery; *fig* gem; **~s** jewelry

aliado *m*, -a *f* ally; **alianza** *f* POL alliance; *(anillo)* wedding ring; **aliarse** form an alliance

alias *m inv* alias

alicatado *m* tiling, tiles *pl*

alicates *mpl* pliers

aliciente *m (estímulo)* incentive; *(atractivo)* attraction

aliento *m* breath; *fig* encouragement

aligerar *carga* lighten; **~ el paso** quicken one's pace

alijo *m* MAR consignment

alimentación *f (dieta)* diet; *acción* feeding; ELEC power supply; **alimentar 1** *v/t* feed; ELEC power **2** *v/i* be nourishing; **alimento** *m (comida)* food; **tiene poco...** it has little nutritional value; **alimenticio**, **alimenticio** food *atr*; **industria ~a** food industry; **producto ~** foodstuff

alinear align

aliñar dress

alisar smooth

alistar MIL draft; **alistarse** enlist; *L.Am. (prepararse)* get ready

aliviar alleviate, relieve;

alivio *m* relief

aljibe *m* cistern, tank

allá *de lugar* (over) there; **~ por los años veinte** back in the twenties; *más* **~** further on; *más* **~ de** beyond; *el más* **~** the hereafter; **~ ella** F that's up to her

allanar *(alisar)* smooth; *(aplanar)* level (out); *obstáculos* overcome

allegado *m*, -a *f* relation, relative

allí there; *por* **~** over there; *dando direcciones* that way; **¡~ está!** there it is!

alma *f* soul

almacén *m* warehouse; *(tienda)* store, shop; *grandes almacenes* department store; **almacenar** *tb* INFOR store

almanaque *m* almanac

almeja *f* ZO clam

almendra *f* almond; **almendro** *m* almond tree

almíbar *m* syrup

almidón *m* starch; **almidonar** starch

almirante *m* admiral

almohada *f* pillow; **consultarlo con la ~** sleep on it; **almohadilla** *f* small cushion; TÉC pad

almorranas *fpl* piles

almorzar *al mediodía* have lunch; *a media mañana* have a mid-morning snack; **almuerzo** *m* *al mediodía* lunch; *a media mañana* mid-morning snack; **~ de trabajo** working lunch

alojamiento *m* accommodations *pl*, *Br* accommodation; **alojar** accommodate; **alojarse** stay

alondra *f* ZO lark

alpargata *f Esp* espadrille

alpinismo *m* mountaineering; **alpinista** *m/f* mountaineer, climber

alquilar *de usuario* rent; *de dueño* rent out; **alquiler** *m acción: de coche etc* rental; *de casa* renting; *dinero* rental, *Br tb* rent; **~ de coches** car rental, *Br tb* car hire

alquitrán *m* tar

alrededor 1 *adv* around **2** *prp*: **~ de** around; **alrededores** *mpl* surrounding area

alta *f* MED discharge; **darse de ~** *en organismo* register

altanería *f* arrogance, disdain; **altanero** arrogant

altar *m* altar

altavoz *m* loudspeaker

alteración *f* alteration; **alterado** *persona* upset; **~ genéticamente** genetically altered *o* modified; **alterar** alter; *a alguien* upset; **~ el orden público** cause a breach of the peace; **alterarse** get upset (*por* because of)

altercado *m* argument

alternar 1 *v/t* alternate **2** *v/i* mix; **alternativa** *f* alternative; **alternativo** alternative; **alterno** alternate; **corriente -a** ELEC alternating current

alterne *m* F hospitality *in* hostess bars; **bar de ~** host-

ess bar; **chica de ~** hostess

altiplanicie *f*, **altiplano** *m* high plateau; **El Altiplano** the Bolivian plateau, the Bolivian Altiplano

altisonante high-flown

altitud *f* altitude

altivo haughty

alto¹ 1 *adj persona* tall; *precio, número, montaña* high; **-as presiones** high pressure; **~ horno** blast furnace; **clase -a** high class; **en -a mar** on the high seas; **en voz -a** out loud **2** *adv volar, saltar* high; *hablar* ~ speak loudly; **pasar por ~** overlook; **poner más ~** TV, RAD turn up **3** *m* (*altura*) height; *Chi* pile

alto² *m* halt; (*pausa*) pause; **hacer un ~** stop; **~ el fuego** ceasefire

altoparlante *m L.Am.* loudspeaker

altramuz *m* lupin

altura *f* MAT height; MÚS pitch; AVIA altitude, height; GEOG latitude; **a estas -s** by this time; **estar a la ~ de algo** be up to sth

alubia *f* BOT kidney bean

alucinar 1 *v/i* hallucinate **2** *v/t* F amaze; **alucine** *m*: **de ~** F amazing; **alucinógeno** *m* hallucinogen

alud *m* avalanche

aludir: **~ a** allude to

alumbrado 1 *adj* lit **2** *m* lighting; **alumbramiento** *m* birth; **alumbrar** 1 *v/t* (*dar luz a*) light (up) **2** *v/i* give off light

aluminio *m* aluminum, *Br* aluminium; **papel de ~** aluminum foil

alumno *m*, **-a** *f* student

alunizar land on the moon

alusión *f* allusion (**a** to)

alza *f* rise; **en ~ en bolsa** rising; **alzamiento** *m* MIL, POL uprising; **alzar** *barrera*, *brazo* lift, raise; *precios* raise

ama *f* (*dueña*) owner; **~ de casa** housewife; **~ de llaves** housekeeper

amabilidad *f* kindness; **amable** kind (**con** to)

amaestrar train

amago *m* threat; **hizo ~ de levantarse** she made as if to get up; **~ de infarto** minor heart attack

amainar *de lluvia* ease up

amamantar *bebé* breastfeed; *cría* feed

amanecer *v/i* get light; *de persona* wake up **2** *m* dawn

amansar break in, tame; **amansarse** become tame, become quieter

amante **1** *adj* loving; **es ~ de ...** he's fond of ... **2** *m/f* lover

amapola *f* BOT poppy

amar love

amaraje *m* AVIA landing *on water*, **amarar** AVIA land *on water*

amargar *ocasión* spoil; **~ a alguien** make s.o. bitter; **amargo** *tb fig* bitter; **amargura** *f tb fig* bitterness

amarillento yellowish; **amarillo** *m/adj* yellow

amarra *f* MAR mooring rope; **tener buenas ~s** *fig* have contacts; **amarrar** *L.Am.* (*atar*) tie; **amarre** *m* MAR mooring, berth

amasar *pan* knead; *fortuna* amass

amazona *f* horsewoman

Amazonas: **el ~** the Amazon

ambages *mpl*: **decirlo sin ~** say it straight out

ámbar *m* amber; **el semáforo está en ~** the lights are yellow, *Br* the lights are at amber

ambición *f* ambition; **ambicionar** aspire to; **ambicioso** ambitious

ambientador *m* air freshener; **ambiental** environmental; **ambiente** **1** *adj*: **medio ~** environment; **temperatura ~** room temperature **2** *m* (*entorno*) environment; (*situación*) atmosphere

ambigú *m* buffet

ambigüedad *f* ambiguity; **ambiguo** ambiguous

ámbito *m* area; (*límite*) scope

ambos, ambas **1** *adj* both **2** *pron* both (of us / you / them)

ambulancia *f* ambulance; **ambulante** **1** *adj* traveling, *Br* travelling **2** *m/f L.Am.* (*vendedor*) street seller; **ambulatorio** **1** *adj* MED out-patient *atr* **2** *m* out-patient clinic

amén **1** *m* amen **2** *prp*: **~ de** as

well as

amenaza f threat; ~ *de bomba* bomb scare; **amenazador** threatening; **amenazante** threatening; **amenazar 1** v/t threaten (*con*, *de* with) **2** v/i: ~ *con* threaten to

ameno enjoyable

América America; **América Central** Central America; **América Latina** Latin America; **América del Norte** North America; **América del Sur** South America; **americana** f American (woman); *prenda* jacket; **americano** m/adj American

ametralladora f machine gun

amianto m asbestos

amiba f ameba, Br amoeba

amígdala f tonsil; **amigdalitis** f tonsillitis

amigo 1 adj friendly; *ser* ~ *de algo* be fond of sth **2** m, -a f friend; *hacerse* ~s make friends

aminorar reduce; ~ *la marcha* slow down

amistad f friendship; ~*es* friends; **amistoso** friendly; *partido* ~ DEP friendly (game)

amnistía f amnesty

amo m (*dueño*) owner; HIST master

amodorramiento m drowsiness

amoldar adapt (*a* to); **amoldarse** adapt (*a* to)

amonestación f warning;

DEP caution; **amonestar** reprimand; DEP caution

amoníaco, amoniaco m ammonia

amontonar pile up; **amontonarse** pile up; *de gente* crowd together

amor m love; ~ *mío* my love, darling; ~ *propio* self-respect; *hacer el* ~ make love; **amoroso** amorous

amortiguador m AUTO shock absorber; **amortiguar** *impacto* cushion; *sonido* muffle

amortización f repayment, redemption; **amortizar** pay off

amparar protect; (*ayudar*) help; **amparo** m protection; (*cobijo*) shelter; *al* ~ *de* under the protection of

amperio m ampere, amp

ampliación f *de casa, carretera* extension; FOT enlargement; **ampliar** *plantilla* increase; *negocio* expand; *plazo, edificio* extend; FOT enlarge; **amplificación** f amplification; **amplificador** m amplifier; **amplificar** amplify; **amplio** *casa* spacious; *gama, margen* wide; *falda* full; **amplitud** f breadth

ampolla f MED blister; (*botellita*) vial, Br phial

amputar amputate

amueblar furnish

amuleto m charm

analfabeto 1 adj illiterate **2** m, -a f illiterate

analgésico 1 adj painkilling,

analgésico **2** *m* painkiller, analgesic

análisis *m inv* analysis; **~ de mercado** market research; **~ de sangre** blood test; analista *m/f* analyst; analizar analyze

analogía *f* analogy; analógico *f* old age; analógico analog; *Br* analogue; análogo analogous

ananá(s) *m S.Am.* pineapple

anaquel *m* shelf

anarquía *f* anarchy

anatomía *f* anatomy

anca *f* haunch; **~s de rana** frogs' legs

ancho **1** *adj* wide, broad; *a sus* **-as** at ease, relaxed **2** *m* width; **~ de vía** FERR gauge; *dos metros de* **~** two meters wide

anchoa *f* anchovy

anchura *f* width

anciana *f* old woman; ancianidad *f* old age; anciano **1** *adj* old **2** *m* old man

ancla *f* anchor; anclar anchor

andamio *m* scaffolding

andar **1** *v/i* (*caminar*) walk; (*funcionar*) work; *andando* on foot; **~ bien / mal** *fig* go well / badly; **~ con cuidado** be careful; **~ en algo** (*buscar*) rummage in sth; **~ haciendo algo** be doing sth; *¡anda!* come on! **2** *v/t* walk

andén *m* platform; *L.Am.* sidewalk, *Br* pavement

Andes *mpl* Andes; andinismo *m L.Am.* mountaineering, climbing; andinista

m/f L.Am. mountaineer, climber; andino Andean

andrajoso ragged

anécdota *f* anecdote

anejo **1** *adj* attached **2** *m* annex, *Br* annexe

anemia *f* anemia, *Br* anaemia; anémico anemic, *Br* anaemic

anestesia *f* anesthesia *Br* anaesthesia

anexión *f* POL annexation; anexionar annex; anexo **1** *adj* attached **2** *m edificio* annex, *Br* annexe

anfiteatro *m* amphitheater, *Br* amphitheatre; *de teatro* dress circle

anfitrión *m* host; anfitriona *f* hostess

ánfora *f L.Am.* POL ballot box; HIST amphora

ángel *m* angel; **~ custodio** guardian angel

angina *f* sore throat, strep throat; **~ de pecho** angina

angosto narrow

angostura *f* angostura

anguila *f* eel; angula *f* elver

angular **1** *adj* angular; **piedra ~** cornerstone **2** *m* TÉC angle iron; *gran* **~** FOT wide-angle lens *sg*; ángulo *m* MAT, *fig* angle; anguloso angular

angustia *f* anguish; angustiar distress; angustiarse agonize (*por* over); angustioso agonizing

anhelar long for; anhelo *m* longing, desire (*de* for)

anidar nest

anilla   30

anilla *f* ring; *cuaderno de ~s*
ring binder
anillo *m* ring
ánima *f* REL soul; TÉC bore
animación *f* liveliness; *en pe-
lículas* animation; *hay mucha ~* it's very lively; animado lively; animador *m* host;
~ turístico events organizer;
animadora *f* hostess; DEP
cheerleader
animal **1** *adj* animal *atr*, *fig*
stupid **2** *m* *tb* *fig* animal; *~
doméstico* mascota pet; *de
granja* domestic animal
animar cheer up; *(alentar)* encourage; animarse cheer up
ánimo *m* spirit; *(coraje)* en-
couragement; *estado de ~*
state of mind; *con ~ de* with
the intention of; *¡~!* cheer
up!
animosidad *f* animosity
animoso spirited
aniquilar annihilate
anís *m* BOT aniseed; *bebida*
anisette
aniversario *m* anniversary
ano *m* ANAT anus
anoche last night; *antes de ~*
the night before last; ano-
checer **1** *v/i* get dark **2** *m*
dusk
anomalía *f* anomaly; anóma-
lo anomalous
anónimo **1** *adj* anonymous **2**
m poison pen letter
anorak *m* anorak
anormal abnormal
anotar note down
ansia *f* yearning; *(inquietud)*

anxiousness; ansiar yearn
for, long for; ansiedad *f* anxiety; ansioso anxious; *está
~ por verlos* he's longing
to see them
ante¹ *m* suede; ZO moose;
Méx (postre) egg and coconut dessert
ante² *prp* posición before; *dificultad* faced with; *~ todo*
above all
anteanoche the night before
last
anteayer the day before yesterday
antebrazo *m* forearm
antecedente *m* precedent; *~s
penales* previous convic-
tions; *poner a alguien en
~s* put s.o. in the picture; an-
teceder precede, come be-
fore; antecesor *m*, *~a f* predecessor
antelación *f*: *con ~* in advance
antemano: *de ~* beforehand
antena *f de radio, televisión*
antenna, *Br* aerial; ZO antenna; *~ parabólica* satellite
dish
anteojos *mpl* binoculars
antepasado *m*, *-a f* ancestor
antepecho *m de ventana* sill;
(barandilla) parapet
anteponer: *~ algo a algo* put
sth before sth
anterior previous, former;
anterioridad *f*: *con ~* before,
previously; *con ~ a* before
antes **1** *adv* before; *cuanto ~,
lo ~ posible* as soon as pos-

sible; **poco ~** shortly before; **~ que nada** first of all **2** *prp:* **~ de** before

antesala *f* lobby

antibala(s) bulletproof

antibiótico *m* antibiotic

anticiclón *m* anticyclone

anticipación *f* anticipation; **con ~** in advance; anticipa‑ do *pago* advance *atr; eleccio‑ nes* early; **por ~** in advance; anticipar *sueldo* advance; *fe‑ cha, viaje* move up, *Br* bring forward; *información* give a preview of

anticonceptivo *m* contracep‑ tive

anticongelante *m* antifreeze

anticuado antiquated; anti‑ cuario *m* antique dealer

antideslizante *m* non-slip

antídoto *m* MED antidote; *fig* cure

antifaz *m* mask

antigüedad *f age; en el trabajo* length of service; **~es** an‑ tiques; **antiguo** old; *del pasa‑ do remoto* ancient

antipatía *f* antipathy, dislike; **antipático** disagreeable, un‑ pleasant

antirrobo *m* AUTO antitheft device

antiséptico *m/adj* antiseptic

antiterrorista *brigada* antiter‑ rorist *atr;* **la lucha ~** the fight against terrorism

antojarse: **se le antojó salir** he felt like going out; **se me antoja que...** it seems to me that ...; **antojo** *m*

whim; *de embarazada* crav‑ ing; **a mi ~** as I please

antología *f* anthology; **de ~** *fig* F incredible F

antorcha *f* torch

antro *m* F dive F, dump F

antropófago *m,* **-a** *f* cannibal

anual annual; **anualidad** *f* an‑ nual payment

anuario *m* yearbook

anublarse cloud over

anudar knot

anular[1] cancel; *matrimonio* annul; *gol* disallow

anular[2] *adj* ring-shaped; **de‑ do ~** ring finger

anunciar announce; COM ad‑ vertise; **anuncio** *m* an‑ nouncement; (*presagio*) sign; COM advertisement; **~ luminoso** illuminated sign; **~s por palabras, pequeños ~s** classified advertisements

anverso *m* obverse

añadidura *f:* **por ~** in addi‑ tion; **añadir** add

añejo mature

año *m* year; **~ bisiesto** leap year; **~ fiscal** fiscal year, *Br* financial year; **~ luz** light year; **~ nuevo** New Year; **¿cuándo cumples ~s?** when's your birthday?; **¿cuántos ~s tienes?** how old are you?; **a los diez ~s** at the age of ten; **los ~s veinte** the twenties

añoranza *f* yearning (**de** for); **añorar** miss

apacible mild-mannered

apaciguar pacify, calm down

apadrinar be godparent to; *político* support, back; *artista etc* sponsor; **~ a la novia** give the bride away

apagado *fuego* out; *luz* off; *persona* dull; *color* subdued; **apagar** *televisor, luz* turn off; *fuego* put out; **apagarse** *de luz* go off; *de fuego* go out; **apagón** *m* blackout

apalear beat

apañado F resourceful; **apañarse** manage; **apañárselas** manage, get by

aparador *m* sideboard; *Méx (escaparate)* shop window

aparato *m* piece of equipment; *doméstico* appliance; BIO, ANAT system; *de partido político* machine; **al ~** TELEC speaking; **aparatoso** spectacular

aparcamiento *m* parking lot, *Br* car park; **~ subterráneo** underground parking garage, *Br* underground car park; **aparcar 1** *v/t* park; *proyecto* shelve **2** *v/i* park

aparecer appear

aparejador *m*, **~a** *f* architectural technician, *Br* quantity surveyor; **aparejo** *m*: **~s de pesca** fishing gear; *aparejar* prepare; *caballo* saddle; MAR rig; **traer aparejado** entail, bring with it

aparentar pretend; **no aparenta la edad que tiene** she doesn't look her age; **aparente** *(evidente)* apparent; *L.Am. (fingido)* feigned;

aparición *f* appearance; *(fantasma)* apparition; **apariencia** *f* appearance; **en ~** outwardly

apartado *m* section; **~ de correos** PO box; **apartamento** *m* apartment, *Br* flat; **apartamiento** *m* separation; *L.Am. (apartamento)* apartment, *Br* flat; **apartar** separate; *para después* set aside; *de un sitio* move away **(de** from); **~ a alguien de hacer algo** dissuade s.o. from doing sth; **apartarse** move aside **(de** from); **~ del tema** stray from the subject; **aparte** to one side; *(por separado)* separately; **~ de** aside from, *Br* apart from; **punto y ~** new paragraph

apasionado 1 *adj* passionate **2** *m/f* enthusiast; **apasionar** fascinate; **apasionarse** develop a passion **(por** for)

apatía *f* apathy; **apático** apathetic

apearse get off, alight *fml*

apedrear throw stones at; *matar* stone

apego *m* attachment

apelación *f* JUR appeal; **apelar** *tb* JUR appeal **(a** to)

apellido *m* surname; **~ de soltera** maiden name

apenar sadden

apenas 1 *adv* hardly, scarcely **2** *conj* as soon as

apéndice *m* appendix; **apendicitis** *f* appendicitis

aperitivo *m comida* appetizer;

aprobación

bebida aperitif

apero *m* utensilio implement; *L.Am. (arneses)* harness

apertura *f* opening; FOT aperture; POL opening up

apestar 1 *v/i* stink out **F 2** *v/i* reek (**a** of)

apetecer: *¿qué te apetece?* what do you feel like?; **apetecible** appetizing

apetito *m* appetite; **apetitoso** appetizing

ápice *m*: **ni un ~** *fig* not an ounce; **no ceder ni un ~** *fig* not give an inch

apicultura *f* beekeeping

apilar pile up

apio *m* BOT celery

apisonadora *f* steamroller; **apisonar** roll

aplacar *hambre* satisfy; *sed* quench; *a alguien* calm down

aplanar level, flatten; **~ las calles** *C.Am., Pe* hang around the streets; **aplanarse** *fig (descorazonarse)* lose heart

aplastar *tb fig* crush

aplaudir 1 *v/i* applaud, clap **2** *v/t tb fig* applaud; **aplauso** *m* round of applause

aplazar *visita* put off, postpone; *Arg* fail

aplicable applicable; **aplicación** *f* application; **aplicar** apply

aplique *m* wall light

apoderado *m* COM agent; **apoderar** authorize; **apoderarse** take possession *o* control (**de** of)

apodo *m* nickname

apoplejía *f* apoplexy; **ataque de ~** stroke

aportar contribute; **~ pruebas** JUR provide evidence

apostar 1 *v/t* bet (**por** on) **2** *v/i* bet; **~ por algo** opt for sth

apóstol *m* apostle

apoyar lean (**en** against), rest (**en** against); *(respaldar, confirmar)* support; **apoyo** *m* support

apreciable *(visible)* appreciable, noticeable; *(considerable)* considerable, substantial; **apreciación** *f* appreciation; **apreciado** valued; **apreciar** appreciate; *(sentir afecto por)* be fond of; **aprecio** *m* respect

apremio *m* pressure

aprender, aprenderse learn; **aprendiz** *m*, **~a** *f* apprentice, trainee; **aprendizaje** *m* apprenticeship

aprestar, aprestarse get ready

apresurar hurry; **apresurarse** hurry up; **~ a hacer algo** hurry *o* rush to do sth

apretado tight; **apretar 1** *v/t botón* press; *(pellizcar, pinzar)* squeeze; *tuerca* tighten; **~ el paso** quicken one's pace; **~ los puños** clench one's fists **2** *v/i de ropa, zapato* be too tight

aprieto *m* predicament

aprisa quickly

aprisionar *fig* trap

aprobación *f* approval; *de ley*

passing; **aprobado** m EDU pass; **aprobar** approve; *comportamiento, idea* approve of; *examen* pass

apropiación f appropriation
apropiado appropriate, suitable; **apropiarse:** ~ **de algo** take sth

aprovechable usable; **aprovechado 1** *adj desp* opportunistic **2** m, -a f *desp* opportunist; **aprovechamiento** m exploitation, use; ~ **de residuos** use of waste material; **aprovechar 1** v/t take advantage of; *tiempo, espacio* make good use of **2** v/i take the opportunity (**para** to); **¡que aproveche!** enjoy your meal!

aprovisionamiento m provisioning, supply; **aprovisionar** provision, supply; **aprovisionarse** stock up (**de** on)

aproximación f approximation; *(acercamiento)* approach; *en lotería* consolation prize; **aproximadamente** approximately; **aproximado** approximate; **aproximar** bring closer; **aproximarse** approach; **aproximativo** approximate, rough

aptitud f aptitude (**para** for), flair (**para** for); *apto* suitable (**para** for); *para servicio militar* fit; EDU pass
apuesta f bet
apuntado pointed
apuntador m, ~a f TEA prompter

apuntalar *edificio* shore up; *fig* prop up

apuntar 1 v/t *(escribir)* note down; TEA prompt; *en curso etc* put down (**en, a** on; **para** for); ~ **con el dedo** point at o to **2** v/i *con arma* aim; **apunte** m note

apuñalar stab

apurado *L.Am. (con prisa)* in a hurry; *(pobre)* short (of cash); **apurar 1** v/t *vaso* finish off; *a alguien* pressure **2** v/i *Chi:* **no me apura** I'm not in a hurry for it; **apurarse** worry; *L.Am. (darse prisa)* hurry (up); **apuro** m predicament; *vergüenza* embarrassment; *L.Am.* rush; **me da ~** I'm embarrassed

aquejado: **estar ~ de** be suffering from

aquel, aquella, aquellos, aquellas; *pl* those
aquél, aquélla, aquéllos, aquéllas that (one); *pl* those (ones)
aquello that
aquí here; *en el tiempo* now; **desde ~** from here; **por ~** here

árabe 1 m/f & *adj* Arab **2** m *idioma* Arabic
Arabia Saudí Saudi Arabia
arado m plow, *Br* plough
arancel m tariff; **arancelario** tariff *atr*
arándano m blueberry
araña f ZO spider; *lámpara* chandelier
arañar scratch; **arañazo** m

scratch

arar plow, *Br* plough

arbitraje *m* arbitration; **arbitrar** *en fútbol, boxeo* referee; *en tenis, béisbol* umpire; *en conflicto* arbitrate; **arbitrario** arbitrary; **árbitro** *m en fútbol, boxeo* referee; *en tenis, béisbol* umpire; *en conflicto* arbitrator

árbol *m* tree; **~ genealógico** family tree

arbusto *m* shrub, bush

arca *f* chest; **~ de Noé** Noah's Ark

arcada *f* MED: **me provocó ~s** it made me retch

arcaico archaic

arcángel *m* archangel

arce *m* BOT maple

arcén *m* shoulder, *Br* hard shoulder

archifamoso very famous

archipiélago *m* archipelago

archivador *m* file cabinet, *Br* filing cabinet; **archivar** *documentos* file; *asunto* shelve; **archivo** *m* archive; INFOR file

arcilla *f* clay

arco *m* ARQUI arch; MÚS bow; *L.Am.* DEP goal; **~ iris** rainbow

arder burn; *estar muy caliente* be very hot; *ardiente persona, amor* passionate; *defensor* ardent; *bebida* scalding

ardilla *f* squirrel

ardor *m entusiasmo* fervor, *Br* fervour; **~ de estómago** heartburn

arduo arduous

área *f* area; DEP **~ de castigo** o **de penalty** penalty area; **~ de servicio** service area

arena *f* sand; **~s movedizas** quicksand; **arenoso** sandy

arenque *m* herring

arete *m L.Am.* joya earring

Argel Algiers; **Argelia** Algeria; **argelino 1** *adj* Algerian **2** *m*, **-a** *f* Algerian

Argentina Argentina; **argentino 1** *adj* Argentinian **2** *m*, **-a** *f* Argentinian

argolla *f L.Am.* ring

argucia *f* clever argument; **argüir** argue; **argumentación** *f* argumentation; **argumentar** argue; **argumento** *m razón* argument; *de libro etc* plot

aria *f* aria

aridez *f* aridity, dryness; **árido** arid, dry; *fig* dry

Aries *m/f inv* ASTR Aries

arisco unfriendly

arista *f* MAT edge; BOT beard

aristocracia *f* aristocracy; **aristocrático** aristocratic

arma *f* weapon; **~ blanca** knife; **~ de fuego** firearm; **alzarse en ~s** rise up in arms; **armada** *f* navy; **armadura** *f* armor, *Br* armour; **armamento** *m* armaments *pl*; **armar** MIL arm; TÉC assemble; **~ un escándalo** F make a scene

armario *m* closet, *Br* wardrobe; *de cocina* cabinet, *Br* cupboard

armazón f skeleton, framework

armería f gunstore

armiño m ZO stoat; *piel* ermine

armisticio m armistice

armonía f harmony; **armónica** f harmonica, mouth organ; **armónico** m/adj harmonic

arnés m harness; *para niños* leading strings pl, Br leading reins pl

aro m hoop; L.Am. *(pendiente)* earring

aroma m aroma; *de flor* scent; **aromático** aromatic

arpa f harp; **arpista** m/f harpist

arpón m harpoon

arquear *espalda* arch; *cejas* raise

arqueo m MAR capacity; COM: **~ (de caja)** cashing up

arqueología f archeology, Br archaeology

arquitecto m, **-a** f architect; **arquitectura** f architecture

arrabal m poor outlying area

arraigado entrenched

arrancar 1 v/t *planta, página* pull out; *vehículo* start (up); *(quitar)* snatch **2** v/t *de vehículo, máquina* start (up); INFOR boot (up); *Chi (huir)* run away; **arranque** m AUTO starter; *(energía)* drive; *(ataque)* fit

arrastrar 1 v/t *por el suelo*, INFOR drag *(por* along); *(llevarse)* carry away **2** v/i *por*

el suelo trail on the ground; **arrastrarse** crawl; fig *(humillarse)* grovel **(delante de** to);

arrastre m: **estar para el ~** fig F be fit to drop F

arrebatador breathtaking; **arrebatar** snatch **(a** from); **arrebatarse** get excited; **arrebato** m fit

arrecife m reef

arredrarse be intimidated **(ante** by)

arreglado neat; **si empieza a llover estamos ~s** if it starts to rain, that'll be just dandy; **arreglar** *(reparar)* fix, repair; *(ordenar)* tidy (up); *(solucionar)* sort out; MÚS arrange; **~ cuentas** settle up; fig settle scores; **arreglarse** get ready; *de problema* get sorted out; *(apañarse)* manage; **arreglárselas** manage; **arreglo** m *(reparación)* repair; *(solución)* solution; *(acuerdo)*, MÚS arrangement; **~ de cuentas** settling of scores; **con ~ a** in accordance with

arremeter: ~ contra charge (at); fig *(criticar)* attack

arrendamiento m renting; **arrendar** L.Am. *(dar en alquiler)* rent (out); *(tomar en alquiler)* rent in; **se arrienda** for rent; **arrendatario** m, **-a** f tenant

arrepentirse be sorry; *(cambiar de opinión)* change one's mind; **~ de algo** regret sth

arrestar arrest; **arresto** m arrest

arriba 1 *adv* up; *en edificio* upstairs; *el cajón de ~ siguiente* the next drawer up, the drawer above; *último* the top drawer right at the top; *sigan hacia ~* keep going up; *me miró de ~ abajo* she looked me up and down; *de diez para ~* ten or above **2** *int* long live

arribada *f*, **arribaje** *m* MAR arrival; **arribar** MAR arrive, put in

arribista *m/f* social climber

arriesgar risk

arrimar move closer

arrinconar (*acorralar*) corner; *libros etc* put away; *persona* cold-shoulder

arroba *f* INFOR "at" symbol

arrodillarse kneel (down)

arrogancia *f* arrogance; **arrogante** arrogant

arrojar throw; *resultado* produce; (*vomitar*) throw up; **arrojarse** throw o.s.; **arrojo** *m* bravery

arrollador overwhelming; **arrollar** AUTO run over; *fig* crush

arropar wrap up; *fig* protect

arroyo *m* stream; *sacar a alguien del ~ fig* lift s.o. out of the gutter

arroz *m* rice; *~ con leche* rice pudding

arruga *f* wrinkle; **arrugar** wrinkle

arruinar ruin

arsenal *m* arsenal

arsénico *m* arsenic

arte *m* (*pl f* pl) art; *~ dramático* dramatic art; *bellas ~s* fine art; *malas ~s* guile

artefacto *m* (*dispositivo*) device

arteria *f* artery

arterio(e)sclerosis *f* arteriosclerosis

artesa *f* trough

artesana *f* craftswoman; **artesanía** *f* (handi)crafts *pl*; **artesano** *m* craftsman

articulación *f* ANAT, TÉC joint; *de sonidos* articulation; **articulado** articulated; **articular** articulate

artículo *m* article; COM product, item

artífice *m* author

artificial artificial

artificio *m* trick; (*artefacto*) device; **artificioso** sly; (*falto de naturalidad*) affected

artillería *f* artillery

artista *m/f* artist; **artístico** artistic

artritis *f* arthritis

artrosis *f* rheumatoid arthritis

arveja *f Rpl, Chi, Pe* pea

arzobispo *m* archbishop

as *m tb fig* ace

asa *f* handle

asado *m/adj* roast

asalariado *m*, *-a f* wage earner; *de empresa* employee

asaltar attack; *banco* rob; **asalto** *m* attack (*a* on); *robo* robbery, raid; *en boxeo* round

asamblea f reunión meeting; *ente* assembly

asar roast; **~ a la parrilla** broil, *Br* grill

ascendente 1 adj rising, upward **2** m ASTR ascendant; **ascender 1** v/t a empleado promote **2** v/i de temperatura etc rise; de montañero climb; DEP, en trabajo be promoted (**a** to); de montaña ascent; **ascensión** f ascent; **ascenso** m de temperatura, precios rise (**de** in); de montaña ascent; DEP, en trabajo promotion; **ascensor** m elevator, *Br* lift; **ascensorista** m/f elevator operator

asceta m/f ascetic; **ascético** ascetic

asco m disgust; **me da ~** I find it disgusting; **¡qué ~!** how disgusting!

ascua f ember; **estar en o sobre ~s** be on tenterhooks

asediar tb fig besiege

asegurado 1 adj insured **2** m, **-a** f insured; **aseguradora** f insurance company; **asegurar** (afianzar) secure; (prometer) assure; (garantizar) guarantee; COM insure; **asegurarse** make sure

asemejarse: **~ a** look like

asentimiento m approval, agreement; **asentir** agree (**a** to); con la cabeza nod

aseo m cleanliness; (baño) restroom, toilet

asequible precio affordable; obra accessible

asesinar murder; POL assassinate; **asesinato** m murder; POL assassination; **asesino** m, **-a** f murderer; POL assassin

asesor m, **-a** f consultant, advisor, *Br* adviser; **~ de imagen** public relations consultant

asesoramiento m advice; **asesorar** advise; **asesoría** f consultancy

asfalto m asphalt

asfixia f asphyxiation; **asfixiar, asfixiarse** asphyxiate, suffocate

así 1 adv (de este modo) like this; (de ese modo) like that; **~ no más** S.Am. just like that; **~ pues** so; **~ que** so; **~ de grande** this big; **~ ~** so so **2** conj: **~ como** al igual que while, whereas

Asia Asia; **asiático 1** adj Asian **2** m, **-a** f Asian

asiduidad f frequency; **con ~** con frecuencia regularly; **asiduo** regular

asiento m seat; **tomar ~** take a seat

asignar allocate; persona, papel assign; **asignatura** f subject

asilado m, **-a** f POL asylum seeker; **asilo** m home, institution; POL asylum; **~ de ancianos** old people's home

asimilar assimilate

asimismo (también) also; (igualmente) likewise

asistencia f (ayuda) assistance; *a lugar* attendance (*a* at); **~ en carretera** AUTO roadside assistance; **~ médica** medical care; **asistenta** *f* cleaner; **asistente** *m/f* (*ayudante*) assistant; **~ social** social worker; **los ~s** those present; **asistir 1** *v/t* help, assist **2** *v/i* be present

asma *f* asthma; **asmático** asthmatic

asno *m* ZO donkey; *persona* idiot

asociación *f* association; **asociar** associate

asomarse lean out (**por** of)

asombrar amaze, astonish; **asombro** *m* amazement, astonishment; **asombroso** amazing, astonishing

asomo *m*: **ni por ~** no way

aspecto *m* de *persona, cosa* look, appearance; (*faceta*) aspect; **tener buen ~** look good

aspereza *f* roughness; **áspero** *superficie* rough; *sonido* harsh; *persona* abrupt

aspiraciones *fpl* aspirations

aspirador *m*, **~a** *f* vacuum cleaner; **aspirante** *m/f* a *cargo* candidate (**a** for); a *título* contender (**a** for); **aspirar 1** *v/t* suck up; *al respirar* inhale, breathe in **2** *v/i*: **~ a** aspire to

aspirina *f* aspirin

asquear disgust; **asqueroso 1** *adj* (*sucio*) filthy; (*repugnante*) revolting, disgusting **2** *m*, **-a** *f* creep

asta *f* flagpole; (*pitón*) horn

asterisco *m* asterisk

astilla *f* splinter; **~s** *para fuego* kindling; **hacer ~s** *algo fig* smash sth to pieces

astillero *m* shipyard

astracán *m* astrakhan

astro *m* AST, *fig* star; **astrología** *f* astrology; **astrólogo** *m*, **-a** *f* astrologer; **astronauta** *m/f* astronaut; **astronave** *f* spaceship; **astronomía** *f* astronomy

astucia *f* shrewdness, astuteness; **astuto** shrewd, astute

asumir assume; (*aceptar*) accept, come to terms with

asunto *m* matter; F (*relación*) affair; **~s exteriores** foreign affairs; **no es ~ tuyo** it's none of your business

asustar frighten, scare

atacar attack

atajar 1 *v/t* check the spread of, contain; *L.Am. pelota* catch **2** *v/i* take a short cut; **atajo** *m L.Am.* short cut

atalaya 1 *f* watchtower **2** *m/f* sentinel

ataque *m* (*agresión*) attack; (*acceso*) fit; **~ cardíaco** o **al corazón** heart attack; **le dio un ~ de risa** she burst out laughing

atar tie (up); *fig* tie down

atardecer 1 *v/i* get dark **2** *m* dusk

atareado busy

atasco *m* traffic jam

ataúd *m* coffin, casket

ate *m Méx* quince jelly

atención *f* attention; (*corte-*

sía) courtesy; *¡~!* your attention, please!; *llamar la ~ a alguien* reñir tell s.o. off; *por ser llamativo* attract s.o.'s attention; *prestar ~* pay attention (*a* to)

atender 1 *v/t a enfermo* look after; *en tienda* attend to **2** *v/i* pay attention (*a* to)

atenerse: *~ a normas* abide by; *consecuencias* accept; *saber a qué* know where one stands

atentado *m* attack (*contra, a* on); *~ terrorista* terrorist attack

atento attentive; *estar ~* pay attention to

atenuante JUR extenuating; **atenuar** lessen, reduce

ateo 1 *adj* atheistic **2** *m, -a f* atheist

aterrizaje *m* AVIA landing; *~ forzoso o de emergencia* emergency landing; **aterrizar** land

aterrorizar terrify; (*amenazar*) terrorize

atestado overcrowded

atestiguar JUR testify; *fig* bear witness to

ático *m piso* top floor; *apartamento* top floor apartment *o Br* flat; (*desván*) attic

atizar *fuego* poke; *pasiones* stir up; *le atizó un golpe* she hit him

atleta *m/f* athlete; **atletismo** *m* athletics

atmósfera *f* atmosphere

atolondrado scatterbrained

atómico atomic; **átomo** *m* atom; *ni un ~ de fig* not an iota of

atónito astonished, amazed

atontado dazed, stunned

atormentar torment

atornillar screw on

atosigar pester

atracadero *m* MAR mooring; **atracar 1** *v/t banco* hold up; *a alguien* mug; *Chi F make out with* F **2** *v/i* MAR dock

atracción *f* attraction

atraco *m* robbery; *de persona* mugging

atractivo 1 *adj* attractive **2** *m* appeal, attraction; **atraer** attract

atrapar catch, trap

atrás *posición* at the back, behind; *movimiento* back; *años ~* years ago *o* back; *hacia ~* back, backward; *quedarse ~* get left behind; **atrasado** *en estudios, pago* behind (*en* in *o* with); *reloj* slow; *pueblo* backward; *ir ~ de un reloj* be slow; **atrasar 1** *v/t reloj* put back; *fecha* postpone, put back **2** *v/i de reloj* lose time; **atraso** *m* backwardness; COM *~s* arrears

atravesar cross; (*perforar*), *crisis* go through

atrevido daring; **atreverse** dare

atribuir attribute (*a* to); **atributo** *m* attribute

atril *m* lectern

atrocidad f atrocity

atropellado in a rush; **atropellar** knock down; **atropello** m running over; *escándalo* outrage

atroz appalling, atrocious

ATS (= *ayudante técnico sanitario*) registered nurse

atún m tuna (fish)

aturdido in a daze

audacia f audacity; **audaz** bold, audacious

audible audible

audición f TEA audition; JUR hearing

audiencia f audience; JUR court; *índice de* ~ TV ratings *pl*

audífono m hearing aid; **audiovisual** audiovisual

auditivo *adj*; *problema* ~ hearing *atr*

auditor m, *-a* f auditor; **auditorio** m (*público*) audience; *sala* auditorium

aula f classroom; *en universidad* lecture hall, *Br* lecture theatre

aumentar 1 *v/t* increase **2** *v/i* increase, go up; **aumento** m increase (*de* in); *de sueldo* raise, *Br* rise; *ir en* ~ be increasing

aun even; ~ *así* even so

aún still; *en oraciones negativas* yet; *en comparaciones* even; ~ *no* not yet

aunque although, even though; + *subj* even if

aureola f halo

auricular m *de teléfono* receiver; ~*es* headphones, earphones

auscultar: ~ *a alguien* listen to s.o.'s chest

ausencia f *de persona* absence; *no existencia* lack (*de* of); **ausentarse** leave, go away; **ausente** absent

austeridad f austerity; **austero** austere

austral southern

Australia Australia; **australiano 1** *adj* Australian **2** m, *-a* f Australian

Austria Austria; **austriano 1** *adj* Austrian **2** m, *-a* f Austrian

auténtico authentic

autismo m autism

auto m JUR order; *L.Am.* AUTO car

autoadhesivo self-adhesive

autobanco m ATM, cash machine

autobiografía f autobiography

autobús m bus

autocar m bus

autocaravana f camper van

autocine m drive-in movie theater

autodefensa f self-defense, *Br* self-defence

autodisparador m FOT automatic shutter release

autoescuela f driving school

autógrafo m autograph

automático automatic

automóvil m car, automobile; **automovilismo** m driving; **automovilista** m/f motorist

autonomía *f* autonomy; *en
España* automous region

autopista *f* freeway, *Br* motorway

autopsia *f* autopsy

autor *m*, -a *f* author; *de crimen* perpetrator

autoridad *f* authority; **autorización** *f* authority; **autorizar** authorize; **autorizado** (*permitido*) authorized; (*respetado*) authoritative

autorradio *m* car radio

autoservicio *m* supermarket; *restaurante* self-service restaurant

autostop *m* hitchhiking; **hacer ~** hitchhike; **autostopista** *m/f* hitchhiker

autovía *f* divided highway, *Br* dual carriageway

auxiliar 1 *adj* auxiliary; *profesor assistant* 2 *m/f* assistant; **~ *f* de vuelo** stewardess, flight attendant 3 help; **auxilio** *m* help; **primeros ~s** first aid

aval *m* guarantee

avalancha *f* avalanche

avance *m* advance

avanzar advance, move forward; MIL advance (**hacia** on)

avaricia *f* avarice; **avaro 1** *adj* miserly **2** *m*, -a *f* miser

ave *f* bird; *S.Am.* (*pollo*) chicken; **~ de presa** *o* **de rapiña** bird of prey

avellana *f* hazelnut

avena *f* oats *pl*

avenencia *f* agreement

avenida *f* avenue

aventura *f* adventure; *riesgo* venture; *amorosa* affair; **aventurar** risk; *opinión* venture; **aventurero** adventurous

avergonzar (*aborchornar*) embarrass; **le avergüenza** *algo reprensible* she's ashamed of it; **avergonzarse** be ashamed (**de** of)

avería *f* TÉC fault; AUTO breakdown; **averiado** broken down

averiguar find out

aversión *f* aversion

avestruz *m* ostrich

aviación *f* aviation; MIL air force; **aviador** *m*, -a *f* pilot, aviator

avicultura *f* poultry farming

avidez *f* eagerness; **ávido** eager (**de** for), avid (**de** for)

avión *m* plane; **por ~** *mandar una carta* (by) airmail; **avioneta** *f* light aircraft

avisador *m* warning light; *sonoro* alarm; *L.Am.* (*anunciante*) advertiser; **avisar** *notificar* let know, tell; *de peligro* warn; (*llamar*) send for; **aviso** *m* notice; (*advertencia*) warning; *L.Am.* (*anuncio*) advertisement; **hasta nuevo ~** until further notice; **sin previo ~** without any warning

avispa *f* wasp

avispado bright, sharp

axila *f* armpit

ay ow!, ouch!; *de susto* oh!

ayer yesterday; **~ por la ma-**

ñana yesterday morning

ayuda f help, assistance; **ayudante** m/f assistant; **ayudar** help

ayunar fast; **ayunas: estoy en ~** I haven't eaten anything

ayuntamiento m city council, town council; **edificio** city hall

azafata f flight attendant; **~ de congresos** hostess

azafrán m saffron

azahar m orange / lemon blossom

azotea f flat roof

azúcar m (also f) sugar; **~ glas** confectioner's sugar, Br icing sugar

azufre m sulfur, Br sulphur

azul adj blue; **~ celeste** sky-blue; **~ marino** navy(-blue) **2** m blue

azulejo m tile

B

B.A. (= **Buenos Aires**) Buenos Aires

babero m bib

babor m MAR port

baca f AUTO roof rack

bacalao m cod

bache m pothole; fig rough patch

bachiller m/f high school graduate; **bachillerato** m Esp high school leaver's certificate

bacteria f bacteria

bagatela f trinket

bahía f bay

bailador 1 adj: **ser muy ~** love dancing **2** m, **~a** f dancer; **bailaor** m, **~a** f flamenco dancer; **bailar** dance; **bailarín** m, **-ina** f dancer; **baile** m dance; fiesta formal ball; **~ de salón** ballroom dancing

baja f fall, drop; **estar de ~ (por enfermedad)** be off

sick; **~s** MIL casualties; **bajada** f fall; **bajar** v/t voz, precio lower; escalera go down; **~ algo de arriba** get sth down **2** v/i go down; de intereses fall, drop

bajeza f (calidad) baseness; (acto) despicable thing to do

bajo 1 adj low; persona short; **por lo ~** at least **2** m MÚS bass; piso first floor, Br ground floor **3** adv cantar, hablar quietly, softly; volar low **4** prp under; **tres grados ~ cero** three degrees below zero

bala f bullet; **ni a ~** L.Am. F no way

balance m COM balance; **balancear** caderas swing; **balancearse** swing, sway; MAR rock; **balancín** m TÉC rocker; (mecedora) rocking chair; **balanza** f scales pl; **~ comercial** balance of trade;

~ de pagos balance of payments

balbucear, balbucir stammer; *de niño* babble

balcón *m* balcony

balde: de ~ for nothing; **en ~** in vain

baldío 1 *adj* uncultivated; *fig* useless **2** *m* uncultivated land

baldosa *f* floor tile

Baleares *fpl* Balearics; **baleárico** Balearic

baliza *f* MAR buoy

ballena *f* ZO whale

ballet *m* ballet

balneario *m* spa

balón *m* ball; **baloncesto** *m* basketball; **balonmano** *m* handball; **balonvolea** *m* volleyball

balsa *f* raft

bálsamo *m* balsam

baluarte *m* stronghold; *persona* pillar, stalwart

bambú *m* bamboo

banal banal

banana *f L.Am., Rpl, Pe, Bol* banana

banca *f* actividad banking; *conjunto de bancos* banks *pl*; *en juego* bank; DEP, *Méx (asiento)* bench; **~ electrónica** on-line banking

banco *m* COM bank; *para sentarse* bench; **~ de arena** sand bank; **~ de datos** data bank

banda *f* MÚS, (*grupo*) band; *de delincuentes* gang; (*cinta*) sash; *en fútbol* touchline; **~**

sonora soundtrack

bandeja *f* tray

bandera *f* flag; **banderilla** *f* TAUR banderilla (*dart stuck into bull's neck during bullfight*); **banderola** *f* flag

bandido *m*, **-a** *f* bandit

bandolero *m*, **-a** *f* bandit

banquero *m*, **-a** *f* banker

banqueta *f L.Am.* stool; *L.Am. (acera)* sidewalk, *Br* pavement; **~ trasera** AUTO back seat

banquete *m* banquet; **~ de bodas** wedding reception

banquillo *m* JUR dock; DEP bench

bañador *m* swimsuit; **bañar** bathe; **bañarse** have a bath; *en el mar* go for a swim; **bañera** *f* (bath)tub, bath; **bañera de hidromasaje** whirlpool, Jacuzzi®; **baño** *m en la bañera* bath; *en el mar* swim; *esp L.Am.* bathroom; (*ducha*) shower; **baño de sangre** blood bath; **baño de sol** sunbathing session; **baños de sol** sunbathing

baqueta *f* MÚS drumstick

bar *m* bar

baraja *f* deck of cards

barajar *v/t naipes* shuffle; *fig* consider **2** *v/i* quarrel

baranda *f en billar* cushion

barandilla *f* handrail, banister

baratear sell off

baratija *f* trinket

baratillo *m tienda* cut-price store; (*mercadillo*) street market

barato cheap

barba f beard

barbacoa f barbecue

barbaridad f barbarity; *costar una ~* cost a fortune; *¡qué ~!* what a thing to say / do!; **bárbaro 1** adj tremendous, awesome F; *¡qué ~!* amazing! F **2** m, -a f F punk F

barbero m barber

barbilla f chin

barbudo bearded

barca f boat; **barcaza** f barge; **barco** m boat; *más grande* ship; *~ de vela* sailing ship

barítono m baritone

barman m bartender, Br barman

barniz m varnish; **barnizar** varnish

barómetro m barometer

barquero m boatman

barquillo m wafer; Méx, C.Am. ice-cream cone

barra f de metal, en bar bar; de cortinas rod; ~ de labios lipstick; ~ de pan baguette; ~ espaciadora space-bar; ~ de herramientas INFOR tool bar; ~ invertida backslash

barraca f (chabola) shack; de tiro stand; de feria stall; L.Am. (deposito) shed; ~s L.Am. shanty town

barranco m ravine

barredera 1 f street sweeper **2** adj: *red ~* trawl net

barrena f gimlet; AVIA: *entrar en ~* go into a spin

barrera f barrier; ~ *del sonido* sound barrier

barricada f barricade

barriga f belly; *rascarse la ~* fig F sit on one's butt F

barril m barrel

barrio m neighborhood, Br neighbourhood, area; ~ *de chabolas* Esp shanty town

barro m mud

barroco m/adj baroque

barruntar suspect

barullo m uproar, racket

basar base (*en* on)

báscula f scales

base f QUÍM, MAT, MIL base; ~ *de datos* INFOR database; ~s de concurso etc conditions; *a ~ de* by dint of; *básico* basic

basílica f basilica

básquetbol m L.Am. basketball

bastante 1 adj enough; *número o cantidad considerable* plenty of; **2** adv quite, fairly; *bebe ~* she drinks quite a lot; *bastar* be enough; *basta con uno* one is enough; *¡basta!* that's enough!

bastos mpl suit in Spanish deck of cards

basura f tb fig trash, Br rubbish; *cubo de la ~* trash can, Br rubbish bin; *basurero* m garbage collector, Br dustman

bata f robe, Br dressing gown; MED (white) coat; TÉC lab coat

batalla f battle; **batallón** m

battalion

batata f BOT sweet potato

batería f MIL, ELEC, AUTO battery; MÚS drums, drum kit; ~ **de cocina** set of pans; **aparcar en** ~ AUTO parallel park

batida f de caza beating; de policía search

batido 1 adj camino well-trodden **2** m GASTR milkshake; **batidora** f mixer

batiente m jamb

batir beat; nata whip; récord break

batuta f MÚS baton; **llevar la** ~ fig F be the boss F

baúl m chest, trunk; L.Am. AUTO trunk, Br boot

bautismo m baptism, christening; **bautizar** baptize, christen; barco name; vino F water down; **bautizo** m baptism, christening

baya f berry

bayeta f cloth

baza f en naipes trick; fig trump card

bazar m hardware and fancy goods store; mercado bazaar

bazo m ANAT spleen

beatificar REL beatify; **beatitud** f beatitude; **beato 1** adj desp overpious **2** m, **-a** f desp over-pious person

bebé m baby

bebedor m, **-a** f drinker; beber drink; **bebida** f drink

beca f scholarship, grant

béchamel f béchamel (sauce)

beige beige

béisbol m baseball

belén m nativity scene

belga m/f & adj Belgian; **Bélgica** Belgium

Belice Belize; **beliceño 1** adj Belizean **2** m, **-a** f Belizean

bélico war atr; **belicoso** warlike, bellicose; fig persona belligerent

belleza f beauty; **bello** beautiful

bellota f BOT acorn

bemol m MÚS flat

bencina f benzine; Pe, Bol (gasolina) gas, Br petrol

bendecir bless

beneficencia f charity; **beneficiar** benefit; Rpl ganado slaughter; **beneficiarse** benefit (**de, con** from); **beneficio** m benefit; COM profit; Rpl slaughterhouse; C.Am. coffee-processing plant; **en** ~ **de** in aid of; **beneficioso** beneficial; **benéfico** charity atr

benévolo benevolent, kind; (indulgente) lenient

benigno MED benign

berberecho m ZO cockle

berenjena f egg plant, Br aubergine

bermudas mpl, fpl Bermuda shorts

berro m BOT watercress

berza f BOT cabbage

besar kiss; **beso** m kiss

bestia 1 f beast **2** m/f fig F brute F; mujer bitch F; **bestial** F tremendous F; **bestialidad** f act of cruelty

besugo *m* ZO bream; *fig* F idiot

besuquear F smother with kisses

betún *m* shoe polish

biberón *m* baby's bottle

Biblia *f* Bible; **bíblico** biblical

biblioteca *f* library; *mueble* bookcase; **bibliotecario** *m*, **-a** *f* librarian

bicarbonato *m*: ~ **(de sodio)** bicarbonate of soda

bicho *m* bug; *(animal)* creature; *fig* F nasty piece of work; ~**s** vermin; **¿qué ~ te ha picado?** what's eating you?

bici *f* F bike; **bicicleta** *f* bicycle; **ir o montar en** ~ go cycling; ~ **de montaña** mountain bike

bidé *m* bidet

bidón *m* drum

biela *f* TÉC connecting rod

bien 1 *m* good; ~**es** goods, property; ~**es de consumo** consumer goods; ~**es inmuebles** real estate **2** *adv* well; *(muy)* very; **más** ~ rather; **o ~... o...** either ... or ...; **¡está...!** it's OK!, it's alright!; **¡~ hecho!** well done!

bienal 1 *adj* biennial **2** *f* biennial event

bienaventurado REL blessed; **bienestar** *m* well-being; **bienhechor 1** *adj* beneficent **2** *m* benefactor; **bienvenida** *f* welcome; **dar la** ~ **a alguien** welcome to so.; **bienvenido**

welcome

bife *m Rpl* steak

biftec *m* steak

bifurcarse *v/r* fork

bigamia *f* bigamy

bigote *m* moustache, *Br* moustache; ~**s** *de gato etc* whiskers

bigudí *m* hair curler

bikini *m* bikini

bilateral bilateral

bilingüe bilingual

bilis *f* bile; *fig* F bad mood

billar *m* billiards; ~ **americano** pool

billete *m* ticket; ~ **abierto** open ticket; ~ **de autobús** bus ticket; ~ **de banco** bill, *Br* banknote; ~ **de ida,** ~ **sencillo** one-way ticket, *Br* single (ticket); ~ **de ida y vuelta** round-trip ticket, *Br* return (ticket); **billetero** *m* billfold, *Br* wallet

billón *m* trillion

bimensual twice-monthly

bimotor 1 *adj* twin-engined **2** *m* twin-engined plane

biodegradable biodegradable

biografía *f* biography; **biográfico** biographical

biología *f* biology; **biológico** biological; AGR organic

biombo *m* folding screen

biopsia *f* MED biopsy

biquini *m* bikini

birria *f* F piece of junk F; **va hecha una** ~ F she looks a real mess

bis *m* encore; **9** ~ 9A

bisabuela *f* great-grandmother; **bisabuelo** *m* great-grandfather

bisagra *f* hinge

bisiesto: **año** ~ leap year

bisnieta *f* great-granddaughter; **bisnieto** *m* great-grandson

bisoñé *m* hairpiece, toupee

bisté, bistec *m* steak

bisturí *m* MED scalpel

bisutería *f* costume jewelry *o* *Br* jewellery

bizco cross-eyed

bizcocho *m* sponge (cake)

blanca *f* *persona* white; MÚS half-note, *Br* minim; **estar** **sin** ~ *fig* F be broke F; **blanco** 1 *adj* white; (*sin escrito*) blank; *arma* *-a* knife 2 *m* *persona* white; (*diana*), *fig* target; **dar en el** ~ hit the nail on the head; **Blancanieves** *f* Snow White; **blancura** *f* whiteness

blando soft; **blandura** *f* softness

blanquear whiten; *pared* whitewash; *dinero* launder

blasfemar curse, swear; REL blaspheme; **blasfemia** *f* REL blasphemy

blindado armored, *Br* armoured; *puerta* reinforced; ELEC shielded; **blindaje** *m* de vehículo armor *o* *Br* armour plating

bloc *m* pad

bloque *m* block; POL bloc; ~ **de apartamentos** apartment building, *Br* block of flats; **en** ~ en masse; blo-

quear block; DEP obstruct; (*atascar*) jam; MIL blockade; COM freeze; **bloqueo** *m* blockade

blusa *f* blouse

boa *f* boa constrictor

boato *m* ostentation

bobada *f* piece of nonsense

bobina *f* bobbin; FOT reel, spool; ELEC coil

bobo 1 *adj* silly, foolish 2 *m*, -a *f* fool

boca *f* mouth; ~ **a** ~ mouth to mouth; ~ **de metro** subway entrance; ~ **abajo** face down; ~ **arriba** face up; **se me hace la** ~ **agua** my mouth is watering; **bocacalle** *f* side street; **bocadillo** *m* sandwich; **bocado** *m* mouthful, bite; **bocajarro:** **a** ~ at point-blank range; *fig* point point-blank; **bocazas** *m/f* *inv* F loudmouth F

boceto *m* sketch

bochorno *m* sultry weather; *fig* embarrassment; **bochornoso** *tiempo* sultry; *fig* embarrassing

bocina *f* MAR, AUTO horn

bocio *m* MED goiter, *Br* goitre

boda *f* wedding

bodega *f* wine cellar; MAR, AVIA hold; *L.Am.* bar; *C.Am., Pe, Bol* grocery store

bodegón *m* PINT still life

bofetada *f* slap

boga *f*: **estar en** ~ *fig* be in fashion

boicot *m* boycott; **boicotear** boycott

boina *f* beret

boj *m* BOT box

bola *f* ball; TÉC ball bearing; *de helado* scoop; F (*mentira*) fib F; *~ de nieve* snowball

bolera *f* bowling alley

bolero 1 *m* MÚS bolero **2** *m/f Méx* F bootblack

boleta *f L.Am.* ticket; (*pase*) passt; (*voto*) ballot paper; **boletería** *f L.Am.* ticket office; *en cine, teatro* box office; **boletero** *m*, **-a** *f L.Am.* ticket clerk; *en cine, teatro* box office employee

boletín *m* bulletin, report; *~ de evaluación* report card; *~ meteorológico* weather report; **boleto** *m L.Am.* ticket; *~ de autobús L.Am.* bus ticket; *~ de ida y vuelta L.Am.*, *~ redondo Méx* round-trip ticket, *Br* return

bólido *m fig* racing car

bolígrafo *m* ball-point pen

Bolivia Bolivia; **boliviano 1** *adj* Bolivian **2** *m*, **-a** *f* Bolivian

bollería *f* bakery

bollo *m* bun; (*abolladura*) bump

bolo *m* pin; *C.Am.*, *Méx* christening present; **bolos** *mpl* bowling

bolsa *f* bag; COM stock exchange; *L.Am.* (*bolsillo*) pocket; *~ de agua caliente* hot-water bottle

bolsillo *m* pocket; *meterse a alguien en el ~* F win s.o. over; **bolso** *m* purse, *Br* handbag

bomba *f* bomb; TÉC pump; *S.Am.* gas station; *~ de relojería* time bomb; *caer como una ~ fig* F come as a bombshell; *pasarlo ~* F have a great time; **bombardear** bomb; **bombardero** *m* bomber; **bombear** *líquido* pump; *balón* lob

bombero *m*, **-a** *f* firefighter

bombilla *f* light bulb; *Rpl* metal straw for the mate gourd

bombo *m* MÚS bass drum; TÉC drum

bombón *m* chocolate; *fig* F babe F; **bombona** *f* cylinder; **bombonería** *f* candy store, *Br* sweet shop

bonachón good-natured

bonaerense 1 *adj* of Buenos Aires, Buenos Aires *atr* **2** *m/f* native of Buenos Aires

bondad *f* goodness, kindness; *tenga la ~ de* please be so kind as to; **bondadoso** caring

boniato *m* sweet potato

bonificación *f* (*gratificación*) bonus; (*descuento*) discount; **bonificar** (*gratificar*) give a bonus to; (*descontar*) give a discount of

bonito 1 *adj* pretty **2** *m* ZO tuna

bono *m* voucher; COM bond

boquerón *m* anchovy

boquiabierto *fig* F speechless

boquilla *f* MÚS mouthpiece; *de manguera* nozzle

borbotar bubble

borda f MAR gunwale; ***echar por la* ~** throw overboard

bordado 1 adj embroidered **2** m embroidery; **bordar** embroider; **~ algo** fig do sth brilliantly

borde m edge; **al ~ de** fig on the verge o brink of

bordillo m curb, Br kerb

bordo m: **a ~** on board

borla f tassel

borrachera f drunkenness; **agarrar una ~** get drunk; **borracho 1** adj drunk **2** m, -a f drunk

borrador m eraser; *de texto* draft; (*boceto*) sketch; **borrar** erase; INFOR tb delete; *pizarra* clean; *recuerdo* blot out

borrasca f area of low pressure

borrego m lamb

borrón m blot; *mancha extendida* smudge; ***hacer ~ y cuenta nueva*** fig wipe the slate clean; **borroso** blurred, fuzzy

bosque m wood; *grande* forest

bosquejar *dibujo* sketch; fig *plan* outline; **bosquejo** m sketch; fig outline

bostezar yawn; **bostezo** m yawn

bota f boot; **~ de montar** riding boot

botadura f MAR launch

botánica f botany; **botánico 1** adj botanical **2** m, -a f botanist

botar 1 v/t MAR launch; *pelota* bounce; L.Am. (*echar*) throw; L.Am. (*desechar*) throw out; L.Am. (*despedir*) fire **2** v/i *de pelota* bounce

bote m (*barco*) boat; L.Am. (*lata*) can; (*tarro*) jar; **~ de la basura** Méx trash can, Br rubbish bin; **~ salvavidas** lifeboat; **de ~ en ~** packed out

botella f bottle

botellero m wine rack

botica f pharmacy, Br tb chemist's (shop); **boticario** m, -a f pharmacist, Br tb chemist

botijo m container with a spout for drinking from

botín m loot; *calzado* ankle boot

botiquín m medicine chest; *estuche* first-aid kit

botón m button; BOT bud; **botones** m inv bellhop, bellboy

bóveda f vault

bovino bovine

boxeador m, **-a** f boxer; **boxear** box; **boxeo** m boxing

boya f buoy; *de caña* float; **boyante** fig buoyant

bozal m *para perro* muzzle

bracero m, **-a** f agricultural laborer o Br labourer; **de ~** arm in arm

bragas fpl panties

braguета f fly

bramar roar; *del viento* howl; **bramido** m roar

brandy m brandy

bruto

branquia f ZO gill

brasa f ember; **a la ~** GASTR char-broiled, Br char-grilled; **brasero** m brazier; eléctrico electric heater

Brasil Brazil; **brasileño 1** adj Brazilian **2** m, -a f Brazilian

bravo animal fierce; mar rough; persona brave; L.Am. (furioso) angry; **¡~!** well done!; en concierto etc bravo!; **bravura** f de animal ferocity; de persona bravery

braza f breaststroke; **brazalete** m bracelet; (banda) armband; **brazo** m arm; **con los ~s abiertos** with open arms

brea f tar, pitch

brecha f breach; fig F gap; MED gash F

bregar struggle; trabajar work hard

breve brief; **en ~** shortly; **brevedad** f briefness, brevity

brezo m BOT heather

bribón m, -ona f rascal

bricolaje m do-it-yourself, DIY

brida f de caballo bridle; TÉC clamp; **a toda ~** at top speed

brillante 1 adj bright; fig brilliant **2** m diamond; **brillar** fig shine; **brillo** m shine; de estrella, luz brightness; **dar o sacar ~ a algo** polish sth; **brillantez** f brilliance

brincar jump up and down; **brinco** m F leap, bound; **dar ~s** jump

brindar 1 v/t offer **2** v/i drink a toast (**por** to); **brindis** m inv toast

brío m fig F verve, spirit; **brioso** F spirited, lively

brisa f MAR breeze

británico 1 adj British **2** m, -a f Briton, Brit F

broca f TÉC drill bit

brocado m brocade

brocha f brush

broche m brooch, Br brooch; (cierre) fastener; L.Am. (pinza) clothes pin

broma f joke; **en ~** as a joke; **gastar ~s** play jokes; **bromear** joke; **bromista** m/f joker

bronca f F telling off F; Méx P fight

bronce m bronze; **bronceado 1** adj tanned **2** m suntan; **bronceador** m suntan lotion; **broncearse** get a tan

bronco voz harsh, gruff

bronquial bronchial; **bronquios** mpl bronchial tubes; **bronquitis** f bronchitis

brotar BOT sprout, bud; fig appear, arise; **brote** m BOT shoot; MED, fig outbreak; **~s de bambú** bamboo shoots; **~s de soja** beansprouts

bruja f witch; **brujo** m wizard; **brujería** f witchcraft

brújula f compass

bruma f mist; **brumoso** misty

brusco sharp, abrupt

brutal brutal; P fiesta incredible F; **brutalidad** f brutality; **bruto 1** adj brutish; (inculto) ignorant; (*torpe*) clumsy; COM gross **2** *m*, **-a** *f* brute, animal

bucal oral

buceador *m*, **~a** *f* diver; **bucear** dive; *fig* delve (**en** into)

buche *m* de ave crop; de persona F belly F

bucle *m* (*rizo*) curl; INFOR loop

budín *m* pudding

budismo *m* Buddhism

buenaventura *f* fortune

bueno good; (*bondadoso*) kind; (*sabroso*) nice; **por las -as** willingly; **de -as a primeras** without warning; **ponerse ~** get well; **¡~!** well!; **¿~?** *Méx* hello; **-a voluntad** goodwill; **¡-as!** hello!; **~s días** good morning; **-as noches** good evening; **-as tardes** good evening

buey *m* ox

búfalo *m* buffalo

bufanda *f* scarf; *fig* F perk

bufete *m* lawyer's office

buhardilla *f* attic

búho *m* owl

buitre *m* vulture

bujía *f* AUTO spark plug

bulbo *m* bulb

Bulgaria *f* Bulgaria; **búlgaro 1** *adj* Bulgarian **2** *m*, **-a** *f* Bulgarian **3** *m idioma* Bulgarian

bullicio *m* din; (*actividad*) bustle; **bullir** boil; de lugar swarm (**de** with)

bulo *m* F rumor, *Br* rumour

bulto *m* package; MED lump;

en superficie bulge; (*silueta*) vague shape; (*pieza de equipaje*) piece of baggage

buñuelo *m Esp* fritter

buque *m* ship; **~ de guerra** warship

burbuja *f* bubble

burdel *m* brothel

burdo rough

burgués 1 *adj* middle-class, bourgeois **2** *m*, **-esa** *f* member of the bourgeoisie; **burguesía** *f* middle class, bourgeoisie

burla *f* joke; (*engaño*) trick; **hacer ~ de alguien** make fun of s.o.; **burlar** F get around; **burlarse** make fun (**de** of); **burlesco** *tono* joking; *gesto* rude

burlón 1 *adj* mocking **2** *m*, **-ona** *f* mocker

burocracia *f* bureaucracy; **burócrata** *m/f* bureaucrat; **burocrático** bureaucratic

burro *m* donkey

bus *m* bus

busca *f* search; **en ~ de** in search of **2** *m* F pager; **buscar** search for, look for; **búsqueda** *f* search

busto *m* bust

butaca *f* armchair; TEA seat

butano *m* butane

butifarra *f type of sausage*

buzo *m* diver

buzón *m* mailbox, *Br* postbox; INFOR mailbox; **~ de voz** TELEC voice mail; **buzoneo** *m* direct mailing

C

C (= *Centígrado*) C (= Centigrade); (= *compañía*) Co. (= Company); c (= *calle*) St. (= Street)

cabal: *no estar en sus ~es* not be in one's right mind

cabalgadura *f* mount; **cabalgar** ride; **cabalgata** *f* procession

caballa *f* ZO mackerel

caballería *f* MIL cavalry; (*caballo*) horse

caballería *f* MIL cavalry; (*caballo*) horse

caballero 1 *adj* gentlemanly **2** *m* gentleman; HIST knight; *trato* sir; **(servicio de) ~s** men's room, *en tienda de ropa* menswear; **caballeroso** gentlemanly

caballete *m* PINT easel; TÉC trestle

caballo *m* horse; *en ajedrez* knight; **balancín** rocking horse; **a ~ entre** halfway between; *montar o andar Rpl a ~* ride (a horse); *ir a ~* go on horseback

cabaña *f* cabin

cabaret *m* cabaret

cabecear **1** *v/i* nod **2** *v/t el balón* head; **cabecera** *f* head; *de periódico* masthead; *de texto* top

cabecilla *m/f* ringleader

cabellera *f* hair; *de cometa* tail

cabello *m* hair; **cabelludo** hairy

caber fit; *caben tres litros* it holds three liters; *cabemos todos* there's room for all of us; *no cabe duda* fig there's no doubt

cabestrillo *m* MED sling

cabestro *m* halter

cabeza *f* head; *~ de ajo* bulb of garlic; *~ (de ganado)* head (of cattle); *~ nuclear* nuclear warhead; *el equipo a la ~ o en ~* the team at the top **2** *m/f*: *~ de familia* head of the family; *~ de turco* scapegoat; *~ rapada* skinhead

cabezota pig-headed

cabida *f* capacity; *dar ~ a* hold

cabina *f* cabin; *~ telefónica* phone booth

cabizbajo dejected

cable *m* ELEC cable; MAR line, rope; *echar un ~ a alguien* give s.o. a hand; *cablear* wire up

cabo *m* end; GEOG cape; MAR rope; MIL corporal; *al ~ de* after; *de ~ a rabo* F from start to finish; *llevar a ~* carry out

cabra *f* goat; *estar como una ~* F be nuts F; *cabrearse* P get mad F; *cabritilla* *f* kid (skin)

cabrón *m* V bastard P, son of a bitch V

cacahuate m Méx peanut

cacahuete m peanut

cacao m cocoa; **de labios** lip salve

cacarear 1 v/i de gallo crow; de gallina cluck **2** v/t F crow about F

cacería f hunt

cacerola f pan

cacharro m pot; Méx, C.Am. F (trasto) piece of junk; Méx, C.Am. F coche junkheap; **lavar los ~s** Méx, C.Am. wash the dishes

cachear frisk; **cacheo** m frisk

cachete m cheek

cacho m F bit; Rpl (cuerno) horn; Ven, Col F (marijuana) joint F; **jugar al ~** Bol, Pe play dice

cachondeo m: **estar de ~** F be joking; **tomar a ~** F take as a joke; **cachondo** F (caliente) horny F; (gracioso) funny

cachorro m pup

cacique m chief; POL local political boss; fig F tyrant

caco m F thief

cactus m inv cactus

cada each; con énfasis en la totalidad every; **~ uno**, **~ cual** each one; **~ vez** every time, each time; **~ vez más** more and more; **~ tres días** every three days; **uno de ~ tres** one out of every three

cadáver m (dead) body, corpse

cadena f chain; de perro leash; TV channel; **~ perpe-** **tua** life sentence

cadencia f MÚS rhythm

cadera f hip

cadete m MIL cadet; Rpl, Chi office junior, errand boy

caducar expire; **caducidad** f: **fecha de ~** expiration date, Br expiry date; de alimentos, medicinas use-by date; **caduco** BOT deciduous; persona senile; belleza faded

caer fall; **me cae bien / mal** fig I like / don't like him; **dejar ~** drop sth; **estar al ~** be about to arrive; **~ enfermo** fall ill

café m coffee; (bar) café; **~ instantáneo** instant coffee; **~ solo** black coffee; **cafeína** f caffeine; **cafetera** f coffee maker; para servir coffee pot; **cafetería** f coffee shop

cagar V have a shit P; **cagarse** shit o.s. P

caída f fall

caído 1 adj fallen; hombros sagging; **~ de ánimo** downhearted **2** mpl: **los ~s** MIL the fallen

caimán m ZO alligator; Méx, C.Am. útil monkey wrench

caja f box; de reloj, ordenador case; COM cash desk; en supermercado checkout; **~ de ahorros** savings bank; **~ de cambios** gearbox; **~ de caudales**, **~ fuerte** safe; **~ de cerillas** matchbox; **~ de música** music box; **~ postal** post office savings bank; **~ registradora** cash register; **cajero**

                                        calmante

m, **-a** *f* cashier; *de banco* teller; **~ automático** ATM

cajón *m* drawer; *L.Am.* casket, coffin

cal *f* lime

cala *f* cove

calabacín *m* zucchini, *Br* courgette; **calabaza** *f* pumpkin

calabozo *m* cell

calado soaked

calamar *m* squid

calambre *m* ELEC shock; MED cramp

calamidad *f* calamity

calar 1 *v/t (mojar)* soak; *persona, conjura* see through **2** *v/i de zapato* leak; *de ideas* take root; **~ hondo en** make a big impression on; **calarse** *de motor* stall; **~ hasta los huesos** get soaked to the skin

calavera *f* skull

calcar trace

calceta *f*: **hacer ~** knit; **calcetín** *m* sock

calcio *m* calcium

calco *m* tracing; *fig* copy

calcomanía *f* decal, *Br* transfer

calculable calculable; **calculadora** *f* calculator; **calcular** *tb fig* calculate; **cálculo** *m* calculation; MED stone; **~ biliar** gallstone; **~ renal** kidney stone

caldear warm up; *ánimos* inflame

caldera *f* boiler; *Rpl, Chi* kettle; **calderilla** *f* small change

calderón *m* MÚS *tb* signo

pause

caldo *m* GASTR stock; **~ de cultivo** *fig* breeding ground

calefacción *f* heating; **~ central** central heating; **calefactor** *m* heater

calendario *m* calendar; *(programa)* schedule

calentador *m* heater; **~ de agua** water heater; **calentamiento** *m*: **~ global** global warming; **calentar** heat (up); **~ a alguien** *fig* provoke s.o.; **calentura** *f* fever

calidad *f* quality; **en ~ de médico** as a doctor

cálido *tb fig* warm

caliente hot; F *(cachondo)* horny F; **en ~** in the heat of the moment

calificación *f* description; EDU grade, *Br* mark; **calificado** qualified; *trabajador* skilled; **calificar** describe *(de* as); EDU grade, *Br* mark; **calificativo 1** *adj* qualifying **2** *m* description

callado quiet; **callar 1** *v/i* go quiet; *(guardar silencio)* be quiet; **¡calla!** be quiet!, shut up! **2** *v/t* silence

calle *f* street; DEP lane; **callejón** *m* alley; **~ sin salida** blind alley; *fig* dead end; **callejear** stroll (around the streets); **callejero 1** *adj* street *atr* **2** *m* street directory

callista *m/f* podiatrist, *Br* chiropodist

callo *m* callus; **~s** GASTR tripe

calma *f* calm; **calmante 1**

soothing **2** *m* MED sedative;
calmar calm (down)

calor *m* heat; *fig* warmth; **ha-ce mucho ~** it's very hot; **tengo ~** I'm hot; **caloría** *f* calorie

calumnia *f* oral slander; *por escrito* libel; **calumniar** *oralmente* slander; *por escrito* libel; **calumnioso** oral slanderous; *por escrito* libelous, *Br* libellous

caluroso hot; *fig* warm

calva *f* bald patch

calvicie *f* baldness; **calvo 1** *adj* bald **2** *m* bald man

calzada *f* road (surface); **calzado** *m* footwear; **calzador** *m* shoe horn

calzón *m* DEP shorts *pl*; *L.Am. de hombre* shorts *pl*, *Br* (under)pants *pl*; *L.Am. de mujer* panties *pl*

calzoncillos *mpl* shorts, *Br* (under)pants

cama *f* bed; **~ de matrimonio** double bed; **irse a la ~** go to bed

camaleón *m* chameleon

cámara *f* FOT, TV camera; (*sala*) chamber; **~ de comercio e industria** chamber of commerce and industry; **a ~ lenta** in slow motion; **~ de vídeo** video camera

camarada *m/f* comrade; *de trabajo* colleague, co-worker

camarera *f* waitress; **camarero** *m* waiter

camarón *m L.Am.* shrimp, *Br* prawn

camarote *m* MAR cabin

cambiable changeable; **cambiante** changing; *tiempo* changeable; **cambiar 1** *v/t* change (**por** for); *compra* exchange (**por** for) **2** *v/i* change; **~ de lugar** change places; **~ de marcha** AUTO shift gear, *Br* change gear; **cambiarse** change; **~ de ropa** change (one's clothes); **cambio** *m* change; COM exchange rate; **~ de marchas** AUTO gear shift, *Br tb* gear change; **~ de sentido** U--turn; **a ~ de** in exchange for; **en ~** on the other hand

camello **1** *m* ZO camel **2** *m/f* F (*vendedor de drogas*) dealer

camerino *m* TEA dressing room

camilla *f* stretcher

caminar walk; *fig* move; **caminando** on foot; **camino** *m* (*senda*) path; (*ruta*) way; **a medio ~** halfway; **de ~ a** on the way to; **por el ~** on the way; **abrirse ~** *fig* make one's way; **ir por buen / mal ~** *fig* be on the right / wrong track; **ponerse en ~** set out

camión *m* truck, *Br tb* lorry; *Méx* bus; **camionero** *m*, -a *f* truck driver, *Br tb* lorry driver; *Méx* bus driver; **camioneta** *f* van

camisa *f* shirt; **camiseta** *f* T--shirt; **camisón** *m* nightdress

camorra *f* F fight; **armar ~** cause trouble

campamento *m* camp

campana *f* bell; **~ extractora** extractor hood; **campanada** *f* chime; **campanario** *m* bell tower

campaña *f* campaign

campechano down-to-earth

campeón *m*, **-ona** *f* champion; **campeonato** *m* championship; **de ~** *f* terrific *F*

campesino 1 *adj* rural, country *atr* 2 *m*, **-a** *f* farmer; *muy pobre* peasant; **campestre** rural, country *atr*

camping *m* campground, *Br tb* campsite

campista *m/f* camper

campo *m* field; DEP field, *Br tb* pitch; (*estadio*) stadium, *Br tb* ground; **el ~** (*área rural*) the country; **~ de batalla** battlefield; **~ de golf** golf course; **~ visual** MED field of vision; **a ~ traviesa**, **a ~ través** cross-country

camposanto *m* cemetery

camuflaje *m* camouflage; **camuflar** camouflage

cana *f* gray *o Br* grey hair

Canadá Canada; **canadiense** *m/f & adj* Canadian

canal *m* channel; TRANSP canal; **canalizar** channel

canalla *m* swine *F*, rat *F*

canalón *m* gutter

Canarias *fpl* Canaries; **Islas ~** Canary Islands

canario 1 *adj* Canary *atr* 2 *m* ZO canary

canasta *f* basket; *juego* canasta; **canasto** *m* basket

cancelar cancel; *deuda, cuen-ta* settle, pay

cáncer *m* cancer; **Cáncer** *m/f inv* ASTR Cancer

cancha *f* DEP court; *L.Am. de fútbol* field, *Br tb* pitch; **~ de tenis** tennis court; **¡~!** *Rpl* F gangway! F

canciller *m* Chancellor; *S.Am. de asuntos exteriores* Secretary of State, *Br* Foreign Minister

canción *f* song; **siempre la misma ~** F the same old story F

candado *m* padlock

candela *f L.Am.* fire; **¿me das ~?** have you got a light?

candelero *m*: **estar en el ~** be in the limelight

candidato *m*, **-a** *f* candidate; **candidatura** *f* candidacy

cándido naive

canela *f* cinnamon

cangrejo *m* crab

canguro 1 *m* ZO kangaroo 2 *m/f* F baby-sitter

canica *f* marble

canilla *f L.Am.* faucet, *Br* tap

canje *m* exchange; **canjear** exchange (**por** for)

canoa *f* canoe

canonizar canonize

cansado tired; **cansar** tire; (*aburrir*) bore; **cansarse** get tired; (*aburrirse*) get bored; **~ de algo** get tired of sth

cantábrico: (**mar**) **Cantábrico** Bay of Biscay

cantante *m/f* singer; **cantar 1** *v/t & v/i* sing 2 *m*: **ése es otro**

cántaro

~ *fig* F that's a different story

cántaro *m* pitcher; **llover a ~s** F pour down

cantautor *m*, **~a** *f* singer--songwriter

cantera *f* quarry

cantidad *f* quantity; amount; **había ~ de** there was (*pl* were) a lot of

cantimplora *f* water bottle

cantina *f* canteen

canto[1] *m* singing; *de pájaro* song

canto[2] *m* edge; (*roca*) stone; **~ rodado** boulder

cantor 1 *adj* singing; **niño ~** choirboy; **pájaro ~** songbird 2 *m*, **~a** *f* singer

caña *f* BOT reed; (*tallo*) stalk; *cerveza* small glass of beer; *L.Am.* straw; **muebles de ~** cane furniture; **~ de azúcar** sugar cane; **~ de pescar** fishing rod

cáñamo *m* hemp; *L.Am.* marijuana plant

cañería *f* pipe

caño *m* pipe; *de fuente* spout

cañón 1 *m* cannon; *antiaéreo, antitanque etc* gun; *de fusil* barrel; GEOG canyon 2 *adj* F fantastic F

caoba *f* mahogany

caos *m* chaos; **caótico** chaotic

capa *f* layer; *prenda* cloak; **~ de ozono** ozone layer; **~ de pintura** coat of paint

capacidad *f* capacity; (*aptitud*) competence

capataz *m* foreman; **capata-**

za *f* forewoman

capaz able (**de** to); **ser ~ de** be capable of

capilar capillary *atr*; **loción ~** hair *atr*

capilla *f* chapel; **~ ardiente** chapel of rest

capital 1 *adj importancia* prime; **pena ~** capital punishment 2 *f de país* capital 3 *m* COM capital; **capitalismo** *m* capitalism; **capitalista** 1 *adj* capitalist 2 *m/f* capitalist

capitán *m* captain; **capitanear** captain

capitulación *f* capitulation, surrender; (*pacto*) agreement; **capitular** surrender, capitulate

capítulo *m* chapter

capó *m* AUTO hood, *Br* bonnet

capota *f* AUTO top, *Br* hood

capricho *m* whim; **caprichoso** capricious

Capricornio *m/f inv* ASTR Capricorn

cápsula *f* capsule; **~ espacial** space capsule

captar understand; RAD pick up; *negocio* take; **captura** *f* capture; *en pesca* catch; **tasa de ~s** fishing quota; **capturar** capture

cara *f* face; (*expresión*) look; *fig* nerve; **~ a algo** facing sth; **~ a** face to face; **de ~ a** facing; *fig* with regard to; **dar la ~** face the consequences; **echar algo en ~ a**

alguien remind s.o. of sth;
tener buena / mala ~ de comida look good / bad; *de persona* look well / sick; **~ o cruz** heads or tails

caracol *m* snail; **¡~es!** wow! F; *enfado* damn! F

carácter *m* character; **característica** *f* characteristic; **característico** characteristic (*de* of); **caracterizar** characterize; TEA play

caradura *m/f* F guy / woman with a nerve, *Br* cheeky devil F

carajillo *m* coffee with a shot of liquor

caramba wow!; *enfado* damn! F

caramelo *m dulce* candy, *Br* sweet; (*azúcar derretida*) caramel

carátula *f* (*remolque*) trailer, *Br* caravan; *de tráfico* traffic jam; *Méx* (*reverencia*) bow

caray F wow! F; *enfado* damn! F

carbohidrato *m* carbohydrate

carbón *m* coal; **carbonizar** char; **carbono** *m* carbon **carburador** *m* AUTO carburetor, *Br* carburettor; **carburante** *m* fuel

carcajada *f* laugh, guffaw; **reír a ~s** roar with laughter

cárcel *f* prison; **carcelero** *m*, **-a** *f* warder, jailer

carcoma *f* woodworm

cardenal *m* REL cardinal; (*hematoma*) bruise

cardíaco, cardiaco cardiac; **cardiólogo** *m*, **-a** *f* cardiologist

cardo *m* BOT thistle

carecer ~ de algo lack sth; **carencia** *f* lack (*de* of)

careo *m* confrontation

carestía *f* high cost

careta *f* mask

carga *f* load; *de buque* cargo; MIL, ELEC charge; (*responsabilidad*) burden; **~ fiscal** *o* **impositiva** tax burden; **ser una ~ para alguien** be a burden to s.o.; **cargado** loaded (*de* with); *aire* stuffy; *ambiente* tense; *café* strong; **cargamento** *m* load; **cargar 1** *v/t arma, camión* load; *batería, acusado* charge; COM charge (*en* to); *L.Am.* (*traer*) carry; **esto me carga** *L.Am.* P I can't stand this **2** *v/i* (*apoyarse*) rest (*sobre* on); (*fastidiar*) be annoying; **~ con algo** carry sth; **cargarse con peso, responsabilidad** weigh o.s. down; F (*matar*) bump off F; F (*romper*) wreck F

cargo *m* position; JUR charge; **alto ~** *persona* high-ranking official; **está a ~ de Gómez** Gómez is in charge of it; **hacerse ~ de algo** take charge of sth

Caribe *m* Caribbean; **caribeño** Caribbean

caricatura *f* caricature

caricia *f* caress

caridad f charity

caries f MED caries

cariño m affection, fondness; **hacer ~ a alguien** L.Am. (acariciar) caress s.o.; (abrazar) hug s.o.; **¡~!** darling!; **con ~** with love; **cariñoso** affectionate

carioca of / from Rio de Janeiro

caritativo charitable

carlinga f cockpit

carnaval m carnival

carne f meat; de persona flesh; **~ de gallina** fig goose bumps pl; **~ picada** ground meat, Br mince

carnero m ram

carnet m card; **~ de conducir** driver's license, Br driving licence; **~ de identidad** identity card

carnicería f butcher's; fig carnage; **carnicero**, -a f butcher

caro expensive, dear; **costar ~** fig cost dear

carpa f de circo big top; ZO carp; L.Am. para acampar tent; L.Am. de mercado stall

carpeta f file

carpintería f carpentry; de obra joinery; **carpintero** m carpenter; de obra joiner

carrera f race; EDU course; profesional career; **a las ~s** at top speed; **~s de coches** motor racing

carreta f cart; **carrete** m FOT (roll of) film; **~ de hilo** reel of thread

carretera f highway, (main) road; **~ de circunvalación** beltway, Br ring road; **carretilla** f wheelbarrow

carril m lane; **~-bici** cycle lane; **~-bus** bus lane

carrito m cart, Br trolley; **~ de bebé** buggy; **carro** m cart; L.Am. car; L.Am. (taxi) taxi, cab; **~ de combate** tank; **~-patrulla** L.Am. patrol car

carrocería f AUTO bodywork

carta f letter; GASTR menu; (naipe) (playing) card; (mapa) chart; **~ certificada o registrada** registered letter; **~ urgente** special-delivery letter; **a la ~** a la carte; **dar ~ blanca a alguien** give s.o. carte blanche; **poner las ~s boca arriba** put one's cards on the table; **carta-bomba** f letter bomb; **cartabón** m set square

cartel m poster; **estar en ~** de película be on

cartelera f billboard; de periódico listings pl

cartera f wallet; (maletín) briefcase; COM, POL portfolio; de colegio knapsack, Br satchel; L.Am. purse, Br handbag; **mujer** mailwoman, Br postwoman; **cartero** m mailman, Br postman

cartón m cardboard; de tabaco carton; **~ piedra** pap(i)er-mâché

cartucho m de arma cartridge

cartuja f monastery

casa f house; (hogar) home;

en ~ at home; *a casa* home; *voy a casa de Marta* I'm going to Marta's (house); ~ *cuna* children's home; ~ *de huéspedes* rooming house, Br boarding house; ~ *matriz* head office; ~ *de socorro* first aid post

casado married; **casamiento** *m* marriage; **casar** *fig* match (up); ~ *con* go with; **casarse** get married; ~ *con alguien* marry s.o.

cascada *f* waterfall

cascanueces *m inv* nutcrackers

cascar crack; *algo quebradizo* break; *fig* F whack F; ~*la* peg out F

cáscara *f* de huevo shell; *de naranja, limón* peel

casco *m* helmet; *de barco* hull; *(botella vacía)* empty (bottle); *edificio* empty building; *de caballo* hoof; *de vasija* fragment; ~*s (auriculares)* headphones; ~ *urbano* urban area; ~*s azules* MIL blue berets, UN peacekeeping troops

casera *f* landlady; **casero 1** *adj* home-made; *comida -a* home cooking **2** *m* landlord

caseta *f* hut; *de feria* stall

casete *m (also f)* cassette

casi almost, nearly; *en frases negativas* hardly

casilla *f* en formulario box; *en tablero* square; *de correspondencia* pigeon hole; *S.Am.* post office box

casino *m* casino

caso *m* case; *en* ~ *de que*, ~ *de* in the event that, in case of; *hacer* ~ take notice; *en todo* ~ in any case, in any event; *en el peor de los* ~*s* if the worst comes to the worst; *en último* ~ as a last resort

caspa *f* dandruff

cassette *m (also f)* cassette

casta *f* caste

castaña *f* chestnut; **castaño 1** *adj* color chestnut, brown **2** *m* chestnut (tree); *color* chestnut, brown; **castañuela** *f* castanet; *estar como unas* ~*s* F be over the moon F

castellano 1 *adj* Castilian **2** *m*, *-a f* Castilian **3** *m* (Castilian) Spanish

castidad *f* chastity

castigar punish; **castigo** *m* punishment

castillo *m* castle; ~ *de fuegos artificiales* firework display

castizo pure

casto chaste

castor *m* beaver

castrar castrate; *fig* emasculate

casual chance *atr*; **casualidad** *f* chance, coincidence; *por o de* ~ by chance

catalán 1 *adj* Catalan **2** *m*, *-ana f* Catalan **3** *m idioma* Catalan

catalizador *m* catalyst; AUTO catalytic converter

catálogo *m* catalog, Br catalogue

catar taste

catarata f GEOG waterfall; MED cataract

catarro m cold; *inflamación* catarrh

catástrofe f catastrophe

catear F flunk F

cátedra f EDU chair

catedral f cathedral

catedrático m, -a f EDU head of department

categoría f category; *social, de local, restaurante* class; *(estatus)* standing; *actor de primera* first-rate actor; **categórico** categorical

catolicismo m (Roman) Catholicism; **católico 1** *adj* (Roman) Catholic **2** m, -a f (Roman) Catholic

catorce fourteen

catre m bed

caucho m rubber; *L.Am. (neumático)* tire, Br tyre

caución f guarantee, security

caudal m *de río* volume of flow; *fig* wealth

caudillo m leader

causa f cause; *(motivo)* reason; JUR lawsuit; *a ~ de* because of; *causar* cause

cáustico tb *fig* caustic

cautela f caution; **cauteloso** cautious

cautivar *fig* captivate; **cautiverio** m, **cautividad** f captivity; **cautivo 1** *adj* captive **2** m, -a f captive

cauto cautious

cava f cava, sparkling wine

cavar dig

caverna f cavern

caviar m caviar

cavidad f cavity

caza 1 f hunt; *actividad* hunting; **~** *mayor / menor* big / small game; *andar a la ~ de algo / alguien* be after sth / s.o. **2** m AVIA fighter; *cazador* m hunter; *cazadora f prenda* jacket; **~** *un buen trabajo* get o.s. a good job **2** *v/i* hunt; **2** **~** go hunting

cazo m saucepan

cazuela f pan; *de barro, vidrio* casserole

c/c (= *cuenta corriente*) C/A (= checking account)

CD m (= *disco compacto*) CD; *reproductor* CD-player; **CD-ROM** m CD-ROM

cebada f barley

cebar fatten; *anzuelo* bait; *L.Am. mate* prepare; *cebo* m bait

cebolla f onion; *cebolleta* f, **cebollino** m *planta* scallion, Br spring onion

cebra f zebra; *paso de ~* crosswalk, Br zebra crossing

cecear *en acento regional* pronounce Spanish "s" as "th"; *como defecto* lisp

ceder 1 *v/t* give up; *(traspasar)* transfer, cede; **~** *el paso* AUTO yield, Br give way **2** *v/i* give way, yield; *de viento, lluvia* ease off

cedro m cedar

cédula f L.Am. identity document

cegar blind; *tubería* block; **ceguera** f tb fig blindness

ceja f eyebrow

cejar give up

celador m, **~a** f orderly; *de cárcel* guard; *de museo* attendant

celda f cell

celebración f celebration; **celebrar** *misa* celebrate; *reunión, fiesta* have, hold; **célebre** famous; **celebridad** f fame; *persona* celebrity

celeste light blue, sky blue; **celestial** celestial; *fig* heavenly

celibato m celibacy; **célibe** m/f & adj celibate

celo m zeal; *(cinta adhesiva)* Scotch® tape, *Br* Sellotape®; **en ~** ZO in heat; **~s** jealousy; **tener ~s de** be jealous of; **celoso** jealous

célula f cell; **celular** cellular; **celulitis** f cellulite; **celulosa** f cellulose

cementerio m cemetery

cemento m cement

cena f dinner

cenar 1 v/t: **~ algo** have sth for dinner **2** v/i have dinner

cenicero m ashtray

Cenicienta f Cinderella

ceniza f ash; **~s** ashes

censo m census; **~ electoral** voting register, electoral roll; **censor** m, **~a** f censor; **censura** f censorship; **cen-**

surar censor; *tratamiento* condemn

centavo m cent

centella f spark; *(rayo)* flash of lightning

centenario 1 adj hundred-year-old *atr* **2** m centennial, *Br* centenary

centeno m BOT rye

centésimo 1 adj hundredth **2** m, **-a** f hundredth

centígrado centigrade; **centímetro** m centimeter, *Br* centimetre

céntimo m cent; **estar sin un ~** not have a red cent F

centinela m/f sentry; *de banda criminal* lookout

centolla f, **centollo** m ZO spider crab

central 1 adj central **2** f head office; **~ atómica** o **nuclear** nuclear power station; **~ eléctrica** power station; **~ telefónica** telephone exchange; **~ térmica** thermal power station; **centralita** f TELEC switchboard; **centralizar** centralize; **centrar** tb DEP centre, *Br* centre; *esfuerzos* focus (**en** on); **centrarse** concentrate (**en** on); **céntrico** central; **centrifugadora** f centrifuge; *para ropa* spin-dryer; **centrifugar** spin; **centro** m center, *Br* centre; **~ comercial** (shopping) mall, *Br* tb shopping centre; **~ urbano** *en señal* town center; **Centroamérica** Central

America; **centroamericano**
Central American
ceñido tight; **ceñirse:** ~ *a algo* fig stick to sth
cepa f de vid stock
cepillar brush; **cepillo** m
brush; ~ *de dientes* toothbrush
cepo m trap; AUTO Denver
boot, Br (wheel) clamp
cera f wax
cerámica f ceramics
cerca¹ f fence
cerca² adv near, close; *de* ~
close up; ~ *de* near, close
to; *(casi)* nearly
cercado m fence
cercanía f: *tren de* ~**s** suburban train; **cercano** nearby; ~
a close to, near to; **cercar**
surround; *con valla* fence in
cerciorarse make sure (*de*
of)
cerco m ring; de puerta frame;
L.Am. fence; *poner* ~ *a* lay
siege to
cerda f animal sow; fig F persona pig F; **cerdo** m hog,
Br pig; fig F persona pig F
cereal m cereal; ~**es** (breakfast) cereal
cerebelo m ANAT cerebellum;
cerebral cerebral; **cerebro**
m ANAT brain; fig: persona
brains sg
ceremonia f ceremony; **ceremonial** m/adj ceremonial;
ceremonioso ceremonious
cereza f cherry; **cerezo** m
cherry (tree)

cerilla f match
cero m zero, Br tb nought; *en
fútbol etc* zero, Br nil; *en tenis*
love; *bajo / sobre* ~ below / above zero; *empezar
desde* ~ fig start from
scratch
cerrado closed; persona narrow-minded; *(tímido)* introverted; *cielo* overcast; *curva
-a* tight curve; **cerradura** f
lock; **cerrajero** m, -a f locksmith; **cerrar 1** v/t close; *tubería* block; *grifo* turn off;
~ *con llave* lock **2** v/i close
cerro m hill
cerrojo m bolt; *echar el* ~ bolt
the door
certamen m competition
certero accurate
certeza f certainty
certidumbre f certainty
certificado 1 adj carta registered **2** m certificate; **certificar** certify; *carta* register
cervecería f bar
cerveza f beer; ~ *de barril* o
de presión draft, Br draught
(beer); *fábrica* ~ brewery
cesación f cessation; **cesar**
stop; *no* ~ *de hacer algo*
keep on doing sth; *sin* ~
non-stop
cesárea f MED Cesarean, Br
Caesarean
cese m cessation
cesión f transfer
césped m lawn
cesta f basket; ~ *de la compra* shopping basket; **cesto**
m large basket

chabacano vulgar, tacky F

chabola f shack; *barrio de ~s* shanty town

chacal m jackal

chacha f F maid

cháchara f chatter

chafar squash; *cosa erguida* flatten; F *planes etc* ruin

chaflán m corner

chal m shawl

chalado F crazy (*por* about)

chalet m chalet; *~ adosado* house sharing one or more walls with other houses; *~ pareado* duplex, *Br* semi-detached house

chalupa f MAR small boat; *Méx* stuffed tortilla

chamaca f C.Am., Méx girl; **chamaco** m C.Am., Méx boy

chamba f Méx F job

champán m, **champaña** m champagne

champiñón m mushroom

champú m shampoo

chamuscar scorch; *pelo* singe

chance 1 m L.Am. chance; *dame ~* let me have a try **2** conj Méx perhaps

chancho m L.Am. hog, Br pig; *carne* pork

chanchullo m F trick, scam F

chancleta f thong; *S.Am.* F baby girl

chándal m sweats pl, Br tracksuit

chantaje m blackmail; **chantajear** blackmail

chanza f wisecrack

chapa f (*tapón*) cap; (*plancha*) sheet (of metal); (*insignia*) badge; AUTO bodywork; **chapado** plated; *~ a la antigua* old-fashioned

chaparro Méx small

chaparrón m downpour; fig F de insultos barrage

chapistería f AUTO body shop

chapotear splash

chapucear botch

chapucero 1 adj shoddy **2** m, -a f shoddy worker

chapurrear: *~ el francés* speak poor French

chapuza f shoddy piece of work; (*trabajo menor*) odd job

chapuzar duck; **chapuzarse** dive in; **chapuzón** m dip; *darse un ~* go for a dip

chaqué m morning coat; **chaqueta** f jacket; *~ de punto* cardigan; **chaquetón** m three-quarter length coat

charanga f brass band

charca f pond; **charco** m puddle

charcutería f delicatessen

charla f chat; *organizada* talk; **charlar** chat

charnela f hinge

charol m patent leather

chárter charter atr

chasco m joke; *llevarse un ~* be disappointed

chasis m inv AUTO chassis

chasquear click; *látigo* crack

chatarra f scrap; **chatarrero** m, -a f scrap merchant

chato nariz snub; L.Am. nivel

chaval *m* F kid F, boy; **chavala** *f* F kid F, girl

chaveta *f* TÉC (cotter) pin; **estar ~** F be nuts F; **perderla ~** F go off one's rocker F

checo 1 *adj* Czech 2 *m*, **-a** *f* Czech 3 *m idioma* Czech

cheque *m* check, Br cheque; **~ sin fondos** bad check (Br cheque); **~ de viaje** traveler's check, Br traveller's cheque; **chequear** check; **chequeo** *m* MED check-up; **chequera** *f* checkbook, Br chequebook

chic *m/adj* chic

chica *f* girl

chicharrones *mpl* cracklings, Br pork scratchings

chichón *m* bump

chicle *m* chewing gum

chico 1 *adj* small, little 2 *m* boy

chiflado F crazy F (**por** about)

Chile Chile; **chileno** 1 *adj* Chilean 2 *m*, **-a** *f* Chilean

chillar shriek; *de cerdo* squeal; **chillón** 1 *adj voz* shrill; *color* loud 2 *m*, **-ona** *f* loudmouth

chimenea *f* chimney; *de salón* fireplace

chimpancé *m* chimpanzee

China China; **china** *f* Chinese woman; Rpl serving girl; Rpl (*niñera*) nursemaid

chinche *f* ZO bedbug; L.Am. (*chincheta*) thumbtack, Br drawing pin

chincheta *f* thumbtack, Br

drawing pin

chinela *f* slipper

chinesco Chinese; **chino** 1 *adj* Chinese 2 *m* Chinese man; *idioma* Chinese; **trabajo de ~s** F hard work

chip *m* INFOR chip

chipirón *m* baby squid

chiquilla *f* girl, kid F; **chiquillo** *m* boy, kid F; **chiquillada** *f* childish trick

chirimoya *f* custard apple

chirona *f*: **en ~** F in the can F, inside F

chirriar squeak; **chirrido** *m* squeak

chisme *m* F bit of gossip; *objeto* doodad F, Br doodah F; **chismorrear** F gossip; **chismoso** 1 *adj* gossipy 2 *m*, **-a** *f* F gossip

chispa *f* spark; (*cantidad pequeña*) spot; *fig* F wit; **chispear** spark; *fig* sparkle; *de lluvia* spit

chisporrotear *de leña* crackle; *de aceite* spit

chiste *m* joke

chistera *f* top hat

chistoso funny

chivarse F rat F (**a** to); **chivato** *m*, **-a** *f* F stool pigeon F

chivo *m* ZO kid; C.Am., Méx wages *pl*

chocante startling; *que ofende* shocking; (*extraño*) odd; L.Am. (*antipático*) unpleasant; **chocar** crash (**con**, **contra** into); **~le a alguien** surprise s.o.; (*ofender*) shock s.o.; **~ con un problema**

come up against a problem
chocho F senile; **estar ~ con** dote on
chocolate m chocolate; F (*hachís*) hash F
chófer *L.Am.*, **chofer** m driver
chollo m F bargain
chopo m BOT poplar
choque m collision, crash; DEP, MIL clash; MED shock
chorizo m chorizo (*spicy cured sausage*); F thief; *Rpl* (*filete*) rump steak
chorrear gush out, stream; (*gotear*) drip; **chorro** m *líquido* jet, stream; *fig* stream; *C.Am.* faucet, *Br* tap
choza f hut
christmas m Christmas card
chubasco m shower
chuchería f knick-knack; (*golosina*) candy, *Br* sweet
chufa f BOT tiger nut
chuleta f GASTR chop
chulo F adj; *Méx* (*guapo*) attractive; (*presuntuoso*) cocky F
chumbera f *C.Am.* prickly pear
chupada f suck; *de cigarrillo* puff; **chupado** F (*delgado*) skinny; F (*fácil*) dead easy F; *L.Am.* drunk; **chupar** suck; (*absorber*) soak up; **chupete** m *de bebé* pacifier, *Br* dummy; (*sorbete*) Popsicle®, *Br* ice lolly
chupi F great, fantastic F
churrasco m *Rpl* steak
churro m fritter; (*chapuza*)

botched job
chusco 1 adj funny 2 m piece of bread
chusma f desp rabble desp
chutar DEP shoot;; **chutarse** F *con drogas* shoot up F
Cía. (= *Compañía*) Co. (= Company)
ciática f MED sciatica
ciber... cyber...
cicatriz f scar; **cicatrizar** scar
ciclismo m cycling; **ciclista** m/f cyclist; **ciclo** m cycle; *de cine* season; **ciclomotor** m moped
ciclón m cyclone
cicuta f BOT hemlock
ciega f blind woman; **ciego** 1 adj blind; **a -as** blindly 2 m blind man
cielo m sky; REL heaven; **ser un ~** F be an angel F; **~ raso** ceiling
cien a o one hundred
ciencia f science; **~ ficción** science fiction; **a ~ cierta** for certain, for sure; **científico** 1 adj scientific 2 m, -a f scientist
cieno m silt
ciento a o one hundred; **el cinco por ~** five percent
cierre m fastener; *de negocio* closure; **~ centralizado** AUTO central locking; **~ relámpago** *L.Am.* zipper, *Br* zip
cierto certain; **es ~** it's true; **~ día** one day; **por ~** incidentally; **estar en lo ~** be right
ciervo m deer; **~ volante** stag beetle

cifra f figure; **cifrar** write in code; **~ su esperanza en** pin one's hopes on; **cifrarse: ~ en** amount to

cigala f ZO crayfish

cigarra f ZO cicada

cigarrillo m cigarette; **cigarro** m cigar; *L.Am.* cigarette

cigüeña f ZO stork

cigüeñal m AUTO crankshaft

cilindrada f AUTO cubic capacity; **cilíndrico** cylindrical; **cilindro** m cylinder

cima f summit; *fig* peak

cimentar lay the foundations of; *fig* base (**en** on); **cimientos** mpl foundations

cinc m zinc

cincel m chisel; **cincelar** *metal* engrave; *piedra* chisel

cinco five; **cincuenta** fifty

cine m movies pl, cinema; **cineasta** m/f film-maker

cínico 1 adj cynical **2** m, **-a** f cynic; **cinismo** m cynicism

cinta f ribbon; *de música, vídeo* tape; **~ adhesiva** adhesive tape; **~ aislante** friction tape, *Br* insulating tape; **~ métrica** tape measure; **~ de vídeo** video tape

cintura f waist; **cinturón** m belt; **~ de seguridad** AUTO seatbelt

ciprés m BOT cypress

circo m circus

circuito m ELEC circuit; **corto ~** ELEC short circuit; **circulación** f movement; FIN, MED circulation; AUTO traffic; **circular 1** adj circular **2** v/i cir-

culate; AUTO drive, travel; *de persona* move (along); **círculo** m circle; **~ vicioso** vicious circle

circunferencia f circumference

circunscribir limit (**a** to)

circunspecto circumspect, cautious

circunstancia f circumstance

circunvalación f: *(carretera de)* **~** beltway, *Br* ring-road

ciruela f plum; **~ pasa** prune

cirugía f surgery; **~ estética** cosmetic surgery; **cirujano** m, **-a** f surgeon

cisne m ZO swan

cisterna f de WC cistern

cita f appointment; *de texto* quote, quotation; **citar** *a reunión* arrange to meet; *a juicio* summon; *(mencionar)* mention; *de texto* quote; **citarse** arrange to meet; **citación** f JUR summons sg, subpoena

cítrico adj citrus fruit

ciudad f town; *más grande* city; **Ciudad de México** Mexico City; **~ universitaria** university campus; **ciudadano** m, **-a** f citizen; **ciudadanía** f citizenship; **ciudadela** f citadel

cívico civic; **civil** civil; **casarse por lo ~** have a civil wedding; **civilización** f civilization; **civilizado** civilized; **civilizar** civilize; **civilizarse** become civilized

clamar: ~ por algo clamor o *Br* clamour for sth; **clamor**

m roar; *fig* clamor, *Br* clamour

clandestino POL clandestine, underground

claqué *m* tap-dancing

clara *f de huevo* white; *bebida* shandy-gaff, *Br* shandy

claraboya *f* skylight

claridad *f* light; *fig* clarity; **clarificar** clarify

clarín *m* bugle

clarinete *m* clarinet

claro *tb fig* clear; *color* light; *(luminoso)* bright; *salsa* thin; **¡~!** of course!; **hablar ~** speak plainly

clase *f* class; *(variedad)* kind, sort; **~ particular** private class; **dar ~ (s)** teach

clásico classical

clasificación *f* DEP league table; **clasificar** classify; **clasificarse** DEP qualify; **~ tercero** come in third

claudicar give in

claustro *m* ARQUI cloister

cláusula *f* clause

clausura *f de acto* closing ceremony; *de bar, local* closure; REL cloister; **clausurar** *acto oficial* close; *por orden oficial* close down

clavar stick **(en** into); **clavos** drive **(en** into); **uñas** sink **(en** into); **~ a alguien por algo** F overcharge s.o. for sth

clave *f* key; **en ~** in code **2** *adj (importante)* key

clavel *m* BOT carnation

clavícula *f* ANAT collarbone

clavija *f* ELEC pin

clavo *m de metal* nail; GASTR clove; *CSur F persona* dead loss F; **dar en el ~** hit the nail on the head

claxon *m* AUTO horn

clemencia *f* clemency, mercy; **clemente** clement, merciful

clérigo *m* priest, clergyman

clic *m* INFOR click; **hacer ~ en** click on

clienta, cliente *m/f de tienda* customer; *de empresa* client; **clientela** *f* clientele, customers *pl*

clima *m* climate; **climatizador** *m* air conditioner

clínica *f* clinic

clip *m para papeles* paperclip; *para el pelo* bobby pin, *Br* hairgrip

cloaca *f tb fig* sewer

clon *m* clone; **clonación** *f*; **clonar** clone

cloro *m* chlorine

cloroformo *m* chloroform

club *m* club; **~ náutico** yacht club

clueca *f* broody hen

coagularse coagulate; *de sangre* clot

coalición *f* coalition

coartada *f* JUR alibi

cobarde 1 *adj* cowardly **2** *m/f* coward; **cobardía** *f* cowardice

cobaya *m/f* guinea pig

cobertizo *m* shed; **cobertura** *f* cover; TV *etc* coverage

cobra *f* cobra

cobrador *m*, **~a** *f a domicilio*

collector; **cobrar 1** v/t charge; *subsidio, pensión* receive; *deuda* collect; *cheque* cash; *salud, fuerzas* recover; *importancia* acquire **2** v/i be paid, get paid

cobre *m* copper

cobro *m* charging; *de subsidio* receipt; *de deuda* collection; *de cheque* cashing

cocaína *f* cocaine; **cocaína-mano** *m*, **-a** *f* cocaine addict

cocer v/t cocina; *en agua* boil; *al horno* bake

coche *m* car; *Méx (taxi)* cab, taxi; **~ de caballos** horse-drawn carriage; **~ cama** sleeping car; **~ comedor** *L.Am.* dining car; **~ de línea** (long-distance) bus; **coche-cito** *m*: **~ de niño** stroller, *Br* pushchair; **coche-bom-ba** *m* car bomb; **cochecito** *m*: **~ de niño** stroller, *Br* pushchair; **coche-literas** *m* sleeping car; **coche-restaurante** *m* restaurant car

cochina *f* sow; F *persona pig* F; **cochino 1** adj fig filthy, dirty; *(asqueroso)* disgusting **2** *m* hog, *Br* pig; F *persona pig* F; **cochinillo** *m* suck-(l)ing pig

cocido 1 adj boiled **2** *m* stew

cocina *f* habitación kitchen; *aparato* cooker, stove; *actividad* cooking; **cocinar** cook; **cocinero** *m*, **-a** *f* cook

coco *m* BOT coconut; *monstruo* bogeyman F

cocodrilo *m* crocodile

cocotero *m* coconut palm

cóctel *m* cocktail

codicia *f* greed; **codiciar** covet; **codicioso** greedy

código *m* code; **~ de barras** barcode; **~ postal** zip code, *Br* postcode

codo *m* elbow; **~ con ~** fig F side by side; **hablar por los ~s** F talk nineteen to the dozen F

codorniz *f* quail

cofre *m de tesoro* chest; *para alhajas* jewelry o *Br* jewellery box

coger 1 v/t *(asir)* take (hold of); *del suelo* pick up; *ladrón, enfermedad* catch; TRANSP catch, take; *(entender)* get; *L.Am.* V screw V **2** v/i *en un espacio* fit; *L.Am.* V screw V; **~ por la primera a la derecha** take the first right

cogida *f* TAUR goring

coherencia *f* coherence; **coherente** coherent; **ser ~ con** be consistent with

cohete *m* rocket

coincidencia *f* coincidence; **coincidir** coincide

coito *m* intercourse

cojear *de persona* limp, hobble; *de mesa* wobble

cojín *m* cushion; **cojinete** *m* TÉC bearing

cojo lame; *mesa* wobbly

col *f* cabbage; **~ de Bruselas** Brussels sprout

cola¹ *f (pegamento)* glue

cola² *f (de animal)* tail; *de gente* line, *Br* queue; *L.Am.*

columpio

persona butt F; *hacer ~* stand in line, *Br* queue

colaboración *f* collaboration; **colaborador** *m*, *~a f* collaborator; *en periódico* contributor; **colaborar** collaborate

colación *f*: *traer o sacar a ~* bring up

colador *m* colander; *para té etc* strainer

colapsar paralyze; *tráfico* bring to a standstill; *colapso m* collapse; *provocar un ~ en la ciudad* bring the city to a standstill

colarse F *en un lugar* get in; *en una fiesta* gatecrash; *en una cola* cut in, *Br* jump in

colcha *f L.Am.* bedspread; **colchón** *m* mattress; *fig* buffer

colección *f* collection; **coleccionar** collect; **coleccionista** *m/f* collector; **colecta** *f* collection; **colectivo 1** *adj* collective **2** *m L.Am.* bus; *Méx*, *C.Am.* taxi

colega *m/f* colleague; F pal **colegiado** *m*, *-a f* DEP referee **colegio** *m* school; *~ profesional* professional institute **cólera 1** *f* anger; *montar en ~* get into a rage **2** *m* MED cholera

colgador *m L.Am.* hanger; **colgar 1** *v/t* hang; TELEC put down **2** *v/i* hang (*de* from); TELEC hang up; **colgarse** hang o.s.; INFOR F

lock up; *~ de algo* hang from sth; *~ de alguien* hang onto s.o.

colibrí *m* hummingbird
cólico *m* colic
coliflor *f* cauliflower
colilla *f* cigarette end
colina *f* hill
colindante adjoining
colisión *f* collision; *fig* clash; **colisionar** collide (*con* with)
collar *m* necklace; *para animal* collar
colmena *f* beehive
colmillo *m* eye tooth; *de perro* fang; *de elefante* tusk
colmo *m*: *¡es el ~!* this is the last straw!; *para ~* to cap it all
colocación *f* positioning, placing; (*trabajo*) position; **colocar** put, place; *~ a alguien en un trabajo* get s.o. a job
Colombia Colombia; **colombiano 1** *adj* Colombian **2** *m*, *-a f* Colombian
Colón Columbus
colonia *f* colony; *perfume* cologne; *~ de verano* summer camp; **colonizar** colonize
color *m* color, *Br* colour; *~ café* coffee-colored; *L.Am.* brown; *televisión en ~* color TV; **colorado** red; **colorear** color, *Br* colour
colosal colossal
columna *f* column; *~ vertebral* ANAT spinal column
columpio *m* swing

coma 72

coma 1 f GRAM comma **2** m MED coma

comadre f L.Am. godmother; **comadrona** f midwife

comandancia f *distrito* command; (*cuartel*) command headquarters sg o pl; *Méx* police station; **comandante** m MIL commander; *rango* major; AVIA captain

comarca f area

combate m combat; MIL engagement; DEP fight; *fuera de* ~ out of action; **combatir** fight

combinación f combination; *prenda* slip; *hacer* ~ TRANSP change; **combinado** m cocktail; **combinar** combine

combustible m fuel; **combustión** f combustion

comedia f comedy; **comediante** m actor

comedor m dining room

comentar comment on

comenzar begin

comer 1 v/t eat; *a mediodía* have for lunch **2** v/i eat; *a mediodía* have lunch; *dar de* ~ *a alguien* feed s.o.

comercial 1 adj commercial; *de negocios* business atr; *el déficit* ~ the trade deficit **2** m/f representative; **comercializar** market, sell; *desp* commercialize; **comerciante** m/f trader; ~ *al por menor* retailer; **comerciar** trade, do business; **comercio** m trade; *local* store, shop

comestible 1 adj eatable, edible **2** m foodstuff; ~**s** food

cometa 1 m comet **2** f kite

cometer commit; *error* make; **cometido** m task

cómic m comic; **cómico 1** adj comical **2** m, ~ a f comedian

comida f (*comestibles*) food; *ocasión* meal

comienzo m beginning

comillas fpl quotation marks

comino m BOT cumin

comisaría f precinct, Br police station; **comisario** m commissioner; *de policía* captain, Br superintendent; **comisión** f committee; *de gobierno*, (*recompensa*) commission

comité m committee

como 1 adv as; *así* ~ as well as; *había* ~ *cincuenta* there were about fifty **2** conj if; ~ *si* as if; ~ *no llegó, me fui solo* as o since she didn't arrive, I went by myself

cómo how; *¡~ me gusta!* I really like it; *¿~ dice?* what did you say?; *¡~ no!* Méx of course!

comodidad f comfort

comodín m en naipes joker

cómodo comfortable

compacto compact

compadecer feel sorry for

compañero m, ~ a f companion; *en una relación, un juego* partner; ~ *de trabajo* co-worker, colleague; ~ *de clase* classmate; **compañía** f company; *hacer* ~ *a alguien* keep s.o. company

comparable comparable; **comparación** *f* comparison; **comparar** compare

comparecer appear

comparsa 1 TEA: **la ~** the extras *pl* **2** *m/f* TEA extra; *fig* rank outsider

compartimento *m* FERR car, *Br* compartment

compartir share (**con** with)

compás *m* MAT compass; MÚS rhythm; **al ~** to the beat

compasión *f* compassion; **compasivo** compassionate

compatible INFOR compatible

compatriota *m/f* compatriot

compendio *m* summary

compensación *f* compensation; **compensar 1** *v/t* compensate (**por** for) **2** *v/i* *fig* be worthwhile

competencia *f* (*habilidad*) competence; *entre rivales* competition; (*incumbencia*) area of responsibility; **~ desleal** unfair competition; **competente** competent

competición *f* DEP competition; **competidor 1** *adj* rival **2** *m*, **~a** *f* competitor; **competir** compete (**con** with); **competitivo** competitive

complaciente obliging, helpful

complejo 1 *adj* complex **2** *m* PSI complex; **~ de inferioridad** inferiority complex

complementario complementary; **complemento** *m* complement; **~s de moda** fashion accessories

completar complete; **completo** complete; *autobús, teatro* full; **por ~** completely

complicación *f* complication; **complicar** complicate

cómplice *m/f* accomplice; **complicidad** *f* complicity

componente *m* component; **componer** make up, comprise; *sinfonía, poema* compose; *algo roto* fix; **componerse** be made up (**de** of); *L.Am.* MED get better

comportamiento *m* behavior, *Br* behaviour; **comportar** involve, entail; **comportarse** behave

composición *f* composition; **compositor** *m*, **~a** *f* composer

compota *f* compote

compra *f* purchase; **ir de ~s** go shopping; **~s online** online shopping; **comprador** *m*, **~a** *f* buyer, purchaser; **comprar** buy, purchase; **compraventa** *f* buying and selling

comprender understand; (*abarcar*) include; **comprensible** understandable; **comprensión** *f* understanding; *de texto, auditiva* comprehension; **comprensivo** understanding

compresa *f* sanitary napkin, *Br* sanitary towel; **compresión** *f* *tb* INFOR compression; **compresor** *m* compressor; **comprimido** *m* MED pill;

comprimir compress

comprobación f check; **comprobante** m proof; (*recibo*) receipt; **comprobar** check; (*darse cuenta de*) realize

comprometer compromise; (*obligar*) commit; **comprometerse** promise (**a** to); (*a una causa* commit o.s.; *de novios* get engaged; **compromiso** m commitment; (*obligación*) obligation; (*acuerdo*) agreement; (*apuro*) awkward situation

computadora f L.Am. computer; ~ **de escritorio** desktop (computer); ~ **personal** personal computer; ~ **portátil** laptop; **computar** count; (*calcular*) calculate

común common; **por lo** ~ generally; **comunal** communal; **elecciones ~es** L.Am. municipal elections

comunicación f communication; TRANSP link; **comunicar** 1 v/t TRANSP connect, link; ~ **algo a alguien** inform s.o. of sth 2 v/i communicate; TELEC be busy

comunidad f community; ~ **autónoma** autonomous region

comunión f REL communion

comunismo m communism; **comunista** m/f & adj Communist

con with; **pan** ~ **mantequilla** bread and butter; ~ **todo eso** in spite of all that; ~ **tal de que** provided that,

as long as; ~ **hacer eso** by doing that

cóncavo concave

concebir conceive

conceder concede; *entrevista, permiso* give; *premio* award

concejal m, ~**a** f councilor, Br councillor; **concejo** m council

concentración f concentration; *de personas* gathering; **concentrar** concentrate

concepción f BIO, fig conception; **la Inmaculada Concepción** REL the Immaculate Conception; **concepto** m concept; **en** ~ **de algo** COM (in payment) for sth; **bajo ningún** ~ on no account

concerniente: ~ **a** concerning, regarding; **en lo** ~ **a** with regard to; **concernir** concern; **en lo que concierne a...** as far as ... is concerned

concertar *cita* arrange; *precio* agree; *esfuerzos* coordinate

concertino m/f MÚS concertmaster, Br leader (of the orchestra)

concesión f concession; COM dealership; **concesionario** m dealer

concha f ZO shell

conciencia f conscience; **a** ~ conscientiously; **con plena** ~ fully conscious of; **concienzudo** conscientious

concierto m MÚS concert; fig agreement

conciliación f JUR reconciliation; **conciliar** reconcile; **~ el sueño** get to sleep

concilio m council

conciso concise

concluir conclude; **conclusión** f conclusion; **en ~** in short; **concluyente** conclusive

concordar 1 v/t reconcile **2** v/i agree (**con** with)

concretar specify; (*hacer concreto*) realize; **concretarse** materialize; *de esperanzas* be fulfilled; **concreto 1** *adj* specific; (*no abstracto*) concrete; **en ~** specifically **2** m L.Am. concrete

concurrencia f audience; *de circunstancias* combination; **concurrido** crowded; **concursante** m/f competitor; **concursar** compete; **concurso** m competition; COM tender

concurrir: ~ a attend

conde m count

condecoración f decoration; **condecorar** decorate

condena f JUR sentence; (*desaprobación*) condemnation; **condenar** JUR sentence (**a** to); (*desaprobar*) condemn

condensador m condenser; **condensar** condense; *libro* abridge

condesa f countess

condescendiente *actitud* accommodating; *desp* condescending

condición f condition; **a ~ de**

que on condition that; **estar en condiciones de** be in a position to; **condicional** m/adj conditional; **condicionar: ~ algo en** make sth conditional on

condimentar flavor, Br flavour; **condimento** m seasoning

condiscípulo m, **-a** f *en universidad* fellow student; *en colegio* fellow student, Br fellow pupil

condón m condom

conducción f AUTO driving; *de calor, electricidad* conduction; (*tuberías*) piping; (*cables*) cables pl

conducir 1 v/t *vehículo* drive; (*dirigir*) lead (**a** to); ELEC, TÉC conduct **2** v/i drive; *de camino* lead (**a** to); **conducta** f conduct; **conducto** m pipe; *fig* channel; **por ~ de** through; **conductor** m, **-a** f driver; **~ de orquesta** L.Am. conductor

conectar connect

conejillo m: **~ de Indias** tb fig guinea pig; **conejo** m rabbit

conexión f connection

confección f making; *de vestidos* dressmaking; *de trajes* tailoring; **confeccionar** make

confederación f confederation

conferencia f lecture; (*reunión*) conference; TELEC long-distance call; **conferenciante** m/f lectur-

er; **conferir** award
confesar 1 *v/t* REL confess;
delito confess to, admit **2**
v/i JUR confess; **confesarse**
confess; *(declararse)* admit
to being; **confesión** *f* confession; **confesionario** *m*
confessional; **confeso** self-
-confessed; **confesor** *m* REL
confessor
confiado trusting; **confianza**
f confidence; **~ en sí mismo**
self-confidence; **de ~ persona** trustworthy; **amigo de ~**
close friend; **confiar 1** *v/t secreto* confide (**a** to); **~ algo a
alguien** entrust s.o. with sth,
entrust sth to s.o. **2** *v/i* trust
(**en** in); *(estar seguro)* be confident (**en** of); **confidencia** *f*
confidence; **confidencial**
confidential; **confidente 1**
m (soplón) informer; *(amigo)*
confidant **2** *f (soplón)* informer; *(amiga)* confidante
configuración *f* configura-
tion; **configurar** shape; IN-
FOR set up, configure
confirmación *f* confirmation;
confirmar confirm
confiscación *f* confiscation;
confiscar confiscate
confitar crystallize
confitería *f* candy store, *Br*
confectioner's
confitura *f* preserve
conflictivo *época*, *zona*
troubled; *persona* troublesome; **conflicto** *m* conflict
confluencia *f* de ríos conflu-
ence; *de calles* junction; **con-**
fluir meet, converge
conformar 1 *v/t (constituir)*
make up; *(dar forma a)*
shape **2** *v/i* agree (**con** with);
conformarse make do (**con**
with); **conforme 1** *adj* satisfied (**con** with) **2** *prp:* **~ a** in
accordance with; **conformi-
dad** *f (acuerdo)* agreement;
(consentimiento) consent;
de *o* **en ~ con** in accordance
with
confort *m* comfort; **conforta-
ble** comfortable; **confortar**
~ a comfort
confrontación *f* confrontation; **confrontar** compare;
a personas bring face to face;
peligro, *desafío* face up to;
confrontarse: ~ con face
up to
confundir confuse; *(equivocar)* mistake (**con** for); **con-
fundirse** make a mistake; **~
de calle** get the wrong
street; **confusión** *f* confusion; **confuso** confused
congelación *f* freezing; **~ de
precios** price freeze; **congelado** frozen; **congelador**
m freezer; **congelar** freeze
congeniar get on well (**con**
with)
congénito congenital
congestión *f* MED congestion; **~ del tráfico** traffic
congestion
congoja *f* anguish
congraciarse ingratiate o.s.
(**con** with)
congratulaciones *fpl* con-

gratulations; **congratular** congratulate; **congratular-se:** *~ de o por algo* congratulate o.s. on sth

congregar bring together; **congresista** *m/f* conference *o* convention delegate, conventioneer; **congreso** *m* conference, convention; *Congreso en EE.UU.* Congress; *~ de los diputados* lower house of Spanish parliament

congruencia *f* consistency; MAT congruence

cónico conical

conífera *f* BOT conifer

conjetura *f* conjecture

conjugación *f* GRAM conjugation; *fig* combination; **conjugar** GRAM conjugate; *fig* combine

conjunción *f* GRAM conjunction; **conjuntivitis** *f* MED conjunctivitis; **conjunto 1** *adj* joint **2** *m de personas, objetos* collection; *de prendas* outfit; MAT set; *en ~* as a whole

conjuración *f* plot, conspiracy

conllevar entail

conmemoración *f* commemoration; **conmemorar** commemorate

conmigo with me

conmoción *f* shock; *(agitación)* upheaval; **conmocionar** shock; **conmocionarse** be moved; **conmovedor** moving; **conmover** move

conmutador *m* ELEC switch; *L.Am.* TELEC switchboard

cono *m* cone

conocer know; *por primera vez* meet; *(reconocer)* recognize; *dar a ~* make known; **conocerse** know one another; *por primera vez* meet (one another); *a sí mismo* know o.s.; *se conoce que* it seems that; **conocido 1** *adj* well-known **2** *m*, *-a f* acquaintance; **conocimiento** *m* knowledge; MED consciousness; *perder el ~* lose consciousness

conque so

conquista *f* conquest; **conquistador** *m* conqueror; **conquistar** conquer; *persona* win over

consabido usual

consagrar REL consecrate; *(hacer famoso)* make famous; *vida* devote

consciente MED conscious; *~ de* aware of, conscious of

consecuencia *f* consequence; *a ~ de* as a result *o* consequence of; *en ~* consequently; **consecuente** consistent; **consecutivo** consecutive; *tres años ~s* three years in a row; **conseguir** get; *objetivo* achieve

consejero *m*, *-a f* adviser; COM director; *~ delegado* CEO, chief executive officer; **consejo** *m* piece of advice; *~ de administración* board of directors; *~ de mi-*

nistros *grupo* cabinet; *reunión* cabinet meeting
consentimiento *m* consent; **consentir 1** *v/t* allow; *a niño* indulge **2** *v/i:* **~ en algo** agree to sth
conserje *m/f* superintendent, *Br* caretaker
conserva *f:* **en ~** canned, *Br tb* tinned; **~s** canned food; **conservador** conservative; **conservante** *m* preservative; **conservar** conserve; *alimento* preserve; **conservatorio** *m* conservatory
considerable considerable; **consideración** *f* consideration; **considerar** consider
consigna *f* order; *de equipaje* baggage room; *Br* left luggage
consigo with him / her; *(con usted, con ustedes)* with you; *(con uno)* with you, with one *fml*
consiguiente consequent; **por ~** and so, therefore
consistencia *f* consistency; **consistente** consistent; *(sólido)* solid; **consistir** consist *(en el)*
consolar console
consolidar consolidate
consomé *m* consommé
consonancia *f:* **en ~ con** in keeping with; **consonante** *f* consonant
consorcio *m* consortium
conspiración *f* conspiracy; **conspirar** conspire; **conspirador** *m*, **~a** *f* conspirator

constancia *f* constancy; **dejar ~ de** leave a record of; **constante** constant; **constar** be recorded; **~ de** consist of
constatación *f* verification; **constatar** verify
consternado dismayed
constipado 1 *adj:* **estar ~** have a cold **2** *m* cold; **constiparse** get a cold
constitución *f* constitution; **constitucional** constitutional; **constituir** constitute, make up; *empresa, organismo* set up
construcción *f* construction; *(edificio)* building; **constructor** *m*, **~a** *f* builder; **construir** build, construct
consuelo *m* consolation
cónsul *m/f* consul; **consulado** *m* consulate
consulta *f* consultation; MED *local* office, *Br* surgery; **consultar** consult; **consultorio** *m* MED office, *Br* surgery
consumar complete, finish; *crimen* carry out; *matrimonio* consummate; **consumición** *f* consumption; **ya pago yo la ~** en bar I'll pay; **consumidor** *m*, **~a** *f* COM consumer; **consumir** consume; **consumo** *m* consumption; **de bajo ~** economical
contabilidad *f* accountancy; **llevar la ~** do the accounts; **contable** *m/f* accountant
contactar: **~ con alguien**

contact s.o.; **contacto** *m* contact; AUTO ignition; **ponerse en ~** get in touch (**con** with)

contado: **al ~** in cash; **contador 1** *m* meter **2** *m*, **-a** *f* *L.Am.* accountant; **contaduría** *f L.Am.* accountancy

contagiar infect; **~ la gripe a alguien** give s.o. the flu; **contagiarse** get infected; **contagio** *m* contagion; **contagioso** contagious

contaminación *f* contamination; *de río, medio ambiente* pollution; **contaminante 1** *adj* polluting **2** *m* pollutant; **contaminar** contaminate; *río, medio ambiente* pollute

contar **1** *v/t* count; (*narrar*) tell **2** *v/i* count; **~ con** count on

contemplación *f:* **sin contemplaciones** without ceremony; **contemplar** look at

contemporáneo **1** *adj* contemporary **2** *m*, **-a** *f* contemporary

contenedor *m* TRANSP container; **~ de basura** dumpster, *Br* skip; **~ de vidrio** bottle bank; **contener** contain; *respiración* hold; *muchedumbre* hold back; **contenerse** control o.s.; **contenido** *m* content

contentar please; **contentarse** be satisfied (**con** with); **contento** (*satisfecho*) pleased; (*feliz*) happy

contestación *f* answer; con-

testador *m:* **~ automático** answer machine; **contestar 1** *v/t* answer, reply to **2** *v/i* reply (**a** to), answer (**a** sth); *de forma insolente* answer back

contexto *m* context

contienda *f* conflict; DEP contest

contigo with you

contiguo adjoining, adjacent

continencia *f* continence

continental continental; **continente** *m* continent

continuación *f* continuation; **a ~** (*ahora*) now; (*después*) then; **continuar** continue; **continuo** (*sin parar*) continuous; (*frecuente*) continual

contorno *m* outline

contorsión *f* contortion

contra against; **en ~ de** against

contraataque *m* counterattack

contrabajo *m* double bass

contrabandista *m/f* smuggler; **contrabando** *m* contraband, smuggled goods *pl*; **acción** smuggling; **hacer ~** smuggle; **pasar algo de ~** smuggle sth in

contracción *f* contraction

contracepción *f* contraception; **contraceptivo** *m/adj* contraceptive

contradecir contradict; **contradicción** *f* contradiction; **contradictorio** contradictory

contraer contract; **~ matrimonio** marry

contralto MÚS **1** *m* counter-tenor **2** *f* contralto

contraluz *f*: *a ~* against the light

contramedida *f* counter-measure

contraorden *f* countermand

contrapartida *f* COM contra-entry; *como ~ fig* in contrast

contraproducente counterproductive

contrario 1 *adj* contrary; *sentido* opposite; *equipo* opposing; *al ~, por el ~* on the contrary; *de lo ~* otherwise; *ser ~ a algo* be opposed to sth **2** *m*, **-a** *f* adversary, opponent

contrasentido *m* contradiction

contraseña *f* password

contrastar contrast; **contraste** *m* contrast

contratación *f de trabajadores* hiring, recruitment; *~ bursátil* trading; **contratar** contract; *trabajadores* hire

contratiempo *m* setback

contratista *m/f* contractor; *~ de obras* main contractor

contrato *m* contract

contravención *f* contravention; **contravenir** contravene

contraventana *f* shutter

contribución *f* contribution; *(impuesto)* tax; **contribuir** contribute (*a* to); **contribuyente** *m/f* taxpayer

control *m* control; *(inspección)* check; *~ remoto* remote control; **controlador**

m, *~a* *f*: *~ aéreo* air traffic controller; **controlar** control; *(vigilar)* check; **controlarse** control o.s.

controversia *f* controversy; **controvertido** controversial

contumaz obstinate

contusión *f* bruise

convalecencia *f* convalescence; **convalecer** convalesce; *~ de* recover from

convencer convince; **convencimiento** *m* conviction

convención *f* convention; **convencional** conventional

conveniencia *f de hacer algo* advisability; **hacer algo por ~** do sth in one's own interest; **conveniente** convenient; *(útil)* useful; *(aconsejable)* advisable; **convenio** *m* agreement; **convenir 1** *v/t* agree **2** *v/i* be advisable; **no te conviene** it's not in your interest

convento *m de monjes* monastery; *de monjas* convent

conversación *f* conversation; **conversar** make conversation

conversión *f* conversion; **convertible 1** *adj* COM convertible **2** *m L.Am.* convertible; **convertir** convert; **convertirse: ~ en algo** turn into sth

convexo convex

convicción *f* conviction; **convicto** JUR convicted

convidado *m*, *~a* *f* guest; **convidar** invite (*a* to)

convincente convincing
convivencia f living together
convocar summon; *huelga* call; *oposiciones* organize; convocatoria f announcement; *de huelga* call
convoy m convoy
convulsión f convulsion; *fig* upheaval; convulsivo convulsive
conyugal conjugal; cónyuge m/f spouse
coñac m (pl ~s) brandy, cognac
cooperación f cooperation; cooperar cooperate; cooperativa f cooperative; cooperar cooperate
coordinación f coordination; coordinar coordinate
copa f de vino etc glass; DEP cup; *tomar una* ~ have a drink; ~s *(en naipes)* suit in Spanish deck of cards
copia f copy; copiadora f (photo)copier; copiar copy
copiloto m/f copilot
copioso copious
copla f verse; *(canción)* popular song
copo m flake; ~ *de nieve* snowflake; ~s *de maíz* cornflakes
coque m coke
coquetear flirt
coraje m courage; *me da* ~ *fig* F it makes me mad F
coral[1] m ZO coral
coral[2] f MÚS choir
Corán m Koran
corazón m heart; *de fruta*

core; corazonada f hunch
corbata f tie
corchea f MÚS eighth note, Br quaver
corchete m hook and eye; *Chi (grapa)* staple; ~s TIP square brackets
corcho m cork
corcova f hump(back), hunchback; corcovado humpbacked, hunchbacked
cordel m string
cordero m lamb
cordial cordial; cordialidad f cordiality
cordillera f mountain range
cordón m cord; *de zapato* shoelace; ~ *umbilical* umbilical cord
cordura f sanity; *(prudencia)* good sense
Corea Korea; coreano 1 adj Korean 2 m, -a f Korean 3 m idioma Korean
coreografía f choreography; coreógrafo m, -a f choreographer
cornada f TAUR goring
córnea f cornea
corneja f ZO crow
córner m en fútbol corner (kick)
corneta f MIL bugle
cornudo 1 adj horned 2 m cuckold
coro m MÚS choir; *de espectáculo, pieza musical* chorus; *a* ~ together, in chorus
corona f crown; ~ *de flores* garland; coronación f coronation; coronar crown

coronel m MIL colonel

coronilla f ANAT crown; **estoy hasta la ~** F I've had it up to here F

corpiño m bodice; *Arg (sujetador)* bra

corporación f corporation; **corporal** *placer, estética* physical; *fluido* body *atr*; **corpulento** solidly built

Corpus (Christi) m Corpus Christi

corral m farmyard

correa f lead; *de reloj* strap

corrección f correction; *en el trato* correctness; **correcto** correct; *(educado)* polite; **corrector 1** *adj* correcting *atr* **2** m, **~a** f: **~ (de pruebas)** proofreader

corredor 1 m, **~a** f DEP runner; COM agent; **~ de bolsa** stockbroker **2** m ARQUI corridor

corregir correct

correo m mail, *Br tb* post; **~s** post office; **~ aéreo** airmail; **~ electrónico** e-mail; **~ de voz** voicemail; *por ~* by mail; **echar al ~** mail, *Br tb* post

correr 1 *v/i* run; *(apresurarse)* rush; *de tiempo* pass; **~ con los gastos** pay the expenses; **a todo ~** at top speed **2** *v/t* run; *cortinas* draw; *mueble* slide

correspondencia f correspondence; FERR connection; **corresponder: ~ a alguien** *de bienes* be for s.o., be due to s.o.; *de responsabi-*

lidad be up to s.o.; *de asunto* concern s.o.; *a un favor* repay s.o.; **actuar como corresponde** do the right thing; **correspondiente** corresponding; **corresponsal** m/f correspondent

corretaje m brokerage

corrida f: **~ de toros** bullfight

corriente 1 *adj (actual)* current; *(común)* ordinary; **estar al ~** be up to date **2** f ELEC, *de agua* current; **~ de aire** draft, *Br* draught

corroborar corroborate

corroer corrode; *fig* eat up

corromper corrupt

corrosión f corrosion; **corrosivo** corrosive; *fig* caustic

corrupción f decay; *fig* corruption; **corrupto** corrupt

corsario m corsair, privateer

corsé m corset

cortacésped m lawnmower

cortado 1 *adj* cut; *calle* closed; *leche* curdled; *persona* shy; **quedarse ~** be embarrassed **2** m coffee with a dash of milk; **cortar 1** *v/t* cut; *electricidad* cut off; *calle* close **2** *v/i* cut; *fig* F get embarrassed; **cortarse** cut o.s.; *fig* F get embarrassed; **~ el pelo** have one's hair cut; **cortaúñas** m *inv* nail clippers *pl*

corte[1] m cut; **~ de luz** power outage, *Br* power cut; **~ de pelo** haircut; **~ de tráfico** F road closure; **me da ~** F I'm embarrassed

corte[2] f court; *L.Am.* JUR (law) court; **las Cortes**

Spanish parliament

cortejo *m* entourage

cortés courteous; **cortesía** *f* courtesy

corteza *f de árbol* bark; *de pan* crust; *de queso* rind

cortijo *m* farmhouse

cortina *f* curtain

corto short; **~ de vista** near-sighted; **quedarse ~** fall short; **cortocircuito** *m* ELEC short circuit; **cortometraje** *m* short (movie)

corva *f* back of the knee

corzo *m* ZO roe deer

cosa *f* thing; **como si tal ~** as if nothing had happened; **decir a alguien cuatro ~s** give s.o. a piece of one's mind; **eso es otra ~** that's something else; **¿qué pasa? – poca ~** what's new? – nothing much; **son ~s de la vida** that's life

cosecha *f* harvest; **cosechar** harvest; *fig* gain, win

coser sew; **ser ~ y cantar** F be dead easy F

cosmética *f* cosmetics; **cosmético** *m/adj* cosmetic

cosquillas *fpl*: **hacer ~ a alguien** tickle s.o.; **tener ~** be ticklish; **cosquilloso** ticklish; *fig* touchy

Costa Rica Costa Rica; **costarricense** *m/f & adj* Costa Rican

costa¹ *f*: **a ~ de** at the expense of; **a toda ~** at all costs

costa² *f* GEOG coast

costado *m* side; **por los cua-**

tro ~s *fig* throughout

costar 1 *v/t* cost; *trabajo, esfuerzo etc* take **2** *v/i en dinero* cost; **me costó** it was hard work; **cueste lo que cueste** at all costs; **~ caro** *fig* cost dear

coste *m* ☞ **costo**

costear pay for

costilla *f* ANAT rib; GASTR sparerib

costo *m* cost; **~ de la vida** cost of living; **costoso** costly

costra *f* MED scab

costumbre *f* custom; *de una persona* habit; **de ~** usual

costura *f* sewing; **costurera** *f* seamstress; **costurero** *m* sewing box

cotejar compare; **cotejo** *m* comparison

cotidiano daily

cotización *f (precio)* price; *(cuota)* contribution; *(valor)* value; **cotizar** *de trabajador* pay social security, *Br* pay National Insurance; *de acciones, bonos* be listed

coto *m*: **~ de caza** hunting reserve; **poner ~ a algo** *fig* put a stop to sth

coyuntura *f* situation; ANAT joint

C.P. (= **código postal**) zip code, *Br* post code

cráneo *m* ANAT skull, cranium

cráter *m* crater

creación *f* creation; **creador** *m*, **~a** *f* creator; **crear** create; *empresa* set up; **creativo** creative

crecer grow; **crecida** f rise in river level; (*inundación*) flooding; **creciente** growing; *luna* waxing; **crecimiento** m growth

crédito m COM credit; **a ~** on credit; **no dar ~ a sus oídos / ojos** F not believe one's ears / eyes

crédulo credulous

creencia f belief; **creer 1** v/i believe (**en** in) **2** v/t think; (*dar por cierto*) believe; **¡ya lo creo!** F you bet! F; **creerse: ~ que...** believe that ...; **se cree muy lista** she thinks she's very clever; **creíble** credible

crema f GASTR cream

cremación f cremation

cremallera f zipper, Br zip; TÉC rack

crepitar crackle

crepúsculo m tb fig twilight

crespo curly

cresta f crest

creyente 1 adj: **ser ~** REL believe in God **2** m REL believer

cría f acción breeding; de zorro, león cub; de perro puppy; de gato kitten; de oveja lamb; **sus ~s** her young; **criada** f maid; **criadero** m de animales breeding establishment; de ratas breeding ground; de plantas nursery; **criado** m servant; **criador** m, **~a** f breeder; **criar** niños raise, bring up; animales breed;

criarse grow up; **criatura** f creature; F (*niño*) baby, child

criba f sieve; **cribar** sift, sieve; fig select

crimen m crime; **criminal** m/f & adj criminal; **criminalidad** f crime

crío m, **-a** f F kid F

criollo 1 adj Creole **2** m, **-a** f Creole

crisantemo m BOT chrysanthemum

crisis f inv crisis

crispado irritated

cristal m crystal; (*vidrio*) glass; (*lente*) lens; de ventana pane; **~ líquido** liquid crystal; **cristalería** f fábrica glassworks sg; objetos glassware

cristiandad f Christendom; **cristianismo** m Christianity; **cristiano 1** adj Christian **2** m, **-a** f Christian; **Cristo** Christ

criterio m criterion; (*juicio*) judg(e)ment

crítica f criticism; **muchas ~s** a lot of criticism; **criticar** criticize; **crítico 1** adj critical **2** m, **-a** f critic

Croacia Croatia; **croata 1** adj Croatian **2** m/f Croat(ian); **3** m idioma Croat(ian)

cromo m QUÍM chrome; (*estampa*) picture card

crónica f chronicle; en periódico report

crónico MED chronic

cronista m/f reporter

cronológico chronological

cuarenta

cronometrar DEP time; **cronómetro** *m* stopwatch
croqueta *f* croquette
croquis *m inv* sketch
cruce *m* cross; *de carreteras* crossroads *sg*; **~ en las líneas** TELEC crossed line
crucero *m* cruise
crucial crucial
crucificar crucify; **crucifijo** *m* crucifix; **crucigrama** *m* crossword
crudeza *f* harshness; *de enfrentamiento* severity; *de lenguaje, imágenes* crudeness; **crudo 1** *adj alimento* raw; *fig* harsh; *lenguaje, imágenes* crude **2** *m* crude (oil)
cruel cruel; **crueldad** *f* cruelty
crujiente GASTR crunchy; **crujir** creak; *al arder* crackle; *de grava* crunch
cruz *f* cross; **Cruz Roja** Red Cross; **cruzar** cross; **cruzarse** pass one another; **~ de brazos** cross one's arms; **~ con alguien** pass s.o.
cuaderno *m* notebook; EDU exercise book
cuadra *f* stable; *L.Am. (manzana)* block; **cuadrado** *m/adj* square; **al ~** squared
cuadrilla *f* squad, team
cuadro *m* painting; *(grabado)* picture; *(tabla)* table; DEP team; **~ de mandos** *o* **de instrumentos** AUTO dashboard; **de** *o* **a ~s** checked
cuádruple, cuadruplo *m* quadruple

cuajada *f* GASTR curd; **cuajar** *de nieve* settle; *fig: de idea, proyecto etc* come together, jell F; **cuajarse** *de leche* curdle; *de nieve* settle
cual *1 pron rel*: **el ~, la ~** *etc cosa* which; *persona* who; **por lo ~** (and) so **2** *adv* like
cualidad *f* quality
cualquier any; **~ cosa** anything; **de ~ modo** *o* **forma** anyway; **cualquiera** *persona* anyone, anybody; *cosa* any (one); **un ~** a nobody; **¡~ lo comprende!** nobody can understand it!
cuando 1 *conj* when; *condicional* if **2** *adv* when; **de ~ en ~** from time to time; **~ menos** at least
cuándo when
cuantía *f* amount, quantity; *fig* importance; **cuantioso** substantial
cuanto 1 *adj*: **~ dinero quieras** as much money as you want; **unos ~s chavales** a few boys **2** *pron* all, everything; **unas -as** a few; **todo ~** everything **3** *adv*: **~ antes, mejor** the sooner the better; **en ~** as soon as; **en ~ a** as for
cuánto 1 *interr* how much; *pl* how many; **¿a ~ están?** how much are they?; **¿a ~s estamos?** what's the date today? **2** *exclamaciones*: **¡~ gente había!** there were so many people!; **¡~ me alegro!** I'm so pleased!
cuarenta forty

cuarentena *f* quarantine; *una* ~ a quarantine period

Cuaresma *f* Lent

cuartel *m* barracks *pl*; ~ *general* headquarters *pl*

cuarteto *m* MÚS quartet; ~ *de cuerda* string quartet

cuarto 1 *adj* fourth **2** *m* (*habitación*) room; (*parte*) quarter; ~ *de baño* bathroom; ~ *de estar* living room; ~ *de hora* quarter of an hour; *de tres al* ~ F third-rate; *las diez y* ~ quarter after ten, *Br* quarter past ten; *las tres menos* ~ a quarter to *o* of three

cuarzo *m* quartz

cuatro four

Cuba Cuba; **cubano 1** *adj* Cuban **2** *m*, -a *f* Cuban

cuba *f*: *estar como una* ~ F be plastered F

cúbico cubic

cubierta *f* MAR deck; AUTO tire, *Br* tyre; **cubierto 1** *part* ☞ **cubrir 2** *m*; *en la mesa* place setting, ~*s* flatware, *Br* cutlery

cubilete *m* cup (*for dice*)

cubitera *f* bandeja ice tray; (*cubo*) ice bucket

cubito *m*: ~ *de hielo* ice cube

cubo *m* cube; *recipiente* bucket; ~ *de la basura* garbage can, *Br* rubbish bin

cubrir cover (*de* with); **cubrirse** cover o.s.

cucaracha *f* cockroach

cuchara *f* spoon; *meter su* ~ *L.Am.* F stick one's oar in F; **cucharada** *f* spoonful; **cu-**

charilla *f* teaspoon; **cucharón** *m* ladle

cuchichear whisper

cuchilla *f* razor blade; **cuchillo** *m* knife

cuclillas: *en* ~ squatting

cuco 1 *m* cuckoo; *reloj de* ~ cuckoo clock **2** *adj* (*astuto*) sharp

cucurucho *m de papel etc* cone; *sombrero* pointed hat

cuello *m* ANAT neck; *de camisa etc* collar

cuenca *f* GEOG basin; **cuenco** *m* bowl

cuenta *f* (*cálculo*) sum; *de restaurante* check, *Br* bill; COM account; ~ *atrás* countdown; ~ *bancaria* bank account; ~ *corriente* checking account, *Br* current account; *más de la* ~ too much; *darse* ~ *de algo* realize sth; *perder la* ~ lose count; *pedir* ~*s a alguien* ask s.o. for an explanation; *tener o tomar en* ~ take into account

cuentagotas *m inv* dropper

cuentakilómetros *m inv* odometer, *Br* mileometer

cuento *m* (*short*) *story*; (*pretexto*) excuse; ~ *chino* F tall story F; *venir a* ~ be relevant

cuerda *f* rope; *de guitarra, violín* string; ~*s vocales* ANAT vocal chords

cuerdo sane; (*sensato*) sensible

cuerno *m* horn; *de caracol* feeler; *irse al* ~ F fall through, be wrecked; *poner* *los* **~s a alguien** F be unfaithful to s.o.

cuero *m* leather; *Rpl (fuete)* whip; **en ~s** F naked

cuerpo *m* body; *de policía* force; **~ diplomático** diplomatic corps

cuervo *m* ZO raven, crow

cuesta *f* slope; **~ abajo** downhill; **~ arriba** uphill; **a ~s** on one's back

cuestión *f* question; **en ~ de...** in a matter of ...; **cuestionar** question; **cuestionario** *m* questionnaire

cueva *f* cave

cuidado *m* care; **¡~!** look out!; **andar con ~** tread carefully; **me tiene sin ~** I couldn't care less; **tener ~** be careful; **cuidadora** *f Méx* nursemaid; **cuidadoso** careful; **cuidar 1** *v/t* look after, take care of **2** *v/i*: **~ de** look after, take care of; **cuidarse** look after o.s., take care of o.s.; **~ de hacer algo** take care to do sth

culata *f* butt

culebra *f* ZO snake

culebrón *m* TV soap

culminante: punto ~ peak, climax

culo *m* V ass V, *Br* arse V; F butt F, *Br tb* bum F

culpa *f* fault; **ser por ~ de alguien** be s.o.'s fault; **tener la ~ be** to blame (**de** for); **culpable 1** *adj* guilty **2** *m/f* culprit; **culpar: ~ a alguien de algo** blame s.o. for sth

cultivador *m* grower; **cultivar**

AGR grow; *tierra* farm; *fig* cultivate; **cultivo** *m* AGR crop; BIO culture; **culto 1** *adj* educated **2** *m* worship; **cultura** *f* culture; **cultural** cultural; **culturismo** *m* bodybuilding

cumbre *f tb* POL summit

cumpleaños *m inv* birthday

cumplido *m* compliment; **no andarse con ~** not stand on ceremony; **cumplidor** reliable

cumplimentar *trámite* carry out; **cumplimiento** *m de promesa* fulfillment, *Br* fulfilment; *de ley* compliance (**de** with); **cumplir 1** *v/t orden* carry out; *promesa* fulfill, *Br* fulfil; *condena* serve; **~ diez años** reach the age of ten **2** *v/i*: **~ con algo** carry sth out; **~ con su deber** do one's duty

cuna *f tb fig* cradle

cuneta *f* ditch

cuña *f* wedge

cuñada *f* sister-in-law; **cuñado** *m* brother-in-law

cuota *f* share; *de club, asociación* fee

cupo *m* quota

cupón *m* coupon

cúpula *f* dome; *esp* POL leadership

cura 1 *m* priest **2** *f* cure; *(tratamiento)* treatment; *Méx, C.Am.* F hangover; **curable** curable; **curación** *f (recuperación)* recovery; *(tratamiento)* treatment; **curar 1** *v/t tb*

GASTR cure; (*tratar*) treat; *herida* dress; *pieles* tan 2 *v/i* MED recover (**de** from); **curarse** MED recover; *Méx, C.Am.* F get drunk

curiosidad *f* curiosity; **curioso 1** *adj* curious **2** *m*, **-a** *f* onlooker

curita *f L.Am.* Band-Aid®, *Br* Elastoplast®

cursar *carrera* take; *orden, fax* send; *instancia* deal with

cursi F *persona* affected; **cursilería** *f* affectation

cursillista *m/f* course partici-

pant; **cursillo** *m* short course

cursiva *f* italics *pl*

curso *m* course; **en el ~ de** in the course of

cursor *m* INFOR cursor

curtido 1 *adj* weather-beaten **2** *m* tanning; **~s** tanned hides; **curtir** tan; *fig* harden

curva *f* curve; **curvo** curved

custodia *f* JUR custody; **custodiar** guard

cutáneo skin *atr*; **cutis** *m* skin

cuyo, -a whose

D

daltónico color-blind, *Br* colour-blind; **daltonismo** *m* color-blindness, *Br* colour-blindness

dama *f* lady; **~ de honor** bridesmaid; (*juego de*) **~s** checkers *sg*, *Br* draughts *sg*

damasco *m* damask; *L.Am. fruta* apricot

damnificado 1 *adj* affected **2** *m*, **-a** *f* victim

danés 1 *adj* Danish **2** *m*, **-esa** *f* Dane **3** *m idioma* Danish

danza *f* dance; **danzar** dance

dañar harm; *cosa* damage; **dañarse** harm o.s.; *de un objeto* get damaged; **dañino** harmful; *fig* malicious; **daño** *m* harm; *a un objeto* damage; **hacer~** hurt; **~s** damage; **~s y perjuicios** damages

dar 1 *v/t* give; *beneficio* yield **2**

v/i: **dame** give it to me, give me it; **~ a de ventana** look onto; **~ con algo** come across sth; **~ de sí** *de material* stretch, give; **¡qué más da!** what does it matter!; **da igual** it doesn't matter

dardo *m* dart

darse *de una situación* arise

dársena *f* dock

datar: **~ de** date from

dátil *m* BOT date

dato *m* piece of information; **~s** information, data *sg*; **~s personales** personal details

D.C. (= **después de Cristo**) AD (= Anno Domini)

de ◇ *origen* from; **... a** from ... to ◇ *posesión* of; **el coche ~ mi amigo** my friend's car ◇ *material* (made) of; **un anillo ~ oro** a gold ring

◊ *contenido* of; *un vaso ~ agua* a glass of water ◊ *cualidad: una mujer ~ 20 años* a 20 year old woman ◊ *causa* with; *temblaba ~ miedo* she was shaking with fear ◊ *hora: ~ noche* at night, by night; *~ día* by day ◊ *en calidad de* as; *trabajar ~ albañil* work as a bricklayer ◊ *agente* by; *~ Goya* by Goya ◊ *condición* if; *~ haberlo sabido* if I'd known

deambular wander around
debacle *f* debacle
debajo 1 *adv* underneath **2** *prp:* (*por*) *~ de* under, below
debate *m* debate, discussion;
debatir 1 *v/t* debate, discuss **2** *v/i* struggle
deber 1 *m* duty; *~es* homework **2** *v/t* owe **3** *v/i en presente* must, have to; *en pretérito* should have; *en futuro* (will) have to; *en condicional* should; *debe de tener quince años* he must be about 15; *debido* **1** *part* ☞ **deber 2** *adj: como es ~* properly; *~ a* owing to
débil weak; **debilitar** weaken; **debilidad** *f*
débito *m* COM debit
debut *m* début; **debutar** make one's début
década *f* decade
decadencia *f* decadence; *de un imperio* decline; **decadente** decadent; **decaer** *tb* *fig* decline; *de salud* deteriorate; **decaído 1** *part* ☞ **deca-**

er 2 *adj fig* depressed, down F; **decaimiento** *m* decline; *de salud* deterioration
decapitar behead, decapitate
decatlón *m* DEP decathlon
decena *f: una ~* about ten
decencia *f* decency
decenio *m* decade
decente decent
decepción *f* disappointment; **decepcionar** disappoint
decidido 1 *part* ☞ **decidir 2** *adj* decisive; *estar ~* be determined (*a* to); **decidir** decide; **decidirse** make up one's mind, decide
décima *f* tenth; *tener ~s* MED have a slight fever
decimal decimal *atr*; **décimo 1** *adj* tenth **2** *m de lotería* share of a lottery ticket
decir 1 *v/t* say; (*contar*) tell; *querer ~* mean; *~ que sí* say yes; *es ~* in other words; *¡no me digas!* you're kidding!; *¡quién lo diría!* who would believe it!; *se dice que...* they say that ..., it's said that ... **2** *v/i: ¡dígal*, *¡dígame!* *Esp* TELEC hello
decisión *f* decision; *fig* decisiveness; **decisivo** decisive
declamar declaim
declaración *f* declaration; *~ de la renta o de impuestos* tax return; *prestar ~* JUR testify, give evidence; **declarar 1** *v/t* state; *bienes* declare; *~ culpable* find guilty **2** *v/i* JUR give evidence; **declararse** declare o.s.; *de incendio*

break out; **~ a alguien** declare one's love for s.o.
declinar decline
declive m fig decline
decodificador m ☞ **descodificador**
decoración f decoration; **decorado** m TEA set; **decorar** decorate
decrecer decrease, diminish
decrépito decrepit; **decrepitud** f decrepitude
decretar order, decree; **decreto** m decree
dedal m thimble
dedicación f dedication; **dedicar** dedicate; **esfuerzo** devote; **dedicatoria** f dedication
dedo m finger; **~ del pie** toe; **~ gordo** thumb; **~ índice** forefinger
deducción f deduction; **deducir** deduce; COM deduct
defecto m defect; *moral* fault; INFOR default; **defectuoso** defective, faulty
defender defend
defensa f JUR, DEP defense, Br defence; L.Am. AUTO fender, Br wing **2** m/f defender; DEP wing **2** m/f defensive; **defensivo** defensive; **defensor** m, **~a** f defender, champion; JUR defense counsel, Br defending counsel; **~ del pueblo en España** ombudsman
deficiencia f deficiency; **con ~ auditiva** with a hearing problem; **deficiente 1** *adj*

deficient; (*insatisfactorio*) inadequate **2** m/f handicapped person; **déficit** m deficit
definición f definition; **definir** define; **definitivo** definitive; **respuesta** definite; **en -a** all in all
deforestación f deforestation; **deforestar** deforest
deformar distort; MED deform; **deforme** deformed
defraudación f fraud; **defraudar** disappoint; (*estafar*) defraud; **~ a Hacienda** evade taxes
defunción f death, demise *fml*
degenerar degenerate (**en** into)
degradación f degradation; MIL demotion
degustación f tasting; **degustar** taste
dehesa f meadow
dejadez f slovenliness; (*negligencia*) neglect
dejado 1 *part* ☞ **dejar 2** *adj* slovenly
dejar 1 *v/t* leave; (*permitir*) let, allow; (*prestar*) lend; *beneficios* yield; **déjame en la esquina** drop me at the corner **2** *v/i*: **~ de hacer algo** (*parar*) stop doing sth; **no deja de fastidiarme** he keeps (on) annoying me; **dejarse** let o.s. go
delantal m apron
delante in front; (*más avanzado*) ahead; (*enfrente*) opposite; **por ~** ahead; **~ de**

front of; **el asiento de ~** the front seat; **delantera** *f* DEP forward line; **llevar la ~** lead; **delantero** *m*, **-a** *f* DEP forward

delatar: **~ a alguien** inform on s.o.; *fig* give s.o. away; **delator** *m*, **~a** *f* informer

delegación *f* delegation; (*oficina*) local office; **~ de Hacienda** tax office; **delegado** *m*, **-a** *f* delegate; COM representative

deleitar delight; **deleite** *m* delight

deletrear spell

delfín *m* ZO dolphin

delgadez *f de cuerpo* slimness; (*esbeltez*) thinness; **delgado** slim; *lámina, placa* thin

deliberación *f* deliberation; **deliberar** deliberate (**sobre** on)

delicadeza *f* gentleness; *de acabado, tallado* delicacy; (*tacto*) tact; **delicado** delicate

delicia *f* delight; **delicioso** delightful; *comida* delicious

delimitar delimit

delincuencia *f* crime; **delincuente** *m/f* criminal

delineante *m/f* draftsman, Br draughtsman; *mujer* draftswoman, Br draughtswoman; **delinear** draft; *fig* draw up

delirante delirious; *fig*: *idea* crazy; **delirar** be delirious; **¡tú deliras!** *fig* you must be crazy!; **delirio** *m* MED delirium; **tener ~ por el fútbol** be

mad about soccer; **~s de grandeza** delusions of grandeur

delito *m* crime, Br offence; **demanda** *f* demand (**de** for); JUR lawsuit, claim; **demandado** *m*, **-a** *f* JUR defendant; **demandante** *m/f* JUR plaintiff; **demandar** JUR sue

demarcación *f* demarcation; **demarcar** demarcate

demás 1 *adj* remaining **2** *adv*: **lo ~** the rest; **los ~** the rest, the others; **por lo ~** apart from that; **demasiado 1** *adj* too much; *antes de pl* too many **2** *adv* antes de *adj, adv* too; *con verbo* too much

demencia *f* MED dementia; *fig* madness; **demente 1** *adj* demented, crazy **2** *m/f* mad person

democracia *f* democracy; **demócrata 1** *adj* democratic **2** *m/f* democrat; **democrático** democratic

demoler demolish; **demolición** *f* demolition

demonio *m* demon; **¡~s!** F hell! F, damn! F

demora *f* delay; **demorar 1** *v/i* stay on; *L.Am.* (*tardar*) be late; **no demores** don't be long **2** *v/t* delay

demostración *f* proof; *de método* demonstration; *de fuerza, sentimiento* show; **demostrar** prove; (*enseñar*) demonstrate; (*mostrar*) show; **demostrativo** demonstrative

denegar refuse

denigrar degrade; (*criticar*) denigrate

denominación *f* name; **~ de origen** guarantee of quality of a wine; **denominador** *m*: **~ común** *tb fig* common denominator; **denominar** designate

denotar show, indicate

densidad *f* density; **denso** *bosque* dense; *fig* weighty

dentadura *f*: **~ postiza** false teeth *pl*, dentures *pl*; **dentífrico** *m* toothpaste; **dentista** *m/f* dentist; **dentición** *f* teething; (*dientes*) teeth *pl*

dentro *1 adv* inside; **por ~** inside **2 ~ de** *en espacio* in, inside; **en tiempo** in, within

denuncia *f* report; **poner una ~** make a formal complaint; **denunciante** *m/f* person who reports a crime; **denunciar** report; *fig* condemn, denounce

departamento *m* department; *L.Am.* (*apartamento*) apartment, *Br* flat

dependencia *f* dependence (**de** on); COM department; **depender** depend (**de** on); **~ de alguien** *en una jerarquía* report to s.o.; **eso depende** that all depends; **dependiente 1** *adj* dependent **2** *m*, **-a** *f* sales clerk, *Br* shop assistant

depilar *con cera* wax; *con pinzas* pluck; **depilatorio** *m* depilatory

deplorable deplorable; **deplorar** deplore

deporte *m* sport; **deportista** *m/f* sportsman; *mujer* sportswoman; **deportivo** sports *atr*, *actitud* sporting

deposición *f* deposition; **depositar** *tb fig* put, place; *dinero* deposit (**en** in); **depósito** *m* COM deposit; (*almacén*) store; *de agua*, AUTO tank; **~ de cadáveres** morgue, *Br* mortuary

depravado depraved; **depravar** deprave

depreciación *f* depreciation; **depreciar** lower the value of; **depreciarse** depreciate, lose value

depresión *f* depression; **deprimido** depressed; **deprimir** depress

depuración *f* purification; POL purge; **depuradora** *f* purifier; **depurar** purify; *agua* treat; POL purge

derecha *f tb* POL right; **a la ~ posición** on the right; **dirección** to the right

derecho 1 *adj lado* right; (*recto*) straight; *C.Am.* *fig* straight, honest **2** *adv* straight **3** *m* (*privilegio*) right; JUR law; **del ~** on the right side; **~ de asilo** right to asylum; **~s de autor** royalties; **~s humanos** human rights; **no hay ~** it's not fair, it's not right; **tener ~ a** have a right to **4** *mpl*: **~s** fees

derivación f derivation; **derivar** derive (**de** from); *de barco* drift

dermatólogo m, **-a** f dermatologist

derramar spill; *luz, sangre* shed; (*esparcir*) scatter; **derramarse** spill; *de gente* scatter; **derrame** m MED: **~ cerebral** stroke

derrapar AUTO skid

derretir melt; **derretirse** melt; *fig* be besotted (**por** with)

derribar *edificio, persona* knock down, demolish; *avión* shoot down; POL bring down; **derribo** m *de edificio* demolition; *de persona* knocking down; *de avión* shooting down; POL overthrow

derrocar POL overthrow

derrochador m, **-a** f spendthrift; **derrochar** waste; *salud, felicidad* burst with; **derroche** m waste

derrota f defeat; **derrotar** MIL defeat; DEP beat, defeat

derrumbamiento m *accidental* collapse; *intencionado* demolition; **derrumbarse** collapse, fall down; *de una persona* go to pieces

desabrido (*soso*) tasteless; *persona* surly; *tiempo* unpleasant

desabrochar undo, unfasten

desacatar *orden* disobey; *ley, regla* break; **desacato** m JUR contempt

desacertar be wrong; **desacierto** m mistake

desaconsejar advise against

desacoplar uncouple

desacostumbrar: **~ a alguien de algo** get s.o. out of the habit of sth; **desacostumbrarse**: **~ a algo** get out of the habit of sth

desacreditar discredit

desacuerdo m disagreement; **estar en ~ con** disagree with

desafiar challenge; *peligro* defy

desafinado out of tune; **desafinar** be out of tune

desafío m challenge; *al peligro* defiance

desafortunadamente unfortunately; **desafortunado** unfortunate

desagradable unpleasant, disagreeable; **desagradecido** ungrateful; *tarea* thankless; **desagrado** m displeasure

desagüe m drain; *acción* drainage; (*cañería*) drainpipe

desahogado spacious; **desahogarse** *fig* F let off steam F

desahuciar: **~ a alguien** declare s.o. terminally ill; (*inquilino*) evict s.o.; **desahucio** m JUR eviction; **demanda de ~** eviction order

desairar snub; **desaire** m snub

desalentar discourage; **desaliento** m discouragement

desalinización *f* desalination
desaliñado slovenly
desalmado 1 *adj* heartless **2** *m*, *-a f* heartless person
desalojar *ante peligro* evacuate; (*desahuciar*) evict; (*vaciar*) vacate
desamparado defenseless, *Br* defenceless; **desamparo** *m* neglect
desangrarse bleed to death
desanimado discouraged, disheartened; **desanimar** discourage, dishearten; **desanimarse** become discouraged *o* disheartened
desapacible nasty, unpleasant
desaparecer 1 *v/i* disappear, vanish **2** *v/t L.Am.* disappear F; **desaparición** *f* disappearance
desapercibido unnoticed
desaprensivo unscrupulous
desaprobación *f* disapproval; **desaprobar** disapprove of
desaprovechado wasted; **desaprovechar** *oportunidad* waste
desarmar MIL disarm; TÉC take to pieces, dismantle; **desarme** *m* MIL disarmament
desarraigar *tb fig* uproot; **desarraigo** *m fig* rootlessness
desarreglar make untidy; *horario* disrupt; **desarreglo** *m* disorder; *de horarios* disruption

desarrollar develop; *tema* explain; *trabajo* carry out; **desarrollarse** develop, evolve; (*ocurrir*) take place; **desarrollo** *m* development; *país en vías de ~* developing country
desaseado F scruffy
desasosegar make uneasy; **desasosegarse** become uneasy; **desasosiego** *m* disquiet, unease
desastre *m tb fig* disaster; **desastroso** disastrous
desatar untie; *fig* unleash
desatención *f* lack of attention, inattention; **desatender** neglect; (*ignorar*) ignore; **desatento** (*desconsiderado*) discourteous; (*distraído*) inattentive
desatinado foolish; **desatinar** (*actuando*) act foolishly; (*hablando*) talk nonsense; **desatino** *m* mistake
desatornillar unscrew
desavenencia *f* disagreement
desaventajado unfavorable, *Br* unfavourable
desayunar 1 *v/i* have breakfast **2** *v/t: ~ algo* have sth for breakfast; **desayuno** *m* breakfast
desbancar *fig* displace, take the place of
desbarajuste *m* mess
desbloquear *carretera* clear; *mecanismo* free up, unjam; *cuenta bancaria* unfreeze
desbordar 1 *v/t de un río*

overflow, burst; *de un multitud* break through; *de un acontecimiento* overwhelm; *fig* break **2** *v/i* overflow; **desbordarse** *de un río* burst its banks; *fig* get out of control

descabellado: idea -a F hare-brained idea

descafeinado decaffeinated; *fig* watered-down

descalabro *m* calamity

descalificación *f* disqualification; **descalificar** disqualify

descalzo barefoot

descansar rest, have a rest; *¡que descanses!* sleep well; **descanso** *m* rest; DEP half time; TEA interval; *sin ~* without a break

descapotable *m* AUTO convertible

descarado rude, impertinent

descarga *f* ELEC, MIL discharge; *de mercancías* unloading; INFOR download; **descargar** *arma,* ELEC discharge; *fig: ira etc* take out (*en, sobre* on); *mercancías* unload; INFOR download; *de responsabilidad, culpa* clear (*de* of); **descargo** *m* defense, *Br* defence

descaro *m* nerve

descarrilamiento *m* FERR derailment; **descarrilar** derail

descartar rule out

descendencia *f* descendants *pl*; **descendente** downward;

escala descending; **descender 1** *v/i* go down, descend; *para indicar acercamiento* come down, descend; *fig* go down, decrease; *~ de* descend from **2** *v/t* *escalera* go down; *para indicar acercamiento* come down; **descendiente 1** *adj* descended **2** *m/f* descendant; **descenso** *m* *de precio etc* drop; *de montaña,* AVIA descent; DEP relegation

descentralizar decentralize

descifrar decipher; *fig* work out

descodificador *m* decoder; **descodificar** decode

descolgar take down; *teléfono* pick up

descolorar bleach; **descolorarse** fade; **descolorido** faded; *fig* colorless, *Br* colourless

descomedido immoderate; *(descortés)* rude

descomponer *(dividir)* break down; *(pudrir)* cause to decompose; *L.Am. (romper)* break; **descomponerse** *(pudrirse)* decompose, rot; TÉC break down; *Rpl (emocionarse)* break down (in tears); *se le descompuso la cara* he turned pale; **descomposición** *f* breaking down; *putrefacción* decomposition; *(diarrea)* diarrhea, *Br* diarrhoea; **descompuesto 1** *part* ☞ **descomponer 2** *adj alimento* rotten; *cadá-*

ver decomposed; *persona* upset; *L.Am.* tipsy; *L.Am.* máquina broken down

descomunal enormous

desconcertado disconcerted; **desconcertar** *a persona* disconcert; **desconcertarse** be disconcerted, be taken aback

desconectar 1 *v/t* ELEC disconnect **2** *v/i fig* switch off

desconfiado mistrustful, suspicious; **desconfianza** *f* mistrust, suspicion; **desconfiar** be mistrustful, be suspicious (*de* of)

descongelar *comida* thaw, defrost; *refrigerador* defrost; *precios* unfreeze

descongestionar MED clear; *tráfico* relieve

desconocer not know; **desconocido 1** *adj* unknown **2** *m, -a f* stranger; **desconocimiento** *m* ignorance

desconsiderado inconsiderate

desconsolado inconsolable; **desconsuelo** *m* grief; **desconsolar** distress

descontar COM deduct, take off; *fig* exclude

descontento 1 *adj* dissatisfied **2** *m* dissatisfaction

desconvocar call off

descorchador *m Rpl* corkscrew; **descorchar** *botella* uncork

descortés impolite, rude; **descortesía** *f* discourtesy, impoliteness

descoser *costura* unpick; **descoserse** *de dobladillo etc* come unstitched; *de prenda* come apart at the seams

descrédito *m* discredit; *caer en ~* be discredited

describir describe; **descripción** *f* description

descubierto 1 *part* ☞ **descubrir 2** *adj* uncovered; *persona* bareheaded; *cielos* clear; *piscina* open-air; *al ~* in the open; *quedar al ~* be exposed **3** *m* COM overdraft; *en ~* be exposed **3** *m* COM overdraft

descubrimiento *m* discovery; (*revelación*) revelation; **descubrir** discover; *poner de manifiesto* uncover, reveal; *estatua* unveil

descuento *m* discount; DEP stoppage time

descuidado careless; **descuidar 1** *v/t* neglect **2** *v/i*: ¡descuida! don't worry!; **descuidarse** get careless; *en cuanto al aseo* let o.s. go; (*despistarse*) let one's concentration drop; **descuido** *m* carelessness; (*error*) mistake; (*omisión*) oversight; *en un ~ L.Am.* in a moment of carelessness

desde 1 *prp en el tiempo* since; *en el espacio, en escala* from; *~ 1993* since 1993; *~ hace tres días* for three days; *~... hasta...* from ... to ... **2** *adv*: *~ luego* of course; *~ ya Rpl* right away

desdén *m* disdain, contempt; **desdeñar** scorn; **desdeño-**

so disdainful, contemptuous

desdicha f (*desgracia*) misfortune; (*infelicidad*) unhappiness; **desdichado 1** adj unhappy; (*sin suerte*) unlucky **2** m, -a f poor soul

deseable desirable; **desear** wish for; *suerte etc* wish; **¿qué desea?** what would you like?

desecar dry

desechable disposable; **desechar** (*tirar*) throw away; (*rechazar*) reject; **desechos** mpl waste

desembalar unpack

desembarcar disembark; **desembarco** m, **desembarque** m de personas disembarkation; de mercancías landing

desembocadura f mouth; **desembocar** flow (**en** into); de calle come out (**en** into); de situación end (**en** in)

desembolsar pay out; **desembolso** m expenditure

desembragar 1 v/t embrague release **2** v/i release the clutch, declutch; **desembrague** m declutching

desempaquetar unwrap

desempate m POL: **una votación de ~** a vote to decide the winner; (**partido de**) **~** DEP decide, deciding game

desempeñar tarea carry out; cargo hold; papel play; **desempeño** m de tarea, papel performance

desempleo m unemployment

desempolvar v/t dust; fig dust off; conocimientos teóricos brush up

desencadenar fig trigger; **desencadenarse** fig be triggered

desencantar fig disillusion, disenchant; **desencanto** m fig disillusionment

desenchufar ELEC unplug

desenfadado self-assured; programa light, undemanding; **desenfado** m ease

desenfrenado frenzied, hectic; **desenfreno** m frenzy

desenganchar caballo unhitch; carro uncouple; **desengancharse** get loose; fig F kick the habit F

desengañar disillusion; **desengañarse** become disillusioned (**de** with); (dejar de engañarse) stop kidding o.s.; **desengaño** m disappointment

desenlace m outcome

desenmascarar fig unmask, expose

desenredar untangle; situación confusa straighten out, sort out

desenvoltura f ease; **desenvuelto 1** part ☞ **desenvolver 2** adj self-confident

desenvolver unwrap; **desenvolverse** fig cope

deseo m wish; **deseoso: ~ de hacer algo** eager to do sth

desequilibrado 1 adj unbalanced **2** *m*, -a *f*: **ser un ~ mental** be mentally unbalanced; **desequilibrar** unbalance; **~ a alguien** throw s.o. off balance

deserción *f* desertion; **desertar** MIL desert; **desertor** *m*, **~ora** *f* deserter

desesperación *f* despair; **desesperado** in despair; **desesperar 1** *v/t* infuriate, exasperate **2** *v/i* despair (*de* of); **desesperarse** get exasperated

desestabilizar POL desetabilize

desestimar *queja* reject

desfachatez *f* impertinence

desfalco *m* embezzlement

desfallecer faint; **desfallecimiento** *m* (*debilidad*) weakness; (*desmayo*) fainting fit

desfase *m* gap; **~ horario** jet lag

desfavorable unfavorable, *Br* unfavourable

desfigurar disfigure

desfilar parade; **desfile** *m* parade; **~ de modelos** *o* **de modas** fashion show

desgana *f* loss of appetite; **con ~** *fig* half-heartedly

desgarrador heartrending; **desgarrar** tear up; *corazón* break; **desgarro** *m* MED tear

desgastado worn out; **desgastar** wear out; *defensas* wear down; **desgaste** *m* wear (and tear)

desglose *m* breakdown, itemization

desgracia *f* misfortune; *suceso* accident; **por ~** unfortunately; **desgraciado 1** *adj* unfortunate; (*miserable*) wretched **2** *m*, -a *f* wretch; (*sinvergüenza*) swine F

desgravar 1 *v/t* deduct **2** *v/i* be tax-deductible

desgreñar dishevel

desguazar scrap

deshabitado uninhabited

deshacer undo; *maleta* unpack; *planes* wreck; (*suspender*) cancel; **deshacerse de nudo de corbata, lazo etc** come undone; *de hielo* melt; **~ de** get rid of; **deshecho 1** *part* ☞ **deshacer 2** *adj* F *anímicamente* devastated F; *de cansancio* beat F

deshelar, deshelarse thaw

desheredar disinherit

deshielo *m* thaw

deshonesto dishonest; **deshonra** *f* dishonor; *Br* dishonour; **deshonrar** dishonor; *Br* dishonour

deshora *f*: **a ~ (s)** at the wrong time

desierto 1 *adj* empty, deserted; **isla -a** desert island **2** *m* desert

designación *f* appointment, naming; *de lugar* selection; *de candidato* designation; **designar** appoint, name; *lugar* select

desigual unequal; *terreno* uneven; **desigualdad** *f* inequality

desilusión f disappointment; **desilusionar** disappoint; (*quitar la ilusión*) disillusion

desinfección f disinfection; **desinfectante** m disinfectant; **desinfectar** disinfect

desintegración f tb FÍS disintegration; **desintegrarse** disintegrate; *de grupo de gente* break up

desinterés m lack of interest; (*generosidad*) unselfishness; **desinteresado** unselfish

desintoxicación f detoxification

desistir give up, stop

desleal disloyal

desleír dissolve; **desleírse** dissolve

deslenguado 1 *adj* foul-mouthed **2** m, -a f foul-mouthed person

desligar separate (*de* from); *fig: persona* cut off (*de* from)

desliz m fig F slip-up F; **deslizar 1** v/t slide, run (*por* along); *idea, frase* slip in **2** v/i slide; **deslizarse** slide

deslucido tarnished; *colores* dull, drab; **deslucir** tarnish; *fig* spoil; **deslucirse** *de colores* fade; *de persona* be discredited

deslumbrar fig dazzle

desmán m outrage

desmantelar dismantle

desmaquillar remove make-up from; **desmaquillarse** take one's make-up off

desmarcarse DEP lose one's

marker; **~ de** distance o.s. from

desmayado *persona* unconscious; *voz* weak; *color* pale; **desmayarse** faint; **desmayo** m fainting fit; **sin ~** without flagging

desmedido excessive

desmejorar 1 v/t spoil **2** v/i MED get worse, go downhill; **desmejorarse** MED get worse, go downhill; (*perder esplendor*) lose one's looks

desmentido m denial; **desmentir** deny; *a alguien* contradict

desmenuzar crumble up; *fig* break down

desmesurado excessive

desmontable easily dismantled; **desmontar 1** v/t dismantle, take apart; *tienda de campaña* take down **2** v/i dismount

desmoronarse tb fig collapse

desnivel m unevenness; *entre personas* disparity

desnudar undress; *fig* fleece; **desnudarse** undress; **desnudez** f nudity; *fig* nakedness; **desnudismo** m nudism; **desnudo 1** *adj* naked; (*sin decoración*) bare **2** m PINT nude

desobedecer disobey; **desobediencia** f disobedience; **desobediente** disobedient

desocupación f L.Am. unemployment; **desocupado 1** *adj apartamento* empty; *L.Am. sin trabajo* unem-

ployed **2** *mpl: los* **~s** the unemployed; **desocupar** va-
cate

desodorante *m* deodorant

desolación *f* desolation; **desolado** desolate; **fig** devastated; **desolador** devasta-
ting; **desolar** *tb* **fig** devastate

desorden *m* disorder; **desordenado** untidy, messy; **fig**
disorganized; **desordenar**
make untidy

desorganización *f* lack of
organization; **desorganizado** disorganized

desorientarse get disoriented, lose one's bearings;
fig get confused

despachar 1 *v/t a persona,
cliente* attend to; *problema*
sort out; *(vender)* sell; *(enviar)* send, dispatch **2** *v/i*
meet *(con* with); **despacho**
m office; *diplomático* dispatch; **~ de billetes** ticket office

despacio slowly; *L.Am. (en
voz baja)* in a low voice

desparramar scatter; *líquido*
spill; *dinero* squander; **des-
parramarse** spill; **fig** scatter

despectivo contemptuous;
GRAM pejorative

despedazar tear apart

despedida *f* farewell; **~ de
soltero** stag party; **~ de soltera** hen party; **despedir** see
off; *empleado* dismiss; *perfume* give off; *de jinete* throw;
despedirse say goodbye
(de to)

despegar 1 *v/t* remove, peel
off **2** *v/i* AVIA, **fig** take off;
despegue *m* AVIA, **fig**
take-off

despejado *cielo, cabeza* clear;
despejar clear; *persona*
wake up; **despejarse** *de cielo* clear up; **fig** wake o.s. up

despensa *f* larder

desperdicio *m* waste; **~s**
waste; **no tener ~** be worthwhile

desperfecto *m (defecto)* flaw;
(daño) damage

despertador *m* alarm
(clock); **despertar 1** *v/t*
wake; *apetito* whet; *sospecha*
arouse; *recuerdo* reawaken **2**
v/i wake up; **despertarse**
wake (up)

despido *m* dismissal

despierto awake; **fig** bright

despilfarrar squander

despistado scatterbrained

desplazamiento *m* trip; *(movimiento)* movement; **des-
plazar** move; *(suplantar)*
take over from; **desplazarse**
travel

desplegar unfold, open out;
MIL deploy

desplomarse collapse

despoblar depopulate; **des-
poblarse** become depopu-
lated o deserted

despojar strip *(de* of)

despreciar look down on;
propuesta reject; **desprecio**
m contempt; *(indiferencia)*
disregard; *acto* slight

desprender detach, separate;

olor give off; **desprenderse** come off; **~ de** *fig* part with; *de estudio* emerge; **desprendimiento** *f* detachment

despreocupado (*descuidado*) careless; (*sin preocupaciones*) carefree

desprevenido unprepared; **pillar** *o L.Am.* **agarrar ~** catch unawares

después (*más tarde*) afterward, later; *seguido en orden* next; *en el espacio* after; **yo voy ~** I'm next; **~ de** after; **~ de que se vaya** after he's gone

desquite *m* compensation; **tomarse el ~** F get one's own back

destacado outstanding; **destacar** stand out

destajo *m:* **a ~** piecework

destapar open, take the lid off; *fig* uncover

desterrar exile; **destierro** *m* exile

destilación *f* distillation; **destilar** distill; *fig* exude

destinar *fondos* allocate (**para** for); *a persona* post (**a** to); **destinatario** *m*, -a *f* addressee; **destino** *m* fate; *de viaje etc* destination; *en el ejército etc* posting

destituir dismiss

destornillador *m* screwdriver; **destornillar** unscrew

destreza *f* skill

destrozar destroy; *emocionalmente* shatter, devastate

destrucción *f* destruction;

destructor 1 *adj* destructive; **máquina ~a de documentos** document shredder **2** *m barco* destroyer; **destruir** destroy; (*estropear*) ruin, wreck

desunión *f* lack of unity

desusado obsolete

desvalijar rob; *apartamento* burglarize, burgle

desván *m* attic

desvelar keep awake; *secreto* reveal; **desvelo** *m* sleeplessness; **~s** efforts

desventaja *f* disadvantage; **desventajoso** disadvantageous

desventura *f* misfortune; **desventurado 1** *adj* unfortunate **2** *m,* -a *f* unfortunate

desvergonzado shameless

desviación *f* diversion; **desviar** *golpe* deflect; *tráfico, río* divert; **~ la conversación** change the subject; **~ la mirada** look away; **~ a alguien del buen camino** lead s.o. astray; **desvío** *m* diversion

detallado detailed; **detalle** *m* detail; *fig* thoughtful gesture; **al ~** retail; **detallista** *m/f* COM retailer

detectar detect; **detective** *m/f* detective; **~ privado** private detective

detención *f* detention; **orden de ~** arrest warrant; **detener** stop; *de policía* arrest, detain; **detenerse** stop

detergente *m* detergent

deteriorar damage
determinación f (*intrepidez*) determination; (*decisión*) decision; **determinado** certain; **determinar** determine; **determinarse** decide (*a* to)
detestar detest
detrás behind; *por* ~ at the back; *fig* behind your / his etc back; ~ *de* behind; *uno* ~ *de otro* one after the other; *estar* ~ *de algo fig* be behind sth
detrimento *m*: *en* ~ *de* to the detriment of
deuda f debt; *estar en* ~ *con alguien fig* be in s.o.'s debt; **deudor** *m*, ~a f debtor
devaluación f devaluation; **devaluar** devalue
devastar devastate
devoción f *tb fig* devotion
devolución f return; *de dinero* refund; **devolver** give back, return; *fig*: *visita, saludo* return; F (*vomitar*) throw up F; **devolverse** *L.Am.* go back
devorar devour
devoto 1 *adj* devout **2** *m*, -a f devotee
DF (= *Distrito Federal*) Mexico City
día *m* day; ~ *de fiesta* holiday; ~ *festivo* holiday; ~ *hábil* o *laborable* work day; *poner al* ~ update, bring up to date; *a los pocos* ~s a few days later; *algún* ~, *un* ~ some day, one day; *de* ~ by day; *ya es de* ~ it's light already;

el ~ *menos pensado* when you least expect it; *hace mal* ~ *tiempo* it's a nasty day; *hoy en* ~ nowadays; *todos los* ~s every day; *un* ~ *sí y otro no* every other day; *¡buenos* ~*s!* good morning
diabetes f diabetes; **diabético 1** *adj* diabetic **2** *m*, -a f diabetic
diablo *m* devil; *mandar a alguien al* ~ tell s.o. to go to hell
diafragma *m* diaphragm
diagnosticar diagnose; **diagnóstico 1** *adj* diagnostic **2** *m* diagnosis
diagonal 1 *adj* diagonal **2** f diagonal (line)
diagrama *m* diagram
dialecto *m* dialect
diálogo *m* dialog, *Br* dialogue
diamante *m* diamond
diámetro *m* diameter
diapositiva f FOT slide, transparency
diario 1 *adj* daily **2** *m* diary; (*periódico*) newspaper; *a* ~ daily
diarrea f MED diarrhea, *Br* diarrhoea
dibujante *m/f* draftsman, *Br* draughtsman; mujer draftswoman, *Br* draughtswoman; *de viñetas* cartoonist; **dibujar** draw; *fig* describe; **dibujo** *m* drawing; *estampado* pattern; ~s *animados* cartoons; *película de* ~ s *animados* animation
diccionario *m* dictionary

dicha f (felicidad) happiness; (suerte) good luck

dicho 1 part ☞ **decir 2** adj said; ~ **y hecho** no sooner said than done; **mejor** ~ or rather **3** m saying

dichoso happy; F (maldito) damn F

diciembre m December

dictado m dictation; **dictador** m, ~a f dictator

dictamen m (informe) report; (opinión) opinion; **emitir un** ~ make out a report; **dictaminar** state

dictar dictate; ley announce; ~ **sentencia** JUR pass sentence

diecinueve nineteen; **dieciocho** eighteen; **dieciséis** sixteen; **diecisiete** seventeen

diente m tooth; ~ **de ajo** clove of garlic; ~ **de león** BOT dandelion; **poner los** ~**s largos a alguien** make s.o. jealous

diesel m diesel

diestro 1 adj: **a** ~ **y siniestro** fig F left and right **2** m TAUR bullfighter

dieta f diet; **estar a** ~ be on a diet; ~**s** traveling o Br travelling expenses

diez ten

difamación f defamation; de palabra slander; por escrito libel; **difamar** slander, defame; por escrito libel

diferencia f difference; **a** ~ **de** unlike; **con** ~ fig by a long way; **diferencial** m differential; **diferenciar** differenti-

ate; **diferente** different

diferido TV: **en** ~ prerecorded; **diferir 1** v/t postpone **2** v/i differ (**de** from)

difícil difficult; **dificultad** f difficulty; **poner** ~**es** make it difficult

dificultar hinder

difteria f MED diphtheria

difundir spread; (programa) broadcast; **difundirse** spread

difunto 1 adj late **2** m, ~**a** f deceased

digerir digest; **digestible** digestible; **digestión** f digestion; **digestivo** digestive

digital digital

dignarse deign; **dignidad** f dignity; **dignatario** m, ~a f dignitary; **digno** worthy; trabajo decent

dilapidar waste

dilatación f dilation; **dilatar 1** v/t dilate; (prolongar) prolong; (aplazar) postpone **2** v/i Méx (tardar) be late; **no me dilato** I won't be long

dilema m dilemma

diligencia f diligence; vehículo stagecoach; ~**s** JUR procedures, formalities; **diligente** diligent

diluir dilute

diluvio m downpour; fig deluge

dimensión f dimension; fig size, scale; **dimensiones** measurements

diminuto tiny, diminutive

dimisión f resignation; **dimitir** resign

Dinamarca Denmark

dinamita f dynamite

dínamo, dinamo f o L.Am. m dynamo

dinero m money; ~ **en efectivo, ~ en metálico** cash

dinosaurio m dinosaur

Dios m God; **j~ mío!** my God!; **¡por ~!** for God's sake!

diosa f goddess

diploma m diploma; **diplomacia** f diplomacy; **diplomático 1** adj diplomatic **2** m, -a f diplomat

diputación f deputation; **diputado** m, -a f representative, Br Member of Parliament

dique m dike, Br dyke

dirección f tb TEA, de película direction; COM management; POL leadership; de coche steering; en carta address; **en aquella ~** that way; **~ asistida** AUTO power steering; **~ de correo electrónico** e-mail address; **directivo 1** adj governing; COM managing **2** m, -a f COM manager; **directo** direct; **en ~** TV, RAD live; **director** m adj leading **2** m, -a f manager; EDU principal, Br head (teacher); TEA, de película director; **~ de orquesta** conductor; **directorio** m tb INFOR directory; **directriz** f guideline

dirigir TEA, película direct; COM manage, run; MÚS conduct; **~ una carta a** address a letter to; **~ una pregunta a** direct a question to; **dirigirse** make, head (**a, hacia** for)

discapacidad f disability; **discapacitado 1** adj disabled **2** m, -a f disabled person

disciplina f discipline; **discípulo** m, -a f REL, fig disciple

disco m disk, Br disc; MÚS record; (discoteca) disco; DEP discus; **~ compacto** compact disc; **~ duro,** L.Am. **~ rígido** INFOR hard disk

discordia f discord; (colección de discos) record collection

discoteca f disco

discreción f discretion; **a ~ disparar** at will; **a ~ de** at the discretion of

discrepancia f discrepancy; (desacuerdo) disagreement; **discrepar** disagree

discreto discreet

discriminar discriminate against; (diferenciar) differentiate

disculpa f apology; **disculpar** excuse

discurso m speech; de tiempo passage, passing

discusión f discussion; (disputa) argument; **discutir 1** v/t discuss **2** v/i argue (**sobre** about)

disentería f MED dysentery

diseñador m, **~a** f designer;

diseñar design; **diseño** *m* design; **~ gráfico** graphic design

disfraz *m para ocultar* disguise; *para fiestas* costume, fancy dress; **disfrazarse** *para ocultarse* disguise o.s. (**de** as); *para divertirse* dress up (**de** as)

disfrutar 1 *v/t* enjoy **2** *v/i* have fun, enjoy o.s.; **~ de buena salud** be in *o* enjoy good health

disgustado upset (**con** with); **disgustar** upset; **disgustarse** get upset; **disgusto** *m*: **me causó un gran ~** I was very upset; **llevarse un ~** get upset; **a ~** unwillingly

disidente *m/f* dissident

disimular 1 *v/t* disguise **2** *v/i* pretend

disipar *duda* dispel

diskette *m* diskette, floppy (disk)

dislexia *f* dyslexia; **disléxico 1** *adj* dyslexic **2** *m*, -a *f* dyslexic

dislocación *f* MED dislocation; *fig* distortion

disminución *f* decrease; **disminuido 1** *adj* handicapped **2** *m*, -a *f* handicapped person; **disminuir 1** *v/t gastos, costos* reduce, cut; *velocidad* reduce **2** *v/i* decrease, diminish

disolución *f* dissolution; **disolver** dissolve; *manifestación* break up

disparador *m* FOT shutter re-

lease; **disparar 1** *v/t tiro, arma* fire; *foto* take; *precios* send up **2** *v/i* shoot, fire; **dispararse** *de arma, alarma* go off; *de precios* shoot up, rocket F

disparate *m* F piece of nonsense; **es un ~ hacer eso** it's crazy to do that

disparo *m* shot

dispensar dispense; *recibimiento* give; (*eximir*) excuse (**de** from)

dispersar disperse

disponer 1 *v/t* (*arreglar*) arrange; (*preparar*) prepare; (*ordenar*) stipulate **2** *v/i*: **~ de algo** have sth at one's disposal; **disponible** available; **disposición** *f* disposition; *de objetos* arrangement; **~ de ánimo** state of mind; **estar a ~ de alguien** be at s.o.'s disposal

dispositivo *m* device

dispuesto 1 *part* **disponer 2** *adj* ready (**a** to)

disputar 1 *v/t* dispute; *partido* play **2** *v/i* argue (**sobre** about)

disquete *m* INFOR diskette, floppy (disk)

distancia *f tb fig* distance; **distante** *tb fig* distant

distensión *f* MED strain; *fig*: *de ambiente* easing; POL détente

distinción *f* distinction; **a ~ de** unlike; **distinguido** distinguished; **distinguir** distinguish (**de** from); (*divisar*) make out; **con un premio** honor, *Br* honour; **distintivo** *m* emblem; MIL insignia; **distinto** different; **~s** (*varios*) several

distorsión *f* distortion

distracción *f* distraction; (*descuido*) absent-mindedness; (*diversión*) entertainment; (*pasatiempo*) pastime; **distraer** distract; **la radio la distrae** she enjoys listening to the radio; **distraído 1** *part* ☞ **distraer 2** *adj* absent-minded; *temporalmente* distracted

distribución *f* distribution; **distribuidor** *m* distributor; **distribuir** distribute; *beneficio* share out

distrito *m* district

disturbio *m* disturbance

disuadir dissuade; POL deter; **~ a alguien de hacer algo** dissuade s.o. from doing sth

diurno day *atr*

divagar digress

diversidad *f* diversity

diversión *f* fun; (*pasatiempo*) pastime; **aquí no hay muchas diversiones** there's not much to do around here; **diverso** diverse; **~s** several, various

divertido funny; (*entretenido*) entertaining; **divertir** entertain; **divertirse** have fun, enjoy o.s.

dividir divide

divino *tb fig* divine

divisa *f* currency; **~s** foreign

currency

división *f* division

divorciado 1 *adj* divorced **2** *m*, **-a** *f* divorcee; **divorciarse** get divorced; **divorcio** *m* divorce

divulgar spread

doblar 1 *v/t* fold; *cantidad* double; *película* dub; MAR round; *pierna, brazo* bend; *en una carrera* pass, *Br* overtake; **la esquina** go around *o* turn the corner **2** *v/i* turn; **doble 1** *adj* double; *nacionalidad* dual; **~ clic** *m* double click; **hacer ~ clic en** double click on **2** *m*: **el ~** twice as much (**de** as); **el ~ de gente** twice as many people; **~s tenis** doubles **3** *m/f* *en película* double

doce twelve; **docena** *f* dozen

dócil docile

doctor *m*, **-a** *f* doctor

documentación *f* documentation; *de una persona* papers; **documental** *m* documentary; **documentar** document; **documentarse** do research; **documento** *m* document; **~ nacional de identidad** national identity card

dogma *m* dogma

dogo *m* ZO mastiff

dólar *m* dollar

dolencia *f* ailment; **doler** *tb fig* hurt; **me duele el brazo** my arm hurts; **dolido** *fig* hurt; **dolor** *m tb fig* pain; **~ de cabeza** headache; **~ de**

estómago stomach-ache; ~ *de muelas* toothache; **doloroso** *tb fig* painful

domador *m*, ~**a** *f* tamer; **domar** *tb tb fig* tame; *caballo* break in

doméstico 1 *adj* domestic, household *atr* **2** *m*, ~**a** *f* servant

domiciliado resident; **domiciliar** *pago* pay by direct billing, *Br* pay by direct debit; **domicilio** *m* address; *repartir a ~* do home deliveries

dominación *f* domination; **dominante** dominant; *desp* domineering; **dominar** dominate; *idioma* have a good command of

domingo *m* Sunday; *de Ramos* Palm Sunday

dominicano 1 *adj* Dominican **2** *m*, ~**a** *f* Dominican

dominio *m* control; *fig* command; *ser del ~ público* be in the public domain

don¹ *m* gift; *de gentes* way with people

don² *m* Mr; ~ *Enrique* Mr Sanchez *English uses the surname while Spanish uses the first name*

donación *f* donation; *de órganos* organ donation; **donar** donate; **donativo** *m* donation

donde 1 *adv* where **2** *prp esp L.Am.: fui ~ el médico* I went to the doctor

dónde *interr* where; *¿de ~*

eres? where are you from?; *¿hacia ~ vas?* where are you going?

doña *f* Mrs; ~ *Estela* Mrs Sanchez *English uses the surname while Spanish uses the first name*

dopaje, doping *m* doping; **dopar** dope; **doparse** take drugs

dorada *f* ZO gilthead

dorado gold; *montura* gilt

dormido asleep; *quedarse ~* fall asleep; **dormilón** *m*, **-ona** *f* F sleepyhead F; **dormir 1** *v/i* sleep; *(estar dormido)* be asleep **2** *v/t* put to sleep; *~ a alguien* MED give s.o. a general anesthetic *o Br* anaesthetic; **dormirse** go to sleep; *(quedarse dormido)* fall asleep; *(no despertar)* oversleep; **dormitorio** *m* bedroom

dorsal 1 *adj* dorsal **2** *m* DEP number; **dorso** *m* back

dos two; *de ~ en ~* in twos; *los ~* both; *cada ~ por tres* all the time

dosis *f inv* dose

dotar equip *(de* with); *fondos* provide *(de* with); *cualidades* endow *(de* with); *dote f a no via* dowry; *tener ~s para algo* have a gift for sth

draga *f máquina* dredge; *barco* dredger; **dragar** dredge

drama *m* drama; **dramatizar** dramatize; **dramaturgo** *m*, **-a** *f* playwright, dramatist

drástico drastic

drenaje m drainage; **drenar** drain

droga f drug; **~ de diseño** designer drug; **drogadicto 1** adj addicted to drugs **2** m, -a f drug addict; **drogarse** take drugs; **drogodependencia** f drug dependency

droguería f store selling cleaning and household products

ducha f shower; **ducharse** have a shower, shower

duda f doubt; **dudar 1** v/t doubt **2** v/i hesitate (**en** to); **dudoso** doubtful; (indeciso) hesitant

duelo m grief; (combate) duel

duende m imp

dueño m, -a f owner

dulce 1 adj sweet; fig gentle **2** m candy, Br sweet; **dulzura** f tb fig sweetness

duna f dune

dúplex m duplex (apartment)

duplicado m/adj duplicate; **duplicar** duplicate

duque m duke; **duquesa** f duchess

duración f duration; duradero lasting; ropa, calzado hard-wearing; **durante** indicando duración during; indicando período for; **~ seis meses** for six months; **durar** last

durazno m L.Am. BOT peach

Durex® m Méx Scotch tape®, Br Sellotape®

dureza f de material hardness; de carne toughness; de clima, fig harshness; **duro 1** adj hard; carne tough; clima, fig harsh; **~ de oído** F hard of hearing **2** adv hard **3** m five peseta coin

DVD m (= **disco de video digital**) DVD

E

e conj (instead of **y** before words starting with **i, hi**) and

ebanista m cabinetmaker; **ébano** m ebony; **ebanistería** f cabinetmaking

ebrio drunk

ebullición f: **punto de ~** boiling point

echar 1 v/t (lanzar) throw; (poner) put; de un lugar throw out; humo give off; carta mail, Br tb post; **~ a alguien del trabajo** fire s.o.; **~ abajo** pull down, destroy; **~ la culpa a alguien** put the blame on s.o.; **me echó 40 años** he thought I was 40 **2** v/i: **~ a** start to, begin to; **~ a correr** start o begin to run, start running; **echarse** (tirarse) throw o.s.; (tumbarse) lie down; (ponerse) put on; **~ a llorar** start o begin to cry, start crying

eclesiástico ecclesiastical, church atr

eclipse *m* eclipse

eco *m* echo; **tener ~** *fig* make an impact

ecografía *f* (ultrasound) scan

ecología *f* ecology; **ecológico** ecological; **alimentos** *org*anic; (*que no daña el medio ambiente*) environmentally friendly; **ecologista** *m/f* ecologist

economía *f* economy; **ciencia** economics *sg*; **~ de mercado** market economy; **~ sumergida** black economy; **económico** economic; (*barato*) economical; **economista** *m/f* economist; **economizar** economize on, save

Ecuador Ecuador

ecuador *m* equator

ecuatorial equatorial

ecuatoriano 1 *adj* Ecuadorean **2** *m*, **-a** *f* Ecuadorean

eczema *m* eczema

edad *f* age; **la Edad Media** the Middle Ages *pl*; **la tercera ~** the over 60s; **a la ~ de** at the age of; **¿qué ~ tienes?** how old are you?, what age are you?

edición *f* edition

edicto *m* edict

edificación *f* construction, building; **edificar** construct, build; **edificio** *m* building

editar edit; (*publicar*) publish; **editor** *m*, **~a** *f* editor; **editorial 1** *m* editorial, leading article **2** *f* publishing company, publisher

edredón *m* eiderdown

educación *f* (*crianza*) upbringing; (*modales*) manners *pl*; **~ física** physical education, PE; **educado** polite; **mal ~** rude; **educativo** educational; **educar** educate; (*criar*) bring up; *voz* train

EE.UU. (= *Estados Unidos*) US(A) (= United States (of America))

efectivo 1 *adj* effective; **hacer ~** COM cash **2** *m*: **en ~** (in) cash; **efecto** *m* effect; **~ invernadero** greenhouse effect; **~s secundarios** side effects; **en ~** indeed; **surtir ~** take effect, work; **efectuar** carry out

eficacia *f* efficiency; **eficaz** (*efectivo*) effective; (*eficiente*) efficient; **eficiencia** *f* efficiency; **eficiente** efficient

efusivo effusive

egipcio 1 *adj* Egyptian **2** *m*, **-a** *f* Egyptian; **Egipto** Egypt

egoísmo *m* selfishness, egoism; **egoísta 1** *adj* selfish, egoistic **2** *m/f* egoist

eje *m* axis; *de auto* axle; *fig* linchpin

ejecución *f* (*realización*) implementation, carrying out; *de condenado* execution; **MÚS** performance; **ejecutar** (*realizar*) carry out, implement; *condenado* execute; **INFOR** run, execute; **MÚS** play, perform; **ejecutiva** *f* executive; **ejecutivo 1** *adj* executive; **el poder ~** POL the executive **2** *m* executive;

el Ejecutivo the government

ejemplar 1 *adj alumno etc* model *aln*, exemplary **2** *m de libro* copy; *de revista* issue; *animal, planta* specimen; **ejemplo** *m* example; *dar buen ~* set a good example; *por ~* for example

ejercer 1 *v/t cargo* practice, *Br* practise; *influencia* exert **2** *v/i de profesional* practice, *Br* practise; **ejercicio** *m* exercise; COM fiscal year, *Br* financial year; *hacer ~* exercise; **ejercitar** *músculo, derecho* exercise; **ejercitarse** train; *~ en* practice, *Br* practise

ejército *m* army

el 1 *art* the **2** *pron: ~ de...* that of ...; *~ de Juan* Juan's; *~ que está...* the one who is ...

él *sujeto* he; *cosa* it; *complemento* him; *cosa* it; *de ~* his; *es ~* it's him

elaborar produce, make; *metal etc* work; *plan* devise, draw up

elasticidad *f* elasticity; **elástico 1** *adj* elastic **2** *m* elastic; *(goma)* elastic band

elección *f* choice; **electo** elect; **elector** *m* voter; **electoral** election *atr*, electoral

electricidad *f* electricity; **electricista** *m/f* electrician; **eléctrico** *luz, motor* electric; *aparato* electrical; **electrizar** *tb fig* electrify

electrodoméstico *m* electrical appliance

electrónica *f* electronics; **electrónico** electronic; *libro ~* e-book, electronic book; *comercio ~* e-business; **electrotecnia** *f* electrical engineering

elefante *m* elephant; *~ marino* elephant seal, sea elephant

elegancia *f* elegance; **elegante** elegant

elegir choose; *por votación* elect

elemental *(esencial)* fundamental, essential; *(básico)* elementary, basic; **elemento** *m* element

elepé *m* LP, album

elevación *f* elevation; **elevado** high; *fig* elevated; **elevador** *m* hoist; *L.Am.* elevator, *Br* lift; **elevar** raise; **elevarse** rise; *de monumento* stand

eliminar eliminate; *desperdicios* dispose of; **eliminatoria** *f* DEP qualifying round, heat

élite *f* elite

ella *sujeto* she; *cosa* it; *complemento* her; *cosa* it; *de ~* her; *es de ~* it's hers; *es ~* it's her

ellas *sujeto* they; *complemento* them; *de ~* their; *es de ~* it's theirs; *son ~* it's them

ello it

ellos *sujeto* they; *complemento* them; *de ~* their; *es de ~* it's theirs; *son ~* it's them

elocuencia *f* eloquence; **elocuente** eloquent

emisión

elogiar praise; **elogio** m praise; **elogioso** full of praise, highly complimentary

El Salvador El Salvador

eludir evade, avoid

emanar 1 v/i fml emanate (**de** from) fml; fig stem (**de** from) 2 v/t exude, emit

emancipación f emancipation; **emanciparse** become emancipated

embadurnar smear (**de** with)

embajada f embassy; embajador m, ~a f ambassador

embalaje m packing; paquete packaging; **embalar** pack

embalse m reservoir

embarazada 1 adj pregnant 2 f pregnant woman; embarazo m pregnancy; **interrupción del ~** termination, abortion; **embarazoso** awkward, embarrassing

embarcación f vessel, craft; embarcadero m wharf; embarcar 1 v/t pasajeros board, embark; mercancías load 2 v/i board, embark; embarcarse en barco board, embark; en avión board; ~ **en** fig embark on; embarco m embarkation

embargar JUR seize; fig overwhelm; embargo m embargo; JUR seizure; **sin ~** however

embarque m boarding; de mercancías loading

embaucar trick, deceive

embelesar captivate

embellecer make more beautiful; **embellecerse** grow more beautiful

embestir charge (**contra** at)

emblema m emblem; emblemático emblematic

embolia f MED embolism

émbolo m TÉC piston

embolsar, **embolsarse** pocket

emborrachar make drunk, get drunk; **emborracharse** get drunk

emboscada f ambush

embotellamiento m traffic jam; **embotellar** bottle

embragar AUTO 1 v/t engage 2 v/i engage the clutch; embrague m AUTO clutch

embriagar intoxicate; embriaguez f intoxication

embrión m embryo; embrionario embryonic

embrollar muddle, mix up; embrollado get complicated; de hilos get tangled up; embrollo m tangle; fig mess, muddle

embromar Rpl F (molestar) annoy

embrujar tb fig bewitch

embudo m funnel

embuste m lie; embustero 1 adj deceitful 2 m, -a f liar

emergencia f emergency

emerger emerge

emigración f emigration; emigrante m emigrant; emigrar emigrate; ZO migrate

eminente eminent

emisión f emission; COM issue; RAD, TV broadcast; **emisora** *f* radio station; **emitir** *calor, sonido* give out, emit; *moneda* issue; *opinión* express, give; *veredicto* deliver; RAD, TV broadcast; *voto* cast

emoción *f* emotion; **¡qué ...!** how exciting!; **emocionado** excited; **emocionante** (*excitante*) exciting; (*conmovedor*) moving; **emocionar** excite; (*conmover*) move; **emocionarse** get excited; (*conmoverse*) be moved

emotivo emotional; (*conmovedor*) moving

empalagoso sickly; *fig* sickly sweet

empalmar 1 *v/t* connect, join **2** *v/i* connect, join up (**con** with); *de idea, conversación* follow on (**con** from); **empalme** *m* TÉC connection; *de carreteras* intersection, *Br* junction

empanada *f* pie; **empanar** coat in breadcrumbs

empapado soaked; **empapar** soak; (*absorber*) soak up

empapelar wallpaper

empaquetar pack

emparedado *m* sandwich

empastar *muela* fill; *libro* bind; **empaste** *m* filling

empatar tie; EN draw; (*igualar*) tie the game, *Br* equalize; **empate** *m* tie, draw; **gol del ~** *en fútbol* equalizer

empedernido inveterate, confirmed

empedrado *m* paving; **empe-**

drar pave

empeine *m* instep

empeñar pawn; **empeñarse** (*endeudarse*) get into debt; (*esforzarse*) make an effort (**en** to); **~ en hacer** *obstinarse* insist on doing, be determined to do

empeño *m* (*obstinación*) determination; (*esfuerzo*) effort; *Méx lugar* pawn shop

empeoramiento *m* deterioration, worsening; **empeorar 1** *v/t* make worse **2** *v/i* deteriorate, get worse

emperador *m* emperor; *pez* swordfish; **emperatriz** *f* empress

empezar start, begin; **~ a hacer algo** start to do sth, start doing sth; **~ por hacer algo** start o begin by doing sth; **empiezo** *m* S.Am. start, beginning

empinado steep

emplasto *m* MED poultice; *fig* soggy mess

emplazamiento *m* site, location; JUR subpoena, *Br* subpœna

empleado 1 *adj*: **le está bien ~** it serves him right **2** *m*, **-a** *f* employee; **-a de hogar** maid; **emplear** (*usar*) use; *persona* employ; **empleo** *m* employment; (*puesto*) job; (*uso*) use; **modo de ~** instructions *pl* for use

empobrecerse become impoverished, become poor; **empobrecimiento** *m* poverishment

empollar F cram F, *Br* swot F;
empollón *m* F grind F, *Br*
swot F

empotrado built-in, fitted

emprendedor enterprising;
emprender embark on, under-
take; **~la con alguien** F
take it out on s.o.

empresa *f* company; *fig* venture, undertaking; empre-
saria *f* businesswoman; empresarial business *atr*, **ciencias ~es** business studies;
empresario *m* businessman

empujar push; *fig* urge on;
empujón *m* push, shove;
empuje *m* push; *fig* drive

empuñar grasp

en (*dentro de*) in; (*sobre*) on; ~
inglés in English; ~ **la calle**
on the street, *Br tb* in the
street; ~ **casa** at home; ~ **coche / tren** by car / train

enagua(s) *f(pl)* petticoat

enajenar JUR transfer; (*trastornar*) drive insane

enamorado in love (**de** with);
enamorarse fall in love (**de**
with)

enano 1 *adj* tiny; *perro, árbol*
miniature, dwarf *atr* 2 *m*
dwarf

encabezamiento *m* heading;
encabezar head; *movimiento* lead

encadenar chain (up); *fig*
link together

encajar 1 *v/t piezas* fit; *golpe*
take 2 *v/i* fit (**en** in; **con**
with); encaje *m* lace

encalar whitewash

encallar MAR run aground

encantado (*contento*) delighted; *castillo* enchanted;
¡~! nice to meet you; encantador charming; encantar:
me / le encanta I love / he
loves it; encanto *m* (*atractivo*) charm; **como por ~** as
if by magic; **eres un ~** you're
an angel

encarcelar put in prison, imprison

encarecer put up the price
of; encarecerse become
more expensive; *de precios*
increase, rise; encarecida-
mente: **le ruego ~ que...** I
beg you to ... ; encareci-
miento *m de precios* in-
crease, rise; (*alabanza*) (ex-
aggerated) praise; (*empeño*)
insistence

encargado *m*, -a *f* person in
charge; *de un negocio* manager; encargar (*pedir*) order; **le encargé que me tra-
jera...** I asked him to bring
me ...; encargarse (*tener
responsabilidad*) be in
charge; **yo me encargo de
la comida** I'll take care of
the food; encargo *m* job, errand; COM order; **¿te puedo
hacer un ~?** can I ask you to
do something for me?; **hecho por ~** made to order

encarnado red; encarnar
cualidad etc embody; TEA
play

encéfalo *m* brain

encendedor *m* lighter; **encender 1** *v/t fuego* light; *luz, televisión* switch on, turn on; *fig* inflame, arouse; **encendido 1** *adj luz, televisión* (switched) on; *fuego* lit; *cara* red **2** *m* AUTO ignition
encerar polish, wax
encerrar lock up, shut up; (*contener*) contain
enchufar plug in; **enchufe** *m* ELEC *macho* plug; *hembra* outlet, *Br* socket; **tener** ~ *fig* F have connections
encía *f* gum
enciclopedia *f* encyclopedia
encierro *m protesta* sit-in; *de toros* bull running
encima on top; ~ *de* on top of, on; *por* ~ *de* over, above; *por* ~ *de todo* above all; *hacer algo muy por* ~ do sth very quickly; *no lo llevo* ~ I haven't got it on me; *ponerse algo* ~ put sth on; **encimera** *f sábana* top sheet; *Esp mostrador* worktop
encina *f* holm oak
encinta pregnant
encogerse *de material* shrink; *fig: de persona* be intimidated, cower; ~ *de hombros* shrug (one's shoulders)
encolerizarse get angry
encomendar entrust (*a* to); **encomendarse** commend o.s. (*a* to)
encomienda *f L.Am.* HIST grant of land and labor by colonial authorities after the Conquest

encontrar find; **encontrarse** (*reunirse*) meet; (*estar*) be; ~ *con alguien* meet s.o., run into s.o.; *me encuentro bien* I'm fine
encorvado *persona, espalda* stooped
encorvar hunch; *estantería* buckle
encuadernación *f* binding; **encuadernar** bind
encubridor *m*, ~*a f* accessory after the fact; **encubrir** *delincuente* harbor, *Br* harbour; *delito* cover up
encuentro *m* meeting, encounter; DEP game; *salir o ir al* ~ *de alguien* meet s.o.; ~*s online* online dating
encuesta *f* survey; (*sondeo*) (opinion) poll
encurtidos *mpl* pickles
endeble weak, feeble
enderezar straighten out; **enderezarse** straighten up; *fig* straighten o.s. out, sort o.s out
endeudarse get into debt
endibia *f* BOT endive
endosar COM endorse; *me lo endosó a mí* F she landed me with it F
endrina *f* BOT sloe
endulzar sweeten; (*suavizar*) soften
endurecer harden; *fig* toughen up; **endurecerse** harden, become harder; *fig* become harder, toughen up
enebro *m* BOT juniper
eneldo *m* BOT dill

enema *m* MED enema

enemigo 1 *adj* enemy **atr 2** *m* enemy; **ser ~ de** *fig* be opposed to, be against; **enemistad** *f* enmity; **enemistarse** fall out

energético *crisis* energy *atr*; *alimento* energy-giving; **energía** *f* energy; **~ solar** solar power, solar energy; **enérgico** energetic; *fig* forceful, strong

enero *m* January

enfadado annoyed (**con** with); (*encolerizado*) angry (**con** with); **enfadar** (*molestar*) annoy; (*encolerizar*) make angry, anger; **enfadarse** (*molestarse*) get annoyed (**con** with); (*encolerizarse*) get angry (**con** with); **enfado** *m* (*molestia*) annoyance; (*cólera*) anger

énfasis *m* emphasis; **poner ~ en** emphasize, stress; **enfático** emphatic

enfermar 1 *v/t* drive crazy **2** *v/i* get sick, *Br tb* get ill; **enfermedad** *f* illness, disease; **enfermería** *f* *sala* infirmary, sickbay; *carrera* nursing; **enfermero** *m*, **-a** *f* nurse; **enfermizo** unhealthy; **enfermo 1** *adj* sick, ill **2** *m*, **-a** *f* sick person

enfilar *camino* take; *perlas* string

enfocar *cámara* focus; *imagen* get in focus; *fig: asunto* look at; **enfoque** *m* *fig* approach

enfrentamiento *m* clash,

confrontation; **enfrentar** confront, face up to; **enfrentarse** DEP meet; **~ con alguien** confront s.o.; **~ a algo** face (up to) sth

enfrente opposite; **~ de** opposite

enfriar *vino* chill; *algo caliente* cool (down); **enfriarse** (*perder calor*) cool down; (*perder demasiado calor*) get cold, go cold; *fig* cool, cool off; MED catch a cold

enfurecerse get furious

enganchar hook; F *novia, trabajo* land F; **engancharse** get caught (**en** on); MIL sign up, enlist; **~ a la droga** F get hooked on drugs F

engañar 1 *v/t* deceive, cheat; (*ser infiel a*) cheat on; **engaño** *m* (*mentira*) deception, deceit; (*ardid*) trick; **engañoso** *persona* deceitful; *apariencias* deceptive

engatusar F sweet-talk F

engendrar father; *fig* breed, engender *fml*

englobar include, embrace

engordar 1 *v/t* put on, gain **2** *v/i de persona* put on weight; *de comida* be fattening; **engorde** *m* fattening (up)

engorroso tricky

engranaje *m* TÉC gears *pl*; *fig* machinery; **engranar** mesh, engage

engrandecer enlarge; (*ensalzar*) praise; **engrandecerse** grow in stature

engrasar grease, lubricate; **engrase** *m* greasing, lubrication

engreído conceited

engrosar **1** *v/t* swell, increase **2** *v/i* put on weight

engullir bolt (down)

enhorabuena *f* congratulations *pl*; **dar la ~** congratulate (**por** on)

enigma *m* enigma; enigmático enigmatic

enjabonar soap

enjambre *m* fig swarm

enjaular cage; *fig* jail, lock up

enjuagar rinse; **enjuague** *m acto* rinsing; *líquido* mouthwash

enjugar *deuda etc* wipe out; *líquido* mop up; *lágrimas* wipe away

enjuto lean, thin

enlace *m* link, connection; **~ matrimonial** marriage

enlazar **1** *v/t* link (up), connect; *L.Am.* con cuerda rope, lasso **2** *v/i de carretera* link up; *AVIA, FERR* connect

enloquecer **1** *v/t* drive crazy o mad **2** *v/i* go crazy o mad

enlutar plunge into mourning; **enlutarse** go into mourning

enmarañar *pelo* tangle; *asunto* complicate, muddle

enmascarar hide, disguise

enmendar *asunto* rectify, put right; JUR, POL amend; **~le la plana a alguien** find fault with what s.o. has done; **enmienda** *f* POL amendment

enmohecerse go moldy o *Br* mouldy; *de metal* rust

enmudecer **1** *v/t* silence **2** *v/i* fall silent

enojar (*molestar*) annoy; *L.Am.* (*encolerizar*) make angry; **enojarse** *L.Am.* (*molestarse*) get annoyed; (*encolerizarse*) get angry; **enojo** *m L.Am.* anger; **enojoso** (*delicado*) awkward; (*aburrido*) tedious, tiresome

enorgullecerse be proud (**de** of)

enorme enormous, huge

enredadera *f* BOT creeper, climbing plant

enredar **1** *v/t* tangle, get tangled; *fig* complicate **2** *v/i* make trouble; **enredo** *m* tangle; (*confusión*) mess, confusion; (*intriga*) intrigue; *amoroso* affair

enrejar *ventana* put bars on

enriquecer make rich; *fig* enrich; **enriquecerse** get rich; *fig* be enriched

enrojecer **1** *v/t* turn red **2** *v/i* blush, go red; **enrojecerse** go red

enrollar roll up; *cable* coil; *hilo* wind; **me enrolla** F I like it, I think it's great

ensaimada *f* GASTR pastry in the form of a spiral

ensalada *f* GASTR salad

ensalzar extol, praise

ensamblar assemble

ensanchar widen; *prenda* let out; **ensanche** *m de carretera* widening; *de ciudad* new suburb

ensañarse show no mercy (**con** to)

ensayar test, try (out); TEA rehearse; **ensayo** *m* TEA rehearsal; *escrito* essay; *~ general* dress rehearsal

enseguida immediately, right away

ensenada *f* inlet, cove

enseñanza *f* teaching; *~ primaria* elementary education, *Br* primary education; *~ secundaria o media* secondary education; *~ superior* higher education; **enseñar** (*dar clases*) teach; (*mostrar*) show

ensillar saddle

ensimismado deep in thought

ensordecedor deafening; **ensordecer 1** *v/t* deafen **2** *v/i* go deaf

ensuciar (*get*) dirty; *fig* tarnish; **ensuciarse** get dirty; *fig* get one's hands dirty

ensueño *m*: *de ~ fig* fairy-tale *atr*, dream *atr*

entablar strike up, start

entallado tailored, fitted

entarimado *m* (*suelo*) floorboards *pl*; (*plataforma*) stage, platform; **entarimar** floor

ente *m* (*ser*) being, entity; F (*persona rara*) oddball F; (*organización*) body

entender understand; *~ de algo* know about sth; **entenderse** communicate; *a ver*

si nos entendemos let's get this straight; *yo me entiendo* I know what I'm doing; *~ con alguien* get along with s.o.; **entendido 1** *adj* understood; *tengo ~ que* I understand that **2** *m*, *-a f* expert, authority; **entendimiento** *m* understanding; (*inteligencia*) mind

enterado knowledgeable, well-informed; *estar ~ de* know about; *darse por ~* get the message; **enterarse** find out, hear (*de* about); *¡para que te enteres!* F so there! F; *¡se va a enterar!* F he's in for it! F

enteramente entirely

entereza *f* fortitude

entero 1 *adj* whole, entire; (*no roto*) intact; *por ~* completely, entirely **2** *m* (*punto*) point

enterrador *m*, *~a f* gravedigger; **enterramiento** *m* burial; **enterrar** bury; *~ a todos* outlive everybody

entibiar, entibiarse *tb fig* cool down

entidad *f* entity, body

entierro *m* burial; (*funeral*) funeral

entoldado *m* *de tienda* awning; *para fiesta* tent, *Br* marquee

entonación *f* intonation; **entonar 1** *v/t* intone, sing; *fig* F perk up **2** *v/i* sing in tune

entonces then; *por ~, en aquel ~* in those days, at that time

entorno *m* environment

entorpecer hold up, hinder; *paso* obstruct; *entendimiento* dull

entrada *f acción* entry; *lugar* entrance; *localidad* ticket; *pago* deposit; *de comida* starter; *de ~* from the outset; **entradas** *fpl* receding hairline; **entrante 1** *adj* mes *etc* next, coming **2** *m* GASTR starter

entrañas *fpl* entrails

entrar 1 *v/i para indicar acercamiento* come in, enter; *para indicar alejamiento* go in, enter; *caber* fit; INFOR log on *o* in; **me entró frío / sueño** I got cold / sleepy, I began to feel cold / sleepy; **este tipo no me entra** I don't like the look of the guy **2** *v/t para indicar acercamiento* bring in; *para indicar alejamiento* take in

entre *dos cosas, personas* between; *más de dos* among(st); *expresando cooperación* between; **la relación ~ ellos** the relationship between them

entreabierto half-open

entreacto *m* TEA interval

entrecortado *habla* halting; *respiración* difficult, labored, *Br* laboured

entredicho *m*: **poner en ~** call into question, question

entrega *f* handing over; *de mercancías* delivery; *(dedica-*

ción) dedication; *~ a domicilio* (home) delivery; *~ de premios* prize-giving; **hacer ~ de algo a alguien** present s.o. with sth; **entregar** give, hand over; *trabajo, deberes* hand in; *mercancías* deliver; *premio* present; **entregarse** give o.s. up; *~ a fig* dedicate o.s. to

entrelazar interweave

entremeses *mpl* GASTR appetizers, hors d'oeuvres

entremeter insert

entrenador *m*, *~a f* coach; **entrenamiento** *m* coaching; **entrenar**, **entrenarse** train

entresuelo *m* mezzanine; TEA dress circle

entretanto meanwhile, in the meantime

entretener 1 *v/t (divertir)* entertain, amuse; *(retrasar)* detain; *(distraer)* distract **2** *v/i* be entertaining; **entretenerse** *(divertirse)* amuse o.s.; *(distraerse)* keep o.s. busy; *(retrasarse)* linger; **entretenido** *(divertido)* entertaining, enjoyable; **estar ~ ocupado** be busy; **entretenimiento** *m* entertainment, amusement

entretiempo *m*: *de ~ ropa* mid-season; *CSur* DEP half time

entrever make out, see

entrevista *f* interview; **entrevistar** interview; **entrevistarse**: *~ con alguien* meet (with) s.o.

entristecer sadden

entrometerse meddle (**en** in); **entrometido 1** *part* **entrometerse 2** *adj* meddling *atr*, interfering **3** *m* meddler, busybody

entumecerse go numb, get stiff

enturbiar *tb fig* cloud

entusiasmado excited; **entusiasmar** excite, make enthusiastic; **entusiasmarse** get excited, get enthusiastic (**con** about); **entusiasmo** *m* enthusiasm; **entusiasta 1** *adj* enthusiastic **2** *m/f* enthusiast

enumerar list, enumerate

enunciar state

envasar *en botella* bottle; *en lata* can; *en paquete* pack; **envase** *m* container; *botella* (empty) bottle; ~ **de cartón** carton

envejecer age

envenenar *tb fig* poison

envergadura *f* AVIA wingspan; MAR breadth; *fig* magnitude, importance; **de gran o mucha ~** *fig* of great importance

enviado *m*, **-a** POL envoy; *de un periódico* reporter, correspondent; **enviar** send

envidia *f* envy, jealousy; **me da ~** I'm envious *o* jealous; **tener ~ a alguien de algo** envy s.o. sth; **~ a alguien por algo** envy s.o. sth; **envidioso** envious, jealous; **envidiable** enviable

envío *m* shipment

envoltorio *m* wrapper; **envoltura** *f* cover, covering; *de regalo* wrapping; *de caramelo* wrapper

envolver wrap (up); (*rodear*) surround; (*involucrar*) involve; ~ **a alguien en algo** involve s.o. in sth

enyesar *pared* plaster; MED put in plaster

enzima *f o m* BIO enzyme

eólico wind *atr*; **parque ~** wind farm

epidemia *f* epidemic

epilepsia *f* MED epilepsy; **epiléptico 1** *adj* epileptic **2** *m*, **-a** *f* epileptic

epílogo *m* epilog, *Br* epilogue

episcopal episcopal

episodio *m* episode

época *f* time, period; *parte del año* time of year; GEOL epoch; **hacer ~** be epoch-making

equilibrado well-balanced; **equilibrar** balance; **equilibrio** *m* balance; FÍS equilibrium; **equilibrista** *m/f* acrobat; *con cuerda* tightrope walker

equinoccio *m* equinox

equipaje *m* baggage, luggage; ~ **de mano** hand baggage

equipamiento *m*: ~ **de serie** AUTO standard features *pl*; **equipar** equip (**con** with)

equiparar put on a level (**a** *o* **con** with); ~ **algo con algo** *fig* compare sth to sth

equipo *m* DEP team; *acceso-*

rios equipment; ~ *de música o de sonido* sound system

equitación *f* riding

equitativo fair, equitable

equivalente *m/adj* equivalent; **equivaler** be equivalent (*a* to)

equivocación *f* mistake; *por* ~ by mistake; **equivocado** wrong; **equivocar:** ~ *a alguien* make s.o. make a mistake; **equivocarse** make a mistake; *te has equivocado* you are wrong o mistaken; ~ *de número* TELEC get the wrong number; **equívoco 1** *adj* ambiguous, equivocal **2** *m* misunderstanding; (*error*) mistake

era *f* era

erección *f* erection; **erecto** erect

erguir raise, lift; (*poner derecho*) straighten; **erguirse** *de persona* stand up, rise; *de edificio* rise

erial *m* uncultivated land

erigir erect

erizado bristling (*de* with); **erizarse** *de pelo* stand on end; **erizo** *m* ZO hedgehog; ~ *de mar* ZO sea urchin

ermita *f* chapel; **ermitaño 1** *m* ZO hermit crab **2** *m*, -a *f* hermit

erosión *f* erosion

erótico erotic; **erotismo** *m* eroticism

erradicar eradicate, wipe out

errante wandering; **errar 1** *v/t* ~ *el tiro* miss **2** *v/i* miss;

~ *es humano* to err is human; **errata** *f* mistake, error; *de imprenta* misprint, typo

erróneo wrong, erroneous *fml*; **error** *m* mistake; error; ~ *de cálculo* error of judg(e)ment

eructar belch F, burp F

erudito 1 *adj* learned, erudite **2** *m* scholar

erupción *f* GEOL eruption; MED rash

esa ☞ *ese*

ésa ☞ *ése*

esbeltez *f* slimness; **esbelto** slim

esbozar sketch; *proyecto etc* outline; **esbozo** *m* sketch; *de proyecto etc* outline

escabeche *m* type of marinade

escabroso rough; *problema* tricky; *relato* indecent

escabullirse escape, slip away

escafandra *f* diving suit; AST space suit

escala *f* tb MÚS scale; AVIA stopover; ~ *de cuerda* rope ladder; ~ *de valores* scale of values; *a* ~ to scale, life--sized

escalada *f* DEP climb, ascent; ~ *de los precios* increase in prices; **escalador** *m*, -a *f* climber; **escalar** climb

escaldar GASTR blanch; *manos* scald

escalera *f* stairs *pl*, staircase; ~ *de caracol* spiral staircase; ~ *de incendios* fire escape;

~ de mano ladder; **~ mecánica** escalator; **escalerilla** f **de avión** steps pl; **en barco** gangway

escalofriante horrifying; **escalofrío** m shiver

escalón m step; **de escalera de mano** rung

escalope m escalope

escama f ZO scale; **de jabón, piel** flake; **escamar** scale; fig make suspicious

escamotear (ocultar) hide, conceal; (negar) withhold

escandalizar shock, scandalize; **escandalizarse** be shocked; **escándalo** m scandal; (jaleo) racket, ruckus; **armar un ~** make a scene; **escandaloso** scandalous; (ruidoso) noisy, rowdy

escandinavo 1 adj Scandinavian **2** m, -a f Scandinavian

escanear scan; **escáner** m scan

escaño m POL seat

escapada f escape; **escapar** escape (**de** from); **dejar ~ oportunidad** pass up; suspiro let out, give; **escaparse** (huir) escape (**de** from); **de casa** run away (**de** from); **~ de situación** get out of

escaparate m store window

escape m **de gas** leak; AUTO exhaust; **salir a ~** rush out

escarabajo m ZO beetle

escarbar 1 v/i tb fig dig around (**en** in) **2** v/t dig around in

escarcha f frost

escardar hoe

escarlata m/adj inv scarlet

escarmentar 1 v/t teach a lesson to **2** v/i learn one's lesson

escarnecer deride; **escarnio** m derision

escarpado sheer, steep

escasear be scarce; **escasez** f shortage, scarcity; **escaso recursos** limited; **andar ~ de algo** falto be short of sth; **-as posibilidades de** not much chance of; **falta un mes ~** it's barely a month away

escatimar be mean with; **no ~ esfuerzos** spare no effort

escayola f (plaster) cast; **escayolar** put in a (plaster) cast

escena f scene; **escenario** stage; **entrar en ~** come on stage; **hacer una ~** fig make a scene; **escenario** m stage; fig scene; **escenificar** stage; **escenografía** f arte set design; (decorados) scenery

escepticismo m skepticism, Br scepticism; **escéptico 1** adj skeptical, Br sceptical **2** m, -a f skeptic, Br sceptic

esclarecer throw o shed light on; misterio clear up

esclavitud f slavery; **esclavo** m slave

esclusa f lock

escoba f broom; **escobilla** f small brush; AUTO wiper blade

escocer sting, smart

escocés 1 *adj* Scottish **2** *m* Scot, Scotsman; **escocesa** *f* Scot, Scotswoman; **Escocia** Scotland

escoger choose, select

escolar 1 *adj* school *atr* **2** *m/f* student; **escolarización** *f* education, schooling; **escolarizar** educate

escollo *m* MAR reef; (*obstáculo*) hurdle, obstacle

escolta 1 *f* escort **2** *m/f* motorista outrider; (*guardaespaldas*) bodyguard; **escoltar** escort

escombros *mpl* rubble

esconder hide, conceal; **esconderse** hide; **escondidas** *fpl* S.Am. hide-and-seek; **a ~** in secret; **escondite** *m* hiding place; *juego* hide-and-seek; **escondrijo** *m* hiding place

escopeta *f* shotgun; **~ de aire comprimido** air gun, air rifle

escoria *f* slag; *desp* dregs *pl*

Escorpio *m/f inv* ASTR Scorpio; **escorpión** *m* ZO scorpion

escotado low-cut; **escote** *m* neckline; *de mujer* cleavage

escotilla *f* MAR hatch

escozor *m* burning sensation, stinging; *fig* bitterness

escribir write; (*deletrear*) spell; **~ a máquina** type; **escrito 1** *part* ☞ **escribir 2** *adj* written; **por ~** in writing **3** *m* document; **~s** writings; **escritor** *m*, **~a** *f* writer; **escrito**-rio *m* desk; **artículos de ~** stationery; **escritura** *f* writing; JUR deed; **Sagradas Escrituras** Holy Scripture

escrúpulo *m* scruple; **sin ~s** unscrupulous; **escrupuloso** (*cuidadoso*) meticulous; (*honrado*) scrupulous; (*aprensivo*) fastidious

escrutar scrutinize; *votos* count

escuadra *f* MAT set square; *de carpintero* square; MIL squad; MAR squadron; DEP *de portería* top corner

escuchar 1 *v/t* listen to; *L.Am.* (*oír*) hear **2** *v/i* listen

escudo *m arma* shield; *insignia* badge; *moneda* escudo; **~ de armas** coat of arms

escuela *f* school; **~ de comercio** business school; **~ de idiomas** language school; **~ primaria** elementary school, *Br* primary school

escueto succinct, concise

escultor *m*, **~a** *f* sculptor; **escultura** *f* sculpture

escupir 1 *v/i* spit **2** *v/t* spit out

escurridizo slippery; *fig* evasive; **escurrir 1** *v/t ropa* wring out; *platos, verduras* drain **2** *v/i de platos* drain; *de ropa* drip-dry; **escurrirse** *de líquido* drain away; (*deslizarse*) slip; (*escaparse*) slip away

ese, esa, esos, esas *adj*; *pl* those

ése, ésa, ésos, ésas *pron singular* that (one); *pl* those

(ones)

esencia *f* essence; **esencial** essential

esfera *f* sphere; **esférico 1** *adj* spherical **2** *m* DEP F ball

esforzar strain; **esforzarse** make an effort, try hard; **esfuerzo** *m* effort; **sin ~** effortlessly

esfumarse F *tb fig* disappear

esgrima *f* fencing; **esgrimir** *arma* wield; *fig: argumento* put forward

esguince *m* sprain

eslabón *m* link; **el ~ perdido** the missing link

eslogan *m* slogan

eslovaco 1 *adj* Slovak(ian) **2** *m*, -a *f* Slovak **3** *m idioma* Slovak; **Eslovaquia** Slovakia

Eslovenia Slovenia; **esloveno 1** *adj* Slovene, Slovenian **2** *m*, -a *f* Slovene, Slovenian **3** *m idioma* Slovene

esmaltar enamel; **~ las uñas** put nail polish on; **esmalte** *m* enamel; **~ de uñas** nail polish, nail varnish

esmerado meticulous

esmeralda *f* emerald

esmerarse take great care (**en** over)

esmerilar grind

esmero *m* care

esnob 1 *adj* snobbish **2** *m* snob; **esnobismo** *m* snobbishness

eso that; **en ~** just then; **~ mismo**, **~ es** that's it, that's the way; **a ~ de las dos** at

around two; **por ~** that's why; **¿y ~?** why's that?

esófago *m* ANAT esophagus, *Br* oesophagus

espabilado (*listo*) bright, smart; (*vivo*) sharp

espacial *cohete*, *viaje* space *atr*; FÍS, MAT spatial; **espacio** *m* space; TV *program*; *Br* programme; **~ de tiempo** space of time; **~ vital** living space; **espacioso** spacious, roomy

espada *f* sword; **~s** (*en naipes*) suit in Spanish deck of cards

espaguetis *mpl* spaghetti *sg*

espalda *f* back; **a ~s de alguien** behind s.o.'s back; **de ~s** with one's back to; **por la ~** from behind; **nadar a ~** swim backstroke

espantajo *m* scarecrow; *fig* sight; **espantapájaros** *m inv* scarecrow; **espantar 1** *v/t* (*asustar*) frighten, scare; (*ahuyentar*) frighten away; F (*horrorizar*) horrify; **espanto** *m* (*susto*) fright; *L.Am.* (*fantasma*) ghost; **nos llenó de ~ desagrada** we were horrified; **¡qué ~!** how awful!; **de ~** terrible; **espantoso** horrific; *para enfatizar* terrible, dreadful; **hace un calor ~** it's incredibly hot

España Spain; **español 1** *adj* Spanish **2** *m*, -a *f* Spaniard; **los ~es** the Spanish **3** *m idioma* Spanish; **españolismo** *m* (*afición*) love of Spain;

cualidad Spanishness

esparadrapo *m* Band-Aid®, *Br* (sticking) plaster

esparcir *papeles* scatter; *rumor* spread; **esparcirse** *de papeles* be scattered; *de rumor* spread

espárrago *m* asparagus

esparto *m* BOT esparto grass

espasmo *m* spasm

especia *f* spice

especial special; (*difícil*) fussy; **en ~** especially; **especialidad** *f* specialty; *Br* speciality; **especialista** *m/f* specialist; *en cine* stuntman; *mujer* stuntwoman; **especializarse** specialize (**en** in); **especialmente** specially

especie *f* BIO species *sg*; (*tipo*) kind, sort

especificar specify; **específico** specific

espectacular spectacular; **espectáculo** *m* TEA show; (*escena*) sight; **dar el ~** *fig* make a spectacle of o.s.; **espectador** *m*, **~a** *f* *en cine etc* member of the audience; DEP spectator; (*observador*) on-looker

espectro *m* FÍS spectrum; (*fantasma*) ghost

especular speculate

espejismo *m* mirage; **espejo** *m* mirror; **~ retrovisor** rear-view mirror

espeluznante horrific, horrifying

espera *f* wait; **sala de ~** waiting room; **en ~ de** pending;

estar a la ~ de be waiting for

esperanza *f* hope; **~ de vida** life expectancy

esperar *v/t* (*aguardar*) wait for; *con esperanza* hope; (*suponer, confiar en*) expect **2** *v/i* (*aguardar*) wait

esperma *f* sperm

espeso thick; *vegetación, niebla* thick, dense; **espesor** *m* thickness

espía *m/f* spy; **espiar 1** *v/t* spy on **2** *v/i* spy

espiga *f* BOT ear, spike

espina *f de planta* thorn; *de pez* bone; **~ dorsal** spine, backbone

espinacas *fpl* spinach

espinilla *f de la pierna* shin; *en la piel* pimple, spot

espino *m* BOT hawthorn; **espinoso** *tb fig* thorny

espionaje *m* spying, espionage

espiral *f/adj* spiral (*atr*)

espirar exhale

espíritu *m* spirit; **espiritual** spiritual

espléndido splendid, magnificent; (*generoso*) generous; **esplendor** *m* splendor, *Br* splendour

espliego *m* lavender

esponja *f* sponge; **esponjoso** spongy; *toalla* soft, fluffy

espontáneo spontaneous

esposa *f* wife; **esposas** *fpl* (*manillas*) handcuffs *pl*; **esposo** *m* husband

esprint *m* sprint

espuma *f* foam; *de jabón* lather; *de cerveza* froth; **~ de afeitar** shaving foam; **~ moldeadora** styling mousse; espumoso frothy, foamy; *caldo* sparkling

esquela *f aviso* death notice, obituary

esqueleto *m* skeleton; *Méx, C.Am., Pe, Bol fig* blank form

esquema *m (croquis)* sketch, diagram; *(sinopsis)* outline, summary

esquí *m* ski; *deporte* skiing; **~ de fondo** cross-country skiing; **~ náutico** o **acuático** waterskiing; esquiador *m*, **~a** *f* skier; esquiar ski

esquina *f* corner

esquirol *m/f* strikebreaker, scab F

esquivar avoid, dodge F

esquizofrenia *f* schizophrenia; esquizofrénico schizophrenic

esta ☞ *este²*

estabilidad *f* stability; estable stable

establecer establish; *negocio* set up; establecimiento *m* establishment

establo *m* stable

estaca *f* stake

estación *f* station; *del año* season; **~ espacial** *o* **orbital** space station; **~ de invierno** *o* **inverno** winter resort; **~ de servicio** service station; **~ de trabajo** INFOR work station; estacionamiento *m* AUTO *acción* parking;

L.Am. parking parking lot, *Br* car park; estacionar AUTO park

estadio *m* DEP stadium

estadística *f cifra* statistic; *ciencia* statistics *sg*

estado *m* state; MED condition; **~ civil** marital status; **en buen ~** in good condition; **el Estado** the State; **~ del bienestar** welfare state; **los Estados Unidos (de América)** the United States (of America)

estadounidense 1 *adj* American, US *atr* 2 *m/f* American

estafa *f* swindle, cheat; estafador *m*, **~a** *f* con artist F, fraudster; estafar cheat (*a* out of)

estallar explode; *de guerra* break out; *de escándalo* break; **estalló en llanto** she burst into tears; estallido *m* explosion; *de guerra* outbreak

estampa *f de libro* illustration; *(aspecto)* appearance; REL prayer card; estampado *tejido* patterned; estampar *sello* put; *tejido* print; *pasaporte* stamp

estampilla *f L.Am.* stamp

estancar *río* dam up; *fig* bring to a standstill; estancarse stagnate; *fig* come to a standstill

estancia *f* stay; *Rpl (hacienda)* farm, ranch

estanco 1 *adj* watertight 2 *m shop selling cigarettes etc* estándar *m* standard; **estandarizar** standardize

estandarte *m* standard, banner

estanque *m* pond

estante *m* shelf; **estantería** *f* shelves *pl*; *para libros* bookcase

estaño *m* tin

estar be; **¿está Javier?** is Javier in?; **estamos a 3 de enero** it's January 3rd; **ahora estoy con Vd.** I'll be with you in just a moment; **~ a bien / mal con alguien** be on good / bad terms with s.o.; **~ de ocupación** work as, be; **~ en algo** be working on sth; **~ para hacer algo** be about to do sth; **no ~ para algo** not be in a mood for sth; **está por hacer** it hasn't been done yet; **¡ya estoy!** I'm ready!; **¡ya está!** that's it!; **estarse** stay; **~ quieto** keep still

estatal state *atr*

estatua *f* statue; **estatura** *f* height; **estatuto** *m* statute; **~s** articles of association

este[1] *m* east

este[2], esta, estos, estas this; *pl* these

éste, ésta, éstos, éstas this (one); *pl* these (ones)

estela *f* MAR wake; AVIA, *fig* trail

estepa *f* steppe

estera *f* mat

estéreo stereo

estéril MED sterile; *trabajo, esfuerzo etc* futile; **esterilizar** *tb* persona sterilize

esterlina: **libra ~** pound sterling

esteticista *m/f* beautician; **estético** esthetic, *Br* aesthetic

estiércol *m* dung; *(abono)* manure

estigma *m tb fig* stigma

estilo *m* style; **algo por el ~** something like that; **son todos por el ~** they're all the same

estilográfica *f* fountain pen

estima *f* esteem, respect; **estimación** *f* (*cálculo*) estimate; (*estima*) esteem, respect; **estimar** respect, hold in high regard; **estimo conveniente que** I consider it advisable to

estimulante **1** *adj* stimulating **2** *m* stimulant; **estimular** stimulate; (*animar*) encourage; **estímulo** *m* stimulus; (*incentivo*) incentive

estío *m literario* summertime

estipulación *f* stipulation

estirar stretch; (*alisar*) smooth out; **estirón** *m* (*tirón*) tug; **dar un ~** F *de niño* shoot up

estirpe *f* stock

estival summer *atr*

esto this; **~ es** that is to say; **por ~** this is why; **a todo ~** (*mientras tanto*) meanwhile; (*a propósito*) incidentally

estofado *m* stewed

estómago *m* stomach

Estonia *f* Estonia; **estonio 1**

adj Estonian **2** *m*, **-a** *f* Estonian **3** *m* idioma Estonian

estorbar 1 *v/t* (*dificultar*) hinder **2** *v/i* get in the way; **estorbo** *m* hindrance

estornino *m* ZO starling

estornudar sneeze

estragón *m* BOT tarragon

estragos *mpl* devastation; *causar* **~** *entre* wreak havoc among

estrambótico F eccentric; *ropa* outlandish

estrangular strangle

estratagema *f* stratagem; **estrategia** *f* strategy; **estratégico** strategic

estrato *m* fig stratum

estrechar 1 *v/t ropa* take in; *mano* shake; **~** *entre los brazos* hug, embrace; **estrecho 1** *adj* narrow; (*apretado*) tight; *amistad* close; **~** *de miras* narrow-minded **2** *m* strait, straits *pl*

estrella *f tb* de cine *etc* star; **~** *fugaz* falling star; **~** *de mar* ZO starfish; **~** *polar* Pole star; **estrellarse** crash (*contra* into)

estremecer shock, shake; **estremecerse** shake, tremble; *de frío* shiver; *de horror* shudder; **estremecimiento** *m* shaking, trembling; *de frío* shiver; *de horror* shudder

estreñimiento *m* constipation

estrépito *m* noise, racket; **estrepitoso** noisy

estrés *m* stress; **estresado**

stressed out; **estresar** stress; **estresante** stressful

estría *f en piel* stretch mark

estribo *m* stirrup; **perder los** **~s** *fig* fly off the handle F

estribor *m* MAR starboard

estricto strict

estridente shrill, strident

estrofa *f* stanza, verse

estropeado (*averiado*) broken; **estropear** *aparato* break; *plan* ruin, spoil

estructura *f* structure

estruendo *m* racket, din

estrujar F crumple up; *trapo* wring out; *persona* squeeze

estuche *m* case, box

estuco *m* stucco work

estudiante *m/f* student; **estudiar** study; **estudio** *m* disciplina study; *apartamento* studio; *Br* studio flat; *de cine*, *música* studio; **estudioso** studious

estufa *f* heater

estupefaciente *m* narcotic (drug); **estupefacto** stupefied, speechless

estupendo fantastic, wonderful

estupidez *f cualidad* stupidity; *acción* stupid thing; **estúpido 1** *adj* stupid **2** *m*, **-a** *f* idiot

esturión *m* ZO sturgeon

etapa *f* stage

eternidad *f* eternity; **eterno** eternal; *la película se me hizo* **-a** the movie seemed to go on for ever

etiqueta *f* label; (*protocolo*)

etiquette

eucalipto *m* BOT eucalyptus

Europa Europe; europeo 1 *adj* European 2 *m*, -a *f* European

eusquera *m/adj* Basque

evacuación *f* evacuation; evacuar evacuate

evadir avoid; *impuestos* evade; evadirse *tb fig* escape

evaluación *f* evaluation, assessment; (*prueba*) test; evaluar assess, evaluate

evangélico evangelical; evangelio *m* gospel

evaporación *f* evaporation; evaporarse evaporate; *fig* F vanish into thin air

evasión *f tb fig* escape; ~ **de capitales** flight of capital; ~ *fiscal* tax evasion; evasiva *f* evasive reply; evasivo evasive

evento *m* event; eventual possible; *trabajo* casual, temporary; **en el caso ~ de** in the event of; eventualidad *f* eventuality

evidencia *f* evidence, proof; **poner en ~** demonstrate; **poner a alguien en ~** show s.o. up; evidente evident, clear

evitable avoidable; evitar avoid; (*impedir*) prevent; *molestias* save; **no puedo ~lo** I can't help it

evocar evoke

evolución *f* BIO evolution; (*desarrollo*) development; evolucionar BIO evolve; (*de-

sarrollar*) develop

exactitud *f* accuracy; exacto accurate, exact; **¡~!** exactly!, precisely!

exageración *f* exaggeration; exagerar exaggerate

exaltado excited, worked up; exaltarse get excited, get worked up (*por* about)

examen *m* test, exam; MED examination; (*análisis*) study; ~ **de conducir** driving test; examinar examine; examinarse take an exam

excavación *f* excavation; excavadora *f* digger; excavar excavate; *túnel* dig

excedente 1 *adj* surplus; *empleado* on extended leave of absence 2 *m* surplus; exceder exceed; excederse go too far, get carried away

excelencia *f* excellence; **Su Excelencia la...** Her Excellency the ...; **por ~** par excellence; excelente excellent

excéntrico *adj* eccentric 2 *m*, -a *f* eccentric

excepción *f* exception; **a ~ de** except for; excepcional exceptional; excepto except; exceptuar except; **exceptuando** with the exception of, except for

excesivo excessive; exceso *m* excess; ~ **de equipaje** excess baggage; ~ **de velocidad** speeding; **en ~** in excess, too much

excitación *f* excitement, agitation; **excitante 1** *adj* exciting; *una bebida* ~ a stimulant **2** *m* stimulant; **excitar** excite; *sentimientos, sexualmente* arouse; **excitarse** get excited; *sexualmente* become aroused

exclamación *f* exclamation; **exclamar** exclaim

excluir leave out (*de* of), exclude (*de* from); *posibilidad* rule out; **exclusión** *f* exclusion; *con* ~ *de* with the exception of; **exclusiva** *f* *privilegio* exclusive rights *pl* (*de* to); *reportaje* exclusive; **exclusivo** exclusive

excomulgar REL excommunicate

excremento *m* excrement

excursión *f* trip, excursion

excusa *f* excuse; ~**s** apologies

excusar excuse

exento exempt (*de* from); ~ *de impuestos* tax-exempt, tax-free

exhausto exhausted

exhibición *f* display, demonstration; *de película* screening, showing; **exhibir** show, display; *película* screen, show; *cuadro* exhibit

exhortar exhort (*a* to)

exigencia *f* demand; **exigente** demanding; **exigir** demand; (*requerir*) call for, demand

exiliar exile; **exiliarse** go into exile; **exilio** *m* exile; *en el* ~ in exile

existencia *f* existence; (*vida*) life; ~**s** COM supplies, stocks; **existir** exist; *existen muchos problemas* there are a lot of problems

éxito *m* success; ~ *de taquilla* box office hit; *tener* ~ be successful, be a success; **exitoso** successful

exótico exotic

expansión *f* expansion; (*recreo*) recreation; **expansivo** expansive

expatriarse leave one's country

expectación *f* sense of anticipation; **expectante** expectant; **expectativa** *f* (*esperanza*) expectation; *estar a la* ~ *de algo* be waiting for sth; ~**s** (*perspectivas*) prospects

expedición *f* expedition

expediente *m* file, dossier; (*investigación*) investigation, inquiry; ~ *académico* student record; ~ *disciplinario* disciplinary proceedings *pl*

expedir *documento* issue; *mercancías* send, dispatch

experiencia *f* experience

experimentar 1 *v/t* try out, experiment with **2** *v/i* experiment (*con* on); **experimento** *m* experiment

experto 1 *adj* expert; ~ *en hacer algo* expert at doing sth **2** *m* expert (*en* on)

expiar expiate, atone for

expirar expire

explicable explainable, explicable; **explicación** *f* explanation; **explicar** explain; **explicarse** (*comprender*) understand; (*hacerse comprender*) express o.s.; **explicativo** explanatory

exploración *f* exploration; **explorador** *m, ~a f* explorer; MIL scout; **explorar** explore

explosión *f* explosion; **~ demográfica** population explosion; **hacer ~** go off, explode; **explosionar** explode; **explosivo** m/adj explosive

explotación *f de mina, tierra* exploitation, working; *de negocio* running, operation; *de trabajador* exploitation; **explotar 1** v/t *tierra, mina* work, exploit; *situación* take advantage of, exploit; *trabajador* exploit **2** v/i go off, explode; *fig* explode

exponer *teoría* set out, put forward; (*revelar*) expose; *pintura* exhibit, show; (*arriesgar*) risk; **exponerse: ~ a algo** (*arriesgarse*) lay o.s. open to sth

exportación *f* export; **exportar** export; **exportador** *m, ~a f* exporter

exposición *f* exhibition; **expositor** *m, ~a f* exhibitor

expresar express; **expresión** *f* expression; **expresivo** expressive

expreso 1 *adj* express *atr*; **tren ~** express (train) **2** *m tren ~* express (train); *café* espresso

exprimidor *m* lemon squeezer; *eléctrico* juicer; **exprimir** squeeze; (*explotar*) exploit

expropiar expropriate

expulsar expel, throw out F; DEP expel from the game, Br send off; **expulsión** *f* expulsion; DEP sending off

exquisito *comida* delicious; (*bello*) exquisite; (*refinado*) refined

éxtasis *m tb droga* ecstasy

extender *brazos* stretch out; (*untar*) spread; *tela, papel* spread out; (*ampliar*) extend; **extenderse** *de campos* stretch; *de influencia* extend; (*difundirse*) spread; (*durar*) last; *explayarse* go into detail; **extensible** extending; **extensión** *f tb* TELEC extension; *superficie* expanse, area; **extenso** extensive, vast; *informe* lengthy, long

exterior 1 *adj aspecto* external, outward; *capa* outer; *apartamento* overlooking the street; POL foreign; **la parte ~** the outside **2** *m* (*fachada*) exterior, outside; *aspecto* exterior, outward appearance; **viajar al ~** (*al extranjero*) travel abroad

exterminar exterminate, wipe out

externo 1 *adj aspecto* external, outward; *influencia* external, outward; *capa* outer; *deuda* foreign **2** *m, -a f* EDU *student who attends a boarding school but returns home each evening, Br* day boy / girl

extinción f: **en peligro de~** in danger of extinction; **extinguidor** m L.Am.: ~ **(de incendios)** (fire) extinguisher; **extinguir** BIO, ZO wipe out; *fuego* extinguish, put out; **extinguirse** BIO, ZO become extinct, die out; *de fuego* go out; *de plazo* expire; **extintor** m fire extinguisher

extirpar MED remove; *vicio* eradicate, stamp out

extorsión f extortion

extra 1 *adj* **excelente** top quality; *adicional* extra; **horas ~** overtime; **paga ~** extra month's pay **2** m/f *de cine* extra **3** m *gasto* additional expense

extracción f extraction; **extracto** m extract; *(resumen)* summary; GASTR, QUÍM extract; ~ **de cuenta** bank statement; **extractor** m extractor; ~ **de humos** extractor fan

extradición f extradition; **extraditar** extradite

extraer extract, pull out; *conclusión* draw

extranjero 1 *adj* foreign **2** m, -a f foreigner; **en el ~** abroad

extrañar L.Am. miss; **extrañarse** be surprised (**de** at); **extrañeza** f strangeness; *(sorpresa)* surprise; **extraño 1** *adj* strange, odd **2** m, -a f stranger

extraordinario extraordinary

extraterrestre extraterrestial, alien

extraviar lose, mislay; **extraviarse** get lost, lose one's way

extremar maximize

extremaunción f REL extreme unction

extremidad f end; ~**es** extremities; **extremista 1** *adj* extreme **2** m/f POL extremist; **extremo 1** *adj* extreme **2** m extreme; *parte primera o última* end; *punto* point; **llegar al ~** reach the point of 3 m/f: ~ **derecho / izquierdo** DEP right / left wing; **en ~** in the extreme

exuberante exuberant; *vegetación* lush

eyacular ejaculate

F

fabada f GASTR Asturian stew with pork sausage, bacon and beans

fábrica f plant, factory; **fabricación** f manufacturing; **fabricante** m manufacturer, maker; **fabricar** manufacture

fabuloso fabulous

faceta f fig facet

facha 1 f look; *(cara)* face **2** m/f desp fascist; **fachada** f tb fig façade

facial facial

fácil easy; *es ~ que* it's likely that; **facilidad** f ease; *tener ~ para algo* have a gift for sth; *~es de pago* credit facilities, credit terms; **facilitar** facilitate, make easier; *(hacer factible)* make possible; *medios, dinero etc* provide

factible feasible

factor m factor

factoría f esp L.Am. plant, factory

factura f COM invoice; *de luz, gas etc* bill; **facturación** f COM invoicing; *volumen de negocio* turnover; AVIA check-in; **facturar** COM invoice, bill; *volumen de negocio* turn over; AVIA check in

facultad f faculty; *(autoridad)* authority

faena f task, job; *hacer una ~ a alguien* play a dirty trick on s.o.

fagot m MÚS bassoon

faisán m ZO pheasant

faja f prenda interior girdle

falda f skirt; *de montaña* side; **falda-pantalón** f divided skirt, culottes pl

falla f fault; *de fabricación* flaw; **fallar** 1 v/i fail; *(no acertar)* miss; *de sistema etc* go wrong; JUR find (*en favor de* for; *en contra de* against); *~ a alguien* let s.o. down 2 v/t JUR pronounce judg(e)ment in; *pregunta* get wrong; *~ el tiro* miss

fallecer pass away; **falleci-**

miento m demise

fallo m mistake; TÉC fault; JUR judg(e)ment; *~ cardíaco* heart failure

falsedad f falseness; *(mentira)* lie; **falsificación** f de moneda counterfeiting; de documentos, firma forgery; **falsificar** moneda counterfeit; documento, firma forge, falsify; **falso** false; joyas fake; documento, firma forged; *jurar en ~* commit perjury

falta f *(escasez)* lack, want; *(error)* mistake; *(ausencia)* absence; en tenis fault; en fútbol foul; *(tiro libre)* free kick; *hacerle ~ a alguien* foul s.o.; *~ de* lack of, shortage of; *sin ~* without fail; *buena ~ le hace* it's about time; *echar en ~ a alguien* miss s.o.; *hacer ~* be necessary

faltar be missing; *falta una hora* there's an hour to go; *sólo falta hacer la salsa* there's only the sauce to do; *~ a alguien* be disrespectful to s.o.; *~ a su palabra* not keep one's word; *falto* adj lacking in, devoid of; *~ de recursos* short of resources

fama f fame; *(reputación)* reputation; *tener mala ~* have a bad reputation

familia f family; *sentirse como en ~* feel at home; **familiar 1** adj family atr; *(conocido)*, lenguaje familiar **2** m/f relation, relative

famoso 1 *adj* famous **2** *m*, **-a** *f* celebrity

fanático 1 *adj* fanatical **2** *m*, **-a** *f* fanatic; **fanatismo** *m* fanaticism

fanfarrón 1 *adj* boastful **2** *m*, **-ona** *f* boaster; **fanfarronear** boast, brag

fango *m tb fig* mud

fantasía *f* fantasy; *(imaginación)* imagination; **joyas de ~** costume jewelry *o Br* jewellery; **fantasma** *m* ghost; **fantástico** fantastic

fardo *m* bundle

faringe *f* ANAT pharynx; **faringitis** *f* MED pharyngitis

farmacéutico 1 *adj* pharmaceutical **2** *m*, **-a** *f* pharmacist, *Br tb* chemist; **farmacia** *f* pharmacy, *Br* chemist's; *estudios* pharmacy; **~ de guardia** 24-hour pharmacist, *Br* emergency chemist; **fármaco** *m* medicine

faro *m* MAR lighthouse; AUTO headlight, headlamp; **~ antiniebla** fog light; **farol** *m* lantern; *(farola)* streetlight, streetlamp; *en juegos de cartas* bluff

farsa *f tb fig* farce; **farsante** *m/f* fraud, fake

fascinación *f* fascination; **fascinar** fascinate

fascismo *m* fascism; **fascista** *m/f & adj* fascist

fase *f* phase

fastidiar annoy; F *(estropear)* spoil; **fastidio** *m* annoyance; **¡qué ~!** what a nuisance!;

fastidioso annoying

fatal 1 *adj* fatal; *(muy malo)* dreadful, awful **2** *adv* very badly; **fatalidad** *f* misfortune

fatiga *f* tiredness, fatigue; **fatigado** tired; **fatigar** tire; **fatigoso** tiring

favor *m* favor, *Br* favour; **a ~ de** in favor of; **por ~** please; **hacer un ~** do a favor; **favorable** favorable, *Br* favourable; **favorecer** favor, *Br* favour; *de ropa, color* suit; **favoritismo** *m* favoritism, *Br* favouritism; **favorito 1** *adj* favorite, *Br* favourite **2** *m*, **-a** *f* favorite

fax *m* fax; **enviar un ~ a alguien** send s.o. a fax, fax s.o.

faz *f* face

fe *f* faith (**en** in)

fealdad *f* ugliness

febrero *m* February

febril feverish

fecha *f* date; **~ límite de consumo** best before date; **~ de nacimiento** date of birth; **fechar** date

fecundar fertilize; **fecundidad** *f* fertility; **fecundo** fertile

federación *f* federation; **federal** federal

felicidad *f* happiness; **¡~es!** congratulations!; **felicitación** *f* letter of congratulations; **¡felicitaciones!** congratulations!; **felicitar** congratulate (*por* on); **feliz** happy; **¡~ Navidad!** Merry Christmas!

felpa *f* toweling, *Br* towelling

femenino 1 *adj* feminine; *moda, equipo* women's **2** GRAM feminine; **femin(e)idad** *f* femininity; **feminismo** *m* feminism; **feminista** *m/f* & *adj* feminist

fenomenal 1 *adj* F fantastic F, phenomenal F **2** *adv*: **lo pasé ~** F I had a fantastic time F; **fenómeno 1** *m* phenomenon; *persona* genius **2** *adj* F fantastic F, great F

feo 1 *adj* ugly; *fig* nasty **2** *m*: **hacer un ~ a alguien** F snub s.o.

féretro *m* casket, coffin

feria *f* COM fair; *L.Am.* (*mercado*) market; *Méx* (*calderilla*) small change; **~ de muestras** trade fair; **feriado 1** *adj* *L.Am.*: **día ~** public holiday **2** *m* *L.Am.* public holiday; **ferial 1** *adj*: **recinto ~** fairground **2** *m* fair

fermentación *f* fermentation; **fermentar** ferment

ferocidad *f* ferocity; **feroz** fierce; (*cruel*) cruel

férreo *tb* *fig* iron *atr*; *del ferrocarril* rail *atr*; **ferretería** *f* hardware store; **ferrocarril** *m* railroad, *Br* railway; **ferroviario** rail *atr*

ferry *m* ferry

fértil fertile; **fertilidad** *f* fertility; **fertilizante** *m* fertilizer; **fertilizar** fertilize

ferviente *fig* fervent

festival *m* festival; **~ cinematográfico** film festival; **festi-**

-vo festive

fétido fetid

feto *m* fetus

fiable trustworthy; *datos, máquina etc* reliable; **fiado**: **al ~** F on credit; **fiador 1** *m* TÉC safety catch **2** *m*, **~a** *f* JUR guarantor

fiambre *m* cold cut, *Br* cold meat; P (*cadáver*) stiff P

fianza *f* deposit; JUR bail; **bajo ~** on bail

fiar give credit; **fiarse**: **~ de alguien** trust s.o.; **no me fío** I don't trust him / them *etc*

fibra *f* fiber, *Br* fibre; **~ óptica** optical fiber; **~ de vidrio** fiberglass

ficha *f* file card, index card; *en juegos de mesa* counter; *en un casino* chip; *en damas* checker, *Br* draught; *en ajedrez* man, piece; TELEC token; **fichar** *v/t* DEP sign; JUR open a file on **2** *v/i* DEP sign (*por* for); **fichero** *m* file cabinet, *Br* filing cabinet; INFOR file

fidelidad *f* fidelity

fideo *m* noodle

fiebre *f* fever; (*temperatura*) temperature; **~ del heno** hay fever

fiel 1 *adj* faithful; (*leal*) loyal **2** *mpl*: **los ~es** REL the faithful *pl*

fieltro *m* felt

fiera *f* wild animal

fierro *m* *L.Am.* iron

fiesta *f* festival; (*reunión social*) party; (*día festivo*) public holiday; *estar de* ~ be in a party mood

figura *f* figure; *(estatuilla)* figurine; *(forma)* shape; *naipes* face card, *Br* picture card; **figurado** *figurante m*, **-a** *f en película* extra; *TEA* walk-on; **figurar** appear *(en* in); **figurarse** imagine

fijación *f* fixing; *(obsesión)* fixation; **fijador** *m FOT, PINT* fixative, fixer; *para el pelo* hairspray; **fijar** fix; *cartel* stick; *fecha, objetivo* set; *residencia* establish; *atención* focus; *fijarse (establecerse)* settle; *(prestar atención)* pay attention *(en* to); ~ *en algo (darse cuenta)* notice sth; **fijo** fixed; *trabajo* permanent; *fecha* definite

fila *f* line, *Br* queue; *de asientos* row; *en* ~ *india* in single file; ~**s** *MIL* ranks

filete *m GASTR* fillet

Filipinas *fpl* Philippines; **filipino 1** *adj* Philippine, Filipino **2** *m*, **-a** *f* Filipino **3** *m idioma* Philipino, Filipino

film(e) *m* movie, film; **filmación** *f* filming, shooting; **filmar** film, shoot

filólogo *m*, **-a** *f* philologist

filosofía *f* philosophy; **filosófico** philosophical; **filósofo** *m*, **-a** *f* philosopher

filtrar filter; *información* leak; **filtrarse** filter *(por* through); *de agua, información* leak; **filtro** *m* filter

fin *m* end; *(objetivo)* aim, purpose; ~ *de semana* weekend; *a* ~*es de mayo* at the end of May; *al* ~ *y al cabo* at the end of the day; *en* ~ anyway

final 1 *adj* final; *finalidad f* purpose, aim; **finalista 1** *adj*: *las dos selecciones* ~**s** the two teams that reached the final **2** *m/f* finalist; **finalización** *f* completion; **finalizado** complete; **finalizar** end, finish; **finalmente** eventually

financiación *f* funding; **financiar** fund, finance; **financista** *m/f L.Am.* financier; **finanzas** *fpl* finances

finca *f (bien inmueble)* property; *L.Am. (granja)* farm

finés 1 *adj* Finnish **2** *m*, **-esa** *f* Finn **3** *m idioma* Finnish

fineza *f cualidad* fineness; *dicho* compliment

fingir pretend, feign *fml*

finlandés 1 *adj* Finnish **2** *m*, **-esa** *f* Finn **3** *m idioma* Finnish; **Finlandia** Finland

fino *calidad* fine; *libro, tela* thin; *(esbelto)* slim; *modales, gusto* refined; *sentido de humor* subtle; **finura** *f de calidad* fineness; *de tela* thinness; *(esbeltez)* slimness; *de modales, gusto* refinement; *de sentido de humor* subtlety

firma *f* signature; *acto* signing; *COM* firm; **firmar** sign

firme firm; *(estable)* steady; *en* ~ *COM* firm; **firmeza** *f* firmness

fiscal 1 *adj* tax *atr*, fiscal **2** *m/f* district attorney, *Br* public prosecutor

física *f* physics; **físico 1** *adj* physical **2** *m*, -a *f* physicist **3** *m de una persona* physique

fisioterapia *f* physical therapy, *Br* physiotherapy

fisura *f* crack; MED fracture

fláccido flabby

flaco thin; **punto ~** weak point

flamante (*nuevo*) brand-new

flamenco 1 *adj* MÚS flamenco **2** *m* MÚS flamenco; ZO flamingo

flaqueza *f fig* weakness

flash *m* FOT flash

flato *m* MED stitch

flauta *f* flute; *Méx* GASTR fried taco; **~ dulce** recorder; **~ travesera** (transverse) flute; **flautista** *m/f* flautist

flecha *f* arrow

flequillo *m del pelo* bangs *pl*, *Br* fringe

fletar charter; (*embarcar*) load

flexible flexible

flirtear flirt (**con** with)

flojo loose; *café*, *argumento* weak; COM *actividad* slack; *redacción* poor; *L.Am.* (*perezoso*) lazy

flor *f* flower; **florecer** BOT flower, bloom; *de negocio*, *civilización* flourish; **florero** *m* vase; **florista** *m/f* florist; **floristería** *f* florist

flota *f* fleet; **flotador** *m* float; **flotar** float

fluctuación *f* fluctuation; **fluctuar** fluctuate

fluido 1 *adj* fluid; *tráfico* free-flowing; *lenguaje* fluent **2** *m* fluid; **fluir** flow; **flujo** *m* flow

fluorescente 1 *adj* fluorescent **2** *m* strip light

fluvial river *atr*

foca *f* ZO seal

foco *m* focus; TEA, TV spotlight; *de infección* center, *Br* centre; *de incendio* seat; *L.Am.* (*bombilla*) lightbulb; *de auto* headlight; *de calle* streetlight

fogón *m de cocina* stove; TÉC burner; *L.Am. fuego* bonfire

follaje *m* foliage

follar V fuck V, screw V

folleto *m* pamphlet

follón *m* argument; (*lío*) mess

fomentar foster; COM promote; *rebelión* foment, incite; **fomento** *m* COM promotion

fonda *f* cheap restaurant; (*pensión*) boarding house

fondo *m* bottom; *de sala*, *cuarto* back; *de pasillo* end; (*profundidad*) depth; PINT, FOT background; *de un museo* collection; COM fund; **~ de inversión** investment fund; **~ de pensiones** pension fund; **Fondo Monetario Internacional** International Monetary Fund; **~s** money, funds; **tiene buen ~** he's got a good heart; **en el ~** deep down

fontanería f plumbing; **fontanero** m plumber

footing m DEP jogging; *hacer* ~ go jogging, jog

forastero 1 adj foreign **2** m, -a f outsider, stranger

forestal forest atr

forjar metal forge

forma f form; (apariencia) shape; (manera) way; *de todas ~s* in any case, anyway; *estar en ~* be fit; **formación** f formation; (entrenamiento) training; ~ *profesional* vocational training; **formal** formal; *niño* well-behaved; (responsable) responsible; **formalidad** f formality; **formar** form; (educar) educate

formatear format; **formato** m format

formidable huge; (estupendo) tremendous

fórmula f formula; **formular** *teoría* formulate; *queja* make, lodge; **formulario** m form

forraje m fodder

fortalecer tb fig strengthen; **fortaleza** f strength of character; MIL fortress; **fortificación** f fortification; **fortificar** MIL fortify

fortuito chance atr, accidental

fortuna f fortune; (suerte) luck; *por* ~ fortunately, luckily

forzado forced; **forzar** force; (violar) rape; **forzoso** aterrizaje forced

fosa f pit; (tumba) grave; ~*s*

nasales nostrils

fósforo m QUÍM phosphorus; L.Am. (cerilla) match

foso m ditch; TEA, MÚS pit; de castillo moat

foto f photo; **fotocopia** f photocopy; **fotocopiadora** f photocopier; **fotocopiar** photocopy; **fotogénico** photogenic; **fotografía** f photography; **fotografiar** photograph; **fotógrafo** m, -a f photographer

fracasado 1 adj unsuccessful **2** m, -a f loser; **fracasar** fail; **fracaso** m failure

fracción f fraction; POL faction

fractura f MED fracture; **fracturar** MED fracture

frágil fragile

fragmento m fragment; de novela, poema excerpt, extract

fragua f forge

fraile m friar, monk

frambuesa f raspberry

francés 1 adj French **2** m Frenchman; *idioma* French; **francesa** f Frenchwoman; **Francia** France

franco (sincero) frank; (evidente) distinct, marked; COM free

franela f flannel

franja f fringe; de tierra strip

franquear carta pay the postage on; camino, obstáculo clear; **franqueo** m postage; **franqueza** f frankness

frasco m bottle

frase

frase f phrase; (*oración*) sentence; **~ hecha** set phrase

fraternal brotherly

fraude m fraud; **fraudulento** fraudulent

frecuencia f frequency; **con ~** frequently; **frecuentar** frequent; **frecuente** frequent; (*común*) common

fregadero m sink; **fregar** *platos* wash; *el suelo* mop; *L.Am.* F bug F; **fregona** f mop; *L.Am.* F pain in the neck F

freidora f deep fryer; **freír** fry; F (*matar*) waste P

frenar 1 v/i AUTO brake **2** v/t fig slow down; *impulsos* check; **freno** m brake; **poner ~ a algo** fig curb sth, check sth; **~ de mano** parking brake, *Br* handbrake

frente 1 f forehead **2** m MIL, METEO front; **de ~** *colisión* head-on; **de ~ al grupo** *L.Am.* facing the group; **hacer ~ a** face up to **3** prp: **~ a** opposite

fresa f strawberry

fresco 1 adj cool; *pescado etc* fresh; *persona* F fresh F, *Br* cheeky F **2** m, -a f: **¡eres un ~!** F you've got nerve! **3** m fresh air; *C.Am. bebida* fruit drink; **frescura** f freshness; (*frío*) coolness; fig nerve

fresno m BOT ash tree

fresón m strawberry

frialdad f tb fig coldness

fricción f TÉC, fig friction

frigorífico 1 adj refrigerated **2** m icebox, *Br* fridge

fríjol m, **frijol** m *L.Am.* bean

frío 1 adj tb fig cold **2** m cold; **tener ~** be cold

fritar *L.Am.* fry; **frito 1** *part* ~ **2** adj fried **3** mpl: **~s** fried food

frívolo frivolous

frontal frontal; *ataque etc* head-on; (*delantero*) front *atr*

frontera f border; **fronterizo** f border *atr*

frotar rub

fructuoso fig fruitful

fruncir *material* gather; **~ el ceño** frown

frustración f frustration; **frustrar** frustrate; *plan* thwart; **frustrarse** fail

fruta f fruit; **frutal 1** adj fruit *atr* **2** m fruit tree; **frutería** f fruit store, *Br* greengrocer's; **frutilla** f *S.Am.* strawberry; **fruto** m tb fig fruit; *nuez, almendra etc* nut; **~s secos** nuts

fuego m fire; **¿tienes ~?** do you have a light?; **~s artificiales** fireworks; **pegar** o **prender ~ a** set fire to

fuel(-oil) m fuel oil

fuelle m bellows pl

fuente f fountain; *recipiente* dish; fig source

fuera 1 vb ☞ **ir, ser 2** adv outside; (*en otro lugar*) away; (*en otro país*) abroad; **por ~** on the outside; **¡~!** get out! **3** prp: **~ de** outside; **¡sal ~ de aquí!** get out of here!; **~**

del país abroad

fuerte 1 adj strong; *dolor* intense; *lluvia* heavy; *aumento* sharp; *ruido* loud; fig P increble **F 2** adv hard **3** m MIL fort; *fuerza f* strength; (*violencia*) force; ELEC power; **~ aérea** air force; **~ de voluntad** willpower; **~s armadas** armed forces; **~s de seguridad** security forces; **a ~ de** by (dint of)

fuga f escape; *de gas, agua* leak; **darse a la ~** flee; **fugarse** run away; *de la cárcel* escape; **fugaz** fig fleeting; **fugitivo 1** adj runaway atr **2** m, ~a f fugitive

fulana f so-and-so; F (*prostituta*) hooker P; **fulano** m so-and-so

fulminante sudden

fumador m, ~a f smoker; **fumar** smoke

función f purpose, function; *en el trabajo* duty; TEA performance; **en ~ de** according to; **funcional** functional; **funcionamiento** m working; **funcionar** work; **no funciona** out of order; **funcionario** m, -a f government employee, civil servant

funda f cover; *de gafas* case; *de almohada* pillowcase

fundación f foundation; **fundador** m, ~a f founder

fundamental fundamental; **fundamentalismo** m fundamentalism; **fundamentalis**-

ta m/f fundamentalist; **fundamentalmente** fundamentally; **fundamento** m foundation; **~s** (*nociones*) fundamentals; **fundar** fig base (**en** on); **fundarse** be based (**en** on)

fundición f smelting; (*fábrica*) foundry; **fundir** *hielo* melt; *metal* smelt; COM merge; **fundirse** melt; *de bombilla* fuse; *de plomos* blow; COM merge; L.Am. *de empresa* go under

fúnebre funeral atr; fig: *ambiente* gloomy; **funeral** m funeral; **funeraria** f funeral parlor, Br undertaker's

funesto disastrous

funicular m funicular; (*teléférico*) cable car

furcia f P whore P

furgón m, a f; FERR boxcar, Br goods van; **~ de equipajes** baggage car, Br luggage van; **furgoneta** f van

furia f fury; **furioso** furious; **furor** m: **hacer ~** fig be all the rage F

furtivo furtive

fusible m ELEC fuse

fusil m rifle; **fusilamiento** m execution (*by firing squad*); **fusilar** shoot; fig F (*plagiar*) lift F

fusión f FIS fusion; COM merger; **fusionar** COM merge; **fusionarse** merge

fútbol m soccer, Br football; **~ americano** football, Br American football; **~ sala**

five-a-side soccer; **futbolín** *m* Foosball®, table football; **futbolista** *m/f* soccer player, | *Br* footballer, *Br* football player

futuro *m/adj* future (*atr*)

G

gabardina *f prenda* raincoat; *material* gabardine
gabinete *m* (*despacho*) office; *en una casa* study; POL cabinet; *L.Am. de médico* office; *Br* surgery
gafas *fpl* glasses; **~ de sol** sunglasses
gaita *f* MÚS bagpipes *pl*
gala *f* gala; **traje de ~** formal dress
galante gallant
galardón *m* award; **galardonar:** **fue galardonado con...** he was awarded ...
galería *f* gallery; **~ de arte** art gallery
galgo *m* greyhound
gallego 1 *adj* Galician; *Rpl* F Spanish **2** *m*, **-a** *f* Galician; *Rpl* F Spaniard **3** *m idioma* Galician
galleta *f* cookie, *Br* biscuit
gallina 1 *f* hen **2** *m* F chicken; **gallinero** *m* henhouse
gallo *m* rooster, *Br* cock
galopar gallop; **galope** *m* gallop
gama *f* range
gamba *f* shrimp, *Br* prawn
gamberro *m*, **-a** *f* troublemaker
gamo *m* fallow deer
gamuza *f* chamois

gana *f*: **de mala ~** unwillingly, grudgingly; **no me da la ~** I don't want to; **... me da ~s de ...** makes me want to; **tener ~s de (hacer) algo** feel like (doing) sth
ganadería *f* stockbreeding; **ganadero** *m*, **-a** *f* stockbreeder; **ganado** *m* cattle *pl*
ganador *m* winner; **ganancia** *f* profit; **ganar 1** *v/t* win; *mediante el trabajo* earn **2** *v/i* (*vencer*) win; (*mejorar*) improve; **ganarse** earn; *a alguien* win over; **~ la vida** earn a living
ganchillo *m* crochet; **gancho** *m* hook; *L.Am., Arg fig* F sex-appeal; **hacer ~** *L.Am.* (*ayudar*) lend a hand; **tener ~** F *de un grupo, una campaña* be popular; *de una persona* have that certain something
gandul *m* lazybones *sg*
ganga *f* bargain
ganso *m* goose; *macho* gander
garaje *m* garage
garantía *f* guarantee; **garantizar** guarantee
garapiñado candied
garbanzo *m* BOT chickpea

garbo *m* *al moverse* grace
garganta *f* ANAT throat; GEOG gorge; **gargantilla** *f* choker
gárgaras *fpl*: **hacer ~** gargle
garra *f* claw; *de ave* talon; **caer en las ~s de alguien** *fig* fall into s.o.'s clutches; **tener ~** F be compelling
garrafa *f* carafe
garrapata *f* ZO tick
garza *f* ZO heron
gas *m* gas; **~es** MED gas, wind; **con ~** carbonated, *Br* fizzy; **sin ~** still
gasa *f* gauze
gaseosa *f* lemonade; **gasoducto** *m* gas pipeline; **gasoil, gasóleo** *m* oil; *para motores* diesel; **gasolina** *f* gas, *Br* petrol; **gasolinera** *f* gas station, *Br* petrol station
gastar *dinero* spend; *energía, electricidad etc* use; *(llevar)* wear; *(desperdiciar)* waste; *(desgastar)* wear out; **¿qué número gastas?** what size do you take?; **gastarse** *dinero* spend; *de gasolina, agua* run out of; *de pila* run down; *de ropa, zapatos* wear out; **gasto** *m* expense
gastronomía *f* gastronomy; **gastrónomo** *m*, **-a** *f* gastronome
gata *f* (female) cat; *Méx* servant, maid; **a ~s** F on all fours; **gatear** crawl
gatillo *m* trigger
gato *m* cat; AUTO jack; **cuatro ~s** a handful of people

gavilán *m* sparrowhawk
gaviota *f* (sea)gull
gay *m/adj* gay
gazpacho *m* gazpacho *(cold soup made with tomatoes, peppers, garlic etc)*
gel *m* gel
gelatina *f* gelatin(e); GASTR Jell-O®, *Br* jelly
gemelo 1 *adj* twin *atr* **2** *mpl*: **~s** twins; *de camisa* cuff links; *(prismáticos)* binoculars
Géminis *m/inv* ASTR Gemini
gemir moan, groan
generación *f* generation
generador *m* ELEC generator
general 1 *adj* general; **en ~** in general; **por lo ~** generally **2** *m* general; **generalidad** *f (mayoría)* majority; *(vaguedad)* general nature; **generalizar 1** *v/t* make more widespread **2** *v/i* generalize; **generalmente** generally
generar generate
género *m (tipo)* type; *de literatura* genre; GRAM gender; COM *usado pl*, merchandise
generosidad *f* generosity; **generoso** generous
genética *f* genetics; **genéticamente** genetically; **~ modificado** genetically modified; **genético** genetic; **genetista** *m/f* geneticist
genial brilliant; F *(estupendo)* fantastic F, great F; **genio** *m* genius; *(carácter)* temper; **tener mal ~** be bad-tempered
genitales *mpl* genitals

gente f people pl; L.Am. (persona) person

gentil kind, courteous; REL Gentile; **gentileza** f kindness; **por ~ de** by courtesy of

gentío m crowd

geografía f geography; **geografico** geographical

geología f geology; **geologico** geological; **geólogo** m, **-a** f geologist

geometría f geometry; **geometrico** geometrical

geranio m geranium

gerencia f management; oficina manager's office; **gerente** m/f manager

geriatría f geriatrics

germano 1 adj Germanic **2** m, **-a** f German

germen m germ; **germinar** tb fig germinate

gesticular gesticulate

gestión f management; **gestiones** (trámites) formalities, procedure; **gestionar** trámites take care of; negocio manage

gesto m gesture; (expresión) expression

gestoría f Esp agency offering clients help with official documents

giba f hump, hunch

gigante m/adj giant (atr); **gigantesco** gigantic

gilipollas m/f inv P jerk P

gilipollez f Esp V bullshit V

gimnasia f gymnastics; **hacer ~** do exercises; **gimnasio** m gymnasium, gym

ginebra f gin

ginecólogo m, **-a** f gynecologist, Br gynaecologist

gira f tour; **girar** v/i turn; alrededor de algo revolve; fig (tratar) revolve (**en torno a** around) **2** v/t transfer; **girasol** m BOT sunflower; **giratorio** revolving; **giro** m turn; GRAM idiom; **~ postal** COM money order

gitano 1 adj gypsy atr **2** m, **-a** f gypsy

glacial icy; **glaciar** m glacier

glándula f ANAT gland

glaucoma m MED glaucoma

glicerina f glycerin(e)

global global; visión, resultado overall; cantidad total; **globalización** f globalization; **globo** m aerostático, de niño balloon; terrestre globe; **~ terráqueo** globe

gloria f glory; (delicia) delight; **estar en la ~** F be in seventh heaven; **glorificar** glorify; **glorioso** glorious

glosa f gloss; **glosar** gloss; **glosario** m glossary

glotón 1 adj greedy **2** m, **-ona** f glutton

glucosa f glucose

glúteo m gluteus

gobernador m governor; **gobernar** rule, govern; **gobierno** m government

goce m pleasure, enjoyment

gol m DEP goal

golf m DEP golf

golfillo m (street) urchin

golfista m/f golfer

golfo 1 *m* GEOG gulf **2** *m*, **-a** *f* good-for-nothing; *niño* little devil; **Golfo de California** Gulf of California; **Golfo de México** Gulf of Mexico

golondrina *f* ZO swallow

golosina *f* candy, *Br* sweet; **goloso** sweet-toothed

golpe *m* knock, blow; **~ de Estado** coup d'état; **de ~** suddenly; **no da ~** F she doesn't do a thing; **golpear** hit

goma *f* (*caucho*) rubber; (*pegamento*) glue; (*banda elástica*) rubber band; F (*preservativo*) condom, rubber P; *C.Am.* F (*resaca*) hangover; **~ (de borrar)** eraser; **~ espuma** foam rubber

gonorrea *f* gonorrhea, *Br* gonorrhoea

gordo 1 *adj* fat **2** *m* fat person **3** *m premio* jackpot; **gordura** *f* fat

gorila *m* gorilla

gorra *f* cap; **de ~** F for free F

gorrino *m* pig

gorrión *m* sparrow

gorro *m* cap; **estar hasta el ~ de algo** F be fed up to the back teeth with sth F

gorrón *m*, **-ona** *f* F scrounger

gota *f* drop; **ni ~** F not a drop; **de pan** no scrap; **gotear** drip; *filtrarse* leak; **gotera** *f* leak; (*mancha*) stain

gótico *m/adj* Gothic

gozar enjoy o.s.; **~ de** (*disfrutar de*) enjoy; (*poseer*) have, enjoy; **gozo** *m* (*alegría*) joy;

(*placer*) pleasure; **gozoso** happy

grabación *f* recording; **grabado** *m* engraving; **grabadora** *f* tape recorder; **grabar** *video etc* record; PINT, *fig* engrave

gracia *f*: **tener ~** (*ser divertido*) be funny; (*tener encanto*) be graceful; **me hace ~** I think it's funny; **dar las ~s al guien** thank s.o.; **~s** thank you; **gracioso** funny

gradas *fpl* DEP stands, grandstand; **graderío** *m* stands

grado *m* degree; **de buen ~** with good grace, readily

graduación *f* TÉC *etc* adjustment; (*de alcohol*) alcohol content; EDU graduation; MIL rank; **gradual** gradual; **gradualmente** gradually; **graduar** TÉC *etc* adjust; **~ las gafas o la vista** have one's eyes tested; **graduarse** graduate, get one's degree

gráfico 1 *adj* graphic **2** *m* MAT graph; INFOR graphic; **grafista** *m/f* graphic designer

gragea *f* tablet, pill

gramática *f* grammar; **gramatical** grammatical

gramo *m* gram

Gran Bretaña Great Britain

gran *short form of* **grande** *before a noun*

granada *f* BOT pomegranate; **~ de mano** MIL hand grenade

grande 1 *adj* big; **a lo ~** in

style **2** *m/f L.Am.* *(adulto)* grown-up, adult; *(mayor)* eldest; **pasarlo en ~** F have a great time; **grandeza** *f* greatness; **grandioso** magnificent

grandilocuente grandilocuente

granel *m*: **vender a ~** COM sell in bulk

granizado *m* type of soft drink made with crushed ice; **granizar** hail; **granizo** *m* hail

granja *f* farm

grano *m* grain; *de café* bean; *en la piel* pimple, spot

granuja *m* rascal

grapa *f* staple; **grapadora** *f* stapler

grasa *f* BIOL, GASTR fat; *lubricante, suciedad* grease; **sin ~s** fat-free; **grasiento** greasy; **graso** greasy; *carne* fatty; **de bajo contenido ~** low-fat

gratificación *f* gratification; **gratificar** reward; **gratificante** gratifying

gratis free; **gratitud** *f* gratitude; **gratuito** free

grato pleasant

grava *f* gravel

gravamen *m* tax; **gravar** tax

grave serious; *tono* grave, solemn; *nota* low; *voz* deep; **estar ~** be seriously ill; **gravedad** *f* seriousness, gravity; FÍS gravity

gravilla *f* grave

gravitación *f* gravitation

Grecia *f* Greece

gremio *m* *(oficio manual)* trade; *(profesión)* profession

gres *m* *(arcilla)* earthenware; *para artesano* potter's clay

gresca *f (pelea)* fight; *(escándalo)* uproar

griego 1 *adj* Greek **2** *m*, -a *f* Greek **3** *m* *idioma* Greek

grieta *f* crack

grifo *m adj Méx* F high **2** *m* faucet, *Br* tap; *Pe (gasolinera)* gas station, *Br* petrol station

grillo *m* ZO cricket

gripe *f* flu, influenza

gris gray, *Br* grey

gritar shout, yell; **griterío** *m* shouting; **grito** *m* cry, shout; **a ~ pelado** at the top of one's voice; **pedir algo a ~s** F be crying out for sth

grosella *f* redcurrant

grosería *f* rudeness; **grosero 1** *adj* rude **2** *m*, -a *f* rude person

grúa *f* crane; AUTO wrecker, *Br* breakdown truck

grueso thick; *persona* stout

grulla *f* ZO crane

gruñir *(quejarse)* grumble; *de perro* growl; *de cerdo* grunt

grupo *m* group

gruta *f* cave; *artificial* grotto

guacho 1 *adj S.Am. (sin casa)* homeless; *(huérfano)* orphaned **2** *m*, -a *f S.Am. sin casa* homeless person; *(huérfano)* orphan

guadaña *f* scythe

guagua *f W.I., Ven, Canaries*

bus; *Pe, Bol, Chi (niño)* baby

guante *m* glove; **guantera** *f* AUTO glove compartment

guapo *hombre* handsome, good-looking; *mujer* beautiful; *S.Am.* (*valiente*) bold, gutsy F

guarda *m/f* keeper; **guardabarros** *m inv* AUTO fender, *Br* mudguard; **guardabosques** *m/f inv* forest ranger; **guardacoches** *m/f inv* parking lot attendant, *Br* car park attendant; **guardacostas** *m inv* coastguard vessel; **guardaespaldas** *m/f inv* bodyguard; **guarda jurado** security guard; **guardameta** *m/f* DEP goalkeeper

guardar keep; *poner en un lugar* put (away); *recuerdo* have; *apariencias* keep up; INFOR save; **~ silencio** keep silent; **guardarse** keep; **~ de** refrain from

guardarropa *m* checkroom, *Br* cloakroom; (*ropa, armario*) wardrobe

guardería *f* nursery

guardia 1 *f* guard; **de ~** on duty **2** *m/f* MIL guard; (*policía*) police officer; **~ civil** civil guard; **~ de seguridad** security guard; **~ de tráfico** traffic warden

guardián 1 *adj*: *perro* **~** guard dog **2** *m*, **-ana** *f* guard; *fig* guardian

guarida *f* ZO den; *de personas* hideout

guarnecer adorn (**de** with); GASTR garnish (**con** with); **guarnición** *f* GASTR accompaniment; MIL garrison

guarro 1 *adj* F (*sucio*) filthy **2** *m tb fig* F pig

guasa *f* L.Am. joke; **de ~** as a joke

Guatemala Guatemala; **guatemalteco 1** *adj* Guatemalan **2** *m*, **-a** *f* Guatemalan

guateque *m* party

guay *Esp* F cool F, neat F

gubernamental governmental, government *atr*

guerra *f* war; **~ civil** civil war; **~ mundial** world war; **dar ~ a alguien** F give s.o. trouble; **guerrero 1** *adj* warlike **2** *m* warrior; **guerrilla** *f* guerillas *pl*; **guerrillero** *m* guerilla

guía 1 *m/f* guide; **~ turístico** tour guide **2** *f* libro guide (book); **~ telefónica** *o* **de teléfonos** phone book; **guiar** guide

guijarro *m* pebble

guinda *f* L.Am. purple **2** *f* *fresca* morello cherry; *en dulce* glacé cherry

guindilla *f* GASTR chil(l)i

guiñar: *le guiñó un ojo* she winked at him

guión *m* de película script; GRAM *corto* hyphen; *largo* dash

guirnalda *f* garland

guisante *m* pea; **guisar** GASTR stew, casserole; **guiso** *m* GASTR stew, casserole

guitarra *f* guitar; **guitarrista**

m/f guitarist, guitar player
gusano *m* worm
gustar: me gusta viajar I like to travel, I like traveling; **¿te gusta...?** do you like ...?; **no me gusta** I don't like it; **gusto** *m* taste; *(placer)* pleasure; **a ~** at ease; **con mucho ~** with pleasure; **de**

buen ~ in good taste, tasteful; **de mal ~** in bad taste; **mucho** *o* **tanto ~** how do you do; **gustoso: hacer algo ~** do sth gladly
Guyana Francesa French Guiana; **Guyana** Guyana; **guyanés 1** *adj* Guyanese **2** *m*, **-esa** *f* Guyanese

H

haba *f* broad bean
Habana: La ~ Havana; **habanero 1** *adj* of / from Havana, Havana *atr* **2** *m*, **-a** *f* citizen of Havana; **habano 1** *adj* of / from Havana, Havana *atr* **2** *m*, **-a** *f* citizen of Havana **3** *m* Havana (cigar)
haber 1 *v/aux* have; **hemos llegado** we've arrived; **he de levantarme pronto** I have to *o* I've got to get up early; **has de ver** *Méx* you ought to see it **2** *v/impers*: **hay** there is *sg*, there are *pl*; **hubo un incendio** there was a fire; **¿qué hay?**, *Méx* **¿qué hubo?** how's it going?; **hay que hacerlo** it has to be done; **no hay de qué** not at all **3** *m* asset; *pago fee*; *de cuenta bancaria* credit
habichuela *f* kidney bean
hábil skilled; *(capaz)* capable; *(astuto)* clever, smart; **habilidad** *f* skill; *(capacidad)* ability; *(astucia)* cleverness; **habilitar** *lugar* fit out; *persona*

authorize
habitable habitable; **habitación** *f* room; *(dormitorio)* bedroom; **~ doble / individual** double / single room; **habitante** *m/f* inhabitant; **habitar** live **(en** in)
hábito *m tb* REL habit; *(práctica)* knack; **habitual 1** *adj* usual, regular **2** *m/f* regular; **habituar: ~ a alguien a algo** get s.o. used to sth; **habituarse: ~ a algo** get used to sth
habla *f* speech; *¡al ~!* TELEC speaking; **quedarse sin ~** *fig* be speechless; **hablada** *f L.Am.* piece of gossip; **~s** gossip; **hablador** talkative; *Méx* boastful; **habladurías** *fpl* gossip; **hablante** *m/f* speaker; **hablar** speak; *(conversar)* talk; **~ con alguien** talk to s.o., talk with s.o.; **~ de** *de libro etc* be about; **¡ni ~!** no way!; **hablarse** speak to one another
hacendado 1 *adj* land-own-

ing **2** *m*, **-a** *f* land-owner

hacer 1 *v/t* (*realizar*) do; (*elaborar, crear*) make; **~ una pregunta** ask a question; **¡qué le vamos a ~!** that's life; **le hicieron ir** they made him go **2** *v/i*: **haces bien / mal en ti** you are doing the right / wrong thing by going; **me hace mal** it's making me ill; **esto hará de mesa** *de objeto* this will do as a table; **~ como que** *o* **como si** act as if; **no le hace** *L.Am.* it doesn't matter; **se me hace** *L.Am.* it seems to me that **3** *v/impers*: **hace calor / frío** it's hot / cold; **hace tres días** three days ago; **desde hace un año** for a year; **hacerse** *traje* make; *casa* build o.s.; (*cocinarse*) cook; (*convertirse, volverse*) get, become; **~ viejo** get old; **se hace tarde** it's getting late; **~ el sordo** pretend to be deaf; **~ a algo** get used to sth; **~ con algo** get hold of sth

hacha *f* ax, *Br* axe

hachís *m* hashish

hacia toward; **~ adelante** forward; **~ abajo** down; **~ arriba** up; **~ atrás** back(ward); **~ las cuatro** about four o'clock

hacienda *f L.Am.* (*granja*) ranch, estate

Hacienda *f ministerio* Treasury Department, *Br* Treasury; *oficina* Internal Revenue Service, *Br* Inland Revenue

hacinar stack

hada *f* fairy

halagar flatter; **halago** *m* flattery

halagüeño encouraging

halcón *m* falcon

hall *m* hall

hallar find; (*descubrir*) discover; *muerte, destino* meet; **hallarse** be; (*sentirse*) feel; **hallazgo** *m* find; (*descubrimiento*) discovery

halógeno halogen

halterofilia *f* DEP weight-lifting

hamaca *f* hammock; (*tumbona*) deck chair; *L.Am.* (*mecedora*) rocking chair

hambre *f* hunger; **tener ~** be hungry **morirse de ~** fig be starving; **hambriento** *tb fig* hungry (**de** for)

hamburguesa *f* hamburger

hampa *f* underworld

harapiento ragged; **harapo** *m* rag

harina *f* flour

hartar 1 *v/t*: **~ a alguien con algo** tire s.o. with sth; **~ a alguien de algo** give s.o. too much of sth; **harto 1** *adj* fed up F; (*lleno*) full (up) **2** *adv* very much; **delante del adjetivo** extremely; **me gusta ~** *L.Am.* I like it a lot

hasta 1 *prp* until, till; **llegó ~ Bilbao** he went as far as Bilbao; **~ ahora** so far; **~ aquí** up to here; **¿~ cuándo?** how long?; **~ que** until; **¡~**

luego!, ¡~ la vista! see you (later) **2** *adv* even

hastío *m* boredom

hato *m* L.Am. bundle

hay ☞ **haber**

haya *f* BOT beech

haz *m* bundle; *de luz* beam

hazaña *f* achievement

hebilla *f* buckle

hebra *f de hilo* thread

hechizar *fig* bewitch; **hechizo** *m* spell, charm

hecho 1 *part* ☞ **hacer**, **~ a mano** hand-made; **¡bien ~!** well done!; **muy ~** *carne* well-done **2** *adj* finished; **un hombre ~ y derecho** a fully grown man **3** *m* fact; **de ~** in fact; **hechura** *f de ropa* making

hectárea *f* hectare (*approx. 2.5 acres*)

hedor *m* stink, stench

helada *f* frost; **heladería** *f* ice cream parlor *o* Br parlour; **helado 1** *adj* frozen; *fig* icy; **quedarse ~** be stunned **2** *m* ice cream; **helarse** *tb fig* freeze

helecho *m* BOT fern

hélice *f* propeller

helicóptero *m* helicopter

helipuerto *m* heliport

hematoma *m* bruise

hembra *f* female

hemisferio *m* hemisphere

hemorragia *f* MED hemorrhage, Br haemorrhage, bleeding; **hemorroides** *fpl* MED hemorrhoids, Br haemorrhoids, piles

hender, henderse crack; **hendidura** *f* crack

heno *m* hay

hepático liver *atr*, hepatic; **hepatitis** *f* MED hepatitis

heredar inherit (**de** from); **heredera** *f* heiress; **heredero** *m* heir; **hereditario** hereditary

hereje *m* heretic; **herejía** *f* heresy

herencia *f* inheritance

herida *f* wound; (*lesión*) injury; *mujer wounded woman*; *mujer lesionada* injured woman; **herir** wound; (*lesionar*) injure

hermana *f* sister; **hermanastra** *f* stepsister; **hermanastro** *m* stepbrother; **hermandad** *f de hombres* brotherhood, fraternity; *de mujeres* sisterhood; **hermano** *m* brother

hermoso beautiful; **hermosura** *f* beauty

hernia *f* MED hernia

héroe *m* hero; **heroico** heroic; **heroína** *f mujer* heroine; *droga* heroin

herradura *f* horseshoe

herramienta *f* tool

herrumbre *f* rust

hervidero *m* fig hotbed; **hervir 1** *v/i* boil; *fig* seethe (**de** with) **2** *v/t* boil

hidrato *m*: **~ de carbono** carbohydrate

hidráulico hydraulic

hidroavión *m* seaplane; **hidrocarburo** *m* hydrocarbon;

hidroeléctrico hydroelec-
tric; **hidrógeno** m hydrogen

hiedra f BOT ivy

hielo m ice

hiena f ZO hyena

hierba f grass; **mala ~** weed;
hierbabuena f BOT mint

hierro m iron

hígado m liver

higiene f hygiene; **higiénico**
hygienic

higo m BOT fig; **higuera** f BOT
fig tree

hija f daughter; **hijastra** f
stepdaughter; **hijastro** m
stepson; **hijo** m son; **~s**
children pl; **~ de puta** P
son of a bitch P, bastard P;
~ único only child

hilar v/t spin 2 v/i: **~ delgado**
o **fino** fig split hairs; **hilo** m
thread; **~ dental** dental floss;
sin ~s TELEC cordless; **perder el ~** fig lose the thread

himno m hymn; **~ nacional**
national anthem

hincapié m: **hacer ~** put special emphasis (**en** on)

hincha m F fan, supporter;
hinchado swollen; **hinchar**
inflate, blow up; Rpl P annoy; **hincharse** MED swell;
fig stuff o.s (**de** with); (**mos-
trarse orgulloso**) swell with
pride; **hinchazón** f swelling

hinojo m BOT fennel

hipermercado m supermarket, Br tb supermarket; **hi-
pertensión** f MED high
blood pressure, hyperten-
sion; **hipertexto** m hypertext

hípica f equestrian sports pl

hipo m hiccups pl; **quitar el ~**
F take one's breath away

hipócrita 1 adj hypocritical **2**
m/f hypocrite

hipódromo m racetrack

hipopótamo m hippopota-
mus

hipoteca f COM mortgage; **hipotecar** COM mortgage; fig
compromise

hipótesis f hypothesis; **hipotético** hypothetical

hirviente boiling

hispánico Hispanic; **hispani-
dad** f: **la ~** the Spanish-
speaking world; **hispano 1**
adj (español) Spanish; (*hispanohablante*) Spanish-speak-
ing; en *EE.UU*. Hispanic **2**
m, -a f (*español*) Spaniard;
(*hispanohablante*) Spanish
speaker; en *EE.UU*. Hispanic

histérico hysterical

historia f history; (*cuento*)
story; **una ~ de drogas** F
some drugs business; **déjate
de ~s** F stop making ex-
cuses; **histórico** historical;
(*importante*) historic

hito m tb fig milestone

hockey m field hockey, Br
hockey; **~ sobre hielo** hockey, Br ice hockey

hogar m fig home

hoguera f bonfire

hoja f BOT leaf; de papel sheet;
de libro page; de cuchillo
blade; **~ de afeitar** razor
blade; **~ de cálculo** INFOR

spreadsheet; **hojalata** *f* tin; **hojear** leaf through

hola hello, hi F

Holanda Holland; **holandés 1** *adj* Dutch **2** *m* Dutchman; **los holandeses** the Dutch **3** *m idioma* Dutch; **holandesa** *f* Dutchwoman

holgado loose, comfortable; **estar ~ de tiempo** have time to spare

holgazán *m* idler

hollín *m* soot

hombre *m* man; **~ de negocios** businessman; **~ rana** frogman; **¡claro, ~!** you bet!, sure thing!; **¡~, qué alegría!** that's great!

hombrera *f* shoulder pad; MIL epaulette; **hombro** *m* shoulder; **~ con ~** shoulder to shoulder

homenaje *m* homage; **homenajear** pay homage to

homeópata *m/f* homeopath

homicidio *m* homicide

homogéneo homogenous

homosexual *m/f & adj* homosexual

honda *f de cuero* sling(shot), *Rpl (tirachinas)* slingshot, *Br* catapult

hondo deep; **hondura** *f* depth

Honduras Honduras; **hondureño** *m adj* Honduran **2** *m*, -a *f* Honduran

honesto honorable, *Br* honourable, decent

hongo *m* fungus

honor *m* honor, *Br* honour; **en ~ a** in honor of; **hacer ~**

a live up to; **palabra de ~** word of honor; **honorable** honorable, *Br* honourable; **honorario** honorary; **honorarios** *mpl* fees; **honra** *f* honor, *Br* honour; **honradez** *f* honesty; **honrado** honest; **honrar** honor, *Br* honour; **honrarse: ~ de hacer algo** be honored *o Br* honoured to do sth; **honroso** honorable, *Br* honourable

hora *f* hour; **~s extraordinarias** overtime; **~ local** local time; **~ punta** rush hour; **a la ~ de ...** fig when it comes to ...; **¡ya era ~!** about time too!; **tengo ~ con el dentista** I have an appointment with the dentist; **¿qué ~ es?** what time is it?; **horario** *m* schedule, *Br* timetable; **~ comercial** business hours *pl*; **~ flexible** flextime, *Br* flexitime; **~ de trabajo** (working) hours *pl*

horca *f* gallows *pl*

horchata *f* drink made from tiger nuts

horizontal horizontal; **horizonte** *m* horizon

horma *f* form, mold, *Br* mould; *de zapatos* last

hormiga *f* ant

hormigón *m* concrete; **~ armado** reinforced concrete

hormiguero *m* ant hill

hormona *f* hormone

hornillo *m de fogón* burner; *de gas* gas ring; *transportable* camping stove

horno m oven; **alto ~** blast furnace

horóscopo m horoscope

horquilla f para pelo hairpin

horrendo horrible, dreadful; **horror** m horror (**a** of); **tener ~** a be terrified with; **me gusta ~es** F I like it a lot; **¡qué~!** how awful!; **horroroso** terrible; (feo) hideous

hortaliza f vegetable

horticultura f horticulture

hospedaje m accommodations pl, Br accommodation; **dar ~ a alguien** put s.o. up; **hospedar** put up; **hospedarse** stay (**en** at); **hospedaje** m hospital; **hospitalario** hospitable; MED **hospitalizar** atr, **hospitalidad** f hospitality

hostal m hostel; **hostelería** f hotel industry; como curso hotel management

hostia f REL host

hostil hostile; **hostilidad** f hostility

hotel m hotel

hoy today; **de ~ en adelante** from now on; **~ por ~** at the present time; **~ en día** nowadays

hoyo m hole; (depresión) hollow; **hoyuelo** m dimple

hucha f money box

hueco 1 adj hollow; (vacío) empty; fig: persona shallow **2** m gap; (agujero) hole; de ascensor shaft

huelga f strike; **~ de celo** work-to-rule; **~ de hambre** hunger strike; **declararse en ~, ir a la ~** go on strike; **huelguista** m/f striker

huella f mark; de animal track; **~s dactilares** finger prints

huérfano 1 adj orphan atr **2** m, -a f orphan

huerta f truck farm, Br market garden; **huerto** m kitchen garden

hueso m bone; de fruta pit, stone; persona tough guy; Méx F cushy number F; Méx F (influencia) influence, pull F; **~ duro de roer** fig F hard nut to crack F

huésped m/f guest

huevera f para servir eggcup; para almacenar egg box; **huevo** m egg; P (testículo) ball P; **~ duro** hard-boiled egg; **~ escalfado** poached egg; **~ frito** fried egg; **~ pasado por agua** soft-boiled egg; **~s revueltos** scrambled eggs; **un ~ de** P a load of F

huida f flight, escape; **huir** flee, escape (**de** from); **~ de algo** avoid sth

hule m oilcloth; L.Am. (caucho) rubber

hulla f coal

humanidad f humanity; **humano** human

humareda f cloud of smoke; **humear** con humo smoke; con vapor steam

humedad f humidity; de una

casa damp(ness); **humedecer** dampen; **húmedo** humid; *toalla* damp

humildad f humility; **humilde** humble; *(sin orgullo)* modest; *clase social* lowly; **humillación** f humiliation; **humillante** humiliating; **humillar** humiliate

humo m smoke; *(vapor)* steam

humor m humor, *Br* humour; **estar de buen / mal ~** be in a good / bad mood; **sentido del ~** sense of humor; **humorista** m/f humorist; *(cómico)*

comedian

hundimiento m sinking; **hundir** sink; *fig: empresa* ruin; *persona* devastate; **hundirse** sink; *fig: de empresa* collapse; *de persona* go to pieces

húngaro 1 adj Hungarian **2** m, -a f Hungarian **3** m idioma Hungarian; **Hungría** Hungary

huracán m hurricane

hurtadillas fpl: **a ~** furtively

hurtar steal; **hurto** m theft

husmear F nose around F

I

ibérico Iberian; **ibero, íbero** m, -a f Iberian; **iberoamericano** Latin American

ibicenco Ibizan

iceberg m iceberg

ida f outward journey; **(billete de) ~ y vuelta** round trip (ticket), *Br* return (ticket)

idea f idea; **no tener ni ~** not have a clue; **ideal** m/adj ideal; **idealismo** m idealism; **idealista 1** adj idealistic **2** m/f idealist; **idear** think up

idéntico identical; **identidad** f identity; **identificación** f identification; INFOR user name; **~ genética** genetic fingerprint; **identificar** identify; **identificarse** identify o.s.

ideología f ideology

idilio m idyll; *(relación amoro-*

sa) romance

idioma m language

idiota 1 adj idiotic **2** m/f idiot; **idiotez** f stupid thing to say / do

ídolo m tb fig idol

idóneo suitable

iglesia f church

ignorancia f ignorance; **ignorante** ignorant; **ignorar** not know, not be aware of

igual 1 adj (*idéntico*) same (**a, que** as); (*proporcionado*) equal (**a** to); (*constante*) constant; **al ~ que** like, the same as; **me da ~** I don't mind **2** m/f equal; **no tener ~** have no equal; **igualar** v/t *precio, marca* equal, match; (*nivelar*) level off; **~ algo** MAT make sth equal (**con, a** to) **2** v/i DEP tie the game, *Br* equalize; **igualdad** *f* equality; **~ de oportunidades** equal opportunities; **igualmente** equally

ilegal illegal; **ilegalidad** *f* illegality

ilegible illegible

ilegítimo unlawful; *hijo* illegitimate

ileso unhurt

ilícito illicit

ilimitado unlimited

iluminación *f* illumination; **iluminar** *edificio, calle etc* light, illuminate; *fig* light up

ilusión *f* illusion; *(deseo, esperanza)* hope; **iluso 1** *adj* gullible **2** *m,* **-a** *f* dreamer; **ilusorio** illusory

ilustración *f* illustration; **ilustrado** illustrated; *(culto)* learned; **ilustrar** illustrate; *(aclarar)* explain; **ilustre** illustrious

imagen *f tb fig* image; **ser la viva ~ de** be the spitting image of; **imaginable** imaginable; **imaginación** *f* imagination; **imaginar, imaginarse** imagine; **imaginativo** imaginative

imán *m* magnet

imbécil 1 *adj* stupid **2** *m/f* idiot, imbecile

imitación *f* imitation; **imitar** imitate

impaciencia *f* impatience; **impacientarse** lose (one's) patience; **impaciente** impatient

impacto *m tb fig* impact; **~ de**

bala bullet wound

impar *número* odd

imparable unstoppable

imparcial impartial

impartir impart; *clase, bendición* give

impávido fearless

impecable impeccable

impedir prevent; *(estorbar)* impede

impenetrable impenetrable

impensado unexpected

imperar rule; *fig* prevail

imperceptible imperceptible

imperdible *m* safety pin

imperdonable unpardonable, unforgivable

imperfecto *m/adj* imperfect

imperial imperial; **imperio** *m* empire; **imperioso** *necesidad* pressing; *persona* imperious

impermeable 1 *adj* waterproof **2** *m* raincoat

impertérrito unperturbed, unmoved

impertinente 1 *adj* impertinent **2** *m/f:* **¡eres un ~!** you've got nerve!

ímpetu *m* impetus; **impetuoso** impetuous

implacable implacable

implantar *programa* implement; *democracia* establish; *pena de muerte* bring in; MED implant; **implantarse** be introduced

implicar mean, imply; *(involucrar)* involve; *en un delito* implicate **(en** in)

implorar beg for

imponente impressive; F terrific; **imponer 1** v/t impose; *miedo, respeto* inspire **2** v/i be imposing o impressive; **imponerse** (*hacerse respetar*) assert o.s.; DEP win; (*prevalecer*) prevail; (*ser necesario*) be imperative; **~ una tarea** set o.s. a task

impopular unpopular

importación f import

importancia f importance; **darse ~** give o.s. airs; **tener ~** be important; **importante** important; **importar** matter; **no importa** it doesn't matter; **eso a ti no te importa** that's none of your business; **¿qué importa?** what does it matter?; **¿le importa...?** do you mind ...?; **importe** m amount; (*coste*) cost

importuno inopportune

imposibilidad f impossibility; **imposible** impossible

imposición f imposition; (*exigencia*) demand; COM deposit

impotencia f impotence, helplessness; MED impotence; **impotente** helpless, impotent; MED impotent

impracticable impracticable

impregnar saturate (*de* with); TÉC impregnate (*de* with)

imprenta f *taller* print shop; *arte, técnica* printing; *máquina* printing press

imprescindible essential; *persona* indispensable

impresión f impression; *acto* printing; (*tirada*) print run; **la sangre se la da** he can't stand the sight of blood; **impresionante** impressive; **impresionismo** m impressionism; **impresionar: ~le a alguien** impress s.o.; (*conmover*) move s.o.; (*alterar*) shock s.o.; **impreso** m form; **~s** printed matter; **impresora** f INFOR printer; **~ de chorro de tinta** inkjet (printer); **~ de inyección de tinta** inkjet (printer); **~ láser** laser (printer)

imprevisto 1 adj foreseen, unexpected **2** m unexpected event

imprimir tb INFOR print; fig transmit

improbable unlikely, improbable

improductivo unproductive

improvisar improvise

imprudente reckless, rash

impuesto 1 m tax; **~ sobre el valor añadido** sales tax, Br value-added tax; **~ sobre la renta** income tax

impugnar challenge

impulsar TÉC propel; COM boost

impulsivo impulsive; **impulso** m impulse; (*empuje*) impetus; COM boost; fig urge, impulse; **tomar ~** take a run up

impunidad f impunity

imputar attribute

inacabable endless; **inacabado** unfinished

incorporarse

inaccesible inaccessible
inaceptable unacceptable
inadmisible inadmissible
inadvertido: *pasar* ~ go unnoticed
inagotable inexhaustible
inaguantable unbearable
inalámbrico 1 *adj* TELEC
cordless **2** *m* TELEC cordless
(telephone)
inarrugable crease-resistant
inaudito unprecedented
inauguración *f* official opening, inauguration; **inaugurar** (officially) open, inaugurate
incansable tireless
incapacidad *f* disability; (*falta de capacidad*) inability;
(*ineptitud*) incompetence; **incapaz** incapable (*de* of)
incautarse: ~ *de* seize
incauto unwary
incendiar set fire to; **incendio** *m* fire
incentivo *m* incentive
incertidumbre *f* uncertainty
incidente *m* incident
incienso *m* incense
incierto *m* uncertain
incineración *f* de cadáver cremation
incisivo cutting; *fig* incisive;
diente ~ incisor
incitar incite
inclinación *f* inclination; *de
un terreno* slope; *muestra de
respeto* bow; *fig* tendency; inclinar tilt; ~ *la cabeza* nod
(one's head); *me inclina a
creer que...* it makes me

think that ...; **inclinarse**
bend (down); *de un terreno*
slope; *desde la vertical* lean;
en señal de respeto bow; ~ *a
fig* tend to, be inclined to
incluir include; **inclusive** inclusive; *incluso* even
incoherente incoherent
incoloro colorless, *Br* colourless
incomodar inconvenience;
(*enfadar*) annoy; **incomo-
darse** feel uncomfortable;
(*enfadarse*) get annoyed
(*por* about); **incómodo** uncomfortable; (*fastidioso*) inconvenient
incomparable incomparable
incompatible incompatible
incompetente incompetent
incompleto incomplete
incomprensible incomprehensible
incomunicado isolated, cut
off; JUR in solitary confine-
ment
inconfundible unmistakable
inconsciente MED unconscious; (*ignorante*) unaware;
(*irreflexivo*) thoughtless
inconstante fickle
incontestable indisputable
inconveniente 1 *adj* (*inoportuno*) inconvenient; (*impro-
pio*) inappropriate **2** *m* (*desventaja*) drawback; (*estorbo*)
problem; *no tengo* ~ I don't
mind
incorporar incorporate; **incorporarse** sit up; ~ *a* MIL
join

incorrecto incorrect, wrong; *comportamiento* impolite; incorregible incorrigible
incrédulo incredulous; increíble incredible
incremento *m* growth
incubadora *f* incubator; incubar incubate
inculpar *JUR* accuse
inculto ignorant, uneducated
incurable incurable
indecente indecent; *película* obscene
indeciso undecided; *por naturaleza* indecisive
indefinido (*impreciso*) vague; (*ilimitado*) indefinite
indemnización *f* compensation; indemnizar compensate (*por* for)
independencia *f* independence; independiente independent; independientemente independently
indescriptible indescribable
indeterminado indeterminate; (*indefinido*) indefinite
India: (*la*) ~ India; indio 1 *adj* Indian 2 *m*, -a *f* Indian
indicación *f* indication; (*señal*) sign; *indicaciones para llegar* directions; (*instrucciones*) instructions; indicador *m* indicator; indicar show, indicate; (*señalar*) point out; (*sugerir*) suggest; índice *m* index; *dedo ~* index finger; indicio *m* indication, sign; (*vestigio*) trace
indiferencia *f* indifference; indiferente indifferent;

(*irrelevante*) immaterial
indígena 1 *adj* indigenous, native 2 *m/f* native
indigente destitute
indigestión *f* indigestion; indigesto indigestible
indignar: ~ *a alguien* make s.o. indignant; indignarse become indignant
indirecta *f* insinuation; (*sugerencia*) hint; indirecto indirect
indiscreción *f* indiscretion; (*declaración*) indiscreet remark; indiscreto indiscreet
indiscutible indisputable
indisoluble insoluble; *matrimonio* indissoluble
indispensable indispensable
indispuesto indisposed, unwell
indistinto vague; *sonido* faint
individual individual; *cama, habitación* single; individuo *m* individual
indivisible indivisible
índole *f* nature
indolencia *f* laziness, indolence; indolente lazy, indolent
indomable *animal* untameable; *persona* indomitable
indudable undoubted
indulgencia *f* indulgence
indultar pardon; indulto *m* pardon
indumentaria *f* clothing
industria *f* industry; industrial 1 *adj* industrial 2 *m/f* industrialist
inédito unpublished; *fig* un-

precedented

ineficacia f inefficiency; *de un procedimiento* ineffectiveness; **ineficaz** inefficient; *procedimiento* ineffective

ineficiencia f inefficiency; **ineficiente** inefficient

inepto 1 adj inept, incompetent 2 *m*, **-a** f incompetent fool

inequívoco unequivocal

inesperado unexpected

inestable unstable; *tiempo* unsettled

inestimable invaluable

inevitable inevitable

inexperto inexperienced

inexplicable inexplicable

infalible infallible

infame loathsome; (*terrible*) dreadful

infamia f (*deshonra*) disgrace; *acción* dreadful thing to do; *dicho* slander, slur

infancia f princess; **infanta** f infanta, princess

infantería f MIL infantry

infantil children's *atr*; *naturaleza* childlike; *desp* infantile, childish

infarto m MED heart attack

infatigable tireless, indefatigable

infección f MED infection; **infeccioso** infectious; **infectar** infect

infeliz 1 adj unhappy, miserable 2 *m/f* poor devil

inferior 1 adj inferior (**a** to); *en el espacio* lower (**a** than)

2 *m/f* inferior; **inferioridad** f inferiority

infertilidad f infertility

infestar infest; (*invadir*) overrun

infiel 1 adj unfaithful 2 *m/f* unbeliever

infierno m hell

ínfimo *cantidad* very small; *calidad* very poor

infinidad f: **~ de** countless; **infinito** 1 adj infinite 2 *m* infinity

inflación f inflation

inflamable flammable; **inflamación** f MED inflammation; **inflamarse** MED become inflamed

inflar inflate; **inflarse** swell (up); *fig* F get conceited

inflexible *fig* inflexible

influencia f influence; **tener ~s** have contacts; **influir**: **~ en alguien / algo** influence s.o. / sth, have an influence on s.o. / sth; **influjo** m influence; **influyente** influential

infografía f computer graphics *pl*

información f information; (*noticias*) news *sg*; **informal** informal; *persona* unreliable; **informar** inform (**de**, **sobre** about); **informática** f information technology, IT; **informático** 1 adj computer *atr* 2 *m*, **-a** f IT specialist

informe 1 adj shapeless 2 *m* report; **~s** (*referencias*) references

infracción f offense, Br offence

infraestructura f infrastructure

infrarrojo infrared

infrecuente infrequent

infructuoso fruitless

ingeniero m, -a f engineer; **ingenio** m ingenuity; (aparato) device; **~ azucarero** L.Am. sugar refinery; **ingenioso** ingenious

Inglaterra England

ingle f groin

inglés 1 adj English **2** m Englishman; idioma English; **inglesa** f Englishwoman

ingratitud f ingratitude; **ingrato** ungrateful; tarea thankless

ingravidez f weightlessness

ingrediente m ingredient

ingresar 1 v/i: **~ en** en universidad go to; en asociación join; en hospital be admitted to **2** v/t cheque pay in; **ingreso** m entry; **en una asociación** joining; en hospital admission; COM deposit; **~s** income

inhabitado uninhabited

inhalar inhale

inhibición f inhibition; JUR disqualification

inhumano inhuman

inicial f/adj initial; **iniciar** initiate; curso start, begin; **iniciativa** f initiative; **inicio** m start, beginning

inigualable incomparable; precio unbeatable

injerencia f interference

injuria f insult; **injuriar** insult

injusticia f injustice; **injusto** unjust

inmediaciones fpl immediate area (**de** of), vicinity (**de** of); **inmediatamente** immediately; **inmediato** immediate; **de ~** immediately

inmejorable unbeatable

inmenso immense

inmigración f immigration; **inmigrante** m/f immigrant; **inmigrar** immigrate

inminente imminent

inmoral immoral

inmortal immortal

inmóvil persona motionless; vehículo stationary

inmueble m building

inmune immune; **inmunidad** f MED, POL immunity; **inmunizar** immunize; **inmunológico: sistema ~** MED immune system

innato innate, inborn

innecesario unnecessary

innovación f innovation

innumerable innumerable, countless

inocencia f innocence; **inocente** innocent

inodoro m toilet

inofensivo inoffensive, harmless

inolvidable unforgettable

inoportuno inopportune; (molesto) inconvenient

inoxidable: acero ~ stainless steel

inquietar worry; **inquietarse**

worry; **inquietud** f worry, anxiety; *intelectual* interest; **inquieto** worried

inquilino m tenant

inquisitivo inquisitive

insalubre unhealthy

insano unhealthy

insatisfacción f dissatisfaction; **insatisfactorio** unsatisfactory; **insatisfecho** dissatisfied

inscribir 1 v/t (*grabar*) inscribe; *en lista* register, enter; *en curso* enroll, *Br* enrol, register; **inscripción** f inscription; *en lista* registration, entry; *en curso* enrollment, *Br* enrolment, registration

insecticida m insecticide; **insecto** m insect

inseguridad f *de una persona* insecurity; *de estructura* unsteadiness; (*peligro*) dangerousness; **inseguro** insecure; *estructura* unsteady; (*peligroso*) dangerous, unsafe

insensato foolish

insensible insensitive (**a** to)

insertar insert

inservible useless

insignificante insignificant

insinuar insinuate

insípido insipid

insistir insist; **~ en hacer algo** insist on doing sth; **~ en algo** stress sth

insolación f MED sunstroke

insolencia f insolence; **insolente** insolent

insólito unusual

insoluble insoluble

insolvencia f insolvency

insomnio m insomnia

insonorizar soundproof; **insonoro** soundless

insoportable unbearable, intolerable

inspección f inspection; **inspeccionar** inspect; **inspector** m, **~a** f inspector

inspiración f inspiration; MED inhalation; **inspirar** inspire; MED inhale

instalación f *acto* installation; **instalaciones deportivas** sports facilities; **instalar** install, *Br* instal; (*colocar*) put; *un negocio* set up; **instalarse en un sitio** install o *Br* instal o.s.

instancia f JUR petition; (*petición por escrito*) application; **a ~s de** at the request of

instantánea f FOT snapshot; **instantáneo** immediate, instantaneous; **instante** m moment, instant; **al ~** right away, immediately

instinto m instinct

institución f institution; **instituir** institute; **instituto** m institute; *Esp* high school, *Br* secondary school; **~ de belleza** beauty salon; **institutriz** f governess

instrucción f (*formación*) training; MIL drill; INFOR instruction; JUR hearing; **instrucciones de uso** instructions, directions (for use); **instruido** educated; **instruir** educate; (*formar*) train; JUR *pleito* hear; **instructivo** educational

instrumento *m* instrument; (*herramienta*), *fig* tool; **~ musical** musical instrument

insuficiencia *f* lack; MED failure; **insuficiente 1** *adj* insufficient, inadequate **2** *m* EDU *nota* fail

insultar insult; **insulto** *m* insult

insuperable insurmountable

intachable faultless

intacto intact; (*sin tocar*) untouched

integrar integrate; *equipo* make up; **íntegro** whole, entire; **un hombre ~** *fig* a man of integrity

intelectual *m/f & adj* intellectual

inteligencia *f* intelligence; **inteligente** intelligent

intemperie *f*: **a la ~** in the open air

intempestivo untimely

intemporal timeless

intención *f* intention; **doble o segunda ~** ulterior motive; **intencional** intentional

intensidad *f* intensity; (*fuerza*) strength; **intensificar** intensify; **intensificarse** intensify; **intensivo** intensive; **intenso** intense; (*fuerte*) strong

intentar try, attempt; **intento** *m* attempt, try; (*intención*) aim; **intentona** *f*: **~ (golpista)** POL putsch, coup

interacción *f* interaction; **interactivo** interactive

intercalar insert

intercambio *m* exchange, swap

interceder intercede (**por** for)

interceptar *tb* DEP intercept

interés *m* *tb* COM interest; *desp* self-interest; **sin ~** interest-free; **interesado 1** *adj* interested **2** *m*, **-a** *f* interested party; **interesante** interesting; **interesar** interest; **interesarse**: **~ por** take an interest in

interface *m*, **interfaz** *f* INFOR interface

interferencia *f* interference; **interferir 1** *v/t* interfere with **2** *v/i* interfere (**en** in)

interino substitute *atr*; (*provisional*) provisional, acting *atr*

interior 1 *adj* interior; *bolsillo* inside *atr*; COM, POL domestic **2** *m* interior; DEP inside-forward; **en su ~** *fig* inwardly

interlocutor *m*, **~a** *f* speaker; **mi ~** the person I was talking to

intermediario *m* COM intermediary, middle-man; **intermedio 1** *adj nivel* intermediate; *tamaño, calidad* medium **2** *m* intermission

intermitente 1 *adj* intermittent **2** *m* AUTO turn signal, *Br* indicator

internacional *m/f & adj* international

internado *m* boarding school

internauta *m/f* INFOR Internet user, Net surfer

internet *m* Internet; **en ~** on the Internet

interno 1 *adj* internal; POL domestic, internal **2** *m*, **-a** *f* EDU boarder; (*preso*) inmate; MED intern, *Br* houseman

interpretar interpret; TEA play; **intérprete** *m/f* interpreter

interrogación *f* interrogation; **signo de ~** question mark; **interrogar** question; **interrogatorio** *m* questioning, interrogation

interrumpir 1 *v/t* interrupt; *servicio* suspend; *vacaciones* cut short **2** *v/i* interrupt; **interrupción** *f* interruption; *de servicio* suspension; *de vacaciones* cutting short; **sin ~** non-stop; **interruptor** *m* ELEC switch

intervalo *m* tb MÚS interval; (*espacio*) gap

intervención *f* intervention; *en debate* participation; *en película* appearance; MED operation; **intervenir 1** *v/i* intervene; *en debate* take part, participate; *en película* appear **2** *v/t* TELEC tap; *contrabando* seize; MED operate on

intestinal intestinal; **intestino** *m* intestine

intimidad *f* intimacy; (*lo privado*) privacy; **en la ~** in private

intimidar intimidate

íntimo intimate; (*privado*)

private; *amigos* close

intolerable intolerable; **intolerante** intolerant

intoxicación *f* poisoning; **intoxicar** poison

intranquilo uneasy; (*nervioso*) restless

intransferible non-transferable

intransigente intransigent

intransitable impassable

intratable: es ~ he is impossible (to deal with)

intravenoso MED intravenous

intrépido intrepid

intriga *f* intrigue; *de novela* plot; **intrigar 1** *v/t* (*interesar*) intrigue **2** *v/i* plot, scheme

introducción *f* introduction; *acción de meter* insertion; IN-FOR input; **introducir** introduce; (*meter*) insert; INFOR input

intuición *f* intuition; **intuir** sense

inundación *f* flood; **inundar** flood

inusitado unusual

inútil 1 *adj* useless **2** *m/f*: **es un ~** he's useless

invadir invade; *de un sentimiento* overcome

invalidar invalidate; **invalidez** *f* disability; **inválido 1** *adj persona* disabled; *documento* invalid **2** *m*, **-a** *f* disabled person

invariable invariable

invasión *f* MIL invasion

invencible invincible; *miedo*

insurmountable

invención f invention; **inventar** invent; **inventario** m inventory; **invento** m invention; **inventor** m inventor

invernadero m greenhouse; **invernal** winter atr

inverosímil unlikely

inversión f reversal; COM investment; **inverso** opposite; **a la ~a** the other way around; **inversor** m, **~a** f investor; **invertir** reverse; COM invest (**en** in)

investigación f investigation; EDU, TÉC research; **~ y desarrollo** research and development; **investigador** m, **~a** f researcher; **investigar** investigate; EDU, TÉC research

invidente m/f blind person

invierno m winter

invisible invisible

invitación f invitation; **invitado** m, **~a** f guest; **invitar** invite (**a** to); (convidar) treat (**a** to)

involuntario involuntary

inyección f injection; **inyectar** inject

ir 1 v/i go (**a** to); **~ en avión** fly; **¡ya voy!** I'm coming!; **~ a por algo** go and fetch sth; **~ bien / mal** go well / badly; **iba de amarillo** she was wearing yellow; **van dos a dos** DEP the score is two all; **¿de qué va la película?** what's the movie about?; **¡qué va!** you must be joking!; F; **¡vamos!** come on!; **¡vaya!**

well! 2 v/aux: **va a llover** it's going to rain; **ya voy comprendiendo** I'm beginning to understand; **~ para viejo** be getting old; **irse** go (away), leave; **¡vete!** go away!; **¡vámonos!** let's go

ira f anger

Irak Iraq, Irak

Irán Iran; **iraní** m/f & adj Iranian

iraquí m/f & adj Iraqi, Iraki

iris m inv ANAT iris; **arco ~** rainbow

Irlanda Ireland; **irlandés 1** adj Irish 2 m Irishman; **irlandesa** f Irishwoman

ironía f irony; **irónico** ironic

irradiación f irradiation

irregular irregular; superficie uneven; **irregularidad** f irregularity; de superficie unevenness

irrelevante irrelevant

irreprochable irreproachable

irresistible irresistible

irresponsable irresponsible

irrevocable irrevocable

irrigar MED, AGR irrigate

irritación f irritation; **irritar** tb MED irritate; **irritarse** get irritated

irrompible unbreakable

irrumpir burst in

isla f island

Israel Israel; **israelí** m/f & adj Israeli

Italia Italy; **italiano 1** adj Italian 2 m, **-a** f Italian; **3** m idioma Italian

itinerario *m* itinerary

IVA *m* (= *impuesto sobre el valor añadido o L.Am. agregado*) sales tax, *Br* VAT (= value added tax)

izar hoist

izquierda *f tb* POL left; **izquierdista** POL **1** *adj* left-wing **2** *m/f* left-winger; **izquierdo** left

J

jabalí *m* ZO wild boar

jabalina *f* javelin

jabón *m* soap; **~ de afeitar** shaving soap; **jabonera** *f* soap dish

jacinto *m* hyacinth

jactarse boast (*de* about)

jadear pant

jaguar *m* ZO jaguar

jalea *f* jelly

jaleo *m* (*ruido*) racket, uproar; (*lío*) mess

Jamaica Jamaica; **jamaicano 1** *adj* Jamaican **2** *m*, -a *f* Jamaican

jamás never; **¿viste ~ algo así?** did you ever see anything like it'?; **nunca ~** never ever; **por siempre ~** for ever and ever

jamón *m* ham; **~ de York** cooked ham; **~ serrano** cured ham

Japón Japan; **japonés 1** *adj* Japanese **2** *m*, -esa *f* Japanese **3** *m idioma* Japanese

jaque *m* check; **~ mate** checkmate; **dar ~ a** checkmate

jaqueca *f* MED migraine

jarabe *m* syrup; *Méx* type of folk dance

jardín *m* garden; **~ de infan-cia** kindergarten; **jardinera** *f* jardiniere; **jardinería** *f* gardening; **jardinero** *m*, -a *f* gardener

jarra *f* pitcher, *Br* jug; **en ~s** with hands on hips; **jarro** *m* pitcher, *Br* jug

jaula *f* cage

jazmín *m* BOT jasmine

jefatura *f* headquarters *pl*; (*dirección*) leadership; **~ de policía** police headquarters; **jefe** *m*, -a *f* *de departamento, organización* head; (*superior*) boss; POL leader; *de tribu* chief; **~ de cocina** (head) chef; **~ de estado** head of state

jengibre *m* BOT ginger

jeque *m* sheik

jerez *m* sherry

jerga *f* jargon; (*argot*) slang

jersey *m* sweater

jibia *f* ZO cuttlefish

jilguero *m* ZO goldfinch

jinete *m* rider; *en carrera* jockey

jirafa *f* ZO giraffe

jocoso humorous, joking

joder V (*follar*) screw V, fuck V; (*estropear*) screw up V, fuck up V; *L.Am.* F (*fasti-*

diar) annoy

jornada f (working) day; *distancia* day's journey; **~ laboral** work day; **~ partida** split shift; **jornal** m day's wage; **jornalero** m, **-a** f day laborer, Br day laborer

joroba f hump; *fig* pain F; **jorobado** hump-backed; *fig* F in a bad way F; **jorobar** F (*molestar*) bug F; *planes* ruin

joven 1 adj young **2** m/f young man; *mujer* young woman; **los jóvenes** young people

joya f jewel; *persona* gem; **~s** jewelry, Br jewellery; **joyería** f jewelry store, Br jeweller's; **joyero** 1 m, **-a** f jeweler, Br jeweller **2** m jewelry o Br jewellery box

juanete m MED bunion

jubilación f retirement; **~ anticipada** early retirement; **jubilado 1** adj retired **2** m, **-a** f retiree, Br pensioner; **jubilarse** retire; **júbilo** m jubilation

judía f BOT bean; **~ verde** green bean, runner bean

judicial judicial

judío 1 adj Jewish **2** m, **-a** f Jew

juego m game; *acción* play; *por dinero* gambling; (*conjunto de objetos*) set; **~ de azar** game of chance; **~ de café** coffee set; **~ de manos** conjuring trick; **~ de mesa** board game; **~ de sociedad** game; **Juegos Olímpicos** Olympic Games; **estar en**

~ *fig* be at stake; **fuera de ~** DEP offside; **hacer ~ con** go with, match

juerga f partying F

jueves m inv Thursday

juez m/f judge; **~ de línea** en *fútbol* assistant referee; en *fútbol americano* line judge

jugada f play, Br move; en *ajedrez* move; **hacerle una mala ~ a alguien** play a dirty trick on s.o.; **jugador** m, **-a** f player; **jugar 1** v/t play **2** v/i play; **~ al baloncesto** play basketball; **jugarse** risk; **jugarreta** f F dirty trick F

jugo m juice; **jugoso** tb fig juicy

juguete m toy; **juguetería** f toy store, Br toy shop

juicio m judg(e)ment; JUR trial; (*sensatez*) sense; (*cordura*) sanity; **a mi ~** in my opinion; **estar en su ~** be in one's right mind; **perder el ~** lose one's mind

julio m July

junco m BOT reed

jungla f jungle

junio m June

junta f POL (*regional*) government; *militar* junta; COM board; (*sesión*) meeting; TÉC joint; **~ directiva** board of directors; **juntar** put together; *gente* gather together; *bienes* collect; **juntarse** (*reunirse*) meet, assemble; *de pareja: empezar a salir* start going out; *empezar a vi-*

vir juntos move in together; *de caminos, ríos* meet, join; **~ con alguien** *socialmente* mix with s.o.; **junto 1** *adj* together **2** *prp:* **~ a** next to, near; **~ con** together with
juntura *f* TÉC joint
jurado *m* JUR jury; **juramento** *m* oath; **bajo ~** under oath; **jurar** swear; **jurídico** legal; **jurisdicción** *f* jurisdiction;

jurista *m/f* jurist
justicia *f* justice; **la ~** (*la ley*) the law; **justificante** *m de pago* receipt; *de ausencia, propiedad* certificate; **justificar** *v/t* TIP justify; **justo** just, fair; (*exacto*) right, exact; **lo ~** just enough; **¡~!** right!, exactly!
juvenil youthful; **juventud** *f* youth

K

kárate *m* karate; **karateca** *m/f* karate expert
kilo *m* kilo; *fig* F million; **kilobyte** *m* kilobyte; **kilogramo** *m* kilogram, *Br* kilo-

gramme; **kilómetro** *m* kilometer, *Br* kilometre; **kilovatio** *m* kilowatt
kiosco *m* kiosk
kiwi *m* BOT kiwi (fruit)

L

la 1 *art* the; **~ que está embarazada** the one who is pregnant; **~ más grande** the biggest (one); **dame ~ roja** give me the red one **2** *pron complemento directo sg* her; *a usted* you; *algo* it
laberinto *m* labyrinth, maze
labia *f:* **tener mucha ~** have the gift of the gab; **labio** *m* lip
labor *f* work; (*tarea*) task, job; **hacer ~es** do needlework; **no estar por la ~** F not be enthusiastic about the idea; **laborable:** **día ~** workday; **laboral** labor *atr*, *Br* labour

atr; **laboratorio** *m* laboratory, lab F; **labrador** *m* farm worker; **labrar** *tierra* work; *piedra* carve
laca *f* lacquer; **~ de uñas** nail varnish *o* polish
lactante *madre* nursing; *bebé* being breastfed
ladera *f* slope
lado *m* side; (*lugar*) place; **al ~** nearby; **al ~ de** beside, next to; **de ~** sideways; **ir por otro ~** go another way; **por un ~... por otro ~** on the one hand ... on the other hand
ladrar bark
ladrillo *m* brick

ladrón *m* thief

lagartija *f* ZO small lizard; **lagarto** *m* ZO lizard

lago *m* lake

lágrima *f* tear

laguna *f* lagoon; *fig* gap

laico lay *atr*

lamentable deplorable; **lamentablemente** regretfully; **lamentar** regret, be sorry about; *muerte* mourn; **lamentarse** complain (*de* about); **lamento** *m* whimper; *por dolor* groan

lamer lick

lámina *f* sheet

lámpara *f* lamp; **~ de pie** floor lamp

lana *f* wool; *Méx* P dough F

lance *m* incident, episode; *de* **~** secondhand

lancha *f* launch; **~ fueraborda** outboard

langosta *f insecto* locust; *crustáceo* spiny lobster; **langostino** *m* king prawn

lánguido languid

lanzamiento *m* MIL, COM launch; **~ de disco / de martillo** discus / hammer (throw); **~ de peso** shot put; **lanzar** throw; *cohete, producto* launch; *bomba* drop; **lanzarse** throw o.s. (*en* into); (*precipitarse*) pounce (*sobre* on)

lápiz *m* pencil; **~ de ojos** eyeliner; **~ labial o de labios** lipstick

largarse F clear off F; **largo 1** *adj* long; *persona* tall; **a la -a**

in the long run; **a lo ~ del día** throughout the day; **a lo ~ de la calle** along the street; **¡~!** F scram! F; **pasar de ~** go (straight) past **2** *m* length;

las 1 *art fpl* the **2** *pron complemento directo pl* them; *a ustedes* you; **llévate ~ que quieras** take the ones *o* those you want; **~ de...** those of ...; **~ de Juan** Juan's

lascivo lewd

láser *m* laser; **rayo ~** laser beam

lástima *f* pity, shame; **lastimarse** hurt o.s.

lastre *m* ballast; *fig* burden

lata *f* can; *Br tb* tin; *fig* F drag F; **dar la ~** F be a drag F

lateral 1 *adj* side *atr* **2** *m* DEP: **~ derecho / izquierdo** right / left back

latido *m* beat

latifundio *m* large estate

látigo *m* whip

latín *m* Latin; **latino** Latin; **Latinoamérica** Latin America; **latinoamericano 1** *adj* Latin American **2** *m*, **-a** *f* Latin American

latir beat

latitud *f* latitude

latón *m* brass

laurel *m* BOT laurel; **dormirse en los ~es** *fig* rest on one's laurels

lavable washable; **lavabo** *m* washbowl; **lavado** *m* washing; **~ de cerebro** *fig* brainwashing; **lavadora** f washing machine; **lavandería** f laundry; **lavaplatos** m inv dishwasher; L.Am. (fregadero) sink; **lavar 1** v/t wash; **~ los platos** wash the dishes; **~ la ropa** do the laundry; **~ en seco** dry-clean **2** v/i (lavar los platos) do the dishes; de detergente clean; **lavarse** wash up, Br have a wash; **~ los dientes** brush one's teeth; **~ las manos** wash one's hands; **lavativa** f MED enema; **lavavajillas** m inv líquido dishwashing liquid, Br washing-up liquid; **electrodoméstico** dishwasher

laxante m/adj MED laxative
lazo m knot; de adorno bow; para atrapar animales lasso
le complemento indirecto (to) him; (a ella) (to) her; (a usted) (to) you; (a algo) (to) it; complemento directo him; (a usted) you

leal loyal; **lealtad** f loyalty
lección f lesson
leche f milk; **lechería** f dairy; **lechero 1** adj dairy atr **2** m milkman
lecho m tb de río bed
lechón m suckling pig
lechuga f lettuce
lechuza f ZO barn-owl; Cuba, Méx P hooker F
lector m, **~a** f reader; **lectura** f reading
leer read
legación f legation
legal legal; fig F persona great

F; **legalidad** f legality; **legalizar** legalize
legar leave
legendario legendary
legislación f legislation; **legislar** legislate; **legislativo** legislative
legitimar justify; documento authenticate; **legítimo** legitimate; (verdadero) authentic
lego lay atr; fig ignorant
legua f: **se ve a la ~** fig F you can see it a mile off F; **hecho** it's blindingly obvious F
legumbre f BOT pulse
lejanía f distance; **en la ~** in the distance; **lejano** distant
lejía f bleach
lejos 1 adv far (away); **Navidad queda ~** Christmas is a long way off; **a lo ~** in the distance; **ir demasiado ~** fig go too far; **llegar ~** go far **2** prp: **~ de** far from
lema m slogan
lencería f lingerie
lengua f tongue; **~ materna** mother tongue; **irse de la ~** let the cat out of the bag; **lenguado** m ZO sole; **lenguaje** m language
lente f lens; **~s de contacto** contact lenses; **lentes** mpl L.Am. glasses
lenteja f BOT lentil
lentejuela f sequin
lentillas fpl contact lenses
lentitud f slowness; **lento** slow; **a fuego ~** on a low heat
leña f (fire)wood; **echar ~ al fuego** fig add fuel to the fire;

leñador *m* woodcutter

Leo *m/f inv* ASTR Leo

león *m* lion; *L.Am.* puma; ~ **marino** sealion

leopardo *m* leopard

leotardo *m de gimnasia* leotard; **~s** tights, *Br* heavy tights

lerdo (*torpe*) slow(-witted)

les *pl complemento indirecto* (to) them; (*a ustedes*) (to) you; *complemento directo* them; (*a ustedes*) you

lesbiana *f* lesbian

lesión *f* injury; **lesionar** injure

letal lethal

letón **1** *adj* Latvian **2** *m*, -ona *f* Latvian **3** *m idioma* Latvian; **Letonia** *f* Latvia

letra *f* letter; *de canción* lyrics *pl*; ~ **de cambio** COM bill of exchange; ~ **de imprenta** block capital; ~ **mayúscula** capital letter; **al pie de la ~** word for word; **letrado 1** *adj* learned **2** *m*, -a *f* lawyer

letrero *m* sign

levadura *f* yeast

levantamiento *m* raising; (*rebelión*) rising; *de embargo* lifting; **levantar** raise; *bulto* lift (up); *del suelo* pick up; *edificio, estatua* put up; *embargo* lift; ~ **sospechas** arouse suspicion; **¡levanta los ánimos!** cheer up!; **levantarse** get up; (*ponerse de pie*) stand up; *de un edificio, una montaña* rise; *en rebelión* rise up; **levante** *m* east

leve slight; *sonrisa* faint

léxico *m* lexicon

ley *f* law; **con todas las de la ~** fairly and squarely

leyenda *f* legend

liar tie (up); *en papel* wrap (up); *cigarillo* roll; *persona* confuse

libanés **1** *adj* Lebanese **2** *m*, -esa *f* Lebanese; **Líbano** *m* Lebanon

liberación *f* release; *de un país* liberation; **liberal** *adj/m/f* liberal; **liberar** (*set*) free, release; *país* liberate; *energía* release; **libertad** *f* freedom, liberty; ~ **bajo fianza** JUR bail; ~ **condicional** JUR probation

libertinaje *m* licentiousness

Libia Libya; **libio 1** *adj* Libyan **2** *m*, -a *f* Libyan

libra *f* pound; ~ **esterlina** pound (sterling)

Libra *m/f inv* ASTR Libra

librar **1** *v/t* free (**de** from); *cheque* draw; *batalla* fight **2** *v/i*: **libro los lunes** I have Mondays off; **libre** free; **librecambio** *m* free trade

librería *f* bookstore; **librero** *m* bookseller; *L.Am. mueble* bookcase; **libreta** *f* notebook; ~ **de ahorros** bankbook, passbook; **libro** *m* book; ~ **de bolsillo** paperback (book); ~ **de cocina** cookbook; ~ **de familia** *booklet recording family births, marriages and deaths*

licencia f permit, license, Br licence; (*permiso*) permission; MIL leave; **~ de manejar** o **conducir** L.Am. driver's license, Br driving licence; **tomarse demasiadas ~s** take liberties; **licenciado** m, -a f graduate; **licenciar** MIL discharge; **licenciarse** graduate; MIL be discharged; **licenciatura** f EDU degree

licitar L.Am. en subasta bid for

licor m liquor, Br spirits pl

licuadora f blender

líder 1 m/f leader **2** adj leading

lidia f bullfighting

liebre f hare

lienzo m canvas

liga f POL, DEP league; de medias garter; **ligamento** m ANAT ligament; **ligar** 1 v/t bind; (*atar*) tie 2 v/i: **~ con** F pick up F

ligero 1 adj light; (*rápido*) rapid; movimiento agile; (*leve*) slight; clad; **a la -a** (*sin pensar*) lightly **2** adv quickly

ligue m F: **estar de ~** be on the pick-up F

liguero m garter belt, Br suspender belt

lija f: **papel de ~** sandpaper

lima f file; BOT lime; **~ de uñas** nail file; **limar** file; fig polish

limitar 1 v/t limit **2** v/i: **~ con**

border on; **limitarse** limit o.s. (**a** to); (*línea de separación*) boundary; **~ de velocidad** speed limit **2** adj: **situación ~** life-threatening situation

limón m lemon; **limonada** f lemonade; **limonero** m lemon tree

limosna f: **una ~, por favor** can you spare some change?

limpiabotas m/f inv bootblack; **limpiaparabrisas** m inv AUTO windshield wiper, Br windscreen wiper; **limpiar** clean; con un trapo wipe; fig clean up; **~ a alguien** F clean s.o. out F; **limpieza** f estado cleanliness; acto cleaning; **~ general** spring cleaning; **~ en seco** dry-cleaning; **limpio** clean; (*ordenado*) neat, tidy; político honest; **quedarse ~** S.Am. F be broke F; **sacar algo en ~** fig make sense of sth

linaje m lineage

linaza f BOT linseed

lince m ZO lynx

lindante adjacent (**con** to), bordering (**con** on); **lindar**: **~ con algo** adjoin sth; fig border on sth

lindo 1 adj lovely; **de lo ~** a lot, a great deal **2** adv L.Am. jugar, bailar beautifully

línea f line; **en ~** on line; **~ aérea** airline; **mantener la ~** watch one's figure; **de pri-**

mera ~ *fig* first-rate; **tecnología de primera** ~ cutting edge technology; **entre** ~**s** *fig* between the lines

lingüístico linguistic

lino *m* linen; BOT flax

linterna *f* flashlight, *Br* torch

lío *m* bundle; F (*desorden*) mess; F (*jaleo*) fuss; ~ **amoroso** F affair; **hacerse un** ~ get into a muddle

liposucción *f* liposuction

liquidación *f* COM *de deuda* settlement; *de negocio* liquidation; ~ **total** clearance sale; **liquidar** *cuenta, deuda* settle; COM *negocio* wind up, liquidate; *existencias* sell off; F (*matar*) liquidate F, bump off F; **líquido 1** *adj* liquid; COM **net 2** *m* liquid

lira *f* lira

lírica *f* lyric poetry

lisiado 1 *adj* crippled **2** *m* cripple

liso smooth; *terreno* flat; *pelo* straight; (*sin adornos*) plain; ~**a y llanamente** plainly and simply

lisonja *f* flattery; **lisonjear** flatter

lista *f* list; ~ **de boda** wedding list; ~ **de correos** general delivery, *Br* poste restante; ~ **de espera** waiting list; **listado** *m* INFOR printout; **listín** *m*: ~ (**telefónico**) phone book

listo (*inteligente*) clever; (*preparado*) ready

listón *m* de madera strip; DEP

bar

litera *f* bunk; *de tren* couchette

literario literary; **literatura** *f* literature

litoral 1 *adj* coastal **2** *m* coast

litro *m* liter, *Br* litre

Lituania Lithuania; **lituano 1** *adj* Lithuanian **2** *m*, -a *f* Lithuanian **3** *m* idioma Lithuanian

liviano light; (*de poca importancia*) trivial

llaga *f* ulcer

llama *f* flame; ZO llama

llamada *f* call; *en una puerta* knock; *en timbre* ring; ~ **a cobro revertido** collect call; ~ **de auxilio** distress call; **llamamiento** *m* call; **hacer un** ~ **a algo** call for sth; **llamar** call; TELEC ring, *Br tb* ring; ~ **a la puerta** knock at the door; *con timbre* ring the bell; **el fútbol no me llama nada** football doesn't appeal to me in the slightest; **llamarse** be called; **¿cómo te llamas?** what's your name?

llamativo eyecatching; *color* loud

llanito *m*, -a *f* F Gibraltarian

llano 1 *adj* terreno level; *trato* natural; *persona* unassuming **2** *m* flat ground

llanta *f* wheel rim; *C.Am., Méx* (*neumático*) tire, *Br* tyre

llanto *m* sobbing

llanura *f* plain

llave *f* key; *para tuerca* wrench, *Br tb* spanner; ~

de contacto AUTO ignition key; ~ **inglesa** TÉC monkey wrench; ~ **en mano** available for immediate occupancy; **bajo** ~ under lock and key; **cerrar con** ~ lock; **llavero** *m* key ring

llegada *f* arrival; **llegar** arrive; (*alcanzar*) reach; **la comida no llegó para todos** there wasn't enough food for everyone; **me llega hasta las rodillas** it comes down to my knees; ~ **a saber** find out; ~ **a ser** get to be; ~ **a viejo** live to a ripe old age

llenar 1 *v/t* fill; **impreso** fill out o in **2** *v/i* be filling; **lleno** full (**de** of); **pared** covered (**de** with); **de** ~ fully

llevar 1 *v/t* take; *ropa, gafas* wear; *ritmo* keep up; ~ **las de perder** be likely to lose; **me lleva dos años** he's two years older than me; **llevo ocho días aquí** I've been here a week **2** *v/i* lead (**a** to); **llevarse** take; *susto, sorpresa* get; ~ **bien / mal** get on well / badly; **se lleva el color rojo** red is fashionable

llorar cry, weep

llover rain; **llueve** it is raining

llovizna *f* drizzle; **lloviznar** drizzle

lluvia *f* rain; *Rpl* (*ducha*) shower; **lluvioso** rainy

lo 1 *art* the; **no sabes** ~ **difícil que es** you don't know how difficult it is **2** *pron*: *a él* him; *a usted* you; *algo* it; ~ **sé** I

know **3** *pron rel*: ~ **que** what; ~ **cual** which

lobo *m* wolf; ~ **marino** seal; ~ **de mar** fig sea dog

local 1 *adj* local **2** *m* premises *pl*; **localidad** *f* town; TEA seat; **localizar** locate; *incendio* contain

loción *f* lotion

loco 1 *adj* mad, crazy; **a lo** ~ F (*sin pensar*) hastily **2** *m* madman

locomoción *f* locomotion; **medio de** ~ means of transport; **locomotora** *f* locomotive

locuaz talkative, loquacious *fml*

locura *f* madness

locutor *m*, ~**a** *f* RAD, TV presenter

lodo *m* mud

lógica *f* logic; **lógico** logical

logrado excellent; **lograr** achieve; (*obtener*) obtain; ~ **hacer algo** manage to do sth; **logro** *m* achievement

lombarda *f* BOT red cabbage

lomo *m* back; GASTR loin

lona *f* canvas

loncha *f* slice

Londres London

longaniza *f* type of dried sausage

longitud *f* longitude; (*largo*) length

lonja *f* **de pescado** fish market; (*loncha*) slice

loro *m* parrot

los 1 *art mpl* the **2** *pron complemento directo pl* them; *a*

ustedes you; **llévate ~ que quieras** take the ones o those you want; **~ de...** those of ...; **~ de Juan** Juan's

losa f flagstone

lote m in *reparto* share, part; *L.Am.* (*solar*) lot; **lotería** f lottery; **lotero** m, -a f lottery ticket seller

loza f china

lubina f ZO sea bass

lubri(fi)cante 1 *adj* lubricating 2 m lubricant; **lubri(fi)-car** lubricate

lucha f fight, struggle; DEP wrestling; **~ libre** DEP all-in wrestling; **luchar** fight (*por* for)

lúcido lucid, clear

luciérnaga f ZO glowworm

lucio m ZO pike

lucir 1 *v/i* shine; *L.Am.* (*verse bien*) look good 2 *v/t ropa, joya* wear; **lucirse** *tb irónico* excel o.s.

lucrativo lucrative; **lucro** m profit; *sin ánimo de ~* not-for-profit

luego 1 *adv* (*después*) later; *en orden, espacio* then; *L.Am.* (*en seguida*) right now; **~ ~** *Méx* straight away 2 *conj* therefore; **~ que** *L.Am.* after

lugar m place; **~ común** cliché; *en ~ de* instead of; *en primer ~* in the first place, first(ly); *fuera de ~* out of place; *yo en tu ~* if I were you, (if I were) in your place; *dar ~ a* give rise to; *tener ~* take place

lujo m luxury; **lujoso** luxurious

lumbago m MED lumbago; lumbar lumbar

lumbre f fire; **luminoso** luminous; *lámpara, habitación* bright

luna f moon; *de tienda* window; *de vehículo* windshield, *Br* windscreen; **~ de miel** honeymoon; **~ llena / nueva** full / new moon; *media ~ L.Am.* GASTR croissant; *lunar* 1 *adj* lunar 2 *m en la piel* mole; *de ~es* spotted, polka-dot

lunes m inv Monday

luneta f: **~ térmica** AUTO heated windshield, *Br* heated windscreen

lupa f magnifying glass; *mirar algo con ~ fig* go through sth with a fine-tooth comb

lúpulo m BOT hop

luso 1 *adj* Portuguese 2 m, -a f Portuguese

lustrar polish; **lustre** m shine; *fig* luster, *Br* lustre

luto m mourning; *estar de ~ por alguien* be in mourning for s.o.

Luxemburgo m Luxemb(o)urg; **luxemburgués** 1 *adj* of / from Luxemb(o)urg, Luxemb(o)urg *atr* 2 m, -a f Luxemb(o)urger

luz f light; **~ trasera** AUTO rear light; *luces de carretera* o *largas* AUTO full o main beam headlights; *luces de cruce* o *cortas* AUTO dipped headlights; **~ verde** tb fig green light; **arrojar ~ sobre algo** fig shed light on s.th.;

dar a ~ give birth to; **salir a la ~** fig come to light; **a todas luces** evidently

M

macabro 1 adj macabre **2** m, -a f ghoul

macarrones mpl macaroni sg

macedonia f: **~ de frutas** fruit salad

maceta f flowerpot

machacar crush; fig thrash

machete m machete

machismo m male chauvinism; **machista 1** adj sexist **2** m sexist, male chauvinist

macho 1 adj male; (varonil) tough; desp macho **2** m male; apelativo F man F, L.Am. (plátano) banana

macizo 1 adj solid **2** m GEOG massif; **Macizo de Brasil** Brazilian Highlands; **~ de flores** flower bed

madeja f hank

madera f wood; **tener ~ de** have the makings of; **madero** m P cop P

madrastra f step-mother

madre 1 f mother; **~ soltera** single mother **2** adj Méx, C.Am. F great F; **madreselva** f BOT honeysuckle

madrileño adj of / from Madrid, Madrid atr **2** m, -a f native of Madrid

madrina f godmother

madrugada f early morning; (amanecer) dawn; **de ~** in

the small hours; **madrugador** m, **~a** f early riser; **madrugar** L.Am. (quedar despierto) stay up till the small hours; (levantarse temprano) get up early

madurar 1 v/t fig: idea think through **2** v/i de persona mature; de fruta ripen; **madurez** f mental maturity; edad middle age; de fruta ripeness; **maduro mentalmente** mature; de edad middle-aged; fruta ripe

maestría f mastery; Méx EDU master's (degree); **maestro 1** adj master atr **2** m, -a f EDU teacher; MÚS maestro

magia f tb fig magic; **mágico** magic

magistrado m judge; **magistral** masterly

magnético magnetic

magnetofón m tape recorder; **magnetoscopio** m VCR, video (cassette recorder)

magnífico magnificent

magnitud f magnitude

mago m tb fig magician; **los Reyes Magos** the Three Wise Men

magro carne lean

magulladura f bruise

mahometano

mahometano 1 *adj* Muslim **2** *m*, **-a** *f* Muslim

maíz *m* corn

majadero 1 *adj* idiotic, stupid **2** *m*, **-a** *f* idiot

majestad *f* majesty; **majestuoso** majestic

majo F nice; (*bonito*) pretty

mal 1 *adj* F mad **2** *adv* badly; **~ que bien** one way or the other; **¡menos ~!** thank goodness!; **ponerse a ~ con alguien** fall out with s.o.; **tomarse algo a ~** take sth badly **3** *m* MED illness; **el ~ menor** the lesser of two evils

malaria *f* MED malaria

malcriado spoilt

maldad *f* evil

maldecir curse; **maldición** *f* curse; **maldito** F damn; **¡~ sea!** (god)damn it!

maleante *m/f & adj* criminal

malecón *m* breakwater

maleducado rude, bad-mannered

malentendido *m* misunderstanding

malestar *m* MED discomfort; *social* unrest

maleta *f* bag, suitcase; *L.Am.* AUTO trunk, *Br* boot; **hacer la ~** pack one's bags; **maletero** *m* trunk, *Br* boot; **maletín** *m* briefcase

maleza *f* undergrowth

malformación *f* malformation

malgastar waste

malhechor *m*, **~a** *f* criminal

malhumorado bad-tempered

malicia *f* (*mala intención*) malice; (*astucia*) cunning; **no tener ~** F be very naive; **malicioso** (*malintencionado*) malicious; (*astuto*) cunning, sly

maligno harmful; MED malignant

malintencionado malicious

malla *f* mesh; *Rpl* (*bañador*) swimsuit

Mallorca *f* Majorca; **mallorquín 1** *adj* Majorcan **2** *m*, **-quina** *f* Majorcan

malo 1 *adj* bad; *calidad* poor; (*enfermo*) sick, ill; **por las buenas o por las -as** like it or not; **por las -as** by force; **ponerse ~** fall ill **2** *m* bad guy, baddy F

malogrado *muerto* dead before one's time; **malograrse** fail; *de plan* come to nothing; *fallecer* die before one's time; *S.Am.* (*descomponerse*) break down; (*funcionar mal*) go wrong

maloliente stinking

malparado: **salir ~ de algo** come out badly from sth

malta *f* malt

maltratar mistreat

maltrecho weakened; *cosa* damaged

malvado evil

malversación *f*: **~ de fondos** embezzlement

Malvinas: **las ~** the Falklands, the Falkland Islands

mama *f* breast

mamá *f* mom, *Br* mum

mamar suck; **dar de ~** (breast)feed

mamífero *m* mammal

mampara *f* screen

manada *f* herd; *de lobos* pack

manantial *m* spring

manar flow

mancha *f* (dirty) mark; *de grasa, sangre etc* stain; **manchar** get dirty; *de grasa, sangre etc* stain

Mancha: Canal de la ~ English Channel; **la ~** La Mancha

manco *de mano* one-handed; *de brazo* one-armed

mandamás *m invar* F big shot F

mandar **1** *v/t* order; (*enviar*) send; **~ hacer algo** have sth done **2** *v/i* be in charge; **¿mande?** *Méx* can I help you?; *Méx* TELEC hallo?; (*¿cómo?*) what did you say?

mandarina *f* mandarin (orange)

mandato *m* order; POL mandate

mandíbula *f* ANAT jaw

mandil *m* leather apron

mando *m* command; **~ a distancia** TV remote control; **tablero de -s** AUTO dashboard); **mandón** F bossy F

manecilla *f* hand

manejar **1** *v/t* handle; *máquina* operate; *L.Am.* AUTO drive **2** *v/i* *L.Am.* AUTO drive; **manejo** *m* handling; *de una máquina* operation

manera *f* way; **~s** manners; **lo hace a su ~** he does it his way; **de ~ que** so (that); **de ninguna ~** certainly not; **no hay ~ de** it is impossible to; **de todas ~s** anyway

manga *f* sleeve; **~ de riego** hosepipe; **en ~s de camisa** in one's shirtsleeves; **traer algo en la ~** F have sth up one's sleeve

mangar P pinch F

mango *m* BOT mango; *CSur* F (*dinero*) dough F; **estoy sin un ~** *CSur* F I'm broke F, I don't have a bean F

manguera *f* hose(pipe)

manguito *m* TÉC sleeve; **~s para nadar** armbands

maní *m* *S.Am.* peanut

manía *f* (*costumbre*) habit; (*antipatía*) dislike; (*obsesión*) obsession; **tiene sus -s** she has her little ways

manicomio *m* lunatic asylum

manicura *f* manicure

manifestación *f* *de gente* demonstration; (*muestra*) show; (*declaración*) statement; **manifestante** *m/f* demonstrator; **manifestar** (*demostrar*) show; (*declarar*) declare, state; **manifestarse** demonstrate; **manifiesto 1** *adj* clear, manifest **2** *m* manifesto

manillar *m* handlebars *pl*

maniobra *f* maneuver, *Br* manoeuvre; **maniobrar** maneuver, *Br* manoeuvre

manipulación *f* manipulation; (*manejo*) handling; **manipular** manipulate; (*manejar*) handle

maniquí 1 *m* dummy **2** *m/f* model

manivela *f* handle

manjar *m* delicacy

mano 1 *f* hand; **~ de obra** manpower; **~ de pintura** coat of paint; **a ~ izquierda** on the lefthand side; **de segunda** second-hand; **echar una ~ a alguien** give s.o. a hand; **estar a ~s** *L.Am.* F be even; **traerse algo entre ~s** be plotting sth; **~s libres** hands-free **2** *m Méx* F buddy F; **manojo** *m* handful; **~ de llaves** bunch of keys; **~ de nervios** *fig* bundle of nerves

manopla *f* mitten

manosear handle; *persona* F grope F

mansión *f* mansion

manso docile; *persona* mild

manta *f* blanket

manteca *f* fat; *Rpl* butter; **~ de cacao** cocoa butter; **~ de cerdo** lard; **mantecado** *m* type of cupcake, traditionally eaten at Christmas

mantel *m* tablecloth; **~ individual** table mat; **mantelería** *f* table linen

mantener (*sujetar*) hold; *techo etc* hold up; (*preservar*) keep; *conversación, relación* have; *económicamente* support; (*afirmar*) maintain; **mantenerse** (*sujetarse*) be held;

económicamente support o.s.; *en forma* keep; **mantenimiento** *m* maintenance; *económico* support; **gimnasia de ~** gymnasium

mantequilla *f* butter

mantilla *f de bebé* shawl

manto *m* GEOL layer, stratum; (*capa*) cloak; **un ~ de nieve** a blanket of snow

mantón *m* shawl

manual *m/adj* manual; **~ nualidades** *fpl* handicrafts

manuscrito 1 *adj* handwritten **2** *m* manuscript

manutención *f* maintenance

manzana *f* apple; *de casas* block; **manzanilla** *f* camomile tea; **manzano** *m* apple tree

maña *f* skill

mañana 1 *f* morning; **por la ~** in the morning; **~ por la ~** tomorrow morning; **de la ~ a la noche** from morning until night; **de la noche a la ~** *fig* overnight **2** *adv* tomorrow; **pasado ~** the day after tomorrow

mapa *m* map; **~ de carreteras** road map

maqueta *f* model

maquillaje *m* make-up; **maquillar** make up; **maquillarse** put on one's make-up

máquina *f* machine; FERR locomotive; *C.Am., W.I.* AUTO car; **~ de afeitar** (electric) shaver; **~ de coser** sewing machine; **~ de fotos** camera; **~ recreativa** arcade game;

de respiración asistida life support machine; *a toda ~* at top speed; **maquinaciones** *fpl* scheming; **maquinador 1** *adj* scheming **2** *m*, *~a f* schemer; **maquinal** *fig* mechanical; **maquinar** plot; **maquinaria** *f* machinery; ; **maquinilla** *f*: *~ de afeitar* razor; *~ eléctrica* electric razor; **maquinista** *m/f* FERR engineer, *Br* train driver

mar *m* (*also f*) sea; *llover a ~es fig* F pour, bucket down F; *alta ~* high seas *pl*; *Mar Bermejo* Gulf of California; *mar Caribe* Caribbean Sea

maraña *f de hilos* tangle; (*lío*) jumble

maravilla *f* marvel, wonder; BOT marigold; *a las mil ~s* marvelously, *Br* marvellously; **maravillarse** be amazed (*de* at); **maravilloso** marvelous, *Br* marvellous

marca *f* mark; COM brand; *~ registrada* registered trademark; *de ~* brand-name *atr*; **marcador** *m* DEP (*resultado*) score; (*tablero*) scoreboard; **marcapasos** *m inv* MED pacemaker; **marcar** mark; *número de teléfono* dial; *gol* score; *res* brand; *de termómetro, contador etc* read, register

marcha *f* (*salida*) departure; (*velocidad*) speed; (*avance*) progress; MIL march; AUTO gear; *~ atrás* AUTO reverse (gear); *a ~s forzadas fig* flat

out; *a toda ~* at top speed; **ponerse en ~** get going; **marchante** *m L.Am.* regular customer; **marchar** (*progresar*) go; (*funcionar*) work; (*caminar*) walk; MIL march; **marcharse** leave, go

marchitarse wilt; **marchito** *flor* withered; *juventud* faded

marco *m de cuadro, puerta* frame; *fig* framework

marea *f* tide; *~ alta* high tide; *~ baja* low tide; *~ negra* oil slick; **marearse** feel nauseous, *Br* feel sick; **marejada** *f* heavy sea; **mareo** *m* seasickness

marfil *m* ivory

margarina *f* margarine

margarita *f* BOT daisy

margen *m/f* margin; *al ~ de eso* apart from that; **marginal** marginal

maricón *m* P fag P, *Br* poof P; **mariconera** *f* man's handbag

marido *m* husband

marina *f* navy; *~ mercante* merchant navy

marinero 1 *adj* sea *atr* **2** *m* sailor; **marino 1** *adj brisa* sea *atr*; *planta, animal* marine; *azul ~* navy blue **2** *m* sailor

marioneta *f tb fig* puppet

mariposa *f* butterfly

mariquita *f* ladybug, *Br* ladybird

marisco *m* seafood

marítimo maritime

marmita *f* pot, pan

mármol *m* marble

marqués *m* marquis; **marquesa** *f* marchioness

marquesina *f* marquee, *Br* canopy

marrano 1 *adj* filthy **2** *m* hog, *Br* pig; F *persona* pig F

marrón *m/adj* brown

marroquí *adj* & *adj* Moroccan; **Marruecos** Morocco

marta *f* ZO marten

martes *m inv* Tuesday

martillar hammer; **martillo** *m* hammer; ~ **neumático** pneumatic drill

mártir *m/f* martyr; **martirio** *m tb fig* martyrdom; **martirizar** *tb fig* martyr

marzo *m* March

más 1 *adj* more **2** *adv* more; *superlativo* most; MAT plus; ~ **grande** bigger; ~ **importante** more important; **el** ~ **grande** the biggest; **el** ~ **importante** the most important; **trabajar** ~ work harder; ~ **bien** rather; **¿qué** ~? what else?; **no** ~ *L.Am.* = **nomás**; **por** ~ **que** however much; **sin** ~ without more ado

mas *conj* but

masa *f* mass; GASTR dough

masacre *f* massacre

masaje *m* massage; **masajista** *m/f* masseur; **mujer** masseuse

mascar 1 *v/t* chew **2** *v/i* *L.Am.* chew tobacco

máscara *f* mask; **mascarilla** *f* mask; *cosmética* face pack

mascota *f* mascot; *animal doméstico* pet

masculino masculine

masivo massive

masón *m* mason

masoquismo *m* masochism; **masoquista 1** *adj* masochistic **2** *m/f* masochist

masticar chew

mástil *m* mast; *de tienda* pole

mata *f* bush

matadero *m* slaughterhouse; **matanza** *f* slaughter; **matar** kill; *ganado* slaughter; **matarse** kill o.s.; *morir* be killed

matasellos *m inv* postmark

mate 1 *adj* matt **2** *m en ajedrez* mate; *L.Am.* (*infusión*) maté

matemáticas *fpl* mathematics, math, *Br* maths; **matemático 1** *adj* mathematical **2** *m*, **-a** *f* mathematician

materia *f* matter; (*material*) material; (*tema*) subject; ~ **prima** raw material; **en** ~ **de** as regards; **material** *m/adj* material

maternal maternal; **maternidad** *f* maternity; **casa de** ~ maternity hospital; **materno: por parte -a** on one's mother's side, maternal

matinal morning *atr*

matiz *m de ironía* touch; *de color* shade; **matizar** *comentarios* qualify

matón *m* bully; (*criminal*) thug

matorral *m* thicket

matrícula *f* AUTO license plate, *Br* numberplate; EDU

registration; **matricular** register

matrimonial marriage *atr*, marital; **matrimonio** *m* marriage; *boda* wedding

matriz *f* matrix; ANAT womb

matutino morning *atr*

maxilar 1 *adj* maxillary **2** *m* jaw(bone)

máxima *f* maxim; **máximo** maximum

mayo *m* May

mayonesa *f* mayonnaise

mayor ◇ *comparativo*: *en tamaño* larger, bigger; *en edad* older; *en importancia* greater; **ser ~ de edad** be an adult; JUR be of legal age; **al por ~** COM wholesale ◇ *superlativo*: **el ~** *en edad* the oldest, the eldest; *en tamaño* the largest, the biggest; *en importancia* the greatest; **los ~es** adults; **la ~ parte** the majority; **mayoría** *f* majority; **alcanzar la ~ de edad** come of age; **la ~ de** the majority of, most (of); **mayorista** *m/f* wholesaler

mayúscula *f* capital (letter), upper case letter

maza *f* mace

mazapán *m* marzipan

mazorca *f* cob

me *complemento directo* me; *complemento indirecto* (to) me; *reflexivo* myself

mear F pee F

mecánica *f* mechanics; **mecánico 1** *adj* mechanical **2** *m*, **-a** *f* mechanic; **meca-**

nismo *m* mechanism; **mecanizar** mechanize

mecanografía *f* typing; **mecanógrafo** *m*, **-a** *f* typist

mecedora *f* rocking chair

mecenas *m inv* patron, sponsor

mecer, mercerse rock

mecha *f* wick; *de explosivo* fuse; *del pelo* highlight; *Méx* F fear; **mechero** *m* cigarette lighter; **mechón** *m de pelo* lock

medalla *f* medal; **medallista** *m/f* medalist, *Br* medallist

media *f* stocking; **~s** pantyhose *pl*, *Br* tights *pl*

mediación *f* mediation; **mediado**: **a ~s de junio** in mid-June; **mediador** *m*, **~a** *f* mediator; **mediana** *f* AUTO median strip, *Br* central reservation; **mediano** medium, average; **medianoche** *f* midnight; **mediante** by means of; **mediar** mediate

mediático media *atr*

medicamento *m* medicine, drug; **medicina** *f* medicine; **medicinal** medicinal; **médico 1** *adj* medical **2** *m* doctor; **~ de cabecera** *o* **de familia** family doctor; **~ de urgencia** emergency doctor

medida *f* measure; *acto* measurement; *(grado)* extent; **hecho a ~** made to measure; **a ~ que** as

medieval medieval

medio 1 *adj* half; *tamaño* medium; *(de promedio)* average; *las tres y -a* half past three, three-thirty **2** *m* environment; *(centro)* middle; *(manera)* means; **~ ambiente** environment; *por ~ de* by means of; *en ~ de* in the middle of; **~s dinero** means; **~s de comunicación** o **de información** (mass) media **3** *adv* half; *hacer algo a -as* half do sth; *ir a -as* go halves; *día por ~* L.Am. every other day

medioambiental environmental

mediocre mediocre

mediodía *m* midday

medir 1 *v/t* measure **2** *v/i*: *mide 2 metros de ancho* / *alto* it's 2 meters wide / high

meditación *f* meditation; **meditar 1** *v/t* ponder **2** *v/i* meditate

médula *f* marrow; **~ espinal** spinal cord

medusa *f* ZO jellyfish

mejicano 1 *adj* Mexican **2** *m*, **-a** *f* Mexican; **Méjico** *país* Mexico; **Méx** *DF* Mexico City

mejilla *f* cheek

mejillón *m* ZO mussel

mejor better; *el ~* the best; *lo ~* the best thing; *lo ~ posible* as well as possible; *a lo ~* perhaps; **mejora** *f* improvement

mejorana *f* BOT marjoram

mejorar improve; *¡que te mejores!* get well soon!; **mejoría** *f* improvement

melena *f* long hair; *de león* mane

mellizo 1 *adj* twin *atr* **2** *m*, **-a** *f* twin

melocotón *m* peach

melón *m* melon

meloso F sickly sweet

membrana *f* membrane

membrete *m* heading, letterhead; *papel con ~* letterhead, headed paper

membrillo *m* quince; *dulce de ~* quince jelly

memorable memorable

memoria *f tb* INFOR memory; *(informe)* report; *de ~* by heart; *(biografía)* memoirs; **memorizar** memorize

mención *f*: *hacer ~ de* mention; **mencionar** mention

mendigar beg for; **mendigo** *m* beggar

menear shake; *las caderas* sway; *~ la cola* wag its tail

menester *m (trabajo)* job; *~es* F tools, gear; *ser ~ (necessario)* be necessary

menguante decreasing; *luna* waning; **menguar** decrease; *de la luna* wane

meningitis *f* MED meningitis

menopausia *f* menopause

menor less; *en tamaño* smaller; *en edad* younger; *ser ~ de edad* be a minor; *al por ~* COM retail; *en tamaño* the smallest; *en edad* the youngest

Menorca *f* Minorca; **menorquín 1** *adj* Minorcan **2** *m*, **-quina** *f* Minorcan

menos 1 adj en cantidad less; en número fewer **2** adv comparativo en cantidad less; superlativo en cantidad least; MAT minus; **es ~ guapa que Ana** she is not as pretty as Ana; **a ~ que** unless; **~ por lo ~** at least; **echar de ~** miss; **ni mucho ~** far from it; **son las dos ~ diez** it's ten of two, it's ten to two

menospreciar underestimate; (desdeñar) look down on; **menosprecio** m contempt

mensaje m message; **~ de texto** text (message); **mensajero** m courrier

menstruación f menstruation

mensual monthly; **mensualidad** f MONTH payment

menta f BOT mint

mental mental; **mentalidad** f mentality; **mente** f mind

mentar mention

mentir lie; **mentira** f lie; **mentiroso 1** adj: **ser muy ~** tell a lot of lies **2** m, **-a** f liar

menú m tb INFOR menu; **~ de ayuda** help menu

menudeo m L.Am. retail trade; **menudo 1** adj small; **¡a suerte!** fig F lucky devil!; **a ~** often **2** m L.Am. small change; **~s** GASTR giblets

meñique m/adj: (dedo) **~** little finger

meollo m fig heart

mercadería f L.Am. merchandise; **mercado** m market; **Mercado Común** Common Market; **~ negro** black market; **mercancía** f merchandise; **mercantil** commercial

mercenario m/adj mercenary

mercería f notions pl, Br haberdashery

mercurio m mercury

merecer deserve; **no ~ la pena** it's not worth it

merendar have an afternoon snack

merengue m GASTR meringue

meridiano m/f meridian; **meridional 1** adj southern **2** m southerner

merienda f afternoon snack

mérito m merit

merluza f ZO hake

merma f reduction, decrease; **mermar 1** v/t reduce **2** v/i diminish

mermelada f jam

mero 1 adj mere; **el ~ jefe** Méx F the big boss **2** m ZO grouper

mes m month

mesa f table; **poner / quitar la ~** set / clear the table; **meseta** f plateau; **mesilla**, **mesita** f (~ de noche) night stand, Br bedside table

mesón m traditional rustic-style restaurant

mestizo m person of mixed race

mesura f: **con ~** in moderation; **mesurado** moderate

meta f en fútbol goal; en carre-

ra finish line; *fig (objetivo)* goal, objective

metabolismo *m* metabolism

metal *m* metal; **metálico 1** *adj* metallic **2** *m*: **en ~** (in) cash

meteorología *f* meteorology; **meteorológico** weather *atr*, meteorological

meter put; *(involucrar)* involve; **meterse**: **~ en algo** get into sth; *(involucrarse)* get involved in sth; **~ con alguien** pick on s.o.; **¿dónde se ha metido?** where has he got to?

meticuloso meticulous

metódico methodical; **método** *m* method

metro *m medida* meter, *Br* metre; *para medir* rule; *transporte* subway, *Br* underground

metrópolis *f inv* metropolis; **metropolitano** metropolitan

mexicano 1 *adj* Mexican **2** *m*, **-a** Mexican; **México** *país* Mexico; *Méx DF* Mexico City

mezcla *f sustancia* mixture; *de tabaco, café etc* blend; *de tabaco, café etc* mixing; **mezclar** mix; *tabaco, café etc* blend; **~ a alguien en algo** get s.o. mixed up in sth; **mezclarse** mix; **~ en algo** get mixed up in sth

mezquino mean

mezquita *f* mosque

mí me; *reflexivo* myself

mi, mis my

microbio *m* microbe; **microbús** *m* minibus; **microchip** *m* (micro)chip; **microfilm(e)** *m* microfilm; **micrófono** *m* microphone; **~ oculto** bug; **microondas** *m inv* microwave; **microprocesador** *m* microprocessor; **microscopio** *m* microscope

miedo *m* fear; **dar ~** be frightening; **me da ~ la oscuridad** I'm frightened of the dark; **tener ~ de que** be afraid that; **de ~** F awesome F; **miedoso** timid; **¡no seas tan ~!** don't be scared!

miel *f* honey

miembro *m* member; ANAT limb

mientras 1 *conj* while; **~ que** whereas **2** *adv*: **~ tanto** in the meantime

miércoles *m inv* Wednesday

mierda *f* P shit P, crap P; **una ~ de película** a crap movie P

miga *f de pan* crumb; **hacer buenas / malas ~s** *fig* get on well / badly

migración *f* migration

milagro *m* miracle; **milagroso** miraculous

milicia *f* militia

milímetro *m* millimeter, *Br* millimetre

militar 1 *adj* military **2** *m* soldier; **los ~es** the military **3** *v/i* POL: **~ en** be a member of

milla *f* mile

millar *m* thousand

millón *m* million; **mil millo-**

nes billion; **millonario** *m* millionaire

mimar spoil, pamper

mimbre *m* BOT willow; ***muebles de ~*** wicker furniture

mímica *f* mime

mina *f* MIN mine; *Rpl* F broad F, *Br* bird F; **minar** mine; *fig* undermine

mineral *m/adj* mineral; **minería** *f* mining; **minero 1** *adj* mining **2** *m* miner

minifalda *f* miniskirt

minimizar minimize; **mínimo** *m/adj* minimum

ministerio *m* POL department; **~ de Asuntos Exteriores**, *L.Am.* **~ de Relaciones Exteriores** State Department, *Br* Foreign Office; **~ de Hacienda** Treasury Department, *Br* Treasury; **~ del Interior** Department of the Interior, *Br* Home Office; **ministro** *m*, **-a** *f* minister; **~ del Interior** Secretary of the Interior, *Br* Home Secretary; **primer ~** Prime Minister

minoría *f* minority

minorista COM **1** *adj* retail *atr* **2** *m/f* retailer

minuciosidad *f* attention to detail; **minucioso** meticulous, thorough

minúscula *f* small letter, lower case letter; **minúsculo** tiny, minute

minusválido 1 *adj* disabled **2** *m*, **-a** *f* disabled person; ***los ~s*** the disabled

minuta *f* GASTR menu; *(cuenta de los honorarios)* bill

minuto *m* minute

mío, **mía** mine; ***el ~ / la -a*** mine

miope short-sighted; **miopía** *f* short-sightedness

mirada *f* look; ***echar una ~*** take a look (*a* at); **mirador** *m* viewpoint; **mirar 1** *v/t* look at; *(observar)* watch; *L.Am.* *(ver)* see **2** *v/i* look; ***~ por la ventana*** look out of the window

mirlo *m* ZO blackbird

misa *f* REL mass

misal *m* missal

miserable wretched; **miseria** *f* poverty; *fig* misery; **misericordia** *f* mercy; **mísero** wretched; ***sueldo*** miserable

misil *m* missile

misión *f* mission; **misionero** *m*, **-a** *f* missionary

mismo 1 *adj* same; ***yo ~*** I myself; ***me da lo ~*** it's all the same to me **2** *adv*: ***aquí ~*** right here; ***ahora ~*** right now

misterio *m* mystery; **misterioso** mysterious

mística *f* mysticism; **místico** mystic(al)

mitad *f* half; ***a ~ del camino*** halfway; ***a ~ de la película*** halfway through the movie; ***a ~ de precio*** half-price

mitigar mitigate; ***ansiedad, dolor etc*** ease

mitin *m* POL meeting

mito *m* myth; **mitología** *f* mythology

mixto mixed; *comisión* joint
mobiliario *m* furniture
mocedad *f* youth
mochila *f* backpack; **mochilero** *m*, -a *f* backpacker
moción *f* POL motion
moco *m*: **tener ~s** have a runny nose; **mocoso** *m*, -a *f* F snotty-nosed kid F
moda *f* fashion; **de ~** in fashion; **estar pasado de ~** be out of fashion
modales *mpl* manners
modalidad *f* form; DEP discipline; **~ de pago** method of payment
modelar model; **modelo 1** *m* model **2** *m/f persona* model
moderación *f* moderation; **moderador** *m*, -a *f* TV presenter; **moderar** moderate; *impulsos* control; *velocidad, gastos* reduce; *debate* chair
modernización *f* modernization; **modernizar** modernize; **moderno** modern
modestia *f* modesty; **modesto** modest
módico *precio* reasonable
modificar modify
modismo *m* idiom
modista *m/f* dressmaker; *diseñador* fashion designer
modo *m* way; **a ~ de** as; **de ~ que** so that; **de ningún ~** not at all; **en cierto ~** in a way; **de todos ~** anyway
mofa *f* mockery; **mofarse: ~ de** make fun of
moho *m* mold, *Br* mould; **mohoso** moldy, *Br* mouldy

mojado (*húmedo*) damp, moist; (*empapado*) wet; **mojar** (*humedecer*) dampen, moisten; (*empapar*) wet; *galleta* dunk, dip
mojón *m tb fig* milestone
molar P **1** *v/t*: **me mola ese tío** I like the guy a lot **2** *v/i* be cool F
molde *m* mold; *Br* mould; *para bizcocho* (cake) tin; **romper ~s** *fig* break the mold; **moldeado** *m* molding; *Br* moulding; **moldear** mold; *Br* mould; **moldura** *f* ARQUI molding; *Br* moulding
molécula *f* molecule
moler grind; *fruta* mash; **carne molida** ground meat, *Br* mince
molestar bother, annoy; (*doler*) trouble; **no ~** do not disturb; **molestarse** get upset; (*ofenderse*) take offense *o Br* offence; (*enojarse*) get annoyed; **~ en hacer algo** take the trouble to do sth; **molestia** *f* nuisance; **~s** MED discomfort; **molesto** annoying; (*incómodo*) inconvenient
molinillo *m*: **~ de café** coffee grinder *o* mill; **molino** *m* mill; **~ de viento** windmill
molleja *f* *de ave* gizzard; **~s** GASTR sweetbreads
molusco *m* ZO mollusk, *Br* mollusc
momentáneo momentary; **momento** *m* moment; **al ~** at once; **por el ~, de ~** for the moment

momia *f* mummy

monarca *m* monarch; monarquía *f* monarchy

monasterio *m* monastery

mondadientes *m inv* toothpick

mondar peel; *árbol* prune

moneda *f* coin; *(divisa)* currency; monedero *m* change purse, *Br* purse; monetario *m* monetary

monitor[1] *m* TV, INFOR monitor

monitor[2] *m*, ~a *f (profesor)* instructor

monja *f* nun; monje *m* monk

mono 1 *m* ZO monkey; *prenda* coveralls *pl*, *Br* boilersuit 2 *adj* pretty, cute; monopatín *m* skateboard; monopolio *m* monopoly; monótono monotonous

monovolumen *m* AUTO minivan, *Br* people carrier, MPV

monstruo *m* monster; *(fenómeno)* phenomenon; monstruosidad *f* monstrosity; monstruoso monstrous

montacargas *m inv* hoist

montador *m*, ~a *f* TÉC fitter; *de película* editor; montaje *m* TÉC assembly; *de película* editing; TEA staging; *fig* F con F

montaña *f* mountain; ~ *rusa* rollercoaster; montañoso mountainous

montar 1 *v/t* TÉC assemble; *tienda* put up; *negocio* set up; *película* edit; *caballo* mount; ~ *la guardia* mount guard 2 *v/i*: ~ *en bicicleta* ride a bicycle; ~ *a caballo* ride a horse

monte *m* mountain; *(bosque)* woodland

montón *m* pile, heap; *montones de* F piles of F

montura *f de gafas* frame

monumental monumental; monumento *m* monument

monzón *m* monsoon

moño *m* bun

moqueta *f* (wall-to-wall) carpet

mora *f de zarza* blackberry; *morera* mulberry

morado purple

moral 1 *adj* moral 2 *f (moralidad)* morals *pl*; *(ánimo)* morale; moralidad *f* morality

morboso perverted

morcilla *f* blood sausage, *Br* black pudding

mordaz biting; morder bite; mordisco *m* bite

moreno *pelo, piel* dark; *(bronceado)* tanned

morfina *f* morphine

morir die *(de* of*)*; morirse die; ~ *por fig* be dying for

morisco Moorish

moro 1 *adj* North African 2 *m*, -a *f* North African

moroso COM 1 *adj* slow to pay 2 *m*, *f* slow payer

mortal 1 *adj* mortal; *accidente, herida* fatal; *dosis* lethal 2 *m/f* mortal; mortalidad *f* mortality

mortero *m tb* MIL mortar

mortífero lethal

mosaico *m* mosaic

mosca *f* fly; *por si las ~s* F just to be on the safe side

Moscú Moscow

mosquearse F get hot under the collar F; *(sentir recelo)* smell a rat F

mosquitero *m* mosquito net; **mosquito** *m* mosquito

mostaza *f* mustard

mosto *m* grape juice

mostrador *m* counter; *en bar* bar; *~ de facturación* check-in desk; **mostrar** show

mote *m* nickname; *S.Am.* boiled corn *o Br* maize

motín *m* mutiny; *en una cárcel* riot

motivar motivate; **motivo** *m* motive, reason; *MÚS, PINT* motif; *con ~ de* because of

moto *f* motorcycle, motorbike; *~ acuática o de agua* jet ski; **motocicleta** *f* motorcycle; **motociclista** *m/f* motorcyclist

motor *m* engine; *eléctrico* motor; **motora** *f* motorboat; **motorismo** *m* motorcycling; **motorista** *m/f* motorcyclist

motriz motor

mover move; *(agitar)* shake; *(impulsar, incitar)* drive; **movible** movable; *fig precio, opinión* fickle

móvil 1 *adj* mobile **2** *m* TELEC cell(phone), *Br* mobile (phone); **movilidad** *f* mobility; **movilizar** mobilize; **movimiento** *m* movement;

COM, *fig* activity

moza *f* girl; *camarera* waitress; **mozo 1** *adj*: *en mis años ~s* in my youth **2** *m* boy; *camarero* waiter

muchacha *f* girl; **muchacho** *m* boy

muchedumbre *f* crowd

mucho 1 *adj cantidad* a lot of, lots of; *esp neg* much; *no tengo ~ dinero* I don't have much money; *~s* a lot of, lots of, many; *esp neg* many; *no tengo ~s amigos* I don't have many friends; *tengo ~ frío* I am very cold; *~s ~ coche para mí* it's too big a car for me **2** *adv* a lot; *esp neg* much; *no me gustó ~* I didn't like it very much; *¿dura / tarda ~?* does it last / take long?; *como ~* at the most; *ni ~ menos* far from it; *por ~ que* however much **3** *pron* a lot, much; *~s* a lot of people, many people

mucosa *f* ANAT mucous membrane; **mucosidad** *f* mucus

muda *f de ropa* change of clothes; **mudanza** *f de casa* move; **mudar** change; ZO shed; **mudarse**: *~ de casa* move house; *~ de ropa* change (one's clothes)

mudo mute; *letra* silent

mueble *m* piece of furniture; *~s* furniture

mueca *f de dolor* grimace; **hacer ~s** make faces

muela *f* tooth; ANAT molar; *~*

del juicio wisdom tooth

muelle m TÉC spring; MAR wharf

muerte f death; **muerto 1** part ☞ **morir 2** adj dead **3** m, -a f dead person; **los ~s** the dead

muesca f notch, groove

muestra f sample; (señal) sign; (exposición) show

mugre f filth; **mugriento** filthy

mujer f woman; (esposa) wife; **mujeriego** m womanizer

mula f ZO mule; Méx (basura) trash, Br rubbish

mulato m mulatto

muleta f crutch; TAUR cape

mulo m ZO mule

multa f fine; **multar** fine

multicine m multiplex; **multicolor** multicolored, Br multicoloured; **multicultural** multicultural; **multinacional** f multinational

múltiple multiple; **multiplicación** f multiplication; **multiplicar**, **multiplicarse** multiply; **múltiplo** m MAT multiple; **multisalas** m inv multiplex; **multitarea** f multitasking

multitud f crowd; **~ de** thousands of; **multitudinario** mass atr

multiuso multipurpose

mundial 1 adj world atr **2** m: **el ~ de fútbol** the World Cup; **mundo** m world; **todo el ~** everybody, everyone

munición f ammunition

municipal municipal; **municipio** m municipality

muñeca f doll; ANAT wrist; **muñeco** m doll; fig puppet; **~ de nieve** snowman

mural 1 adj wall atr **2** m mural; **muralla** f de ciudad wall

murciélago m ZO bat

murmurar murmur; criticar gossip

muro m wall

muscular muscular; **músculo** m muscle; **musculoso** muscular; **musculatura** f muscles pl

museo m museum; de pintura art gallery

musgo m BOT moss

música f music; **~ de fondo** background music; **musical** m/adj musical; **músico** m, -a f musician

muslo m thigh

mutación f BIO mutation; TEA scene change

mutilado m, -a f disabled person; **mutilar** mutilate

mutuo mutual

muy very; (demasiado) too; **~ valorado** highly valued

N

nabo *m* 1 *adj Arg* F dumb F 2 *m* turnip

nácar *m* mother-of-pearl

nacer be born; *de un huevo* hatch; *de una planta* sprout; *de un río, del sol* rise; *(surgir)* arise (**de** from); **nacido** born; **mal ~** wicked; **nacimiento** *m* birth; *de Navidad* crèche, nativity scene

nación *f* nation; **nacional** national; **nacionalidad** *f* nationality; **nacionalizar** COM nationalize; *persona* naturalize

nada 1 *pron* nothing; **no hay ~** there isn't anything, there's nothing; **~ más** nothing else; **~ menos que** no less than; **¡de ~!** you're welcome, not at all; **no es ~** it's nothing 2 *adv* not at all; **no ha llovido ~** it hasn't rained at all 3 *f* nothingness

nadador *m*, **~a** *f* swimmer; **nadar** swim

nadie nobody, no-one; **no había ~** there was nobody there, there wasn't anyone there

nado: atravesar a ~ swim across

naipe *m* (playing) card

nalga *f* buttock

naranja 1 *f* orange; **media ~** F *(pareja)* other half 2 *adj* orange; **naranjo** *m* orange tree

narciso *m* BOT daffodil

narcótico *m/adj* narcotic; **narcotráfico** *m* drug trafficking

nariz *f* nose; **¡narices!** F nonsense!

narración *f* narration; **narrar: ~ algo** tell the story of sth

nasal nasal

nata *f* cream; **~ montada** whipped cream

natación *f* swimming

natal native; **natalidad** *f* birthrate

natillas *fpl* custard

nativo *m*, **-a** *f* native

natural 1 *adj* natural; **ser ~ de** come froml 2 *m*: **fruta al ~** fruit in its own juice; **naturaleza** *f* nature; **naturalidad** *f* naturalness; **naturalizar** naturalize; **naturalizarse** become naturalized; **naturalmente** naturally; **naturista** 1 *adj* nudist, naturist; **medicina natural** 2 *m/f* nudist, naturist

naufragar be shipwrecked; *fig* fail; **naufragio** *m* shipwreck; **náufrago** 1 *adj* shipwrecked 2 *m*, **-a** *f* shipwrecked person

náuseas *fpl* nausea

náutico nautical

navaja *f* knife

naval naval; **nave** *f* ship; **~ de iglesia** nave; **~ espacial**

spaceship, spacecraft; **navegable** navigable; **navegación** *f* navigation; **~ a vela** sailing; **navegar 1** *v/i* sail; *por el aire, espacio* fly; **~ por la red** *o* **por Internet** INFOR surf the Net **2** *v/t* sail

navegador *m* INFOR browser; **navegante** *m/f* navigator

Navidad *f* Christmas

naviero *m* shipowner; **navío** *m* ship

neblina *f* mist; **nebuloso** *fig* hazy, nebulous

necesario necessary; **neceser** *m* toilet kit, *Br* toilet bag; **necesidad** *f* need; *(cosa esencial)* necessity; **de primera ~** essential; **en caso de ~** if necessary; **hacer sus -es** F relieve o.s.; **necesitado** needy; **necesitar** need

necio brainless

necrología *f*, **necrológica** *f* obituary

neerlandés 1 *adj* Dutch **2** *m* Dutchman; *idioma* Dutch; **neerlandesa** *f* Dutchwoman

negación *f* negation; *de acusación* denial; **negar** *acusación* deny; *(no conceder)* refuse; **negarse** refuse (**a** to); **negativa** *f* refusal; *de acusación* denial; **negativo** *m/adj* negative

negligencia *f* JUR negligence; **negligente** negligent

negociación *f* negotiation; **negociaciones** talks; **nego-**

ciante *m/f* businessman; **mujer** businesswoman; *desp* money-grubber; **negociar** negotiate; **negocio** *m* business; *(trato)* deal

negra *f* black woman; MÚS quarter note, *Br* crotchet; *L.Am. (querida)* honey, dear; **negrita** *f* bold; **negro 1** *adj* black; **estar ~** F be furious **2** *m* black man; *L.Am. (querido)* honey, dear

nena *f* F little girl, kid F; **nene** *m* F little boy, kid F

neocelandés ☞ **neozelandés**

neoyorquino 1 *adj* New York *atr* **2** *m*, -a New Yorker

neozelandés 1 *adj* New Zealand *atr* **2** *m*, -esa *f* New Zealander

nervio *m* ANAT nerve; **nerviosismo** *m* nervousness; **nervioso** nervous; **ponerse ~** get nervous; *(agitado)* get agitated; **poner a alguien ~** get on s.o.'s nerves

neto COM net

neumático 1 *adj* pneumatic **2** *m* AUTO tire, *Br* tyre

neumonía *f* MED pneumonia

neuralgia *f* neuralgia

neurólogo *m*, -a *f* neurologist

neurosis *f inv* neurosis; **neurótico** neurotic

neutral neutral; **neutralidad** *f* neutrality; **neutro** neutral

nevada *f* snowfall; **nevar** snow; **nevera** *f* refrigerator, fridge; **~ portátil** cooler

ni neither; **~... ~** neither ...

nor; **~ siquiera** not even

Nicaragua Nicaragua; **nicaragüense** m/f & adj Nicaraguan

nicho m niche

nido m nest

niebla f fog

nieta f granddaughter; **nieto** m grandson; **~s** grandchildren

nieve f snow; Méx water ice, sorbet

ninfa f nymph

ningún ☞ **ninguno**

ninguno no; **no hay -a razón** there's no reason why, there isn't any reason why

niña f girl; **forma de cortesía** young lady; **niñera** f nanny; **niñez** f childhood; **niño 1** adj young; desp childish **2** m boy; **forma de cortesía** young man; **~s** children pl; **~ de pecho** infant

nipón 1 adj Japanese **2** m, **-ona** f Japanese

níquel m nickel

níspero m BOT loquat

nitidez f clarity; FOT sharpness; **nítido** clear; **imagen** sharp

nitrógeno m nitrogen

nivel m level; (altura) height; **~ del mar** sea level; **~ de vida** standard of living; **nivelar** level

no no; para negar verbo not; **no entiendo** I don't understand, I do not understand; **~ te vayas** don't go; **~ bien** as soon as; **~ del todo** not en-

tirely; **ya ~** not any more; **~ más** L.Am. ☞ **nomás**; **así ~ más** L.Am. just like that; **te gusta, ¿~?** you like it, don't you?; **te ha llamado, ¿~?** he called you, didn't he?

noble m/f & adj noble; **nobleza** f nobility

noche f night; **de ~, por la ~** at night; **¡buenas ~s!** saludo good evening; despedida good night; **Nochebuena** f Christmas Eve; **Nochevieja** f New Year's Eve

noción f notion; **nociones** mpl basic knowledge

nocivo harmful

nocturno night atr, ZO nocturnal; **clase -a** evening class

nogal m BOT walnut

nomás L.Am. just; **llévaselo ~** just take it away; **~ lo vio** as soon as she saw him

nombrado famous, renowned; **nombramiento** m appointment; **nombrar** mention; para un cargo appoint; **nombre** m name; GRAM noun; **~ de familia** family name, surname; **~ de pila** first name; **~ de soltera** maiden name

nómina f pay slip; nominal nominal; **nominar** nominate

nor(d)este m northeast

noria f agua waterwheel; en feria ferris wheel

norirlandés 1 adj of / from Northern Ireland, Northern

Ireland *atr* **2** *m*, **~esa** *f* man / woman from Northern Ireland

norma *f* standard; *(regla)* rule, regulation; **normal** normal; **normalizar** standardize

noroeste *m* northwest

norte *m* north

Norteamérica North America; **norteamericano 1** *adj* North American **2** *m*, **-a** *f* North American

Noruega Norway; **noruego 1** *adj* Norwegian **2** *m*, **-a** *f* Norwegian **3** *m idioma* Norwegian

nos *complemento directo* us; *complemento indirecto* (to) us; *reflexivo* ourselves

nosotros, nosotras we; *complemento* us; **ven con ~** come with us; **somos ~** it's us

nostalgia *f* nostalgia; *por la patria* homesickness

nota *f tb* MÚS note; EDU grade, mark; *~ a pie de página* footnote; **tomar ~ de algo** make a note of sth; **notable** remarkable, notable; **notar** notice; *(sentir)* feel; **hacer ~ algo a alguien** point sth out to s.o.; **se nota que** you can tell that; **hacerse ~** draw attention to o.s.

notario *m*, **-a** *f* notary

noticia *f* piece of news; *en noticiario* news story; **~s** news *sg*

notificación *f* notification; **notificar** notify

notorio famous, well-known

novato *m*, **-a** *f* beginner

novedad *f* novelty; *cosa* new thing; *(noticia)* piece of news; *acontecimiento* new development; **llegar sin ~** arrive safely; **novela** *f* novel; **~ negra** crime novel; **~ rosa** romantic novel; **novelista** *m/f* novelist

noveno ninth; **noventa** ninety

novia *f* girlfriend; *el día de la boda* bride

noviembre *m* November

novillada *f* bullfight featuring novice bulls; **novillo** *m* young bull; *vaca* heifer

novio *m* boyfriend; *el día de la boda* bridegroom; **los ~s** the bride and groom; *(recién casados)* the newly-weds

nube *f* cloud; **estar en las ~s** *fig* be miles away; **nublado 1** *adj* cloudy **2** *m* storm cloud; **nublarse** cloud over; **nuboso** cloudy; **nubosidad** *f* clouds *pl*

nuca *f* nape of the neck

nuclear nuclear; **núcleo** *m* nucleus; *de problema* heart

nudillo *m* knuckle

nudismo *m* nudism; **nudista** *m/f* nudist; **playa ~** nudist beach

nudo *m* knot

nuera *f* daughter-in-law

nuestro 1 *adj* our **2** *pron* ours

Nueva York New York

Nueva Zelanda New Zealand

nueve nine
nuevo new; (*otro*) another; **de ~** again
nuez *f* BOT walnut; ANAT Adam's apple
nulo null and void; F *persona* hopeless; (*inexistente*) non-existent
numeración *f* numbering; (*números*) numbers *pl*; **numerar** number; **numérico** numerical; **teclado ~** numeric keypad, number pad; **número** *m* number; *de publicación* issue; *de zapato* size; **~ secreto** PIN (number); **en ~s rojos** *fig* in the red; **mon-**

tar un ~ F make a scene; **numeroso** numerous
nunca never; **~ jamás** *o* **más** never again; **más que ~** more than ever
nupcial wedding *atr*
nutria *f* ZO otter
nutrición *f* nutrition; **nutrir** nourish; *fig*: *esperanzas* cherish; **nutritivo** nutritious, nourishing
ñame *m* BOT yam
ñandú *m* ZO rhea
ñoñería *f* feebleness F; **ñoño 1** *adj* feeble F, wimpish F **2** *m*, *-a f* drip F, wimp F
ñu *m* ZO gnu

O

o or; **~ ... ~** either ... or
oasis *m inv* oasis
obcecado (*terco*) obstinate; (*obsesionado*) obsessed
obedecer obey; *de una máquina* respond; **~ a** *fig* be due to; **obediencia** *f* obedience; **obediente** obedient
obertura *f* MÚS overture
obesidad *f* obesity; **obeso** obese
obispo *m* bishop
objeción *f* objection; **objetar 1** *v/t* **tener algo que ~** have any objection **2** *v/i* become a conscientious objector
objetivo 1 *adj* objective **2** *m* objective; MIL target; FOT lens

objeto *m* object; **con ~ de** with the aim of
objetor *m*, **~a** *f* objector
oblea *f* wafer
oblicuo oblique, slanted
obligación *f* obligation, duty; COM bond; **obligar**: **~ a alguien** oblige *o* force s.o. (*a* to); *de una ley* apply to s.o.; **obligarse**: **~ a hacer algo** force o.s. to do sth; **obligatorio** obligatory
oboe *m* MÚS oboe
obra *f* work; **~s de construcción** building work; **en la vía pública** road works; **~ de arte** work of art; **~ maestra** masterpiece; **~ de teatro** play; **obrar** act; **obrero 1** *adj* working **2** *m*, **-a f** worker

obsceno obscene

obsequiar: ~ *a alguien con algo* present s.o. with sth; **obsequio** *m* gift

observación *f* observation; JUR observance; **observar** observe; **observatorio** *m* observatory

obsesión *f* obsession; **obsesionar** obsess; **obsesionarse** become obsessed (*con* with); **obsesivo** obsessive

obstaculizar hinder; **obstáculo** *m* obstacle

obstante: *no* ~ nevertheless

obstetricia *f* obstetrics

obstinación *f* obstinacy; **obstinado** obstinate; **obstinarse** insist (*en* on)

obstrucción *f* obstruction, blockage; **obstruir** block

obtener get, obtain *fml*

obturador *m* shutter

obvio obvious

oca *f* goose

ocasión *f* occasion; (*oportunidad*) chance, opportunity; *con* ~ *de* on the occasion of; *de* ~ COM cut-price, bargain *atr*; *de segunda mano* second-hand; **ocasionar** cause

ocaso *m del sol* setting; *de un imperio* decline

occidental 1 *adj* western **2** *m/f* Westerner; **occidente** *m* west

océano *m* ocean

ochenta eight; **ocho** eight

ocio *m* leisure time; *desp* idle-ness; **ocioso** idle

octava *f* MÚS octave; **octavilla** *f* leaflet; **octavo 1** *adj* eighth **2** *m* eighth; DEP ~*s de final* last 16

octubre *m* October

ocular eye *atr*, **oculista** *m/f* ophthalmologist

ocultar hide, conceal; **oculto** hidden; (*sobrenatural*) occult

ocupación *f tb* MIL occupation; (*actividad*) activity; **ocupado** busy; *asiento* taken; **ocupante** *m/f* occupant; **ocupar** *espacio* take up, occupy; (*habitar*) live in, occupy; *obreros* employ; *periodo de tiempo* spend, occupy; MIL occupy; **ocuparse:** ~ *de* deal with; (*cuidar de*) look after

ocurrencia *f* occurrence; (*chiste*) quip, witty remark; **ocurrente** witty; **ocurrir** happen, occur; *se me ocurrió* it occurred to me, it struck me

odiar hate; **odio** *m* hatred, hate; **odioso** odious, hateful

odontología *f* dentistry; **odontólogo** *m* dentist

oeste *m* west

ofender offend; **ofenderse** take offense *o Br* offence (*por* at); **ofensa** *f* insult; **ofensiva** *f* offensive

oferta *f* offer; ~ *pública de adquisición* takeover bid

oficial 1 *adj* official **2** *m/f* MIL officer; **oficina** *f* office; ~ *de correos* post office; ~ *de* *empleo* employment office; **~ de turismo** tourist office; **oficio** *m* *trabajo* trade; **oficioso** unofficial; **oficialista** *L.Am.* pro-government; **oficinista** *m/f* office worker

ofimática *f* INFOR office automation

ofrecer offer; **ofrecimiento** *m* offer

oftalmólogo *m*, **-a** *f* ophthalmologist

oída *f*: **conocer algo de ~s** have heard of sth; **oído** *m* hearing; **hacer ~s sordos** turn a deaf ear; **ser todo ~s** *fig* be all ears; **oír** *tb* JUR hear; *(escuchar)* listen to; **¡oye!** listen!

ojal *m* buttonhole

ojalá *j~!* let's hope so; **j~ venga!** I hope he comes

ojeada *f* glance; **ojeras** *fpl* bags under the eyes; **ojete** **1** *m* eyelet **2** *m/f* *Méx* V bastard P, son of a bitch V; **ojo** *m* ANAT eye; **¡~!** F watch out!; *de la cerradura* keyhole; **a ~** roughly; **andar con ~** F keep one's eyes open F; **no pegar ~** F not sleep a wink F

ola *f* wave; **~ de calor** heat wave; **~ de frío** cold spell; **oleada** *f* fig wave, flood; **oleaje** *m* swell

olé olé

oleada *f* fig wave, flood; **oleaje** *m* swell

óleo *m* oil; **oleoducto** *m* (oil) pipeline; **oleoso** oily

oler smell (**a** of); **olfatear** sniff; **olfato** *m* sense of smell; *fig* nose

olimpíada, olimpiada *f* Olympics *pl*

oliva *f* BOT olive; **olivo** *m* olive tree

olla *f* pot; **~ exprés** *o* **a presión** pressure cooker

olmo *m* BOT elm

olor *m* smell; *agradable tb* scent; **~ corporal** BO; **oloroso** scented

olvidar forget; **olvidarse ~ de algo** forget sth; **olvido** *m* oblivion

ombligo *m* ANAT navel

omisión *f* omission; **omitir** omit, leave out

omnipotente omnipotent; **omnisciente** omniscient

omóplato, omoplato *m* ANAT shoulder blade

once eleven

onda *f* wave; **estar en la ~** F be with it F; **ondear** *de bandera* wave; **ondulación** *f* undulation; **ondular 1** *v/i* undulate **2** *v/t pelo* wave

oneroso onerous

onoro sonorous

onza *f* ounce

OPA *f* (= **oferta pública de adquisición**) takeover bid

opaco opaque

ópera *f* MÚS opera; **~ prima** first work

operación *f* operation; **operador** *m*, **-a** *f* TELEC, INFOR operator; **~ turístico** tour operator; **operar 1** *v/t* MED operate on; *cambio* bring about 2 *v/i* operate; COM do business (*con* with); operarse MED have an operation (*de* on); *de un cambio* occur; **operario** *m*, **-a** *f* operator, worker

opereta *f* MÚS operetta

opinar 1 *v/t* think (*de* about) 2 *v/i* express an opinion; **opinión** *f* opinion

opio *m* opium

oponente *m/f* opponent; **oponer** *resistencia* put up (*a* to); *razón, argumento* put forward (*a* against); **oponerse** be opposed (*a* to); (*manifestar oposición*) object (*a* to)

oporto *m* port

oportunidad *f* opportunity; **oportunista 1** *adj* opportunistic 2 *m/f* opportunist; **oportuno** timely; *momento* opportune; *respuesta, medida* suitable

oposición *f* POL opposition; **oposiciones** official entrance exams

opresión *f* oppression; **oprimir** oppress; *botón* press; *de zapatos* be too tight for

optar (*elegir*) opt (*por* for); **~ a** be in the running for

óptica *f* optician, *Br* optician's; FÍS optics; *fig* point of view; **óptico 1** *adj* optical 2 *m*, **-a** *f* optician

optimismo *m* optimism; **optimista 1** *adj* optimistic 2 *m/f* optimist

óptimo ideal

opuesto 1 *part* ☞ **oponer** 2 *adj* opposite

opulencia *f* opulence; **opulento** opulent

oración *f* REL prayer; GRAM sentence

oráculo *m* oracle

orador *m*, **~a** *f* orator; **oral** oral; *prueba de inglés* ~ English oral (exam)

orden 1 *m* order; **~ del día** agenda; *poner en* ~ tidy up 2 *f* (*mandamiento*) order; *¡a la ~!* yes, sir; *por* ~ *de* by order of; *ordenado* tidy; **ordenador** *m* INFOR computer; **~ de escritorio** desktop (computer); **~ personal** personal computer; **~ portátil** laptop; **~ asistido por ~** computer aided; **ordenanza 1** *f* bylaw 2 *m* office junior, gofer F; MIL orderly; **ordenar** *habitación* tidy up; *alfabéticamente* arrange; (*mandar*) order

ordeñar milk

ordinario ordinary; *desp* vulgar; *de* ~ ordinarily

oreja *f* ear; **orejeras** *fpl* earmuffs

orfanato *m* orphanage

orfebre *m/f* goldsmith / silversmith

orgánico organic

organillo *m* barrel organ

organismo *m* organism; POL agency, organization

organista *m/f* organist

organización *f* organization;

Organización de las Naciones Unidas United Nations; **organizador 1** *adj* organizing **2** *m*, *~a* f organizer; **organizar** organize

órgano *m* MÚS, ANAT, *fig* organ

orgasmo *m* orgasm

orgía f orgy

orgullo *m* pride; **orgulloso** proud (**de** of)

orientación f orientation; (*ayuda*) guidance; **sentido de la ~** sense of direction

oriental 1 *adj* oriental, eastern **2** *m/f* Oriental

orientar (*aconsejar*) advise; **~ algo hacia algo** turn sth toward sth; **orientarse** get one's bearings; *de una planta* turn (**hacia** toward)

oriente *m* east; *Oriente* Orient; *Oriente Medio* Middle East; *Extremo o Lejano Oriente* Far East

orificio *m* hole; *en cuerpo* orifice

origen *m* origin; **dar ~ a** give rise to; **original** *m/adj* original; **originalidad** f originality; **originar** give rise to; **originario** *adj*; (*nativo*) native (**de** of)

orilla f shore; *de un río* bank

orín *m* rust

orina f urine; **orinal** *m* urinal; **orinar** urinate

ornamentar adorn; **ornamento** *m* ornament; **~s** REL vestments

oro *m* gold; **~s** (*en naipes*) suit

in Spanish deck of cards

orquesta f orchestra

orquídea f BOT orchid

ortiga f BOT nettle

ortodoncia f MED orthodontics

ortodoxo orthodox

ortografía f spelling

ortopédico 1 *adj* orthopedic, *Br* orthopaedic **2** *m*, *-a* f orthopedist, *Br* orthopaedist

oruga f ZO caterpillar; TÉC (caterpillar) track

orujo *m* liquor made from the remains of grapes

orzuelo *m* MED stye

os *complemento directo* you; *complemento indirecto* (to) you; *reflexivo* yourselves

osado daring; **osar** dare

oscilar oscillate; *de precios* fluctuate

oscurecer 1 *v/t* darken; *logro, triunfo* overshadow **2** *v/i* get dark; **oscuridad** f darkness; **oscuro** dark; *fig* obscure; **a -as** in the dark

óseo bone *atr*

oso *m* bear; **~ hormiguero** anteater; **~ panda** panda; **~ polar** polar bear

ostensible obvious

ostentar flaunt; *cargo* hold

ostra f oyster; **¡~s!** F hell! F

OTAN f (= *Organización del Tratado del Atlántico Norte*) NATO (= North Atlantic Treaty Organization)

otoñal fall *atr*, *Br* autumnal; **otoño** *m* fall, *Br* autumn

otorgar award; *favor* grant

otorrino F, **otorrinolaringólogo** m MED ear, nose and throat specialist

otro 1 adj (diferente) another; con el, la other; **~s** other; **~ dos libros** another two books **2** pron (adicional) another (one); (persona distinta) someone o somebody else; (cosa distinta) another one, a different one; **~s** others **3** siguiente: **¡hasta -a!** see you soon **4** pron recíproco: **amar el uno al ~** love

one another

ovación f ovation
oval, ovalado adj oval
ovario m ANAT ovary
oveja f sheep
ovillo m ball
ovino m sheep; **~s** sheep pl
óvulo m egg
oxidarse rust, go rusty; **óxido** m QUÍM oxide; (herrumbre) rust; **oxígeno** m oxygen
oyente m/f listener
ozono m ozone; **capa de ~** ozone layer

P

pabellón m pavilion; edificio block; MÚS bell; MAR flag
pacer graze
paciencia f patience; **paciente** m/f & adj patient
pacífico 1 adj peaceful; persona peaceable **2** m: **el Pacífico** the Pacific; **pacifista** m/f & adj pacifist
pacotilla f: **de ~** third-rate, lousy F
pactar 1 v/t agree; **~ un acuerdo** reach (an) agreement **2** v/i reach (an) agreement; **pacto** m agreement, pact
padecer suffer; **~ de** have trouble with
padrastro m step-father; padre m father; REL Father; **~s** parents; **¡qué ~!** Méx F brilliant!; **padrenuestro** m Lord's Prayer; **padrino** m en bautizo godfather; (en bo

da) man who gives away the bride
paga f pay; de niño allowance, Br pocket money
pagano pagan
pagar pay; compra, gastos, crimen pay for; favor repay; **¡me las pagarás!** you'll pay for this!; **pagaré** m IOU
página f page; **~ web** web page; **~s amarillas** yellow pages
pago m payment; Rpl (quinta) piece of land
país m country; **los Países Bajos** the Netherlands; **paisaje** m landscape; **paisajista** m/f landscape artist; jardinero landscape gardener
paisano m: **de ~** MIL in civilian clothes; policía in plain clothes
paja f straw; **pajar** m hayloft

pajarita f *corbata* bow tie;
pájaro m bird; *fig* nasty
piece of work F; **~ carpintero** woodpecker
pala f spade; *raqueta* paddle;
para servir slice; *para recoger*
dustpan
palabra f tb *fig* word; **bajo ~**
on parole; **tomar la ~** speak;
palabrota f swearword
palacio m palace; **~ de deportes** sports center o Br centre;
~ de justicia law courts
paladar m palate
palanca f lever; **~ de cambios** AUTO gearshift, Br gear
lever
palangana f washbowl, Br
washing-up bowl
palco m TEA box
paleta f PINT palette; TÉC
trowel; **paletilla** f GASTR
shoulder
paliar alleviate; *dolor* relieve
palidecer *de persona* turn
pale; **palidez** f paleness;
pálido pale
palillo m *para dientes* toothpick; *para comer* chopstick
paliza f beating; *(derrota)*
thrashing F; *(pesadez)* drag
F 2 m/f F drag F
palma f palm; **dar ~s** clap
(one's hands); **palmada** f
pat; *(manotazo)* slap
palmera f BOT palm tree; *(dulce)* heart-shaped pastry
palmo m hand's breadth; **~ a
~** inch by inch
palo m *de madera etc* stick;
MAR mast; *de portería* post,

upright; **~ de golf** golf club;
~ mayor MAR mainmast; **a
medio ~** L.Am. F half-
-drunk; **a ~ seco** whisky
straight up, Br neat; **ser un
~** L.Am. F be fantastic
paloma f pigeon; *blanca* dove
palomita f Méx checkmark,
Br tick; **~s de maíz** popcorn
palpable *fig* palpable; **palpar**
feel
palpitación f palpitation; **palpitar** *del corazón* pound; Rpl
fig have a hunch F
paludismo m MED malaria
pampa f pampa, prairie; **a la ~**
Rpl in the open
pan m bread; **un ~** a loaf; **~ integral** wholewheat o Br
wholemeal bread; **~ de molde** sliced bread; **~ de barra**
French bread; **~ rallado**
breadcrumbs pl; **~ tostado**
toast
pana f corduroy
panacea f panacea
panadería f bakery; **panade-
ro** m, **-a** f baker
panal m honeycomb
Panamá Panama; **el Canal de
~** the Panama Canal; **Ciudad de ~** Panama city; **panameño 1** adj Panamanian **2** m
, **-a** f Panamanian
pancarta f placard
páncreas m inv ANAT pancre-
as
pandereta f, **pandero** m tam-
bourine
pandilla f group; *de delincuentes* gang

panecillo *m* (bread) roll

pánico *m* panic

pantaleta *f* C.Am., Méx panties *pl*

pantalla *f* TV, INFOR screen; *de lámpara* shade

pantalón *m*, **pantalones** *mpl* pants *pl*, Br trousers *pl*

pantano *m* reservoir

pantanoso swampy

pantera *f* ZO panther

pantorrilla *f* ANAT calf

panty *m* pantyhose *pl*, Br tights *pl*

panza *f de persona* belly

pañal *m* diaper, Br nappy

paño *m* cloth; ~ *de cocina* dishtowel; **pañuelo** *m* handkerchief

papa 1 *m* Pope **2** *f* L.Am. potato

papá *m* Pop F, dad F; ~s L.Am. parents; **Papá Noel** Santa Claus

papada *f* double chin

papagayo *m* ZO parrot

papaya *f* BOT papaya

papel *m* paper; *trozo* piece of paper; TEA, *fig* role; ~ *de aluminio* aluminum foil, Br aluminium foil; ~ *de envolver* wrapping paper; ~ *de regalo* giftwrap; ~ *higiénico* toilet paper; **papelera** *f* waste basket, Br wastepaper basket; **papelería** *f* stationery store, stationer's shop

paperas *fpl* MED mumps

papilla *f para bebés* baby food; *para enfermos* purée

paquete *m* package, parcel;

de cigarrillos packet

Paquistán Pakistan; **paquistaní** *m/f* & *adj* Pakistani

par 1 *f* par; *a la* ~ *que* as well as **2** *m* pair; *abierto de* ~ *en* ~ wide open

para for; *dirección* toward; *ir* ~ head for; *diez* ~ *las ocho* L.Am. ten of eight, ten to eight; *lo hace* ~ *ayudarte* he does it (in order) to help you; ~ *que* so that; *¿*~ *qué te marchas?* what are you leaving for?; *lo heredó todo* ~ *morir a los 30* he inherited it all, only to die at 30

parabólica *f* satellite dish

parabrisas *m inv* AUTO windshield, Br windscreen; **paracaídas** *m inv* parachute; **paracaidista** *m/f* parachutist; MIL paratrooper; **parachoques** *m inv* AUTO bumper

parada *f* stop; ~ *de autobús* bus stop; ~ *de taxis* taxi stand, Br taxi rank

paradero *m* whereabouts *sg*; L.Am. ☞ **parada**

parado 1 *adj* unemployed; L.Am. (*de pie*) standing (up); *salir bien* / *mal* ~ come off well / badly **2** *m*, -**a** *f* unemployed person

paradójico paradoxical

parador *m* Esp parador (*state-run luxury hotel*)

paraguas *m inv* umbrella

Paraguay Paraguay; **paraguayo 1** *adj* Paraguayan **2** *m*, -**a** *f* Paraguayan

paraíso *m* paradise; **~ fiscal** tax haven

paraje *m* place, spot

paralela *f* MAT parallel; DEP **~s** parallel bars; **paralelo** *m/adj* parallel

parálisis *f tb fig* paralysis; **paralítico 1** *adj* paralytic **2** *m*, **-a** *f* person who is paralyzed; **paralizar** MED paralyze; *actividad* bring to a halt; **paralizarse** *por miedo* be paralyzed (*por* by); *fig actividad* be brought to a halt

paranoia *f* paranoia; **paranoico 1** *adj* paranoid **2** *m*, **-a** *f* person suffering from paranoia

parapente *m* hang glider; *actividad* hang gliding

parapeto *m* parapet

parapléjico 1 *adj* MED paraplegic **2** *m*, **-a** *f* paraplegic

parar 1 *v/t* stop; *L.Am.* (*poner de pie*) stand up **2** *v/i* stop; *en alojamiento* stay; **~ de llover** stop raining; **pararse** stop; *L.Am.* (*ponerse de pie*) stand up

pararrayos *m inv* lightning rod, *Br* lightning conductor

parásito *m* parasite

parasol *m* parasol; *en la playa* (beach) umbrella

parcela *f* lot, *Br* plot

parche *m* patch

parcial (*partidario*) bias(s)ed

parco moderate, frugal; **es ~ en palabras** he's a man of few words

pardo 1 *adj* color dun; *L.Am.*

desp half-breed *desp*, *Br tb* half-caste *desp* **2** *m* color dun; *L.Am. desp* half-breed *desp*

parecer 1 *m* opinion, view; **al ~** apparently **2** *v/i* seem, look; **¿qué te parece?** what do you think?; *parecerse* resemble each other; **~ a alguien** resemble s.o.; **parecido 1** *adj* similar **2** *m* similarity

pared *f* wall

pareja *f* pair; *en una relación* couple; *de una persona* partner; *de un objeto* other one

parentela *f* relatives *pl*, family; **parentesco** *m* relationship

paréntesis *m inv* parenthesis; *fig* break; **entre ~ fig** by the way

paridad *f* COM parity

pariente *m/f* relative

parir 1 *v/i* give birth **2** *v/t* give birth to

parking *m* parking lot, *Br* car park

parlamento *m* parliament

paro *m* unemployment; **estar en ~** be unemployed; **~ cardíaco** cardiac arrest

parodia *f* parody; **parodiar** parody

parpadear blink; **párpado** *m* eyelid

parque *m* park; *para bebé* playpen; **~ de atracciones** amusement park; **~ de bomberos** fire station; **~ natural** nature reserve; **~ temático**

theme park
parqué *m* parquet
parquímetro *m* parking meter
párrafo *m* paragraph
parrilla *f* broiler, *Br* grill; **a la ~** broiled, *Br* grilled; **parrillada** *f L.Am.* barbecue
párroco *m* parish priest; **parroquia** *f* REL parish; COM clientele, customers *pl*; **parroquiano** *m*, **-a** *f* parishioner
parte 1 *m* report; **dar ~ a alguien** inform s.o. 2 *f trozo* part; JUR party; **alguna ~** somewhere; **otra ~** somewhere else; **de ~ de** on behalf of; **en ~** partly; **en o por todas ~s** everywhere; **por otra ~** moreover; **estar de ~ de alguien** be on s.o.'s side; **tomar ~ en** take part in
parterre *m* flowerbed
participación *f* participation; **participante** *m/f* participant; **participar** 1 *v/t una noticia* announce 2 *v/i* take part (**en** in)
particular 1 *adj clase, propiedad* private; *asunto* personal; *(específico)* particular; *(especial)* peculiar; **en ~** in particular 2 *m (persona)* individual; **~es** particulars; **particularidad** *f* peculiarity
partida *f en juego* game; *(remesa)* consignment; *documento* certificate; **~ de nacimiento** birth certificate;

partidario 1 *adj*: **ser ~ de** be in favor *o Br* favour of 2 *m*, **-a** *f* supporter; **partido** *m* POL party; DEP game; **sacar ~ de** take advantage of; **tomar ~** take sides
partir 1 *v/t (dividir, repartir)* split; *(romper)* break open, split open; *(cortar)* cut 2 *v/i (irse)* leave; **a ~ de hoy** starting from today; **a ~ de ahora** from now on; **~ de** *fig* start from
parto *m* birth; *fig* creation
party line *f* chatline
parvulario *m* kindergarten
pasa *f* raisin
pasada *f con trapo* wipe; *de pintura* coat; **de ~** in passing; **¡qué ~!** F that's incredible! F; **pasado 1** *adj tiempo* last; **el lunes ~** last Monday 2 *m* past
pasador *m para el pelo* barrette, *Br (hair)* slide; *(pestillo)* bolt; GASTR strainer
pasaje *m (billete)* ticket; *(romper)* de texto* passage; **pasajero 1** *adj temporary; *relación* brief 2 *m*, **-a** *f* passenger
pasamano(s) *m* handrail
pasaporte *m* passport
pasar 1 *v/t pass; *tiempo* spend; *un lugar* go past; *frontera* cross; *problemas, dificultades* experience; AUTO *(adelantar)* pass, *Br* overtake; *una película* show; **para ~ el tiempo** to pass the time; **~lo bien** have a good time 2 *v/i (suceder)* happen; *en juegos* pass;

paso de coger el teléfono F I can't be bothered to pick up the phone; ***pasé a visitarla*** I dropped by to see her; **~ de moda** go out of fashion; **~ por** go by; ***pasa por aquí*** come this way; **dejar ~ oportunidad** miss; **hacerse ~ por** pass o.s. off as; **pasaré por tu casa** I'll drop by your house; **¡pasa!** come in; **¿qué pasa?** what's happening?, what's going on?; **¿qué te pasa?** what's the matter? **pasarse** tb fig go too far; del tiempo pass, go by; (usar el tiempo) spend; de molestia, dolor go away; **~ al enemigo** go over to the enemy; **se le pasó llamar** he forgot to call

pasarela f de modelos runway, Br catwalk

Pascua f Easter; **¡felices ~s!** Merry Christmas!

pase m tb DEP, TAUR pass; en el cine showing; **~ de modelos** fashion show

pasearse walk; **paseo** m walk; **~ marítimo** seafront; **dar un ~** go for a walk

pasillo m corridor; en avión, cine aisle

pasión f passion

pasivo passive

pasmar amaze; **pasmarse** be amazed; **~ de frío** freeze

paso m step; (manera de andar) walk; (ritmo) pace, rate; de agua flow; de tráfico movement; (cruce) crossing;

de tiempo passing; (huella) footprint; **~ a nivel** grade crossing, Br level crossing; **~ de peatones** crosswalk, Br pedestrian crossing; **de ~** on the way; **estar de ~** be passing through

pasota F actitud couldn't--care-less

pasta f sustancia paste; GASTR pasta; P (dinero) dough P; **~ de dientes** toothpaste

pastel m GASTR cake; pintura, color pastel; **pastelería** f cake shop

pastilla f tablet; de jabón bar; **a toda ~** F at top speed F

pasto m (hierba) grass; **a todo ~** F for all one is worth F; **pastor** m shepherd; REL pastor; **~ alemán** German shepherd

pata f leg; **a cuatro ~s** on all fours; **meter la ~** F put one's foot in it F; **patada** f kick; **dar una ~** kick; **patalear** stamp one's feet

Patagonia Patagonia; **patagónico** Patagonian

patata f potato; **~s fritas** de sartén French fries, Br chips; de bolsa chips, Br crisps

paté m paté

patear L.Am. de animal kick

patente 1 adj clear, obvious **2** f patent; L.Am. AUTO license plate, Br numberplate

paternal paternal, fatherly; **paternidad** f paternity, fatherhood; **paterno** paternal

patético pitiful

patíbulo *m* scaffold
patilla *f de gafas* arm; **~s** *barba* sideburns
patín *m* skate; **~** *(de ruedas)* **en línea** rollerblade®, in-line skate; **patinador** *m*, **~a** *f* skater; **patinaje** *m* skating; **~ artístico** figure skating; **~ sobre hielo** ice-skating; **~ sobre ruedas** roller-skating; **patinar** skate; **patinete** *m* scooter
patio *m* courtyard, patio; **~ de butacas** TEA orchestra, *Br* stalls *pl*
pato *m* ZO duck
patológico pathological
patraña *f* tall story
patria *f* homeland; **patrimonio** *m* heritage; **patriota** *m/f* patriot; **patriótico** patriotic
patrocinador *m*, **~a** *f* sponsor; **patrocinar** sponsor
patrón *m* *(jefe)* boss; REL patron saint; *para costura* pattern; *(modelo)* standard; MAR skipper; **patrona** *f* *(jefa)* boss; REL patron saint
patrulla *f* patrol; **patrullar** patrol
paulatino gradual
pausa *f* pause; *en una actividad* break; MÚS rest; **~ publicitaria** commercial break; **pausado** slow, deliberate
pava *f animal* (hen) turkey; F *(colilla)* cigarette butt
pavimento *m* pavement, *Br* road surface
pavo 1 *adj L.Am.* F stupid **2** *m*

ZO turkey; **~ real** peacock
payaso *m* clown
paz *f* peace; **dejar en ~** leave alone
peaje *m* toll
peatón *m* pedestrian
peca *f* freckle
pecado *m* sin; **pecador** *m*, **~a** *f* sinner; **pecar** sin; **~ de ingenuo / generoso** be very naive / generous
pecho *m* *(caja torácica)* chest; *(mama)* breast; **tomar algo a ~** take sth to heart; **pechuga** *f* GASTR breast; *L.Am. fig* F *(caradura)* nerve F
pecoso freckled
peculiar peculiar, odd; *(característico)* typical
pedagógico educational
pedal *m* pedal
pedante 1 *adj* pedantic; *(presuntuoso)* pretentious **2** *m/f* pedant; *(presuntuoso)* pretentious individual; **pedantería** *f* pedantry; *(presunción)* pretentiousness
pedazo *m* piece, bit; **hacer ~s** F smash to bits F
pediatra *m/f* pediatrician, *Br* paediatrician
pedicura *f* pedicure
pedido *m* order; **pedir 1** *v/t* ask for; *(necesitar)* need; *en restaurante* order; **me pidió que no fuera** he asked me not to go **2** *v/i* mendigar beg; *en restaurante* order
pedo 1 *adj* drunk **2** *m* F fart F

pegadizo catchy; **pegajoso**

sticky; *fig*: *persona* clingy; **pegamento** *m* glue; **pegar 1** *v/t* (*golpear*) hit; (*adherir*) stick, glue; *bofetada, susto, resfriado* give **2** *v/i* (*golpear*) hit; (*adherir*) stick; *del sol* beat down; (*armonizar*) go (*together*); **pegarse** *resfriado* catch; *acento* pick up; *susto* give o.s.; **~** *un golpe* / *un tiro* hit / shoot o.s.; **pegatina** *f* sticker

peinado *m* hairstyle; **peinar 1** *v/t tb fig* comb; **~** *a alguien* comb s.o.'s hair; *peine m* comb; **peineta** *f* ornamental comb

p. ej. (= *por ejemplo*) eg (= for example)

pelaje *m* ZO coat; *fig* (*aspecto*) look; **pelar** *manzana, patata etc* peel

peldaño *m* step

pelea *f* fight; **pelear, pelearse** fight

peletería *f* furrier

película *f* movie, film; FOT film; **~** *del Oeste* Western; *de* **~** F awesome F

peligro *m* danger; *correr* **~** be in danger; *poner en* **~** endanger, put at risk; **peligroso** dangerous

pelirrojo red-haired, red-headed

pellejo *m de animal* skin, hide

pellizcar pinch

pelo *m de persona, de perro* hair; *de animal* fur; *a* **~** F (*sin preparación*) unprepared; *montar a* **~** ride bare-

back; *tomar el* **~** *a alguien* F pull s.o.'s leg F

pelota 1 *f* ball; **~s** F nuts F, balls F; *en* **~s** P stark naked **2** *m/f* F creep F

peluca *f* wig

peluche *m* soft toy; *oso de* **~** teddy bear

peludo *persona* hairy; *animal* furry

peluquería *f* hairdressing salon, *Br* hairdresser's; **peluquero** *m*, *-a* *f* hairdresser; **peluquín** *m* hairpiece

pelusa *f* fluff

pelvis *f* *inv* ANAT pelvis

pena *f* (*tristeza*) sadness, sorrow; (*congoja*) grief; (*lástima*) pity; JUR sentence; **~** *capital* death penalty, capital punishment; **~** *de muerte* death penalty; *no vale* o *no merece la* **~** it's not worth it; *¡qué* **~!** what a shame o pity!; *a duras* **~s** with great difficulty; *me da* **~** L.Am. I'm ashamed; **penal** penal; *derecho* **~** criminal law; **penalizar** penalize

pender hang (*sobre* over); **pendiente 1** *adj* unfinished; *cuenta* unpaid **2** *m* earring **3** *f* slope

péndulo *m* pendulum

pene *m* ANAT penis

penetración *f* penetration; **penetrante** *mirada* penetrating; *sonido* piercing; *frío* bitter; *herida* deep; *análisis* incisive; **penetrar** penetrate; (*entrar*) enter; *de un líquido*

seep in
penicilina f penicillin
península f peninsula
penitencia f penitence
penoso distressing; *trabajo* laborious
pensamiento m thought; BOT pansy; **pensar** 1 v/t think about; (*opinar*) think; **¡ni lo!** don't even think about it 2 v/i think (**en** about); **pensativo** thoughtful
pensión f rooming house, Br guesthouse; *dinero* pension; **~ alimenticia** child support, Br maintenance; **~ completa** American plan, Br full board; **pensionista** m/f pensioner
Pentecostés m Pentecost
penúltimo penultimate
penuria f shortage (**de** of); (*pobreza*) poverty
peña f crag, cliff; (*roca*) rock; F *de amigos* group; **peñón** m: **el Peñon de Gibraltar** the Rock of Gibraltar
peón m *en ajedrez* pawn; *trabajador* laborer, Br labourer
peor worse; **de mal en ~** from bad to worse
pepinillo m gherkin; **pepino** m cucumber
pepita f pip
pequeñez f smallness; **pequeño** 1 adj small, little; **de ~** when I was small o little 2 m, -a f little one
pera f pear; **peral** m pear tree
perca f pez perch
percance m mishap

percatarse notice; **~ de algo** notice sth
percebe m ZO barnacle
percepción f perception; COM *acto* receipt; **perceptible** perceptible
percha f coat hanger; *gancho* coat hook
percibir perceive; COM *sueldo* receive
percusión f MÚS percussion
perdedor m, **-a** f loser; **perder** 1 v/t lose; *tren, avión etc* miss; *el tiempo* waste 2 v/i lose; **echar a ~** ruin; **echarse a ~** *de alimento* go bad; **perderse** get lost; **pérdida** f loss
perdigón m pellet
perdiz f ZO partridge
perdón m pardon; REL forgiveness; **pedir ~** say sorry, apologize; **¡~!** sorry; **¿~?** pardon me?; **perdonar** forgive; JUR pardon; **~ algo a alguien** forgive s.o. sth; **¡perdone!** sorry; **perdone, ¿tiene hora?** excuse me, do you have the time?
perdurable enduring; **perdurar** endure
perecedero perishable; **perecer** perish
peregrinación f pilgrimage; **peregrinar** go on a pilgrimage; **peregrino** m, **-a** f pilgrim
perejil m BOT parsley
perezoso 1 adj lazy 2 m ZO sloth
perfección f perfection; **a la ~**

perfectly, to perfection; **perfeccionar** perfect; **perfecto** perfect

pérfido treacherous

perfil *m* profile; **de ~** in profile, from the side

perfilar *dibujo* outline; *proyecto* put the finishing touches to; **perfilarse** emerge

perforar pierce; *calle* dig up

perfumar perfume; **perfume** *m* perfume; **perfumería** *f* perfume shop

pergamino *m* parchment

pericia *f* expertise

periferia *f* periphery; *de ciudad* outskirts *pl*

perímetro *m* perimeter

periódico 1 *adj* periodic **2** *m* newspaper; **periodismo** *m* journalism; **periodista** *m/f* journalist; **período, periodo** *m* period

peripecia *f* adventure

periquito *m* ZO budgerigar

perito 1 *adj* expert **2** *m*, **-a** *f* expert; COM **en seguros** loss adjuster

perjudicar harm, damage; **perjudicial** harmful, damaging; **perjuicio** *m* harm, damage; **sin ~ de** without affecting

perjurio *m* perjury

perla *f* pearl

permanecer remain, stay; **permanencia** *f* stay; **permanente 1** *adj* permanent **2** *f* perm

permeable permeable

permisible permissible; **permiso** *m* permission; *documento* permit; **~ de conducir** driver's license; *Br* driving licence; **~ de residencia** residence permit; **con ~** excuse me; **estar de ~** on leave; **permitir** permit, allow

permuta *f* exchange

pernicioso harmful

pernoctar spend the night

pero 1 *conj* but **2** *m* flaw, defect; **no hay ~s que valgan** no excuses

perogrullada *f* platitude

perpendicular perpendicular

perpetrar *crimen* perpetrate, commit

perpetuar perpetuate; **perpetuo** *fig* perpetual

perplejo puzzled, perplexed

perra *f* dog; **perro** *m* dog; **~ callejero** stray; **~ guardián** guard dog; **~ lazarillo** seeing eye dog⑧, *Br* guide dog; **~ pastor** sheepdog; **hace un tiempo de ~s** F the weather is lousy F

persecución *f* pursuit; (*acoso*) persecution; **perseguidor** *m*, **-a** *f* persecutor; **perseguir** pursue; *delincuente* look for; (*molestar*) pester; (*acosar*) persecute

perseverancia *f* perseverance; **perseverante** persistent; **perseverar** persevere (**en** with)

persiana *f* blind

persignarse cross o.s.

persistencia f persistence; **persistente** persistent; **persistir** persist

persona f person; **quince ∼s** fifteen people; **personaje** m TEA character; *famoso* celebrity; **personal 1** *adj* personal **2** m personnel, staff; **personalidad** f personality; **personarse** arrive, turn up; **personificar** personify, embody

perspectiva f perspective; *fig* point of view; **∼s** outlook, prospects

perspicacia f shrewdness, perspicacity; **perspicaz** shrewd, perspicacious

persuadir persuade; **persuasión** f persuasion; **persuasivo** persuasive

pertenecer belong (**a** to); **perteneciente: ∼ a** belonging to

pértiga f pole; **salto con ∼** DEP pole vault

pertinaz persistent; (*terco*) obstinate

pertinente relevant, pertinent

pertrechar equip, supply (**de** with); **pertrecharse** equip o.s.; **pertrechos** *mpl* MIL equipment

perturbación f disturbance; **perturbado** m, -a f: ∼ (**mental**) mentally disturbed person; **perturbador** disturbing; **perturbar** disturb; *reunión* disrupt

Perú Peru; **peruano 1** *adj* Pe-

ruvian **2** m, -a f Peruvian

perversidad f wickedness, evil; **perversión** f perversion; **perverso** perverted; **pervertir** pervert

pesa f *para balanza* weight; *DEP* shot; *C.Am* butcher's shop

pesadez f *fig* drag F

pesadilla f nightmare

pesado 1 *adj objeto* heavy; *libro, clase etc* tedious, boring; *trabajo* tough **2** m, -a f bore; **¡qué ∼ es!** F he's a real pain F

pésame m grief, sorrow

pésame m condolences *pl*

pesar 1 *v/t* weigh **2** *v/i* be heavy; (*influir*) carry weight; *fig* weigh heavily (**sobre** on) **3** m sorrow; **a ∼ de** in spite of, despite

pesca f *actividad* fishing; (*peces*) fish *pl*; **pescadería** f fish shop; **pescadero** m, -a f fish dealer, *Br* fishmonger; **pescado** m GASTR fish; **pescador** m fisherman; **pescar 1** *v/t un pez, resfriado etc* catch; (*intentar tomar*) fish for; *trabajo, marido etc* land F **2** *v/i* fish

pescuezo m neck

pese: ∼ a despite

pesebre m (*comedero*) manger; (*belén*) crèche

pesimismo m pessimism; **pesimista 1** *adj* pessimistic **2** m/f pessimist

pésimo awful, terrible

peso m weight; *moneda* peso;

de ~ *fig* weighty

pesquisa *f* investigation

pestaña *f* eyelash; **pestañear** flutter one's eyelashes; *sin* ~ *fig* without batting an eyelid

peste *f* MED plague; *F olor* stink F; *echar* ~*s* F curse and swear

pestillo *m* (*picaporte*) door handle; (*cerradura*) bolt

petardo 1 *m* firecracker **2** *m*, *-a* *f* F nerd F

petición *f* request

petrificar petrify (*tb fig*); **petrificarse** become petrified

petróleo *m* oil, petroleum; **petrolero 1** *adj* oil *atr* **2** *m* MAR oil tanker

petulancia *f* smugness; **petulante** smug

pez *m* ZO fish; ~ *espada* swordfish; ~ *gordo* F big shot F

pezón *m* nipple

piadoso pious

pianista *m/f* pianist; **piano** *m* piano; ~ *de cola* grand piano

pica *f* TAUR goad; *palo de la baraja* spade

picadero *m* escuela riding school; **picadura** *f de reptil*, mosquito bite; *de avispa* sting; *tabaco* cut tobacco

picadillo *m* GASTR *de lomo*: marinated ground meat

picado 1 *adj diente* decayed; *mar* rough, choppy; *verdura* minced, *Br* minced; *verdura* finely chopped; *fig* offended **2** *m* *L.Am.* dive;

caer en ~ *de precios* nose-dive

picador *m* TAUR picador; MIN face worker

picante 1 *adj* hot, spicy; *chiste* risqué **2** *m* hot spice

picar 1 *v/t de mosquito, serpiente* bite; *de avispa* sting; *de ave* peck; *carne* grind, *Br* mince; *verdura* mince, *Br* finely chop; TAUR jab with a lance; (*molestar*) annoy **2** *v/i tb fig* take the bait; *L.Am. de la comida* be hot; (*producir picor*) itch; *del sol* burn

picardía *f* (*astucia*) craftiness, slyness; (*travesura*) mischievousness; *Méx* (*taco, palabrota*) swearing, swearwords *pl*

pícaro *persona* crafty, sly; *comentario* mischievous

picarse (*agujerearse*) rust; (*cariarse*) decay; F (*molestarse*) get mad F

pichón *m* *L.Am. pollo* chick; F (*novato*) rookie F

pico *m* ZO beak; F (*boca*) mouth; *de montaña* peak; *herramienta* pickax, *Br* pick-axe; *a las tres y* ~ some time after three o'clock

picor *m* itch

picotear peck

pie *m* *de estatua, lámpara* base; *a* ~ on foot; *de* ~ standing; *no tiene ni* ~*s ni cabeza* I can't make head nor tail of it

piedad *f* pity; (*clemencia*)

mercy

piedra *f tb* MED stone

piel *f de persona, fruta* skin; *de animal* hide, skin; *(cuero)* leather; ***abrigo de ~es*** fur coat

pienso *m* animal feed

pierna *f* leg; ***dormir a ~ suelta*** sleep like a log

pieza *f de un conjunto,* MÚS piece; *de aparato* part; TEA play; *(habitación)* room; ***~ de recambio*** spare (part)

pijama *m* pajamas *pl, Br* pyjamas *pl*

pila *f* ELEC battery; *(montón)* pile; *(fregadero)* sink

pilar *m tb fig* pillar

píldora *f* pill

pileta *f Rpl* sink; *(alberca)* swimming pool

pillar *(tomar)* seize; *(atrapar)* catch; *(atropellar)* hit; *chiste* get

pillo 1 *adj* mischievous **2** *m, -a f* rascal

pilotar AVIA fly, pilot; AUTO drive; MAR steer; **piloto** *m* AVIA, MAR pilot; AUTO driver; ELEC pilot light; **~ automático** autopilot

pimentón *m* paprika; **pimienta** *f* pepper; **pimiento** *m* pepper; ***me importa un ~*** F I couldn't care less F

pincel *m* paintbrush

pinchadiscos *m/f* F disc jockey, DJ

pinchar 1 *v/t* prick; AUTO puncture; TELEC tap; F *(molestar)* bug F; ***~le a alguien***

MED give s.o. a shot **2** *v/i* prick; AUTO get a flat (tire), *Br* get a puncture; **pinchazo** *m herida* prick; *dolor* sharp pain; AUTO flat (tire), *Br* puncture; F *(fracaso)* flop F

pincho *m* GASTR bar snack

pingüino *m* ZO penguin

pino *m* BOT pine; ***hacer el ~*** do a handstand

pinta *f* pint; *aspecto* looks *pl*; ***tener buena ~*** *fig* look inviting

pintada *f* graffiti; **~s** graffiti *pl o sg*

pintar paint; ***no ~ nada*** *fig* F not count; **pintarse** put on one's make-up

pintor *m*, **~a** *f* painter; **~ (de brocha gorda)** (house) painter; **pintoresco** picturesque; **pintura** *f sustancia* paint; *obra* painting

pinza *f* clothes pin, *Br* clothes peg; ZO claw; **~s** tweezers; *L.Am. (alicates)* pliers

piña *f del pino* pine cone; *fruta* pineapple; **piñón** *m* BOT pine nut; TÉC pinion

pío pious

piojo *m* ZO louse; **~s** lice *pl*

pionero 1 *adj* pioneering **2** *m, -a f tb fig* pioneer

pipa *f* pipe; **~s** *semillas* sunflower seeds; ***pasarlo ~*** F have a great time

pipí *m* F pee F; ***hacer ~*** F pee F

pique *m* resentment; *(rivalidad)* rivalry; ***irse a ~*** *fig* go under

piqueta f *herramienta* pickax, Br pickaxe; *en cámping* tent peg

piquete m POL picket

piragüismo m canoeing

pirámide f pyramid

pirata m/f pirate; **~ informático** hacker; **piratería** f piracy

pirenaico Pyrenean; **Pirineos** mpl Pyrenees

piropo m compliment

pirotécnico fireworks atr

pisada f footstep; *huella* footprint; **pisar** step on; *uvas* tread; fig *(maltratar)* walk all over; *idea* steal; **~ a alguien** step on s.o.'s feet

piscina f swimming pool

Piscis m/f inv ASTR Pisces

piso m apartment, Br flat; *(planta)* floor

pisotear trample

pista f track, trail; *(indicio)* clue; *de atletismo* track; **~ de aterrizaje** AVIA runway; **~ de baile** dance floor; **~ de tenis / squash** tennis / squash court

pistacho m BOT pistachio

pistola f pistol; **pistolero** m gunman

pistón m piston

pita f BOT agave, pita

pitar 1 v/i whistle; *con bocina* hoot; L.Am. *(fumar)* smoke; **salir pitando** F dash off F 2 v/t *(abuchear)* whistle at; *penalti, falta etc* call, Br blow for; *silbato* blow

pitillera f cigarette case; **pitillo** m cigarette; *hecho a mano* roll-up

pito m whistle; *(bocina)* horn

piyama m L.Am. pajamas pl, Br pyjamas pl

pizarra f blackboard; *piedra* slate

placa f *(lámina)* sheet; *(plancha)* plate; *(letrero)* plaque; Méx AUTO license plate, Br number plate; **~ madre** INFOR motherboard; **~ (dental)** plaque; **~ de matrícula** AUTO license plate, Br number plate

placer 1 v/i please 2 m pleasure

plaga f AGR pest; MED plague; fig scourge; *(abundancia)* glut; **plagado** infested; *(lleno)* full; **~ de gente** swarming with people

plan m plan

plancha f *para planchar* iron; *en cocina* broiler, Br grill; *de metal* sheet; F *(metedura de pata)* goof F; **a la ~** GASTR broiled, Br grilled; **planchado** 1 adj F shattered F 2 m ironing; **planchar** iron; Méx F *(dar plantón)* stand up F; L.Am. *(lisonjear)* flatter

planeador m glider; **planear** 1 v/t plan 2 v/i AVIA glide

planeta m planet

planicie f plain

planificar plan

plano 1 adj flat 2 m ARQUI plan; *de ciudad* map; *en cine* shot; MAT plane; fig level

planta f BOT plant; *(piso)* floor; **~ del pie** sole of the foot; **plantación** *f* plantation; **plantar 1** *v/t* árbol etc plant; *tienda de campaña* put up; **~ a alguien** F stand s.o. up F

plantear *problema* pose, create; *cuestión* raise

plantilla *f para zapato* insole; *(personal)* staff; DEP squad; *para cortar*, INFOR template

plantón *m*: **dar un ~ a alguien** F stand s.o. up F

plástico *m* plastic

plata *f* silver; *L.Am.* F *(dinero)* cash, dough F

plataforma *f tb* POL platform; **~ petrolífera** oil rig

plátano *m* banana

platea *f* TEA orchestra, *Br* stalls *pl*

plateado *Méx* wealthy

platicar 1 *v/t L.Am.* tell **2** *v/i Méx* chat, talk

platillo *m*: **~ volante** flying saucer; **~s** MÚS cymbals

platina *f de microscopio* slide; *de estéreo* tape deck

platino *m* platinum

plató *m de película* set; TV studio

plato *m* plate; GASTR dish; **~ combinado** mixed platter; **~ hondo** soup dish; **~ preparado** ready meal; **~ principal** main course; **~ sopero** soup dish

playa *f* beach; **~ de estacionamiento** *L.Am.* parking lot, *Br* car park; **playeras** *fpl* canvas shoes

plaza *f* square; *(vacante)* job

opening; *en vehículo* seat; *de trabajo* position; **~ de toros** bull ring

plazo *m* period; *(pago)* installment, *Br* instalment; *a corto / largo* ~ in the short / long term; **a ~s** in installments

plegable collapsible, folding; **plegar 1** *v/t* fold (up); **plegarse** *fig* submit (*a* to)

pleito *m* JUR lawsuit; *fig* dispute; **poner un ~ a alguien** sue s.o.

pleno 1 *adj* full; **en ~ día** in broad daylight **2** *m* plenary session

pliego *v/b* ☞ **plegar 2** *m* *(hoja de papel)* sheet of paper); *(carta)* sealed letter *o* document; **pliegue** *m* fold, crease

plomero *m* *Méx* plumber; **plomo** *m* lead; ELEC fuse; *fig* F drag F; **sin ~** AUTO unleaded

pluma *f* feather; *para escribir* fountain pen

plural *m/adj* plural

población *f gente* population; *(ciudad)* city, town; *(pueblo)* village; *Chi* shanty town; **poblado 1** *adj* populated; *barba* bushy; **~ de** *fig* full of **2** *m* *(pueblo)* settlement; **poblador** *m*, **~a** *f Chi* shanty town dweller; **poblar** populate

pobre 1 *adj* poor **2** *m/f* poor person; **los ~s** the poor; **pobreza** *f* poverty

pocilga *f* pigpen, *Br* pigsty

poco 1 *adj sg* little, not much;

pl few, not many; **un ~ de** a little; **unos ~s** a few **2** *adv* little; **trabaja ~** he doesn't work much; **estuvo ~ por aquí** he wasn't around much; **~ a ~** little by little; **dentro de ~** soon, shortly; **hace ~** a short time ago, not long ago; **por ~** nearly **3** *m*: **un ~** a little, a bit

podar AGR prune

poder 1 *v/aux capacidad* can, be able to; *permiso* can, be allowed to; *posibilidad* may, might; **no pude hablar con ella** I wasn't able to talk to her; **¿puedo ir contigo?** can *o* may I come with you?; **¡podías habérselo dicho!** you could have *o* you might have told him **2** *v/i*: **~ con** (*sobreponerse a*) manage, cope with; **me puede** he can beat me; **no puedo más** I can't take any more, I've had enough; **puede ser** perhaps, maybe; **puede que** perhaps, maybe; **¿se puede?** may I come in? **3** *m* tb POL power; **en ~ de alguien** in s.o.'s hands; **poderoso** powerful

podio *m* podium

podólogo *m*, **-a** *f* MED podiatrist, *Br* chiropodist

podrido *tb fig* rotten

poema *m* poem; **poesía** *f género* poetry; (*poema*) poem; **poeta** *m/f* poet; **poético** poetic; **poetisa** *f* poet

polaco 1 *adj* Polish **2** *m*, **-a** *f*

Pole **3** *m idioma* Polish

polea *f* TÉC pulley

policía 1 *f* police **2** *m/f* police officer, policeman; *mujer* police officer, policewoman; **policíaco, policiaco** detective *atr*

polideportivo *m* sports center, *Br* sports centre

polifacético versatile, multifaceted

poligamia *f* polygamy

polilla *f* ZO moth

polio *f* MED polio

política *f politics;* **político 1** *adj* political **2** *m*, **-a** *f* politician

póliza *f* policy; **~ de seguros** insurance policy

polizón *m/f* stowaway

pollo *m* ZO, GASTR chicken

polo *m* GEOG, ELEC polo; *prenda* polo shirt; DEP polo; **Polo Norte** North Pole; **Polo Sur** South Pole

Polonia Poland

polución *f* pollution; **polucionar** pollute

polvo *m* dust; *en química, medicina etc* powder; **~s de talco** talcum powder; **echar un ~** V have a screw V; **pólvora** *f* gunpowder; **polvoriento** dusty

pomada *f* cream

pomelo *m* BOT grapefruit

pompa *f* pomp; **~ de jabón** bubble; **~s fúnebres** *ceremonia* funeral ceremony; *establecimiento* funeral home

ponedero *m* nest(ing) box

portería

ponencia *f* presentation; EDU paper

ponente *m/f* speaker

poner put; *(añadir)* put in; RAD, TV turn on, switch on; *la mesa* set; *negocio* set up; *ropa* put on; *(escribir)* put down; *en libro* etc say; *huevos* lay; **~ a alguien furioso** make s.o. angry; **~le una multa a alguien** fine s.o.; **pongamos que** let's suppose o assume that; **ponerse** *ropa* put on; **ponte en el banco** go and sit on the bench; **se puso ahí** she stood over there; **dile que se ponga** TELEC tell her to come to the phone; **~ pálido** turn pale; **~ furioso** get angry; **~ enfermo** become o fall ill; **~ a** start to

popa *f* MAR stern

popular popular; *(del pueblo)* folk *atr*; *barrio* lower-class;

popularizar popularize

por *motivo* for, because of; **lo hizo ~ amor** she did it out of love ◇ *medio* by; **~ avión** by air ◇ *tiempo*: **~ un segundo** L.Am. for a second; **~ la mañana** in the morning ◇ *movimiento*: **~ la calle** down the street; **~ un tunel** through a tunnel; **~ aquí** this way ◇ *posición aproximada* around, about; **está ~ aquí** it's around here (somewhere) ◇ *cambio*: **~ cincuenta pesos** for fifty pesos ◇ *otros usos*: **~ hora** an o per

hour; **dos ~ dos** two times two; **¿~ qué?** why?

porcelana *f* porcelain, china

porcentaje *m* percentage

porche *f* porch

porción *f* portion

pormenor *m* detail

pornografía *f* pornography

poro *m* pore; **poroso** porous

porque because; **~ sí** just because

porqué *m* reason

porquería *f* filth; F *cosa de poca calidad* piece of trash F

porra *f* baton; *(palo)* club

porro *m* F joint F

porrón *m* container from which wine is poured straight into the mouth

portaaviones *m inv* aircraft carrier

portada *f* TIP front page; *de revista* cover; ARQUI front

portador *m*, **~a** *f* COM bearer; MED carrier

portal *m* foyer; *(entrada)* doorway

portaminas *m inv* automatic pencil, *Br* propelling pencil

portarse behave

portátil portable

portavoz *m/f* spokesman; *mujer* spokeswoman

porte *m* *(aspecto)* appearance; *(gasto de correo)* postage

porteño *Arg* **1** *adj* of Buenos Aires **2** *m*, **-a** *f* native of Buenos Aires

portería *f* reception; *casa* superintendent's apartment, *Br* caretaker's flat; DEP goal;

portero *m* doorman; *de edificio* superintendent, *Br* caretaker; DEP goalkeeper; **~ automático** intercom, *Br* entryphone

pórtico *m* portico

portorriqueño 1 *adj* Puerto Rican **2** *m*, **-a** *f* Puerto Rican

Portugal Portugal; **portugués 1** *m/adj* Portuguese **2** *m*, **-esa** *f persona* Portuguese **3** *m idioma* Portuguese

porvenir *m* future

pos(t)venta after-sales *atr*

posada *f C.Am., Méx* Christmas party; *(fonda)* inn

posar *mano* lay, place (**sobre** on); **~ la mirada en** gaze at; **posarse** *de ave, insecto,* AVIA land

pose *f* pose

poseer possess; *(ser dueño de)* own, possess; **posesión** *f* possession; **tomar ~ (de un cargo)** POL take up office

posguerra *f* postwar period

posibilidad *f* possibility; **posibilitar** make possible; **posible** possible; **en lo ~** as far as possible; **hacer todo lo ~** do everything possible; **es ~ que...** perhaps ...

posición *f tb* MIL, *fig* position; *social* standing, status

positivo positive

postal 1 *adj* mail *atr*, postal **2** *f* postcard; **poste** *m* post

postergar postpone

posterior later, subsequent; *(trasero)* rear *atr*, back *atr*; **posterioridad** *f*: **con ~** later,

subsequently; **con ~ a** later than, subsequent to

postizo 1 *adj* false **2** *m* hairpiece

postre *m* dessert; **a la ~** in the end

postura *f tb fig* position

potable drinkable; *fig* F passable; **agua ~** drinking water

potaje *m* GASTR stew

potasio *m* potassium

pote *m (olla)* pot; GASTR stew

potencia *f* power; **en ~** potential; **potente** powerful

potro *m* ZO colt

pozo *m* well; MIN shaft; *Rpl en calle* pothole; **un ~ sin fondo** *fig* a bottomless pit

práctica *f* practice; **practicable** *tarea* feasible, practicable; *camino* passable; **practicar** practice, *Br* practise; *deporte* play; **~ la equitación** ride; **práctico** practical

pradera *f* prairie, grassland; **prado** *m* meadow

pragmático pragmatic; **pragmatismo** *m* pragmatism

precario precarious

precaución *f* precaution

precedente 1 *adj* previous **2** *m* precedent; **preceder** precede

precintar *paquete* seal; *lugar* seal off; **precinto** *m* seal

precio *m* price; **precioso** *(de valor)* precious; *(hermoso)* beautiful

precipicio *m* precipice

precipitación *f (prisa)* hurry, haste; **precipitaciones** rain;

precipitado hasty, sudden; precipitar (*lanzar*) throw, hurl; (*acelerar*) hasten; **precipitarse** rush; *fig* be hasty

precisar (*aclarar*) specify; (*necesitar*) need; **precisión** f precision; **preciso** precise, accurate; **ser** ~ be necessary

precoz early; *niño* precocious

precursor m, ~a f precursor, forerunner

predecesor m, ~a f predecessor

predecir predict

predicar preach

predicción f prediction

predilecto favorite, *Br* favourite

predispuesto predisposed (**a** to)

predominar predominate; **predominio** m predominance

prefacio m preface, foreword

preferencia f preference; **preferente** preferential; **preferido** 1 *part* ☞ **preferir** 2 *adj* favorite, *Br* favourite; **preferir** prefer

prefijo m prefix; TELEC area code, *Br* dialling code

pregunta f question; **preguntar** ask; ~ **por algo** ask about sth; ~ **por alguien** *paradero* ask for s.o.; *salud etc* ask about s.o.

prejuicio m prejudice

prematuro 1 *adj* premature 2 m, ~a f premature baby

premiar award a prize to; **premio** m prize

prenda f item of clothing, garment; *garantía* security; **en juegos** forfeit

prendedor m broach, *Br* brooch

prender 1 *v/t* a *fugitivo* capture; *sujetar* pin up; *L.Am. fuego* light; *L.Am. luz* turn on; ~ **fuego a** set fire to 2 *v/i* de *planta* take; (*empezar a arder*) catch; *de moda* catch on

prensa f press; ~ **amarilla** gutter press; **prensar** press

preocupación f worry, concern; **preocupado** worried, concerned (**por** about); **preocupante** worrying; **preocupar** worry, concern; **preocuparse** worry (**por** about); ~ **de** (*encargarse*) look after, take care of

preparación f preparation; (*educación*) education; *para trabajo* training; **preparado** ready, prepared; **preparar** prepare, get ready; **preparativos** mpl preparations

preponderar predominate

preposición f GRAM preposition

presa f (*dique*) dam; (*embalse*) reservoir; (*víctima*) prey; *L.Am. para comer* bite to eat

prescribir JUR prescribe; **prescripción** f JUR de *contrato* expiry, expiration

presencia f presence; **buena** ~ smart appearance; **presenciar** witness; (*estar presente a*) attend, be present at

presentación f presentation; COM launch; *entre personas* introduction; **presentador** *m*, **~a** f TV presenter; **presentar** present; *a alguien* introduce; *producto* launch; *solicitud* submit; **presentarse** *en sitio* show up; *(darse a conocer)* introduce o.s.; *a examen* take; *de problema, dificultad* arise; *a elecciones* run

presente 1 *adj* present; *tener algo ~* bear sth in mind; *¡~!* here! 2 *m tiempo* present 3 *m/fpl*: *los ~s* those present

presentir foresee; *presiento que ...* I have a feeling that ...

preservar protect; **preservativo** *m* condom

presidencia f presidency; *de compañía* presidency, *Br* chairmanship; *de comité* chairmanship; **presidente** *m*, **-a** f president; *de gobierno* premier, prime minister; *Br de compañía* president, *Br* chairman, *Br mujer* chairwoman; *de comité* chair

presidio *m* prison

presidir be president of; *reunión* chair

presión f pressure; *~ sanguínea* blood pressure; **presionar** *botón* press; *fig* put pressure on, pressure

preso 1 *part* ☞ **prender** 2 *m*, **-a** f prisoner

prestación f provision; *~ social sustitutoria* MIL com-

munity service in lieu of military service; **préstamo** *m* loan; *~ bancario* bank loan; **prestar** *dinero* lend; *ayuda* give; *L.Am.* borrow; *~ atención* pay attention

prestidigitador *m*, **~a** f conjurer

prestigio *m* prestige; **prestigioso** prestigious

presumido conceited; *(coqueto)* vain; **presumir** 1 *v/t* presume 2 *v/i* show off; *~ de algo* boast about sth; **presume de listo** he thinks he's very clever; **presunto** alleged, suspected; **presuntuoso** conceited

presuponer assume; **presupuesto** 1 *part* ☞ **presuponer** 2 *m* POL budget

pretencioso pretentious

pretender: *pretendía convencerlos* he was trying to persuade them; **pretendiente** *m de mujer* suitor; **pretensión** f *L.Am. (arrogancia)* vanity; *sin pretensiones* unpretentious

pretexto *m* pretext

prevención f prevention; **prevenir** prevent; *(avisar)* warn (*contra* against); **preventivo** preventive, preventative

prever foresee

previo previous; *sin ~ aviso* without (prior) warning

previsión f *(predicción)* forecast; *(preparación)* foresight; **prima** f *de seguro* premium;

profesional

(pago extra) bonus

primavera *f* spring; BOT primrose

primer first; **primero 1** *adj* first; **~s auxilios** first aid **2** *m*, **-a** *f* first (one) **3** *adv* first

primitivo primitive; *(original)* original

primo *m*, **-a** *f* cousin

primordial fundamental

princesa *f* princess

principal main, principal; **lo ~** the main *o* most important thing

príncipe *m* prince

principiante 1 *adj* inexperienced **2** *m/f* beginner; **principio** *m* beginning; *en tiempo* beginning; **a ~s de abril** at the beginning of April

prioridad *f* priority; **prioritario** *priority attr*

prisa *f* hurry, rush; **darse ~** hurry (up); **tener ~** be in a hurry *o* rush

prisión *f* prison, jail; **prisionero 1** *adj* captive **2** *m*, **-a** *f* prisoner

prismáticos *mpl* binoculars

privado 1 *part* ☞ **privar 2** *adj* private; **privar**: **~ a alguien de algo** deprive s.o. of sth; **privarse** deprive o.s.; **privatizar** privatize

privilegiado privileged; *(excelente)* exceptional; **privilegiar** privilege; *(dar importancia a)* favor; *Br* favour; **privilegio** *m* privilege

proa *f* MAR bow

probabilidad *f* probability;

probable probable, likely

probar 1 *v/t teoría* test, try out; *(comer un poco de)* taste, try; *(comer por primera vez)* try **2** *v/i* try; **~ a hacer** try doing; **probeta** *f* test tube

problema *m* problem; **problemático** problematic

procedencia *f* origin; **procedente**: **~ de** from; **proceder 1** *v/i* come *(de* from); *(actuar)* proceed; *(ser conveniente)* be fitting; **~ a** proceed to; **~ contra alguien** initiate proceedings against s.o. **2** *m* conduct; **procedimiento** *m* procedure, method; JUR proceedings *pl*

procesamiento *m*: **~ de textos** word processing; **procesar** INFOR process; JUR prosecute; **procesión** *f* procession; **proceso** *m* process; JUR trial; **~ de datos / textos** data / word processing

proclamación *f* proclamation; **proclamar** proclaim

procurador *m*, **-a** *f* JUR attorney, lawyer; **procurar** try

prodigio *m* wonder, miracle; *persona* prodigy

producción *f* production; **producir** produce; *(causar)* cause; **productividad** *f* productivity; **productivo** productive; *empresa* profitable; **producto** *m* product; **productor** *m*, **-a** *f* producer

profanar defile, desecrate

profesión *f* profession; **profesional** *m/f & adj* profes sional; **profesor** *m*, **~a** *f* teacher; *de universidad* professor, *Br* lecturer

profeta *m* prophet

profundidad *f* depth; **profundo** deep; *pensamiento, persona* profound

programa *m* program, *Br* programme; INFOR program; EDU syllabus; **~ de estudios** syllabus, curriculum; **programador** *m*, **~a** *f* programmer; **programar** *aparato* program, *Br* programme; INFOR program; (*planear*) schedule

progresar progress, make progress; **progresivo** progressive; **progreso** *m* progress

prohibición *f* ban (*de* on); **prohibido** forbidden; **~ fumar** no smoking; **prohibir** forbid, ban

prolijo long-winded; (*minucioso*) detailed

prólogo *m* preface

prolongar extend, prolong

promedio *m* average

promesa *f* promise; **prometedor** bright, promising; **prometer** promise; **prometida** *f* fiancée; **prometido 1** *part* ☞ **prometer 2** *adj* engaged **3** *m* fiancé

prominente prominent

promoción *f* promotion; EDU year; **promocionar** promote; **promotor** *m*, **~a** *f* promoter; **~ inmobiliario** developer; **promover** promote;

(*causar*) provoke, cause

promulgar *ley* promulgate

pronombre *m* GRAM pronoun

pronóstico *m* prognosis; **~ del tiempo** weather forecast

pronto 1 *adj* prompt **2** *adv* (*dentro de poco*) soon; (*temprano*) early; **de ~** suddenly; **tan ~ como** as soon as

pronunciación *f* pronunciation; **pronunciar** pronounce; (*decir*) say; **~ un discurso** give a speech

propagación *f* spread; **propaganda** *f* advertising; POL propaganda; **propagar** spread

propenso prone (*a* to)

propicio favorable, *Br* favourable

propiedad *f* property; **propietario** *m*, -a *f* owner, proprietor

propina *f* tip

propio own; (*característico*) characteristic (*de* of), typical (*de* of); (*adecuado*) suitable (*para* for); **la -a directora** the director herself

proponer propose, suggest; **proponerse**: **~ hacer algo** decide to do sth

proporción *f* proportion; **proporcional** proportional; **proporcionar** provide, supply; **satisfacción** give

proposición *f* proposal, suggestion

propósito *m* (*intención*) intention; (*objetivo*) purpose;

a ~ on purpose; *(por cierto)* by the way

propuesta *f* proposal

propulsión *f* TÉC propulsion

prórroga *f* DEP overtime, *Br* *tb* extra time; **prorrogar** *plazo* extend

prosa *f* prose

proseguir carry on, continue

prospecto *m* directions for use *pl*; *de propaganda* leaflet

prosperar prosper, thrive; **prosperidad** *f* prosperity; **próspero** prosperous, thriving

prostitución *f* prostitution; **prostituta** *f* prostitute

protagonista *m/f* personaje main character; *actor, actriz* star; *de una hazaña* hero; *mujer* heroine

protección *f* protection; **proteger** protect *(de* from)

proteína *f* protein

protesta *f* protest; **protestante** *m/f* Protestant; **protestar 1** *v/t* protest **2** *v/i (quejarse)* complain *(por, de* about); *(expresar oposición)* protest *(contra, por* about, against)

protocolo *m* protocol

provecho *m* benefit; ¡**buen**~! enjoy (your meal); **sacar** ~ **de** benefit from; **provechoso** beneficial

proveedor *m*, ~*a f* supplier; ~ **de** *(acceso a)* **Internet** Internet Service Provider, ISP; **proveer** supply; ~ **a alguien de algo** supply s.o. with sth

proverbio *m* proverb

providencia *f* providence

provincia *f* province; **provincial** provincial

provisión *f* provision; **provisional** provisional; **provisorio** *S.Am.* provisional

provocar cause; *al enfado* provoke; *sexualmente* lead on; ¿**te provoca un café?** *S.Am.* how about a coffee?; **provocativo** provocative

proxeneta *m* pimp

proximidad *f* proximity; **próximo** *(siguiente)* next; *(cercano)* near, close

proyección *f* MAT, PSI projection; *de película* showing; **proyectar** project; *(planear)* plan; *película* show; *sombra* cast; **proyectil** *m* missile; **proyecto** *m* plan; *trabajo* project; ~ **de ley** bill; **tener en** ~ **hacer algo** plan to do sth; **proyector** *m* projector

prudencia *f* caution, prudence; **prudente** careful, cautious

prueba *f tb* TIP proof; JUR piece of evidence; DEP event; EDU test; **a** ~ **de bala** bulletproof; **poner algo a** ~ put sth to the test

psicología *f* psychology; **psicológico** psychological; **psicólogo** *m*, -a *f* psychologist; **psicópata** *m/f* psychopath

psiquiatra *m/f* psychiatrist; **psiquiatría** *f* psychiatry; **psiquiátrico** psychiatric; **psíquico** psychic

púa f ZO spine, quill; MÚS plectrum, pick

publicación f publication; **publicar** publish; **publicarse** come out, be published; **publicidad** f (*divulgación*) publicity; COM advertising; (*anuncios*) advertisements pl; **publicitario 1** adj advertising atr **2** m, -a f advertising executive; **público 1** adj public; *escuela* public, Br state **2** m public; TEA audience; DEP spectators pl, crowd

puchero m GASTR (cooking) pot; **hacer ~s** fig pout

pudín m pudding

pudor m modesty

pudrirse rot; **~ de envidia** be green with envy

pueblo m village; *más grande* town

puente m bridge; **hacer ~** have a day off between a weekend and a public holiday

puerco 1 adj dirty; fig filthy F **2** m ZO pig; **~ espín** porcupine

pueril childish, puerile

puerro m BOT leek

puerta f door; *en valla* gate; DEP goal; **~ de embarque** gate

puerto m MAR port; GEOG pass

Puerto Rico Puerto Rico

pues well; fml (*porque*) as, since; **~ bien** well; **¡~ sí!** of course!

puesta f: **~ a punto** tune-up; **~ de sol** sunset

puesto 1 part ☞ **poner 2** m lugar place; *en mercado* stand, stall; MIL post; **~ (de trabajo)** job **3** conj: **~ que** since, given that

pulcro immaculate

pulga f ZO flea

pulgada f inch; **pulgar** m thumb

pulgón m ZO aphid, Br greenfly

pulido 1 adj polished **2** m acción polishing; *efecto* polish; **pulir** polish

pulmón m lung; **pulmonar** pulmonary, lung atr; **pulmonía** f MED pneumonia

pulpa f pulp

púlpito m pulpit

pulpo m ZO octopus

pulsación f beat; *de tecla* key stroke; **pulsar** *botón*, *tecla* press

pulso m pulse; fig steady hand; **tomar el ~ a alguien** take so's pulse

pulverizador m spray; **pulverizar** spray; (*convertir en polvo*) pulverize, crush

puma m ZO puma, mountain lion

punible punishable

punta f tip; (*extremo*) end; *de lápiz*, GEOG point; *L.Am.* (*grupo*) group; **sacar ~ a** sharpen; **puntada** f stitch; **puntapié** m kick; **puntilla** f: **de ~s** on tippy-toe, Br on tiptoe

221

punto *m* point; *señal* dot; *signo de puntuación* period, *Br* full stop; *en costura, sutura* stitch; *dos* ∼ colon; ∼ **muerto** AUTO neutral; ∼ **de vista** point of view; ∼ **y coma** semicolon; **a** ∼ (*listo*) ready; (*a tiempo*) in time; **de** ∼ knitted; **en** ∼ on the dot; **estar a** ∼ **de** be about to; **hacer** ∼ knit

puntuación *f* punctuation; DEP score; EDU grade, *Br* mark; **puntual** punctual; **puntualidad** *f* punctuality; **puntualizar** (*señalar*) point out; (*aclarar*) clarify

puñal *m* dagger
puñetazo *m* punch
puño *m* fist; *de camisa* cuff; *de bastón, paraguas* handle

pupila *f* pupil
pupitre *m* desk

puré *m* purée; *sopa* cream; ∼ **de patatas** *o L.Am.* **papas** mashed potatoes
pureza *f* purity
purgante *m/adj* laxative, purgative; **purgar** MED, POL purge; **purgarse** take a laxative; **purgatorio** *m* REL purgatory

purificar purify; **puro 1** *adj* pure; *Méx* (*único*) sole, only; **la -a verdad** the honest truth **2** *m* cigar
púrpura *f* purple
pus *m* pus
pústula *f* MED pustule
puta *f* P whore P; **putada** *f* P dirty trick

Q

que 1 *pron rel sujeto: persona* who, that; *cosa* which, that; *complemento: persona* that, whom *fml*; *cosa* that, which; **el coche** ∼ **ves** the car you can see, the car that *o* which you can see **2** *conj* that; **lo mismo** ∼ **tú** the same as you; **más grande** ∼ than; **¡**∼ **entre!** tell him to come in; **¡**∼ **descanses!** sleep well; **¡**∼ **sí!** I said yes; **¡**∼ **no!** I said no; **es ....** the thing is ...; **yo** ∼ **tú** if I were you

qué 1 *adj & pron interr* what; **¿**∼ **día es?** what day is it?

2 *adj & pron int:* **¡**∼ **moto!** what a motorbike!; **¡**∼ **de flores!** what a lot of flowers! **3** *adv:* **¡**∼ **alto es!** he's so tall!; **¡**∼ **bien!** great!

quebradizo brittle; **quebrado 1** *adj* broken **2** *m* MAT fraction; **quebrar 1** *v/t* break **2** *v/i* COM go bankrupt *o* bust F

quedar (*permanecer*) stay; *en un estado* be; (*sobrar*) be left; **te queda bien / mal** de estilo it suits you / doesn't suit you; *de talla* it fits you / doesn't fit you; ∼ **cerca** be nearby; ∼ **con alguien** F arrange to meet (with) s.o.; ~ **en algo** go along to sth; quedarse stay; ~ **ciego** go blind; ~ **con algo** keep sth; **me quedé sin comer** I ended up not eating

quehaceres *mpl* tasks

queja *f* complaint; **quejarse** complain (**a** to; **de** about)

quema *f* burning; **quemadura** *f* burn; **quemar 1** *v/t* burn; **con agua** scald; F *recursos* use up; F *dinero* blow **2** *v/i* be very hot

querella *f* JUR lawsuit

querer (*desear*) want; (*amar*) love; ~ **decir** mean; **sin** ~ unintentionally; **quisiera...** I would like ...; **querido 1** *part* ☞ **querer 2** *adj* dear **3** *m*, -**a** *f* darling

queso *m* cheese

quicio *m*: **sacar de** ~ **a alguien** F drive s.o. crazy F

quiebra *f* COM bankruptcy

quien *rel sujeto* who, that; *objeto* who, whom; *fml* that

quién who?; **¿de** ~ **es este libro?** whose is this book?, who does this book belong to?

quieto still; **quietud** *f* peacefulness

quilate *m* carat

quilla *f* keel

química *f* chemistry; **químico**

1 *adj* chemical **2** *m*, -**a** *f* chemist

quince fifteen; **quincena** *f* two weeks, *Br* fortnight

quiniela *f* lottery where the winners are decided by soccer results, *Br* football pools

quinientos five hundred

quinina *f* quinine

quinta *f* MIL draft; *Br* call-up; **es de mi** ~ he's my age

quinto 1 *adj* fifth **2** *m* MIL conscript

quiosco *m* kiosk; ~ **de prensa** newsstand, *Br* newsagent's

quirófano *m* operating room, *Br* operating theatre

quirúrgico surgical

quitaesmalte *m* nail varnish remover; **quitamanchas** *m inv* stain remover; **quitanieves** *m* snowplow, *Br* snowplough

quitar 1 *v/t ropa* take off, remove; *obstáculos* remove; ~ **algo a alguien** take sth (away) from s.o.; ~ **la mesa** clear the table **2** *v/i*: **¡quita!** get out of the way!; **quitarse** *ropa, gafas* take off; (*apartarse*) get out of the way; ~ **algo / a alguien de encima** get rid of sth / s.o.

quitasol *m* sunshade

quizá(s) perhaps, maybe

R

rabanito *m* BOT wild radish; **rábano** *m* BOT radish

rabia *f* MED rabies *sg*; *dar* **~** *a alguien* make s.o. mad; *tener* **~** *a alguien* have it in for s.o.; **rabiar**: **~** *de dolor* be in agony; **~** *por* be dying for

rabioso MED rabid; *fig* furious

rabo *m* tail

racha *f* spell

racial racial

racimo *m* bunch

ración *f* share; (*porción*) serving, portion; **racional** rational; **racionalizar** rationalize; **racionar** ration

racismo *m* racism; **racista** *m/f & adj* racist

radar *m* radar

radiación *f* radiation; **radiactividad** *f* radioactivity; **radiactivo** radioactive; **radiador** *m* radiator; **radiante** radiant; **radiar** radiate

radical *m/f & adj* radical

radio 1 *m* MAT radius; QUÍM radium; *L.Am.* radio; **~** *de acción* range **2** *m* radio; **~** *despertador* clock radio; **radioaficionado** *m* radio ham; **radiocasete** *m* radio cassette player; **radiografía** *f* X-ray; **radiología** *f* radiology; **radiopatrulla** *f* radio patrol car; **radiotaxi** *m* radio

taxi; **radioterapia** *f* radiotherapy; **radioyente** *m/f* listener

ráfaga *f* gust; *de balas* burst

rafia *f* raffia

raído threadbare

rail, raíl *m* rail

raíz *f* root; **~** *cuadrada* MAT square root; *a* **~** *de* as a result of

raja *f* (*rodaja*) slice; (*corte*) cut; (*grieta*) crack; **rajar 1** *v/t fruta* cut, slice; *cerámica* crack; *neumático* slash **2** *v/i* F gossip; **rajarse** *fig* F back out

rallador *m* grater; **rallar** GASTR grate

rama *f* branch; POL wing; *andarse por las* **~** *s* beat about the bush

ramera *f* whore, prostitute

ramificarse branch out

ramo *m* COM sector; **~** *de flores* bunch of flowers

rampa *f* ramp; **~** *de lanzamiento* launch pad

rana *f* frog

rancho *m* Méx small farm; *L.Am.* (*barrio de chabolas*) shanty town

rancio rancid; *fig* ancient

ranura *f* slot

rapaz 1 *adj* predatory **2** *m*, **-a** *f* F kid F

rape *m pescado* anglerfish; *al* **~** *pelo* cropped

rapidez *f* speed, rapidity;

rápido 1 adj quick, fast **2** m rapids pl

rapiña f pillage

raptar kidnap; **rapto** m kidnap

raqueta f racket

rareza f scarcity, rarity; **raro** rare

ras m: a ~ de tierra at ground level

rascacielos m inv skyscraper; **rascar** scratch; superficie scrape, scratch

rasgar tear (up); **rasgo** m feature; a grandes ~s broadly speaking

rasguñar scratch; **rasguño** m MED scratch

raso 1 adj flat, level; soldado ~ private **2** m material satin; al ~ in the open air

raspado m Méx water ice; **raspar 1** v/t scrape; con lija sand **2** v/i be rough

rastrear 1 v/t persona track; bosque, zona comb **2** v/i rake; **rastrillo** m rake; **rastro** m flea market; (huella) trace; **rastrojo** m stubble

rata f ZO rat

ratero, -a f petty thief

raticida m rat poison

ratificar POL ratify

rato m time; ~s libres spare time; al poco ~ after a short time o while; todo el ~ all the time

ratón m ZO, INFOR mouse; **ratonera** f mouse trap

raya f GRAM dash; ZO ray; de pelo part, Br parting; a o de

~s striped; **pasarse de la** ~ overstep the mark, go too far; **rayado** disco, superficie scratched

rayar 1 v/t scratch; (tachar) cross out **2** v/i border (**en** on)

rayo m FÍS rayo; METEO (bolt of) lightning; ~ **láser** laser beam; ~ X X-ray

raza f race; de animal breed

razón f reason; a ~ de precio at; **dar la** ~ **a alguien** admit that s.o. is right; **entrar en** ~ see sense; **perder la** ~ lose one's mind; **tener** ~ be right; **razonable** precio reasonable

reacción f reaction (a to); **avión a** ~ jet (aircraft); **reaccionar** react (**a** to); **reaccionario 1** adj reactionary **2** m, -a f reactionary

reacio reluctant (**a** to)

reactor m reactor; (motor) jet engine

real (regio) royal; (verdadero) real; **realidad** f reality; **en** ~ in fact, in reality; **realista 1** adj realistic **2** m/f realist; **realizador** m, ~**a** f de película director; RAD, TV producer; **realizar** tarea carry out; RAD, TV produce; COM realize

realzar highlight

reanimar revive

reanudar resume

rebaja f reduction; ~**s de verano** summer sale; **rebajar** reduce

rebanada f slice

rebaño m flock

rebasar *Méx* AUTO pass, *Br* overtake

rebatir *razones* rebut, refute

rebeca *f* cardigan

rebelarse rebel; **rebelde 1** *adj* rebel *atr* **2** *m/f* rebel; **rebelión** *f* rebellion

rebosar overflow

rebotar 1 *v/t* bounce; *(disgustar)* annoy **2** *v/i* bounce; **rebote** *m* bounce; **de ~** on the rebound

rebozar GASTR coat

rebuscado over-elaborate

recado *m* errand; *Rpl (arnés)* harness; **dejar un ~** leave a message

recaer *de responsabilidad* fall (**en** to); MED have a relapse; JUR reoffend; **recaída** *f* MED relapse

recalentar *comida* warm *o* heat up

recargar *batería* recharge; *recipiente* refill; **~ un 5%** charge 5% extra; **recargo** *m* surcharge

recauchutado *m* retread

recaudación *f acción* collection; *cantidad* takings *pl*; **recaudador** *m*, **~a** *f* collector; **recaudar** *impuestos, dinero* collect

recelar suspect; **~ de alguien** not trust s.o.; **recelo** *m* mistrust; **receloso** suspicious

recepción *f* reception; **recepcionista** *m/f* receptionist; **receptor** *m* receiver

receta *f* GASTR recipe; **~ médica** prescription; **recetar**

MED prescribe

rechazar reject; MIL repel; **rechazo** *m* rejection

rechinar creak, squeak

recibir receive; **recibo** *m* (sales) receipt

reciclable recyclable; **reciclado, reciclaje** *m* recycling; **reciclar** recycle

recién newly; *L.Am. (hace poco)* just; **~ casados** newly-weds; **~ nacido** newborn; **~ pintado** wet paint; **~ llegamos** we've only just arrived; **reciente** recent

recinto *m* premises *pl*; *área* grounds *pl*

recipiente *m* container

recíproco reciprocal

recital *m* recital; recite

reclamación *f* complaint; POL claim, demand; **reclamar 1** *v/t* claim, demand **2** *v/i* complain

reclamo *m* lure

reclinar rest; **reclinarse** lean, recline (**contra** against)

recluta *m/f* recruit; **reclutar** recruit

recobrar recover

recodo *m* bend

recogedor *m* dustpan; **recoger** pick up, collect; *habitación* tidy up; AGR harvest; *(mostrar)* show; **recogida** *f* collection; **~ de basuras** garbage collection, *Br* refuse collection; **~ de equipajes** baggage reclaim

recolección *f* harvest; **recolectar** harvest

recomendable recommendable; **recomendación** f recommendation; **recomendar** recommend

recompensa f reward; **recompensar** reward

reconciliación f reconciliation; **reconciliar** reconcile; **reconciliarse** make up (**con** with), be reconciled (**con** with)

reconocer recognize; *errores* admit, acknowledge; *area* reconnoitre, *Br* reconnoitre; MED examine; **reconocido** grateful; **reconocimiento** *m* recognition; *de error* acknowledg(e)ment; MED examination, check-up; MIL reconnaissance

reconquista f reconquest

reconstruir fig reconstruct

récord 1 adj record(-breaking) **2** *m* record

recordar remember, recall; ~ **algo a alguien** remind s.o. of sth

recorrer *distancia* cover; *a pie* walk; *territorio, país* travel around; *camino* go along, travel along; **recorrido** *m* route; DEP round

recortar cut out; fig cut; **recorte** *m* fig cutback; ~ **de periódico** cutting, clipping; ~ **salarial** salary cut

recrear recreate; **recrearse** amuse o.s.; *recreativo* recreational; *juegos* ~**s** amusements; **recreo** *m* recreation; EDU recess, *Br* break

recriminar reproach

recrudecer worsen; **recrudecerse** intensify

rectángulo *m* rectangle

rectificar correct, rectify; *camino* straighten

recto straight; (*honesto*) honest

recuerdo *m* memory; **da**~**s a Luís** give my regards to Luís

recuperación f tb fig recovery; **recuperar** *tiempo* make up; *algo perdido* recover; **recuperarse** recover (**de** from)

recurrir 1 v/t JUR appeal against **2** v/i: ~ **a** resort to, turn to; **recurso** *m* JUR appeal; *material* resource; ~**s humanos** human resources

red f net; INFOR, fig network; **caer en las** ~**es de** fig fall into the clutches of

redacción f writing; *de editorial* editorial department; EDU essay; **redactar** write, compose; **redactor** *m*, ~**a** f editor

redada f raid

redecilla f hairnet

redención f redemption; **redimir** redeem

rédito *m* return, yield

redoblar redouble; **redoblarse** double; **redoble** *m* MÚS (drum)roll

redonda f: **a la** ~ around; **redondear** *para más* round up; *para menos* round down; (*rematar*) round off; **redondo** round; *negocio* excellent; **ca-**

er ~ flop down

reducción f reduction; MED setting; **reducir** reduce (**a** to); MIL overcome

reeducar reeducate

reelección f reelection; **reelegir** re-elect

reembolsar refund; **reembolso** m refund; **contra ~** collect on delivery, Br cash on delivery, COD

reemplazar replace; **reemplazo** m replacement; MIL substitute; MIL recruit

reexpedir forward

referencia f reference; **~s** COM references; **referente**: **~ a** referring to; **referir** tell, relate; **referirse** refer (**a** to)

refinación f refining; **refinado 1** adj tb fig refined **2** m refining; **refinamiento** m refining; **refinar** refine; **refinería** f refinery

reflejar tb fig reflect; **reflejo** m reflex; **imagen** reflection; **reflexión** f fig reflection, thought; **reflexionar** reflect on, ponder; **reflexivo** GRAM reflexive

reflujo m ebb

reforestación f reforestation; **reforestar** reforest

reforma f reform; **~s** (obras) refurbishment; (reparaciones) repairs; **reformar** reform; edificio refurbish; (reparar) repair

reforzar reinforce; vigilancia increase, step up

refractario TÉC heat-resist-ant, fireproof; fig **ser ~ a algo** be against sth

refrán m saying

refregar scrub

refrescar 1 v/t tb fig refresh; conocimientos brush up **2** v/i cool down; **refresco** m soda, Br soft drink

refrigeración f de alimentos refrigeration; aire acondicionado air-conditioning; de motor cooling; **refrigerador** m refrigerator; **refrigerar** refrigerate; **refrigerio** m snack

refuerzo m reinforcement; **~s** MIL reinforcements

refugiado m, **-a** f refugee; **refugiarse** take refuge; **refugio** m refuge

refundir rework

refutar refute

regadera f watering can; Méx (ducha) shower; **regadío** m: **tierra de ~** irrigated land

regalar: **~ algo a alguien** give sth to s.o., give s.o. sth

regaliz m BOT licorice, Br liquorice

regalo m gift, present

regañar 1 v/t tell off **2** v/i quarrel

regar water; AGR irrigate

regata f regatta

regatear DEP get past, dodge; **no ~ esfuerzos** spare no effort; **regateo** m haggling

regazo m lap

regenerar regenerate

régimen m POL regime; MED diet; **estar a ~** be on a diet

regio regal, majestic; S.Am. F

(estupendo) great F

región f region; **regional** regional

regir 1 v/t rule, govern **2** v/i apply, be in force

registrar register; *casa* search; **registro** m register; *de casa* search; **~ civil** register of births, marriages and deaths

regla f *(norma)* rule; *para medir* ruler; MED period; **por ~ general** as a rule

reglamentar regulate; **reglamentario** regulation *atr*; **reglamento** m regulation

regocijo m delight

regresar 1 v/i return **2** v/t Méx return, give back; **regreso** m return

regulable adjustable; **regulación** f regulation; *de temperatura* control; **regular 1** *adj* regular; *(común)* ordinary; *(no muy bien)* so-so **2** v/t TÉC regulate; *temperatura* control; **regularidad** f regularity

rehabilitación f rehabilitation; ARQUI restoration; **rehabilitar** ARQUI restore

rehén m hostage

rehuir shy away from

rehusar refuse, decline

reimpresión f reprinting

reina f queen; **reinado** m reign; **reinar** *tb* fig reign

reincidente 1 *adj* repeat **2** m/f repeat offender; **reincidir** reoffend

reino m *tb* fig kingdom; **el Reino Unido** the United Kingdom

reintegrar, reintegrarse return *(a* to); **reintegro** m *(en lotería)* prize *in the form of a refund of the stake money*

reír, reírse laugh *(de* at)

reiterar repeat, reiterate

reivindicar claim; **~ un atentado** claim responsibility for an attack

reja f AGR plowshare, Br ploughshare; *(barrote)* bar, railing; **meter entre ~s** fig F put behind bars; **rejilla** f FERR luggage rack

rejoneador m bullfighter on horseback

rejuvenecer rejuvenate

relación f relationship; **relaciones públicas** public relations, PR *sg*; **relacionar** relate *(con* to), connect *(con* with); **relacionarse** be connected *(con* to), be related *(con* to); *(mezclarse)* mix

relajación f relaxation; **relajar, relajarse** relax

relámpago m flash of lightning; **viaje ~** flying visit

relampaguear: *relampagueó y tronó mucho* there was a lot of thunder and lightning

relativo relative; **~ a** regarding, about

relato m short story

relax m relaxation

relegar relegate

relevar MIL relieve; **~ a alguien de algo** relieve s.o.

of sth; **relevo** *m* MIL change; (*sustituto*) relief, replacement; **carrera de ~s** relay (race); **tomar el ~ de alguien** take over from s.o., relieve s.o.

relieve *m* relief; **poner de ~** highlight

religión *f* religion; **religiosa** *f* nun; **religiosidad** *f* religiousness; **religioso 1** *adj* religious **2** *m* monk

relinchar neigh

rellano *m* landing

rellenar fill; GASTR *pollo* stuff; *formulario* fill out, fill in; **relleno 1** *adj* GASTR stuffed; *pastel* filled **2** *m* stuffing; *en pastel* filling

reloj *m* clock; *de pulsera* watch, wristwatch; **~ de sol** sundial; **relojería** *f* watchmaker's; **relojero** *m*, **-a** *f* watchmaker

relucir sparkle, glitter

remachar *mesa, silla* rivet; *orden* repeat

remanente *m* remainder, surplus

remar row

rematar 1 *v/t* finish off; *L.Am.* COM auction **2** *v/i en fútbol* shoot; **remate** *m L.Am.* COM auction, sale; *en fútbol* shot; **ser tonto de ~** be a complete idiot

remediar remedy; **no puedo ~lo** I can't do anything about it; **remedio** *m* remedy; **sin ~** hopeless; **no hay más ~ que...** there's no alternative but to ...

remendar *con parche* patch; (*zurcir*) darn

remero *m* rower, oarsman

remesa *f* (*envío*) shipment, consignment; *L.Am. dinero* remittance

remiendo *m* (*parche*) patch; (*zurcido*) darn

remilgado fussy, finicky; **remilgo** *m*; **tener / hacer ~s** be fussy

remisión *f* remission; *en texto* reference; **remitente** *m/f* sender; **remitir 1** *v/t* send, ship; *en texto* refer (**a** to) **2** *v/i* MED go into remission; *de crisis* ease (off)

remo *m pala* oar; *deporte* rowing

remodelar redesign, remodel

remojar soak; *L.Am.* F *acontecimiento* celebrate

remolacha *f* beet, *Br* beetroot; **~ azucarera** sugar beet

remolcador *m* tug; **remolcar** AUTO, MAR tow

remolino *m de aire* eddy; *de agua* whirlpool

remolque *m* AUTO trailer

remordimiento *m* remorse

remoto remote

remover (*agitar*) stir; *L.Am.* (*destituir*) dismiss; *C.Am.*, *Méx* (*quitar*) remove

remplazar ☞ **reemplazar**

remuneración *f* remuneration; **remunerar** pay

Renacimiento *m* Renaissance

renacuajo *m* ZO tadpole; F

persona shrimp F

renal ANAT renal, kidney *atr*

rencor *m* resentment; **guardar ~ a alguien** bear s.o. a grudge; **rencoroso** resentful

rendición *f* surrender

rendido exhausted

rendija *f* crack; *(hueco)* gap

rendimiento *m* performance; FIN yield; *(producción)* output; **rendir 1** *v/t honores* pay; *beneficio* produce, yield **2** *v/i* perform; **rendirse** surrender

renegado 1 *adj* renegade *atr* **2** *m* renegade; **renegar:** ~ **de alguien** disown s.o.; ~ **de algo** renounce sth

renglón *m* line; **a ~ seguido** immediately after

reno *m* ZO reindeer

renombrado famous, renowned; **renombre** *m*: **de ~** famous, renowned

renovación *f* renewal; **renovar** renew

renta *f* income; *de casa* rent; **rentable** profitable; **rentar** *(arrendar)* rent out; *(alquiler)* rent

renuncia *f* resignation; **renunciar:** ~ **a** *tabaco, alcohol etc* give up; *puesto* resign; *demanda* drop

reñir 1 *v/t* tell off **2** *v/i* quarrel, fight F

reo *m, -a f* accused

reorganizar reorganize

reparación *f* repair; *fig* reparation; **reparar 1** *v/t* repair **2** *v/i*: ~ **en algo** notice sth; re-

paro *m*: **poner ~s a** find problems with; **repartir** *(dividir)* share out, divide up; *productos* share out; **reparto** *m (división)* share-out, distribution; TEA cast; ~ **a domicilio** home delivery

repasar *trabajo* go over again; EDU revise; **repaso** *m de lección* review, *Br* revision; *de últimas novedades* review; TÉC *de motor* service; **dar un ~ a alguien** tell s.o. off

repatriación *f* repatriation; **repatriarse** go home

repelente 1 *adj* fig repellent, repulsive; F *niño* horrible **2** *m* repellent; **repeler** repel

repente: **de ~** suddenly; **repentino** sudden

repercusión *f* fig repercussion; **repercutir** have repercussions (**en** on)

repertorio *m* TEA, MÚS repertoire

repetición *f* repetition; **repetir** repeat

repicar 1 *v/t campanas* ring; *castañuelas* click **2** *v/i* ring out; **repique** *m de campanas* ringing; *de castañuelas* clicking

repisa *f* shelf

repleto full (**de** of)

réplica *f* replica

replicar reply

repoblación *f* repopulation, restocking

repollo *m* BOT cabbage

reponer *existencias* replace;

TEA *obra* revive; **~ fuerzas** get one's strength back; re- ponerse recover (**de** from)- reportaje *m* story, report; reportero *m*, **-a** *f* reporter; **~ gráfico** press photo- grapher

reposacabezas *m inv* AUTO headrest; reposado calm; reposar rest; *de vino* settle reposición *f* TEA revival; TV repeat

reposo *m* rest

repostar refuel

repostería *f* pastries *pl*

reprender scold, tell off

represa *f* dam; (*embalse*) res- ervoir

represalia *f* reprisal

representación *f* representa- tion; TEA performance; **en ~ de** on behalf of; represen- tante *m/f* representative; re- presentar represent; *obra* put on, perform; *papel* play; **~ menos años** look younger

represión *f* repression

reprimenda *f* reprimand

reprimir *tb* PSI repress

reprobable reprehensible; reprobación *f* condemna- tion; reprobar condemn; *L.Am.* EDU fail

reprochar reproach; repro- che *m* reproach

reproducción *f* BIO repro- duction; reproducir repro- duce; reproducirse BIO re- produce, breed; reproduc- tor **1** *adj* breeding **2** *m* breeding animal

reptar creep

reptil *m* ZO reptile

república *f* republic; **Repú- blica Dominicana** Domini- can Republic; republicano **1** *adj* republican **2** *m*, **-a** *f* re- publican

repudiar *fml* repudiate; *he- rencia* renounce

repuesto **1** *part* ☞ **reponer 2** *m* spare part; **de ~** spare

repugnancia *f* disgust, re- pugnance; repugnante dis- gusting, repugnant; repug- nar disgust, repel

repulsión *f* repulsion; repul- sivo repulsive

reputación *f* reputation; re- putado reputable

requemar burn

requerimiento *m* request, re- quirement; requerir require; JUR summons

requesón *m* cottage cheese

requisar *Arg*, *Chi* MIL requisi- tion; requisito *m* require- ment

res *f L.Am.* bull; **carne** *f* **de ~** beef; **~es** cattle *pl*

resaca *f* MAR undertow; *de beber* hangover

resaltar **1** *v/t* highlight, stress **2** *v/i* ARQUI jut out; *fig* stand out

resbaladizo slippery; *fig* tricky; resbalar slide; *fig* slip (up)

rescatar rescue, save; resca- te *m de peligro* rescue; *en se- cuestro* ransom

rescindir cancel; *contrato* ter-

resentido 232

minate

resentido resentful; **resentimiento** *m* resentment; **resentirse** get upset; *de rendimiento, calidad* suffer

reseña *f de libro etc* review

reserva 1 *f* reservation; **~ natural** nature reserve; **sin ~s** without reservation; **2** *m/f* DEP reserve; **reservado 1** *adj* reserved **2** *m* private room; **reservar** (*guardar*) set aside, put by; *billete* reserve

resfriado 1 *adj*: **estar ~** have a cold **2** *m* cold; **resfriarse** catch (a) cold

resguardar protect (**de** from); **resguardo** *m* COM counterfoil

residencia *f* residence; **~ de ancianos** *o* **para la tercera edad** retirement home; residir reside; **~ en** *fig* lie in; residuo *m* residue; **~s** waste

resignación *f actitud* resignation; **resignarse** resign o.s. (**a** to)

resina *f* resin

resistencia *f* resistance; ELEC, TÉC resistor; **resistente** (*fuerte*) strong, tough; **~ al calor** heat-resistant; **~ al fuego** fireproof; **resistir 1** *v/i* resist; (*aguantar*) hold out **2** *v/t tentación* resist; *frío, dolor etc* stand, bear; **resistirse** be reluctant (**a** to)

resolución *f actitud* determination; *de problema* solution (**de** to); JUR ruling; **resolver**

problema solve; **resolverse** decide (**a** to; **por** on)

resonancia *f* TÉC resonance; **tener ~** have an impact; **resonar** echo

resorte *m* spring

respaldar back, support; **respaldo** *m de silla* back; *fig* backing, support

respectivo respective; **respecto**: **al ~** on the matter; **con ~ a** regarding

respetable respectable; **respetar** respect; **respeto** *m* respect; **respetuoso** respectful

respiración *f* breathing; **estar con ~ asistida** MED be on a respirator; **respirar** breathe; **respiro** *m fig* breather, break

resplandecer shine, gleam; **resplandor** *m* shine, gleam

responder 1 *v/t* answer **2** *v/i*: **~ a** answer, reply to; MED respond to; *descripción* fit, match; (*ser debido a*) be due to

responsabilidad *f* responsibility; **responsable 1** *adj* responsible (**de** for) **2** *m/f* person responsible (**de** for)

respuesta *f* (*contestación*) reply, answer; *fig* response

restablecer re-establish; **restablecerse** recover; **restablecimiento** *m* re-establishment; *de enfermo* recovery

restante 1 *adj* remaining **2** *m/fpl*: **los / las ~s** the rest *pl*, the remainder *pl*; **restar**

1 v/t subtract; **~ importancia a** play down the importance of **2** v/i remain, be left

restaurante m restaurant

restaurar restore

restitución f restitution; *de confianza, calma* restoration; *en cargo* reinstatement; **restituir** restore; *en cargo* reinstate

resto m rest, remainder; **los ~s mortales** the (mortal) remains

restricción f restriction; **restringir** restrict, limit

resuelto 1 *part* ☞ **resolver 2** *adj* decisive, resolute

resultado m result; **sin ~** without success; **resultar** turn out; **~ caro** turn out to be expensive

resumen m summary; **en ~** in short; **resumir** summarize

resurrección f REL resurrection

retablo m altarpiece

retaguardia f MIL rearguard

retal m remnant

retama f BOT broom

retar challenge; *Rpl* (*regañar*) scold, tell off

retardar delay; **retardarse** late

retención f MED retention; *de persona* detention; **~ fiscal** tax deduction; **retener** *dinero etc* withhold, deduct; *persona* detain

retina f ANAT retina

retirada f MIL retreat, withdrawal; **retirar** take away, re-

move; *acusación, dinero* withdraw; **retirarse** MIL withdraw; **retiro** m *lugar* retreat

reto m challenge; *Rpl* (*regañina*) scolding

retocar FOT retouch, touch up; (*acabar*) put the finishing touches to

retorcer twist; **retorcerse** writhe

retorno m return

retractar retract, withdraw

retransmisión f RAD, TV transmission, broadcast; **retransmitir** transmit, broadcast

retrasado 1 *part* ☞ **retrasar 2** *adj tren, entrega* late; *con trabajo, pagos* behind; **está ~ en clase** he's lagging behind in class; **~ mental** mentally handicapped; **retrasar 1** v/t hold up; *reloj* put back; *reunión* postpone, put back **2** v/i *de reloj* lose time; *en los estudios* be behind; **retrasarse** (*atrasarse*) be late; *de reloj* lose time; *con trabajo, pagos* get behind; **retraso** m delay; **ir con ~** be late

retratar FOT take a picture of; *fig* depict; **retrato** m picture; **~-robot** composite photo, E-Fit®

retrete m bathroom

retrovisor m AUTO rear-view mirror; **~ exterior** wing mirror

retumbar boom

reuma, reúma m MED rheumatism

reunificación f POL reunification; **reunificar** reunify, reunite

reunión f meeting; *de amigos* get-together; **reunir** *personas* bring together; *requisitos* meet; *datos* gather (together); **reunirse** meet up, get together; COM meet

revalorizar revalue

revancha f revenge

revelado m development; **revelar** FOT develop

reventa f resale

reventar 1 *v/i* burst; **lleno a ~** full to bursting 2 *v/t puerta etc* break down; **reventón** m AUTO blowout

reverencia f reverence; *saludo: de hombre* bow; *de mujer* curtsy

reversible *ropa* reversible; **reverso** m reverse, back

revés m setback; *tenis* backhand; **al** o **del ~** back to front; **con el interior fuera** inside out

revestimiento m TÉC covering, coating; **revestir** TÉC cover (**de** with); **~ gravedad** be serious

revisar check, inspect; **revisión** f check, inspection; AUTO service; **~ técnica** roadworthiness test; Br MOT (test); **~ médica** check-up; **revisor** m, **~a** f FERR (ticket) inspector

revista f magazine; *pasar ~ a* MIL inspect, review; *fig* review; *revistero* m magazine rack

revocar *pared* render; JUR revoke

revolución f revolution; **revolucionar** revolutionize

revolver 1 *v/t* GASTR stir; *estómago* turn; (*desordenar*) mess up 2 *v/i* rummage (**en** in)

revólver m revolver

revuelo m stir

revuelta f uprising

rey m king

rezar 1 *v/t oración* say 2 *v/i* pray; *de texto* say

ribera f shore, bank

ribete m trimming, edging; **~s** *fig* elements

rico 1 *adj* rich; *comida* delicious; F *niño* cute, sweet 2 m rich man; **nuevo ~** nouveau riche

ridículo 1 *adj* ridiculous 2 m ridicule; **hacer el ~, quedar en ~** make a fool of o.s.

riego 1 *vb* → **regar** 2 m AGR irrigation; **~ sanguíneo** blood flow

riel m FERR rail; **~ para cortinas** curtain rail

rienda f rein; *dar ~ suelta a* give free rein to

riesgo m risk; **correr el ~** run the risk (**de** of); **riesgoso** *L.Am.* risky

rifa f raffle

rifle m rifle

rigidez f rigidity; *de carácter* inflexibility; *fig* strictness; **rígido** rigid; *carácter* inflexible; *fig* strict; **rigor** *m* rigor, *Br* rigour; **riguroso** rigorous, harsh

rima *f* rhyme; **rimar** rhyme

rímel *m* mascara

rincón *m* corner; **rinconera** *f* corner unit

rinoceronte *m* ZO rhinoceros, rhino

riña *f* quarrel, fight

riñón *m* ANAT kidney

riñonera *f* fanny pack, *Br* bum bag

río 1 *m* river; **~ abajo / arriba** down / up river **2** *vb* ☞ *reír*

riqueza *f* wealth

risa *f* laugh; **~s** laughter; **dar ~** be funny; **morirse de ~** kill o.s. laughing; **tomar algo a ~** treat sth as a joke

risueño cheerful

ritmo *m* rhythm; **de desarrollo** rate, pace

rito *m* rite; **ritual** *m/adj* ritual

rival *m/f* rival; **rivalizar: ~ con** rival

rizado curly; **rizar** curl; **rizo** *m* curl

robar *persona, banco* rob; *objeto* steal; *naipe* take

roble *m* BOT oak

robo *m* robbery; **en casa** burglary

robot *m* robot; **~ de cocina** food processor

robusto robust, sturdy

roca *f* rock

rociar spray; **rocío** *m* dew

rodaballo *m* ZO turbot

rodaja *f* slice

rodaje *m* *de película* shooting,

filming; **rodar 1** *v/i* roll; *de coche* go, travel (**a** at); *sin rumbo fijo* wander **2** *v/t película* shoot

rodear surround; **rodeo** *m* detour; *con caballos y vaqueros etc* rodeo; **andarse con ~s** beat about the bush; **hablar sin ~s** not beat about the bush

rodilla *f* knee; **de ~s** kneeling, on one's knees; **hincarse** *o* **ponerse de ~s** kneel (down)

roedor *m* rodent; **roer** gnaw; *fig* eat into

rogar ask for; *(implorar)* beg for, plead for; **hacerse de ~** play hard to get

rojo 1 *adj* red; **al ~ vivo** red hot **2** *m color* red **3** *m, -a f* POL red, commie *F*

rollo *m* FOT roll; *fig F* drag *F*; **buen / mal ~** *F* good / bad atmosphere

románico *m/adj* Romanesque; **romano 1** *adj* Roman **2** *m, -a f* Roman; **romántico 1** *adj* romantic **2** *m, -a f* romantic

romería *f* procession

romper 1 *v/t* break; *(hacer añicos)* smash; *tela, papel* tear **2** *v/i* break; **~ a** start to; **~ con alguien** break up with s.o.

ron *m* rum

roncar snore

ronco hoarse; **quedarse ~** go hoarse

ronda *f* round

ronquera *f* hoarseness

ropa *f* clothes *pl*; **~ de cama**

bedclothes pl; **~ interior** underwear; **~ íntima** L.Am. underwear; **ropero** m closet, Br wardrobe

rosa 1 adj pink **2** f BOT rose; **rosado 1** adj pink; vino rosé **2** m rosé; **rosario** m REL rosary; fig string

rosbif m GASTR roast beef

rosca f TÉC thread; GASTR F pastry similar to a donut

rostro m face

rotación f rotation

roto 1 part ☞ **romper 2** adj pierna etc broken; (hecho añicos) smashed; tela, papel torn **3** m, -a f Chi one of the urban poor

rotonda f traffic circle, Br roundabout

rotulador m fiber-tip, Br fibre-tip, felt-tip; **rotular** label; **rótulo** m sign

rotura f breakage; **una ~ de cadera** MED a broken hip

rozar 1 v/t rub; (tocar ligeramente) brush; fig touch on **2** v/i rub

rubeola, rubéola f MED German measles sg

rubí m ruby

rubio blond; **tabaco ~** Virginia tobacco

rudo rough

rueda f wheel; **~ dentada** cogwheel; **~ de prensa** press conference; **~ de recambio** spare wheel

ruedo m TAUR bullring

ruego 1 vb ☞ **rogar 2** m request

rufián m rogue

ruido m noise; **mucho ~ y pocas nueces** all talk and no action; **ruidoso** noisy

ruina f ruin; **llevar a alguien a la ~** fig bankrupt s.o.

ruiseñor m ZO nightingale

ruleta f roulette

rulo m roller

Rumania Romania; **rumano 1** adj Romanian **2** m, -a f Romanian **3** m idioma Romanian

rumbo m course; **tomar ~ a** head for; **perder el ~** fig lose one's way

rumor m rumor, Br rumour

ruptura f de relaciones breaking off; de pareja break-up

rural 1 adj rural **2** m Rpl station wagon, Br estate car; **~es** Méx (rural) police

Rusia Russia; **ruso 1** adj Russian **2** m, -a f Russian **3** m idioma Russian

rústico rustic

ruta f route

rutina f routine; **rutinario** routine atr

S

S.A. (= *sociedad anónima*) inc. (= incorporated), *Br* plc (= public limited company)

sábado *m* Saturday

sabana *f* savanna(h)

sábana *f* sheet; **~ ajustable** fitted sheet

saber 1 *v/t* know (*de* about); **~ hacer algo** know how to do sth, be able to do sth; **hacer ~ algo a alguien** let s.o. know sth; **¡qué sé yo!** who knows?; **que yo sepa** as far as I know **2** *v/i* taste (*a* of); **me sabe mal** *fig* it upsets me **3** *m* knowledge, learning; **sabido** well-known

sabio 1 *adj* wise; (*sensato*) sensible **2** *m*, **-a** *f* wise person; (*experto*) expert

sable *m* saber, *Br* sabre

sabor *m* flavor, *Br* flavour, taste; (*experto*) savor, *Br* savour; *fig* relish

sabotaje *m* sabotage; **sabotear** sabotage

sabroso tasty; *fig* juicy; *L.Am.* (*agradable*) nice

sacacorchos *m inv* corkscrew; **sacapuntas** *m inv* pencil sharpener

sacar *v/t* take out; (*mancha*) take out, remove; (*información*) get; *disco, libro* bring out; *lengua* stick out; *fotoco-*

pias make; **~ a alguien a bailar** ask s.o. to dance; **~ algo en claro** (*entender*) make sense of sth; **~ de paseo** take for a walk

sacarina *f* saccharin(e)

sacerdote *m* priest

saco *m* sack; *L.Am.* jacket; **~ de dormir** sleeping bag

sacramento *m* sacrament

sacrificar sacrifice; (*matar*) slaughter; **sacrificio** *m* sacrifice; **sacrilegio** *m* sacrilege; **sacristán** *m* sexton; **sacristía** *f* vestry

sacudida *f* shake, jolt; ELEC shake; **sacudir** *tb fig* shake; *F niño* beat

sagaz shrewd, sharp

Sagitario *m/f inv* ASTR Sagittarius

sagrado sacred, holy

sal 1 *f* salt; **~ común** cooking salt **2** *vb* **← salir**

sala *f* room, hall; *de cine* screen; JUR court room; **~ de chat** chat room; **~ de embarque** AVIA departure lounge; **~ de espera** waiting room; **~ de estar** living room; **~ de fiestas** night club; **~ de sesiones** o **de juntas** boardroom

salado salted; (*con demasiada sal*) salty; (*no dulce*) savory, *Br* savoury; *fig* funny, witty; *C.Am., Chi, Rpl* F pric(e)y F

salar 1 v/t add salt to; salt; *para conservar* salt **2** m *Arg* salt mine

salario m salary

salchicha f sausage; **salchichón** m type of spiced sausage

saldar *disputa* settle; *deuda* settle, pay; *géneros* sell off; **saldo** m COM balance; *(resultado)* result; **~ acreedor** credit balance; **~ deudor** debit balance; **de ~** reduced, on sale

salero m salt cellar; *fig* wit

salida f exit, way out; TRANSP departure; *de carrera* start; **~ de emergencia** emergency exit

saliente projecting, protruding; *presidente* outgoing

salir leave, go out; *(aparecer)* appear, come out; *(venir fuera de)* come out of; **~ a alguien** take after s.o.; **~ a 1000 dólares** cost 1000 dollars; **~ bien / mal** turn out well / badly; **no me salió el trabajo** I didn't get the job; **~ con alguien** date s.o.; **~ perdiendo** end up losing; **salirse de** *líquido* overflow; *(dejar)* leave; **~ con la suya** get what one wants

saliva f saliva; **tragar ~** hold one's tongue

salmo m psalm

salmón m ZO salmon

salón m living room; **~ de actos** auditorium, hall; **~ de baile** dance hall; **~ de belleza** beauty salon

salpicar splash, spatter (*con* with); *fig* sprinkle, pepper

salsa f GASTR sauce; *baile* salsa; **en su ~** *fig* in one's element; **salsera** f sauce boat

saltar 1 v/i jump, leap; **~ a la vista** *fig* be obvious; **~ sobre** pounce on; **~ a la comba** jump rope, *Br* skip **2** v/t *valla* jump

salto m leap, jump; **~ de agua** waterfall; **~ de altura** high jump; **~ de longitud** broad jump, *Br* long jump; **~ mortal** somersault

salubridad f *L.Am.* health; **Salubridad** *L.Am.* Department of Health

salud f health; **¡(a tu) ~!** cheers!; **saludable** healthy; **saludar** say hello to, greet; MIL salute; **saludo** m greeting; MIL salute; **~s en carta** best wishes

salvación f REL salvation; **salvador** m REL savior, *Br* saviour

salvadoreño 1 adj Salvador-(e)an **2** m, **-a** f Salvador(e)an

salvaje 1 adj wild; *(bruto)* brutal **2** m/f savage

salvamento m rescue; **buque de ~** lifeboat; **salvar** save; *obstáculo* get over; **salvapantallas** m inv INFOR screensaver; **salvavidas** m inv life belt

salvia *f* BOT sage

salvo 1 *adj*: **estar a ~** be safe (and sound); **ponerse a ~** reach safety **2** *adv* & *prp* except, save

San Saint

sanar 1 *v/t* cure **2** *v/i de persona* get well, recover; *de herida* heal; **sanatorio** *m* sanitarium, clinic

sanción *f* JUR penalty, sanction; **sancionar** penalize; (*multar*) fine

sandalia *f* sandal

sandía *f* watermelon

saneamiento *m* cleaning up; COM restructuring; **sanear** clean up; COM restructure

sangrar bleed; **sangre** *f* blood; **~ fría** *fig* coolness; **a ~ fría** *fig* in cold blood; **sangría** *f* GASTR sangria; **sangriento** bloody

sanidad *f* health; **sano** healthy; **~ y salvo** safe and well; **cortar por lo ~** take drastic measures

santiguarse cross o.s., make the sign of the cross

santo 1 *adj* holy **2** *m* saint; **~ y seña** F password; **¿a ~ de qué?** F what on earth for? F; **santuario** *m fig* sanctuary

sapo *m* ZO toad

saque *m en tenis* serve; **~ de banda** *en fútbol* throw-in; **~ de esquina** corner (kick); **tener buen ~** F have a big appetite; **saquear** sack, ransack

sarampión *m* MED measles

sarcasmo *m* sarcasm; **sarcástico** sarcastic

sardina *f* sardine; **como ~s en lata** like sardines

sargento *m* sergeant

sarna *f* MED scabies *sg*

sarro *m* tartar

sartén *f* frying pan

sastre *m* tailor; **sastrería** *f* tailoring; (*taller*) tailor's shop

satélite *m* satellite; **ciudad ~** satellite town

sátira *f* satire; **satírico 1** *adj* satirical **2** *m*, **-a** *f* satirist

satisfacción *f* satisfaction; **satisfacer** satisfy; *requisito*, *exigencia tb* meet; *deuda* settle, pay off; **satisfactorio** satisfactory; **satisfecho 1** *part* ☞ **satisfacer 2** *adj* satisfied; (*lleno*) full; **darse por ~** be satisfied (**con** with)

sauce *m* BOT willow; **~ llorón** weeping willow

saúco *m* BOT elder

saudí *m/f* & *adj* Saudi; **saudita** *m/f* Saudi

sauna *f* sauna

sazonar GASTR season

scooter *m* motor scooter

se ◊ *complemento indirecto*: *a él* (to) him; *a ella* (to) her; *a usted, ustedes* (to) you; *a ellos* (to) them; **~ lo daré** I will give it to him / her / you / them ◊ *reflexivo*: *con él* himself; *con ella* herself; *cosa* itself; *con usted* yourself; *con ustedes* yourselves; *con ellos* themselves; *con ella* ... **vistió**

he got dressed, he dressed himself; **se lavó las manos** she washed her hands; **~ abrazaron** they hugged each other ◇ *oración impersonal:* **~ cree** it is thought; **~ habla español** Spanish spoken

sebo *m* grease, fat

secador *m:* **~ (de pelo)** hair dryer; **secadora** *f* dryer; **secar, secarse** dry

sección *f* section

seco dry; *fig: persona* curt, brusque; **parar en ~** stop dead

secretaria *f* secretary; **~ de dirección** executive secretary; **secretaría** *f* secretary's office; *de organización* secretariat; **secretario** *m* tb POL secretary; **secreto 1** *adj* secret **2** *m* secret; **un ~ a voces** an open secret

secta *f* sect

sector *m* sector

secuela *f* MED after-effect

secuestrar *barco, avión* hijack; *persona* abduct, kidnap; **secuestro** *m* de barco, avión* hijacking; *de persona* abduction, kidnapping; **~ aéreo** hijacking

secular secular, lay

secundario secondary

sed *f* tb *fig* thirst; **tener ~** be thirsty

seda *f* silk

sedante *m* sedative

sede *f* de organización* headquarters; *de acontecimiento* site; **~ social** head office

sediento *f* thirsty; **estar ~ de** *fig* thirst for

seducción *f* seduction; *(atracción)* attraction; **seducir** seduce; *(atraer)* attract; *(cautivar)* captivate, charm; **seductor 1** *adj* seductive; *(atractivo)* attractive; *oferta* tempting **2** *m* seducer; **seductora** *f* seductress

segadora *f* reaper, harvester; **segar** reap, harvest

seguida *f:* **en ~** at once, immediately; **seguido 1** *adj* consecutive, successive; **ir todo ~** go straight on **2** *adv* *L.Am.* often, frequently; **seguir 1** *v/t* follow **2** *v/i* continue, carry on; **sigue enfadado conmigo** he's still angry with me

según 1 *prp* according to **2** *adv* it depends

segundo *m/adj* second

seguridad *f* safety; *contra crimen* security; *(certeza)* certainty; **Seguridad Social** *Esp* Welfare, *Br* Social Security; **seguro 1** *adj* safe; *(estable)* steady; *(cierto)* sure; **es ~** *(cierto)* it's a certainty; **~ de sí mismo** self-confident, sure of o.s. **2** *adv* for sure **3** *m* COM insurance; *de puerta, coche* lock; *L.Am.* *(imperdible)* safety pin; **poner el ~** lock the door; **ir sobre ~** be on the safe side

seis six

seísmo *m* earthquake

selección f selection; ~ **nacional** DEP national team; **seleccionar** choose; select; **selecto** select

sellar seal; **sello** m stamp; fig hallmark; ~ **discográfico** (record) label

selva f (bosque) forest; (jungla) jungle; ~ **tropical** tropical rain forest

semáforo m traffic light

semana f week; **Semana Santa** Holy Week, Easter; **semanal** weekly; **semanario** m weekly

sembradora f seed drill; mujer sower; **sembrar** sow; fig: pánico etc spread

semejante 1 adj similar; **jamás he oído ~ tontería** I've never heard such nonsense **2** m fellow human being, fellow creature

semen m BIO semen

semestre m six-month period; EDU semester

semicírculo m semicircle; **semicorchea** f MÚS sixteenth note, Br semiquaver; **semifinal** f DEP semifinal

semilla f seed

seminario m seminary

sémola f semolina

senado m senate; **senador** m, ~a f senator

sencillez f simplicity; **sencillo 1** adj simple **2** m L.Am. small change

senda f path, track; **sendero** m path, track

senil senile

seno m tb fig bosom; ~**s** breasts

sensación f feeling, sensation; **causar ~** fig cause a sensation; **sensacional** sensational

sensato sensible

sensibilidad f feeling; (emotividad) sensitivity; **sensible** sensitive; (apreciable) appreciable, noticeable; **sensual** sensual; **sensualidad** f sensuality

sentado sitting, seated; **dar por ~** fig take for granted, assume; **sentar 1** v/t fig establish, create **2** v/i: ~ **bien a alguien** de comida agree with s.o.; **le sienta bien esa chaqueta** that jacket suits her; **sentarse** sit down

sentencia f JUR sentence

sentido m sense; (significado) meaning; ~ **común** common sense; ~ **del humor** sense of humor o Br humour; **perder / recobrar el ~** lose / regain consciousness

sentimental emotional; **ser ~** be sentimental; **sentimiento** m feeling; **lo acompaño en el ~** my condolences

sentir 1 m feeling, opinion **2** v/t feel; (percibir) sense; **lo siento** I'm sorry

seña f gesture, sign; ~**s** address; **hacer ~s** wave

señal f signal; fig sign, trace; COM deposit; **en ~ de** as a token of; **señalar** indicate, point out

señor 1 *m* gentleman, man; *trato* sir; *escrito* Mr; **el ~ López** Mr López; **los ~es López** Mr and Mrs López; **~ora** *f* lady, woman; *trato* ma'am, *Br* madam; *escrito* Mrs, Ms; **la ~ López** Mrs López; **mi ~** my wife; **~s y señores** ladies and gentlemen; **señorita** *f* young lady, young woman; *tratamiento* Miss; *escrito* Miss; **la ~ López** Ms López, Miss López

Señor *m* Lord

separación *f* separation; **~ de bienes** JUR division of property; **separado** separated; **por ~** separately; **separar** separate; **separarse** separate, split up F; **separatismo** *m* separatism; **separatista** *m/f* & *adj* separatist

sepia *f* ZO cuttlefish

septiembre *m* September

séptimo seventh

sepulcro *m* tomb; **sepultar** bury; **sepultura** *f* burial; **(tumba)** tomb; **dar ~ a alguien** bury s.o.

sequía *f* drought

séquito *m* retinue, entourage

ser 1 *v/i* be; **es de Juan** it's Juan's, it belongs to Juan; **a no ~ que** unless; **¡eso es!** exactly!, that's right!; **es de esperar** it's to be hoped; **¿cuánto es?** how much is it?; **¿qué es de ti?** how's life?, how're things?; **o sea** in other words **2** *m* being

Serbia Serbia; **serbio 1** *adj*

Serb(ian) **2** *m*, **-a** *f* Serb **3** *m idioma* Serbian

serenidad *f* calmness, serenity; **sereno 1** *m*: **dormir al ~** sleep outdoors **2** *adj* calm, serene

serial *m* TV, RAD series *sg*

serie *f* series *sg*; **fuera de ~** out of this world

seriedad *f* seriousness; **serio** serious; *(responsable)* reliable; **en ~** seriously

sermón *m* sermon

seropositivo MED HIV positive

serpentina *f* streamer; **serpiente** *f* ZO snake; **~ de cascabel** rattlesnake

serrar saw; **serrín** *m* sawdust; **serrucho** *m* handsaw

servicio *m* service; **~s** restroom, *Br* toilets; **~ militar** military service; **~ de atención al cliente** customer service; **estar de ~** be on duty; **servidor** *m* INFOR server; **servidumbre** *f* (*criados*) servants *pl*; (*condición*) servitude; **servil** servile; **servilleta** *f* napkin, serviette; **servir 1** *v/t* serve **2** *v/i* be of use; **¿para qué sirve esto?** what is this (used) for?; **no ~ de nada** be no use at all; **servirse** help o.s.; *comida* help oneself

sésamo *m* sesame

sesenta sixty

sesión *f* session; *en cine, teatro* show, performance

seso *m* ANAT brain; *fig* brains

pl, sense

seta *f* BOT mushroom; *venenosa* toadstool

setenta seventy

seto *m* hedge

seudónimo *m* pseudonym

severo severe

sexismo *m* sexism; **sexista** *m/f & adj* sexist; **sexo** *m* sex

sexto sixth

sexual sexual; **sexualidad** *f* sexuality

sí 1 *adv* yes **2** *pron tercera persona: singular masculino* himself; *femenino* herself; *cosa, animal* itself; *pl* themselves; *usted* yourself; *ustedes* yourselves; *por ~ solo* by himself / itself, on his / its own

si if; **~ no** if not; *como ~* as if; *por ~ in* case; *me pregunto si vendrá* I wonder whether he'll come

SIDA *m* (= **síndrome de inmunidad deficiente adquirida**) Aids (= acquired immune deficiency syndrome)

sidra *f* cider

siembra *f* sowing

siempre always; *~ que* providing that, as long as; *lo de ~* the same old story; *para ~* for ever

sien *f* ANAT temple

sierra *f* saw; GEOG mountain range

siesta *f* siesta, nap; *dormir la ~* have a siesta *o* nap

siete seven

sífilis *f* MED syphilis

sifón *m* TÉC siphon

sigla *f* abbreviation, acronym

siglo *m* century; *hace ~s o un ~ que no le veo fig* I haven't seen him in a long long time

significado *m* meaning; **significar** mean, signify; **significativo** meaningful, significant

signo *m* sign; *~ de admiración* exclamation mark; *~ de interrogación* question mark; *~ de puntuación* punctuation mark

siguiente 1 *adj* next, following **2** *pron* next (one)

sílaba *f* syllable

silbar whistle; **silbato** *m* whistle; **silbido** *m* whistle

silenciador *m* AUTO muffler, *Br* silencer; **silenciar** silence; **silencio** *m* silence; **silencioso** silent

silla *f* chair; *~ de montar* saddle; *~ de ruedas* wheelchair; **sillón** *m* armchair, easy chair

silueta *f* silhouette

silvestre wild

simbólico symbolic; **simbolismo** *m* symbolism; **simbolizar** symbolize; **símbolo** *m* symbol

simétrico symmetrical

similar similar

simpatía *f* warmth, friendliness; **simpático** nice, lik(e)able

simple 1 *adj* simple; (*mero*)

ordinary **2** *m* simpleton;
simplicidad *f* simplicity;
simplificar simplify; **simplista** simplistic

simulación *f* simulation; **simulacro** *m* (*cosa falsa*) pretense, *Br* pretence, sham; (*simulación*) simulation; **~ de incendio** fire drill; **simulador** *m* simulator; **simular** simulate

simultáneo simultaneous

sin without; **~ que** without; **~ preguntar** without asking

sinceridad *f* sincerity; **sincero** sincere

sindical union *atr*; **sindicato** *m* (*labor o Br* trade) union

sinfonía *f* MÚS symphony

singular 1 *adj* singular; *fig* outstanding, extraordinary **2** *m* GRAM singular

siniestro 1 *adj* sinister **2** *m* accident; (*catástrofe*) disaster

sino 1 *m* fate **2** *conj* but; (*salvo*) except

síntesis *f inv* synthesis; (*resumen*) summary; **sintético** synthetic

síntoma *m* symptom

sinvergüenza *m/f* swine; **¡qué ~!** (*descarado*) what a nerve!

siquiera: **ni ~** not even; **~ beber algo** *L.Am.* at least have a drink

sirena *f* siren

sirvienta *f* maid; **sirviente** *m* servant

sistema *m* system; **~ operativo** operating system; **sis-**

temático systematic

sitiar surround, lay siege to; **sitio** *m* place; (*espacio*) room; **hacer ~** make room; **en ningún ~** nowhere; **~ web** web site; **situación** *f* situation; **situado** situated; **estar ~** be situated; **bien ~** *fig* in a good position; **situar** place, put; **situarse** be situated

slalom *m* slalom

sobaco *m* armpit

soberbio proud, arrogant; *fig* superb

sobornar bribe; **soborno** *m* bribe

sobra *f* surplus, excess; **hay de ~** there's more than enough; **~s** leftovers; **sobrar**: **sobra comida** there's food left over; **sobrado 1** *adj* **estar o andar ~ de algo** have plenty of sth; **no andar muy ~ de algo** not have much sth **2** *adv* easily; **te conozco ~** I know you well enough; **sobrante** remaining, left over

sobre 1 *m* envelope **2** *prp* on; **~ esto** about this; **~ las tres** about three o'clock; **~ todo** above all, especially

sobrecargar overload

sobreestimar overestimate

sobremanera exceedingly

sobremesa *f*: **de ~** afternoon *atr*

sobrenombre *m* nickname

sobresaliente outstanding, excellent

sobrevivir survive

sombra

sobrina f niece; **sobrino** m nephew

sobrio sober; *comida, decoración* simple; *(moderado)* restrained

socarrón sarcastic, snide F

social social; **socialismo** m socialism; **socialista** m/f & adj socialist

sociedad f society; **~ anónima** public corporation, Br public limited company; **~ de consumo** consumer society

socio m, **-a** f de club etc member; COM partner

sociología f sociology

socorrer help, assist; **socorro** m help, assistance; **¡~!** help!

soda f soda (water)

sodio m sodium

soez f crude, coarse

sofá m sofa; **sofá-cama** m sofa bed

sofisticación f sophistication; **sofisticado** sophisticated

sofocar suffocate; *incendio* put out

soga f rope

soja f soy, Br soya

sol m sun; **hace ~** it's sunny; **tomar el ~** sunbathe

solamente only

solar m vacant lot

solario, solárium m solarium

soldado m/f soldier

soldar weld, solder

soleado sunny

soledad f solitude, loneliness

solemne solemn; **solemni-**dad f solemnity; **de ~** extremely

soler: **~ hacer algo** usually do sth; **suele venir temprano** he usually comes early; **solía visitarme** he used to visit me

solicitante m/f applicant; **solicitar** request; *empleo, beca* apply for; **solícito** attentive; **solicitud** f application, request

solidario supportive, understanding

solidez f solidity; *fig* strength; **sólido** solid; *fig* sound

solista m/f soloist

solitaria f ZO tapeworm; **solitario 1** adj solitary; *lugar* lonely **2** m solitaire; Br patience; **actuó en ~** he acted alone

sollozar sob; **sollozo** m sob

solo only, just

solo single; **estar ~** be alone; **sentirse ~** feel lonely; **un ~ día** a single day; **a solas** alone, by o.s.; **por sí ~** by o.s.

solomillo m GASTR sirloin

soltar let go of; *(librar)* release, let go; *olor* give off

soltera f single o unmarried woman; **soltero 1** adj single, not married **2** m bachelor, unmarried man; **solterona** f desp old maid

soltura f fluency, ease

soluble soluble; **solución** f solution; **solucionar** solve

solvente solvent

sombra f shadow; **a la ~ de un árbol** in the shade of a tree;

a la ~ *de fig* under the protection of; ~ *de ojos* eye shadow

sombrero *m* hat

sombrilla *f* sunshade, beach umbrella

sombrío *m* somber, *Br* sombre

someter subject; ~ *a votación* put sth to the vote

somier *m* bed base

somnífero *m* sleeping pill

somnolencia *f* sleepiness; **somnoliento** sleepy

son *m* sound; *al* ~ *de* to the sound of 2 *vb* ☞ **ser**

sonar ring out; ~ *a* sound like; *me suena esa voz* I know that voice

sonda *f* MED catheter; ~ *espacial* space probe; **sondear** *fig* survey, poll; **sondeo** *m*: ~ *(de opinión)* survey, (opinion) poll

sonido *m* sound

sonreír smile; **sonrisa** *f* smile

sonrojar: ~ *a alguien* make s.o. blush; **sonrojarse** blush; **sonrojo** *m* blush

soñar dream (*con* about)

soñoliento sleepy

sopa *f* soup; **sopera** *f* soup tureen

soplar 1 *v/i del viento* blow 2 *v/t vela* blow out; *polvo* blow away; ~ *algo a la policía* tip the police off about sth; **soplo** *m*: *en un* ~ F in an instant; **soplón** *m* F informer

soportable bearable; **soportar** *fig* put up with, bear;

no puedo ~ *a José* I can't stand José; **soporte** *m* support, stand; ~ *lógico* INFOR software; ~ *físico* INFOR hardware

soprano MÚS *m/f* soprano

sorber sip

sorbete *m* sorbet; *C.Am.* ice cream

sorbo *m* sip

sordera *f* deafness

sordo 1 *adj* deaf 2 *m*, -*a f* deaf person; *hacerse el* ~ turn a deaf ear; **sordomudo** 1 *adj* deaf and dumb 2 *m*, -*a f* deaf-mute

soroche *m* *Pe, Bol* altitude sickness

sorprendente surprising; **sorprender** surprise; **sorpresa** *f* surprise; *de o por* ~ by surprise

sortear draw lots for; *obstáculo* get around; **sorteo** *m* *(lotería)* lottery, (prize) draw

sortija *f* ring

sosiego *m* calm, quiet

soso 1 *adj* tasteless, insipid; *fig* dull 2 *m*, -*a f* stick-in-the-mud F

sospecha *f* suspicion; **sospechar** 1 *v/t* suspect 2 *v/i* be suspicious; ~ *de alguien* suspect someone; **sospechoso** 1 *adj* suspicious 2 *m*, -*a f* suspect

sostén *m* brassiere, bra; *fig* pillar, mainstay; **sostener** *familia* support; *opinión* hold

sota *f naipes* jack

sótano *m* basement

su, sus *de él* his; *de ella* her; *de cosa* its; *de usted, ustedes* your; *de ellos* their; *de uno* one's

suave soft, smooth; *sabor, licor* mild; suavizante *m de pelo, ropa* conditioner; suavizar *tb fig* soften

subasta *f* auction; sacar a ~ put up for auction; subastar auction (off)

subcontratar subcontract, outsource

súbdito *m* subject

subestimar underestimate

subida *f* rise; subido: **~ de tono** *fig* risqué, racy; subir **1** *v/t cuesta, escalera* go up, climb; *objeto* raise, lift; *intereses, precio* raise **2** *v/i para indicar acercamiento* come up; *para indicar alejamiento* go up; *de precio* rise, go up; *a un tren, autobús* get on; *a un coche* get in

súbito: **de ~** suddenly, all of a sudden

subjetivo subjective

subjuntivo *m* GRAM subjunctive

sublevar **1** *v/t* incite to revolt; *fig* infuriate, get angry

sublime sublime, lofty

submarinismo *m* scuba diving; submarino **1** *adj* underwater **2** *m* submarine

subnormal subnormal

subordinado **1** *adj* subordinate **2** *m, -a f* subordinate

subrayar *tb fig* underline

subsidio *m* welfare, *Br* benefit; **~ de paro** *o* **desempleo** unemployment compensation *o Br* benefit

subsistencia *f* subsistence, survival; *de pobreza, tradición* persistence; subsistir live, survive; *de pobreza, tradición* live on, persist

subsuelo *m* subsoil; *Rpl en edificio* basement

subterráneo **1** *adj* underground **2** *m L.Am.* subway, *Br* underground

subtítulo *m* subtitle

suburbio *m* slum area

subvención *f* subsidy

suceder happen, occur; **~ a** follow; **¿qué sucede?** what's going on?; sucesión *f* succession; sucesivo successive; **en lo ~** from now on; suceso *m* event; sucesor *m*, **-a** *f* successor

suciedad *f* dirt; sucio *tb fig* dirty

sucumbir succumb, give in

sucursal *f* COM branch

sudadera *f* sweatshirt; sudar sweat

Sudáfrica South Africa; sudafricano **1** *adj* South African **2** *m*, **-a** *f* South African; Sudamérica South America; sudamericano **1** *adj* South American **2** *m*, **-a** *f* South American; sudeste *m* southeast; sudoeste *m* southwest

sudor *m* sweat; sudoroso sweaty

Suecia f Sweden; **sueco 1** adj Swedish **2** m, -a f Swede **3** m idioma Swedish

suegra f mother-in-law; **suegro** m father-in-law

suela f de zapato sole

sueldo m salary

suelo m en casa floor; en el exterior earth, ground; AGR soil; **estar por los ~s** F be at rock bottom F

suelto 1 adj loose, free; **un pendiente ~** a single earring; **andar ~** be at large **2** m loose change

sueño m (estado de dormir) sleep; (fantasía, imagen mental) dream; **tener ~** be sleepy

suero m MED saline solution; sanguíneo blood serum

suerte f luck; **por ~** luckily; **echar a ~s** toss for, draw lots for; **probar ~** try one's luck

suéter m sweater

suficiente 1 adj enough, sufficient **2** m EDU pass

sufrir 1 v/t fig suffer, put up with **2** v/i suffer (de from)

sugerencia f suggestion; **sugerir** suggest

suicida 1 adj suicidal **2** m/f suicide victim; **suicidarse** commit suicide; **suicidio** m suicide

Suiza f Switzerland; **suizo 1** adj Swiss **2** m, -a f Swiss **3** m GASTR sugar topped bun

sujetador m brassiere, bra; **sujetar** hold (down), keep in place; (sostener) hold; **sujeto 1** adj secure **2** m individ-ual; GRAM subject

suma f sum; **en ~** in short; sumamente extremely; **sumar 1** v/t add; **5 y 6 suman 11** 5 and 6 make 11 **2** v/i add up; **sumario** m summary; JUR indictment; **sumarse:** **~ a** join

sumergir submerge

sumidero m drain

suministrar supply, provide; **suministro** m supply

sumisión f submission; **sumiso** submissive

sumo supreme; **con ~ cuidado** with the utmost care; **a lo ~** at the most

suntuoso sumptuous

superar persona beat; límite go beyond, exceed; obstáculo overcome, surmount

superávit m surplus

superficial superficial, shallow; **superficie** f surface

superfluo superfluous

superior 1 adj super; en jerarquía superior; **ser ~ a** be superior to **2** m superior; **superioridad** f superiority

supermercado m supermarket

supersónico supersonic

superstición f superstition; **supersticioso** superstitious

suplementario supplementary; **suplemento** m supplement

suplente m/f substitute, stand-in

suplicar cosa plead for, beg for; persona beg

suplicio *m fig* torment, ordeal

suponer suppose, assume; **suposición** *f* supposition

supositorio *m* MED suppository

supremacía *f* supremacy; **supremo** supreme

supresión *f* suppression; *de impuesto, ley* abolition; *de restricción* lifting; *de servicio* withdrawal; **suprimir** suppress; *ley, impuesto* abolish; *restricción* lift; *servicio* withdraw; *puesto de trabajo* cut

supuesto 1 *part* ☞ **suponer 2** *adj* supposed, alleged; *por ~* of course **3** *m* assumption

supurar weep, ooze

sur *m* south

surafricano ☞ **sudafricano**

suramericano ☞ **sudamericano**

surcar sail

surco *m* AGR furrow

surf(ing) *m* surfing; **surfista** *m/f* surfer

surgimiento *m* emergence; **surgir** *fig* emerge; *de problema* come up; *de agua* spout

surtido 1 *adj* assorted; *bien ~* COM well stocked **2** *m* assortment, range; **surtidor** *m*: *~ de gasolina o de nafta* gas pump; *Br* petrol pump; **surtir** **1** *v/t* supply; *~ efecto* have the desired effect **2** *v/i* spout

susceptible touchy; *ser ~ de mejora* leave room for improvement

suscitar arouse; *polémica* generate; *escándalo* provoke

suscribir subscribe to; **suscripción** *f* subscription; **suscriptor** *m*, *~a f* subscriber

suspender **1** *v/t empleado, alumno* suspend; *objeto* hang; *reunión* adjourn; *examen* fail **2** *v/i* EDU fail; **suspensión** *f* suspension; **suspenso 1** *adj alumnos ~s* students who have failed; *en ~* suspended **2** *m* fail

suspicacia *f* suspicion; **suspicaz** suspicious

suspirar sigh; *~ por algo* yearn for sth, long for sth; **suspiro** *m* sigh

sustancia *f* substance; **sustancial** *adj* substantial; **sustantivo** *m* GRAM noun

sustituir: *~ X por Y* replace X with Y, substitute Y for X; **sustituto** *m* substitute

susto *m* fright, scare; *dar o pegar un ~ a alguien* give s.o. a fright

sustraer subtract, take away; *(robar)* steal

susurrar whisper; **susurro** *m* whisper

sutil *fig* subtle; **sutileza** *f fig* subtlety

sutura *f* MED suture

suyo, **suya** *de él* his; *de ella* hers; *de usted, ustedes* yours; *de ellos* theirs; *los ~s* his / her etc folks, his / her etc family; *salirse con la ~a* get one's own way

T

tabaco *m* tobacco

tábano *m* ZO horsefly

taberna *f* bar

tabique *m* partition

tabla *f* *de madera* board, plank; PINT panel; *(cuadro)* table; *de planchar* ironing board; *~ de surf* surfboard; *acabar o quedar en ~s* end in a tie

tablado *m* *en un acto* platform; *de escenario* stage

tablero *m* board, plank; *de juego* board; *~ de mandos o de instrumentos* AUTO dashboard; **tableta** *f*: *~ de chocolate* chocolate bar

taburete *m* stool

tacaño 1 *adj* F miserly **2** *m*, **-a** *f* F miser

tachar cross out

tácito tacit

taco *m* F *(palabrota)* swear word; GASTR taco *(filled tortilla)*

tacón *m de zapato* heel; *zapatos de ~* high-heeled shoes

táctica *f* tactics *pl*

tacto *m* (sense of) touch; *fig* tact, discretion

tafetán *m* taffeta

tajada *f* GASTR slice; *agarrar una ~* F get drunk; **tajante** categorical

tal 1 *adj* such; *no dije ~ cosa* I said no such thing; *un ~ Lucas* someone called Lucas **2**

adv: *~ como* such as; *dejó la habitación ~ cual la encontró* she left the room just as she found it; *~ para cual* two of a kind; *~ vez* perhaps, perhaps; *¿qué ~?* how's it going?; *¿qué ~ la película?* what was the movie like?; *con ~ de que* + *subj* as long as

taladradora *f* drill; **taladrar** drill; **taladro** *m* drill

talar *árbol* fell, cut down

talento *m* talent

talla *f* size; *(estatura)* height; *C.Am.* F *(mentira)* lie; *dar la ~ fig* make the grade; **tallar** carve; *piedra preciosa* cut

tallarín *m* noodle

talle *m* waist

taller *m* workshop; *~ mecánico* AUTO repair shop; *~ de reparaciones* repair shop

tallo *m* BOT stalk, stem

talón *m* ANAT heel; COM stub; *pisar los talones a alguien* be hot on s.o.'s heels; **talonario** *m*: *~ de cheques* check book, *Br* cheque book

tamaño 1 *adj*: *~ problema* such a great problem **2** *m* size

tambalearse stagger, lurch; *de coche* sway

también also, too, as well; *yo ~* me too

tambor *m* drum; *persona*

drummer

tamiz *m* sieve

tampoco neither; *él ~ va* he's not going either

tampón *m* tampon; *de tinta* ink-pad

tan so; *~... como...* as ... as ...; *~ sólo* merely

tanda *f* series *sg*, batch; (*turno*) shift; *L.Am.* (commercial) break; *~ de penaltis* DEP penalty shootout

tanque *m* MIL tank

tanto 1 *pron* so much; *igual cantidad* as much; *un ~* a little; *~s* so many *pl*; *igual número* as many; *tienes ~* you have so much; *a las ~as de la noche* in the small hours **2** *adv* so much; *igual cantidad* as much; *periodo* as long; *~ mejor* so much the better; *no es para ~* it's not such a big deal; *estar al ~* be informed (*de* about); *por lo ~* therefore, so **3** *m* point; *~ por ciento* percentage

tapa *f* lid; *~ dura* hardback

tapacubos *m inv* AUTO hubcap

tapadera *f* lid; *fig* front; **tapar** cover; *recipiente* put the lid on

tapete *m* tablecloth; *poner algo sobre el ~* bring sth up for discussion

tapia *f* wall; *más sordo que una ~* as deaf as a post

tapicero *m*, *-a f* upholsterer; **tapiz** *m* tapestry; **tapizar** upholster

tapón *m* top, cap; *de baño* plug; *de tráfico* traffic jam; **taponar** block; *herida* swab

taquigrafía *f* shorthand; **taquigrafiar** take down in shorthand; **taquígrafo** *m*, *-a f* stenographer, shorthand writer

taquilla *f* ticket office; TEA box-office; *C.Am.* (*bar*) small bar

taquímetro *m* tachometer

tara *f* defect; COM tare

tarántula *f* ZO tarantula

tardanza *f* delay; **tardar** take a long time; *tardamos dos horas* we were two hours overdue *o* late; *¡no tardes!* don't be late; *a más ~* at the latest; *¿cuánto se tarda en ...?* how long does it take to ...?; **tarde 1** *adv* late; *~ o temprano* sooner or later **2** *f* hasta las 5 ó 6 afternoon; *desde las 5 ó 6* evening; *¡buenas ~s!* good afternoon / evening; *por la ~* in the afternoon / evening; *de ~ en ~* from time to time; **tardío** late

tardo slow

tarea *f* task, job; *~s domésticas* housework

tarifa *f* rate; *de tren* fare; *~ plana* flat rate

tarima *f* platform; *suelo de ~* wooden floor

tarjeta *f* card; *~ amarilla* DEP yellow card; *~ de crédito* credit card; *~ de débito* debit card; *~ de embarque* AVIA boarding card; **~ de sonido** INFOR sound card; **~ de visita** (business) card; **~ gráfica** INFOR graphics card; **~ inteligente** smart card; **~ postal** postcard; **~ roja** DEP red card; **~ telefónica** phonecard

tarro *m* jar; P *(cabeza)* head

tarta *f* cake; *plana* tart; **~ helada** ice-cream cake

tartamudear stutter, stammer

tarugo *m* F blockhead

tasa *f* rate; *(impuesto)* tax; **~ de desempleo** *o* **paro** unemployment rate; **tasar** fix a price for; *(valorar)* assess

tasca *f* F bar

tatuaje *m* tattoo

taurino bullfighting *atr*; **tauro** *m/f inv* ASTR Taurus; **tauromaquia** *f* bullfighting

taxi *m* cab, taxi; **taxista** *m/f* cab *o* taxi driver

taza *f* cup; *del wáter* bowl

te *directo* you; *indirecto* (to) you; *reflexivo* yourself

té *m* tea

tea *f* torch

teatral *fig* theatrical; **teatro** *m tb fig* theater, *Br* theatre

tebeo *m* children's comic

techo *m* ceiling; *(tejado)* roof; **~ solar** AUTO sun-roof; *los sin ~* the homeless; *tocar ~* *fig* peak

tecla *f* key; **teclado** *m* MÚS, INFOR keyboard; **teclear** key; **teclista** *m/f* INFOR keyboarder; MÚS keyboard play-

er

técnica *f* technique; **técnico 1** *adj* technical **2** *m/f* technician; *de televisor, lavadora etc* repairman; **tecnología** *f* technology; **alta ~** hi-tech; **~ punta** state-of-the-art technology, leading-edge technology

tedio *m* tedium

teja *f* roof tile; **a toca~** in hard cash; **tejado** *m* roof

tejano 1 *adj* Texan, of / from Texas **2** *m, -a f* Texan; **Tejas** Texas; **tejanos** *mpl* jeans

tejer *v/t* weave; *(hacer punto)* knit; F *intriga* devise **2** *v/i* L.Am. F plot, scheme; **tejido** *m* fabric; ANAT tissue

tejón *m* ZO badger

tela *f* fabric, material; **~ de araña** spiderweb; **poner en ~ de juicio** call into question; **hay ~ para rato** F there's a lot to be done

telar *m* loom; **telaraña** *f* spiderweb

teleadicto, ~a *m-a f* F couch potato F, teleaddict F

telecomedia *f* sitcom

telecomunicaciones *fpl* telecommunications

telediario *m* TV (television) news *sg*

teledirigido remote-controlled

teleférico *m* cable car

telefonear call, phone; **telefónico** *adj* (tele)phone *atr*; **teléfono** *m* (tele)phone; **~ inalámbrico** cordless (phone); **~ móvil** cell (phone), *Br* mobile (phone)

telefonema *m L.Am.* (phone) message

telenovela *f* soap (opera)

telescopio *m* telescope

telesilla *f* chair lift

telespectador *m*, **~a** *f* (television) viewer

telesquí *m* drag lift

teletexto *m* teletext

teletrabajo *m* teleworking; **teletrabajador** *m*, **~a** *f* teleworker

televidente *m/f* (television) viewer; **televisión** *f* television; **~ por cable** cable (television); **~ de pago** pay-per-view television; **~ vía satélite** satellite television; **televisivo** television *atr*; **televisor** *m* TV, television (set)

telón *m* TEA curtain; **~ de acero** POL the Iron Curtain; **~ de fondo** *fig* backdrop, background

tema *m* subject, topic; MÚS, *de novela* theme

temblar tremble, shake; *de frío* shiver; **temblor** *m* trembling, shaking; *de frío* shivering; *L.Am.* (*terremoto*) earthquake; **~ de tierra** earth tremor; **tembloroso** trembling, shaking; *de frío* shivering

temer be afraid of; **temerse** be afraid; **~ lo peor** fear the worst

temerario rash, reckless; **temeridad** *f* rashness, reck-

lessness

temeroso fearful, frightened; **temible** terrifying; **temor** *m* fear

temperamento *m* temperament; **temperante** *Méx* teetotal

temperatura *f* temperature

tempestad *f* storm; **tempestuoso** *tb fig* stormy

templado warm; *clima* temperate; *fig* moderate; **templar** *ira, nervios* calm

templo *m* temple

temporada *f* season; **una ~** a time, some time; **temporal 1** *adj* temporary **2** *m* storm; **temprano** early

tenacidad *f* tenacity; **tenaz** determined, tenacious; **tenaza** *f* pincer, claw; **~s** pincers; *para las uñas* pliers

tendedero *m* clotheshorse

tendencia *f* tendency; (*corriente*) trend; **tendencioso** tendentious

tender 1 *v/t ropa* hang out; *cable* lay; **le tendió la mano** he held out his hand to her **2** *v/i*: **~ a** tend to

tendón *m* ANAT tendon

tenebroso dark, gloomy

tenedor *m* fork

tener have; **~ 10 años** be 10 (years old); **~ un metro de ancho / largo** be one meter wide / long; **~ por** consider to be; **tengo que madrugar** I must get up early, I have to *o* I've got to get up early; **tenerse** stand up; *fig* stand firm; **se tiene por atractivo** he thinks he's attractive

tenia *f* ZO tapeworm

teniente *m/f* MIL lieutenant

tenis *m* tennis; **~ de mesa** table tennis; tenista *m/f* tennis player

tenor *m* MÚS tenor; **a ~ de** along the lines of

tensión *f* tension; ELEC voltage; MED blood pressure; tenso tense; **cuerda** taut

tentación *f* temptation; tentador tempting; tentar tempt, entice

tentativa *f* attempt

tenue faint

teñir dye; *fig* tinge

teología *f* theology

teoría *f* theory; **en ~** in theory; teórico 1 *adj* theoretical 2 *m*, -a *f* theorist

terapeuta *m/f* therapist; terapéutico therapeutic; terapia *f* therapy

tercer third; **Tercer Mundo** Third World; tercero *m/adj* third; tercio *m* third

terciopelo *m* velvet

terco stubborn

termal thermal

termas *fpl* hot springs

terminación *f* GRAM ending; terminal 1 *m* INFOR terminal 2 *f* AVIA terminal; **~ de autobuses** bus terminal; terminar 1 *v/t* end, finish 2 *v/i* end, finish; (*parar*) stop; término *m* end, conclusion; (*palabra*) term; **~ municipal** municipal area; **por ~ medio**

on average; **poner ~ a algo** put an end to sth

termo *m* thermos® (flask)

termómetro *m* thermometer; termostato *m* thermostat

ternera *f* calf; GASTR veal; ternero *m* calf

terno *m* CSur suit

ternura *f* tenderness

terraplén *m* embankment; terrateniente *m/f* landowner

terraza *f* terrace; (*balcón*) balcony; (*café*) sidewalk *o* Br pavement café

terremoto *m* earthquake

terreno *m* land; *fig* field; **un ~** a plot *o* piece of land; **~ de juego** DEP field

terrestre *animal* land atr; *transporte* surface atr, **la atmósfera ~** the earth's atmosphere

terrible terrible, awful

territorio *m* territory

terrón *m* lump; **~ de azúcar** sugar lump

terror *m* terror; terrorismo *m* terrorism; terrorista 1 *adj* terrorist atr 2 *m/f* terrorist; **~ suicida** suicide bomber

terso smooth

tertulia *f* TV debate, round table discussion

tesis *f inv* thesis

tesorería *f* oficio post of treasurer; *oficina* treasury; (*activo disponible*) liquid assets *pl*

testaferro *m* front man

testamento *m* JUR will

testarudo stubborn

testículo *m* ANAT testicle

testificar 1 *v/t* (*probar, mostrar*) be proof of; **~ que** JUR testify that, give evidence that **2** *v/i* testify, give evidence; **testigo 1** *m/f* JUR witness; **~ de cargo** witness for the prosecution; **~ ocular** *o* **presencial** eye witness **2** *m* DEP baton

testimoniar testify; **testimonio** *m* testimony, evidence

teta *f* F boob F; ZO teat, nipple

tétanos *m* MED tetanus

tetera *f* teapot

tétrico gloomy

textil 1 *adj* textile *atr* **2** *mpl*: **~es** textiles

texto *m* text; **textual** textual

textura *f* texture

tez *f* complexion

ti you; *reflexivo* yourself

tía *f* aunt; F (*chica*) girl, chick F

tibia *f* ANAT tibia

tibio *tb* fig lukewarm

tiburón *m* ZO, fig F shark

ticket *m* (sales) receipt

tiempo *m* time; (*clima*) weather; GRAM tense; **~ real** INFOR real time; **a ~** in time; **a un ~, al mismo ~** at the same time; **antes de ~ llegar** ahead of time, early; **celebrar** too soon; **con ~** in good time, early; **hace buen / mal ~** the weather's fine / bad

tienda *f* store, shop; **~ de campaña** tent; **ir de ~s** go shopping

tierno soft; *carne* tender; *pan* fresh

tierra *f* land; *materia* soil, earth; (*patria*) native land; **la Tierra** the earth; **~ firme** dry land, terra firma; **echar por ~** ruin, wreck

tieso stiff, rigid

tiesto *m* flowerpot

tifus *m* MED typhus

tigre *m* ZO tiger; *L.Am.* puma; *L.Am.* (*leopardo*) jaguar

tijeras *fpl* scissors

tila *f* lime blossom tea

tildar: **~ a alguien de** fig brand s.o. as

tilde *f* accent; *en ñ* tilde

tilo *m* BOT lime (tree)

timador *m*, **~a** *f* cheat; **timar** cheat

timbal *m* MÚS kettle drum

timbre *m* de puerta bell; *Méx* (postage) stamp

timidez *f* shyness, timidity; **tímido** shy, timid

timo *m* confidence trick, swindle

timón *m* MAR, AVIA rudder; **timonel** MAR **1** *m* helmsman **2** *f* helmswoman

tímpano *m* ANAT eardrum

tina *f* large jar; *L.Am.* (*bañera*) (bath)tub

tinerfeño of / from Tenerife

tinieblas *fpl* darkness

tinta *f* ink; **de buena ~** fig on good authority; **medias ~s** fig half measures; **tinte** *m* dye; fig veneer, gloss

tinto: *vino* **~** red wine

tintorería *f* dry cleaner

tío

tío *m* uncle; F (*tipo*) guy F; F *apelativo* pal F

tiovivo *m* carousel, merry-go-round

típico typical (*de* of); **tipo** *m* type, kind; F *persona* guy F; COM rate; ~ **de cambio** exchange rate; ~ **de interés** interest rate; **tener buen** ~ be well built; *de mujer* have a good figure

tipografía *f* typography

tíquet, tiquete *m* L.Am. receipt

tira *f* strip; **la** ~ **de** F loads of F; ~ **y afloja** *fig* give and take

tirada *f* TIP print run; **de una** ~ in one go; **tirado** F (*barato*) dirt-cheap F; **estar** ~ F (*fácil*) be a piece of cake F

tirador *m* shot, marksman; *de puerta* handle; **tiradores** *mpl* Arg suspenders, Br braces

tiranía *f* tyranny; **tiránico** tyrannical; **tiranizar** tyrannize; **tirano** **1** *adj* tyrannical **2** *m*, -a *f* tyrant

tirante **1** *adj* taut; *fig* tense **2** *m* strap; ~**s** suspenders, Br braces; **tirantez** *f* *fig* tension

tirar **1** *v/t* throw; *edificio, persona* knock down; (*volcar*) knock over; *basura, dinero* throw away; TIP print; F *en examen* fail **2** *v/i* pull, attract; (*disparar*) shoot; ~ **a** tend toward; ~ **de algo** pull sth; *ir tirando* F get by, manage; **tirarse** throw o.s.; F *tiempo* spend

tirita *f* MED Band-Aid®, Br plaster

tiritar shiver

tiro *m* shot; ~ **al blanco** target practice; **al** ~ CSur F right away; **de** ~**s largos** F dressed up; **ni a** ~**s** F for love nor money

tiroides *m* ANAT thyroid (gland)

tirón *m* tug, jerk; **de un** ~ at a stretch, without a break

tiroteo *m* shooting

tisana *f* herbal tea

títere *m* *tb* *fig* puppet; **no dejar** ~ **con cabeza** F spare noone

titiritero *m*, -a *f* acrobat

titubear waver, hesitate

titular **de** *periódico* headline; **título** *m* title; *universario* degree; JUR title; COM bond; **tener muchos** ~**s** be highly qualified; **a** ~ **de** as; ~**s de crédito** credits

tiza *f* chalk

toalla *f* towel; **toallero** *m* towel rail

tobillo *m* ankle

tobogán *m* slide

tocadiscos *m* *inv* record player

tocado: estar ~ *fig* F be crazy

tocador *m* dressing-table

tocante: en lo a ~**...** with regard to ...

tocar **1** *v/t* touch; MÚS play **2** *v/i* L.Am. *a la puerta* knock (on the door); L.Am. (*sonar la campanita*) ring the doorbell; **te toca jugar** it's your turn

tocino *m* bacon

tocólogo *m*, **-a** *f* obstetrician

todavía still, yet; **~ no ha llegado** he still hasn't come, he hasn't come yet; **~ no** not yet

todo 1 *adj* all; **~s los domingos** every Sunday; **-a la clase** the whole *o* the entire class **2** *adv* **sucio** it was all dirty; **con ~** all the same; **del ~** entirely, absolutely **3** *pron* all, everything; *pl* everybody, everyone; **ir a por -s** go all out

todoterreno *m* AUTO off-road *o* all-terrain vehicle

toldo *m* awning; *L.Am.* Indian hut

tolerable tolerable; **tolerancia** *f* tolerance; **tolerante** tolerant; **tolerar** tolerate

toma *f* FOT shot, take; **~ de conciencia** realization; **~ de corriente** outlet, *Br* socket; **~ de posesión** POL taking office; **tomar 1** *v/t* take; *bebida, comida* have; **~ la con alguien** F have it in for s.o. F; **~ el sol** sunbathe; **¡toma!** here (you are); **tome** give and take **2** *v/i* *L.Am.* (*beber*) drink; **~ por la derecha** turn right, take a right

tomate *m* tomato

tomavistas *m inv* movie camera

tomillo *m* BOT thyme

tomo *m* volume, tome

tonel *m* barrel, cask; **tonelada** *f* *peso* ton; **tonelaje** *m* tonnage

tónica *f* tonic; **tónico** *m* MED tonic; **tono** *m* MÚS, MED, PINT tone

tontería *f fig* stupid *o* dumb F thing; **~s** nonsense; **tonto 1** *adj* silly, foolish **2** *m*, **-a** *f* fool, idiot; **hacer el ~** play the fool; **hacerse el ~** act dumb F

toparse: ~ con alguien bump into s.o., run into s.o.

tope *m* limit; *pieza* stop; *Méx en la calle* speed bump; **pasarlo a ~** F have a great time

tópico *m* cliché, platitude

topo *m* ZO mole

topográfico topographic(al)

toque *m*: **~ de queda** MIL, *fig* curfew; **dar los últimos ~s** put the finishing touches (**a** *to*)

torbellino *m* whirlwind

torcer 1 *v/t* twist; (*doblar*) bend; (*girar*) turn **2** *v/i* turn; **~ a la derecha** turn right; **torcerse** twist, bend; *fig* go wrong; **~ un pie** sprain one's ankle; **torcido** twisted, bent

tordo *m pájaro* thrush; *caballo* dapple-gray, *Br* dapple-grey

tormenta *f* storm; **tormento** *m* torture

torneo *m* competition, tournament

tornillo *m* screw; **con tuerca** bolt; **le falta un ~** F he's got a screw loose F

torniquete *m* turnstile; MED tourniquet

torno *m de alfarería* wheel; **en ~ a** around, about

toro *m* bull; **ir a los ~s** go to a bullfight

torpe clumsy; *(tonto)* dense, dim

torpedo *m* MIL torpedo

torpeza *f* clumsiness; *(necedad)* stupidity

torre *f* tower; **~ de control** AVIA control tower

torrencial torrential; **torrente** *m fig* avalanche, flood

tórrido torrid

torsión *f* twisting; TÉC torsion, torque

torta *f* cake; *plana* tart; F *(bofetada)* slap

tortilla *f* omelet, *Br* omelette; *L.Am.* tortilla

tórtola *f* ZO turtledove

tortuga *f* ZO tortoise; *marina* turtle; **a paso de ~** *fig* at a snail's pace

tortuoso *fig* tortuous

tortura *f tb fig* torture; **torturar** torture

tos *f* cough

tosco *fig* rough, coarse

toser cough

tostada *f* piece of toast; **tostador** *m* toaster; **tostar** toast; *café* roast; *al sol* tan

total 1 *adj* total; **en ~** in total **2** *m* total; **totalidad** *f* totality

tóxico toxic; **toxicómano** *m*, **-a** *f* drug addict

tozudo obstinate

traba *f* obstacle; **poner ~s**

raise objections; **sin ~s** without a hitch

trabajador 1 *adj* hard-working **2** *m*, **-a** *f* worker; **~ eventual** casual worker; **trabajar 1** *v/i* work **2** *v/t* work; *tema, músculos* work on; **trabajo** *m* work; **~ en equipo** team work; **~ a tiempo parcial** part-time work; **trabajoso** hard, laborious

trabar *amistad* strike up

tracción *f* TÉC traction; **~ delantera / trasera** front / rear-wheel drive

tractor *m* tractor

tradición *f* tradition; **tradicional** traditional

traducción *f* translation; **traducir** translate; **traductor** *m*, **~a** *f* translator

traer bring; *de periódico* carry; **~ consigo** involve, entail

traficante *m* dealer; **traficar** deal *(en* in*)*; **tráfico** *m* traffic; **~ de drogas** drug trafficking; **en pequeña escala** drug dealing

tragaluz *m* skylight; **tragaperras** *f inv* slot machine

tragar swallow; **no lo trago** I can't stand him

tragedia *f* tragedy; **trágico** tragic

trago *m* mouthful; F *bebida* drink; **de un ~** in one gulp; **pasar un mal ~** *fig* have a hard time

traición *f* treachery, betrayal; **traicionar** betray; **traidor 1** *adj* treacherous **2** *m*, **~a** *f*

                                trapo

traitor

traje 1 *m* suit; **~ de baño** swimsuit **2** *vb* ☞ **traer**

trajín *m* hustle and bustle

trama *f (tema)* plot; **tramar** *complot* hatch

tramitación *f* processing; **tramitar** *documento; de persona* apply for; *de banco etc* process; **trámite** *m* formality

trampa *f* trap; *(truco)* scam F, trick; **hacer ~s** cheat

trampolín *m* diving board

tramposo *m*, **-a** *f* cheat, crook

trance *m (momento difícil)* tough time; **en ~ de médium** in a trance

tranquilidad *f* calm, quietness; **tranquilizar: ~ a alguien** calm s.o. down; **tranquilo** calm, quiet; **¡~!** don't worry; **déjame ~** leave me alone; **quedarse tan ~** not bat an eyelid

transacción *f* COM deal, transaction

transatlántico 1 *adj* transatlantic **2** *m* liner

transbordador *m* ferry; **~ espacial** space shuttle; **transbordo** *m*: **hacer ~** TRANSP transfer, change

transcripción *f* transcription

transcurrir *de tiempo* pass, go by; **transcurso** *m* course; *de tiempo* passing

transeúnte *m/f* passer-by

transferencia *f* COM transfer; **transferible** transferable; **transferir** transfer

transformación *f* transfor-

mation; **transformador** *m* ELEC transformer; **transformar** transform

transfusión *f*: **~ de sangre** blood transfusion

transgénico genetically modified, GM

transgredir infringe; **transgresión** *f* infringement, transgression

transición *f* transition

transigente accommodating; **transigir** compromise, make concessions

transistor *m* transistor

transitable passable; **transitar** *de persona* walk; *de vehículo* travel **(por** along)

transitivo GRAM transitive

tránsito *m* COM transit; *L.Am. (circulación)* traffic

transmisión *f* transmission; **~ de datos** data transmission; **enfermedad de ~ sexual** sexually transmitted disease; **transmitir** spread; RAD, TV broadcast, transmit

transparencia *f para proyectar* transparency, slide; **transparente** transparent

transpirar perspire

transportar transport; **transporte** *m* transport; **transportista** *m/f* haulage contractor

transversal transverse, cross *atr*

tranvía *m* streetcar, *Br* tram

trapecio *m* trapeze

trapo *m viejo* rag; *para limpiar* cloth; **~s** F clothes

tráquea *f* ANAT windpipe, trachea

tras *en el espacio* behind; *en el tiempo* after

trascendental, trascendente momentous; *en filosofía* transcendental

trasero 1 *adj* rear *atr*, back *atr* **2** *m* F butt F

trasfondo *m* background; *fig* undercurrent

trasladar move; *trabajador* transfer; **trasladarse** move (**a** to); *se traslada* Méx: *en negocio* under new management; **traslado** *m* move; *de trabajador* transfer; **~ al aeropuerto** airport transfer

traslucirse be visible; *fig* be evident, show

trasnochador *m* night owl; **trasnochar** *(acostarse tarde)* go to bed late, stay up late; *(no dormir)* stay up all night; *L.Am. (pernoctar)* stay the night

traspapelar mislay

traspasar *(atravesar)* go through; COM transfer; **traspaso** *m* COM transfer

trasplantar AGR, MED transplant; **trasplante** *m* AGR, MED transplant

trastero *m* lumber room; **trasto** *m desp* piece of junk; *persona* good-for-nothing

trastornar upset; *(molestar)* inconvenience; **trastorno** *m* inconvenience; MED disorder

trata *f* trade

tratado *m esp* POL treaty

tratamiento *m* treatment; **~ de datos / textos** data / word processing; **tratar 1** *v/t* treat; *(manejar)* handle; *(dirigirse a)* address (**de** as); *gente* come into contact with; *tema* deal with **2** *v/i*: **~ con alguien** deal with s.o.; **~ de** *(intentar)* try to; **tratarse**: **¿de qué se trata?** what's it about?; *tema* deal with; COM deal; *malos ~s* abuse,; *tener ~ con alguien* have dealings with s.o.; **¡~ hecho!** it's a deal; **tratante** *m/f* dealer, trader

trauma *m* trauma; **traumatismo** *m* MED trauma, injury; **traumático** traumatic

través *m*: **a ~ de** through; **travesaño** *m en fútbol* crossbar; **travesía** *f* crossing

travestí *m* transvestite

travesura *f* bit of mischief, prank; **travieso** *niño* mischievous

trayecto *m* journey; **10 dólares por ~** 10 dollars each way; **trayectoria** *f fig* course, path

trazado *m acción* drawing; *(diseño)* plan, design; *de camino* route; **trazar** *(dibujar)* draw; *ruta* plot, trace; *(describir)* outline, describe; **trazo** *m* line

trébol *m* BOT clover

trece thirteen

trecho *m* stretch, distance

tregua *f* truce, cease-fire; *sin*

~ relentlessly

treinta thirty

tremendo awful, dreadful; *éxito, alegría* tremendous

tren *m* FERR train; ~ **de lavado** car wash; *vivir a todo* ~ F live in style; *estar como un* ~ F be absolutely gorgeous

trenza *f* braid, *Br* plait; **trenzar** plait; *pelo* braid, *Br* plait

trepar climb (*a* up), scale (*a* sth)

trepidar vibrate, shake

tres three

tresillo *m* living-room suite, *Br* three-piece suite

triangular triangular; **triángulo** *m* triangle

tribu *f* tribe

tribuna *f* grandstand

tribunal *m* court

tributario 1 *adj* COM tax *atr* **2** *m* tributary; **tributo** *m* tribute; *(impuesto)* tax

triciclo *m* tricycle

tricolor tricolor, *Br* tricolour

trigo *m* wheat

trilladora *f* thresher; **trillar** AGR thresh

trimestral quarterly; **trimestre** *m* quarter; *escolar* semester, *Br* term

trinchar GASTR carve

trinchera *f* MIL trench

trineo *m* sled, sleigh

trinidad *f* REL trinity

tripa *f* belly F, gut F

triple *m* triple; *el* ~ *que el año pasado* three times as much as last year

trípode *m* tripod

tripulación *f* AVIA, MAR crew; **tripular** crew, man

triste sad; **tristeza** *f* sadness

triturar grind

triunfador 1 *adj* winning **2** *m*, ~*a f* winner, victor; **triunfar** triumph, win; **triunfo** *m* triumph, victory; *en naipes* trump

trivial trivial; **trivialidad** *f* triviality

trofeo *m* trophy

trombón *m* MÚS trombone

trompa 1 *adj* F wasted F **2** *f* MÚS horn; ZO trunk

trompeta *f* MÚS trumpet; **trompetista** *m/f* MÚS trumpeter

trompo *m* spinning top

tronar thunder

tronco *m* trunk; *cortado* log; *dormir como un* ~ sleep like a log

trono *m* throne

tropa *f* MIL ordinary soldier; ~*s* troops

tropezar trip, stumble

tropical tropical; **trópico** *m* tropic

tropiezo *m fig* setback

trote *m* trot

trozo *m* piece

trucha *f* ZO trout

truco *m* trick; *coger el* ~ *a algo* F get the hang of sth F

trueno *m* thunder

trueque *m* barter

trufa *f* BOT truffle

tu, tus your

tú you

tuberculosis f MED tuberculosis, TB

tubería f pipe; **tubo** m tube; ~ **de escape** AUTO exhaust (pipe); **por un** ~ F an enormous amount

tuerca f TÉC nut

tuétano m: **hasta los** ~**s** fig through and through

tulipán m BOT tulip

tumba f tomb, grave

tumbar knock down; **tumbona** f (sun) lounger

tumor m MED tumor, Br tumour

tumulto m uproar; **tumultuoso** uproarious

tuna f Méx fruta prickly pear

tunecino 1 adj Tunisian **2** m, -a f Tunisian

túnel m tunnel; ~ **de lavado** car wash

Túnez país Tunisia; ciudad Tunis

turbar (emocionar) upset; paz

disturb; (avergonzar) embarrass

turbina f turbine

turbio cloudy, murky; fig shady, murky; **turbulento** turbulent

turbulencia f turbulence; **turbulento** turbulent

turco 1 adj Turkish **2** m, -a f Turk **3** m idioma Turkish

turismo m tourism; automóvil sedan, Br saloon (car); **turista** m/f tourist

turnarse take it in turns; **turno** m turn; ~ **de noche** night shift; **por** ~**s** in turns

turquesa f turquoise; **azul** ~ turquoise

Turquía Turkey

turrón m nougat

tutear address as 'tu'

tutela f autoridad guardianship; cargo tutorship

tutor m, ~**a** f EDU tutor

tuyo, tuya yours; **los tuyos** your folks, your family

U

u (instead of **o** before words starting with o) or

ubicación f L.Am. location; (localización) finding; **ubicado** located, situated; **ubicar** L.Am. place, put; (localizar) locate

ubre f udder

Ud. ☞ **usted**

Uds. ☞ **ustedes**

úlcera f MED ulcer

ulterior subsequent

últimamente lately; **ultimar** finalize; L.Am. (rematar) finish off; **último** last; (más reciente) latest; otro tipo ar; **-as noticias** latest news sg; **por** ~ finally

ultraje m outrage; (insulto) insult

ultramar m: **de** ~ overseas, foreign

ultrasonido m ultrasound

ulular de viento howl; de búho

263   **usted**

hoot
umbral *m fig* threshold
un, una a; *antes de vocal y h muda* an; *...os coches i pájaros* some cars i birds; *...os cuantos* a few, some; *-as mil pesetas* about a thousand pesetas
unánime unanimous
ungüento *m* ointment
únicamente only; **único** only; **único** only; (*sin par*) unique; **hijo** ... only child; **lo** ~ **que...** the only thing that ...
unidad *f* MIL, MAT unit; (*cohesión*) unity; ~ **de cuidados intensivos, ~ de vigilancia intensiva** intensive care unit; ~ **de disco** INFOR disk drive; **unido** united; *familia* ~ close-knit; **unificar** unify
uniformar *fig* standardize; **uniforme 1** *adj* uniform; *superficie* even **2** *m* uniform
unión *f* unity; **Unión Europea** European Union
unir join; *personas* unite; *características* combine (**con** with); *ciudades* link; **unirse** join together; ~ **a** join
universal universal
universidad *f* university; ~ **a distancia** university correspondence school, *Br* Open University; **universitario 1** *adj* university *atr* **2** *m*, -a *f* (*estudiante*) university student
universo *m* universe
uno 1 *pron* one; **es la -a** it's one o'clock; **me lo dijo** ~

someone *o* somebody told me; ~ **a** ..., ~ **por** ..., **de** ~ **en** ~ one by one **2** *m* one; **el** ~ **de enero** January first, the first of January
untar spread
uña *f* ANAT nail; ZO claw; **ser** ~ **y carne** *personas* be extremely close
uranio *m* uranium
urbanismo *m* city planning, *Br* town planning; **urbanización** *f* (urban) development; (*colonia*) housing development, *Br* housing estate; **urbanizar** *terreno* develop; **urbano** urban; (*cortés*) courteous; **guardia** ~ local police officer
urgencia *f* urgency; (*prisa*) haste; MED emergency; *~s* emergency room, *Br* casualty; **urgente** urgent
urinario *m* urinal
urna *f* urn; ~ **electoral** ballot box
urólogo *m* MED urologist
urraca *f* ZO magpie
Uruguay Uruguay; **uruguayo 1** *adj* Uruguayan **2** *m*, -a *f* Uruguayan
usanza *f* usage, custom; **usado** (*gastado*) worn; (*de segunda mano*) second hand; **usar** **1** *v/t* use; *ropa, gafas* wear **2** *v/i*: **listo para** ~ ready to use; **uso** *m* use; (*costumbre*) custom; **en buen** ~ still in use
usted you; *~es* you; **de** ~ / *~es* your; **es de** ~ / *~es*

it's yours

usual common, usual
usuario *m*, **-a** *f* user; **~ final** end user
usura *f* usury
utensilio *m* tool; **de cocina** utensil; **~s** equipment; **~s de pesca** fishing tackle
útero *m* ANAT uterus
útil 1 *adj* useful **2** *m* tool; **~es de pesca** fishing tackle; uti-

lidad *f* usefulness; **utilitario 1** *adj* functional, utilitarian **2** *m* AUTO compact; **utilizar** use
utopía *f* utopia; **utópico** utopian

uva *f* BOT grape; **estar de mala ~** F be in a foul mood; **tener mala ~** F be a nasty piece of work F
úvula *f* ANAT uvula

V

vaca *f* cow; GASTR beef; **~ marina** manatee, sea cow
vacaciones *fpl* vacation, *Br* holiday; **de ~** on vacation, *Br* on holiday
vacante 1 *adj* vacant, empty **2** *f* job opening, position, *Br tb* vacancy; **cubrir una ~** fill a position; **vaciar** empty
vacío 1 *adj* empty **2** *m* FIS vacuum; *fig espacio* void; **~ de poder** power vacuum; **~ legal** loophole; **dejar un ~** *fig* leave a gap; **envasado al ~** vacuum-packed; **hacer el ~ a alguien** *fig* ostracize s.o.
vacuna *f* vaccine; **vacunación** *f* vaccination; **vacunar** vaccinate
vacuno bovine; **ganado ~** cattle *pl*
vado *m* ford; **en la calle** entrance ramp
vagabundo 1 *adj perro* stray **2** *m*, **-a** *f* hobo, *Br* tramp; va-

gar wander
vagina *f* ANAT vagina
vago (*holgazán*) lazy; (*indefinido*) vague; **hacer el ~** laze around
vagón *m de carga* wagon; *de pasajeros* car, *Br* coach; **~ restaurante** dining car, *Br tb* restaurant car
vaho *m* (*aliento*) breath; (*vapor*) steam
vaina *f* BOT pod; *S.Am.* F (*molestia*) drag F
vainilla *f* vanilla
vaivén *m* to-and-fro; **vaivenes** *fig* ups and downs
vajilla *f* dishes *pl*; *juego* dinner service, set of dishes
vale *m* voucher, coupon; **~ de regalo** gift certificate, *Br* gift token; **valer 1** *v/t* be worth; (*costar*) cost **2** *v/i* *de billete, carné* be valid; (*estar permitido*) be allowed; (*tener valor*) be worth; (*servir*) be of use; **no ~ para algo** be no

good at sth; *vale más caro* it's more expensive; *más vale...* it's better to ...; *más te vale...* you'd better ...; *¡vale!* okay, sure; *valerse* manage (by o.s.); ~ *de* make use of

valídez *f* validity; **válido** valid

valiente brave; *irónico* fine

valija *f* (*maleta*) bag, suitcase, *Br* case

valioso valuable

valla *f* fence; DEP, *fig* hurdle; ~ *publicitaria* billboard, *Br* hoarding; *carrera de* ~*s* DEP hurdles; **vallar** fence in

valle *m* valley

valor *m* value; (*valentía*) courage; ~ *añadido*, *L.Am.* ~ *agregado* added value; *objetos de* ~ valuables; ~*es* COM securities; **valorar** value (*en* at)

vals *m* waltz

válvula *f* ANAT, ELEC valve; ~ *de escape* *fig* safety valve

vampiresa *f* vamp, femme fatale; **vampiro** *m* *fig* vampire

vanagloriarse boast (*de* about), brag (*de* about)

vandálico destructive; **vandalismo** *m* vandalism; **vándalo** *m*, -*a* *f* vandal

vanguardia *f* MIL vanguard; *de* ~ *fig* avant-garde

vanidad *f* vanity; **vanidoso** conceited, vain; *vano* futile, vain; *en* ~ in vain

vapor *m* vapor, *Br* vapour *de agua* steam; *cocinar al* ~ steam; **vaporizador** *m* spray, vaporizer **vaporizar** vaporize

vaquero 1 *adj tela* denim; *pantalones* ~*s* jeans **2** *m* cowboy, cowhand; ~(*s*) *pantalones* jeans

vara *f* stick; TÉC rod; (*bastón de mando*) staff

variable variable; *tiempo* changeable; **variación** *f* variation; **variado** varied; **variante** *f* variant; **variar** vary; *para* ~ for a change

varicela *f* MED chickenpox

variedad *f* variety; ~*es* vaudeville, *Br* variety

vario varied; **variopinto** varied, diverse; **varios** several, various

varón *m* man, male; **varonil** manly, virile

vasija *f* container, vessel; **vaso** *m* glass; ANAT vessel

vástago *m* BOT shoot; TÉC rod

vasto vast

vatio *m* ELEC watt

Vd. ☞ **usted**

Vds. ☞ **ustedes**

vecinal neighborhood *atr*, *Br* neighbourhood *atr*; **vecindad** *f Méx* poor area; **vecindario** *m* neighborhood, *Br* neighbourhood; **vecino 1** *adj* neighboring, *Br* neighbouring **2** *m*, -*a* *f* neighbor, *Br* neighbour

veda *f en caza* closed season; **vedar** ban, prohibit

vega *f* plain

vegetación *f* vegetation; **vegetal 1** *adj* vegetable, plant *atr* **2** *m* vegetable; **vegetar** *fig* vegetate; **vegetariano 1** *adj* vegetarian **2** *m*, **-a** *f* vegetarian

vehemencia *f* vehemence; **vehemente** vehement

vehículo *m* tb *fig* vehicle; MED carrier

veinte *m*/*adj* twenty

vejación *f* humiliation

vejar MED bladder

vejez *f* old age

vejiga *f* ANAT bladder

vela *f* *para alumbrar* candle; DEP sailing; *de barco* sail; *a toda ~* F flat out F; *pasar la noche en ~* stay up all night; **velada** *f* evening; **velar: ~ por algo** look after sth; **velero** *m* MAR sailing ship

veleta 1 *f* weathervane **2** *m*/*f* *fig* weathercock

vello *m* (body) hair

velo *m* veil

velocidad *f* speed; (*marcha*) gear; **velocímetro** *m* speedometer; **velocista** *m*/*f* DEP sprinter

velódromo *m* velodrome

veloz fast, speedy

vena *f* ANAT vein; *estar en ~* F be on form

venado *m* ZO deer

vencedor **1** *adj* winning **2** *m*, **-a** *f* winner; **vencer 1** *v*/*t* defeat; *fig* (*superar*) overcome **2** *v*/*i* win; COM *de plazo etc* expire; **vencimiento** *m* expiration, *Br* expiry; *de bono*

maturity

venda *f* bandage; **vendaje** *m* MED dressing; **vendar** MED bandage, dress; *~ los ojos a alguien* blindfold s.o.

vendedor *m*, **~a** *f* seller; **vender** sell; *fig* (*traicionar*) betray; *se vende* for sale

vendimia *f* grape harvest

veneno *m* poison; **venenoso** poisonous

venerar venerate, worship

venezolano 1 *adj* Venezuelan **2** *m*, **-a** *f* Venezuelan; **Venezuela** Venezuela

venganza *f* vengeance, revenge; **vengarse** take revenge (*de* on; *por* for); **vengativo** vengeful

venidero future

venir come; *~ bien* be convenient; *~ mal* be inconvenient; *viene a ser lo mismo* it comes down to the same thing; *el año que viene* next year; *¡venga!* come on; *¿a qué viene eso?* why do you say that?

venta *f* sale; *~ por correo o por catálogo* mail order; *al detalle o al por menor* retail; *en ~* for sale

ventaja *f* advantage; DEP *en carrera, partido* lead; **ventajoso** advantageous

ventana *f* window; *~ de la nariz* nostril; **ventanilla** *f* AVIA, AUTO, FERR window; MAR porthole

ventilación *f* ventilation; **ventilador** *m* fan; **ventilar**

air; *fig:* *problema* talk over
ventoso windy
ver 1 *v/t* see; *televisión* watch; JUR *pleito* hear; *L.Am.* (*mirar*) look at; *está por ~* it remains to be seen; *no puede verla* *fig* he can't stand the sight of her; *no tiene nada que ~ con* it doesn't have anything to do with; *¡a ~!* let's see; *¡hay que ~!* would you believe it!; *ya veremos* we'll see **2** *v/i L.Am.* (*mirar*) look
veraneante *m/f* vacationer, Br holidaymaker; **veranear** spend the summer vacation *o Br* holidays; **veraneo** *m* summer vacation *o Br* holidays; *ir de ~* go on one's summer vacation *o Br* holidays; **verano** *m* summer
veras *fpl* **de ~** really, truly
verbal GRAM verbal
verbena *f* (*fiesta*) party
verbo *m* GRAM verb
verdad *f* truth; *a decir ~* to tell the truth; *de ~* real, proper; *no te gusta, ¿~?* you don't like it, do you?; *vas a venir, ¿~?* you're coming, aren't you?; *es ~* it's true, it's the truth; **verdadero** true; (*cierto*) real
verde 1 *adj* green; *fruta* unripe; F *chiste* blue; *viejo ~* dirty old man; *poner ~ a alguien* F criticize s.o. **2** *m* green; *los ~s* POL the Greens
verdugo *m* executioner

verdura *f:* **~(s)** (*hortalizas*) greens *pl*, (green) vegetables *pl*
vereda *f S.Am.* sidewalk, Br pavement
veredicto *m* JUR, *fig* verdict
vergonzoso disgraceful, shameful; (*tímido*) shy; **vergüenza** *f* shame; (*escándalo*) disgrace; *me da ~* I'm embarrassed
verídico true
verificación *f* verification; **verificar** verify
verja *f* railing; (*puerta*) iron gate
vermú, vermut *m* vermouth
verruga *f* wart
versado well-versed (*en* in)
versátil fickle; *artista* versatile
versión *f* version; *en ~ original película* original language version
verso *m* verse
vértebra *f* ANAT vertebra
vertedero *m* dump, tip; **verter** dump; (*derramar*) spill; *fig:* *opinión* voice
vertical vertical
vertiente *f L.Am.* (*cuesta*) slope; (*lado*) side
vertiginoso dizzy; (*rápido*) frantic; **vértigo** *m* MED vertigo; *darle a alguien ~* make s.o. dizzy
vesícula *f* blister; **~ biliar** ANAT gall-bladder
vestíbulo *m* *de casa* hall; *de edifico público* lobby
vestido *m* dress; *L.Am. de hombre* suit

vestigio *m* vestige, trace

vestir 1 *v/t* dress; (*llevar puesto*) wear **2** *v/i* dress; **~ de negro** wear black, dress in black; **vestirse** get dressed; (*disfrazarse*) dress up; **~ de algo** wear

veterano 1 *adj* veteran; (*experimentado*) experienced **2** *m*, **-a** *f* veteran

veterinario 1 *adj* veterinary **2** *m*, **-a** *f* veterinarian, vet

vez *f* time; **a la ~** at the same time; **a su ~** for his / her part; **de ~ en cuando** from time to time; **en ~ de** instead of; **érase una ~** once upon a time, there was; **otra ~** again; **tal ~** perhaps, maybe; **una ~** once; **a veces** sometimes; **muchas veces** (*con frecuencia*) often; **hacer las veces de** *de objeto* serve as; *de persona* act as

vía 1 *f* FERR track; **~ estrecha** FERR narrow gauge; **dar libre a alguien** give s.o. a free hand; **por ~ aérea** by air; **en ~s de** *fig* in the process of **2** *prp* via

viable viable, feasible

viaducto *m* viaduct

viajante *m/f* sales rep; **viajar** travel; **viaje** *m* trip, journey; **sus ~s por...** his travels in ...; **~ organizado** package tour; **~ de ida** outward journey; **~ de ida y vuelta** round trip; **~ de novios** honeymoon; **~ de vuelta** return journey; **viajero** *m*, **-a** *f* trav-

eler, *Br* traveller

viario road *atr*; **educación -a** instruction in road safety

víbora *f tb* fig viper

vibración *f* vibration; **vibrar** vibrate

vicepresidente *m*, **-a** *f* POL vice-president; COM vice-president, *Br* deputy chairman

viceversa: y ~ and vice versa

vicio *m* vice; **pasarlo de ~** F have a great time F; **vicioso** vicious; (*corrompido*) depraved

víctima *f* victim

victoria *f* victory; **cantar ~** claim victory; **victorioso** victorious

vid *f* vine

vida *f* life; **de por ~** for life; **en mi ~** never (in my life); **ganarse la ~** earn a living; **~ mía** my love

vidente *m/f* seer, clairvoyant

vídeo *m* video; **videocámara** *f* video camera; **videoca(s)et(t)e** *m* video cassette; **videoteca** *f* video library; **videoteléfono** *m* videophone

vidriera *f* L.Am. store o *Br* shop window; **vidriero** *m*, **-a** *f* glazier; **vidrio** *m* L.Am. glass; (*ventana*) window

viejo 1 *adj* old **2** *m* old man; **mis ~s** F my folks F

viento *m* wind; **hacer ~** be windy; **proclamar a los cuatro ~s** *fig* shout from the rooftops

vientre *m* belly

viernes *m inv* Friday; **Viernes Santo** Good Friday

viga *f* beam, girder

vigente *legislación* in force

vigilancia *f* watchfulness, vigilance; **vigilante 1** *adj* watchful, vigilant **2** *m* L.Am. policeman; ~ **nocturno** night watchman; ~ **jurado** security guard; **vigilar 1** *v/t* watch; *a un preso* guard **2** *v/i* watch

vigor *m* vigor, *Br* vigour; **en** ~ in force; **vigoroso** vigorous

vil vile, despicable

villa *f* town

villancico *m* Christmas carol

vilo: **en** ~ in the air; *fig* in suspense

vinagre *m* vinegar; **vinagrera** *f* vinegar bottle; S.Am. *(indigestión)* indigestion; ~**s** cruet

vínculo *m* link; *fig (relación)* tie, bond

vino *m* wine; ~ **blanco** white wine; ~ **de mesa** table wine; ~ **tinto** red wine **2** *v/b* ☞ **venir**

viña *f* vineyard; **viñedo** *m* vineyard

viola *f* MÚS viola

violación *f* rape; *de derechos* violation; **violar** rape

violencia *f* violence; **violento** violent; *(embarazoso)* embarrassing; *persona* embarrassed

violeta 1 *f* BOT violet **2** *m/adj* violet

violín *m* violin; **violinista** *m/f* violinist; **violonc(h)elo** *m* cello

viraje *m* MAR tack; AVIA bank; AUTO swerve; *fig* change of direction; **virar** MAR, AVIA turn

virgen 1 *adj* virgin; *cinta* blank; *lana* ~ pure new wool **2** *f* virgin

Virgo *m/f inv* ASTR Virgo

viril virile, manly; **virilidad** *f* virility, manliness; *edad* manhood

virtud *f* virtue; **en** ~ **de** by virtue of; **virtuoso 1** *adj* virtuous **2** *m*, **-a** *f* virtuoso

viruela *f* MED smallpox

virulento MED, *fig* virulent

virus *m inv* MED virus; ~ **informático** computer virus

visa *f* L.Am. visa; **visado** *m* visa

vísceras *fpl* guts, entrails

visera *f* *de gorra* peak; *de casco* visor

visibilidad *f* visibility; **visible** visible; *fig* obvious

visillo *m* sheer, *Br* net curtain

visión *f* vision, sight; *fig* vision; *(opinión)* view; **tener** ~ **de futuro** be forward looking

visita *f* visit; ~ **a domicilio** house call; ~ **guiada** guided tour; **visitante 1** *adj* visiting; DEP away **2** *m/f* visitor; **visitar** visit

visón *m* ZO mink

visor *m* FOT viewfinder; *en arma de fuego* sight

víspera *f* eve; **en** ~**s de** on the eve of

vista f (eye)sight; JUR hearing; ~ cansada MED tired eyes; a la ~ COM at sight; a primera ~ at first sight; con ~s a with a view to; en ~ de in view of; hasta la ~ bye!, see you!; tener ~ para algo fig have a good eye for sth; volver la ~ atrás tb fig look back; vistazo m look; echar un ~ a take a (quick) look at

visto 1 part ☞ ver 2 adj: está bien ~ it's the done thing; está mal ~ it's not the done thing; está ~ que it's obvious that; por lo ~ apparently 3 m check(mark), Br tick; dar el ~ bueno give one's approval; vistoso eye-catching

vital vital; persona lively; vitalidad f vitality, liveliness

vitamina f vitamin

viticultor m, ~a f wine grower; viticultura f wine-growing

vitrina f display cabinet; L.Am. shop window

viuda f widow; viudo 1 adj widowed 2 m widower; quedarse ~ be widowed

vivaz bright, sharp

vivencia f experience

víveres mpl provisions

vivienda f housing; (casa) house

vivir 1 v/t live through, experience 2 v/i live; ~ de algo live on sth; vivo alive; color bright; ritmo lively; fig F sharp, smart

Vizcaya Biscay; Golfo de ~

Bay of Biscay

vocablo m word; vocabulario m vocabulary

vocación f vocation

vocal 1 m/f member 2 f vowel

vocero m, -a f esp L.Am. spokesperson

volante 1 adj flying 2 m AUTO steering wheel; de vestido flounce; MED referral (slip); volar 1 v/i fly; fig vanish 2 v/t fly; edificio blow up

volcán m volcano; volcánico volcanic

volcar 1 v/t knock over; (vaciar) empty; barco, coche overturn 2 v/i de coche, barco overturn

voleibol m volleyball

voltaje m ELEC voltage; voltio m ELEC volt

volumen m volume; voluminoso bulky; vientre ample; historial lengthy

voluntad f will; buena / mala ~ good / ill will; voluntario 1 adj volunteer 2 m, -a f volunteer

voluptuoso voluptuous

volver 1 v/t página, mirada etc turn (a to; hacia toward); ~ loco drive crazy 2 v/i return; ~ a hacer algo do sth again; volverse turn around; ~ loco go crazy

vomitar 1 v/t throw up; lava hurl, throw out 2 v/i throw up, be sick; tengo ganas de ~ I feel nauseous, Br I feel sick; vómito m vomit

voraz voracious; incendio

fierce
vos *sg Rpl, C.Am., Ven* you
vosotros, vosotras *pl* you
votar vote; **voto** *m* vote; ~ *en blanco* spoiled ballot paper
voz *f* voice; *fig* rumour; *a media* ~ in a hushed voice; *a* ~ *en grito* at the top of one's voice; *en* ~ *alta* aloud; *en* ~ *baja* in a low voice; *correr la* ~ spread the word; *no tener* ~ *ni voto* *fig* not have a say; ~ *en off* voice-over
vuelo 1 *vb* → **volar 2** *m* flight; ~ *chárter* charter flight; ~ *nacional* domestic flight; *al* ~ *coger, cazar* in mid-air;

una falda con ~ a full skirt
vuelta *f* return; *en carrera* lap; ~ *de carnero* *L.Am.* half-somersault; ~ *al mundo* round-the-world trip; *a la* ~ on the way back; *a la* ~ *de la esquina* *fig* just around the corner; *dar la* ~ *llave etc* turn; *dar media* ~ turn around; *dar una* ~ go for a walk
vuestro 1 *adj* your **2** *pron* yours
vulcanizar vulcanize
vulgar vulgar, common; *abundante* common
vulnerable vulnerable; **vulnerar** violate; *fig* damage

W

walkman® *m* personal stereo, walkman®
wáter *m* bathroom, toilet

windsurf(ing) *m* windsurfing; **windsurfista** *m/f* windsurfer

X

xenofobia *f* xenophobia; **xenófobo 1** *adj* xenophobic **2**

m, **-a** *f* xenophobe
xilófono *m* MÚS xylophone

Y

y and
ya already; *(ahora mismo)* now; *¡~!* *incredulidad* oh, yeah!, sure!; *comprensión* I know; *asenso* OK, sure; *al terminar* finished!, done!; ~

no vive aquí he doesn't live here any more, he no longer lives here; ~ *que* since, as; ~ *lo sé* I know; **~... ~...** either ... or ...

ya

yacer lie; **yacimiento** *m* MIN deposit

yanqui *m/f* Yankee

yate *m* yacht

yaya *f* grandma; **yayo** *m* grandpa

yegua *f* ZO mare

yema *f* yolk; **~ del dedo** fingertip

yerba *f* L.Am. grass; **~ mate** maté

yerno *m* son-in-law

yeso *m* plaster

yo I; **soy~** it's me; **~ que tú** if I were you

yodo *m* iodine

yogur *m* yog(h)urt

yugo *m* yoke

yunque *m* anvil

yunta *f* yoke, team

yute *m* jute

yuyo *m* L.Am. weed

Z

zafiro *m* sapphire

zambullida *f* dive; **zambullirse** (*en*) into); *fig* throw o.s. (*en*) into)

zamparse F wolf down F

zanahoria *f* carrot

zanco *m* stilt

zancudo *m* L.Am. mosquito

zángano *m* ZO drone; *fig* F lazybones *sg*

zanja *f* ditch; **zanjar** *fig* **problemas** settle; **dificultades** overcome

zapatería *f* shoe store, shoe shop; **zapatero** *m*, **-a** *f* shoemaker; **~ remendón** shoe mender; **zapatilla** *f* slipper; *de deporte* sneaker, *Br* trainer; **zapato** *m* shoe

Zaragoza Saragossa

zarpa *f* paw

zarpar MAR set sail (*para* for)

zarza *f* BOT bramble; **zarzamora** *f* BOT blackberry

zarzuela *f* type of operetta

zigzag *m* zigzag

zinc *m* zinc

zócalo *m* baseboard, *Br* skirting board

zodíaco, zodiaco *m* zodiac

zona *f* area, zone

zonzo L.Am. F stupid

zoo *m* zoo; **zoología** *f* zoology; **zoológico 1** *adj* zoological **2** *m* zoo

zorra *f* ZO vixen; P whore P; **zorro 1** *adj* sly, crafty **2** *m* ZO fox; *fig* old fox

zorzal *m* ZO thrush

zozobrar MAR overturn; *fig* go under

zueco *m* clog

zumbar 1 *v/i* buzz **2** *v/t golpe, bofetada* give

zumo *m* juice

zurcir *calcetines* darn; *chaqueta, pantalones* patch

zurdo 1 *adj* left-handed **2** *m*, *f* left-hander

zurra *f* TÉC tanning; *fig* F hiding F; **zurrar** TÉC tan; **~ a alguien** F tan s.o.'s hide F

A

a [ə] un(a)

abandon [ə'bændən] abandonar

abbreviate [ə'briːvɪeɪt] abreviar; **abbreviation** abreviatura *f*

abduct [əb'dʌkt] raptar

ability [ə'bɪlətɪ] capacidad *f*, habilidad *f*

able ['eɪbl] *(skillful)* capaz, hábil; **be ~ to** poder

abnormal [æb'nɔːrml] anormal

aboard [ə'bɔːrd] **1** *prep* a bordo de **2** *adv* a bordo

abolish [ə'bɑːlɪʃ] abolir; **abolition** abolición *f*

abort [ə'bɔːrt] cancelar; **abortion** aborto *m* *(provocado)*; **have an ~** abortar; **abortive** fallido

about [ə'baʊt] **1** *prep (concerning)* acerca de, sobre; **what's it ~?** *of book* ¿de qué trata? **2** *adv (roughly)* más o menos; **be ~ to** *(be going to)* estar a punto de

above [ə'bʌv] **1** *prep* por encima de; **~ all** sobre todo **2** *adv*: **on the floor ~** en el piso de arriba

abrasive [ə'breɪsɪv] *personality* abrasivo

abreast [ə'brest] de frente, en fondo; **keep ~ of** mantenerse al tanto de

abridge [ə'brɪdʒ] abreviar

abroad [ə'brɔːd] *live* en el extranjero; *go* al extranjero

abrupt [ə'brʌpt] brusco

abscess ['æbsɪs] absceso *m*

absence ['æbsəns] *of person* ausencia *f*; *(lack)* falta *f*; **absent** ausente; **absentee** ausente *m/f*; **absenteeism** absentismo *m*; **absent-minded** despistado, distraído

absolute ['æbsəluːt] *power* absoluto; *idiot* completo; *mess* total; **absolution** REL absolución *f*; **absolve** absolver

absorb [əb'sɔːrb] absorber; **absorbent** absorbente; **absorbent cotton** algodón *m* hidrófilo; **absorbing** absorbente

abstain [əb'steɪn] *in vote* abstenerse; **abstention** *in vote* abstención *f*

abstract ['æbstrækt] abstracto

absurd [əb'sɜːrd] absurdo; **absurdity** lo absurdo

abundance [ə'bʌndəns] abundancia *f*; **abundant** abundante

abuse¹ [ə'bjuːs] *n (insults)* insultos *mpl*; *(child)* ~ malos tratos *mpl* a menores; *sexual* ~ agresión *f* sexual a menores

abuse² [ə'bjuːz] *v/t* abusar de; *verbally* insultar

abysmal [ə'bɪzml] F *(very*

bad) desastroso F

academic [ækə'demɪk] **1** *n* académico(-a) *m(f)*, profesor(a) *m(f)* **2** *adj* académico

academy academia *f*

accelerate [ək'seləreɪt] acelerar; **acceleration** aceleración *f*; **accelerator** acelerador *m*

accent ['æksənt] acento *m*; (*emphasis*) énfasis *m*; **accentuate** acentuar

accept [ək'sept] aceptar; **acceptable** aceptable; **acceptance** aceptación *f*

access ['ækses] **1** *n* acceso *m* **2** *v/t also* COMPUT acceder a; **accessible** accesible

accessory [ək'sesərɪ] *for wearing* accesorio *m*; LAW cómplice *m/f*

accident ['æksɪdənt] accidente *m*; **by ~** por casualidad; **accidental** accidental; **accidentally** sin querer

acclimate, **acclimatize** [ə'klaɪmət, ə'klaɪmətaɪz] aclimatarse

accommodate [ə'kɑːmədeɪt] alojar; *needs* hacer frente a; **accommodations** alojamiento *m*

accompaniment [ə'kʌmpənɪmənt] MUS acompañamiento *m*; **accompany** *also* MUS acompañar

accomplice [ə'kʌmplɪs] cómplice *m/f*

accomplished [ə'kʌmplɪʃt] consumado; **accomplishment** *of task* realización *f*;

(*talent*) habilidad *f*; (*achievement*) logro *m*

accord [ə'kɔːrd] acuerdo *m*; **of one's own ~** de motu propio

accordance [ə'kɔːrdəns]: **in ~ with** de acuerdo con

according [ə'kɔːrdɪŋ]: **~ to** según; **accordingly** (*consequently*) por consiguiente; (*appropriately*) como corresponde

account [ə'kaʊnt] *financial* cuenta *f*; (*report*) relato *m*, descripción *f*; **give an ~ of** relatar, describir; **on no ~** de ninguna manera; **on ~ of** a causa de; **take sth into ~** tener algo en cuenta; **accountable** responsable (**to** ante); **accountant** contable *m/f*, *L.Am.* contador(a) *m(f)*; **accounts** contabilidad *f*

accumulate [ə'kjuːmjʊleɪt] **1** *v/t* acumular **2** *v/i* acumularse; **accumulation** acumulación *f*

accuracy ['ækjʊrəsɪ] precisión *f*; **accurate** preciso; **accurately** con precisión

accusation [ækjuː'zeɪʃn] acusación *f*; **accuse: ~ s.o. of sth** acusar a alguien de algo; **accused** LAW acusado(-a) *m(f)*; **accusing** acusador

accustom [ə'kʌstəm]: **get ~ed to** acostumbrarse a

ace [eɪs] *in cards* as *m*; (*in tennis: shot*) ace *m*

ache [eɪk] **1** *n* dolor *m* **2** *v/i* doler

achieve [ə'tʃiːv] conseguir, lograr; **achievement** logro *m*

acid ['æsɪd] ácido *m*

acknowledge [ək'nɒːlɪdʒ] reconocer; **~ receipt of** acusar recibo de; **acknowledge(e)ment** reconocimiento *m*

acoustics [ə'kuːstɪks] acústica *f*

acquaint [ə'kweɪnt] *fml*: **be ~ed with** conocer; **acquaintance** *person* conocido(-a) *m(f)*

acquire [ə'kwaɪr] adquirir; **acquisition** adquisición *f*

acquit [ə'kwɪt] LAW absolver; **acquittal** LAW absolución *f*

acre ['eɪkər] acre *m* (*4.047m²*)

across [ə'krɒːs] **1** *prep* al otro lado de; **sail ~ the Atlantic** cruzar el Atlántico navegando **2** *adv* de un lado a otro; **10 m ~** 10 *m* de ancho

act [ækt] **1** *v/i* THEA actuar **2** *n* (*deed*), *of play* acto *m*; *in vaudeville* número *m*; (*law*) ley *f*

action ['ækʃn] acción *f*; **take ~** actuar

active ['æktɪv] activo; *party member* en activo; **activist** POL activista *m/f*; **activity** actividad *f*

actor ['æktər] actor *m*

actress ['æktrɪs] actriz *f*

actual ['æktʃʊəl] verdadero, real; **actually** en realidad

acute [ə'kjuːt] *pain* agudo; *sense* muy fino

AD [eɪ'diː] (= **anno Domini**) D.C. (= después de Cristo)

ad [æd] ☞ **advertisement**

adamant ['ædəmənt] firme

adapt [ə'dæpt] **1** *v/t* adaptar **2** *v/i of person* adaptarse; **adaptability** adaptabilidad *f*; **adaptable** adaptable; **adaptation** *of play etc* adaptación *f*; **adapter** *electrical* adaptador *m*

add [æd] **1** *v/t* añadir; MATH sumar **2** *v/i of person* sumar

◆ **add on** *v/t* sumar

◆ **add up 1** *v/t* sumar **2** *v/i fig* cuadrar

addict ['ædɪkt] adicto(-a) *m(f)*; **drug ~** drogadicto(-a) *m(f)*; **addicted** adicto; **addiction** adicción *f*; **addictive** adictivo

addition [ə'dɪʃn] MATH suma *f*; *to list, company etc* incorporación *f*; **in ~** además (**to** de); **additional** adicional; **additive** aditivo *m*; **add-on** extra *m*, accesorio *m*

address [ə'dres] **1** *n* dirección *f* **2** *v/t letter* dirigir; *audience* dirigirse a; **addressee** destinatario(-a) *m(f)*

adequate ['ædɪkwət] suficiente; (*satisfactory*) aceptable; **adequately** suficientemente; (*satisfactorily*) aceptablemente

◆ **adhere to** *surface* adherirse a; *rules* cumplir

adhesive [əd'hiːsɪv] adhesivo *m*

adjacent [ə'dʒeɪsnt] adyacen-

adjective

te
adjective ['ædʒɪktɪv] adjetivo
m
adjoining [ə'dʒɔɪnɪŋ] contiguo
adjourn [ə'dʒɜːrn] *of meeting*
aplazar; **adjournment** aplazamiento m
adjust [ə'dʒʌst] ajustar, regular; **adjustable** ajustable, regulable; **adjustment** ajuste
m; *psychological* adaptación
f
ad lib [æd'lɪb] **1** *adj* improvisado **2** *v/i* improvisar
administer [əd'mɪnɪstər] administrar; **administration**
administración f; **administrative** administrativo; **administrator** administrador(a) m(f)
admirable ['ædmərəbl] admirable; **admiration** admiración f; **admire** admirar; **admirer** admirador(a) m(f);
admiring de admiración;
admiringly con admiración
admissible [əd'mɪsəbl] admisible; **admission** (*confession*) confesión f; **~ free** entrada gratis; **admit** *to place*
dejar entrar; *to organization*
admitir; *to hospital* ingresar;
(*confess*) confesar; (*accept*)
admitir; **admittance** admisión f; **no ~** prohibido el paso
adolescence [ædə'lesns]
adolescencia f; **adolescent**
1 *n* adolescente m/f **2** *adj*
de adolescente

adopt [ə'dɑːpt] adoptar;
adoption adopción f
adorable [ə'dɔːrəbl] encantador; **adoration** adoración f;
adore adorar
adrenalin [ə'drenəlɪn] adrenalina f
adult ['ædʌlt] **1** *n* adulto(-a)
m(f) **2** *adj* adulto; **adultery**
adulterio m
advance [əd'væns] **1** *n money*
adelanto m; *in science, military*
avance m; **in ~** con antelación; *get money* por adelantado **2** *v/i* MIL avanzar; (*make
progress*) avanzar, progresar
3 *v/t theory* presentar; *money*
adelantar; *knowledge, cause*
hacer avanzar; **advanced**
avanzado
advantage [əd'væntɪdʒ] ventaja f; **take ~ of** aprovecharse
de; **advantageous** ventajoso
adventure [əd'ventʃər] aventura f; **adventurous**
rero; *investment* arriesgado
adverb ['ædvɜːrb] adverbio m
adversary ['ædvərseri] adversario(-a) m(f)
adverse ['ædvɜːrs] adverso
advertise ['ædvərtaɪz] **1** *v/t*
anunciar **2** *v/i* anunciarse,
poner un anuncio; **advertisement** anuncio m; **advertiser** anunciante m/f; **advertising** publicidad f
advice [əd'vaɪs] consejo m;
some ~ un consejo; **advisable** aconsejable; **advise**
aconsejar; *government* ase-

sorar

advocate ['ædvəkeɪt] abogar por

aerial ['eriəl] *Br* antena *f*; **aerial photograph** fotografía *f* aérea

aerobics [e'rəʊbɪks] aerobic *m*

aerodynamic [erəʊdaɪ'næmɪk] aerodinámico

aeroplane ['erəʊpleɪn] *Br* avión *m*

aerosol ['erəsɒl] aerosol *m*

aesthetic *Br* ☞ **esthetic**

affair [ə'fer] (*matter*) asunto *m*; (*love* ~) aventura *f*, lío *m*

affection [ə'fekʃn] afecto *m*; **affectionate** afectuoso; **affectionately** con afecto

affirmative [ə'fɜːmətɪv] afirmativo

affluence ['æfluəns] prosperidad *f*; **affluent** próspero

afford [ə'fɔːd] permitirse

afloat [ə'fləʊt] *boat* a flote

afraid [ə'freɪd]: **be** ~ tener miedo (**of** de); **I'm** ~ *expressing regret* me temo

afresh [ə'freʃ] de nuevo

Africa ['æfrɪkə] África; **African** 1 *adj* africano 2 *n* africano(-a) *m(f)*; **African-American** 1 *adj* afroamericano 2 *n* afroamericano(-a) *m(f)*

after ['æftər] 1 *prep* después de; **it's ten** ~ **two** son las dos y diez 2 *adv* (*afterward*) después; **the day** ~ el día siguiente

afternoon [æftər'nuːn] tarde *f*; **good** ~ buenas tardes

'after sales service servicio *m* posventa; **aftershave** after shave *m*; **afterward** después

again [ə'geɪn] otra vez; **I never saw him** ~ no lo volví a ver

against [ə'genst] contra

age [eɪdʒ] 1 *n* edad *f*; (*era*) era *f*; **she's 5 years of** ~ tiene 5 años 2 *v/i* envejecer; **aged:** ~ **16** con 16 años de edad; **age group** grupo *m* de edades; **age limit** límite *m* de edad

agency ['eɪdʒənsɪ] agencia *f*

agenda [ə'dʒendə] orden *m* del día

agent ['eɪdʒənt] agente *m/f*

aggravate ['ægrəveɪt] agravar; (*annoy*) molestar

aggression [ə'greʃn] agresividad *f*; **aggressive** agresivo; **aggressively** agresivamente

aghast [ə'gæst] horrorizado

agile ['ædʒaɪl] ágil; **agility** agilidad *f*

agitated ['ædʒɪteɪtɪd] agitado; **agitation** agitación *f*; **agitator** agitador(a) *m(f)*

agnostic [æg'nɒstɪk] agnóstico(-a) *m(f)*

ago [ə'gəʊ]: **two days** ~ hace dos días; **long** ~ hace mucho tiempo

agonize ['ægənaɪz] atormentarse (**over** por); **agonizing** *pain* atroz; *wait* angustioso; **agony** agonía *f*

agree [ə'griː] 1 *v/i* estar de acuerdo; *of figures* coincidir;

(*reach agreement*) ponerse de acuerdo 2 *v/t race* acordar; **agreeable** (*pleasant*) agradable; **agreement** acuerdo *m*

agricultural [ægrɪˈkʌltʃərəl] agrícola; **agriculture** agricultura *f*

ahead [əˈhed] delante; *movement* adelante; *in race* por delante; **be ~ of** estar por delante de; *plan ~* planear con antelación

aid [eɪd] 1 *n* ayuda *f* 2 *v/t* ayudar

aide [eɪd] asistente *m/f*

Aids [eɪdz] sida *m*

ailing [ˈeɪlɪŋ] *economy* débil

ailment [ˈeɪlmənt] achaque *m*

aim [eɪm] 1 *n* (*objective*) objetivo *m* 2 *v/i in shooting* apuntar; *~ to do sth* tener como intención hacer algo 3 *v/t*: *be ~ed at of remark* estar dirigido a; *of gun* estar apuntando a; **aimless** sin objetivo

air [er] 1 *n* aire *m*; *by ~ travel* en avión; *send mail* por correo aéreo; *in the open* al aire libre 2 *v/t room, views* airear; **airbag** airbag *m*; **air- -conditioned** con aire acondicionado, climatizado; **air- -conditioning** aire *m* acondicionado; **aircraft** avión *m*; **aircraft carrier** portaaviones *m inv*; **air force** fuerza *f* aérea; **air hostess** azafata *f, L.Am.* aeromoza *f*; **airline** línea *f* aérea; **airliner** avión *m* de pasajeros; **airmail** *by*

~ por correo aéreo; **airplane** avión *m*; **airport** aeropuerto *m*; **air terminal** terminal *f* aérea; **air-traffic controller** controlador(a) *m(f)* del tráfico aéreo

aisle [aɪl] pasillo *m*

ajar [əˈdʒɑːr]: *be ~* estar entreabierto

alarm [əˈlɑːrm] 1 *n* alarma *f* 2 *v/t* alarmar; **alarming** alarmante; **alarmingly** de forma alarmante

album [ˈælbəm] álbum *m*

alcohol [ˈælkəhɒl] alcohol *m*; **alcoholic** 1 *n* alcohólico(-a) *m(f)* 2 *adj* alcohólico

alert [əˈlɜːrt] 1 *n signal* alerta *f* 2 *v/t* alertar 3 *adj* alerta

alibi [ˈælɪbaɪ] coartada *f*

alien [ˈeɪliən] 1 *n* extranjero(-a) *m(f); from space* extraterrestre *m/f* 2 *adj* extraño; **alienate** alienar

align [əˈlaɪn] alinear

alike [əˈlaɪk] 1 *adj*: *be ~* parecerse 2 *adv* igual; *old and young ~* viejos y jóvenes sin distinción

alimony [ˈælɪmənɪ] pensión *f* alimenticia

alive [əˈlaɪv]: *be ~* estar vivo

all [ɔːl] 1 *adj* todo(s) 2 *pron* todo; *~ of us / them* todos nosotros / ellos; *for ~ I know* por lo que sé 3 *adv*: *~ at once* (*suddenly*) de repente; (*at the same time*) a la vez; *~ but* (*except*) todos menos; (*nearly*) casi; *~ the better* mucho mejor; *they're not at ~ alike* no

se parecen en nada; **not at ~!**
¡en absoluto!; **two ~** SP empate a dos

allegation [ælɪˈɡeɪʃn] acusación *f*; **allege** alegar; **alleged**
presunto; **allegedly** presun-
tamente

allegiance [əˈliːdʒəns] lealtad
f

allergic [əˈlɜːrdʒɪk] alérgico

alleviate [əˈliːvɪeɪt] aliviar

alley [ˈælɪ] callejón *m*

alliance [əˈlaɪəns] alianza *f*

allocate [ˈæləkeɪt] asignar; **al-
location** asignación *f*

allot [əˈlɑːt] asignar

allow [əˈlaʊ] *(permit)* permitir;
(calculate for) calcular

◆ **allow for** tener en cuenta

allowance [əˈlaʊəns] *(money)*
asignación *f*; *(pocket money)*
paga *f*

alloy [ˈælɔɪ] aleación *f*

all-'purpose multiuso; **all-
-round** completo

◆ **allude to** [əˈluːd] aludir a

alluring [əˈlʊrɪŋ] atractivo

all-wheel 'drive con tracción
a las cuatro ruedas

ally [ˈælaɪ] aliado(-a) *m(f)*

almond [ˈɑːmənd] almendra *f*

almost [ˈɔːlmoʊst] casi

alone [əˈloʊn] solo

along [əˈlɔːŋ] **1** *prep (situated
beside)* a lo largo de; **walk
~ this path** sigue por esta calle **2** *adv*: **would you like to
come ~?** ¿te gustaría venir
con nosotros?; **~ with** junto
con; **all ~** *(all the time)* todo
el tiempo

alongside [əlɒŋˈsaɪd] *(in cooperation with)* junto a; *(parallel to)* al lado de

aloof [əˈluːf] distante

aloud [əˈlaʊd] en voz alta

alphabet [ˈælfəbet] alfabeto
m; **alphabetical** alfabético

already [ɔːlˈredɪ] ya

alright [ɔːlˈraɪt] *(not hurt, in
working order)* bien; **that's
~** *(don't mention it)* de nada;
(I don't mind) no importa

altar [ˈɔːltər] altar *m*

alter [ˈɔːltər] alterar; **alteration** alteración *f*

alternate 1 [ˈɔːltərneɪt] *v/i* alternar **2** [ˈɔːltərnət] *adj* alterno

alternative [ɔːltˈɜːrnətɪv] **1** *n*
alternativa *f* **2** *adj* alternativo; **alternatively** si no

although [ɔːlˈðoʊ] aunque, si
bien

altitude [ˈæltɪtuːd] altitud *f*; *of
mountain* altura *f*

altogether [ɔːltəˈɡeðər] *(completely)* completamente; *(in
all)* en total

altruism [ˈæltruːɪzm] altruis-
mo *m*; **altruistic** altruista

aluminium [æljʊˈmɪnɪəm] *Br*,
aluminum [əˈluːmənəm] aluminio *m*

always [ˈɔːlweɪz] siempre

a.m. [ˈeɪem] (= **ante meridiem**) de la mañana; **at 11 ~** a las 11
de la mañana

amass [əˈmæs] acumular

amateur [ˈæmətʃʊr] *unskilled*
aficionado(-a) *m(f)*; SP amateur *m/f*; **amateurish** *pej*

chapucero

amaze [əˈmeɪz] asombrar; **amazed** asombrado; **amazement** asombro *m*; **amazing** asombroso; F (*very good*) alucinante F; **amazingly** increíblemente

Amazon [ˈæməzən] *n*: **the ~** el Amazonas

ambassador [æmˈbæsədər] embajador(a) *m(f)*

amber [ˈæmbər] ámbar

ambience [ˈæmbɪəns] ambiente *m*

ambiguity [æmbɪˈgjuːətɪ] ambigüedad *f*; **ambiguous** ambiguo

ambition [æmˈbɪʃn] *also pej* ambición *f*; **ambitious** ambicioso

ambivalent [æmˈbɪvələnt] ambivalente

amble [ˈæmbl] deambular

ambulance [ˈæmbjuləns] ambulancia *f*

ambush [ˈæmbʊʃ] **1** *n* emboscada *f* **2** *v/t* tender una emboscada a

amend [əˈmend] enmendar; **amendment** enmienda *f*; **amends**: **make ~ for** compensar

amenities [əˈmiːnətɪz] servicios *mpl*

America [əˈmerɪkə] *continent* América; *USA* Estados *mpl* Unidos; **American 1** *adj North American* estadounidense **2** *n North American* estadounidense *m/f*

amicable [ˈæmɪkəbl] amisto-

so; **amicably** amistosamente

ammunition [æmjuˈnɪʃn] munición *f*

amnesia [æmˈniːzɪə] amnesia *f*

amnesty [ˈæmnəstɪ] amnistía *f*

among(st) [əˈmʌŋ(st)] entre

amoral [eɪˈmɔːrəl] amoral

amount [əˈmaʊnt] cantidad *f*
◆ **amount to** ascender a

amphibian [æmˈfɪbɪən] anfibio *m*

ample [ˈæmpl] amplio

amplifier [ˈæmplɪfaɪr] amplificador *m*; **amplify** amplificar

amputate [ˈæmpjuteɪt] amputar; **amputation** amputación *f*

amuse [əˈmjuːz] (*make laugh*) divertir; (*entertain*) entretener; **amusement** (*merriment*) diversión *f*; (*entertainment*) entretenimiento *m*; **amusement park** parque *m* de atracciones; **amusing** divertido

an [æn] ☞ **a**

anaemia *Br* ☞ **anemia**

anaesthetic *Br* ☞ **anesthetic**

analog [ˈænəlɔːg] analógico; **analogy** analogía *f*

analysis [əˈnæləsɪs] análisis *m inv*; PSYCH psicoanálisis *m inv*; **analyst** analista *m/f*; PSYCH psicoanalista *m/f*; **analytical** analítico; **analyze** analizar; PSYCH psicoanalizar

anarchy [ˈænərkɪ] anarquía *f*

ancestor ['ænsestər] antepasado(-a) *m(f)*

anchor ['æŋkər] **1** *n* NAUT ancla *f*; TV presentador(a) *m(f)* **2** *v/i* NAUT anclar

ancient ['eɪnʃənt] antiguo

Andean [æn'di:ən] andino; **Andes:** *the ~* los Andes

anemia [ə'ni:mɪə] anemia *f*; **anemic** anémico

anesthetic [ænəs'θetɪk] anestesia *f*

angel ['eɪndʒl] ángel *m*

anger ['æŋgər] **1** *n* enfado *m* **2** *v/t* enfadar

angle ['æŋgl] ángulo *m*

angry ['æŋgrɪ] enfadado

animal ['ænɪml] animal *m*

animated ['ænɪmeɪtɪd] animado; **animated cartoon** dibujos *mpl* animados; **animation** animación *f*

animosity [ænɪ'mɑ:sətɪ] animosidad *f*

ankle ['æŋkl] tobillo *m*

annex ['æneks] **1** *n building* edificio *m* anexo **2** *v/t state* anexionar

annihilate [ə'naɪəleɪt] aniquilar; **annihilation** aniquilación *f*

anniversary [ænɪ'vɜ:rsərɪ] aniversario *m*

announce [ə'naʊns] anunciar; **announcement** anuncio *m*; **announcer** TV, RAD presentador(a) *m(f)*

annoy [ə'nɔɪ] irritar; **annoyance** (*anger*) irritación *f*; (*nuisance*) molestia *f*; an-

noying irritante

annual ['ænʊəl] anual

annul [ə'nʌl] anular; **annulment** anulación *f*

anonymous [ə'nɑ:nɪməs] anónimo

anorexia [ænə'reksɪə] anorexia *f*

another [ə'nʌðər] **1** *adj* otro **2** *pron* otro(-a) *m(f)*; **they helped one ~** se ayudaron (el uno al otro)

answer ['ænsər] **1** *n* respuesta *f*, contestación *f*; *to problem* solución *f* **2** *v/t* responder, contestar; **answerphone** contestador *m*

ant [ænt] hormiga *f*

antagonism [æn'tægənɪzm] antagonismo *m*; **antagonistic** hostil; **antagonize** antagonizar, enfadar

Antarctic [ænt'ɑ:rktɪk]: *the ~* el Antártico

antenatal [æntɪ'neɪtl] prenatal

antenna [æn'tenə] antena *f*

antibiotic [æntɪbaɪ'ɑ:tɪk] antibiótico *m*

anticipate [æn'tɪsɪpeɪt] esperar, prever; **anticipation** expectativa *f*, previsión *f*

antics ['æntɪks] payasadas *fpl*

antidote ['æntɪdoʊt] antídoto *m*

antifreeze ['æntɪfri:z] anticongelante *m*

antipathy [æn'tɪpəθɪ] antipatía *f*

antiquated ['æntɪkweɪtɪd] anticuado

antique [æn'ti:k] antigüedad *f*

antiseptic [ænti'septik] **1** *adj* antiséptico **2** *n* antiséptico *m*

antisocial [ænti'sou∫l] antisocial, poco sociable

antivirus program [ænti'vairəs] COMPUT antivirus *m inv*

anxiety [æŋ'zaiəti] ansiedad *f*; **anxious** preocupado; (*eager*) ansioso

any ['eni] **1** *adj*: **are there ~ glasses?** ¿hay vasos?; **there isn't ~ bread** no hay pan; **have you ~ idea at all?** ¿tienes alguna idea?; *no matter which* cualquier(a) **2** *pron* alguno(-a); **there isn't ~ left** no queda

anybody ['enibɒdi] alguien; *no matter who* cualquiera; **there wasn't ~ there** no había nadie allí

anyhow ['enihau] en todo caso, de todos modos

anyone ['eniwʌn] ☞ **anybody**

anything ['eniθiŋ] algo; *with negatives* nada; **I didn't hear ~ no** oí nada; **~ but** todo menos

anyway ['eniwei] ☞ **anyhow**

anywhere ['eniweər] en alguna parte; **I can't find it ~** no lo encuentro por ninguna parte

apart [ə'pɑ:rt] aparte; **~ from** aparte de

apartment [ə'pɑ:rtmənt] apartamento *m*, *Span* piso *m*; **apartment block** bloque *m* de apartamentos *or Span* pisos

ape [eip] simio *m*

aperitif [ə'periti:f] aperitivo *m*

apologize [ə'pɒlədʒaiz] disculparse; **apology** disculpa *f*

appalling [ə'pɔ:liŋ] horroroso

apparatus [æpə'reitəs] aparatos *mpl*

apparent [ə'pærənt] aparente, evidente; **apparently** al parecer, por lo visto

appeal [ə'pi:l] (*charm*) atractivo *m*; *for thanks etc* llamamiento *m*; LAW apelación *f*

◆ **appeal for** solicitar

◆ **appeal to** (*be attractive to*) atraer a

appealing [ə'pi:liŋ] *idea, offer* atractivo

appear [ə'pir] aparecer; *in court* comparecer; (*seem*) parecer; **appearance** aparición *f*; *in court* comparecencia *f*; (*look*) apariencia *f*, aspecto *m*

appendicitis [əpendi'saitis] apendicitis *m*

appendix [ə'pendiks] MED, *of book* apéndice *m*

appetite ['æpitait] *also fig* apetito *m*; **appetizer** aperitivo *m*; **appetizing** apetitoso

applaud [ə'plɔ:d] aplaudir; **applause** aplauso *m*

apple ['æpl] manzana *f*

appliance [ə'plaiəns] aparato *m*; *household* electrodoméstico *m*

applicable [ə'plɪkəbl] aplicable; **applicant** solicitante *m/f*; **application** *for job etc* solicitud *f*; **apply 1** *v/t rules, ointment* aplicar **2** *v/i of rule, law* aplicarse

◆ **apply for** *job, passport* solicitar; *university* solicitar el ingreso en

◆ **apply to** (*contact*) dirigirse a; (*affect*) aplicarse a

appoint [ə'pɔɪnt] *to position* nombrar; **appointment** *to position* nombramiento *m*; *meeting* cita *f*

appraisal [ə'preɪz(ə)l] evaluación *f*

appreciable [ə'priːʃəbl] apreciable; **appreciate 1** *v/t* (*value*) apreciar; (*be grateful for*) agradecer; (*acknowledge*) ser consciente de **2** *v/i* FIN revalorizarse; **appreciative** agradecido

apprehensive [æprɪ'hensɪv] aprensivo, temeroso

approach [ə'prəʊtʃ] **1** *n* aproximación *f*; (*proposal*) propuesta *f*; *to problem* enfoque *m* **2** *v/t* (*get near to*) aproximarse a; (*contact*) ponerse en contacto con; *problem* enfocar; **approachable** accesible

appropriate [ə'prəʊprɪət] apropiado, adecuado

approval [ə'pruːvl] aprobación *f*; **approve 1** *v/i*: **my parents don't~** a mis padres no les parece bien **2** *v/t* aprobar

approximate [ə'prɒksɪmət] aproximado; **approximately** aproximadamente

apricot ['æprɪkɒt] albaricoque *m*, L.Am. damasco *m*

April ['eɪprəl] abril *m*

apt [æpt] *remark* oportuno; **aptitude** aptitud *f*

aquarium [ə'kweərɪəm] acuario *m*

Arab ['ærəb] **1** *adj* árabe **2** *n* árabe *m/f*; **Arabic 1** *adj* árabe **2** *n* árabe *m*

arbitrary ['ɑːbɪtrerɪ] arbitrario

arbitrate ['ɑːbɪtreɪt] arbitrar; **arbitration** arbitraje *m*

arc [ɑːk] arco *m*

archaeology *Br* ☞ **archeology**

archaic [ɑːˈkeɪɪk] arcaico

archeological [ɑːkɪəˈlɒd-ʒɪk] arqueológico; **archeologist** arqueólogo(-a) *m(f)*; **archeology** arqueología *f*

architect ['ɑːkɪtekt] arquitecto(-a) *m(f)*; **architectural** arquitectónico; **architecture** arquitectura *f*

archives ['ɑːkaɪvz] archivos *mpl*

Arctic ['ɑːktɪk]: **the~** el Ártico

ardent ['ɑːdənt] ardiente

arduous ['ɑːdjʊəs] arduo

area ['eəriə] área *f*; *f*; **area code** TELEC prefijo *m*

arena [ə'riːnə] SP estadio *m*

Argentina [ɑːdʒən'tiːnə] Argentina; **Argentinian 1** *adj* argentino **2** *n* argentino(-a) m(f)

arguably ['ɑːrgjuəblɪ] posiblemente; **argue** discutir; (reason) argumentar; **argument** discusión f; (reasoning) argumento m

arid ['ærɪd] land árido

arise [ə'raɪz] of situation surgir

arithmetic [ə'rɪθmətɪk] aritmética f

arm[1] [ɑːrm] n brazo m

arm[2] [ɑːrm] v/t armar

armaments ['ɑːrməmənts] armamento m

armchair ['ɑːrmtʃer] sillón m

armed [ɑːrmd] armado; **armed forces** fpl fuerzas fpl armadas; **armed robbery** atraco m a mano armada

'armpit sobaco m

arms [ɑːrmz] (weapons) armas fpl

army ['ɑːrmɪ] ejército m

around [ə'raʊnd] **1** prep (enclosing) alrededor de; **it's ~ the corner** está a la vuelta de la esquina **2** adv (in the area) por ahí; (encircling) alrededor; (roughly) alrededor de; (with expressions of time) en torno a

arouse [ə'raʊz] despertar; sexually excitar

arrange [ə'reɪndʒ] (put in order) ordenar; flowers, music arreglar; meeting etc organizar; time and place organizar; **I've ~d to meet her** he quedado con ella; **arrangement** (plan) plan m, preparativo

m; (agreement) acuerdo m; (layout) disposición f; of flowers, music arreglo m

arrears [ə'rɪərz] atrasos mpl

arrest [ə'rest] **1** n detención f, arresto m **2** v/t detener, arrestar

arrival [ə'raɪvl] llegada f; **arrive** llegar

♦ **arrive at** llegar a

arrogance ['ærəgəns] arrogancia f; **arrogant** arrogante

arrow ['ærəʊ] flecha f

arson ['ɑːrsn] incendio m provocado

art [ɑːrt] arte m

artery ['ɑːrtərɪ] arteria f

art gallery museo m; private galería f de arte

arthritis [ɑːr'θraɪtɪs] artritis f

artichoke ['ɑːrtɪtʃəʊk] alcachofa f, L.Am. alcaucil m

article ['ɑːrtɪkl] artículo m

articulate [ɑːr'tɪkjʊlət] person elocuente

artificial [ɑːrtɪ'fɪʃl] artificial

artillery [ɑːr'tɪlərɪ] artillería f

artist ['ɑːrtɪst] artista m/f; **artistic** artístico

'arts degree licenciatura f en letras

as [æz] **1** conj (while, when) cuando; (because, like) como; **~ if** como si; **~ usual** como de costumbre **2** adv como; **~ high ~ ...** tan alto como...; **~ much ~ that?** ¿tanto? **3** prep como; **work ~ a teacher** trabajar como profesor; **~ for** por lo que respecta a; **~ from** or **of** a partir de

ash [æʃ] ceniza f

ashamed [əˈʃeɪmd] avergonzado, *L.Am.* apenado

'ash can cubo *m* de la basura

ashore [əˈʃɔːr] en tierra; **go ~** desembarcar

ashtray [ˈæʃtreɪ] cenicero *m*

Asia [ˈeɪʃə] Asia; **Asian 1** *adj* asiático(-a) *m(f)*; **Asian American** norteamericano(-a) *m(f)* de origen asiático

aside [əˈsaɪd] a un lado

ask [æsk] *person* preguntar; *question* hacer; *(invite)* invitar; *favor* pedir; *~ s.o. for sth* pedir algo a alguien
◆ **ask after** *person* preguntar por
◆ **ask for** pedir
◆ **ask out** invitar a salir

asleep [əˈsliːp] dormido; **fall ~** dormirse

asparagus [əˈspærəɡəs] espárragos *mpl*

aspect [ˈæspekt] aspecto *m*

aspiration [æspəˈreɪʃn] aspiración *f*

aspirin [ˈæsprɪn] aspirina *f*

ass¹ [æs] P *(butt)* culo *m*

ass² [æs] P *(butt)* culo *m*

assassin [əˈsæsɪn] asesino(-a) *m(f)*; **assassinate** asesinar; **assassination** asesinato *m*

assault [əˈsɔːlt] **1** *n* agresión *f*; *(attack)* ataque *m* **2** *v/t* atacar, agredir

assemble [əˈsembl] **1** *v/t parts* montar **2** *v/i of people* reunir-

se; **assembly** *of parts* montaje *m*; POL asamblea *f*; **assembly line** cadena *f* de montaje

assent [əˈsent] asentir

assertive [əˈsɜːrtɪv] *person* seguro y firme

assess [əˈses] *situation* evaluar; *value* valorar; **assessment** evaluación *f*

asset [ˈæset] FIN activo *m*; *fig* ventaja *f*

assign [əˈsaɪn] asignar; **assignment** *(task)* trabajo *m*

assimilate [əˈsɪmɪleɪt] asimilar; *in group* integrar

assist [əˈsɪst] ayudar; **assistance** ayuda *f*, asistencia *f*; **assistant** ayudante *m/f*; **assistant manager** subdirector(a) *m(f)*

associate [əˈsəʊʃɪeɪt] **1** *v/t* asociar **2** *v/i:* **~ with** relacionarse con **3** *n* colega *m/f*; **association** asociación *f*

assortment [əˈsɔːrtmənt] *of food* surtido *m*; *of people* diversidad *f*

assume [əˈsuːm] *(suppose)* suponer; **assumption** suposición *f*

assurance [əˈʃʊərəns] garantía *f*; *(confidence)* seguridad *f*; **assure** *(reassure)* asegurar

asthma [ˈæsmə] asma *f*

astonish [əˈstɑːnɪʃ] asombrar; **astonishing** asombroso; **astonishment** asombro *m*

astound [əˈstaʊnd] pasmar

astride [əˈstraɪd] a horcajadas

sobre

astrology [əˈstrɑːlədʒɪ] astrología f

astronaut [ˈæstrənɔːt] astronauta m/f

astronomer [əˈstrɑːnəmər] astrónomo(-a) m(f); **astronomical** price etc astronómico; **astronomy** astronomía f

astute [əˈstuːt] astuto, sagaz

asylum [əˈsaɪləm] asilo m; mental manicomio m

at [æt] with places en; ~ **Joe's house** en casa de Joe; ~ **the door** a la puerta; ~ **10 dollars** a 10 dólares; ~ **the age of 18** a los 18 años; ~ **5 o'clock** a las 5; **be good** ~ **sth** ser bueno haciendo algo

atheist [ˈeɪθɪɪst] ateo(-a) m(f)

athlete [ˈæθliːt] atleta m/f; **athletic** atlético; **athletics** atletismo m

Atlantic [ətˈlæntɪk]: **the** ~ el Atlántico

atlas [ˈætləs] atlas m inv

ATM [eɪtiːˈem] (= **automatic teller machine**) cajero m automático

atmosphere [ˈætməsfɪr] atmósfera f; (ambience) ambiente m

atom [ˈætəm] átomo m; **atomic** atómico

atone [əˈtoʊn]: ~ **for** expiar

atrocious [əˈtroʊʃəs] atroz; **atrocity** atrocidad f

at-ˈseat TV televisor en el respaldo del asiento

attach [əˈtætʃ] sujetar, fijar; importance atribuir; attach-

ment to e-mail archivo m adjunto

attack [əˈtæk] **1** n ataque m **2** v/t atacar

attempt [əˈtempt] **1** n intento m **2** v/t intentar

attend [əˈtend] acudir a

◆ **attend to** ocuparse de

attendance [əˈtendəns] asistencia f; **attendant** in museum etc vigilante m/f

attention [əˈtenʃn] atención f; **pay** ~ prestar atención; **attentive** atento

attic [ˈætɪk] ático m

attitude [ˈætɪtuːd] actitud f

attorney [əˈtɜːrnɪ] abogado(-a) m(f)

attract [əˈtrækt] atraer; **attraction** atracción f; **attractive** atractivo

auction [ˈɔːkʃn] subasta f, L.Am. remate m

audacity [ɔːˈdæsətɪ] audacia f

audible [ˈɔːdəbl] audible

audience [ˈɔːdɪəns] público m; TV audiencia f

audio [ˈɔːdɪoʊ] de audio; **audiovisual** audiovisual

audit [ˈɔːdɪt] **1** n auditoría f **2** v/t auditar; course asistir de oyente a

audition [ɔːˈdɪʃn] **1** n audición f **2** v/i hacer una prueba

auditor [ˈɔːdɪtər] FIN auditor(a) m(f)

auditorium [ɔːdɪˈtɔːrɪəm] of theater etc auditorio m

August [ˈɔːɡəst] agosto m

aunt [ænt] tía f

au pair [oʊˈper] au pair m/f

away

aura ['ɔːrə] aura *f*

auspicious [ɔː'spɪʃəs] propicio

austere [ɔː'stiːr] austero; **austerity** austeridad *f*

Australia [ɔː'streɪliə] Australia; **Australian 1** *adj* australiano **2** *n* australiano(-a) *m(f)*

Austria ['ɔːstriə] Austria; **Austrian 1** *adj* austriaco **2** *n* austriaco(-a) *m(f)*

authentic [ɔː'θentɪk] auténtico; **authenticity** autenticidad *f*

author ['ɔːθər] escritor(a) *m(f)*; *of text* autor(a) *m(f)*

authoritarian [əθɔːrɪ'teriən] autoritario; **authoritative** autorizado; **authority** autoridad *f*; *(permission)* autorización *f*; **authorization** autorización *f*; **authorize** autorizar

autistic ['ɔːtɪstɪk] autista

autobiography [ɔːtəbaɪ'ɑːgrəfi] autobiografía *f*

autocratic [ɔːtə'krætɪk] autocrático

autograph ['ɔːtəgræf] autógrafo *m*

automate ['ɔːtəmeɪt] automatizar; **automatic 1** *adj* automático **2** *n car (coche m)* automático *m*; **automatically** automáticamente; **automation** automatización

automobile ['ɔːtəmoʊbiːl] automóvil *m*, coche *m*, *L.Am.* carro *m*, *Rpl* auto

m; **automobile industry** industria *f* automovilística

autonomous [ɔː'tɑːnəməs] autónomo

autopilot ['ɔːtoʊpaɪlət] piloto *m* automático

autopsy ['ɔːtɑːpsi] autopsia *f*

autumn ['ɔːtəm] *Br* otoño *m*

auxiliary [ɔːg'zɪljəri] auxiliar

available [ə'veɪləbl] disponible

avalanche ['ævəlænʃ] avalancha *f*, alud *m*

avenue ['ævənuː] avenida *f*; *fig* camino *m*

average ['ævərɪdʒ] **1** *adj* medio; *(mediocre)* regular **2** *n* promedio *m*, media *f*; **on ~** como promedio, de media
◆ **average out at** salir a

averse [ə'vɜːrs]: *not be ~ to* no ser reacio a; **aversion** aversión *f*

avid ['ævɪd] ávido

avocado [ɑːvə'kɑːdoʊ] aguacate *m*, *S.Am.* palta *f*

avoid [ə'vɔɪd] evitar

await [ə'weɪt] aguardar, esperar

awake [ə'weɪk] despierto

award [ə'wɔːrd] **1** *n (prize)* premio *m* **2** *v/t prize, damages* conceder; **awards ceremony** ceremonia *f* de entrega de premios

aware [ə'wer]: *be ~ of sth* ser consciente de algo; *become ~ of sth* darse cuenta de algo; **awareness** conciencia *f*

away [ə'weɪ]: *look ~* mirar hacia otra parte; **it's 5 miles ~** está a 5 millas; **take sth ~ from s.o.** quitar algo a alguien; **be ~** estar fuera casa; **away game** SP partido *m* fuera de casa

awesome ['ɔ:səm] F alucinante F; **awful** horrible

awkward ['ɔ:kwərd] (*clumsy*) torpe; (*difficult*) difícil; (*embarrassing*) embarazoso; **feel ~** sentirse incómodo

ax, *Br* **axe** [æks] **1** *n* hacha *f* **2** *v/t project* suprimir; *budget, job* recortar

axle ['æksl] eje *m*

B

baby ['beɪbɪ] bebé *m*; **baby- -sit** hacer de *Span* canguro *or L.Am.* babysitter

bachelor ['bætʃələr] soltero *m*

back [bæk] **1** *n of person, clothes* espalda *f; of car, bus, house* parte *f* trasera; *of paper, book* dorso *m; of drawer* fondo *m; of chair* respaldo *m;* SP defensa *m/f; in ~ in store* en la trastienda; **in the ~ (of the car)** atrás (del coche); **~ to front** del revés **2** *adj* trasero **3** *adv* atrás; **give sth ~ to s.o.** devolver algo a alguien; **she'll be ~ tomorrow** volverá mañana **4** *v/t (support)* apoyar; *horse* apostar por

◆ **back down** echarse atrás

◆ **back out** *of commitment* echarse atrás

◆ **back up 1** *v/t (support)* respaldar; *file* hacer una copia de seguridad de **2** *v/i in car* dar marcha atrás

'**backache** dolor *m* de espalda; **backbone** columna *f* vertebral; **backbone**: **~d to**

... con efecto retroactivo a partir del...; **backdoor** puerta *f* trasera; **backer**: **the ~s of the movie** las personas que financian en la película; **background** fondo *m; of person* origen *m; of situation* contexto *m;* **backhand** *in tennis* revés *m;* **backing** *(support)* apoyo *m;* MUS acompañamiento *m;* **backing group** grupo *m* de acompañamiento; **backlash** reacción *f* violenta; **backlog** acumulación *f;* **backpack** mochila *f;* **backpacker** mochilero(-a) *m(f);* **back seat** asiento *m* trasero; **back streets** callejuelas *fpl; poorer part* zonas *fpl* deprimidas; **backstroke** SP espalda *f;* **backtrack** volver atrás; **backup** *(support)* apoyo *m; for police* refuerzos *mpl;* COMPUT copia *f* de seguridad; **backyard** jardín *m* trasero

bacon ['beɪkn] tocino *m, Span* bacon *m*

bacteria [bæk'tɪrɪə] **bacterias** *fpl*

bad [bæd] malo; *before singular masculine noun* mal; *headache etc* fuerte; *mistake, accident* grave; *that's really too ~ (shame)* es una verdadera pena

badge [bædʒ] insignia *f*; *of policeman* placa *f*

bad 'language palabrotas *fpl*; **badly injured** gravemente; *damaged* seriamente; *work* mal; *he ~ needs ...* necesita urgentemente...

badminton ['bædmɪntən] bádminton *m*

bad-tempered [bæd'tempəd] malhumorado

baffle ['bæfl] confundir

bag [bæg] bolsa *f*; *for school* cartera *f*; (*purse*) bolso *m*, *S.Am.* cartera *f*

baggage ['bægɪdʒ] equipaje *m*; **baggage check** consigna *f*

baggy ['bægɪ] ancho

bail [beɪl] LAW libertad *f* bajo fianza; (*money*) fianza *f*; **on ~** bajo fianza

bait [beɪt] cebo *m*

bake [beɪk] hornear; **baked potato** *Span* patata *f* al *L.Am.* papa *f* asada (*con piel*); **baker** panadero(-a) *m(f)*; **bakery** panadería *f*

balance ['bæləns] **1** *n* equilibrio *m*; (*remainder*) resto *m*; *of bank account* saldo *m* **2** *v/t* poner en equilibrio **3** *v/i* mantenerse en equilibrio;

of accounts cuadrar; **balanced** (*fair*) objetivo; *diet, personality* equilibrado; **balance sheet** balance *m*

balcony ['bælkənɪ] balcón *m*; *in theater* anfiteatro *m*

bald [bɔːld] calvo; **balding** medio calvo

ball [bɔːl] pelota *f*; *football size* balón *m*, pelota *f*; *billiard-ball size* bola *f*

ballad ['bæləd] balada *f*

ballet [bæ'leɪ] ballet *m*; **ballet dancer** bailarín(-ina) *m(f)*

'ball game (*baseball*) partido *m* de béisbol

ballistic missile [bə'lɪstɪk] misil *m* balístico

balloon [bə'luːn] globo *m*

ballot ['bælət] **1** *n* voto *m* **2** *v/t members* consultar por votación; **ballot box** urna *f*; **ballot paper** papeleta *f*

'ballpark (*baseball*) campo *m* de béisbol; **ballpark figure** F cifra *f* aproximada; **ballpoint** (*pen*) bolígrafo *m*, *Mex* pluma *f*, *Rpl* birome *m*

balls [bɔːlz] V huevos *mpl* V

bamboo [bæm'buː] bambú *m*

ban [bæn] **1** prohibición *f* **2** *v/t* prohibir

banal [bə'næl] banal

banana [bə'nænə] plátano *m*, *Rpl* banana *f*

band [bænd] banda *f*; *pop* grupo *m*

bandage ['bændɪdʒ] **1** *n* vendaje *m* **2** *v/t* vendar

'Band-Aid® *Span* tirita *f*,

L.Am. curita *f*

bandit ['bændɪt] bandido *m*

bandy ['bændɪ] *legs* arqueado

bang [bæŋ] **1** *n noise* estruendo *m*; *(blow)* golpe *m* **2** *v/t door* cerrar de un portazo; *(hit)* golpear

bangle ['bæŋgl] brazalete *m*

bangs [bæŋz] flequillo *m*

banisters ['bænɪstərz] barandilla *f*

banjo ['bændʒoʊ] banjo *m*

bank¹ [bæŋk] *of river* orilla *f*

bank² [bæŋk] FIN banco *m*

♦ **bank on** contar con

'**bank account** cuenta *f* (bancaria); **banker** banquero *m*; **banker's card** tarjeta *f* bancaria; **banking** banca *f*; **bank loan** préstamo *m* bancario; **bank manager** director(a) *m(f)* de banco; **bank rate** tipo *m* de interés bancario; **bankroll** financiar; **bankrupt** en bancarrota *or* quiebra; **go ~** quebrar; **bankruptcy** quiebra *f*, bancarrota *f*

banner ['bænər] pancarta *f*

banquet ['bæŋkwɪt] banquete *m*

baptism ['bæptɪzm] bautismo *m*; **baptize** bautizar

bar¹ [bɑːr] *n of iron* barra *f*; *of chocolate* tableta *f*; *for drinks* bar *m*; *(counter)* barra *f*

bar² [bɑːr] *v/t from premises* prohibir la entrada a

barbaric [bɑːr'bærɪk] brutal

barbecue ['bɑːrbɪkjuː] **1** *n* barbacoa *f* **2** *v/t* cocinar en

la barbacoa

barbed wire [bɑːrbd] alambre *f* de espino

barber ['bɑːrbər] barbero *m*

'**bar code** código *m* de barras

bare [ber] desnudo; *room* vacío; *floor* descubierto; **barefoot** descalzo; **bare-headed** sin sombrero; **barely** apenas

bargain ['bɑːrgɪn] **1** *n (deal)* trato *m*; *(good buy)* ganga *f* **2** *v/i* regatear

barge [bɑːrdʒ] NAUT barcaza *f*

♦ **barge into** *person* tropezarse con; *room* irrumpir en

baritone ['bærɪtoʊn] barítono *m*

bark¹ [bɑːrk] **1** *n of dog* ladrido *m* **2** *v/i* ladrar

bark² [bɑːrk] *of tree* corteza *f*

barn [bɑːrn] granero *m*

barometer [bəˈrɑːmɪtər] *also fig* barómetro *m*

barracks ['bærəks] MIL cuartel *m*

barrel ['bærəl] tonel *m*, barril *m*

barren ['bærən] *land* yermo

barrette [bəˈret] pasador *m*

barricade [bærɪˈkeɪd] barricada *f*

barrier ['bærɪər] barrera *f*

'**bar tender** camarero(-a) *m(f)*, *L.Am.* mesero(-a) *m(f)*, *Rpl* mozo(-a) *m(f)*

barter ['bɑːrtər] **1** *n* trueque *m* **2** *v/t* trocar (**for** por)

base [beɪs] **1** *n* base *f* **2** *v/t* basar (**on** en); **baseball** béisbol *m*; *ball* pelota *f* de béisbol;

baseball cap gorra *f* de béisbol; baseboard rodapié *m*; basement *of house* sótano *m*

basic ['beɪsɪk] (*rudimentary*) básico; *room* sencillo; *skills* elemental; (*fundamental*) fundamental; basically básicamente

basin ['beɪsn] *for washing* barreño *m*; *in bathroom* lavabo *m*

basis ['beɪsɪs] base *f*

bask [bæsk] tomar el sol

basket ['bɑːskɪt] cesta *f*; *in basketball* canasta *f*; basketball *game* baloncesto *m*, *L.Am.* básquetbol *m*; *ball* balón *m or* pelota *f* de baloncesto

Basque [bæsk] **1** *adj* vasco **2** *n person* vasco(-a) *m(f)*; *language* vasco *m*

bass [beɪs] *bajo m*; *instrument* contrabajo *m*

bastard ['bæstərd] P cabrón (-ona) *m(f)* P

bat¹ [bæt] **1** *n baseball* bate *m*; *table tennis* pala *f* **2** *v/i in baseball* batear

bat² [bæt] (*animal*) murciélago *m*

batch [bætʃ] *of students* tanda *f*; *of bread* hornada *f*; *of products* lote *m*

bath [bæθ] baño *m*

bathe [beɪð] bañarse

'bathrobe albornoz *m*; bathroom cuarto *m* de baño; (*toilet*) servicio *m*, *L.Am.* baño *m*; bath towel toalla *f* de ba-

ño; bathtub bañera *f*

batter ['bætər] asa *f*; *in baseball* bateador(a) *m(f)*; battered maltratado

battery ['bætərɪ] pila *f*; *in computer, car* batería *f*

battle ['bætl] **1** *n* batalla *f* **2** *v/i against illness etc* luchar; battleship acorazado *m*

bawl [bɔːl] (*shout*) gritar, vociferar; (*weep*) berrear

bay [beɪ] (*inlet*) bahía *f*

BC [biː'siː] (= *before Christ*) A.C. (= antes de Cristo)

be [biː] ◇ *permanent characteristics, profession, nationality* ser; *position, temporary condition* estar; **there is, there are** hay; ◇ **has the mailman been?** ¿ha venido el cartero?; **I've never been to Japan** no he estado en Japón; ◇ *tags:* **that's right, isn't it?** eso es, ¿no?; **she's Chinese, isn't she?** es china, ¿verdad? ◇ *passive:* **he was arrested** fue detenido, lo detuvieron

beach [biːtʃ] playa *f*; beachwear ropa *f* playera

beads [biːdz] cuentas *fpl*

beak [biːk] pico *m*

beam [biːm] **1** *n in ceiling etc* viga *f* **2** *v/i* (*smile*) sonreír de oreja a oreja

bean [biːn] judía *f*, alubia *f*, *L.Am.* frijol *m*, *S.Am.* poroto *m*

bear¹ [ber] *n animal* oso(-a) *m(f)*

bear² [ber] *v/t weight* resistir

costs correr con; (*tolerate*) soportar; **bearable** soportable

beard [bɪrd] barba *f*

beat [biːt] **1** *n* of heart latido *m*; of music ritmo *m* **2** *v/i* of heart latir; of rain golpear **3** *v/t* in competition derrotar, ganar a; (*hit*) pegar a; (*pound*) golpear
◆ **beat up** dar una paliza a

beaten ['biːtən]: *off the ~ track* retirado; **beating** *physical* paliza *f*; **beat-up** F destartalado F

beautiful ['bjuːtɪfl] bonito, precioso, *L.Am.* lindo; *smell, taste, meal* delicioso, *L.Am.* rico; *vacation* estupendo; **beautifully** *cooked, done* perfectamente; **beauty** belleza *f*

beaver ['biːvər] castor *m*

because [bɪ'kɔːz] porque; *~ of* debido a, a causa de

become [bɪ'kʌm] hacerse, volverse; *it became clear that ...* quedó claro que...; *what's ~ of her?* ¿qué fue de ella?; **becoming** favorecedor

bed [bed] cama *f*; of flowers macizo *m*; of sea fondo *m*; of river cauce *m*; *go to ~* ir a la cama; **bedding** ropa *f* de cama; **bedridden** *be ~* estar postrado en cama; **bedroom** dormitorio *m*, *L.Am.* cuarto *m*; **bedtime** hora *f* de irse a la cama

bee [biː] abeja *f*

beech [biːtʃ] haya *f*

beef [biːf] carne *f* de vaca; **beefburger** hamburguesa *f*

beep [biːp] **1** *n* pitido *m* **2** *v/i* pitar

beer [bɪr] cerveza *f*

beet [biːt] remolacha *f*

beetle ['biːtl] escarabajo *m*

before [bɪ'fɔːr] **1** *prep* antes de **2** *adv* antes; *I've seen this movie ~* ya he visto esta película; *the week ~* la semana anterior **3** *conj* antes de que; **beforehand** de antemano

befriend [bɪ'frend] hacerse amigo de

beg [beg] **1** *v/i* mendigar, pedir **2** *v/t*: *~ s.o. to do sth* suplicar a alguien que haga algo; **beggar** mendigo(-a) *m(f)*

begin [bɪ'gɪn] empezar, comenzar (*to do* a hacer); **beginner** principiante *m/f*; **beginning** principio *m*, comienzo *m*; (*origin*) origen *m*

behalf [bɪ'hɑːf]: *on ~ of* en nombre de

behave [bɪ'heɪv] comportarse, portarse; *~ (yourself)!* ¡pórtate bien!; **behavior**, *Br* **behaviour** comportamiento *m*, conducta *f*

behind [bɪ'haɪnd] **1** *prep* detrás de; *be ~ ...* (*responsible*) estar detrás de...; (*support*) apoyar... **2** *adv* (*at the back*) detrás; *leave sth ~* dejarse algo

beige [beɪʒ] beige, *Span* beis

being ['biːɪŋ] ser *m*

belated [bɪ'leɪtɪd] tardío

better

belch [beltʃ] 1 n eructo m 2 v/i eructar

Belgian ['beldʒən] 1 adj belga 2 n belga m/f; Belgium Bélgica

belief [bɪ'liːf] creencia f; believe creer

◆ believe in creer en

believer [bɪ'liːvər] REL creyente m/f; fig partidario(-a) m(f) (in de)

Belize [bə'liːz] Belice

bell [bel] timbre m; of church campana f; bellhop botones m inv

belligerent [bɪ'lɪdʒərənt] beligerante

bellow ['beloʊ] bramar

belly ['belɪ] estómago m; fat barriga f; of animal panza f

◆ belong to pertenecer a

belongings [bɪ'lɒːŋɪŋz] pertenencias fpl

beloved [bɪ'lʌvɪd] querido

below [bɪ'loʊ] 1 prep debajo de; in amount, level por debajo de 2 adv abajo; in text más abajo; 10 degrees ~ 10 grados bajo cero

belt [belt] cinturón m

benchmark ['bentʃmɑːrk] punto m de referencia

bend [bend] 1 n curva f 2 v/t doblar 3 v/i torcer, girar; of person flexionarse

◆ bend down agacharse

beneath [bɪ'niːθ] 1 prep debajo de 2 adv abajo

benefactor ['benɪfæktər] benefactor(a) m(f)

beneficial [benɪ'fɪʃl] benefi-

cioso

benefit ['benɪfɪt] 1 n beneficio m 2 v/t beneficiar 3 v/i beneficiarse

benevolent [bɪ'nevələnt] benevolente

benign [bɪ'naɪn] agradable; MED benigno

bequeath [bɪ'kwiːð] also fig legar; bequest legado m

beret [bə'reɪ] boina f

berry ['berɪ] baya f

berth [bɜːrθ] on ship litera f; on train camarote m; for ship amarradero m

beside [bɪ'saɪd] al lado de; be ~ o.s. estar fuera de sí; that's ~ the point eso no tiene nada que ver

besides [bɪ'saɪdz] 1 adv además 2 prep (apart from) además de

best [best] 1 adj & adv mejor; which did you like ~? ¿cuál te gustó más? 2 n: do one's ~ hacer todo lo posible; the ~ el / la mejor; all the ~! ¡que te vaya bien!; best before date fecha f de caducidad; best man at wedding padrino m

bet [bet] 1 n apuesta f 2 v/t & v/i apostar; you ~! ¡ya lo creo!

betray [bɪ'treɪ] traicionar; husband, wife engañar; betrayal traición f; of husband, wife engaño m

better ['betər] 1 adj & adv mejor; get ~ mejorar; I'd really ~ not mejor no; I like her ~

me gusta más ella; **better-off** (*wealthier*) más rico

between [bɪ'twiːn] entre

beware [bɪ'weːr]: **~ of** tener cuidado con

bewilder [bɪ'wɪldər] desconcertar; **bewilderment** desconcierto m

beyond [bɪ'jɑːnd] más allá de

bias ['baɪəs] *against* prejuicio m; *in favor* favoritismo m; **bias(s)ed** parcial

Bible ['baɪbl] Biblia f; **biblical** bíblico

bicentennial [baɪsen'tenɪəl] bicentenario m

bicker ['bɪkər] reñir, discutir

bicycle ['baɪsɪkl] bicicleta f

bid [bɪd] **1** n *at auction* puja f; (*attempt*) intento m **2** v/i *at auction* pujar; **bidder** postor(a) m(f)

biennial [baɪ'enɪəl] bienal

big [bɪg] **1** *adj* grande; *before singular nouns* gran; **my ~ brother / sister** mi hermano / hermana mayor **2** *adv*: **talk ~** alardear

bigamist ['bɪgəmɪst] bígamo(-a) m(f)

bighead bigot ['bighead] creído(-a) m(f) F

bigot ['bɪgət] fanático(-a) m(f), intolerante m/f

bike [baɪk] F bici f F; *motorbike* moto f F; **biker** motero(-a) m(f)

bikini [bɪ'kiːnɪ] biquini m

bilingual [baɪ'lɪŋgwəl] bilingüe

bill [bɪl] *for gas, electricity* factura f; (*money*) billete m; POL

proyecto m de ley; (*poster*) cartel m; Br in restaurant etc cuenta f; **billboard** valla f publicitaria; **billfold** cartera f, billetera f

billion ['bɪljən] mil millones mpl; millardo m

bin [bɪn] cubo m

bind [baɪnd] (*connect*) unir; (*tie*) atar; LAW obligar; **binding agreement** vinculante

binoculars [bɪ'nɑːkjʊlərz] prismáticos mpl

biodegradable [baɪoʊdɪ'greɪdəbl] biodegradable

biographer [baɪ'ɑːgrəfər] biógrafo(-a) m(f); **biography** biografía f

biological [baɪoʊ'lɑːdʒɪkl] biológico; **biology** biología f

bird [bɜːrd] ave f, pájaro m

biro® ['baɪroʊ] Br bolígrafo m, Mex pluma f, Rpl birome m

birth [bɜːrθ] nacimiento m; (*labor*) parto m; **give ~ to** *child* dar a luz; *of animal* parir; **date of ~** fecha f de nacimiento; **birth certificate** partida f de nacimiento; **birth control** control m de natalidad; **birthday** cumpleaños m inv; **happy ~!** ¡feliz cumpleaños!

biscuit ['bɪskɪt] bollo m, panecillo m; Br galleta f

bisexual [baɪsek'ʃʊəl] **1** *adj* bisexual **2** n bisexual m/f

bishop ['bɪʃəp] obispo m

bit [bɪt] (*piece*) trozo m; (*part*) parte f; *of puzzle* pieza f; COMPUT bit m; **a ~ of** (*a little*) un poco de

bitch [bɪʧ] **1** *n of dog* perra *f*; *F woman* zorra *f* F **2** *v/i* F (*complain*) quejarse

bite [baɪt] **1** *n of dog* mordisco *m*; *of mosquito, snake* picadura *f*; *of food* bocado *m* **2** *v/t & v/i of dog* morder; *of mosquito, flea, snake* picar

bitter ['bɪtər] *adj* amargo; *person* resentido

black [blæk] **1** *adj* negro; *coffee* solo; *tea* sin leche **2** *n* (*color*) negro *m*; (*person*) negro(-a) *m(f)*

◆ **black out** (*faint*) perder el conocimiento

'blackboard pizarra *f*, encerado *m*; **black coffee** café *m* solo; **black economy** economía *f* sumergida; **black eye** ojo *m* morado; **blacklist** lista *f* negra; **blackmail 1** *n* chantaje *m* **2** *v/t* chantajear; **black market** mercado *m* negro; **blackness** oscuridad *f*; **blackout** ELEC apagón *m*; MED desmayo *m*

bladder ['blædər] vejiga *f*

blade [bleɪd] *n of knife* hoja *f*; *of propeller* pala *f*; *of grass* brizna *f*

blame [bleɪm] **1** *n* culpa *f* **2** *v/t* culpar

bland [blænd] *smile* insulso; *food* insípido

blank [blæŋk] **1** *adj* (*not written on*) en blanco; *tape* virgen; *look* inexpresivo **2** *n* (*empty space*) espacio *m* en blanco; **blank check**, Br **blank cheque** cheque *m*

en blanco

blanket ['blæŋkɪt] manta *f*, L.Am. frazada *f*

blast [blæst] **1** *n* (*explosion*) explosión *f*; (*gust*) ráfaga *f* **2** *v/t tunnel* abrir (con explosivos); *rock* volar; **~!** F ¡mecachis! F; **blast-off** despegue *m*

blatant ['bleɪtənt] descarado

blaze [bleɪz] **1** *n* (*fire*) incendio *m* **2** *v/i of fire* arder

blazer ['bleɪzər] americana *f*

bleach [bliːʧ] **1** *n for clothes* lejía *f*; *for hair* decolorante *m* **2** *v/t hair* aclarar, desteñir

bleak [bliːk] *countryside* inhóspito; *weather* desapacible; *future* desolador

bleary-eyed ['blɪriaɪd] con ojos de sueño

bleat [bliːt] *v/i of sheep* balar

bleed [bliːd] *v/i* sangrar; **bleeding** hemorragia *f*

bleep [bliːp] **1** *n* pitido *m* **2** *v/i* pitar

blemish ['blemɪʃ] imperfección *f*

blend [blend] **1** *n of coffee etc* mezcla *f*; *fig* combinación *f* **2** *v/t* mezclar; **blender** machine licuadora *f*

bless [bles] bendecir; **~ you!** *in response to sneeze* ¡Jesús!; **blessing** bendición *f*

blind [blaɪnd] **1** *adj* ciego; *corner* sin visibilidad **2** *v/t of sun* cegar; **blind alley** callejón *m* sin salida; **blind date** cita *f* a ciegas; **blindfold 1** *n* venda *f* **2** *v/t* vendar los ojos a; **blind-**

ing *light* cegador; *headache* terrible; **blindly** a ciegas; *fig* ciegamente; **blind spot** *in road* punto *m* sin visibilidad; *in driving mirror* ángulo *m* muerto

blink [blɪŋk] parpadear

blizzard ['blɪzərd] ventisca *f*

bloc [blɒːk] POL bloque *m*

block [blɒːk] **1** *n* bloque *m*; *buildings* manzana *f*, *L.Am.* cuadra *f*; *(blockage)* bloque *m* **2** *v/t* bloquear; *sink* atascar; **blockage** obstrucción *f*; **blockbuster** gran éxito *m*; **block letters** letras *fpl* mayúsculas

blond [blɒːnd] rubio; **blonde** *woman* rubia *f*

blood [blʌd] sangre *f*; **blood donor** donante *m/f* de sangre; **blood group** grupo *m* sanguíneo; **blood poisoning** septicemia *f*; **blood pressure** tensión *f* (arterial); **blood sample** muestra *f* de sangre; **bloodshed** derramamiento *m* de sangre; **bloodshot** enrojecido; **bloodstained** ensangrentado; **blood test** análisis *m inv* de sangre; **bloodthirsty** sanguinario; *movie* macabro

bloom [bluːm] *also fig* florecer

blossom ['blɒːsəm] **1** *n* flores *fpl* **2** *v/i also fig* florecer

blot [blɒːt] mancha *f*

♦ **blot out** borrar; *sun, view* ocultar

blouse [blauz] blusa *f*

blow¹ [bloʊ] *n* golpe *m*

blow² [bloʊ] **1** *v/t smoke* exhalar; *whistle* tocar **2** *v/i of wind, person* soplar; *of whistle* sonar; *of fuse* fundirse; *of tire* reventarse

♦ **blow out 1** *v/t candle* apagar **2** *v/i of candle* apagarse

♦ **blow over 1** *v/t* derribar **2** *v/i* derrumbarse; *of storm* amainar; *of argument* calmarse

♦ **blow up 1** *v/t with explosives* volar; *balloon* hinchar; *photograph* ampliar **2** *v/i* explotar

'blow-dry secar (con secador); **blowout** *of tire* reventón *m*

blue [bluː] azul; F *movie* porno *inv* F; **blueberry** arándano *m*; **blue chip** puntero, de primera fila; **blues** MUS blues *m inv*; **have the ~** estar deprimido

bluff [blʌf] **1** *n (deception)* farol *m* **2** *v/i* ir de farol

blunder ['blʌndər] error *m* de bulto

blunt [blʌnt] *pencil* sin punta; *knife* desafilado; *person* franco; **bluntly** francamente

blur [blɜːr] **1** *n* imagen *f* desenfocada **2** *v/t* desdibujar

♦ **blurt out** [blɜːrt] soltar

blush [blʌʃ] **1** *n* rubor *m* **2** *v/i* ruborizarse; **blusher** *cosmetic* colorete *m*

blustery ['blʌstərɪ] tempestuoso

BO [biː'oʊ] (= *body odor*) olor *m* corporal

board [bɔːrd] **1** *n* tablón *m*, tabla *f; for game* tablero *m; for notices* tablón *m;* ~ **(of directors)** consejo *m* de administración; **on** ~ a bordo **2** *v/t airplane me* embarcar; *train* subir a **3** *v/i of passengers* embarcar

◆ **board up** cubrir con tablas

boarder ['bɔːrdər] *in house* huésped *m/f;* **board game** juego *m* de mesa; **boarding card** tarjeta *f* de embarque; **boarding school** internado *m;* **board meeting** reunión *f* del consejo de administración; **board room** sala *f* de reuniones *or* juntas

boast [boʊst] **1** *n* presunción *f* **2** *v/i* presumir (*about* de)

boat [boʊt] *n* barco *m; small, for leisure* barca *f*

bodily ['bɑːdɪlɪ] **1** *adj* corporal; *needs* físico; *function* fisiológico **2** *adv eject* en volandas; **body** cuerpo *m; dead* cadáver *m;* **bodyguard** guardaespaldas *m/f inv;* **bodywork** MOT carrocería *f*

bogus ['boʊgəs] falso

boil[1] [bɔɪl] *n (swelling)* forúnculo

boil[2] [bɔɪl] **1** *v/t* hervir; *egg, vegetables* cocer **2** *v/i* hervir

◆ **boil down to** reducirse a

boiler ['bɔɪlər] caldera *f*

boisterous ['bɔɪstərəs] escandaloso

bold [boʊld] **1** *adj* valiente, audaz; *text* en negrita **2** *n print* negrita *f*

Bolivia [bə'lɪvɪə] Bolivia; **Bolivian 1** *adj* boliviano **2** *n* boliviano(-a) *m(f)*

bolster ['boʊlstər] *confidence* reforzar

bolt [boʊlt] **1** *n on door* cerrojo *m; with nut* perno *m* **2** *adv:* ~ **upright** erguido **3** *v/t (fix with bolts)* atornillar; *close* cerrar con cerrojo **4** *v/i (run off)* fugarse

bomb [bɑːm] **1** *n* bomba *f* **2** *v/t* MIL bombardear; *of terrorist* poner una bomba en; **bombard** *also fig* bombardear; **bomb attack** atentado *m* con bomba; **bomber** bombardero *m; terrorist* terrorista *m/f (que pone bombas);* **bomb scare** amenaza *f* de bomba; **bombshell** *fig: news* bomba *f*

bond [bɑːnd] **1** *n (tie)* unión *f;* FIN bono *m* **2** *v/i of glue* adherirse

bone [boʊn] *n* hueso *m; of fish* espina *f*

bonnet ['bɑːnɪt] *Br of car* capó *m*

bonus ['boʊnəs] *money* plus *m,* bonificación *f; (extra)* ventaja *f* adicional

boob [buːb] P *(breast)* teta *f* P

booboo ['buːbuː] F metedura *f* de pata

book [bʊk] **1** *n* libro *m* **2** *v/t* reservar; *of policeman* multar; **bookcase** estantería *f,* librería *f;* **booked up** lleno, completo; *person* ocupado; **bookie** F corredor(a) *m(f)* de apuestas; **booking** reserva *f*; **bookkeeper** tenedor(a) *m(f)* de libros; **bookkeeping** contabilidad *f*; **booklet** folleto *m*; **bookmaker** corredor(a) *m(f)* de apuestas; **books** (*accounts*) contabilidad *f*; **bookseller** librero(-a) *m(f)*; **bookstore** librería *f*

boom[1] [buːm] **1** *n* boom *m* **2** *v/i of business* experimentar un boom

boom[2] [buːm] *n noise* estruendo *m*

boost [buːst] **1** *n* impulso *m* **2** *v/t* estimular; *morale* levantar

boot [buːt] *n* bota *f*; *Br of car* maletero *m*, *C.Am.* cajuela *f*, *Rpl* baúl *m*

◆ **boot up** COMPUT arrancar

booth [buːð] *at market* cabina *f*; *at exhibition* puesto *m*, stand *m*

booze [buːz] F bebida *f*, *Span* priva *f* F

border ['bɔːrdər] **1** *n* frontera *f*; (*edge*) borde *m* **2** *v/t country* limitar con

◆ **border on** limitar con; (*be almost*) rayar en

bore[1] [bɔːr] *v/t hole* taladrar

bore[2] [bɔːr] **1** *n person* pesado(-a) *m(f)* **2** *v/t* aburrir

bored [bɔːrd] aburrido; **boredom** aburrimiento *m*; **boring** aburrido

born [bɔːrn]: **be ~** nacer

borrow ['bɑːrou] tomar prestado

bosom ['buzm] pecho *m*

boss [bɑːs] jefe(-a) *m(f)*

◆ **boss around** dar órdenes a

bossy ['bɑːsɪ] mandón

botanical [bə'tænɪkl] botánico

botch [bɑːtʃ] arruinar

both [bouθ] **1** *adj & pron* ambos, los dos; **~ of them** ambos, los dos **2** *adv*: **~ my mother and I** tanto mi madre como yo

bother ['bɑːðər] **1** *n* molestias *fpl* **2** *v/t* (*disturb*) molestar; (*worry*) preocupar

bottle [bɑːtl] botella *f*; *for baby* biberón *m*

◆ **bottle up** *feelings* reprimir

'**bottle bank** contenedor *m* de vidrio; **bottled water** agua *f* embotellada; **bottleneck** embotellamiento *m*; *in production* cuello *m* de botella; **bottle-opener** abrebotellas *m inv*

bottom ['bɑːtəm] **1** *adj* inferior, de abajo **2** *n of case, garden* fondo *m*; *of hill, page* pie *m*; *of pile* parte *f* inferior; (*underside*) parte *f* de abajo; *of street* final *m*; (*buttocks*) trasero *m*

◆ **bottom out** tocar fondo

bottom 'line *financial* saldo *m* final; (*real issue*) realidad *f*

boulder ['boulder] roca *f* redondeada

bounce [bauns] **1** *v/t ball* botar **2** *v/i of ball* (re)botar; *of rain* rebotar; *of check* ser rechazado; **bouncer** portero

bravery

m, gorila m

bound[1] [baʊnd] adj: **he's ~ to
... (sure to)** seguro que...

bound[2] [baʊnd] adj: **be ~ for
of ship** llevar destino a

bound[3] [baʊnd] n (jump) salto m

boundary ['baʊndərɪ] límite
m; of countries frontera f

bouquet [buˈkeɪ] ramo m

bourbon ['bɜːrbən] bourbon
m

bout [baʊt] MED ataque m; in
boxing combate m

bow[1] [baʊ] **1** n as greeting reverencia f **2** v/i saludar con la
cabeza **3** v/t head inclinar

bow[2] [boʊ] n (knot) lazo m;
MUS, for archery arco m

bow[3] [baʊ] n of ship proa f

bowels ['baʊəlz] entrañas fpl

bowl[1] [boʊl] n for rice etc
cuenco m; for soup plato m
sopero; for salad ensaladera
f; for washing barreño m

bowl[2] [boʊl] **1** n (ball) bola f **2**
v/i in bowling lanzar la bola

bowling ['boʊlɪŋ] bolos mpl;
bowling alley bolera f

bow tie [boʊ] pajarita f

box[1] [bɑːks] n caja f; on form
casilla f

box[2] [bɑːks] v/i boxear

boxer ['bɑːksər] boxeador(a)
m(f); **boxing** boxeo m; **boxing glove** guante m de boxeo; **boxing match** combate
m de boxeo

'box number at post office
apartado m de correos;
box office taquilla f, L.Am.

boletería f

boy [bɔɪ] niño m, chico m

boycott ['bɔɪkɑːt] **1** n boicot
m **2** v/t boicotear

'boyfriend novio m

bra [brɑː] sujetador m

bracelet ['breɪslɪt] pulsera f

bracket ['brækɪt] for shelf escuadra f

brag [bræg] fanfarronear

braid [breɪd] in hair trenza f;
trimming trenzado m

braille [breɪl] braille m

brain [breɪn] cerebro m;
brainless F estúpido;
brains (intelligence) inteligencia f; **brain surgeon**
neurocirujano(-a) m(f);
brain tumor, Br **brain tumour** tumor m cerebral;
brainwash lavar el cerebro
a

brake [breɪk] **1** n freno m **2** v/i
frenar

branch [bræntʃ] of tree rama f,
of company sucursal f

brand [brænd] **1** n marca f **2**
v/t: **be ~ed a liar** ser tildado
de mentiroso; **brand image**
imagen f de marca

brandish ['brændɪʃ] blandir

brand 'leader marca f líder
del mercado; **brand name**
nombre m comercial;
brand-new nuevo, flamante

brandy ['brændɪ] brandy m

brassière [brəˈzɪr] sujetador
m, sostén m

brat [bræt] pej niñato(-a) m(f)

brave [breɪv] valiente, valeroso; **bravery** valentía f, valor

brawl

m

brawl [brɔːl] **1** *n* pelea *f* **2** *v/i* pelearse

Brazil [brəˈzɪl] Brasil; **Brazilian 1** *adj* brasileño **2** *n* brasileño(-a) *m(f)*

breach [briːtʃ] *(violation)* infracción *f m*; *in party* ruptura *f*; **breach of contract** incumplimiento *m* de contrato

bread [bred] pan *m*

breadth [bredθ] ancho *m*; *of knowledge* amplitud *f*

breadwinner: be the ~ ser el que gana el pan

break [breɪk] **1** *n* fractura *f*, rotura *f*; *(rest)* descanso *m* **2** *v/t also promise* romper; *rules, law* violar; *news* dar; *record* batir **3** *v/i* romperse; *of news* saltar; *of storm* estallar

◆ **break down 1** *v/i of vehicle* averiarse, estropearse; *of machine* estropearse; *of talks* romperse; *in tears* romper a llorar; *mentally* venirse abajo **2** *v/t door* derribar; *figures* desglosar

◆ **break even** cubrir gastos

◆ **break in** *(interrupt)* interrumpir; *of burglar* entrar

◆ **break up 1** *v/t into parts* descomponer; *fight* poner fin a **2** *v/i of ice* romperse; *of couple, band* separarse; *of meeting* terminar

breakable [ˈbreɪkəbl] rompible, frágil; **breakage** rotura *f*; **breakdown** *of vehicle, machine* avería *f*; *of talks* ruptura *f*; *(nervous)* crisis *f inv* nerviosa; *of figures* desglose *m*

breakfast [ˈbrekfəst] desayuno *m*; **have ~** desayunar

'break-in entrada *f (mediante la fuerza)*; *robbery* robo *m*; **breakthrough** *in negotiations* paso *m* adelante; *of technology* avance *m*; **break-up** *of partnership* ruptura *f*, separación *f*

breast [brest] pecho *m*; **breastfeed** amamantar; **breaststroke** braza *f*

breath [breθ] respiración *f*; **be out of ~** estar sin respiración

breathe [briːð] respirar

◆ **breathe in** aspirar, inspirar

◆ **breathe out** espirar

breathing [ˈbriːðɪŋ] respiración *f*

breathtaking [ˈbreθteɪkɪŋ] impresionante

breed [briːd] **1** *n* raza *f* **2** *v/t* criar; *plants* cultivar; *fig* causar **3** *v/i of animals* reproducirse; **breeding** *of animals* cría *f*; *of person* educación *f*

breeze [briːz] brisa *f*; **breezy** ventoso

brew [bruː] **1** *v/t beer* elaborar **2** *v/i of storm* avecinarse; *of trouble* fraguarse; **brewery** fábrica *f* de cerveza

bribe [braɪb] **1** *n* soborno *m*, Mex mordida *f*, S.Am. coima *f* **2** *v/t* sobornar; **bribery** soborno *m*, Mex mordida *f*, S.Am. coima *f*

brick [brɪk] ladrillo *m*

bride [braɪd] novia *f (en boda)*; **bridegroom** novio *m* (en boda); **bridesmaid** dama *f* de honor

bridge [brɪdʒ] **1** *n also* NAUT puente *m* **2** *v/t gap* superar

bridle [ˈbraɪdl] brida *f*

brief[1] [briːf] *adj* breve, corto

brief[2] [briːf] **1** *n* (*mission*) misión *f* **2** *v/t*: ~ **s.o. on sth** informar a alguien de algo

briefcase maletín *m*; **briefing** reunión *f* informativa; **briefly** brevemente; (*in few words*) en pocas palabras; (*to sum up*) en resumen; **briefs** *for women* bragas *fpl*; *for men* calzoncillos *mpl*

bright [braɪt] *color* vivo; *smile* radiante; (*sunny*) luminoso; (*intelligent*) inteligente; **brightly** *shine* intensamente; *smile* alegremente

brilliance [ˈbrɪljəns] *of person* genialidad *f*; *of color* resplandor *m*; **brilliant** *sunshine etc* resplandeciente; (*very good*) genial; (*very intelligent*) brillante

brim [brɪm] *of container* borde *m*; *of hat* ala *f*

bring [brɪŋ] traer

◆ **bring back** (*return*) devolver; (*re-introduce*) reinstaurar; *memories* traer

◆ **bring down** *government* derrocar; *airplane* derribar; *price* reducir

◆ **bring on** *illness* provocar

◆ **bring out** *product* sacar

◆ **bring up** *child* criar; *subject* mencionar; (*vomit*) vomitar

brink [brɪŋk] borde *m*

brisk [brɪsk] *person* enérgico; *walk* rápido; *trade* animado

bristles [ˈbrɪslz] *on chin* pelos *mpl*; *of brush* cerdas *fpl*

Britain [ˈbrɪtn] Gran Bretaña; **British 1** *adj* británico **2** *npl*: **the** ~ los británicos

brittle [ˈbrɪtl] frágil

broach [broʊtʃ] broche *m*

broad [brɔːd] **1** *adj* ancho; *smile* amplio; (*general*) general **2** *n* F (*woman*) tía *f*; **in** ~ **daylight** a plena luz del día; **broadcast 1** *n* emisión *f* **2** *v/t* emitir; **broadcaster** presentador(a) *m(f)*; **broadjump** salto *m* de longitud; **broadly** en general; **broadminded** tolerante, abierto

broccoli [ˈbrɑːkəlɪ] brécol *m*, brócoli *m*

brochure [ˈbroʊʃər] folleto *m*

broil [brɔɪl] asar a la parrilla; **broiler** *on stove* parrilla *f*; *chicken* pollo *m*

broke [broʊk] F: **be** ~ estar sin blanca F; *long-term* estar arruinado; **broken** *adj* roto; *home* deshecho; **broker** corredor(a) *m(f)*

bronchitis [brɑːnˈkaɪtɪs] bronquitis *f*

bronze [brɑːnz] bronce *m*

brooch [broʊtʃ] *Br* broche *m*

brothel [ˈbrɑːθl] burdel *m*

brother [ˈbrʌðər] hermano *m*; **brother-in-law** cuñado *m*; **brotherly** fraternal

brow [braʊ] (*forehead*) frente *f*; *of hill* cima *f*

brown [braʊn] **1** *n* marrón *m*,

brownie

L.Am. color *m* café **2** *adj* marrón; *eyes, hair* castaño; *(tanned)* moreno; **brownie** *(cake)* pastel *m* de chocolate y nueces; **brown paper bag** bolsa *f* de cartón

browse [braʊz] *in store* echar una ojeada; COMPUT navegar; **browser** COMPUT navegador *m*

bruise [bruːz] magulladura *f*, cardenal *m*; *on fruit* maca *f*

brunette [bruːˈnet] morena *f*

brush [brʌʃ] **1** *n* cepillo *m*; *conflict* roce *m* **2** *v/t* cepillar; *(touch lightly)* rozar

◆ **brush aside** hacer caso omiso a

◆ **brush up** repasar

brusque [brʊsk] brusco

brutal [ˈbruːtl] brutal; **brutality** brutalidad *f*; **brutally** brutalmente; **brute** bestia *m/f*

bubble [ˈbʌbl] burbuja *f*

buck[1] [bʌk] *n* F *(dollar)* dólar *m*

buck[2] [bʌk] *v/i of horse* corcovear

bucket [ˈbʌkɪt] cubo *m*

buckle[1] [ˈbʌkl] **1** *n* hebilla *f* **2** *v/t belt* abrochar

buckle[2] [ˈbʌkl] *v/i of metal* combarse

bud [bʌd] BOT capullo *m*

buddy [ˈbʌdɪ] F amigo(-a) *m(f)*

budge [bʌdʒ] **1** *v/t* mover **2** *v/i* moverse

budget [ˈbʌdʒɪt] presupuesto

buff [bʌf] aficionado(-a) *m(f)*

buffalo [ˈbʌfələʊ] búfalo *m*

buffer [ˈbʌfər] RAIL tope *m*; COMPUT búfer *m*; *fig* barrera *f*

buffet [ˈbʊfeɪ] *meal* bufé *m*

bug [bʌg] **1** *n insect* bicho *m*; *virus* virus *m inv*; *(for spying)* micrófono *m* oculto; COMPUT error *m* **2** *v/t room* colocar un micrófono en; F *(annoy)* fastidiar

buggy [ˈbʌgɪ] *for baby* silla *f* de paseo

build [bɪld] **1** *n of person* constitución *f* **2** *v/t* construir

◆ **build up 1** *v/t strength* aumentar; *relationship* fortalecer **2** *v/i of dirt* acumularse; *of pressure etc* aumentar

builder [ˈbɪldər] albañil *m/f*; *company* constructora *f*; **building** edificio *m*; *activity* construcción *f*; **building site** obra *f*; **building society** *Br* caja *f* de ahorros; **building trade** industria *f* de la construcción; **build-up** accumulación *f*; **after all the ~** *publicity* después de tantas expectativas; **built-in** *cupboard* empotrado; *flash* incorporado

bulb [bʌlb] BOT bulbo *m*; *(light ~)* bombilla *f*, *L.Am.* foco *m*

bulge [bʌldʒ] **1** *n* bulto *m* **2** *v/i of wall* abombarse

bulky [ˈbʌlkɪ] voluminoso

bull [bʊl] *animal* toro *m*; **bulldozer** bulldozer *m*

bullet ['bʊlɪt] bala *f*

bulletin ['bʊlɪtɪn] boletín *m*;
bulletin board tablón *m* de
anuncios

'**bullet-proof** antibalas *inv*

'**bull fight** corrida *f* de toros;
bull fighter torero(-a)
m(f); **bull fighting** tauromaquia *f*, los toros; **bull ring**
plaza *f* de toros; **bull's-eye**
diana *f*, blanco *m*; **bullshit**
n V *Span* gilipollez *f* V,
L.Am. pendejada *f* V

bully ['bʊlɪ] **1** *n* matón(-ona)
m(f); *child* abusón(-ona)
m(f) **2** *v/t* intimidar; **bully-
ing** intimidación *f*

bum [bʌm] F **1** *n (tramp)* vaga-
bundo(-a) *m(f)*; *(worthless
person)* inútil *m/f* **2** *v/t* ciga-
rette etc gorronear

bump [bʌmp] **1** *n (swelling)*
chichón *m*; *on road* bache
m **2** *v/t* golpear; **bumper**
MOT parachoques *m inv*;
bumpy con baches; *flight*
movido

bunch [bʌntʃ] *of people* grupo
m; *of keys* manojo *m*; *of
flowers* ramo *m*; *of grapes* racimo *m*; **thanks a ~!** no
sabes lo que te lo agradezco

bungle ['bʌŋgl] echar a perder

bunk [bʌŋk] litera *f*

buoy [bɔɪ] NAUT boya *f*;
buoyant optimista; *economy*
boyante

burden ['bɜːrdn] **1** *n also fig*
carga *f* **2** *v/t*: **~ s.o. with
sth** *fig* cargar a alguien con

algo

bureau ['bjʊroʊ] *(chest of
drawers)* cómoda *f*; *(office)*
departamento *m*, oficina *f*;
bureaucrat burócrata *m/f*;
bureaucratic burocrático

burger ['bɜːrgər] hamburguesa *f*

burglar ['bɜːrglər] ladrón
(-ona) *m(f)*; **burglar alarm**
alarma *f* antirrobo; **burglarize** robar; **burglary** robo *m*

burial ['berɪəl] entierro *m*

burn [bɜːrn] **1** *n* quemadura *f*
2 *v/t* quemar **3** *v/i* quemarse
◆ **burn down 1** *v/t* incendiar
2 *v/i* incendiarse

burp [bɜːrp] **1** *n* eructo *m* **2** *v/i*
eructar

burst [bɜːrst] **1** *n in pipe* rotura *f* **2** *adj tire* reventado **3** *v/t
& v/i* reventar; **~ into tears**
echarse a llorar; **~ out
laughing** echarse a reír

bus [bʌs] *local* autobús *m*,
Mex camión *m*, *Arg* colectivo *m*, *C.Am.* guagua *f*; *long
distance* autobús *m*, *Span* autocar *m*

bush [bʊʃ] *plant* arbusto *m*;
bushy *beard* espeso

business ['bɪznɪs] negocios
mpl; *(company)* empresa *f*;
(sector) sector *m*; *(affair, matter)* asunto *m*; *as subject of
study* empresariales *fpl*; **on
~** de negocios; **mind your
own ~!** ¡no te metas en lo
que no te importa!; **business card** tarjeta *f* de visita;
business class clase *f* eje-

cutiva; **businesslike** eficiente; **businessman** hombre *m* de negocios; **business meeting** reunión *f* de negocios; **business school** escuela *f* de negocios; **business studies** empresariales *mpl*; **business trip** viaje *m* de negocios; **businesswoman** mujer *f* de negocios, ejecutiva *f*

bust¹ [bʌst] *n* of woman busto *m*

bust² [bʌst] *adj* F (broken) escacharrado F

'**bus station** estación *f* de autobuses; **bus stop** parada *f* de autobús

'**bus-up** F corte *m* F; **busty** pechugona

busy ['bɪzɪ] also TELEC ocupado; full of people abarrotado; restaurant etc: making money ajetreado; **busybody** metomentodo *m/f*

but [bʌt] **1** *conj* pero **2** *prep*: all ~ **him** todos excepto él; **the last** ~ **one** el penúltimo; ~ **for you** si no hubiera sido por ti

butcher ['bʊtʃər] carnice-

butt [bʌt] **1** *n* of cigarette colilla *f*; F (buttocks) trasero *m* F **2** *v/t* of bull embestir

butter ['bʌtər] mantequilla *f*; **butterfly** mariposa *f*

buttocks ['bʌtəks] nalgas *fpl*

button ['bʌtn] botón *m*; (badge) chapa *f*

buy [baɪ] comprar

◆ **buy out** COM comprar la parte de

buyer ['baɪr] comprador(a) *m(f)*

buzz [bʌz] **1** *n* zumbido *m* **2** *v/i* of insect zumbar; **buzzer** timbre *m*

by [baɪ] to show agent por; (near, next to) al lado de, junto a; (no later than) no más tarde de; mode of transport en; ~ **day** de día; ~ **bus** en autobús; ~ **my watch** en mi reloj; **a play** ~ ... una obra de...; ~ **o.s.** without company solo

bye(-bye) [baɪ] adiós

'**bypass** circunvalación *f*; MED baipás *m*; **by-product** subproducto *m*; **bystander** transeúnte *m/f*

C

cab [kæb] taxi *m*; of truck cabina *f*; **cab driver** taxista *m/f*

cabin ['kæbɪn] of plane cabina *f*; of ship camarote *m*; **cabin attendant** auxiliar *m/f* de vuelo; **cabin crew** personal *m* de a bordo

cabinet ['kæbɪnɪt] armario *m*; POL gabinete *m*

cable ['keɪbl] cable *m*; **cable car** teleférico *m*; **cable television** televisión *f* por cable '**cab stand** parada *f* de taxis

cactus ['kæktəs] cactus *m inv*

cadaver [kə'dævər] cadáver *m*

caddie ['kædi] *in golf* caddie *m/f*

Caesarean *Br* ☞ **Cesarean**

café ['kæfei] café *m*; **cafeteria** cafetería *f*, cantina *f*

caffeine ['kæfiːn] cafeína *f*

cage [keidʒ] jaula *f*; **cagey** cauteloso

cake [keik] tarta *f*; *small* pastel *m*

calculate ['kælkjuleit] calcular; **calculating** calculador; **calculation** cálculo *m*; **calculator** calculadora *f*

calendar ['kælndər] calendario *m*

calf¹ [kæf] *of cow* ternero(-a) *m(f)*

calf² [kæf] *of leg* pantorrilla *f*

caliber, *Br* **calibre** ['kælibər] *of gun* calibre *m*

call [kɔːl] **1** *n* llamada *f*; *(demand)* llamamiento *m* **2** *v/t also* TELEC llamar; *meeting* convocar; **be ~ ed ...** llamarse... **3** *v/i also* TELEC llamar; *(visit)* pasarse

◆ **call back 1** *v/t (phone again)* volver a llamar; *(return call)* devolver la llamada; *(summon)* hacer volver **2** *v/i on phone* volver a llamar; *(make another visit)* volver a pasar

◆ **call for** *(collect)* pasar a recoger; *(demand)* pedir, exigir; *(require)* requerir

◆ **call off** cancelar

caller ['kɔːlər] *on phone* persona *f* que llama; *(visitor)* visitante *m/f*

callous ['kæləs] cruel

calm [kɑːm] *adj* tranquilo; *weather* apacible **2** *n* calma *f*

◆ **calm down 1** *v/t* calmar **2** *v/i* calmarse

calmly ['kɑːmli] con calma, tranquilamente

calorie ['kæləri] caloría *f*

camcorder ['kæmkɔːrdər] videocámara *f*

camera ['kæmərə] cámara *f*; **cameraman** cámara *m*, camarógrafo *m*

camouflage ['kæməflɑːʒ] **1** *n* camuflaje *m* **2** *v/t* camuflar

camp [kæmp] **1** *n* campamento *m* **2** *v/i* acampar

campaign [kæm'pein] **1** *n* campaña *f* **2** *v/i* hacer campaña *(for* a favor de)

camper ['kæmpər] campista *m/f*; *vehicle* autocaravana *f*; **camping** campada *f*; *on campsite* camping *m*; **campsite** camping *m*

campus ['kæmpəs] campus *m*

can¹ [kæn] *v/aux* poder; **~ you swim?** ¿sabes nadar?; **~ you hear me?** ¿me oyes?; **I have a beer?** ¿me pones una cerveza?

can² [kæn] *n for drinks etc* lata *f*

Canada ['kænədə] Canadá *f*; **Canadian 1** *adj* canadiense **2** *n* canadiense *m/f*

canal [kə'næl] *waterway* canal *f*

m

Canary Islands, Canaries [kə'neriz]: **the ~** las Islas Canarias

cancel ['kænsl] cancelar; **cancellation** cancelación *f*

cancer ['kænsər] cáncer *m*

candid ['kændɪd] sincero

candidacy ['kændɪdəsɪ] candidatura *f*; **candidate** candidato(-a) *m(f)*

candle ['kændl] vela *f*

candor, *Br* **candour** ['kændər] sinceridad *f*

candy ['kændɪ] (*sweet*) caramelo *m*; (*sweets*) dulces *mpl*

cane [keɪn] caña *f*

canister ['kænɪstər] bote *m*

canned [kænd] enlatado, en lata; (*recorded*) grabado

cannot ['kænɑːt] ☞ **can not**

canny ['kænɪ] (*astute*) astuto

canoe [kə'nuː] canoa *f*, piragua *f*

'can opener abrelatas *m inv*

can't [kænt] = **can not**

canteen [kæn'tiːn] *in plant* cantina *f*, cafetería *f*

canvas ['kænvəs] *for painting* lienzo *m*; *material* lona *f*

canyon ['kænjən] cañón *m*

cap [kæp] *hat* gorro *m*; *with peak* gorra *f*

capability [keɪpə'bɪlətɪ] capacidad *f*; **capable** capaz

capacity [kə'pæsətɪ] capacidad *f*; *of engine* cilindrada *f*

capital ['kæpɪtl] *city* capital *f*; *letter* mayúscula *f*; *money* capital *m*; **capitalism** capitalismo *m*; **capitalist 1** *adj* capitalista **2** *n* capitalista *m/f*;
capital punishment pena *f* capital

capsize [kæp'saɪz] volcar

capsule ['kæpsʊl] cápsula *f*

captain ['kæptɪn] capitán (-ana) *m(f)*; *of aircraft* comandante *m/f*

caption ['kæpʃn] pie *m* de foto

captivate ['kæptɪveɪt] cautivar; **captive** *adj* prisionero **2** *n* prisionero(-a) *m(f)*; **captivity** cautividad *f*; **capture 1** *n* of city toma *f*; of criminal, animal captura *f* **2** *v/t person, animal* capturar; *city, building* tomar; *market share* ganar

car [kɑːr] coche *m*, *L.Am.* carro *m*, *Rpl* auto *m*; *of train* vagón *m*; **by ~** en coche

carbon monoxide [kɑːrbənmɑː'nɑːksaɪd] monóxido *m* de carbono

carburetor, *Br* **carburetter** [kɑːrbʊ'retər] carburador *m*

carcass ['kɑːrkəs] cadáver *m*

card [kɑːrd] tarjeta *f*; (*post~*) (tarjeta *f*) postal *f*; (*playing ~*) carta *f*, naipe *m*; **cardboard** cartón *m*

cardiac ['kɑːrdɪæk] cardíaco

cardinal ['kɑːrdɪnl] REL cardenal *m*

care [ker] **1** *n* cuidado *m*; *medical* asistencia *f* médica; (*worry*) preocupación *f*; **care of** *c/o*; **take ~** (*be cautious*) tener cuidado; **take ~ of** cuidar; (*deal with*) ocuparse de **2**

v/i preocuparse; **I don't ~!** ¡me da igual!

◆ **care about** preocuparse por

◆ **care for** (*look after*) cuidar

career [kə'rɪr] carrera *f*

careful ['kerfl] cuidadoso; **be ~** tener cuidado; **carefully** con cuidado; *worded etc* cuidadosamente; **careless** descuidado; **carelessly** descuidadamente

caress [kə'res] acariciar

'**car ferry** ferry *m*, transbordador *m*

cargo ['kɑːrgoʊ] cargamento *m*

Caribbean [kə'ɪbɪən]: **the ~** el Caribe

caricature ['kærɪkətʃər] caricatura *f*

carnival ['kɑːrnɪvl] feria *f*

carpenter ['kɑːrpɪntər] carpintero(-a) *m(f)*

carpet ['kɑːrpɪt] alfombra *f*

'**car phone** teléfono *m* de coche; **carpool** compartir el vehículo para ir al trabajo; **car rental** alquiler *m* de automóviles

carrier ['kærɪər] *company* transportista *m*; *airline* línea *f* aérea; *of disease* portador(a) *m(f)*

carrot ['kærət] zanahoria *f*

carry [kærɪ] **1** *v/t* llevar; *disease* ser portador de; *of ship, bus etc* transportar **2** *v/i* of sound oírse

◆ **carry on 1** *v/i* continuar **2** *v/t* business efectuar

◆ **carry out** survey etc llevar a cabo

cart [kɑːrt] carro *m*; *for shopping* carrito *m*

carton ['kɑːrtn] caja *f* de cartón; *for milk, cigarettes* cartón *m*

cartoon [kɑːr'tuːn] tira *f* cómica; *on TV* dibujos *mpl* animados

carve [kɑːrv] *meat* trinchar; *wood* tallar

case¹ [keɪs] *container* funda *f*; *of wine etc* caja *f*; *Br* (*suitcase*) maleta *f*

case² [keɪs] *instance, criminal, MED* caso *m*; *LAW* causa *f*; **in ~ ...** por si ...; **in any ~** en cualquier caso

cash [kæʃ] **1** *n* efectivo *m* **2** *v/t* check hacer efectivo; **cash desk** caja *f*; **cash flow** flujo *m* de caja, cash-flow *m*; **cashier** *in store etc* cajero(-a) *m(f)*; **cashpoint** *Br* cajero *m* automático; **cash register** caja *f* registradora

casino [kə'siːnoʊ] casino *m*

casket ['kæskɪt] (*coffin*) ataúd *m*

casserole ['kæsəroʊl] *meal* guiso *m*; *container* cacerola *f*

cassette [kə'set] cinta *f*, casete *f*; **cassette player, cassette recorder** casete *m*

cast [kæst] **1** *n of play* reparto *m*; (*mold*) molde *m* **2** *v/t* doubt proyectar; *metal* fundir

Castilian [kæs'tɪlɪən] castellano

cast 'iron hierro *m* fundido

castle ['kɑːsl] castillo *m*

casual ['kæʒʊəl] (*chance*) casual; (*offhand*) despreocupado; (*not formal*) informal; **casually** *dressed* de manera informal; *say* a la ligera; **casualty** víctima *f*

cat [kæt] gato *m*

Catalan ['kætəlæn] catalán

catalog, *Br* **catalogue** ['kætəlɒɡ] catálogo *m*

catalyst ['kætəlɪst] catalizador *m*

catastrophe [kə'tæstrəfɪ] catástrofe *f*; **catastrophic** catastrófico

catch [kætʃ] **1** *n* parada *f* (*sin que la pelota toque el suelo*); *of fish* captura *f*, (*lock*) cierre *m*; (*problem*) pega *f* **2** *v/t ball* agarrar, *Span* coger; *animal* atrapar; *escapee* capturar; (*get on: bus, train*) tomar, *Span* coger; (*not miss: bus, train*) alcanzar, *Span* coger; *fish* pescar; *illness* agarrar, *Span* coger; **catching** *also fig* contagioso; **catchy** pegadizo

categoric [kætə'ɡɒrɪk] categórico; **category** categoría *f*

caterer ['keɪtərər] hostelero(-a) *m(f)*

cathedral [kə'θiːdrəl] catedral *f*

Catholic ['kæθəlɪk] **1** *adj* católico **2** *n* católico(-a) *m(f)*; **Catholicism** catolicismo *m*

cattle ['kætl] ganado *m*

cause [kɒz] **1** *n* causa *f*;

(*grounds*) motivo *m* **2** *v/t* causar, provocar

caution ['kɒːʃn] **1** *n* precaución *f* **2** *v/t* (*warn*) prevenir; **cautious** cauto, prudente; **cautiously** cautelosamente

cave [keɪv] cueva *f*

cavity ['kævɪtɪ] caries *f inv*

CD [siː'diː] (= **compact disc**) CD *m* (= disco *m* compacto); **CD player** (reproductor *m* de) CD *m*; **CD-ROM** CD-ROM *m*

cease [siːs] **1** *v/i* cesar **2** *v/t* suspender; **cease-fire** alto *m* el fuego

ceiling ['siːlɪŋ] techo *m*; (*limit*) tope *m*

celebrate ['selɪbreɪt] **1** *v/i*: *let's ~ with a bottle of champagne* celebrémoslo con una botella de champán **2** *v/t* celebrar; **celebrated** célebre; **celebration** celebración *f*; **celebrity** celebridad *f*

cell [sel] *in prison, spreadsheet* celda *f*, BIO célula *f*

cellar ['selər] sótano *m*; *for wine* bodega *f*

cello ['tʃeloʊ] violonchelo *m*

cell phone, cellular phone ['seljələr] (teléfono *m*) móvil *m*, *L.Am.* (teléfono *m*) celular *m*

cement [sɪ'ment] cemento *m*

cemetery ['semətərɪ] cementerio *m*

censor ['sensər] censor(a) *m(f)*

census ['sensəs] censo *m*

cent [sent] céntimo *m*

309

centenary [sen'ti:nərɪ] centenario *m*

center ['sentər] **1** *n* centro *m* **2** *v/t* centrar

centigrade ['sentɪgreɪd] centígrado

centimeter, *Br* **centimetre** ['sentɪmiːtər] centímetro *m*

central ['sentrəl] central; *location, apartment* céntrico; **Central America** Centroamérica, América Central; **Central American 1** *adj* centroamericano, de (la) América *f* Central **2** *n* centroamericano(-a) *m(f)*; **central heating** calefacción *f* central; **centralize** centralizar; **central locking** MOT cierre *m* centralizado

centre *Br* ☞ **center**

century ['sentʃərɪ] siglo *m*

CEO [siːiː'oʊ] (= **Chief Executive Officer**) consejero(-a) *m(f)* delegado

ceramic [sɪ'ræmɪk] de cerámica

cereal ['sɪrɪəl] cereal *m*; *for breakfast* cereales *mpl*

ceremonial [serɪ'moʊnɪəl] **1** *adj* ceremonial **2** *n* ceremonial *m*; **ceremony** ceremonia *f*

certain ['sɜːrtn] (*sure*) seguro; (*particular*) cierto; **certainly** (*definitely*) claramente; (*of course*) por supuesto; **certainty** (*confidence*) certeza *f*; (*inevitability*) seguridad *f*

certificate [sər'tɪfɪkət] (*qualification*) título *m*; (*official pa-*

per) certificado *m*

certified public accountant ['sɜːrtɪfaɪd] censor(a) *m(f)* jurado de cuentas; **certify** certificar

Cesarean [sɪ'zerɪən] cesárea *f*

CFO [siːef'oʊ] (= **Chief Financial Officer**) director(-a) *m(f)* financiero(-a)

chain [tʃeɪn] **1** *n also of hotels etc* cadena *f* **2** *v/t* encadenar

chair [tʃer] **1** *n* silla *f*; (*arm~*) sillón *m*; *at university* cátedra *f* **2** *v/t meeting* presidir; **chair lift** telesilla *f*; **chairman** presidente *m*; **chairmanship** presidencia *f*; **chairperson** presidente(-a) *m(f)*

chalk [tʃɔːk] tiza *f*; *in soil* creta *f*

challenge ['tʃælɪndʒ] **1** *n* (*difficulty*) desafío *m*; *in competition* ataque *m* **2** *v/t* desafiar; (*call into question*) cuestionar; **challenger** aspirante *m/f*; **challenging** *job* estimulante

Chamber of Commerce Cámara *f* de Comercio

champagne [ʃæm'peɪn] champán *m*

champion ['tʃæmpɪən] **1** *n* SP campeón(-ona) *m(f)* **2** *v/t cause* abanderar; **championship** campeonato *m*

chance [tʃæns] posibilidad *f*; (*opportunity*) oportunidad *f*; (*luck*) casualidad *f*; **by** ~ por casualidad; **take a** ~ correr el riesgo

change [tʃeɪndʒ] **1** *n* cambio

m; (*small coins*) suelto *m*; *from purchase* cambio *m*, *L.Am.* vuelto *m*; **for a ~** para variar **2** *v/t* cambiar **3** *v/i* cambiar; (*put on different clothes*) cambiarse; (*take different train / bus*) hacer transbordo; **changeover** transición *f* (**to** a); **changing room** SP vestuario *m*; *in shop* probador *m*

channel ['tʃænl] canal *m*

chant [tʃænt] **1** *n* REL canto *m*; *of fans* cántico *m*; *of demonstrators* consigna *f* **2** *v/i* gritar **3** *v/t* corear

chaos ['keɪɒs] caos *m*; **cha-otic** caótico

chapel ['tʃæpl] capilla *f*

chapter ['tʃæptər] capítulo *m*

character ['kærɪktər] carácter *m*; *person, in book* personaje *m*; **characteristic 1** *n* característica *f* **2** *adj* característico; **characterize** (*be typical of*) caracterizar; (*describe*) describir

charge [tʃɑːrdʒ] **1** *n* (*fee*) tarifa *f*; LAW acusación *f*; **free of ~** gratis; **be in ~** estar a cargo **2** *v/t sum of money* cobrar; (*put on account*) pagar con tarjeta; LAW acusar (**with** de); *battery* cargar **3** *v/t* (*attack*) cargar; **charge account** cuenta *f* de crédito; **charge card** tarjeta *f* de compra

charitable ['tʃærɪtəbl] *of* caridad; *person* caritativo; **charity** caridad *f*; *organization* entidad *f* benéfica

charm [tʃɑːrm] **1** *n* encanto *m*; *on bracelet etc* colgante *m* **2** *v/t* (*delight*) encantar; **charming** encantador

charred [tʃɑːrd] carbonizado

chart [tʃɑːrt] gráfico *m*; (*map*) carta *f* de navegación

charter flight ['tʃɑːrtər] vuelo *m* chárter

chase [tʃeɪs] **1** *n* persecución *f* **2** *v/t* perseguir

◆ **chase away** ahuyentar

chassis ['ʃæsɪ] *of car* chasis *m* inv

chat [tʃæt] **1** *n* charla *f* **2** *v/i* charlar; **chatline** party line *f*; **chat room** sala *f* de chat

chatter ['tʃætər] **1** *n* cháchara *f* **2** *v/i talk* parlotear; *of teeth* castañetear

chauffeur ['ʃoʊfər] chófer *m*, *L.Am.* chofer *m*

chauvinist ['ʃoʊvɪnɪst] (*male ~*) machista *m*

cheap [tʃiːp] barato; (*nasty*) chabacano; (*mean*) tacaño

cheat [tʃiːt] **1** *n* (*person*) tramposo(-a) *m(f)* **2** *v/t* engañar **3** *v/i in exam* copiar; *in cards etc* hacer trampa

check¹ [tʃek] **1** *adj shirt* a cuadros **2** *n* cuadro *m*

check² [tʃek] FIN cheque *m*; *in restaurant etc* cuenta *f*

check³ [tʃek] **1** *n to verify sth* comprobación *f* **2** *v/t* (*verify*) comprobar; *machinery* inspeccionar; *with a ~mark* poner un tic en; *coat* dejar en el guardarropa **3** *v/i* comprobar

chisel

◆ **check in** *at airport* facturar; *at hotel* registrarse

◆ **check out 1** *v/i of hotel* dejar el hotel **2** *v/t* (*look into*) investigar; *club etc* probar

◆ **check up on** investigar

'**checkbook** talonario *m* de cheques, *L.Am.* chequera *f*; **checked** *material* a cuadros

checkered ['tʃekərd] *shirt* a cuadros; *career* accidentado

'**check-in** (**counter**) mostrador *m* de facturación; **checking account** cuenta *f* corriente; **checklist** lista *f* de verificación; **check mark** tic *m*; **check-out** caja *f*; **checkpoint** control *m*; **checkroom** *for coats* guardarropa *m*; *for baggage* consigna *f*; **checkup** revisión *f* (médica)

cheek [tʃiːk] ANAT mejilla *f*

cheer [tʃɪr] **1** *n* ovación *f* **2** *v/t* ovacionar **3** *v/i* lanzar vítores

◆ **cheer up 1** *v/i* animarse **2** *v/t* animar

cheerful ['tʃɪrfəl] alegre; **cheering** vítores *mpl*; **cheerleader** animadora *f*

cheese [tʃiːz] queso *m*

chef [ʃef] chef *m*, jefe *m* de cocina

chemical ['kemɪkl] **1** *adj* químico **2** *n* producto *m* químico; **chemist** *in laboratory* químico(-a) *m(f)*; *Br dispensing* farmacéutico(-a) *m(f)*; **chemistry** química *f*

chemotherapy [kiːmou'θerəpɪ] quimioterapia *f*

cheque [tʃek] *Br* ☞ **check²**

chess [tʃes] ajedrez *m*

chest [tʃest] pecho *m*; *box* cofre *m*

chew [tʃuː] mascar, masticar; *of dog, rats* mordisquear; **chewing gum** chicle *m*

chick [tʃɪk] pollito *m*; *young bird* polluelo *m*; F *girl* nena *f* F

chicken ['tʃɪkɪn] **1** *n* gallina *f*; *food* pollo *m*

chief [tʃiːf] **1** *n* jefe(-a) *m(f)* **2** *adj* principal; **chiefly** principalmente

child [tʃaɪld] niño(-a) *m(f)*; **childhood** infancia *f*; **childish** *pej* infantil; **childlike** infantil

children ['tʃɪldrən] *pl* ☞ **child**

Chile ['tʃɪlɪ] Chile; **Chilean 1** *adj* chileno **2** *n* chileno(-a) *m(f)*

chil(l)i (**pepper**) ['tʃɪlɪ] chile *m*, *Span* guindilla *f*

◆ **chill out** P relajarse; (*calm down*) tranquilizarse

chilly ['tʃɪlɪ] *also fig* fresco

chimney ['tʃɪmnɪ] chimenea *f*

chin [tʃɪn] barbilla *f*

China ['tʃaɪnə] China

china ['tʃaɪnə] porcelana *f*

Chinese [tʃaɪ'niːz] **1** *adj* chino **2** *n* (*language*) chino *m*; (*person*) chino(-a) *m(f)*

chip [tʃɪp] **1** *n* *damage* mella *f*; *in gambling* ficha *f*; **~s** patatas *fpl* fritas **2** *v/t* (*damage*) mellar; **chipmunk** ardilla *f* listada

chisel ['tʃɪzl] *for stone* cincel

chlorine

m; for wood formón *m*

chlorine ['klɔ:ri:n] cloro *m*

chocolate ['tʃɑːkələt] chocolate *m*

choice [tʃɔɪs] **1** *n* elección *f*; (*selection*) selección *f*; **I had no ~** no tuve alternativa **2** *adj* (*top quality*) selecto

choir [kwaɪr] coro *m*

choke [tʃəʊk] **1** *v/i* ahogarse **2** *v/t* estrangular

cholesterol [kə'lestərɒl] colesterol *m*

choose [tʃuːz] elegir, escoger; **choosey** F exigente

chop [tʃɑːp] **1** *n meat* chuleta *f* **2** *v/t wood* cortar; *meat* trocear; *vegetables* picar

◆ **chop down** *tree* talar

chore [tʃɔːr] tarea *f*

choreography [kɔːrɪ'ɑːgrəfɪ] coreografía *f*

chorus ['kɔːrəs] *singers* coro *m*; *of song* estribillo *m*

Christ [kraɪst] Cristo

christen ['krɪsn] bautizar

Christian ['krɪstʃən] **1** *n* cristiano(-a) *m(f)* **2** *adj* cristiano; **Christianity** cristianismo *m*

Christmas ['krɪsməs] Navidad(es) *f(pl)*; **Merry ~!** ¡Feliz Navidad!; **Christmas card** crismas *m inv*; **Christmas Day** día *m* de Navidad; **Christmas Eve** Nochebuena *f*; **Christmas present** regalo *m* de Navidad; **Christmas tree** árbol *m* de Navidad

chronic ['krɑːnɪk] crónico

chubby ['tʃʌbɪ] rechoncho

chuck [tʃʌk] F tirar

chuckle ['tʃʌkl] **1** *n* risita *f* **2** *v/i* reírse por lo bajo

chunk [tʃʌŋk] trozo *m*

church [tʃɜːrtʃ] iglesia *f*; **church service** oficio *m* religioso; **churchyard** cementerio *m* (al lado de iglesia)

chute [ʃuːt] rampa *f*; *for garbage* colector *m* de basura

cigar [sɪ'gɑːr] puro *m*

cigarette [sɪgə'ret] cigarrillo *m*; **cigarette lighter** encendedor *m*

cinema ['sɪnɪmə] *Br* cine *m*

circle ['sɜːrkl] **1** *n* círculo *m* **2** *v/i of plane* volar en círculo

circuit ['sɜːrkɪt] circuito *m*; (*lap*) vuelta *f*; **circuit board** COMPUT placa *f* or tarjeta *f* de circuitos

circular ['sɜːrkjələr] **1** *n* circular *f* **2** *adj* circular; **circulate 1** *v/i* circular **2** *v/t memo* hacer circular; **circulation** *f*; *of newspaper* tirada *f*

circumstances ['sɜːrkəmstənsɪs] circunstancias *fpl*; **financial situación** *f* económica

circus ['sɜːrkəs] circo *m*

cistern ['sɪstɜːrn] cisterna *f*

citizen ['sɪtɪzn] ciudadano(-a) *m(f)*; **citizenship** ciudadanía *f*

city ['sɪtɪ] ciudad *f*; **city center**, *Br* **city centre** centro *m* de la ciudad; **city hall** ayuntamiento *m* civic ['sɪvɪk] cívico

civil ['sɪvl] (*polite*) cortés; **civil ceremony** ceremonia *f* civil; **civil engineer** ingeniero(-a) *m(f)* civil; **civilian** civil *m/f*; **civilization** civilización *f*; **civilize** civilizar; **civil rights** derechos *mpl* civiles; **civil servant** funcionario(-a) *m(f)*; **civil service** administración *f* pública; **civil war** guerra *f* civil

claim [kleɪm] **1** *n* (*request*) reclamación *f* (**for** de); (*assertion*) afirmación *f* **2** *v/t* (*ask for as a right*) reclamar; (*assert*) afirmar; *lost property* reclamar; **claimant** reclamante *m/f*

clam [klæm] almeja *f*

clammy ['klæmɪ] húmedo

clamp [klæmp] *fastener* abrazadera *f*

◆ **clamp down** actuar contundentemente (**on** contra)

clandestine [klæn'destɪn] clandestino

clap [klæp] (*applaud*) aplaudir

clarification [klærɪfɪ'keɪʃn] aclaración *f*; **clarify** aclarar; **clarity** claridad *f*

clash [klæʃ] **1** *n* choque *m* **2** *v/i* cínicar; *of colors* desentonar; *of events* coincidir

clasp [klæsp] **1** *n* broche *m* **2** *v/t* in hand estrechar

class [klæs] **1** *n* clase *f* **2** *v/t* clasificar (**as** como)

classic ['klæsɪk] **1** *adj* clásico **2** *n* clásico *m*; **classical** clásico; **classification** clasificación *f*; **classified** *information* reservado; **classified ad** anuncio *m* por palabras; **classify** clasificar; **classroom** clase *f*, aula *f*; **classy** F con clase

clause [klɔːz] cláusula *f*

claustrophobia [klɔːstrə'fəʊbɪə] claustrofobia *f*

claw [klɔː] garra *f*; *of lobster* pinza *f*

clay [kleɪ] arcilla *f*

clean [kliːn] **1** *adj* limpio **2** *adv* F (*completely*) completamente **3** *v/t* limpiar

cleaner ['kliːnər] *person* limpiador(a) *m(f)*; (**dry**) ~ tintorería *f*

cleanse [klenz] *skin* limpiar; **cleanser** *for skin* loción *f* limpiadora

clear [klɪr] **1** *adj* claro; *sky* despejado; *water* transparente; *conscience* limpio **2** *v/t* *roads etc* despejar; (*acquit*) absolver; (*authorize*) autorizar **3** *v/i* *of mist* despejarse

◆ **clear out 1** *v/t* *closet* ordenar, limpiar **2** *v/i* marcharse

◆ **clear up 1** *v/i* ordenar; *of weather* despejarse; *of illness* desaparecer **2** *v/t* (*tidy*) ordenar; *problem* aclarar

clearance ['klɪrəns] *space* espacio *m*; (*authorization*) autorización *f*; **clearance sale** liquidación *f*; **clearing** claro *m*; **clearly** claramente

cleavage ['kliːvɪdʒ] escote *m*

clench [klentʃ] apretar

clergy ['klɜːrdʒɪ] clero *m*; **clergyman** clérigo *m*

clerk [klɜːrk] oficinista *m/f*; *in store* dependiente(-a) *m/f*

clever ['klevər] listo; *idea, gadget* ingenioso

click [klɪk] **1** *n* COMPUT clic *m* **2** *v/i* hacer clic

◆ **click on** COMPUT hacer clic en

client ['klaɪənt] cliente *m/f*; **clientele** clientela *f*

climate ['klaɪmət] *also fig* clima *m*

climax ['klaɪmæks] clímax *m*

climb [klaɪm] **1** *n up mountain* ascensión *f* & *v/i* subir; **climber** *person* escalador(a) *m(f)*, *L.Am.* andinista *m/f*

clinch [klɪntʃ] *deal* cerrar

cling [klɪŋ] *of clothes* pegarse al cuerpo

◆ **cling to** aferrarse a

clingy ['klɪŋɪ] *person* pegajoso

clinic ['klɪnɪk] clínica *f*; **clinical** clínico

clip¹ [klɪp] **1** *n fastener* clip *m* **2** *v/t:* **~ sth to sth** sujetar algo a algo

clip² [klɪp] **1** *n extract* fragmento *m* **2** *v/t hair, grass* cortar; **clipping** *from press* recorte *m*

clock [klɑːk] reloj *m*; **clock radio** radio *m* despertador; **clockwise** en el sentido de las agujas del reloj

clone [kloʊn] **1** *n* clon *m* **2** *v/t* clonar; **cloning** clonación *f*

close¹ [kloʊs] *adv* cerca; **~ to the school** cerca del cole-

gio; *adj family* cercano; *friend* íntimo; **be ~ to s.o.** *emotionally* estar muy unido a alguien

close² [kloʊz] *v/t* cerrar

closed-circuit 'television circuito *m* cerrado de televisión; **close-knit** muy unido; **closely** *watch* atentamente; *cooperate* de cerca

closet ['klɑːzɪt] armario *m*

close-up ['kloʊsʌp] primer plano *m*

closing date ['kloʊzɪŋ] fecha *f* límite

closure ['kloʊʒər] cierre *m*

clot [klɑːt] **1** *n of blood* coágulo *m* **2** *v/i* coagularse

cloth [klɑːθ] tela *f*, tejido *m*; *for cleaning* trapo *m*

clothes [kloʊðz] ropa *f*; **clothing** ropa *f*

cloud [klaʊd] nube *f*; **cloudless** despejado; **cloudy** nublado

clout [klaʊt] *fig* influencia *f*

clove of garlic [kloʊv] diente *m* de ajo

clown [klaʊn] *also fig* payaso *m*

club [klʌb] palo *m*; *organization* club *m*

clue [kluː] pista *f*

clumsiness ['klʌmzɪnɪs] torpeza *f*; **clumsy** torpe

cluster ['klʌstər] grupo *m*

clutch [klʌtʃ] **1** *n* MOT embrague *m* **2** *v/t* agarrar

◆ **clutch at** agarrarse a

Co. (= *Company*) Cía. (= *Compañía f*)

c/o (= *care of*) en el domicilio de

coach [kəʊtʃ] **1** *n* (*trainer*) entrenador(a) *m(f)*; *Br* (*bus*) autobús *m* **2** *v/t footballer* entrenar; *singer* preparar; **coaching** entrenamiento *m*

coagulate [kəʊˈægjʊleɪt] *of blood* coagularse

coal [kəʊl] carbón *m*

coalition [kəʊəˈlɪʃn] coalición *f*

coalmine mina *f* de carbón

coarse [kɔːrs] áspero; *hair*, (*vulgar*) basto; **coarsely** (*vulgarly*) de manera grosera

coast [kəʊst] costa *f*; **coastal** costero; **coastguard** servicio *m* de guardacostas; *person* guardacostas *m/f inv*; **coastline** litoral *m*, costa *f*

coat [kəʊt] **1** *n* chaqueta *f*, *L.Am.* saco *m*; (*over~*) abrigo *m*; *of animal* pelaje *m*; *of paint* capa *f* **2** *v/t* (*cover*) cubrir (**with** de); **coathanger** percha *f*; **coating** capa *f*

coax [kəʊks] persuadir

cocaine [kəˈkeɪn] cocaína *f*

cock [kɑːk] *chicken* gallo *m*; *any male bird* macho *m*; **cockpit** *of plane* cabina *f*; **cockroach** cucaracha *f*; **cocktail** cóctel *m*

cocoa [ˈkəʊkəʊ] cacao *m*

coconut [ˈkəʊkənʌt] coco *m*; **coconut palm** cocotero *m*

code [kəʊd] código *m*; **in ~** cifrado

coeducational [kəʊedʊˈkeɪʃnl] mixto

coerce [kəʊˈɜːrs] coaccionar

coexist [kəʊɪɡˈzɪst] coexistir; **coexistence** coexistencia *f*

coffee [ˈkɑːfɪ] café *m*; **coffee maker** cafetera *f* (para preparar); **coffee pot** cafetera *f* (para servir); **coffee shop** café *m*

cohabit [kəʊˈhæbɪt] cohabitar

coherent [kəʊˈhɪrənt] coherente

coil [kɔɪl] **1** *n of rope* rollo *m*; *of snake* anillo *m* **2** *v/t*: ~ (**up**) enrollar

coin [kɔɪn] moneda *f*

coincide [kəʊɪnˈsaɪd] coincidir; **coincidence** coincidencia *f*

Coke® [kəʊk] Coca-Cola® *f*

cold [kəʊld] **1** *adj* frío; **I'm ~** tengo frío; **it's ~** *of weather* hace frío **2** *n* frío *m*; MED resfriado *m*; **cold-blooded** *of murder* a sangre fría; **coldly** fríamente, con frialdad; **coldness** frialdad *f*; **cold sore** calentura *f*

collaborate [kəˈlæbəreɪt] colaborar (**on** en); **collaboration** colaboración *f*; **collaborator** colaborador(a) *m(f)*; *with enemy* colaboracionista *m/f*

collapse [kəˈlæps] desplomarse; **collapsible** plegable

collar [ˈkɑːlər] cuello *m*; *for dog* collar *m*

colleague [ˈkɑːliːɡ] colega *m/f*

collect [kəˈlekt] **1** *v/t* recoger;

as hobby coleccionar **2** *v/i* (*gather together*) reunirse; **collect call** llamada *f* a cobro revertido; **collection** colección *f*; *in church* colecta *f*; **collective** colectivo; **collector** coleccionista *m/f*

college ['kɒlɪdʒ] universidad *f*

collide [kə'laɪd] chocar, colisionar; **collision** choque *m*, colisión *f*

Colombia [kə'lʌmbɪə] Colombia; **Colombian 1** *adj* colombiano **2** *n* colombiano(-a) *m(f)*

colon ['kəʊlən] *punctuation* dos puntos *mpl*

colonel ['kɜːnl] coronel *m*

colonial [kə'ləʊnɪəl] colonial; **colonize** colonizar; **colony** colonia *f*

color ['kʌlər] color *m f*; **color-blind** daltónico; *of person* de color; **colorful** lleno de colores; *account* colorido

colossal [kə'lɒsl] colosal

colour *Br* ☞ **color**

colt [kəʊlt] potro *m*

Columbus [kə'lʌmbəs] Colón *m*

column ['kɒləm] columna *f*; **columnist** columnista *m/f*

coma ['kəʊmə] coma *m*

comb [kəʊm] **1** *n* peine *m* **2** *v/t* *hair, area* peinar; **~ one's hair** peinarse

combat ['kɒmbæt] **1** *n* combate *m* **2** *v/t* combatir

combination [kɑːmbɪ'neɪʃn] combinación *f*; **combine 1**

v/t combinar; *ingredients* mezclar **2** *v/i* combinarse

come [kʌm] venir

◆ **come across** (*find*) encontrar

◆ **come along** (*come too*) venir; (*turn up*) aparecer; (*progress*) marchar

◆ **come back** volver

◆ **come down 1** *v/i* bajar; *of rain, snow* caer **2** *v/t*: **come down the stairs** bajar las escaleras

◆ **come for** (*attack*) atacar; (*collect: thing*) venir a por; (*collect: person*) venir a buscar a

◆ **come forward** presentarse

◆ **come from** (*travel*) venir de; (*originate*) ser de

◆ **come in** entrar; *of train* llegar; *of tide* subir

◆ **come in for** *criticism* recibir

◆ **come off** *of handle etc* soltarse; *of paint etc* quitarse

◆ **come out** salir; *of book* publicarse; *of stain* irse

◆ **come to** *place* llegar a; *of hair, water* llegar hasta **2** *v/i* (*regain consciousness*) volver en sí

◆ **come up** subir; *of sun* salir

'comeback regreso *m*

comedian [kə'miːdɪən] humorista *m/f*; *pej* payaso(-a) *m(f)*; **comedy** comedia *f*

comfort ['kʌmfərt] **1** *n* comodidad *f*, confort *m*; (*consolation*) consuelo *m* **2** *v/t* consolar; **comfortable** cómodo comic ['kɑːmɪk] **1** n to read cómic m; (comedian) cómico(-a) m/f **2** adj cómico; comical cómico; **comic book** cómic m; **comics** tiras fpl cómicas; **comic strip** tira f cómica

comma ['kɑːmə] coma f

command [kə'mænd] **1** n orden f **2** v/t ordenar, mandar

commandeer [kɑːmən'dɪr] requisar

commander [kə'mændər] comandante m/f; **commander-in-chief** comandante m/f en jefe

commemorate [kə'meməreɪt] conmemorar

commence [kə'mens] comenzar

commendable [kə'mendəbl] encomiable; **commendation** for bravery mención f

comment ['kɑːment] **1** n comentario m **2** v/i hacer comentarios (**on** sobre); **commentary** comentarios mpl; **commentator** comentarista m/f

commerce ['kɑːmɜːrs] comercio m; **commercial 1** adj comercial **2** n (ad) anuncio m (publicitario); **commercial break** pausa f publicitaria; **commercialize** comercializar

commission [kə'mɪʃn] (payment, committee) comisión f; (job) encargo m

commit [kə'mɪt] crime cometer; money comprometer;

commitment compromiso m (**to** con); **committee** comité m

commodity [kə'mɑːdɪti] raw material producto m básico; product bien m de consumo

common ['kɑːmən] común; **have sth in ~** tener algo en común; **commonly** comúnmente; **common sense** sentido m común

commotion [kə'mouʃn] alboroto m

communal [kə'mjuːnl] comunal

communicate [kə'mjuːnɪkeɪt] **1** v/i comunicarse **2** v/t comunicar; **communication** comunicación f; **communicative** comunicativo

Communion [kə'mjuːnjən] REL comunión f

Communism ['kɑːmjunɪzəm] comunismo m; **Communist 1** adj comunista **2** n comunista m/f

community [kə'mjuːnəti] comunidad f

commute [kə'mjuːt] **1** v/i viajar al trabajo **2** v/t LAW conmutar

compact **1** [kəm'pækt] adj compacto **2** ['kɑːmpækt] n MOT utilitario m; **companion** [kəm'pænjən] compañero(-a) m/f

company ['kʌmpəni] compañía f; COM also empresa f

comparable ['kɑːmpərəbl] comparable; **comparative**

adj relativo; *study* comparado; **compare** comparar; **comparison** comparación *f*

compartment [kəm'pɑːrtmənt] compartimento *m*

compass ['kʌmpəs] brújula *f*; *for geometry* compás *m*

compassion [kəm'pæʃn] compasión *f*; **compassionate** compasivo

compatibility [kəmpætə'bɪlɪtɪ] compatibilidad *f*; **compatible** compatible

compel [kəm'pel] obligar

compensate ['kɑːmpənseɪt] **1** *v/t* compensar **2** *v/i*: **~ for** compensar; **compensation** *(money)* indemnización *f*; *(reward, comfort)* compensación *f*

compete [kəm'piːt] competir **(for** por)

competence ['kɑːmpɪtəns] competencia *f*; **competent** competente

competition [kɑːmpə'tɪʃn] *(contest)* concurso *m*; SP competición *f*; *(competitors)* competencia *f*; **competitive** competitivo; **competitiveness** COM competitividad *f*; *of person* espíritu *m* competitivo; **competitor** *in contest* concursante *m/f*; SP competidor(a) *m(f)*, contrincante *m/f*; COM competidor(a) *m(f)*

complacent [kəm'pleɪsənt] complaciente

complain [kəm'pleɪn] quejarse; **complaint** queja *f*; MED dolencia *f*

complementary [kɑːmplɪ'mentərɪ] complementario

complete [kəm'pliːt] **1** *adj (total)* absoluto, total; *(full)* completo; *(finished)* finalizado **2** *v/t task, building etc* finalizar; *course* completar; *form* rellenar; **completely** completamente; **completion** finalización *f*

complex ['kɑːmpleks] **1** *adj* complejo **2** *n also* PSYCH complejo *m*; **complexion** *facial* tez *f*; **complexity** complejidad *f*

compliance [kəm'plaɪəns] cumplimiento *m* **(with** de)

complicate ['kɑːmplɪkeɪt] complicar; **complicated** complicado; **complication** complicación *f*

complimentary [kɑːmplɪ'mentərɪ] elogioso; *(free)* de regalo, gratis

comply [kəm'plaɪ] cumplir; **~ with** cumplir

component [kəm'pəʊnənt] pieza *f*, componente *m*

compose [kəm'pəʊz] *also* MUS componer; **composed** *(calm)* sereno; **composer** MUS compositor(a) *m(f)*; **composition** *also* MUS composición *f*; **composure** compostura *f*

compound ['kɑːmpaʊnd] *chemical* compuesto *m*

comprehend [kɑːmprɪ'hend] comprender; **comprehen-**

sion comprensión *f*; **comprehensive** detallado

compress [kəmˈpres] comprimir; *information* condensar

comprise [kəmˈpraɪz] comprender; **be ~d of** constar de

compromise [ˈkɑːmprəmaɪz] **1** *n* solución *f* negociada **2** *v/i* transigir, efectuar concesiones **3** *v/t principles* traicionar; *(jeopardize)* poner en peligro

compulsion [kəmˈpʌlʃn] PSYCH compulsión *f*; **compulsive** *behavior* compulsivo; *reading* absorbente; **compulsory** obligatorio

computer [kəmˈpjuːtər] *Span* ordenador *m*, *L.Am.* computadora *f*; **computer game** juego *m* de *Span* ordenador *or L.Am.* computadora; **computerize** informatizar, *L.Am.* computarizar; **computer science** informática *f*, *L.Am.* computación *f*; **computing** informática *f*, *L.Am.* computación *f*

comrade [ˈkɑːmreɪd] compañero(-a) *m(f)*; POL camarada *m/f*; **comradeship** camaradería *f*

conceal [kənˈsiːl] ocultar; **concealment** ocultación *f*

conceit [kənˈsiːt] engreimiento; **conceited** engreído

conceivable [kənˈsiːvəbl] concebible; **conceive** *of woman* concebir

concentrate [ˈkɑːnsəntreɪt] **1**

v/i concentrarse **2** *v/t energies* concentrar; **concentration** concentración *f*

concept [ˈkɑːnsept] concepto *m*; **conception** *of child* concepción *f*

concern [kənˈsɜːrn] **1** *n* (*anxiety, care*) preocupación *f*; (*business*) asunto *m*; (*company*) empresa *f* **2** *v/t* (*involve*) concernir; (*worry*) preocupar; **concerned** preocupado (*about* por); (*involved*) en cuestión; **concerning** en relación con

concert [ˈkɑːnsərt] concierto *m*; **concerted** concertado

concession [kənˈseʃn] concesión *f*

concise [kənˈsaɪs] conciso

conclude [kənˈkluːd] concluir (*from* de); **conclusion** conclusión *f*; **conclusive** concluyente

concrete [ˈkɑːŋkriːt] **1** *adj* concreto **2** *n* hormigón *m*, *L.Am.* concreto *m*

concussion [kənˈkʌʃn] conmoción *f* cerebral

condemn [kənˈdem] condenar; **condemnation** condena *f*

condescend [kɑːndɪˈsend]: **he ~ed to speak to me** se dignó a hablarme; **condescending** condescendiente

condition [kənˈdɪʃn] **1** *n* (*state*) condiciones *fpl*; *of health* estado *m*; *illness* enfermedad *f*; (*requirement, term*) condición *f* **2** *v/t* PSYCH condicionar; **conditioning** PSYCH condicionamiento m

condo ['kɑːndoʊ] F apartamento m, Span piso m; building bloque de apartamentos

condolences [kən'doʊlənsɪz] condolencias fpl

condom ['kɑːndəm] condón m, preservativo m

condominium [kɑːndə'mɪnɪəm] ☞ **condo**

condone [kən'doʊn] justificar

conduct 1 ['kɑːndʌkt] n conducta f **2** [kən'dʌkt] v/t (carry out) realizar, hacer; ELEC conducir; MUS dirigir; **conducted tour** visita f guiada; **conductor** MUS director(a) m(f) de orquesta; on train revisor(-a) m(f)

cone [koʊn] cono m; for ice cream cucurucho m; of pine tree piña f

conference ['kɑːnfərəns] congreso m; discussion conferencia f; **conference room** sala f de conferencias

confess [kən'fes] **1** v/t confesar **2** v/i confesar; REL confesarse; **confession** confesión f

confide [kən'faɪd] **1** v/t confiar **2** v/i: ~ **in s.o.** confiarse a alguien; **confidence** confianza f; **confident** (self-assured) seguro de sí mismo; (convinced) seguro; **confidential** confidencial; **confidently** con seguridad

confine [kən'faɪn] (imprison) confinar, recluir; (restrict) li-

mitar; **confined** space limitado

confirm [kən'fɜːrm] confirmar; **confirmation** confirmación f

confiscate ['kɑːnfɪskeɪt] confiscar

conflict 1 ['kɑːnflɪkt] n conflicto m **2** [kən'flɪkt] v/i chocar

confront [kən'frʌnt] hacer frente a; **confrontation** confrontación f

confuse [kən'fjuːz] confundir; **confused** person confundido; situation confuso; **confusing** confuso; **confusion** confusión f

congestion [kən'dʒestʃn] congestión f

congratulate [kən'grætʃʊleɪt] felicitar; **congratulations** felicitaciones fpl

congregate ['kɑːngrɪgeɪt] congregarse; **congregation** REL congregación f

Congress ['kɑːngres] Congreso m; **Congressional** del Congreso; **Congressman** congresista m; **Congresswoman** congresista f

conjecture [kən'dʒektʃər] conjetura f

con man ['kɑːnmæn] F timador m F

connect [kə'nekt] conectar; (link) relacionar, vincular; to power supply enchufar; **connected: be well-~** estar bien relacionado; **be ~ with** estar relacionado con; **con-**

nection conexión f; (*personal contact*) contacto m

connoisseur [kɑnə'sɜːr] entendido(-a) m(f)

conquer ['kɑːŋkər] conquistar; *fear etc* vencer; **conqueror** conquistador(a) m(f); **conquest** conquista f

conscience ['kɑːnʃəns] conciencia f; **conscientious** concienzudo; **conscientiousness** aplicación f

conscious ['kɑːnʃəs] consciente; **consciously** conscientemente; **consciousness** conciencia f

consecutive [kən'sekjʊtɪv] consecutivo

consensus [kən'sensəs] consenso m

consent [kən'sent] **1** n consentimiento m **2** v/i consentir (**to** en)

consequence ['kɑːnsɪkwəns] consecuencia f; **consequently** por consiguiente

conservation [kɑːnsər'veɪʃn] conservación f; **conservationist** ecologista m/f; **conservative** conservador; *estimate* prudente; **conserve 1** n (*jam*) compota f **2** v/t conservar

consider [kən'sɪdər] considerar; (*show regard for*) mostrar consideración por; **considerable** considerable; **considerably** considerablemente; **considerate** considerado; **considerately** con consideración; **consideration**

consideración f; (*factor*) factor m; **take sth into ~** tomar algo en consideración

♦ **consist of** [kən'sɪst] consistir en

consistency [kən'sɪstənsɪ] (*texture*) consistencia f; (*unchangingness*) coherencia f; *of player* regularidad f; **consistent** *person* coherente; *improvement* constante

consolidate [kən'sɑːlɪdeɪt] consolidar

conspicuous [kən'spɪkjʊəs] llamativo

conspiracy [kən'spɪrəsɪ] conspiración f; **conspirator** conspirador(a) m(f); **conspire** conspirar

constant ['kɑːnstənt] constante; **constantly** constantemente

constipated ['kɑːnstɪpeɪtɪd] estreñido; **constipation** estreñimiento m

constitute ['kɑːnstɪtuːt] constituir; **constitution** constitución f; **constitutional** POL constitucional

constraint [kən'streɪnt] restricción f, límite m

construct [kən'strʌkt] construir; **construction** construcción f; **constructive** constructivo

consul ['kɑːnsl] cónsul m/f; **consulate** consulado m

consult [kən'sʌlt] consultar; **consultancy** *company* consultoría f; (*advice*) asesoramiento m; **consultant** asesor(a) *m(f)*, consultor(a) *m(f)*; **consultation** consulta *f*

consume [kən'su:m] consumir; **consumer** consumidor(a) *m(f)*; **consumption** consumo *m*

contact ['kɑ:ntækt] **1** *n* contacto **2** *v/t* contactar con; **contact lens** lentes *fpl* de contacto, *Span* lentillas *fpl*

contagious [kən'teidʒəs] contagioso

contain [kən'tein] contener; **container** recipiente *m*; *COM* contenedor *m*

contaminate [kən'tæmineit] contaminar; **contamination** contaminación *f*

contemporary [kən'tempərerɪ] **1** *adj* contemporáneo **2** *n* contemporáneo(-a) *m(f)*

contempt [kən'tempt] desprecio *m*; **contemptible** despreciable; **contemptuous** despectivo

contender [kən'tendər] contendiente *m/f*; *against champion* aspirante *m/f*

content¹ ['kɑ:ntent] *n* contenido *m*

content² [kən'tent] **1** *adj* satisfecho **2** *v/t*: ~ **o.s. with** contentarse con; **contented** satisfecho; **contentment** satisfacción *f*

contents ['kɑ:ntents] contenido *m*

contest¹ ['kɑ:ntest] *n* (*competition*) concurso *m*; (*struggle*) lucha *f*

contest² [kən'test] *v/t leadership* presentarse como candidato a; *decision*, *will* impugnar

contestant [kən'testənt] concursante *m/f*; *in sport* competidor(a) *m(f)*

context ['kɑ:ntekst] contexto *m*

continent ['kɑ:ntinənt] continente *m*; **continental** continental

continual [kən'tinjuəl] continuo; **continually** continuamente; **continuation** continuación *f*; **continue** continuar; **continuous** continuo; **continuously** continuamente

contort [kən'tɔ:rt] *face* contraer; *body* contorsionar

contraception [kɑ:ntrə'sepʃn] anticoncepción *f*; **contraceptive** anticonceptivo *m*

contract¹ ['kɑ:ntrækt] *n* contrato *m*

contract² [kən'trækt] **1** *v/i* (*shrink*) contraerse **2** *v/t illness* contraer

contractor [kən'træktər] contratista *m/f*; **contractual** [kən'træktuəl] contractual

contradict [kɑ:ntrə'dikt] *statement* desmentir; *person* contradecir; **contradiction** contradicción *f*; **contradictory** contradictorio

contrary¹ ['kɑ:ntrərɪ] **1** *adj* contrario; ~ **to** al contrario de **2** *n*: **on the ~** al contrario

contrary² [kən'treɪrɪ] *adj* (*perverse*) difícil

contrast ['kɑːntræst] **1** *n* contraste *m* **2** *v/t* & *v/i* contrastar; **contrasting** opuesto

contravene [kɑːntrə'viːn] contravenir

contribute [kən'trɪbjuːt] **1** *v/i* contribuir (*to* a) of *money*, *suggestion* contribuir con, aportar; **contribution** [kɑːntrɪ'bjuːʃn] contribución *f*; *to political party*, *church* donación *f*; **contributor** of *money* donante *m/f*; *to magazine* colaborador(a) *m(f)*

control [kən'troʊl] **1** *n* control *m*; **be in ~ of** controlar **2** *v/t* controlar

controversial [kɑːntrə'vɜːrʃl] polémico, controvertido; **controversy** polémica *f*, controversia *f*

convenience [kən'viːnɪəns] conveniencia *f*; **convenience store** tienda *f* de barrio; **convenient** conveniente; *time* oportuno

convent ['kɑːnvənt] convento *m*

convention [kən'venʃn] convención *f*; (*meeting*) congreso *m*; **conventional** convencional

conversation [kɑːnvər'seɪʃn] conversación *f*; **conversational** coloquial

conversion [kən'vɜːrʃn] conversión *f*; **convert 1** *n* converso(-a) *m(f)* (*to* a) **2** *v/t* convertir; **convertible** *car*

descapotable *m*

convey [kən'veɪ] (*transmit*) transmitir; (*carry*) transportar; **conveyor belt** cinta *f* transportadora

convict 1 ['kɑːnvɪkt] *n* convicto(-a) *m(f)* **2** [kən'vɪkt] *v/t* LAW: **~ s.o. of sth** declarar a alguien culpable de algo; **conviction** LAW condena *f*; (*belief*) convicción *f*

convince [kən'vɪns] convencer

convoy ['kɑːnvɔɪ] convoy *m*

cook [kʊk] **1** *n* cocinero(-a) *m(f)* **2** *v/t* & *v/i* cocinar; **cookbook** libro *m* de cocina; **cookery** cocina *f*; **cookie** galleta *f*; **cooking** cocina *f*

cool [kuːl] **1** *n*: **keep one's ~** F mantener la calma **2** *adj* fresco; *drink* frío; (*calm*) tranquilo; (*unfriendly*) frío; P (*great*) Span guay P, *L.Am.* chévere P, *Mex* padre P, *Rpl* copante P **3** *v/i* enfriarse; *of tempers* calmarse **4** *v/t*: **~ it** F cálmate
◆ **cool down** *v/i* enfriarse; *of weather* refrescar; *of tempers* calmarse **2** *v/t food* enfriar; *fig* calmar

cooperate [koʊ'ɑːpəreɪt] cooperar; **cooperation** cooperación *f*; **cooperative** (*helpful*) cooperativo

coordinate [koʊ'ɔːrdɪneɪt] coordinar; **coordination** coordinación *f*

cop [kɑːp] F poli *m/f* F

cope [koʊp] arreglárselas; **~ with** poder con

copier ['kɒpɪər] *machine* fotocopiadora *f*

copper ['kɒpər] cobre *m*

copy ['kɒpɪ] **1** *n* copia *f*; *of book* ejemplar *m* **2** *v/t* copiar

cord [kɔːrd] *(string)* cuerda *f*, cordel *m*; *(cable)* cable *m*

cordon ['kɔːrdn] cordón *m*

cords [kɔːrdz] *pants* pantalones *mpl* de pana

core [kɔːr] **1** *n of fruit* corazón *m*; *of party* núcleo *m* **2** *adj issue* central

cork [kɔːrk] corcho *m*; **corkscrew** sacacorchos *m inv*

corn [kɔːrn] *grain* maíz *m*

corner ['kɔːrnər] **1** *n of page, street* esquina *f*; *of room* rincón *m*; *on road* curva *f*; *in soccer* córner *m*, saque *m* de esquina **2** *v/t person* arrinconar; **~ a market** monopolizar un mercado **3** *v/i of driver, car* girar

coronary ['kɒrənerɪ] **1** *adj* coronario **2** *n* infarto *m* de miocardio

coroner ['kɒrənər] oficial encargado de investigar muertes sospechosas

corporal ['kɔːrpərəl] cabo *m/f*; **corporal punishment** castigo *m* corporal

corporate ['kɔːrpərət] COM corporativo, de empresa; **corporation** *(business)* sociedad *f* anónima

corpse [kɔːrps] cadáver *m*

corral [kə'ræl] corral *m*

correct [kə'rekt] **1** *adj* correcto; *time* exacto **2** *v/t* corregir;

correction corrección *f*; **correctly** correctamente

correspond [kɒrɪ'spɑːnd] *(match)* corresponderse; **correspondence** correspondencia *f*; **correspondent** *(reporter)* corresponsal *m/f*

corridor ['kɔːrɪdər] pasillo *m*

corroborate [kə'rɑːbəreɪt] corroborar

corrosion [kə'roʊʒn] corrosión *f*

corrupt [kə'rʌpt] **1** *adj* corrupto; COMPUT corrompido **2** *v/t* corromper; *(bribe)* sobornar; **corruption** corrupción *f*

cosmetic [kɑːz'metɪk] cosmético; *fig* superficial; **cosmetics** cosméticos *mpl*; **cosmetic surgery** cirugía *f* estética

cosmopolitan [kɑːzmə'pɑːlɪtn] cosmopolitano

cost [kɑːst] **1** *n also fig* coste *m*, *Span* coste *m* **2** *v/t* costar; *project* estimar el costo de *it*; **how much does it ...?** ¿cuánto cuesta?

Costa Rica [kɑːstə'riːkə] Costa Rica; **Costa Rican 1** *adj* costarricense **2** *n* costarricense *m/f*

'cost-effective rentable; **cost of living** costo *m* or *Span* coste *m* de la vida

costume ['kɑːstuːm] *for actor* traje *m*

cosy *Br* ☞ **cozy**

cot [kɑːt] *(camp-bed)* catre *m*

cottage ['kɒtɪdʒ] casa f de campo, casita f

cotton ['kɒtn] **1** n algodón m **2** adj de algodón; **cotton candy** algodón m dulce; **cotton wool** Br algodón m (hidrófilo)

couch [kautʃ] sofá m; **couch potato** F teleadicto(-a) m(f) F

cough [kɒf] **1** n tos f **2** v/i toser; *to get attention* carraspear; **cough medicine** jarabe m para la tos

could [kud]: ~ *I have my key?* ¿me podría dar la llave?; ~ *you help me?* ¿me podrías ayudar?; *you ~ be right* puede que tengas razón; *you ~ have warned me!* ¡me podías haber avisado!

council ['kaunsl] consejo m; **councilor** concejal(-a) m(f)

counsel ['kaunsl] **1** n (advice) consejo m; (lawyer) abogado(-a) m(f) **2** v/t (advise) aconsejar; *person* ofrecer apoyo psicológico a; **counseling**, Br **counselling** apoyo m psicológico; **counselor** Br, **counselor** of student orientador(a) m(f); LAW abogado(-a) m(f)

count [kaunt] **1** n cuenta f; (action of ~ing) recuento m

♦ v/t & v/i contar

♦ **count on** contar con

countdown cuenta f atrás

counter ['kauntər] in shop mostrador m; in café barra f; in game ficha f

counteract contrarrestar; **counter-attack 1** n contraataque m **2** v/i contraatacar; **counterclockwise** en sentido contrario al de las agujas del reloj; **counterespionage** contraespionaje m; **counterfeit 1** v/t falsificar **2** adj falso; **counterpart** (person) homólogo(-a) m(f); **counterproductive** contraproducente

countless ['kauntlɪs] incontables

country ['kʌntrɪ] país m; as opposed to town campo m

county ['kauntɪ] condado m

coup [ku:] POL golpe m (de Estado); fig golpe m de efecto

couple ['kʌpl] pareja f; *a ~ of* un par de

courage ['kʌrɪdʒ] valor m, coraje m; **courageous** valiente

courier ['kurɪr] mensajero(-a) m(f); with tourist party guía m/f

course [kɔːrs] (lessons) curso m; of meal plato m; of ship, plane rumbo m; for horse race circuito m; for golf campo m; for marathon recorrido m; **of ~** por supuesto

court [kɔːrt] LAW tribunal m; (courthouse) palacio m de justicia; SP pista f, cancha f; **court case** proceso m, causa f

courtesy ['kɜːrtəsɪ] cortesía f

courthouse palacio m de

justicia; **courtroom** sala f de juicios; **courtyard** patio m

cousin ['kʌzn] primo(-a) m(f)

cover ['kʌvər] **1** n protective funda f; of book, magazine portada f; (shelter) protección f; (insurance) cobertura f **2** v/t cubrir

◆ **cover up 1** v/t cubrir; scandal encubrir **2** v/i disimular

coverage ['kʌvərɪdʒ] by media cobertura f informativa

covert ['kouvɜːrt] encubierto

'**cover-up** encubrimiento m

cow [kau] vaca f

coward ['kauərd] cobarde m/f; **cowardice** cobardía f

'**cowboy** vaquero m

co-worker ['kouwɜːrkər] compañero(-a) m(f) de trabajo

cozy ['kouzı] room acogedor; job cómodo

crab [kræb] cangrejo m

crack [kræk] **1** n grieta f; in cup raja f; (joke) chiste m (malo) **2** v/t cup rajar; nut cascar; code descifrar; F (solve) resolver **3** v/i rajarse; **crack** continuación crack m; **cracked** cup rajado; **cracker** to eat galleta f salada

cradle ['kreɪdl] cuna f

craft[1] [kræft] NAUT embarcación f

craft[2] [kræft] (skill) arte m; (trade) oficio m; **craftsman** artesano m; **crafty** astuto

crag [kræg] rock peñasco m

cram [kræm] embutir

cramps [kræmps] calambre m; **stomach** ~ retorción m

crane [kreɪn] **1** n machine grúa f **2** v/t: ~ one's neck estirar el cuello

crank [kræŋk] person maniático(-a) m(f); **cranky** (bad-tempered) gruñón

crap [kræp] P mierda f P; (nonsense) Span gilipolleces fpl P, L.Am. pendejadas fpl P, Rpl boludeces fpl P

crash [kræʃ] **1** n noise estruendo m; accident accidente m; COM quiebra f, crac m; COMPUT bloqueo m **2** v/i of car, airplane estrellarse (**into** con); of market hundirse; COMPUT bloquearse **3** v/t car estrellar; **crash course** curso m intensivo; **crash diet** dieta f drástica; **crash helmet** casco m protector; **crash-land** realizar un aterrizaje forzoso

crate [kreɪt] caja f

crater ['kreɪtər] cráter m

crave [kreɪv] ansiar; **craving** ansia f m

crawl [krɔːl] **1** n in swimming crol m **2** v/i on floor arrastrarse; of baby andar a gatas; (move slowly) avanzar lentamente

crayon ['kreɪɑːn] lápiz m de color

craze [kreɪz] locura f (**for** de); **crazy** loco

creak [kriːk] of hinge chirriar; of floor, shoes crujir; **creaky** que chirría; floor, shoes que

crotch

cruje

cream [kri:m] **1** n for skin crema f; for coffee, cake nata f **2** adj crema

crease [kri:s] **1** n arruga f; deliberate raya f **2** v/t arrugar

create [kri:'eit] crear; **creation** creación f; **creative** creativo; **creator** creador(a) m(f) f

creature ['kri:tʃər] criatura f

credibility [kredə'biləti] credibilidad f; **credible** creíble

credit ['kredit] crédito m; **creditable** estimable; **credit card** tarjeta f de crédito; **credit limit** límite m de crédito; **creditor** acreedor(a) m(f); **creditworthy** solvente

creep [kri:p] **1** n pej asqueroso(-a) m(f) **2** v/i moverse sigilosamente; **creepy** espeluznante F

cremate [kri'meit] incinerar; **cremation** incineración f

crest [krest] of hill cima f; of bird cresta f

crevice ['krevis] grieta f

crew [kru:] tripulación f; **crew cut** rapado m

crib [krib] for baby cuna f

crime [kraim] delito m; serious, also fig crimen m; **criminal 1** n delincuente m/f, criminal m/f **2** adj criminal; (LAW: not civil) penal; (shameful) vergonzoso; act delictivo

crimson ['krimzn] carmesí

cripple ['kripl] **1** n inválido(-a) m(f) **2** v/t person dejar

inválido; fig paralizar

crisis ['kraisis] crisis f inv

crisp [krisp] weather fresco; lettuce crujiente; dollar bill flamante; **crisps** Br patatas fpl fritas, L.Am papas fpl fritas

criterion [krai'tiriən] criterio m

critic ['kritik] crítico(-a) m(f); **critical** crítico; moment decisivo; **criticism** crítica f; **criticize** criticar

crocodile ['krɑːkədail] cocodrilo m

crony ['krouni] F amiguete m/f F

crook [kruk] ladrón (-ona) m(f); dishonest trader granuja m/f; **crooked** torcido; (dishonest) deshonesto

crop [krɑːp] **1** n also fig cosecha f; plant grown cultivo m **2** v/t hair cortar; photo recortar

♦ **crop up** salir

cross [krɑːs] **1** adj (angry) enfadado **2** n cruz f **3** v/t (go across) cruzar; ~ o.s. REL santiguarse **4** v/i (go across) cruzar; of lines cruzarse

♦ **cross off** tachar

'**crosscheck 1** n comprobación f **2** v/t comprobar; **cross-examine** interrogar; **cross-eyed** bizco; **crossing** NAUT travesía f; **crossroads** also fig encrucijada f; **crosswalk** paso m de peatones; **crossword (puzzle)** crucigrama m

crotch [krɑːtʃ] entrepierna f

crouch [kraʊtʃ] agacharse

crowd [kraʊd] multitud *f*, muchedumbre *f*; *at sports event* público *m*; **crowded** abarrotado (**with** de)

crown [kraʊn] corona *f*

crucial [ˈkruːʃl] crucial

crucifix [ˈkruːsɪfɪks] crucifijo *m*; **crucifixion** crucifixión *f*; **crucify** *also fig* crucificar

crude [kruːd] **1** *adj* (*vulgar*) grosero; (*unsophisticated*) primitivo **2** *n*: ~ (**oil**) crudo *m*

cruel [ˈkruːəl] cruel (**to** con); **cruelty** crueldad *f*

cruise [kruːz] **1** *n* crucero *m* **2** *v/i of people* hacer un crucero; *of car* ir a velocidad de crucero; *of plane* volar

crumb [krʌm] miga *f*

crumble [ˈkrʌmbl] *of bread* desmigajarse; *of stonework* desmenuzarse; *fig: of opposition* desmoronarse

crumple [ˈkrʌmpl] (*crease*) arrugar

crush [krʌʃ] **1** *n* (*crowd*) muchedumbre *f* **2** *v/t* aplastar; (*crease*) arrugar

crust [krʌst] *on bread* corteza *f*

crutch [krʌtʃ] *walking aid* muleta *f*

cry [kraɪ] **1** *n* (*call*) grito *m* **2** *v/i* (*weep*) llorar

◆ **cry out** gritar

cryptic [ˈkrɪptɪk] críptico

crystal [ˈkrɪstl] cristal *m*

cu [siːˈjuː] *in texting* A2 (*adiós*)

Cuba [ˈkjuːbə] Cuba; **Cuban 1** *adj* cubano **2** *n* cubano(-a) *m(f)*

cube [kjuːb] cubo *m*; **cubic** cúbico

cubicle [ˈkjuːbɪkl] (*changing room*) cubículo *m*

cuddle [ˈkʌdl] abrazar

cue [kjuː] *for actor etc* pie *m*; *for pool* taco *m*

cuff [kʌf] *of shirt* puño *m*; *of pants* vuelta *f*; (*blow*) cachete *m*

culminate [ˈkʌlmɪneɪt] culminar (**in** en); **culmination** culminación *f*

culprit [ˈkʌlprɪt] culpable *m/f*

cult [kʌlt] (*sect*) secta *f*

cultivate [ˈkʌltɪveɪt] *also fig* cultivar; **cultivated** *person* culto; **cultivation** *of land* cultivo *m*

cultural [ˈkʌltʃərəl] cultural; **culture** cultura *f*; **cultured** culto

cumulative [ˈkjuːmjʊlətɪv] acumulativo

cunning [ˈkʌnɪŋ] **1** *n* astucia *f* **2** *adj* astuto

cup [kʌp] taza *f*; *trophy* copa *f*

cupboard [ˈkʌbərd] armario *m*

curb [kɜːrb] **1** *n of street* bordillo *m*; *on powers etc* freno *m* **2** *v/t* frenar

cure [kjʊr] **1** *n* MED cura *f* **2** *v/t* MED, *meat* curar

curiosity [kjʊriˈɑːsətɪ] curiosidad *f*; **curious** curioso

curl [kɜːrl] **1** *n in hair* rizo *m*;

of smoke voluta **2** *v/t hair* rizar; (*wind*) enroscar **3** *v/i of hair* rizarse; *of paper* ondularse

◆ **curl up** acurrucarse

curly ['kɜːrlɪ] *hair* rizado; *tail* enroscado

currency ['kʌrənsɪ] *money* moneda *f*; **foreign ~** divisas *fpl*; **current 1** *n in sea*, ELEC corriente *f* **2** *adj* actual; **current affairs** la actualidad

curse [kɜːrs] **1** *n* (*spell*) maldición *f*; (*swearword*) palabrota *f* **2** *v/t* maldecir **3** *v/i* (*swear*) decir palabrotas

cursor ['kɜːrsər] COMPUT cursor *m*

cursory ['kɜːrsərɪ] superficial

curt [kɜːrt] brusco, seco

curtain ['kɜːrtn] cortina *f*; THEA telón *m*

curve [kɜːrv] **1** *n* curva *f* **2** *v/i* curvarse

cushion ['kʊʃn] **1** *n* cojín *m* **2** *v/t blow, fall* amortiguar

custody ['kʌstədɪ] *of children* custodia *f*; **in ~** LAW detenido

custom ['kʌstəm] (*tradition*) costumbre *f*; COM clientela *f*; **customer** cliente(-a) *m(f)*; **customer service** atención *f* al cliente

customs ['kʌstəmz] aduana *f*; **customs officer** funcionario(-a) *m(f) de aduanas*

cut [kʌt] **1** *n* corte *m*; (*reduction*) recorte (**in** de) **2** *v/t* cortar; (*reduce*) recortar; *hours* acortar; **get one's hair ~** cortarse el pelo

◆ **cut down 1** *v/t tree* talar, cortar **2** *v/i in expenses* gastar menos; *in smoking* fumar menos

◆ **cut off** cortar; (*isolate*) aislar

◆ **cut up** trocear

cutback recorte *m*

cute [kjuːt] *guapo, lindo; (clever*) listo

cut-off date fecha *f* límite; **cut-price** rebajado; *store* de productos rebajados; **cut-throat** *competition* despiadado; **cutting 1** *n from newspaper* recorte *m* **2** *adj remark* hiriente

cyber ... ['saɪbər] ciber...

cycle ['saɪkl] **1** *n* bicicleta *f*; *of events* ciclo *m* **2** *v/i* ir en bicicleta; **cycling** ciclismo *m*; **cyclist** ciclista *m/f*

cylinder ['sɪlɪndər] cilindro *m*; **cylindrical** cilíndrico

cynic ['sɪnɪk] escéptico(-a) *m(f)*; **cynical** escéptico; **cynicism** escepticismo *m*

Czech [tʃek] **1** *adj* checo; **the ~ Republic** la República Checa **2** *n person* checo(-a) *m(f)*; *language* checho *m*

D

DA [diːˈeɪ] (= *district attorney*) fiscal m/f (del distrito)
♦ **dabble in** [ˈdæbl] ser aficionado a
dad [dæd] *talking to him* papá m; *talking about him* padre m
daily [ˈdeɪlɪ] **1** n (*paper*) diario m **2** adj diario
'**dairy products** productos mpl lácteos
dam [dæm] **1** n *for water* presa f **2** v/t *river* embalsar
damage [ˈdæmɪdʒ] **1** n daños mpl; *to reputation etc* daño m **2** v/t *also fig* dañar; **damages** LAW daños mpl y perjuicios; **damaging** damnificante
damn [dæm] **F 1** int ¡mecachis! **F 2** adj maldito **F 3** adv muy; **damning** *evidence* condenatorio; *report* crítico
damp [dæmp] húmedo
dance [dɑːns] **1** n baile m **2** v/i bailar; **dancer** bailarín (-ina) m(f); **dancing** baile m
Dane [deɪn] danés(-esa) m(f)
danger [ˈdeɪndʒər] peligro m; **dangerous** peligroso
dangle [ˈdæŋgl] **1** v/t balancear **2** v/i colgar
Danish [ˈdeɪnɪʃ] **1** adj danés **2** n *language* danés m; **Danish** (*pastry*) pastel m de hojaldre (*dulce*)
dare [der] atreverse; **~ to do sth** atreverse a hacer algo; **~ s.o. to do sth** desafiar a alguien para que haga algo; **daring** atrevido
dark [dɑːrk] **1** n oscuridad f **2** adj oscuro; **dark glasses** gafas fpl oscuras, *L.Am.* lentes fpl oscuras; **darkness** oscuridad f
darling [ˈdɑːrlɪŋ] cielo m
dart [dɑːrt] **1** n *for throwing* dardo m **2** v/i lanzarse
dash [dæʃ] **1** n *punctuation* raya f; (*small amount*) chorrito m **2** v/i correr **3** v/t *hopes* frustrar; **dashboard** salpicadero m
data [ˈdeɪtə] datos mpl; **database** base f de datos
date[1] [deɪt] *fruit* dátil m
date[2] [deɪt] fecha f; (*meeting*) cita f; (*person*) pareja f; **out of ~** *clothes* pasado de moda; *passport* caducado; **up to ~** al día; **dated** anticuado
daughter [ˈdɔːtər] hija f; **daughter-in-law** nuera f
dawn [dɔːn] amanecer m, alba f; *fig* albores mpl
day [deɪ] día m; **the ~ after** el día siguiente; **the ~ after tomorrow** pasado mañana; **the ~ before** el día anterior; **the ~ before yesterday** anteayer; **in those ~s** en aquellos tiempos; **the other ~** (*recently*) el otro día; **daybreak** amanecer m, alba f; **daydream 1** n fantasía f **2** v/i so-

ñar despierto; **daylight** luz *f*
del día; **day spa** centro *m* de
salud

dazed [deɪzd] aturdido

dazzle ['dæzl] *also fig* deslumbrar

dead [ded] **1** *adj* muerto; *battery* agotado; *light bulb* fundido; *place* muerto F **2** *adv* F *(very)* tela de F; ~ **beat**, ~ **tired** hecho polvo **3** *npl:* **the** ~ los muertos; **dead end** *street* callejón *m* sin salida; **dead heat** empate *m*; **deadline** fecha *f* tope; *for newspaper* hora *f* de cierre; **meet a** ~ cumplir un plazo; **deadlock** *in talks* punto *m* muerto; **deadly** mortal

deaf [def] sordo; **deafening** ensordecedor; **deafness** sordera *f*

deal [diːl] **1** *n* acuerdo *m*; **a great** ~ **of** mucho(s) **2** *v/t cards* repartir

◆ **deal in** COM comerciar con

◆ **deal with** tratar; *situation* hacer frente a; *customer, applications* encargarse de; *(do business with)* hacer negocios con

dealer ['diːlər] comerciante *m/f*; *(drug* ~*)* traficante *m/f*; **dealing** *(drug* ~*)* tráfico *m*; **dealings** *(business)* tratos *mpl*

dear [dɪr] querido; *(expensive)* caro; *Dear Sir* Muy Sr. Mío

death [deθ] muerte *f*; **death toll** saldo *m* de víctimas mortales

debatable [dɪ'beɪtəbl] discutible; **debate 1** *n* debate *m* **2** *v/t & v/i* debatir

debit ['debɪt] **1** *n* cargo *m* **2** *v/t account* cargar en; *amount* cargar; **debit card** tarjeta *f* de débito

debris [də'briː] *nsg of building* escombros *mpl*; *of airplane* restos *mpl*

debt [det] deuda *f*; **be in** ~ estar endeudado; **debtor** deudor(-a) *m(f)*

debug [diː'bʌg] COMPUT depurar

decade ['dekeɪd] década *f*

decadent ['dekədənt] decadente

decaffeinated [dɪ'kæfɪneɪtɪd] descafeinado

decay [dɪ'keɪ] **1** *n of plant* putrefacción *f*; *of civilization* declive *m*; *in teeth* caries *f inv* **2** *v/i of plant* pudrirse; *of civilization* decaer; *of teeth* cariarse

deceased [dɪ'siːst]: **the** ~ el difunto / la difunta

deceit [dɪ'siːt] engaño *m*, mentira *f*; **deceitful** mentiroso; **deceive** engañar

December [dɪ'sembər] diciembre *m*

decency ['diːsənsɪ] decencia *f*; **decent** decente

deception [dɪ'sepʃn] engaño *m*; **deceptive** engañoso

decide [dɪ'saɪd] decidir; **decided** *(definite)* tajante

decimal ['desɪml] decimal *m*

decipher [dɪ'saɪfər] descifrar

decision [dɪ'sɪʒn] decisión *f*;
decisive decidido; (*crucial*)
decisivo

deck [dek] *of ship* cubierta *f*;
of cards baraja *f*

declaration [deklə'reɪʃn] declaración *f*; **declare** declarar

decline [dɪ'klaɪn] **1** *n* descenso *m*; *in standards* caída *f*; *in
health* empeoramiento *m* **2**
v/t invitation declinar **3** *v/i*
(*refuse*) rehusar; (*decrease*)
declinar; *of health* empeorar

decode [di:'koʊd] descodificar

décor ['deɪkɔːr] decoración *f*
decorate ['dekəreɪt] *with
paint* pintar; *with paper* empapelar; (*adorn*) decorar; *soldier* condecorar; **decoration**
paint pintado *m*; *paper* em-
papelado *m*; (*ornament*) decoración *f*; **decorator** (*interi-
or* ∼) decorador(a) *m(f)*

decoy ['di:kɔɪ] señuelo *m*

decrease ['di:kri:s] *n* disminución *f* (**in** de) **2** [dɪ'kri:s] *v/t
& v/i* disminuir

dedicate ['dedɪkeɪt] *book* dedicar; **dedicated** dedicado; **
dedication** dedicación *f*; *in
book* dedicatoria *f*

deduce [dɪ'dju:s] deducir

deduct [dɪ'dʌkt] descontar;
deduction deduccción *f*

deed [di:d] (*act*) acción *f*, obra
f; LAW escritura *f*

deep [di:p] profundo; *color
intenso*, *deepen* **1** *v/t* pro-
fundizar **2** *v/i* hacerse más
profundo; *of mystery* agudi-

zarse; **deep freeze** congelador *m*

deer [dɪr] ciervo *m*

deface [dɪ'feɪs] desfigurar

defamation [defə'meɪʃn] difamación *f*; **defamatory** difamatorio

defeat [dɪ'fi:t] **1** *n* derrota *f* **2**
v/t derrotar

defect ['di:fekt] defecto *m*;
defective defectuoso

de'fence *Br* ☞ **defense**

defend [dɪ'fend] defender;
defendant acusado(-a)
m(f); *in civil case* demanda-
do(-a) *m(f)*; **defense** defensa *f*; **defenseless** indefenso;
Defense Secretary POL mi-
nistro(-a) *m(f)* de Defensa;
in USA secretario *m* de Defensa; **defensive 1** *n* : **go on
the** ∼ ponerse a la defensiva
2 *adj* defensivo

defer [dɪ'fɜːr] (*postpone*) aplazar, diferir

defiance [dɪ'faɪəns] desafío
m; **defiant** desafiante

deficiency [dɪ'fɪʃənsɪ] deficiencia *f*

deficit ['defɪsɪt] déficit *m*

define [dɪ'faɪn] definir

definite ['defɪnɪt] definitivo;
improvement claro; (*certain*)
seguro; **definitely** con certeza, sin lugar a dudas

definition [defɪ'nɪʃn] definición *f*

deformity [dɪ'fɔːrmɪtɪ] defor-
midad *f*

defrost [di:'frɒst] descongelar

defuse [diːˈfjuːz] *bomb* desactivar; *situation* calmar

defy [dɪˈfaɪ] desafiar

degrading [dɪˈɡreɪdɪŋ] degradante

degree [dɪˈɡriː] grado *m*; *from university* título *m*

dehydrated [diːhaɪˈdreɪtɪd] deshidratado

deign [deɪn]: ~ **to** dignarse a

dejected [dɪˈdʒektɪd] abatido, desanimado

delay [dɪˈleɪ] **1** *n* retraso *m* **2** *v/t* retrasar; **be ~ed** llevar retraso **3** *v/i* retrasarse

delegate 1 [ˈdelɪɡət] *n* delegado(-a) *m(f)* **2** *v/t task* delegar; *person* delegar en; **delegation** delegación *f*

delete [dɪˈliːt] borrar; *(cross out)* tachar; **deletion** borrado *m*

deliberate 1 [dɪˈlɪbərət] *adj* deliberado **2** [dɪˈlɪbəreɪt] *v/i* deliberar; **deliberately** deliberadamente

delicate [ˈdelɪkət] delicado; *health* frágil

delicatessen [delɪkəˈtesn] tienda de productos alimenticios de calidad

delicious [dɪˈlɪʃəs] delicioso

delight [dɪˈlaɪt] placer *m*; **delighted** encantado; **delightful** encantador

deliver [dɪˈlɪvər] entregar, repartir; *message* dar; *baby* dar a luz; *speech* pronunciar; **delivery** entrega *f*, reparto *m*; *of baby* parto *m*; **delivery date** fecha *f* de entrega

de luxe [dəˈluːks] de lujo

demand [dɪˈmænd] **1** *n* exigencia *f*; *by union* reivindicación *f*, COM demanda *f*; **in ~** solicitado **2** *v/t* exigir; *(require)* requerir; **demanding** *job* que exige mucho; *person* exigente

demo [ˈdemoʊ] *(protest)* manifestación *f*; *of video etc* maqueta *f*

democracy [dɪˈmɑːkrəsɪ] democracia *f*; **democrat** demócrata *m/f*; **democratic** democrático

demolish [dɪˈmɑːlɪʃ] demoler; *argument* destruir; **demolition** demolición *f*; *of argument* destrucción *f*

demonstrate [ˈdemənstreɪt] **1** *v/t* demostrar **2** *v/i politically* manifestarse; **demonstration** demostración *f*; *(protest)* manifestación *f*; **demonstrator** *(protester)* manifestante *m/f*

demoralized [dɪˈmɔːrəlaɪzd] desmoralizado; **demoralizing** desmoralizador

demote [dɪˈmoʊt] degradar

den [den] *(study)* estudio *m*

denial [dɪˈnaɪəl] *of accusation* negación *f*; *of request* denegación *f*

denim [ˈdenɪm] tela *f* vaquera

Denmark [ˈdenmɑːrk] Dinamarca

denomination [dɪnɑːmɪˈneɪʃn] *of money* valor *m*; *religious* confesión *f*

dense [dens] denso; *foliage*

espeso; *crowd* compacto;
density *of population* densidad *f*

dent [dent] **1** *n* abolladura *f* **2**
v/t abollar

dental ['dentl] dental

dented ['dentɪd] abollado

dentist ['dentɪst] dentista *m/f*;
dentures dentadura *f* postiza

Denver boot ['denvər] cepo
m

deny [dɪ'naɪ] *charge* negar;
right, request denegar

deodorant [diː'oʊdərənt] desodorante *m*

department [dɪ'pɑːrtmənt]
departamento *m*; *of government* ministerio *m*; **Department of State** Ministerio
m de Asuntos Exteriores;
department store grandes
almacenes *mpl*

departure [dɪ'pɑːrtʃər] salida
f; *from job* marcha *f*; *(devia-
tion)* desviación *f*; **departure
lounge** sala *f* de embarque;
departure time hora *f* de salida

depend [dɪ'pend] depender;
that **~s** depende; **dependence** dependencia *f*

depict [dɪ'pɪkt] describir

deplorable [dɪ'plɔːrəbl] deplorable; **deplore** deplorar

deploy [dɪ'plɔɪ] *(use)* utilizar;
(position) desplegar

deport [dɪ'pɔːrt] deportar;
deportation deportación *f*

deposit [dɪ'pɑːzɪt] **1** *n* depósito *m*; *of coal* yacimiento *m* **2**

v/t money depositar, *Span* ingresar; *(put down)* depositar;
deposition LAW declaración
f

depot ['diːpoʊ] *for storage* depósito *m*

depreciation [dɪpriːʃɪ'eɪʃn]
FIN depreciación *f*

depress [dɪ'pres] *person* deprimir; **depressed** deprimido; **depressing** deprimente;
depression depresión *f*; *meteorological* borrasca *f*

deprivation [deprɪ'veɪʃn] privación *f*; **deprive** privar; **de-
prived** desfavorecido

depth [depθ] profundidad *f*;
of color intensidad *f*; **in ~**
en profundidad

deputy ['depjuti] segundo(-a)
m(f)

derail [dɪ'reɪl]: **be ~ed** descarrilar

derelict ['derəlɪkt] en ruinas

deride [dɪ'raɪd] ridiculizar,
mofarse de; **derision** burla
f, mofa *f*; **derisory** irrisorio

derivative [dɪ'rɪvətɪv] poco
original; **derive** obtener; **be
~d from** *of word* derivar(se)
de

dermatologist
[dɜːrmə'tɑːlədʒɪst] dermató-
logo(-a) *m(f)*

derogatory [dɪ'rɑːgətɔːrɪ]
despectivo

descendant [dɪ'sendənt] descendiente *m/f*; **descent** descenso *m*; *(ancestry)* ascen-
dencia *f*

describe [dɪ'skraɪb] describir; **description** descripción f

desegregate [diː'segrəgeɪt] acabar con la segregación racial en

desert[1] ['dezərt] n desierto m

desert[2] [dɪ'zɜːt] **1** v/t abandonar **2** v/i of soldier desertar; **deserted** desierto; de-**serter** MIL desertor(a) m(f); **desertion** abandono m; MIL deserción f

deserve [dɪ'zɜːrv] merecer

design [dɪ'zaɪn] **1** n diseño m; (pattern) motivo m **2** v/t diseñar

designate ['dezɪgneɪt] person designar; area declarar

designer [dɪ'zaɪnər] diseñador(a) m(f); **designer clothes** ropa f de diseño

desirable [dɪ'zaɪrəbl] deseable; house apetecible; **desire** deseo m

desk [desk] in classroom pupitre m; in office mesa f; in hotel recepción f; **desk clerk** recepcionista m/f; **desktop publishing** autoedición f

desolate ['desələt] place desolado

despair [dɪ'sper] **1** n desesperación f; **in ~** desesperado **2** v/i desesperarse; **desperate** desesperado; **be ~ for sth** necesitar algo desesperadamente; **desperation** desesperación f

despicable [dɪs'pɪkəbl] despreciable; **despise** despreciar

despite [dɪ'spaɪt] a pesar de

dessert [dɪ'zɜːrt] postre m

destination [destɪ'neɪʃn] destino m

destroy [dɪ'strɔɪ] destruir; **destroyer** NAUT destructor m; **destruction** destrucción f; **destructive** destructivo; child revoltoso

detach [dɪ'tætʃ] separar, soltar; **detached** (objective) distanciado; **detachment** (objectivity) distancia f

detail ['diːteɪl] detalle m; **detailed** detallado

detain [dɪ'teɪn] (hold back) entretener; as prisoner detener; **detainee** detenido(-a) m(f)

detect [dɪ'tekt] percibir; of device detectar; **detection** of criminal descubrimiento m; of smoke etc detección f; **detective** detective m/f; **detector** detector m

détente ['deɪtɑːnt] POL distensión f

deter [dɪ'tɜːr] disuadir

detergent [dɪ'tɜːrdʒənt] detergente m

deteriorate [dɪ'tɪrɪəreɪt] deteriorarse; of weather empeorar

determination [dɪtɜːrmɪ'neɪʃn] determinación f; **determine** (establish) determinar; **determined** resuelto, decidido

detest [dɪ'test] detestar; **detestable** detestable

detour ['diːtur] rodeo m; (di-

version) desvío m

devaluation [diːvæljuˈeɪʃn] devaluación f; **devalue** devaluar

devastate [ˈdevəsteɪt] *v/t* devastar; *fig: person* asolar

develop [dɪˈveləp] **1** *v/t film* revelar; *site* urbanizar; *business* desarrollar; *(improve on)* perfeccionar; *illness* contraer **2** *v/i (grow)* desarrollarse; **developing country** país m en vías de desarrollo; **development** *of film* revelado m; *of site* urbanización f; *of business, country* desarrollo m; *(event)* acontecimiento m; *(improving)* perfeccionamiento m

device [dɪˈvaɪs] *tool* aparato m, dispositivo m

devil [ˈdevl] *also fig* diablo m

devise [dɪˈvaɪz] idear

devote [dɪˈvəʊt] dedicar (**to** a); **devoted** *son etc* afectuoso; **devotion** devoción f

devour [dɪˈvaʊər] devorar

devout [dɪˈvaʊt] devoto

diabetes [daɪəˈbiːtiːz] *nsg* diabetes f; **diabetic** diabético(-a) m(f)

diagnose [ˈdaɪəgnəʊz] diagnosticar; **diagnosis** diagnóstico m

diagonal [daɪˈægənl] diagonal; **diagonally** diagonalmente, en diagonal

diagram [ˈdaɪəgræm] diagrama m

dial [ˈdaɪl] **1** n *of clock* esfera f; *of instrument* cuadrante m **2** *v/t & v/i* TELEC marcar

dialog, *Br* **dialogue** [ˈdaɪəlɒg] diálogo m

'dial tone tono m de marcar

diameter [daɪˈæmɪtər] diámetro m

diamond [ˈdaɪmənd] diamante m; *shape* rombo m

diaper [ˈdaɪpər] pañal m

diaphragm [ˈdaɪəfræm] diafragma m

diarrhea, *Br* **diarrhoea** [daɪəˈriːə] diarrea f

diary [ˈdaɪrɪ] diario m; *for appointments* agenda f

dice [daɪs] dado m; *pl* dados *mpl*

dictate [dɪkˈteɪt] dictar; **dictator** POL dictador(a) m(f); **dictatorship** dictadura f

dictionary [ˈdɪkʃənrɪ] diccionario m

die [daɪ] morir

◆ **die down** *of storm* amainar; *of excitement* calmarse

◆ **die out** desaparecer

diet [ˈdaɪət] **1** n dieta f **2** *v/i* hacer dieta

differ [ˈdɪfər] *be distinto; (disagree)* discrepar; **difference** diferencia f; **different** diferente, distinto (**from** de); **differently** de manera diferente

difficult [ˈdɪfɪkəlt] difícil; **difficulty** dificultad f

dig [dɪg] cavar

digest [daɪˈdʒest] *also fig* digerir; **digestion** digestión f

digit [ˈdɪdʒɪt] dígito m; **digital** digital; **digital camera**

cámara *f* digital; **digital photo** foto *f* digital

dignified ['dɪgnɪfaɪd] digno; **dignity** dignidad *f*

dilapidated [dɪ'læpɪdeɪtɪd] destartalado

dilemma [dɪ'lemə] dilema *m*

dilute [daɪ'luːt] diluir

dim [dɪm] **1** *adj* room oscuro; *light* tenue; *outline* borroso; (*stupid*) tonto **2** *v/i* of lights atenuarse

dime [daɪm] *moneda de diez centavos*

dimension [daɪ'menʃn] dimensión *f*

diminish [dɪ'mɪnɪʃ] disminuir

din [dɪn] estruendo *m*

dine [daɪn] *fml* cenar

dinghy ['dɪŋgɪ] *small yacht* bote *m* de vela; *rubber boat* lancha *f* neumática

dining car ['daɪnɪŋ] RAIL coche *m* comedor; **dining room** comedor *m*

dinner ['dɪnər] cena *f*; *at midday* comida *f*; (*formal*) cena *f* de gala; **dinner party** cena *f*

dip [dɪp] **1** *n* for food salsa *f*; (*slope*) inclinación *f*; (*depression*) hondonada *f* **2** *v/i* of road bajar

diploma [dɪ'pləʊmə] diploma *m*

diplomacy [dɪ'pləʊməsɪ] diplomacia *f*; **diplomat** diplomático(-a) *m(f)*; **diplomatic** diplomático

direct [daɪ'rekt] **1** *adj* directo **2** *v/t* dirigir; **direction** dirección *f*; **~s** *to a place* indica-

ciones *fpl*; (*instructions*) instrucciones *fpl*; *for medicine* posología *f*; *to a place* indicazioni *fpl*; *for use* istruzioni *fpl*; **directly** (*straight*) directamente; (*soon*) pronto; (*immediately*) ahora mismo; **director** director(a) *m(f)*; **directory** directorio *m*; TELEC guía *f* telefónica

dirt [dɜːrt] suciedad *f*; **dirty 1** *adj* sucio; (*pornographic*) pornográfico **2** *v/t* ensuciar

disability [dɪsə'bɪlətɪ] discapacidad *f*; **disabled** discapacitado

disadvantage [dɪsəd'væntɪdʒ] desventaja *f*; **disadvantaged** desfavorecido

disagree [dɪsə'griː] no estar de acuerdo; **disagreeable** desagradable; **disagreement** desacuerdo *m*; (*argument*) discusión *f*

disappear [dɪsə'pɪr] desaparecer; **disappearance** desaparición *f*

disappoint [dɪsə'pɔɪnt] desilusionar, decepcionar; **disappointing** decepcionante; **disappointment** desilusión *f*, decepción *f*

disapproval [dɪsə'pruːvl] desaprobación *f*; **disapprove** desaprobar, estar en contra; **disapproving** desaprobatorio

disarm [dɪs'ɑːrm] desarmar; **disarmament** desarme *m*

disaster [dɪ'zæstər] desastre *m*; **disastrous** desastroso

disband [dɪs'bænd] **1** v/t disolver **2** v/i disolverse

disbelief [dɪsbə'liːf] incredulidad f

disc [dɪsk] (CD) compact m (disc)

discard [dɪ'skɑːrd] desechar; *boyfriend* deshacerse de

disciplinary [dɪsɪ'plɪnərɪ] disciplinario; **discipline** disciplina f

'**disc jockey** disc jockey m/f, *Span* pinchadiscos m/f inv

disclaim [dɪs'kleɪm] negar

disclose [dɪs'kloʊs] revelar

disco ['dɪskoʊ] discoteca f

discomfort [dɪs'kʌmfərt] (*pain*) molestia f; (*embarrassment*) incomodidad f

disconcert [dɪskən'sɜːrt] desconcertar

disconnect [dɪskə'nekt] desconectar

discontent [dɪskən'tent] descontento m

discontinue [dɪskən'tɪnjuː] *product* dejar de producir; *bus service* suspender

discotheque [dɪs'kɑːtek] discoteca f

discount ['dɪskaʊnt] descuento m

discourage [dɪs'kʌrɪdʒ] (*dissuade*) disuadir (**from** de); (*dishearten*) desanimar

discover [dɪs'kʌvər] descubrir; **discovery** descubrimiento m

discredit [dɪs'kredɪt] desacreditar

discreet [dɪs'kriːt] discreto

discrepancy [dɪ'skrepənsɪ] discrepancia f

discretion [dɪ'skreʃn] discreción f

discriminate [dɪ'skrɪmɪneɪt] discriminar (**against** contra); **discriminating** entendido; **discrimination** *sexual etc* discriminación f

discuss [dɪ'skʌs] discutir; *article* analizar; **discussion** discusión f

disease [dɪ'ziːz] enfermedad f

disembark [dɪsəm'bɑːrk] desembarcar

disentangle [dɪsən'tæŋgl] desenredar

disfigure [dɪs'fɪgər] desfigurar

disgrace [dɪs'greɪs] **1** n desgüenza f **2** v/t deshonrar; **disgraceful** vergonzoso

disguise [dɪs'gaɪz] **1** n disfraz m **2** v/t *voice etc* cambiar; *fear, anxiety* disfrazar

disgust [dɪs'gʌst] **1** n asco m, repugnancia f **2** v/t dar asco a, repugnar; **disgusting** asqueroso, repugnante

dish [dɪʃ] plato m

disheartening [dɪs'hɑːrtnɪŋ] descorazonador

dishonest [dɪs'ɑːnɪst] deshonesto; **dishonesty** deshonestidad f

dishonor [dɪs'ɑːnər] deshonra f **dishonorable** deshonroso; **dishonour** *etc Br* ☞ **dishonor** *etc*

disillusion [dɪsɪ'luːʒn] desilusionar; **disillusionment** desilusión *f*

disinfect [dɪsɪn'fekt] desinfectar; **disinfectant** desinfectante *m*

disinherit [dɪsɪn'herɪt] desheredar

disintegrate [dɪs'ɪntəgreɪt] desintegrarse; *of marriage* deshacerse

disjointed [dɪs'dʒɔɪntɪd] deshilvanado

disk [dɪsk] *also* COMPUT disco *m*; **disk drive** COMPUT unidad *f* de disco; **diskette** disquete *m*

dislike [dɪs'laɪk] **1** *n* antipatía *f* **2** *v/t*: **I** ~ **him** no me gusta

dislocate ['dɪsləkeɪt] dislocar

disloyal [dɪs'lɔɪəl] desleal

dismal ['dɪzməl] *weather* horroroso; *prospect* negro; *person (sad)* triste; *person (negative)* negativo; *failure* estrepitoso

dismantle [dɪs'mæntl] desmantelar

dismay [dɪs'meɪ] *(alarm)* consternación *f*; *(disappointment)* desánimo *m*

dismiss [dɪs'mɪs] *worker* despedir; *suggestion* rechazar; *idea* descartar; **dismissal** *of worker* despido *m*

disobedience [dɪsə'biːdɪəns] desobediencia *f*; **disobedient** desobediente; **disobey** desobedecer

disorganized [dɪs'ɔːrgənaɪzd] desorganizado

disoriented [dɪs'ɔːrɪəntɪd] desorientado

disparaging [dɪ'spærɪdʒɪŋ] despreciativo

disparity [dɪ'spærətɪ] disparidad *f*

dispassionate [dɪ'spæʃənət] desapasionado

dispatch [dɪ'spætʃ] *(send)* enviar

disperse [dɪ'spɜːrs] *of crowd* dispersarse; *of mist* disiparse

display [dɪ'spleɪ] **1** *n* muestra *f*; *in store window* objetos *mpl* expuestos; COMPUT pantalla *f* **2** *v/t emotion* mostrar; *for sale* exponer; COMPUT visualizar

displease [dɪs'pliːz] desagradar; **displeasure** desagrado *m*

disposable [dɪ'spouzəbl] desechable; **disposal** eliminación *f*; **put sth at s.o.'s ~** poner algo a disposición de alguien

◆ **dispose of** [dɪ'spouz] *(get rid of)* deshacerse de

disprove [dɪs'pruːv] refutar

dispute [dɪ'spjuːt] **1** *n* disputa *f*; *industrial* conflicto *m* laboral **2** *v/t* discutir; *(fight over)* disputarse

disqualification [dɪskwɑːlɪfɪ'keɪʃn] descalificación *f*; **disqualify** descalificar

disregard [dɪsrə'gɑːrd] **1** *n* indiferencia *f* **2** *v/t* no tener en cuenta

disreputable [dɪs'repjutəbl] poco respetable

disrespect [dɪsrə'spekt] falta

f de respeto; **disrespectful** irrespetuoso

disrupt [dɪs'rʌpt] *train service* alterar; *meeting, class* interrumpir; **disruption** *of train service* alteración f; *of meeting, class* interrupción f

dissatisfaction [dɪssætɪs'fækʃn] insatisfacción f; **dissatisfied** insatisfecho

dissident ['dɪsɪdənt] disidente m/f

dissolve [dɪ'zɑːlv] **1** v/t disolver **2** v/i disolverse

distance ['dɪstəns] distancia f; **in the** ~ en la lejanía; **distant** distante

distaste [dɪs'teɪst] desagrado m; **distasteful** desagradable

distinct [dɪ'stɪŋkt] (*clear*) claro; (*different*) distinto; **distinctive** característico; **distinctly** claramente, con claridad; (*decidedly*) verdaderamente

distinguish [dɪ'stɪŋwɪʃ] distinguir (**between** entre); **distinguished** distinguido

distort [dɪ'stɔːrt] distorsionar

distract [dɪ'strækt] distraer; **distraught** [dɪ'strɔːt] angustiado, consternado

distress [dɪ'stres] **1** n sufrimiento m **2** v/t (*upset*) angustiar; **distressing** angustiante

distribute [dɪ'strɪbjuːt] distribuir; **distribution** distribución f; **distributor** COM distribuidor(a) m(f)

district ['dɪstrɪkt] zona f; (*neighborhood*) barrio m; **district attorney** fiscal m/f del distrito

distrust [dɪs'trʌst] desconfianza f

disturb [dɪ'stɜːrb] (*interrupt*) molestar; (*upset*) molestar; **disturbance** (*interruption*) molestia f; **~s** (*civil unrest*) disturbios mpl; **disturbed** preocupado; *mentally* perturbado; **disturbing** inquietante

disused [dɪs'juːzd] abandonado

ditch [dɪtʃ] **1** n zanja f **2** v/t F *plan* abandonar

dive [daɪv] **1** n salto m de cabeza; *underwater* inmersión f; *of plane* descenso m en picado; F *bar etc* antro m F **2** v/i tirarse de cabeza; *underwater* bucear; *of plane* descender en picado; **diver** *underwater* buceador(a) m(f)

diverge [daɪ'vɜːrdʒ] bifurcarse

diversification [daɪvɜːrsɪfɪ'keɪʃn] COM diversificación f; **diversify** COM diversificarse

diversion [daɪ'vɜːrʃn] *for traffic* desvío m; *to distract attention* distracción f; **divert** desviar

divide [dɪ'vaɪd] dividir

dividend ['dɪvɪdend] FIN dividendo m

diving ['daɪvɪŋ] *from board* salto m de trampolín; (*scuba* ~) buceo m; **diving board**

trampolín m

division [dɪˈvɪʒn] división f

divorce [dɪˈvɔːrs] **1** n divorcio m **2** v/t divorciarse de **3** v/i divorciarse; **divorced** divorciado; **divorcee** divorciado(-a) m(f)

divulge [daɪˈvʌldʒ] divulgar

DIY [diːaɪˈwaɪ] (= **do it yourself**) bricolaje m

dizziness [ˈdɪzɪnɪs] mareo m; **dizzy** mareado

DJ [ˈdiːdʒeɪ] (= **disc jockey**) disc jockey m, Span pinchadiscos m/f inv

DNA [diːenˈeɪ] (= **deoxyribonucleic acid**) AND m (= ácido m desoxirribonucleico)

do [duː] **1** v/t hacer; 100 mph etc ir a; ~ **one's hair** arreglarse el pelo **2** v/i: **that'll ~ nicely** eso bastará; **that will ~!** ¡ya vale!; ~ **well** of business ir bien; **he's ~ing well** le van bien las cosas; **well done!** (congratulations!) ¡bien hecho!; **how ~ you ~?** encantado de conocerle

◆ **do away with** abolir

◆ **do up** (renovate) renovar; coat abrochar; laces atarse

◆ **do with**: **I could do with ...** no me vendría mal...

◆ **do without** pasar sin

docile [ˈdəʊsaɪl] dócil

dock[1] [dɑːk] **1** n NAUT muelle m **2** v/i of ship atracar; of spaceship acoplarse

dock[2] [dɑːk] n LAW banquillo m (de los acusados)

doctor [ˈdɑːktər] médico m; form of address doctor m; **doctorate** doctorado m

doctrine [ˈdɑːktrɪn] doctrina f

document [ˈdɑːkjumənt] documento m; **documentary** documental m; **documentation** documentación f

dodge [dɑːdʒ] blow, person esquivar; question eludir

dog [dɒːg] **1** n perro(-a) m(f) **2** v/t of bad luck perseguir

dogma [ˈdɒːgmə] dogma m; **dogmatic** dogmático

'dog tag MIL chapa f de identificación; **dog-tired** F hecho polvo F

do-it-yourself [duːɪtjərˈself] bricolaje m

doldrums [ˈdəʊldrəmz]: **be in the** ~ of economy estar en un bache; of person estar deprimido

doll [dɑːl] toy muñeca f; F woman muñeca f F

dollar [ˈdɑːlər] dólar m

dolphin [ˈdɑːlfɪn] delfín m

dome [dəʊm] cúpula f

domestic [dəˈmestɪk] **1** adj chores doméstico; news, policy nacional **2** n empleado(-a) m(f) del hogar; **domestic flight** vuelo m nacional

dominant [ˈdɑːmɪnənt] dominante; **dominate** dominar; **domination** dominación f; **domineering** dominante

donate [dəʊˈneɪt] donar; **donation** donación f

donkey [ˈdɑːŋkɪ] burro m

donor ['dəʊnər] donante *m/f*

donut ['dəʊnʌt] dónut *m*

doom [duːm] (*fate*) destino *m*; (*ruin*) fatalidad *f*; **doomed** *project* condenado al fracaso

door [dɔːr] puerta *f*; **doorbell** timbre *m*; **doorman** portero *m*; **doorway** puerta *f*

dope [dəʊp] (*drugs*) droga *f*; F (*idiot*) lelo(-a) *m(f)*

dormant ['dɔːrmənt] *volcano* inactivo

dormitory ['dɔːrmɪtɔːrɪ] (*hall of residence*) residencia *f* de estudiantes; Br dormitorio *m* (colectivo)

dose [dəʊs] dosis *f inv*

dot [dɑːt] punto *m*

double ['dʌbl] 1 *n person* doble *m/f* 2 *adj* doble 3 *v/t* doblar 4 *v/i* doblarse; **double bed** cama *f* de matrimonio; **doublecheck** volver a comprobar; **double click** COMPUT hacer doble clic (**on** en); **doublecross** engañar; **double park** aparcar en doble fila; **double room** habitación *f* doble; **doubles** *in tennis* dobles *mpl*

doubt [daʊt] 1 *n* duda *f*; (*uncertainty*) dudas *fpl*; **no ~** (*probably*) sin duda 2 *v/t* dudar; **doubtful** *look* dubitativo; **be ~** *of person* tener dudas; **doubtless** sin duda

dough [dəʊ] masa *f*

dove [dʌv] *also fig* paloma *f*

down [daʊn] 1 *adv* (*downward*) (hacia) abajo; **~ there** allá abajo; **$200 ~** (*as deposit*)

una entrada de 200 dólares; **~ south** hacia el sur; **be ~** *of price* haber bajado; *of numbers* haber descendido; (*not working*) no funcionar; F (*depressed*) estar deprimido 2 *prep*: **run ~ the stairs** bajar las escaleras corriendo; **walk ~ the street** andar por la calle; **down-and-out** vagabundo(-a) *m(f)*; **download** COMPUT 1 *v/t* descargar, bajar 2 *n* descarga *f*; **downmarket** Br barato; **down payment** entrada *f*; **downplay** quitar importancia a; **downpour** chaparrón *m*; **downscale** barato; **downside** (*disadvantage*) desventaja *f*; **downsize** *car* reducir el tamaño de; *company* reajustar la plantilla de; **downstairs** en el piso de abajo; **I ran ~** bajé corriendo; **downtown** 1 *n* centro *m* 2 *adj* del centro 3 *adv* **live** en el centro; **go al** centro

doze [dəʊz] echar una cabezada

dozen ['dʌzn] docena *f*

draft [dræft] 1 *n* *of air* corriente *f*; *of document* borrador *m*; MIL reclutamiento *m*; **~ beer** cerveza *f* de barril 2 *v/t* document redactar un borrador de; MIL reclutar; **draft dodger** prófugo(-a) *m(f)*; **draftsman** delineante *m/f*

drag [dræg] 1 *v/t* (*pull*) arrastrar; (*search*) dragar 2 *v/i* *of movie* ser pesado

drain [dreɪn] **1** *n pipe* sumidero *m*; *under street* alcantarilla *f* **2** *v/t water, vegetables* escurrir; *land* drenar; *tank, oil* vaciar; *person* agotar; **drainage** (*drains*) desagües *mpl*; *of water from soil* drenaje *m*; **drainpipe** tubo *m* de desagüe

drama [ˈdrɑːmə] drama *m*; (*excitement*) dramatismo *m*; **dramatic** dramático; *scenery* espectacular; **dramatist** dramaturgo(-a) *m(f)*; **dramatize** *also fig* dramatizar

drapes [dreɪps] cortinas *fpl*

drastic [ˈdræstɪk] drástico

draught [dræft] *Br* ☞ **draft**

draw [drɔː] **1** *n in game* empate *m*; *in lottery* sorteo *m*; (*attraction*) atracción *f* **2** *v/t picture* dibujar; *curtain* correr; *in lottery* sortear; *knife* sacar; (*attract*) atraer; (*lead*) llevar; *from bank account* sacar **3** *v/i dibujar*; *in game* empatar
♦ **draw back 1** *v/i* (*recoil*) echarse atrás **2** *v/t* (*pull back*) retirar
♦ **draw out** sacar
♦ **draw up 1** *v/t document* redactar; *chair* acercar **2** *v/i of vehicle* parar

drawback desventaja *f*

drawer [drɔːr] *of desk* cajón *m*

drawing [ˈdrɔːɪŋ] dibujo *m*

drawl [drɔːl] acento *m* arrastrado

dread [dred] tener pavor a; **dreadful** horrible

dream [driːm] **1** *n* sueño *m* **2** *v/i* soñar
♦ **dream up** inventar

dreary [ˈdrɪrɪ] triste

dress [dres] **1** *n for woman* vestido *m*; (*clothing*) traje *m* **2** *v/t person* vestir; *wound* vendar; **get ~ed** vestirse **3** *v/i* vestirse
♦ **dress up** vestirse elegante; (*wear a disguise*) disfrazarse (**as** de)

'**dress circle** piso *m* principal; **dresser** (*dressing table*) tocador *m*; *in kitchen* aparador *m*; **dressing** *for salad* aliño *m*, *Span* arreglo *m*; *for wound* vendaje *m*; **dress rehearsal** ensayo *m* general

dribble [ˈdrɪbl] *of baby* babear; *of water* gotear; SP driblar

dried [draɪd] *fruit etc* seco; **drier** [ˈdraɪr] ☞ **dryer**

drift [drɪft] *of snow* amontonarse; *of ship* ir a la deriva; (*go off course*) desviarse del rumbo; *of person* vagar; **drifter** vagabundo(-a) *m(f)*

drill [drɪl] **1** *n tool* taladro *m*; *exercise* simulacro *m*; MIL instrucción *f* **2** *v/t hole* taladrar **3** *v/i for oil* hacer perforaciones; MIL entrenarse

drily [ˈdraɪlɪ] *say* secamente

drink [drɪŋk] **1** *n* bebida *f* **2** *v/t* beber **3** *v/i* beber, *L.Am.* tomar; **drinkable** potable; **drinker** bebedor(a) *m(f)*; **drinking water** agua *f* potable

drip [drɪp] **1** *n* gota *f*; MED gotero *m* **2** *v/i* gotear

drive [draɪv] **1** n outing paseo m (en coche); (energy) energía f; COMPUT unidad f; (campaign) campaña f **2** v/t vehicle conducir, L.Am. manejar; (own) tener; (take in car) llevar (en coche); TECH impulsar **3** v/i conducir, L.Am. manejar

'drive-in movie theater autocine m

drivel ['drɪvl] tonterías fpl

driver ['draɪvər] conductor(a) m(f); COMPUT controlador m; **driver's license** carné m de conducir; **drivethru** restaurante / banco etc en el que se atiende al cliente sin que salga del coche; **driveway** camino m de entrada

drizzle ['drɪzl] **1** n llovizna f **2** v/i lloviznar

drop [drɑːp] **1** n gota f; in price, temperature caída f **2** v/t object dejar caer; person from car dejar; person from team excluir; (stop seeing) abandonar; charges etc retirar; (give up) dejar **3** v/i caer; of wind amainar

◆ **drop in** pasar a visitar

◆ **drop off 1** v/t person dejar; (deliver) llevar **2** v/i (fall asleep) dormirse; (decline) disminuir

◆ **drop out** (withdraw) retirarse; **drop out of school** abandonar el colegio

drought [draut] sequía f

drown [draun] ahogarse

drug [drʌg] **1** n droga f **2** v/t drogar; **drug addict** drogadicto(-a) m(f); **drug dealer** traficante m/f (de drogas); **druggist** farmacéutico(-a) m(f); **drugstore** tienda en la que se venden medicinas, cosméticos, periódicos y que a veces tiene un bar; **drug trafficking** tráfico m de drogas

drum [drʌm] MUS tambor m; container barril m; **~s** in band batería f; **drumstick** MUS baqueta f

drunk [drʌŋk] **1** n borracho(-a) m(f) **2** adj borracho; **get ~** emborracharse; **drunk driving** conducción f bajo los efectos del alcohol

dry [draɪ] **1** adj seco **2** v/t & v/i secar; **dryclean** limpiar en seco; **dry cleaner** tintorería f; **dry cleaners** secadora f

dual ['duːəl] doble

dub [dʌb] movie doblar

dubious ['duːbɪəs] dudoso; (having doubts) inseguro

duck [dʌk] **1** n pato m, pata f **2** v/i agacharse

dud [dʌd] F (false bill) billete m falso

due [duː] debido; **payment is now ~** el pago se debe hacer efectivo ahora

dull [dʌl] weather gris; sound, pain sordo; (boring) aburrido, soso

duly ['duːlɪ] (as expected) tal y como se esperaba; (properly) debidamente dumb [dʌm] (*mute*) mudo; F (*stupid*) estúpido

dump [dʌmp] **1** *n for garbage* vertedero *m*; (*unpleasant place*) lugar *m* de mala muerte **2** *v/t* (*deposit*) dejar; (*dispose of; waste*) verter

dune [duːn] duna *f*

duplex (apartment) ['duːpleks] dúplex *m*

duplicate ['duːplɪkət] duplicado *m*

durable ['dʊrəbl] duradero

during ['dʊrɪŋ] durante

dusk [dʌsk] crepúsculo *m*

dust [dʌst] **1** *n* polvo *m* **2** *v/t* quitar el polvo a; **duster** trapo *m* del polvo; **dustpan** recogedor *m*; **dusty** polvoriento

Dutch [dʌtʃ] holandés; **Dutch-**

man holandés *m*; **Dutch-woman** holandesa *f*

duty ['duːtɪ] deber *m*; (*task*) tarea *f*; *on goods* impuesto *m*; **be on ~** estar de servicio; **duty-free** libre de impuestos

DVD [diːviː'diː] (= *digital versatile disk*) DVD *m*; **DVD--ROM** DVD-ROM *m*

dwarf [dwɔːrf] **1** *n* enano *m* **2** *v/t* empequeñecer

dwindle ['dwɪndl] menguar

dye [daɪ] **1** *n* tinte *m* **2** *v/t* teñir

dying ['daɪɪŋ] moribundo; *tradition etc* en vías de desaparición

dynamic [daɪ'næmɪk] dinámico; **dynamism** dinamismo *m*

dynasty ['daɪnəstɪ] dinastía *f*

dyslexic [dɪs'leksɪk] **1** *adj* disléxico **2** *n* disléxico(-a) *m(f)*

E

each [iːtʃ] **1** *adj* cada **2** *adv*: *he gave us one ~* nos dio uno a cada uno; *they're $1.50 ~* valen 1.50 dólares cada uno **3** *pron* cada uno; *~ other* el uno al otro; *we love ~ other* nos queremos

eager ['iːgər] ansioso; **eagerly** ansiosamente; **eagerness** entusiasmo *m*

eagle ['iːgl] águila *f*; **eagle--eyed** con vista de lince

ear¹ [ɪr] oreja *f*

ear² [ɪr] *of corn* espiga *f*

earache dolor *m* de oídos

early ['ɜːrlɪ] **1** *adj* (*not late*) temprano; (*ahead of time*) anticipado; (*farther back in time*) primero; (*in the near future*) pronto; *music* antiguo **2** *adv* (*not late*) pronto, temprano; (*ahead of time*) antes de tiempo; **early bird** madrugador(a) *m(f)*

earmark ['ɪrmɑːrk] destinar

earn [ɜːrn] *salary* ganar; *interest* devengar; *holiday, drink etc* ganarse

earnest ['ɜːrnɪst] serio

earnings ['ɜːrnɪŋz] ganancias

fpl

'earphones auriculares *mpl*;
earring pendiente *m*
earth [ɜːrθ] tierra *f*; **earthenware** loza *f*; **earthly** terrenal;
it's no ~ use F no sirve para
nada; **earthquake** terremoto *m*; **earth-shattering** extraordinario
ease [iːz] **1** *n* facilidad *f*; *feel
at ~* sentirse cómodo **2** *v/t*
(relieve) aliviar
easel ['iːzl] caballete *m*
easily ['iːzɪlɪ] fácilmente; *(by
far)* con diferencia
east [iːst] **1** *n* este *m* **2** *adj*
oriental, este; *wind* del este
3 *adv travel* hacia el este
Easter ['iːstər] Pascua *f*; *period* Semana *f* Santa; **Easter
Day** Domingo *m* de Resurrección; **Easter egg** huevo
m de pascua
easterly ['iːstərlɪ] del este
Easter 'Monday Lunes *m*
Santo
eastern ['iːstərn] del este;
(oriental) oriental; **easterner**
habitante de la costa este estadounidense
Easter 'Sunday Domingo *m*
de Resurrección
eastward ['iːstwərd] hacia el
este
easy ['iːzɪ] fácil; *(relaxed)*
tranquilo; **easy chair** sillón
m; **easy-going** tratable
eat [iːt] comer
◆ **eat out** comer fuera
eatable ['iːtəbl] comestible
eavesdrop ['iːvzdrɑːp] escu-

char a escondidas (*on s.o.*
alguien)
ebb [eb] *of tide* bajar
e-book ['iːbʊk] libro *m* electrónico; **e-business** comercio *m* electrónico
eccentric [ɪk'sentrɪk] **1** *adj*
excéntrico **2** *n* excéntri-
co(-a) *m(f)*; **eccentricity** ex-
centricidad *f*
echo ['ekoʊ] **1** *n* eco *m* **2** *v/i*
resonar **3** *v/t words* repetir;
views mostrar acuerdo con
eclipse [ɪ'klɪps] **1** *n* eclipse *m*
2 *v/t fig* eclipsar
ecological [iːkə'lɑːdʒɪkl] ecológico; **ecologically** ecológicamente; **ecologically
friendly** ecológico; **ecologist** ecologista *m/f*; **ecology**
ecología *f*
economic [iːkə'nɑːmɪk] económico; **economical**
(cheap) económico; *(thrifty)*
cuidadoso; **economics** economía *f*; *financial aspects* aspecto *m* económico; **economist** economista *m/f*; **economize** economizar
◆ **economize on** economizar, ahorrar
economy [ɪ'kɑːnəmɪ] economía *f*; *(saving)* ahorro *m*;
economy class clase *f* turista
ecosystem ['iːkoʊsɪstm] eco-
sistema *m*; **ecotourism** eco-
turismo *m*
ecstasy ['ekstəsɪ] éxtasis *m*;
ecstatic extasiado
Ecuador ['ekwədɔːr] Ecua-

dor; **Ecuadorean 1** *adj* ecuatoriano **2** *n* ecuatoriano(-a) *m(f)*

eczema ['eksmə] eczema *f*

edge [edʒ] **1** *n of knife* filo *m*; *of table, road, cliff* borde *m*; **on ~ 2** *v/i (move slowly)* acercarse despacio; **edgewise**: *I couldn't get a word in* = no me dejó decir una palabra; **edgy** tenso

edible ['edɪbl] comestible

edit ['edɪt] *text* corregir; *book* editar; *newspaper* dirigir; *TV program* montar; **edition** [ɪ'dɪʃn] edición *f*; **editor** *of text, book* editor(a) *m(f)*; *of newspaper* director(a) *m(f)*; *of TV program* montador(a) *m(f)*; **editorial** [edɪ'tɔːrɪəl] **1** *adj* editorial **2** *n in newspaper* editorial *m*

educate ['edʒəkeɪt] *child* educar; *consumers* concienciar; **educated** culto; **education** educación *f*; **educational** educativo; *(informative)* instructivo

eerie ['ɪrɪ] escalofriante

effect [ɪ'fekt] efecto *m*; **effective** efectivo; *(striking)* impresionante

effeminate [ɪ'femɪnət] afeminado

efficiency [ɪ'fɪʃənsɪ] *of person* eficiencia *f*; *of machine* rendimiento *m*; *of system* eficacia *f*; *in motel* cuarto *m* con cocina; **efficient** *person* eficiente; *machine* de buen rendimiento; *method* eficaz; **efficiently** eficientemente

effort ['efərt] esfuerzo *m*; **effortless** fácil

e.g. [iː'dʒiː] p. ej.

egg [eg] huevo *m*; **eggcup** huevera *f*; **egghead** F cerebrito(-a) *m(f)* F; **eggplant** berenjena *f*

ego ['iːgoʊ] PSYCH ego *m*; *(self-esteem)* amor *m* propio; **egocentric** egocéntrico; **egoism** egoismo *m*; **egoist** egoísta *m/f*

eiderdown ['aɪdərdaʊn] *quilt* edredón *m*

eight [eɪt] ocho; **eighteen** dieciocho; **eighteenth** decimoctavo; **eighth** octavo; **eightieth** octogésimo; **eighty** ochenta

either ['aɪðər] **1** *adj & pron* cualquiera de los dos; *with negative constructions* ninguno de los dos; *(both)* cada, ambos **2** *adv* tampoco; *I won't go* ~ yo tampoco iré **3** *conj*: ~ ... *or* choice o...; *with negative constructions* ni... ni

eject [ɪ'dʒekt] **1** *v/t* expulsar **2** *v/i from plane* eyectarse

◆ **eke out** [iːk] *(make last)* hacer durar; ~ *a living* ganarse la vida a duras penas

el [el] ferrocarril *m* elevado

elaborate 1 [ɪ'læbərət] *adj* elaborado **2** [ɪ'læbəreɪt] *v/t* elaborar **3** [ɪ'læbəreɪt] *v/i* dar detalles

elapse [ɪ'læps] pasar

elastic [ɪ'læstɪk] **1** *adj* elástico **2** *n* elástico *m*; **elasticated**

elástico

elated [ɪ'leɪtɪd] eufórico; **elation** euforia *f*

elbow ['elbəʊ] codo *m*

elder ['eldə'] **1** *adj* mayor **2** *n* mayor *m/f*; **elderly 1** *adj* mayor **2** *npl*: **the** ~ las personas mayores; **eldest 1** *adj* mayor **2** *n* mayor *m/f*

elect [ɪ'lekt] elegir; **elected** elegido; **election** elección *f*; **election campaign** campaña *f* electoral; **election day** día *m* de las elecciones; **electorate** electorado *m*

electric [ɪ'lektrɪk] eléctrico; *fig* atmosphere electrizado; **electrical** eléctrico; **electric chair** silla *f* eléctrica; **electrician** electricista *m/f*; **electricity** electricidad *f*; **electrify** electrificar; *fig* electrizar

electrocute [ɪ'lektrəkjuːt] electrocutar

electron [ɪ'lektrɑːn] electrón *m*; **electronic** electrónico; **electronics** electrónica *f*

elegance ['elɪɡəns] elegancia *f*; **elegant** elegante

element ['elɪmənt] elemento *m*; **elementary** (*rudimentary*) elemental; **elementary school** escuela *f* primaria

elephant ['elɪfənt] elefante *m*

elevate ['elɪveɪt] elevar; **elevated railroad** ferrocarril *m* elevado; **elevation** (*altitude*) altura *f*; **elevator** ascensor *m*

eleven [ɪ'levn] once; **eleventh** undécimo

eligible ['elɪdʒəbl] que reúne los requisitos; **be** ~ **to do sth** tener derecho a hacer algo

eliminate [ɪ'lɪmɪneɪt] eliminar; *poverty* acabar con; (*rule out*) descartar; **elimination** eliminación *f*

elite [eɪ'liːt] **1** *n* élite *f* **2** *adj* de élite

eloquence ['eləkwəns] elocuencia *f*; **eloquent** elocuente

El Salvador [el'sælvədɔːr] El Salvador

else [els]: **anything** ~? ¿algo más?; **nothing** ~ nada más; **no one** ~ nadie más; **everyone** ~ **is going** todos (los demás) van; **someone** ~ otra persona; **something** ~ algo más; **let's go somewhere** ~ vamos a otro sitio; **or** ~ si no; **elsewhere** en otro sitio

elude [ɪ'luːd] (*escape from*) escapar de; (*avoid*) evitar; **elusive** evasivo

emaciated [ɪ'meɪsɪeɪtɪd] demacrado

e-mail ['iːmeɪl] **1** *n* correo *m* electrónico **2** *v/t* person mandar un correo electrónico a; **e-mail address** dirección *f* electrónica

emancipation [ɪmænsɪ'peɪʃn] emancipación *f*

embalm [ɪm'bɑːm] embalsamar

embankment [ɪm'bæŋkmənt] *of river* dique *m*; RAIL terraplén *m*

embargo [em'bɑːrgou] embargo *m*

embark [ɪm'bɑːrk] embarcar

embarrass [ɪm'bærəs] avergonzar; **embarrassed** avergonzado; **embarrassing** embarazoso; **embarrassment** embarazo *m*

embassy ['embəsɪ] embajada *f*

embezzle [ɪm'bezl] malversar; **embezzlement** malversación *f*

emblem ['embləm] emblema *m*

embodiment [ɪm'bɑːdɪmənt] personificación *f*; **embody** personificar

embrace [ɪm'breɪs] **1** *n* abrazo *m* **2** *v/t* (*hug*) abrazar; (*take in*) abarcar **3** *v/i of two people* abrazarse

embroider [ɪm'brɔɪdər] bordar; *fig* adornar

embryo ['embrɪou] embrión *m*; **embryonic** *fig* embrionario

emerald ['emərəld] esmeralda *f*

emerge [ɪ'mɜːrdʒ] emerger, salir; *of truth* aflorar

emergency [ɪ'mɜːrdʒənsɪ] emergencia *f*; **emergency exit** salida *f* de emergencia; **emergency landing** aterrizaje *m* forzoso; **emergency services** servicios *mpl* de urgencia

emigrate ['emɪgreɪt] emigrar; **emigration** emigración *f*

Eminence ['emɪnəns] REL:

His ~ Su Eminencia; **eminent** eminente

emission [ɪ'mɪʃn] *of gases* emisión *f*; **emit** emitir; *heat, odor* desprender

emotion [ɪ'mouʃn] emoción *f*; **emotional** *problems* sentimental; (*full of emotion*) emotivo

emphasis ['emfəsɪs] *in word* acento *m*; *fig* énfasis *m*; **emphasize** *syllable* acentuar; *fig* hacer hincapié en; **emphatic** enfático

empire ['empaɪr] imperio *m*

employ [ɪm'plɔɪ] emplear; **employee** empleado(-a) *m(f)*; **employer** empresario(-a) *m(f)*; **employment** empleo *m*; (*work*) trabajo *m*

emptiness ['emptɪnɪs] vacío *m*; **empty 1** *adj* vacío **2** *v/t drawer, pockets* vaciar; *glass, bottle* acabar **3** *v/i of room, street* vaciarse

emulate ['emjuleɪt] emular

enable [ɪ'neɪbl] permitir

enchanting [ɪn'tʃæntɪŋ] encantador

encircle [ɪn'sɜːrkl] rodear

enclose [ɪn'klouz] *in letter* adjuntar; *area* rodear; **enclosure** *with letter* documento *m* adjunto

encore ['ɑːŋkɔːr] bis *m*

encounter [ɪn'kauntər] **1** *n* encuentro *m* **2** *v/t person* encontrarse con; *problem, resistance* tropezar con

encourage [ɪn'kʌrɪdʒ] animar; *violence* fomentar; **en-couragement** ánimo *m*; **en-couraging** alentador

encyclopedia [ɪsaɪklə'piːdɪə] enciclopedia *f*

end [end] **1** *n* of journey, month final *m*; (extremity) extremo *m*; (conclusion, purpose) fin *m*; **in the ~** al final **2** *v/t & v/i* terminar

◆ **end up** acabar

endanger [ɪn'deɪndʒər] poner en peligro; **endangered species** especie *f* en peligro de extinción

endeavor, *Br* **endeavour** [ɪn'devər] **1** *n* esfuerzo *m* **2** *v/t* procurar

endemic [ɪn'demɪk] endémico

ending ['endɪŋ] final *m*; GRAM terminación *f*; **endless** interminable

endorse [ɪn'dɔːrs] apoyar; *product* representar; **endorsement** apoyo *m*; *of product* representación *f*

end 'product producto *m* final

endurance [ɪn'dʊrəns] resistencia *f*; **endure 1** *v/t* resistir **2** *v/i* (last) durar; **enduring** duradero

enemy ['enəmɪ] enemigo(-a) *m(f)*

energetic [enər'dʒetɪk] enérgico; **energy** energía *f*; **energy supply** suministro *m* de energía

enforce [ɪn'fɔːrs] hacer cumplir

engage [ɪn'geɪdʒ] **1** *v/t* (hire) contratar **2** *v/i* TECH engranar; **engaged** *to be married* prometido; *Br* TELEC ocupado; **get ~** prometerse; **engagement** compromiso *m*; MIL combate *m*; **engagement ring** anillo *m* de compromiso

engine ['endʒɪn] motor *m*; **engineer** ingeniero(-a) *m(f)*; NAUT, RAIL maquinista *m/f*; **engineering** ingeniería *f*

England ['ɪŋglənd] Inglaterra; **English 1** *adj* inglés (-esa) **2** *n language* inglés *m*; **the ~** los ingleses; **Englishman** inglés *m*; **Englishwoman** inglesa *f*

engrave [ɪn'greɪv] grabar; **engraving** grabado *m*

engrossed [ɪn'groʊst] absorto (*in* en)

engulf [ɪn'gʌlf] devorar

enhance [ɪn'hæns] realzar

enigma [ɪ'nɪgmə] enigma *m*

enjoy [ɪn'dʒɔɪ] disfrutar; **~ o.s.** divertirse; **~ (your meal)!** ¡que aproveche!; **enjoyable** agradable; **enjoyment** diversión *f*

enlarge [ɪn'lɑːrdʒ] ampliar; **enlargement** ampliación *f*

enlighten [ɪn'laɪtn] educar

enlist [ɪn'lɪst] MIL alistarse

enmity ['enmɪtɪ] enemistad *f*

enormous [ɪ'nɔːrməs] enorme; *satisfaction, patience* inmenso

enough [ɪ'nʌf] **1** *adj & pron*

suficiente, bastante; **will $50 be ~?** ¿llegará con 50 dólares?; **that's ~!** ¡ya basta! **2** *adv* suficiente, bastante; **big ~** suficientemente *or* bastante grande

enquire [ɪn'kwaɪr] ☞ **inquire**

enroll, *Br* **enrol** [ɪn'roʊl] matricularse

en suite ['ɑ:nswi:t]: **~ bathroom** baño *m* privado

ensure [ɪn'ʃʊər] asegurar

entail [ɪn'teɪl] conllevar

entangle [ɪn'tæŋgl] *in rope* enredar

enter ['entər] **1** *v/t room, house* entrar en; *competition* participar en; COMPUT introducir **2** *v/i* THEA entrar en escena; *in competition* inscribirse **3** *n* COMPUT intro *m*

enterprise ['entərpraɪz] *(initiative)* iniciativa *f*; *(venture)* empresa *f*; **enterprising** con iniciativa

entertain [entər'teɪn] *(amuse)* entretener; *(consider)* considerar; **entertainer** artista *m/f*; **entertaining** entretenido; **entertainment** entretenimiento *m*

enthusiasm [ɪn'θu:zɪæzm] entusiasmo *m*; **enthusiast** entusiasta *m/f*; **enthusiastic** entusiasta; **enthusiastically** con entusiasmo

entire [ɪn'taɪr] entero; **entirely** completamente

entitle [ɪn'taɪtld]: **~ s.o. to sth** dar derecho a alguien a algo; **be ~d to** tener derecho a

entrance ['entrəns] entrada *f*

entranced [ɪn'trænst] encantado

'entrance exam(ination) examen *m* de acceso

entrant ['entrənt] participante *m/f*

entrepreneur [ɑ:trəprə'nɜːr] empresario(-a) *m(f)*; **entrepreneurial** empresarial

entrust [ɪn'trʌst] confiar

entry ['entrɪ] entrada *f*; *for competition* inscripción *f*; **entryphone** portero *m* automático

envelop [ɪn'veləp] cubrir

envelope ['envəloʊp] sobre *m*

enviable ['envɪəbl] envidiable; **envious** envidioso

environment [ɪn'vaɪrənmənt] *(nature)* medio *m* ambiente; *(surroundings)* entorno *m*, ambiente *m*; **environmental** medioambiental; **environmentalist** ecologista *m/f*; **environmentally friendly** ecológico; **environs** alrededores *mpl*

envisage [ɪn'vɪzɪdʒ] imaginar

envoy ['envɔɪ] enviado(-a) *m(f)*

envy ['envɪ] **1** *n* envidia *f* **2** *v/t* envidiar

epic ['epɪk] **1** *n* epopeya *f* **2** *adj journey* épico

epicenter, *Br* **epicentre** ['episentər] epicentro *m*

epidemic [epɪ'demɪk] epidemia *f*

episode ['episoʊd] episodio *m*

epitaph ['epitæf] epitafio *m*

equal ['i:kwl] **1** *adj* igual **2** *n* igual *m/f* **3** *v/t with numbers* igualar; *(be as good as)* igualar; **be ~ to** a task estar capacitado para; **equality** igualdad *f*; **equalize 1** *v/t* igualar **2** *v/i Br SP* empatar; **equalizer** *Br SP* gol *m* del empate; **equally** igualmente; *share, divide* en partes iguales; **equal rights** igualdad *f* de derechos

equation [ɪ'kweɪʒn] MATH ecuación *f*

equator [ɪ'kweɪtər] ecuador *m*

equip [ɪ'kwɪp] equipar; **equipment** equipo *m*

equity ['ekwətɪ] FIN acciones *fpl* ordinarias

equivalent [ɪ'kwɪvələnt] **1** *adj* equivalente **2** *n* equivalente *m*

era ['ɪrə] era *f*

eradicate [ɪ'rædɪkeɪt] erradicar

erase [ɪ'reɪz] borrar

erect [ɪ'rekt] **1** *adj* erguido **2** *v/t* levantar, erigir; **erection** construcción *f*; *of penis* erección *f*

ergonomic [ɜːrgoʊ'nɑːmɪk] ergonómico

erode [ɪ'roʊd] *also fig* erosionar; **erosion** erosión *f*

errand ['erənd] recado *m*

erratic [ɪ'rætɪk] irregular; *course* errático

error ['erər] error *m*

erupt [ɪ'rʌpt] *of volcano* entrar en erupción; *of violence* brotar; *of person* explotar; **eruption** *of volcano* erupción *f*; *of violence* brote *m*

escalate ['eskəleɪt] intensificarse; **escalation** intensificación *f*; **escalator** escalera *f* mecánica

escape [ɪ'skeɪp] **1** *n* fuga *f* **2** *v/i of prisoner, animal, gas* escaparse

escort ['eskɔːrt] *n* acompañante *m/f*; *(guard)* escolta *m/f* **2** [ɪ'skɔːrt] *v/t* escoltar; *socially* acompañar

especially [ɪ'speʃlɪ] especialmente

espionage ['espɪənɑːʒ] espionaje *m*

espresso (coffee) [es'presoʊ] café *m* exprés

essay ['eseɪ] *creative* redacción *f*; *factual* trabajo *m*

essential [ɪ'senʃl] esencial

establish [ɪ'stæblɪʃ] *company* fundar; *(create, determine)* establecer; **establishment** *firm, shop etc* establecimiento *m*

estate [ɪ'steɪt] *land* finca *f*; *of dead person* patrimonio *m*

esthetic [ɪs'θetɪk] estético

estimate ['estɪmət] **1** *n* estimación *f*; *for job* presupuesto *m* **2** *v/t* estimar

estuary ['esʧəwerɪ] estuario *m*

etc [et'setrə] etc

eternal [ɪ'tɜːrnl] eterno; **eternity** eternidad *f*

ethical ['eθɪkl] ético; **ethics**

ética ['eθnιk] étnico

ethnic ['eθnιk] étnico

EU [iː'juː] (= *European Union*) UE *f* (= Unión *f* Europea)

euphemism ['juːfəmιzm] eufemismo *m*

euro ['juːrou] euro *m*

Europe ['juːrəp] Europa; **European 1** *adj* europeo **2** *n* europeo(-a) *m(f)*

euthanasia [juːθə'neιzιə] eutanasia *f*

evacuate [ι'vækjueιt] evacuar

evade [ι'veιd] evadir

evaluate [ι'væljueιt] evaluar; **evaluation** evaluación *f*

evaporate [ι'væpəreιt] evaporarse; *of confidence* desvanecerse; **evaporation** evaporación *f*

evasion [ι'veιʒn] evasión *f*; **evasive** evasivo

eve [iːv] víspera *f*

even ['iːvn] *adj* (*regular*) regular; (*level*) llano; *number* par; *distribution* igualado; *I'll get ~ with him* me las pagará **2** *adv* incluso; *~ bigger* incluso or aún mayor; *not ~* ni siquiera; *~ so* aun así; *~ if* aunque **3** *v/t*: *~ the score* igualar el marcador

evening ['iːvnιŋ] tarde *f*; *after dark* noche *f*; *in the ~* por la tarde / noche; *yesterday ~* anoche *f*; *good ~* buenas noches; **evening class** clase *f* nocturna; **evening dress** *for woman* traje *f* de

for man traje *f* de etiqueta

evenly ['iːvnlι] (*regularly*) regularmente

event [ι'vent] acontecimiento *m*; SP prueba *f*; **eventful** agitado, lleno de incidentes

eventually [ι'ventʃuəlι] finalmente

ever ['evər]: *have you ~ been to Colombia?* ¿has estado alguna vez en Colombia?; *for ~* siempre; *~ since* desde entonces; *~ since I've known him* desde que lo conozco; **everlasting** *love* eterno

every ['evrι] cada; *I see him ~ day* le veo todos los días; **everybody** or **everyone**; **everyday** cotidiano; **everyone** todo el mundo; **everything** todo; **everywhere** en or por todos sitios; (*wherever*) dondequiera que

evict [ι'vιkt] desahuciar

evidence ['evιdəns] prueba(s) *f(pl)*; *give ~* prestar declaración; **evident** evidente; **evidently** (*clearly*) evidentemente; (*apparently*) aparentemente, al parecer

evil ['iːvl] **1** *adj* malo **2** *n* mal *m*

evolution [iːvə'luːʃn] evolución *f*; **evolve** evolucionar

ex [eks] F (*former wife, husband*) ex *m/f*

exact [ιg'zækt] exacto; **exacting** *task* duro; **exactly** exactamente

exaggerate [ιg'zædʒəreιt] exagerar; **exaggeration** exageración f

exam [ɪg'zæm] examen m; **examination** examen m; *of patient* reconocimiento m; **examine** examinar; *patient* reconocer

example [ɪg'zæmpl] ejemplo m; **for ~** por ejemplo

excavate ['ekskəveɪt] excavar; **excavation** excavación f

exceed [ɪk'siːd] (*be more than*) exceder; (*go beyond*) sobrepasar; **exceedingly** sumamente

excel [ɪk'sel] **1** v/i sobresalir (**at** en) **2** v/t: **~ o.s.** superarse a sí mismo; **excellence** excelencia f; **excellent** excelente

except [ɪk'sept] excepto; **~ for** a excepción de; **exception** excepción f; **exceptional** excepcional

excerpt ['eksɜːrpt] extracto m

excess [ɪk'ses] **1** n exceso m **2** adj excedente; **excessive** excesivo

exchange [ɪks'tʃeɪndʒ] **1** n intercambio m **2** v/t cambiar; **exchange rate** FIN tipo m de cambio

excite [ɪk'saɪt] (*make enthusiastic*) entusiasmar; **excited** emocionado, excitado; **get ~ (about)** emocionarse or excitarse (con); **excitement** emoción f, excitación f; **exciting** emocionante, excitante

exclaim [ɪk'skleɪm] exclamar; **exclamation** exclamación f; **exclamation point** signo m

de admiración

exclude [ɪk'skluːd] excluir; *possibility* descartar; **excluding** excluyendo; **exclusive** exclusivo

excuse 1 [ɪk'skjuːs] n excusa f **2** [ɪk'skjuːz] v/t (*forgive*) excusar, perdonar; (*allow to leave*) disculpar; **~ me** perdone

ex-di'rectory Br: **be ~** no aparecer en la guía telefónica

execute ['eksɪkjuːt] *criminal, plan* ejecutar; **execution** *of criminal, plan* ejecución f; **executive** ejecutivo(-a) m(f)

exempt [ɪg'zempt] exento

exercise ['eksɜːsaɪz] **1** n ejercicio m **2** v/t *muscle* ejercitar; *dog* pasear; *caution* proceder con **3** v/i hacer ejercicio

exhale [eks'heɪl] exhalar

exhaust [ɪg'zɔːst] **1** n *fumes* gases mpl de la combustión; *pipe* tubo m de escape **2** v/t (*tire*) cansar; (*use up*) agotar; **exhausted** (*tired*) agotado; **exhausting** agotador; **exhaustion** agotamiento m; **exhaustive** exhaustivo

exhibit [ɪg'zɪbɪt] **1** n objeto m expuesto **2** v/t *of gallery* exhibir; *of artist* exponer; (*give evidence of*) mostrar; **exhibition** exposición f; *of bad behavior, skill* exhibición f

exhilarating [ɪg'zɪləreɪtɪŋ] estimulante

exile ['eksaɪl] **1** n exilio m; *person* exiliado(-a) m(f) **2** v/t exiliar

exist [ɪgˈzɪst] existir; **~ on** subsistir a base de; **existence** existencia *f*; **be in ~** existir; **existing** existente

exit [ˈeksɪt] **1** *n* salida *f* **2** *v/i* COMPUT salir

exonerate [ɪgˈzɑːnəreɪt] exonerar de

exotic [ɪgˈzɑːtɪk] exótico

expand [ɪkˈspænd] **1** *v/t* expandir **2** *v/i* expandirse; *of metal* dilatarse; **expanse** extensión *f*; **expansion** expansión *f*; *of metal* dilatación *f*

expect [ɪkˈspekt] **1** *v/t* esperar; (*suppose*) suponer, imaginar(se); (*demand*) exigir **2** *v/i*: **be ~ing** estar embarazada; **I ~ so** creo que sí; **expectant mother** futura madre *f*; **expectation** expectativa *f*

expedition [ekspɪˈdɪʃn] expedición *f*

expel [ɪkˈspel] expulsar

expendable [ɪkˈspendəbl] prescindible

expenditure [ɪkˈspendɪtʃər] gasto *m*

expense [ɪkˈspens] gasto *m*; **expenses** gastos *mpl*; **expensive** caro

experience [ɪkˈspɪrɪəns] **1** *n* experiencia *f* **2** *v/t* experimentar; **experienced** experimentado

experiment [ɪkˈsperɪmənt] **1** *n* experimento *m* **2** *v/i* experimentar; **experimental** experimental

expert [ˈekspɜːrt] **1** *adj* experto **2** *n* experto(-a) *m(f)*; **expertise** destreza *f*

expiration date [ekspɪˈreɪʃn] fecha *f* de caducidad; **expire** caducar; **expiry** *of contract* vencimiento *m*; *of passport* caducidad *f*; **expiry date** *Br* fecha *f* de caducidad

explain [ɪkˈspleɪn] explicar; **explanation** explicación *f*; **explanatory** explicativo

explicit [ɪkˈsplɪsɪt] explícito

explode [ɪkˈsploud] **1** *v/i of bomb* explotar **2** *v/t bomb* hacer explotar

exploit[1] [ˈeksplɔɪt] *n* hazaña *f*

exploit[2] [ɪkˈsplɔɪt] *v/t person, resources* explotar

exploitation [eksplɔɪˈteɪʃn] explotación *f*

exploration [ekspləˈreɪʃn] exploración *f*; **explore** *country etc* explorar; *possibility* estudiar; **explorer** explorador(a) *m(f)*

explosion [ɪkˈsplouʒn] explosión *f*; **explosive** explosivo *m*

export [ˈekspɔːrt] **1** *n* exportación *f*; *item* producto *m* de exportación; **~s** exportaciones *fpl* **2** *v/t also* COMPUT exportar; **exporter** exportador(a) *m(f)*

expose [ɪkˈspouz] (*uncover*) exponer; *scandal* sacar a la luz; **exposure** exposición *f*; PHOT foto(grafía) *f*

express [ɪkˈspres] **1** *adj* (*fast*) rápido; (*explicit*) expreso **2** *n* *train* expreso *m* **3** *v/t* expresar; **expression** voiced muestra *f*; *phrase, on face* expresión *f*; **expressive** expresivo; **expressly** *state* expresamente; *forbid* terminantemente; **expressway** autopista *f*

expulsion [ɪk'spʌlʃn] expulsión *f*

extend [ɪk'stend] **1** *v/t house* ampliar; *runway, path* alargar; *contract* prorrogar **2** *v/i of garden etc* llegar; **extension** *to house* ampliación *f*; *of contract* prórroga *f*; TELEC extensión *f*; **extensive** *damage* cuantioso; *knowledge* considerable; *search* extenso, amplio; **extent** alcance *m*; **to a certain ~** hasta cierto punto

exterior [ɪk'stɪrɪər] **1** *adj* exterior **2** *n* exterior *m*

exterminate [ɪk'stɜːrmɪneɪt] exterminar

external [ɪk'stɜːrnl] exterior, externo

extinct [ɪk'stɪŋkt] *species* extinguido; **extinction** *of species* extinción *f*; **extinguish** *fire* extinguir, apagar; *cigarette* apagar; **extinguisher** extintor *m*

extortion [ɪk'stɔːrʃn] extorsión *f*

extra ['ekstrə] **1** *n* extra *m* **2** *adj* extra; **be ~** *(cost more)* pagarse aparte **3** *adv* super

extra 'time *Br* SP prórroga *f*

extract¹ ['ekstrækt] *n* extracto *m*

extract² [ɪk'strækt] *v/t* sacar; *oil, tooth* extraer; *information* sonsacar; **extraction** *of oil, tooth* extracción *f*

extradite ['ekstrədaɪt] extraditar; **extradition** extradición *f*

extramarital [ekstrə'mærɪtl] extramarital

extraordinary [ɪk'strɔːrdɪnerɪ] extraordinario

extravagance [ɪk'strævəgəns] *with money* despilfarro *m*; *of claim etc* extravagancia *f*; **extravagant** *with money* despilfarrador; *claim* extravagante

extreme [ɪk'striːm] **1** *n* extremo *m* **2** *adj* extremo; *views* extremista; **extremely** extremadamente; **extremist** extremista *m/f*

extrovert ['ekstrəvɜːrt] **1** *adj* extrovertido **2** *n* extrovertido(-a) *m/f*

exuberant [ɪg'zuːbərənt] exuberante

eye [aɪ] **1** *n* ojo *m* **2** *v/t* mirar; **eye-catching** llamativo; **eyeglasses** gafas *fpl*, *L.Am.* anteojos *mpl*, *L.Am.* lentes *mpl*; **eyeliner** lápiz *m* de ojos; **eyeshadow** sombra *f* de ojos; **eyesight** vista *f*; **eyewitness** testigo *m/f* ocular

F

fabric ['fæbrɪk] tejido *m*
fabulous ['fæbjʊləs] fabuloso, estupendo
façade [fə'sɑːd] fachada *f*
face [feɪs] **1** *n* cara **2** *v/t* (*be opposite*) estar enfrente de; (*confront*) enfrentarse a
◆ **face up to** hacer frente a
'**facecloth** toallita *f*; **facelift** lifting *m*
facial ['feɪʃl] limpieza *f* de cutis
facilitate [fə'sɪlɪteɪt] facilitar; **facilities** instalaciones *fpl*
fact [fækt] hecho *m*; **in ~, as a matter of ~** de hecho
faction ['fækʃn] facción *f*
factor ['fæktər] factor *m*
faculty ['fækəltɪ] facultad *f*
fad [fæd] moda *f*
fade [feɪd] *of colors* desteñirse; *of memories* desvanecerse; **faded** *color* desteñido, descolorido
fag [fæg] F (*homosexual*) maricón *m* F
fail [feɪl] **1** *v/i* fracasar **2** *v/t exam* suspender; **failing** fallo *m*; **failure** fracaso *m*; *in exam* suspenso *m*
faint [feɪnt] **1** *adj line, smile* tenue; *smell, noise* casi imperceptible **2** *v/i* desmayarse; **faintly** levemente
fair¹ [fer] *n* COM feria *f*
fair² [fer] *adj hair* rubio; *complexion* claro; (*just*) justo

fairly ['ferlɪ] *treat* justamente, con justicia; (*quite*) bastante; **fairness** *of treatment* imparcialidad *f*
faith [feɪθ] fe *f*; **faithful** fiel; **faithfully** religiosamente
fake [feɪk] **1** *n* falsificación *f* **2** *adj* falso **3** *v/t* (*forge*) falsificar; (*feign*) fingir
fall¹ [fɔːl] *in season* otoño *m*
fall² [fɔːl] **1** *v/i* caer; *of person* caerse **2** *n* caída *f*
◆ **fall behind** retrasarse
◆ **fall for** *person* enamorarse de; (*be deceived by*) dejarse engañar por
◆ **fall through** *of plans* venirse abajo
fallible ['fæləbl] falible
false [fɔːls] falso; **false start** *in race* salida *f* nula; **false teeth** dentadura *f* postiza; **falsify** falsificar
fame [feɪm] fama *f*
familiar [fə'mɪljər] familiar; **be ~ with sth** estar familiarizado con algo; **familiarity** *with subject etc* familiaridad *f*; **familiarize**: **~ o.s. with** familiarizarse con
family ['fæməlɪ] familia *f*; **family doctor** médico *m/f* de familia; **family planning** planificación *f* familiar; **family tree** árbol *m* genealógico
famine ['fæmɪn] hambruna *f*
famous ['feɪməs] famoso

fan¹ [fæn] *n (supporter)* seguidor(a) *m(f)*; *of singer, band* admirador(a) *m(f)*, fan *m/f*

fan² [fæn] **1** *n electric* ventilador *m*; *handheld* abanico *m* **2** *v/t* abanicar

fanatical [fə'nætɪkl] fanático; **fanaticism** fanatismo *m*

fantasize ['fæntəsaɪz] fantasear (*about* sobre); **fantastic** (*very good*) fantástico; (*very big*) inmenso; **fantasy** fantasía *f*

fanzine ['fænziːn] fanzine *m*

far [fɑːr] lejos; (*much*) mucho; ~ **bigger** mucho más grande; **how ~ is it to ...?** ¿a cuánto está...?; **as ~ as the corner** hasta la esquina

farce [fɑːrs] farsa *f*

fare [fer] (*price*) tarifa *f*; *actual money* dinero *m*

Far East Lejano Oriente *m*

farewell [fer'wel] despedida *f*

farfetched [fɑːr'fetʃt] inverosímil, exagerado

farm [fɑːrm] granja *f*; **farmer** granjero(-a) *m(f)*; **farming** agricultura *f*; **farmworker** trabajador(a) *m(f)* del campo; **farmyard** corral *m*

far-off lejano; **farsighted** previsor; *optically* hipermétrope; **farther** más lejos; **farthest** más lejos

fascinate ['fæsɪneɪt] fascinar; **fascinating** fascinante; **fascination** fascinación *f*

fascism ['fæʃɪzm] fascismo *m*; **fascist 1** *n* fascista *m/f* **2** *adj* fascista

fashion ['fæʃn] moda *f*; (*manner*) modo *m*, manera *f*; **out of ~** pasado de moda; **fashionable** de moda; **fashionably** *dressed* a la moda; **fashion-conscious** que sigue la moda; **fashion designer** modisto(-a) *m(f)*; **fashion show** desfile *f* de moda

fast¹ [fæst] **1** *adj* rápido; **be ~** *of clock* ir adelantado **2** *adv* rápido; ~ **asleep** profundamente dormido

fast² [fæst] *n not eating* ayuno *m*

fasten ['fæsn] *v/t lid* cerrar (*poniendo el cierre*); *dress* abrochar **2** *v/i of dress etc* abrocharse; **fastener** *for dress, lid* cierre *f*

'fast food comida *f* rápida; **fast lane** carril *f* rápido; **fast train** tren *m* rápido

fat [fæt] **1** *adj* gordo **2** *n on meat, for baking* grasa *f*

fatal ['feɪtl] *illness* mortal; *error* fatal; **fatality** víctima *f* mortal; **fatally** mortalmente

fate [feɪt] destino *m*

father ['fɑːðər] padre *m*; **fatherhood** paternidad *f*; **father-in-law** suegro *m*; **fatherly** paternal

fatigue [fə'tiːg] fatiga *f*

fatten ['fætn] *animal* engordar; **fatty 1** *adj* graso **2** *n F* (*person*) gordinflón (-ona) *m(f)* F

faucet ['fɔːsɪt] *Span* grifo *m*, *L.Am.* llave *f*

fault [fɔ:lt] (*defect*) fallo *m*; **it's your ~** es culpa tuya; **faultless** impecable; **faulty** defectuoso

favor ['feɪvər] **1** *n* favor *m* **2** *v/t* (*prefer*) preferir; **favorable** favorable; **favorite 1** *n* favorito(-a) *m(f)*; *food* comida *f* favorita **2** *adj* favorito; **favoritism** favoritismo *m*; **favour** *Br* → **favor**

fax [fæks] **1** *n* fax *m* **2** *v/t* enviar por fax

fear [fɪr] **1** *n* miedo *m*, temor *m* **2** *v/t* temer; **fearless** valiente; **fearlessly** sin miedo

feasibility study [fi:zə'bɪləti] estudio *m* de viabilidad; **feasible** factible, viable

feast [fi:st] banquete *m*

feat [fi:t] hazaña *f*, proeza *f*

feather ['feðər] pluma *f*

feature ['fi:tʃər] *on face* rasgo *m*, facción *f*; *of city, building, style* característica *f*; *article in paper* reportaje *m*; **feature film** largometraje *m*

February ['februeri] febrero *m*

federal ['fedərəl] federal; **federation** federación *f*

'fed up F harto, hasta las narices F

fee [fi:] honorarios *mpl*; *for entrance* entrada *f*; *for membership* cuota *f*

feeble ['fi:bl] *person, laugh* débil; *attempt* flojo; *excuse* pobre

feed [fi:d] alimentar, dar de comer a; **feedback** reacción *f*

feel [fi:l] **1** *v/t* (*touch*) tocar; (*sense*) sentir; (*think*) creer, pensar **2** *v/i*: **it ~s like silk** tiene la textura de la seda; **do you ~ like a drink?** ¿te apetece una bebida?

◆ **feel up to** sentirse con fuerzas para

feeler ['fi:lər] *of insect* antena *f*; **feeling** sentimiento *m*; (*sensation*) sensación *f*

fellow ['feləu] (*citizen*) conciudadano(-a) *m(f)*

felony ['feləni] delito *m* grave

felt [felt] fieltro *m*; **felt tip** rotulador *m*

female ['fi:meɪl] **1** *adj* hembra; *relating to people* femenino **2** *n* hembra *f*; *person* mujer *f*

feminine ['femɪnɪn] **1** *adj* femenino **2** *n* GRAM femenino *m*; **feminism** feminismo *m*; **feminist 1** *n* feminista *m/f* **2** *adj* feminista

fence [fens] cerca *f*, valla *f*

fender ['fendər] MOT aleta *f*

fermentation [fɜ:rmen'teɪʃn] fermentación *f*

ferocious [fə'rəuʃəs] feroz

ferry ['feri] ferry *m*, transbordador *m*

fertile ['fɜ:rtəl] fértil; **fertility** fertilidad *f*; **fertilize** fertilizar; **fertilizer** *for soil* fertilizante *m*

fervent ['fɜ:rvənt] ferviente

fester ['festər] *of wound* enconarse

festival ['festɪvl] festival *m*;
festive festivo; **festivities**
celebraciones *fpl*

fetal ['fi:tl] *fetal*

fetch [fetʃ] *person* recoger;
thing traer, ir a buscar; *price*
alcanzar

fetus ['fi:təs] feto *m*

feud [fju:d] enemistad *f*

fever ['fi:vər] fiebre *f*; **feverish** con fiebre; *excitement* febril

few [fju:] **1** *adj* pocos; **a** ~ unos
pocos **2** *pron* pocos(-as);
quite a ~ bastantes; **fewer**
menos

fiancé [fɪ'ɑ:nseɪ] prometido
m, novio *m*; **fiancée** prometida *f*, novia *f*

fiber ['faɪbər] fibra *f*; **fiberglass** fibra *f* de vidrio; **fiber
optics** tecnología *f* de la fibra óptica

fibre *Br* ☞ **fiber**

fickle ['fɪkl] inconstante

fiction ['fɪkʃn] literatura *f* de
ficción; *(made-up story)* ficción *f*; **fictional** de ficción;
fictitious ficticio

fiddle ['fɪdl] **1** *n* violín *m* **2** *v/i*:
~ **around with** enredar con **3**
v/t accounts, result amañar

fidgety ['fɪdʒɪtɪ] inquieto

field [fi:ld] campo *m*; *for sport*
campo *m*, *L.Am.* cancha *f*;
(competitors in race) partici-
pantes *mpl*; **fielder** *in baseball* fildeador(-a) *m(f)*

fierce [fɪrs] feroz; *storm* violento; **fiercely** ferozmente

fiery ['faɪrɪ] fogoso, ardiente

fifteen [fɪf'ti:n] quince; **fifteenth** decimoquinto; **fifth**
quinto; **fiftieth** quincuagési-
mo; **fifty** cincuenta; **fifty-fif-
ty** a medias

fight [faɪt] **1** *n* lucha *f*, pelea *f*;
(argument) pelea *f*; *for sur-
vival etc* lucha *f*; *in boxing*
combate *m* **2** *v/t enemy, person* luchar contra, pelear
contra; *injustice* luchar contra **3** *v/i* luchar, pelear; *(argue)* pelearse; **fighter** com-
batiente *m/f*; *airplane* caza
m; *(boxer)* púgil *m*; **fighting**
peleas *fpl*, MIL luchas *fpl*

figure ['fɪgər] **1** *n* figura *f*;
(digit) cifra *f* **2** *v/t* F *(think)*
imaginarse, pensar
◆ **figure on** F *(plan)* pensar
◆ **figure out** entender; *calculation* resolver

file[1] [faɪl] **1** *n of documents* expediente *m*; COMPUT archivo
m, fichero *m* **2** *v/t* archivar

file[2] [faɪl] *n for wood etc* lima *f*

'file cabinet archivador *m*

fill [fɪl] llenar; *tooth* empastar,
L.Am. emplomar; *prescription*
despachar
◆ **fill in** *form, hole* rellenar
◆ **fill out 1** *v/t form* rellenar **2**
v/i (get fatter) engordar

fillet ['fɪlɪt] filete *m*

filling ['fɪlɪŋ] **1** *n in sandwich*
relleno *m*; *in tooth* empaste
m, *L.Am.* emplomadura *f* **2**
adj: **be** ~ *of food* llenar mucho; **filling station** estación
f de servicio

film[1] [fɪlm] **1** *n* carrete *m*;

(*movie*) película *f* **2** *v/t* filmar; **film-maker** cineasta *m/f*; **film star** estrella *f* de cine

filter ['fɪltər] **1** *n* filtro *m* **2** *v/t* filtrar

filth [fɪlθ] suciedad *f*; **filthy** sucio; *language etc* obsceno

final ['faɪnl] **1** *adj* último; *decision* final, definitivo **2** *n* SP final *f*; **finale** final *m*; **finalist** finalista *m/f*; **finalize** ultimar; **finally** finalmente

finance [faɪ'næns] **1** *n* finanzas *fpl* **2** *v/t* financiar; **financial** financiero; **financially** económicamente; **financier** financiero(-a) *m(f)*

find [faɪnd] encontrar

♦ **find out** descubrir

findings ['faɪndɪŋz] *of report* conclusiones *fpl*

fine¹ [faɪn] *adj* day bueno; *wine, performance, city* excelente; *distinction, line* fino

fine² [faɪn] **1** *n* multa *f* **2** *v/t* multar, poner una multa a

finger ['fɪŋgər] **1** *n* dedo *m* **2** *v/t* tocar; **fingerprint** huella *f* digital *or* dactilar

finicky ['fɪnɪkɪ] *person* quisquilloso; *design* enrevesado

finish ['fɪnɪʃ] **1** *v/t & v/i* acabar, terminar **2** *n of product* acabado *m*; *of race* final *f*

♦ **finish with** *boyfriend etc* cortar con

Finland ['fɪnlənd] Finlandia; **Finn** finlandés(-esa) *m(f)*; **Finnish 1** *adj* finlandés **2** *n language* finés *m*

fire [faɪr] **1** *n* fuego *m*; *electric, gas* estufa *f*; *(blaze)* incendio *m*; *(bonfire, campfire etc)* hoguera *f*; **be on ~** estar ardiendo; **set ~ to sth** prender fuego a algo **2** *v/i (shoot)* disparar (**at** a) **3** *v/t* F *(dismiss)* despedir; **fire alarm** alarma *f* contra incendios; **firearm** arma *f* de fuego; **firecracker** petardo *m*; **fire department** *(cuerpo m de)* bomberos *mpl*; **fire engine** coche *m* de bomberos; **fire escape** salida *f* de incendios; **fire extinguisher** extintor *m*; **fire fighter** bombero (-a) *m(f)*; **fireplace** chimenea *f*, hogar *m*; **fire station** parque *m* de bomberos; **fire truck** coche *m* de bomberos; **fireworks** fuegos *mpl* artificiales

firm¹ [fɜːrm] *adj* firme

firm² [fɜːrm] *n com* empresa *f*

first [fɜːrst] **1** *adj & adv* primero; **at ~** al principio **2** *n* primero(-a) *m(f)*; **first aid** primeros *mpl* auxilios; **first class 1** *adj ticket, seat* de primera (clase); *(very good)* excelente **2** *adv travel* en primera (clase); **first floor** planta *f* baja, *Br* primer piso *m*; **First Lady** primera dama *f*; **firstly** en primer lugar; **first name** nombre *m* (de pila); **first night** estreno *m*; **first-rate** excelente

fiscal ['fɪskl] fiscal; **fiscal year** año *m* fiscal

fish [fɪʃ] **1** *n* pez *m*; *to eat* pescado *m* **2** *v/i* pescar; **fisherman** pescador *m*; **fishing** pesca *f*; **fishing boat** (barco *m*) pesquero *m*; **fish stick** palito *m* de pescado; **fishy** F *(suspicious)* sospechoso

fist [fɪst] puño *m*

fit¹ [fɪt] *n* MED ataque *m*

fit² [fɪt] *adj* en forma; *morally* adecuado

fit³ [fɪt] **1** *v/t (attach)* colocar; **these pants don't ~ me any more** estos pantalones ya no me entran **2** *v/i of clothes* quedar bien

fitness ['fɪtnɪs] *physical* buena forma *f*; **fitting** apropiado; **fittings** equipamiento *m*

five [faɪv] cinco

fix [fɪks] **1** *n (solution)* solución *f* **2** *v/t (attach)* fijar; *(repair)* reparar; *meeting etc* organizar; *lunch* preparar; *dishonestly*: *match etc* amañar; **fixed** fijo; **fixings** guarnición *f*

flab [flæb] *on body* grasa *f*; **flabby** *muscles etc* fofo

flag¹ [flæg] *n* bandera *f*

flag² [flæg] *v/i (tire)* desfallecer

flagpole asta *f* (de bandera)

flagrant ['fleɪgrənt] flagrante

flair [fler] *(talent)* don *m*

flake [fleɪk] *of snow* copo *m*; *of skin* escama *f*; *of plaster* desconchón *m*

flamboyant [flæm'bɔɪənt] extravagante; **flamboyantly** extravagantemente

flame [fleɪm] llama *f*

flamenco [flə'meŋkoʊ] fla-

menco *m*; **flamenco dancer** bailaor(a) *m(f)*

flammable ['flæməbl] inflamable

flank [flæŋk] **1** *n of horse etc* costado *m*; MIL flanco *m* **2** *v/t* flanquear

flap [flæp] **1** *n of envelope, pocket* solapa *f*; *of table* hoja *f* **2** *v/t wings* batir **3** *v/i of flag etc* ondear

♦ **flare up** [fler] *of violence* estallar; *of illness* exacerbarse; *of fire* llamear; *(get very angry)* estallar

flash [flæʃ] **1** *n of light* destello *m*; PHOT flash *m*; **in a ~** F en un abrir y cerrar de ojos; **a ~ of lightning** un relámpago **2** *v/i of light* destellar; **flashback** flash-back *m*; **flashlight** linterna *f*; PHOT flash *m*; **flashy** *pej* ostentoso, chillón

flask [flæsk] *(hip ~)* petaca *f*

flat¹ [flæt] **1** *adj* llano, plano; *beer* sin gas; *battery* descargado; *tire* desinflado; *shoes* bajo; MUS bemol **2** *adv* MUS demasiado bajo **3** *n* (*~ tire*) pinchazo *m*

flat² [flæt] *n Br* apartamento *m*, *Span* piso *m*

flatly ['flætlɪ] *deny* rotundamente; **flat rate** tarifa *f* única; **flatten** *land, road* allanar, aplanar; *by bombing, demolition* arrasar

flatter ['flætər] halagar; **flatterer** adulador(a) *m(f)*; **flattering** *comments* halagador;

flutter

color, clothes favorecedor; **flattery** halagos *mpl*

flavor ['fleɪvər] **1** *n* sabor *m* **2** *v/t food* condimentar; **flavoring** aromatizante *m*; **flavour** *Br* ☞ **flavor**

flaw [flɔː] defecto *m*, fallo *m*; **flawless** impecable

flee [fliː] escapar, huir

fleet [fliːt] NAUT, *of vehicles* flota *f*

fleeting ['fliːtɪŋ] *visit etc* fugaz

flesh [fleʃ] carne *f*; *of fruit* pulpa *f*

flex [fleks] *muscles* flexionar; **flexibility** flexibilidad *f*; **flexible** flexible; **flextime** horario *m* flexible

flicker ['flɪkər] parpadear

flier [flaɪr] *(circular)* folleto *m*

flight [flaɪt] *in airplane* vuelo *m*; *(fleeing)* huida *f*; **~ (of stairs)** tramo *m* (de escaleras); **flight attendant** auxiliar *m/f* de vuelo; **flight path** ruta *f* de vuelo; **flight recorder** caja *f* negra; **flight time** *departure* hora *f* del vuelo; *duration* duración *f* del vuelo; **flighty** inconstante

flimsy ['flɪmzɪ] *furniture* endeble; *dress, material* débil; *excuse* pobre

flinch [flɪntʃ] encogerse

flipper ['flɪpər] aleta *f*

flirt [flɜːrt] **1** *v/i* flirtear, coquetear **2** *n* ligón (-ona) *m(f)*; **flirtatious** coqueto

float [fləʊt] *also* FIN flotar

flock [flɑːk] *n of sheep* rebaño *m* **2** *v/i* acudir en masa

flood [flʌd] **1** *n* inundación *f* **2** *v/t of river* inundar; **flooding** inundaciones *fpl*; **floodlight** foco *m*; **flood waters** crecida *f*

floor [flɔːr] suelo *m*; *(story)* piso *m*

flop [flɑːp] **1** *v/i* dejarse caer; F *(fail)* pinchar F **2** *n* F *(failure)* pinchazo *m* F; **floppy (disk)** disquete *m*

florist ['flɔːrɪst] florista *m/f*

flour [flaʊr] harina *f*

flourish ['flʌrɪʃ] *of plant* crecer rápidamente; *fig* florecer; **flourishing** *business, trade* floreciente

flow [fləʊ] **1** *v/i* fluir **2** *n* flujo *m*; **flowchart** diagrama *m* de flujo

flower [flaʊr] **1** *n* flor *f* **2** *v/i* florecer

flu [fluː] gripe *f*

fluctuate ['flʌktʊeɪt] fluctuar; **fluctuation** fluctuación *f*

fluency ['fluːənsɪ] *in a language* fluidez *f*; **fluent: he speaks ~ Spanish** habla español con soltura; **fluently** *speak, write* con soltura

fluid ['fluːɪd] fluido *m*

flunk [flʌŋk] F *subject* suspender, *Span* catear F

flush [flʌʃ] **1** *v/t:* **~ the toilet** tirar de la cadena **2** *v/i (go red)* ruborizarse

flutter ['flʌtər] *of wings* aletear; *of flag* ondear; *of heart* latir con fuerza

fly[1] [flaɪ] *n insect* mosca *f*

fly[2] [flaɪ] *n on pants* bragueta *f*

fly[3] [flaɪ] **1** *v/i* volar; *of flag* ondear **2** *v/t airplane* pilotar; *airline* volar con; *(transport by air)* enviar por avión

◆ **fly past** *v/i* volar

flying ['flaɪɪŋ] volar *m*

foam [fəʊm] *on liquid* espuma *f*; **foam rubber** gomaespuma *f*

focus ['fəʊkəs] foco *m*

◆ **focus on** concentrarse en; PHOT enfocar

fodder ['fɑːdər] forraje *m*

fog [fɑːg] niebla *f*; **foggy** neblinoso, con niebla

foil[1] [fɔɪl] *n* papel *m* de aluminio

foil[2] [fɔɪl] *v/t (thwart)* frustrar

fold [fəʊld] *v/t paper etc* doblar; **~ one's arms** cruzarse de brazos **2** *v/i of business* quebrar **3** *n in cloth etc* pliegue *m*

◆ **fold up 1** *v/t* plegar **2** *v/i of chair, table* plegarse

folder ['fəʊldər] *for documents*, COMPUT carpeta *f*; **folding** plegable

foliage ['fəʊlɪɪdʒ] follaje *m*

folk [fəʊk] *(people)* gente *f*; **folk music** música *f* folk o popular; **folk singer** cantante *m/f* de folk

follow ['fɑːləʊ] **1** *v/t* seguir; *(understand)* entender **2** *v/i logically* deducirse

◆ **follow up** *inquiry* hacer el seguimiento de; **follower** seguidor(a) *m(f)*; **following 1** *adj* siguiente **2** *n people* seguidores(-as) *mpl (fpl)*; **the ~** lo siguiente

fond [fɑːnd] cariñoso; *memory* entrañable; **he's ~ of travel** le gusta viajar; **I'm very ~ of him** le tengo mucho cariño

fondle ['fɑːndl] acariciar

fondness ['fɑːndnɪs] *for s.o.* cariño *m* (**for** por); *for wine, food* afición *f*

font [fɑːnt] *for printing* tipo *m*; *in church* pila *f* bautismal

food [fuːd] comida *f*; **food poisoning** intoxicación *f* alimentaria

fool [fuːl] **1** *n* tonto(-a) *m(f)*, idiota *m/f* **2** *v/t* engañar; **foolhardy** temerario; **foolish** tonto; **foolproof** infalible

foot [fʊt] *also measurement* pie; *of animal* pata *f*; **put one's ~ in it** F meter la pata F; **footage** secuencias *fpl*; **football** *Br (soccer)* fútbol *m*; *American style* fútbol *m* americano; *ball* balón *m* o pelota *f* (de fútbol); **football player** *American style* jugador(a) *m(f)* de fútbol americano; *Br in soccer* jugador(a) *m(f)* de fútbol, futbolista *m/f*; **foothills** estribaciones *fpl*; **footnote** nota *f* a pie de página; **footpath** sendero *m*; **footprint** pisada *f*; **footstep** paso *m*

for [fər, fɔːr] *purpose, destination* para; *(in exchange for)*

format

por; *what is this ~?* ¿para qué sirve esto?; *what ~?* ¿para qué?; *I bought it ~ $25* lo compré por 5 dólares; *~ three days* durante tres días; *please get it done ~ Monday* por favor tenlo listo (para) el lunes; *I walked ~ a mile* caminé una milla; *I am ~ the idea* estoy a favor de la idea

forbid [fər'bɪd] prohibir; **forbidden** prohibido; **forbidding** *person, look* amenazador; *prospect* intimidador

force [fɔːrs] **1** *n* fuerza *f*; *come into ~ of law etc* entrar en vigor **2** *v/t door, lock* forzar; *~ s.o. to do sth* forzar a alguien a hacer algo; **forced** forzado; **forced landing** aterrizaje *m* forzoso; **forceful** *argument* poderoso; *speaker* vigoroso; *character* enérgico

forceps ['fɔːrseps] MED fórceps *m inv*

forcibly ['fɔːrsəblɪ] por la fuerza

foreboding [fər'boudɪŋ] premonición *f*; **forecast 1** *n* pronóstico *m* **2** *v/t* pronosticar; **forefathers** ancestros *mpl*; **forefinger** (dedo *m*) índice *m*; **foreground** primer plano *m*; **forehead** frente *f*

foreign ['fɑːrən] extranjero; **foreign affairs** asuntos *mpl* exteriores; **foreign body** cuerpo *m* extraño; **foreign currency** divisa *f* extranjera; **foreigner** extranjero(-a)

m(f); **foreign exchange** divisas *fpl*

foreman capataz *m*; **foremost** principal

forensic medicine [fə'rensɪk] medicina *f* forense; **forensic scientist** forense *m/f*

'forerunner predecesor(a) *m(f)*; **foresee** prever; **foresight** previsión *f*

forest ['fɑːrɪst] bosque *m*; **forestry** silvicultura *f*

fore'tell predecir

forever [fə'revər] siempre

'foreword prólogo *m*

forfeit ['fɔːrfɪt] *(lose)* perder; *(give up)* renunciar a

forge [fɔːrdʒ] falsificar; **forgery** falsificación *f*

forget [fər'get] olvidar; **forgetful** olvidadizo

forgive [fər'gɪv] perdonar; **forgiveness** perdón *m*

fork [fɔːrk] *for eating* tenedor *m*; *for garden* horca *f*; *in road* bifurcación *f*

form [fɔːrm] **1** *n (shape)* forma *f*; *document* formulario *m*, impreso *m* **2** *v/t in clay etc* moldear; *friendship* establecer; *opinion* formarse; *(constitute)* formar **3** *v/i (take shape, develop)* formarse; **formal** formal; *recognition etc* oficial; *dress* de etiqueta; **formality** formalidad *f*; **formally** *speak* formalmente; *recognized* oficialmente

format ['fɔːrmæt] **1** *v/t text* formatear **2** *n of paper, program etc* formato *m*

formation [fɔːrˈmeɪʃn] formación *f*

former [ˈfɔːrmər] antiguo; *the ~* el primero; **formerly** antiguamente

formidable [ˈfɔːrmɪdəbl] *personality* formidable; *opponent, task* terrible

formula [ˈfɔːrmjʊlə] fórmula *f*

fort [fɔːrt] MIL fuerte *m*

forthcoming [ˈfɔːrθkʌmɪŋ] *(future)* próximo; *personality* comunicativo

forthright directo

fortieth [ˈfɔːrtɪɪθ] cuadragésimo

fortnight [ˈfɔːrtnaɪt] *Br* quincena *f*

fortress [ˈfɔːrtrɪs] MIL fortaleza *f*

fortunate [ˈfɔːrtʃnət] afortunado; **fortunately** afortunadamente; **fortune** fortuna *f*

forty [ˈfɔːrtɪ] cuarenta

forward [ˈfɔːrwərd] **1** *adv* hacia delante **2** *adj* SP atrevido **3** *n* SP delantero(-a) *m(f)* **4** *v/t letter* reexpedir; **forward-looking** con visión de futuro

fossil [ˈfɑːsəl] fósil *m*

foster [ˈfɑːstər] *child* acoger; *attitude, belief* fomentar

foul [faʊl] **1** *n* SP falta *f* **2** *adj smell* asqueroso; *weather* terrible **3** *v/t* SP hacer (una) falta a

found [faʊnd] *school etc* fundar; **foundation** *of theory etc* fundamento *m*; *(organization)* fundación *f*; **founda-**

tions *of building* cimientos *mpl*; **founder** fundador(a) *m(f)*

fountain [ˈfaʊntɪn] fuente *f*

four [fɔːr] cuatro; **four-star** *hotel etc* de cuatro estrellas; **fourteen** catorce; **fourteenth** decimocuarto; **fourth** cuarto; **four-wheel drive** MOT todoterreno *m*

fox [fɑːks] **1** *n* zorro *m* **2** *v/t (puzzle)* dejar perplejo

foyer [ˈfɔɪər] vestíbulo *m*

fraction [ˈfrækʃn] fracción *f*; **fractionally** ligeramente

fracture [ˈfræktʃər] **1** *n* fractura *f* **2** *v/t* fracturar

fragile [ˈfrædʒəl] frágil

fragment [ˈfrægmənt] fragmento *m*

fragrance [ˈfreɪgrəns] fragancia *f*; **fragrant** fragante

frail [freɪl] frágil, delicado

frame [freɪm] **1** *n of picture, window* marco *m*; *of eyeglasses* montura *f*; *of bicycle* cuadro *m* **2** *v/t picture* enmarcar; **F** *person* tender una trampa a; **framework** estructura *f*; *for agreement* marco *m*

France [fræns] Francia

franchise [ˈfræntʃaɪz] *for business* franquicia *f*

frank [fræŋk] franco; **frankly** francamente; **frankness** franqueza *f*

frantic [ˈfræntɪk] frenético

fraternal [frəˈtɜːrnl] fraternal

fraud [frɔːd] fraude *m*; *person* impostor(a) *m(f)*; **fraudu-**

lent fraudulento

frayed [freɪd] *cuffs* deshilachado

freak [friːk] **1** *n event* fenómeno *m* anormal; *two-headed animal etc* monstruo *m*; F *strange person* bicho *m* raro F **2** *adj storm etc* anormal

free [friː] **1** *adj* libre; *no cost* gratis, gratuito **2** *v/t prisoners* liberar; **freedom** libertad *f*; **free enterprise** empresa *f* libre; **free kick** golpe *m* franco; **freelance** autónomo, free-lance; **freely** *admit* libremente; **free speech** libertad *f* de expresión; **freeway** autopista *f*

freeze [friːz] **1** *v/t food, wages, video* congelar **2** *v/i of water* congelarse; **freeze-dried** liofilizado; **freezer** congelador *m*; **freezing 1** *adj* muy frío **2** *n*: **10 degrees below** ~ diez grados bajo cero

freight [freɪt] transporte *m*; *costs* flete *m*; **freighter** *ship* carguero *m*; *airplane* avión *m* de carga

French [frentʃ] **1** *adj* francés **2** *n language* francés *m*; **the ~** los franceses; **French fries** Span patatas *fpl* or L.Am. papas *fpl* fritas; **Frenchman** francés *m*; **Frenchwoman** francesa *f*

frenzied ['frenzɪd] frenético; *mob* desenfrenado; **frenzy** frenesí *m*

frequency ['friːkwənsɪ] *also* RAD frecuencia *f*

frequent[1] ['friːkwənt] *adj* frecuente

frequent[2] [frɪ'kwent] *v/t bar* frecuentar

frequently ['friːkwəntlɪ] con frecuencia

fresh [freʃ] fresco; *start* nuevo; *(impertinent)* descarado; **fresh air** aire *m* fresco

◆ **freshen up** *v/i* refrescarse **2** *v/t paintwork etc* renovar

freshly ['freʃlɪ] recién; **freshman** estudiante *m/f* de primer año; **freshwater** de agua dulce

fret [fret] **1** *v/i* inquietarse **2** *n of guitar* traste *m*

friction ['frɪkʃn] PHYS rozamiento *m*; *between people* fricción *f*

Friday ['fraɪdeɪ] viernes *m inv*

fridge [frɪdʒ] nevera *f*, frigorífico *m*

friend [frend] amigo(-a) *m(f)*; **friendliness** simpatía *f*; **friendly** agradable; *person also* simpático; *argument, relations* amistoso; **friendship** amistad *f*

fries [fraɪz] Span patatas *fpl* or L.Am. papas *fpl* fritas

fright [fraɪt] susto *m*; **frighten** asustar; **be ~ed of** tener miedo de; **frightening** aterrador, espantoso

frill [frɪl] *on dress etc* volante *m*; *(fancy extra)* extra *m*

fringe [frɪndʒ] *on dress etc* flecos *mpl*; Br *in hair* flequillo *m*; *(edge)* margen *m*; **fringe benefits** ventajas *fpl* adicionales

frisk [frɪsk] cachear

♦ **fritter away** ['frɪtər] *time* desperdiciar; *fortune* despilfarrar

frivolity [frɪ'vɒlɪtɪ] frivolidad *f*; **frivolous** frívolo

frizzy ['frɪzɪ] *hair* crespo

frog [frɒg] rana *f*

'frogman hombre *m* rana

from [frɒm] *in time* desde; *in space* de, desde; ~ *the 18th century* desde el siglo XVIII; ~ *9 to 5* de 9 a 5; ~ *today on* a partir de hoy; ~ *here to there* de *or* desde aquí hasta allí; *we drove here* ~ *Las Vegas* vinimos en coche desde Las Vegas; *a letter* ~ *Jo* una carta de Jo; *I am* ~ *New Jersey* soy de Nueva Jersey

front [frʌnt] **1** *n of building, book* portada *f*; (*cover organization*) tapadera *f*; MIL, *of weather* frente *m*; *in a race* en cabeza; **in** ~ *of* delante de **2** *adj wheel, seat* delantero **3** *v/t TV program* presentar; **front door** puerta *f* principal

frontier [frʌn'tɪr] frontera *f*; *of science* límite *m*

front 'line MIL línea *f* del frente; **front page** *of newspaper* portada *f*; **front-wheel drive** tracción *f* delantera

frost [frɒst] escarcha *f*; **frostbite** congelación *f*; **frosting** *on cake* glaseado *m*; **frosty** *weather* gélido; *welcome* glacial

froth [frɒθ] espuma *f*

frown [fraʊn] fruncir el ceño

frozen ['froʊzn] *ground, food* congelado

fruit [fruːt] fruta *f*; **fruitful** *discussions etc* fructífero; **fruit juice** *Span* zumo *m or L.Am.* jugo *m* de fruta; **fruit salad** macedonia *f*

frustrate ['frʌstreɪt] frustrar; **frustrating** frustrante; **frustration** frustración *f*

fry [fraɪ] freír; **frypan** sartén *f*

fuck [fʌk] V *Span* follar con V, *L.Am.* coger V; ~*!* ~*!* ¡joder! V

fuel ['fjʊəl] **1** *n* combustible *m* **2** *v/t fig* avivar

fugitive ['fjuːdʒətɪv] fugitivo(-a) *m(f)*

fulfill, *Br* **fulfil** [fʊl'fɪl] *dream, task* realizar; *contract* cumplir; **fulfillment**, *Br* **fulfilment** *of contract etc* cumplimiento *m*; *moral, spiritual* satisfacción *f*

full [fʊl] lleno; *account, schedule* completo; *life* pleno; *pay in* ~ pagar al contado; **full moon** luna *f* llena; **full stop** *Br* punto *m*; **full-time** *worker, job* a tiempo completo; **fully** completamente; *describe* en detalle

fumble ['fʌmbl] *ball* dejar caer

fumes [fjuːmz] humos *mpl*

fun [fʌn] **1** *n* diversión *f*; *for* ~ para divertirse; *it was great* ~ fue muy divertido **2** *adj* F

game

person, game divertido
function ['fʌŋkʃn] **1** *n* función
f; (reception etc) acto *m* **2** *v/i*
funcionar; **~ as** hacer de;
functional funcional
fund [fʌnd] **1** *n* fondo *m* **2** *v/t*
project etc financiar
fundamental [fʌndə'mentl]
fundamental; *(crucial)* esencial; **fundamentalist** funda-
mentalista *m/f;* **fundamentally** fundamentalmente
funding ['fʌndɪŋ] *(money)*
fondos *mpl,* financiación *f*
funeral ['fjuːnərəl] funeral *m;*
funeral home funeraria *f*
fungus ['fʌŋgəs] hongos *mpl*
funnies ['fʌnɪz] F sección de
humor, **funnily** *(oddly)* de
modo extraño; *(comically)*
de forma divertida; **funny** *(comical)* divertido, gracioso; *(odd)* curioso, raro
fur [fɜːr] piel *f*
furious ['fjʊrɪəs] furioso; *effort* febril

furnace ['fɜːrnɪs] horno *m*
furnish ['fɜːrnɪʃ] *room* amueblar; *(supply)* suministrar;
furniture mobiliario *m,*
muebles *mpl*
further ['fɜːrðər] **1** *adj* adicional; *(more distant)* más leja-
no **2** *adv walk, drive* más lejos **3** *v/t cause etc* promover;
furthermore es más
furtive ['fɜːrtɪv] furtivo
fury ['fjʊrɪ] furia *f,* ira *f*
fuse [fjuːz] **1** *n* ELEC fusible *m*
2 *v/i* ELEC fundirse **3** *v/t* ELEC
fundir; **fusebox** caja *f* de fu-
sibles
fusion ['fjuːʒn] fusión *f*
fuss [fʌs] escándalo *m;* **fussy**
person quisquilloso; *design
etc* recargado
futile ['fjuːtl] inútil, vano; **fu-
tility** inutilidad *f*
future ['fjuːtʃər] **1** *n* futuro *m* **2**
adj futuro; **futuristic** *design*
futurista
fuzzy ['fʌzɪ] *hair* crespo; *(out
of focus)* borroso

G

gadget ['gædʒɪt] artilugio *m,*
chisme *m*
gag [gæg] **1** *n over mouth* mor-
daza *f; (joke)* chiste *m* **2** *v/t
also fig* amordazar
gain [geɪn] *(acquire)* ganar;
victory obtener
gala ['gælə] gala *f*
galaxy ['gæləksɪ] galaxia *f*
gale [geɪl] vendaval *m*

gallery ['gælərɪ] *for art* museo
m; private galería de arte; *in
theater* galería *f*
gallon ['gælən] galón *m (0,785
litros, en GB 0,546)*
gallop ['gæləp] galopar
gamble ['gæmbl] jugar; **gam-
bler** jugador(a) *m(f);* **gambling** juego *m*
game [geɪm] partido *m; child-*

ren's, in tennis juego *m*

gang [gæŋ] *of criminals* banda *f; of friends* cuadrilla *f;* **gangster** gángster *m;* **gangway** pasarela *f*

gap [gæp] *in wall* hueco *m; for parking, in figures* espacio *m; in time* intervalo *m; in conversation* interrupción *f*

gape [geɪp] *of person* mirar boquiabierto; **gaping** *hole* enorme

garage [gəˈrɑːʒ] *for parking* garaje *m; for repairs* taller *m; Br for gas* gasolinera *f*

garbage [ˈgɑːrbɪdʒ] *also fig* basura *f; fig (nonsense)* tonterías *fpl;* **garbage can** cubo *m* de la basura; *in street* papelera *f;* **garbage truck** camión *m* de la basura

garbled [ˈgɑːrbld] *message* confuso

garden [ˈgɑːrdn] jardín *m;* **gardening** jardinería *f*

garish [ˈgerɪʃ] *color* chillón; *design* estridente

garlic [ˈgɑːrlɪk] ajo *m*

garment [ˈgɑːrmənt] prenda *f* (de vestir)

garnish [ˈgɑːrnɪʃ] guarnecer

gas [gæs] gas *m; (gasoline)* gasolina *f, Rpl* nafta *f*

gash [gæʃ] corte *m* profundo

gasket [ˈgæskɪt] junta *f*

gasoline [ˈgæsəliːn] gasolina *f, Rpl* nafta *f*

gasp [gæsp] **1** *n* grito *m* apagado **2** *v/i* lanzar un grito apagado

'**gas pedal** acelerador *m;* **gas**

pump surtidor *m* (de gasolina); **gas station** gasolinera *f, S.Am.* bomba

gate [geɪt] *of house, at airport* puerta *f; made of iron* verja *f;* **gateway** *also fig* entrada *f*

gather [ˈgæðər] **1** *v/t facts* reunir; ~ *speed* ganar velocidad **2** *v/i of crowd* reunirse; **gathering** grupo *m* de personas

gaudy [ˈgɔːdɪ] chillón

gauge [geɪdʒ] **1** *n* indicador *m* **2** *v/t pressure* medir, calcular; *opinion* estimar

gaunt [gɔːnt] demacrado

gawky [ˈgɔːkɪ] desgarbado

gawp [gɔːp] F mirar boquiabierto

gay [geɪ] gay

gaze [geɪz] **1** *n* mirada *f* **2** *v/i* mirar fijamente

gear [gɪr] *(equipment)* equipo *m; in vehicle* marcha *f;* **gearbox** MOT caja *f* de cambios; **gear shift** MOT palanca *f* de cambios

gel [dʒel] *for hair* gomina *f; for shower* gel *m*

gem [dʒem] gema *f; fig (book etc)* joya *f; (person)* cielo *m*

gender [ˈdʒendər] género *m*

gene [dʒiːn] gen *m*

general [ˈdʒenrəl] **1** *n* MIL general *m* **2** *adj* general; **generalization** generalización *f;* **generalize** generalizar; **generally** generalmente, por lo general; ~ *speaking* en términos generales

generate [ˈdʒenəreɪt] generar; *feeling* provocar; **gene-**

get

ration generación *f*; **generator** generador *m*

generosity [dʒenəˈrɑːsətɪ] generosidad *f*; **generous** generoso

genetic [dʒɪˈnetɪk] genético; **genetically** genéticamente; **~ modified** transgénico; **~ engineered** transgénico; **genetic engineering** ingeniería *f* genética; **genetic fingerprint** identificación *f* genética; **genetics** genética *f*

genial [ˈdʒiːnjəl] afable

genitals [ˈdʒenɪtlz] genitales *mpl*

genius [ˈdʒiːnjəs] genio *m*

genocide [ˈdʒenəsaɪd] genocidio *m*

gentle [ˈdʒentl] *person* tierno, delicado; *touch, detergent, breeze* suave; *slope* poco inclinado; **gentleman** caballero *m*; **gentleness** *of person* ternura *f*, delicadeza; *of touch, detergent, breeze* suavidad *f*; **gently** con delicadeza

genuine [ˈdʒenuɪn] *antique* genuino, auténtico; *(sincere)* sincero; **genuinely** realmente, de verdad

geographical [dʒɪəˈɡræfɪkl] geográfico; **geography** geografía *f*

geological [dʒɪəˈlɑːdʒɪkl] geológico; **geologist** geólogo(-a) *m(f)*; **geology** geología *f*

geometric, **geometrical** [dʒɪəˈmetrɪk(l)] geométrico; **geometry** geometría *f*

geriatric [dʒerɪˈætrɪk] **1** *adj* geriátrico **2** *n* anciano(-a) *m(f)*

germ [dʒɜːrm] *also fig* germen *m*

German [ˈdʒɜːrmən] **1** *adj* alemán **2** *n person* alemán (-ana) *m(f)*; *language* alemán *m*; **German shepherd** pastor *m* alemán; **Germany** Alemania

gesture [ˈdʒestʃər] *also fig* gesto *m*

get [get] *(obtain)* conseguir; *(buy)* comprar; *(fetch)* traer; *(receive: letter, knowledge, respect)* recibir; *(catch: bus, train etc)* tomar, *Span* coger; *(understand)* entender; **~ home** llegar a casa; **~ tired** cansarse; **~ the TV fixed** hacer que arreglen la televisión; **~ one's hair cut** cortarse el pelo; **~ s.o. to do sth** hacer que alguien haga algo; **~ to do sth** *(have opportunity)* llegar a hacer algo; **~ sth ready** preparar algo; **~ going** *(leave)* marcharse, irse; **have got** tener; **have got to** tener que; **I have got to see him** tengo que verlo; **~ to know** llegar a conocer

◆ **get at** *(criticize)* meterse con; *(mean)* querer decir

◆ **get by** *(pass)* pasar; *financially* arreglárselas

◆ **get down 1** *v/i from ladder etc* bajarse *(from* de); *(duck* *etc)* agacharse **2** *v/t (depress)* desanimar

◆ **get in 1** *v/i (arrive)* llegar; *to car* subir(se) **2** *v/t to suitcase etc* meter

◆ **get into** *house* entrar en; *car* subir(se) a; *computer system* introducirse en

◆ **get off 1** *v/i from bus etc* bajarse; *(finish work)* salir; *(not be punished)* librarse **2** *v/t (remove)* quitar; *clothes* quitarse

◆ **get on 1** *v/i to bike, bus* montarse, subirse; *(be friendly)* llevarse bien; *(advance: of time)* hacerse tarde; *(become old)* hacerse mayor; *(make progress)* progresar **2** *v/t: get on the bus* montarse en el autobús

◆ **get out 1** *v/i of car, prison etc* salir; *get out!* ¡vete!, ¡fuera de aquí! **2** *v/t nail etc* sacar, extraer; *stain* quitar; *gun, pen* sacar

◆ **get through** *on telephone* conectarse

◆ **get up 1** *v/i* levantarse **2** *v/t (climb)* subir

'getaway *from robbery* fuga *f;* **get-together** reunión *f*

ghastly ['gæstlɪ] terrible

ghetto ['getoʊ] gueto *m*

ghost [goʊst] fantasma *m;* **ghostly** fantasmal

ghoul [guːl] macabro(-a) *m(f)*

giant ['dʒaɪənt] **1** *n* gigante *m* **2** *adj* gigantesco, gigante

gibberish ['dʒɪbərɪʃ] F meces *fpl* F

gibe [dʒaɪb] pulla *f*

giddiness ['gɪdɪnɪs] mareo *m;* **giddy** mareado

gift [gɪft] regalo *m; talent* don *m;* **gift certificate** vale *m* de regalo; **gifted** con talento; **giftwrap** envolver para regalo

gig [gɪg] F concierto *m*

gigabyte ['gɪgəbaɪt] COMPUT gigabyte *m*

gigantic [dʒaɪ'gæntɪk] gigantesco

giggle ['gɪgl] **1** *v/i* soltar risitas **2** *n* risita *f*

gimmick ['gɪmɪk] truco *m*

gin [dʒɪn] ginebra *f;* **~ and tonic** gin-tonic *m*

gipsy ['dʒɪpsɪ] gitano(-a) *m(f)*

girder ['gɜːrdər] viga *f*

girl [gɜːrl] chica *f;* **(young)** ~ niña *f,* chica *f;* **girlfriend** *of boy* novia *f; of girl* amiga *f;* **girlish** de niñas

gist [dʒɪst] esencia *f*

give [gɪv] dar; *as present* regalar; *(supply: electricity etc)* proporcionar; *cry, groan* soltar

◆ **give away** *as present* regalar; *(betray)* traicionar

◆ **give back** devolver

◆ **give in 1** *v/i (surrender)* rendirse **2** *v/t (hand in)* entregar

◆ **give onto** *(open onto)* dar a

◆ **give out 1** *v/t leaflets etc* repartir **2** *v/i of supplies, strength* agotarse

◆ **give up 1** *v/t smoking etc*

dejar de **2** v/i (*stop making effort*) rendirse

◆ **give way** of bridge etc hundirse

give-and-'take toma m y daca

gizmo ['gɪzmou] F cacharro m

glad [glæd] contento; **gladly** con mucho gusto

glamor ['glæmər] atractivo m, glamour m; **glamorize** hacer atractivo; **glamorous** atractivo, glamour; **glamour** Br ☞ **glamor**

glance [glæns] **1** n ojeada f **2** v/i echar una ojeada

gland [glænd] glándula f

glare [gler] **1** n of sun, lights resplandor m **2** v/i of lights resplandecer

◆ **glare at** mirar con furia a

glaring ['glerɪŋ] mistake garrafal

glass [glæs] vidrio m; for drink vaso m; **glasses** gafas fpl, L.Am. lentes mpl, L.Am. anteojos mpl

glazed [gleɪzd] look vidrioso

gleam [gli:m] **1** n resplandor m **2** v/i resplandecer

glee [gli:] júbilo m, regocijo m; **gleeful** jubiloso

glib [glɪb] fácil; **glibly** con labia

glide [glaɪd] of bird, plane planear; of piece of furniture deslizarse; **glider** planeador m; **gliding** sport vuelo m sin motor

glimpse [glɪmps] **1** n vistazo

m 2 v/t vislumbrar

glint [glɪnt] **1** n destello m; in eyes centelleo m **2** v/i of light destellar; of eyes centellear

glisten ['glɪsn] relucir

glitter ['glɪtər] destellar

gloat [glout] regodearse

◆ **gloat over** regodearse de

global ['gloubl] global; **globalization** COM globalización f; **global warming** calentamiento m global; **globe** globo m; (model of earth) globo m terráqueo

gloom [glu:m] (darkness) tinieblas fpl; mood abatimiento m; **gloomy** room tenebroso; mood, person abatido

glorious ['glɔːrɪəs] weather espléndido; victory glorioso; **glory** gloria f

gloss [glɑːs] (shine) lustre m; (general explanation) glosa f; **glossary** glosario m; **glossy 1** adj paper satinado **2** n magazine revista f en color

glove [glʌv] guante m; **glove compartment** guantera f

glow [glou] **1** n resplandor m, brillo m; in cheeks rubor m **2** v/i resplandecer, brillar; of cheeks ruborizarse; **glowing** description entusiasta

glucose ['glu:kous] glucosa f

glue [glu:] **1** n pegamento m, cola f **2** v/t pegar, encolar

glum [glʌm] sombrío, triste

glut [glʌt] exceso m, superabundancia f

glutton ['glʌtən] glotón(-ona)

m(f)

gnaw [nɔː] *bone* roer

go [gou] ir (*to* a); (*leave*) irse, marcharse; (*work, function*) funcionar; (*come out of stain etc*) irse; (*cease: of pain etc*) pasarse; (*match: of colors etc*) ir bien, pegar; **~ shopping** ir de compras; **hamburger to ~** hamburguesa para llevar

◆ **go away** *of person* irse, marcharse; *of rain, pain, clouds* desaparecer

◆ **go back** (*return*) volver; (*date back*) remontarse

◆ **go by** *of car, time* pasar

◆ **go down** bajar; *of sun* ponerse

◆ **go in** *to room, house* entrar; *of sun* ocultarse; (*fit: of part etc*) ir, encajar

◆ **go off** (*leave*) marcharse; *of bomb* explotar; *of gun* dispararse; *of alarm* saltar; *Br of milk etc* echarse a perder

◆ **go on** (*continue*) continuar; (*happen*) pasar

◆ **go out** *of person* salir; *of light, fire* apagarse

◆ **go over** (*check*) examinar

◆ **go through** *illness, hard times* atravesar; (*check*) revisar; (*read through*) estudiar

◆ **go under** (*sink*) hundirse; *of company* ir a la quiebra

◆ **go up** subir

◆ **go without 1** *v/t food etc* pasar sin **2** *v/i* pasar privaciones

'go-ahead 1 *n* luz *f* verde **2** *adj*

dinámico

goal [goul] SP *target* portería *f*, *L.Am.* arco *m*; SP *point* gol *m*; (*objective*) objetivo *m*, meta *f*; **goalkeeper** portero(-a) *m(f)*, *L.Am.* arquero(-a) *m(f)*; **goal kick** saque *m* de puerta; **goalpost** poste *m*

goat [gout] cabra *f*

gobble ['gɑːbl] engullir

gobbledygook ['gɑːbldɪguːk] F jerigonza *f* F

'go-between intermediario(-a) *m(f)*

god [gɑːd] dios *m*; **thank God!** ¡gracias a Dios!; **godchild** ahijado(-a) *m(f)*; **godfather** *also in mafia* padrino *m*; **godmother** madrina *f*

gofer ['goufər] F recadero(-a) *m(f)*

goggles ['gɑːglz] gafas *fpl*

goings-on [gouɪŋz'ɑːn] actividades *fpl*

gold [gould] **1** *n* oro *m* **2** *adj* de oro; **golden** dorado; **golden wedding** bodas *fpl* de oro; **gold medal** medalla *f* de oro; **gold mine** *fig* mina *f* de oro

golf [gɑːlf] golf *m*; **golf ball** pelota *f* de golf; **golf club** *organization* club *m* de golf; *stick* palo *m* de golf; **golf course** campo *m* de golf; **golfer** golfista *m/f*

good [gud] bueno; **goodbye** adiós; **good-for-nothing** inútil *m/f*; **Good Friday** Viernes *m inv* Santo; **good--humored**, *Br* **good-hu-**

moured jovial, afable;
good-looking guapo;
good-natured bondadoso;
goodness *moral* bondad *f*;
of fruit etc valor *m* nutritivo;
goods COM mercancías *fpl*;
goodwill buena voluntad *f*

goof [guːf] F meter la pata F
goose [guːs] ganso *m*, oca *f*;
goose bumps carne *f* de gallina
gorgeous ['gɔːrdʒəs] *weather*
maravilloso; *dress, hair* precioso; *woman, man* buenísimo; *smell* estupendo
gospel ['gɔːspl] evangelio *m*
gossip ['gɑːsɪp] **1** *n* cotilleo
m; *person* cotilla *m/f* **2** *v/i* cotillear; **gossip column** ecos
mpl de sociedad
gourmet ['gʊrmeɪ] gourmet
m/f

govern ['gʌvərn] gobernar;
government gobierno *m*;
governor gobernador(a)
m(f)

gown [gaʊn] *long dress* vestido *m*; *wedding dress* traje
m; *of academic, judge* toga
f; *of surgeon* bata *f*
grab [græb] agarrar; *food* tomar
grace [greɪs] *of dancer etc* gracia *f*; *say* ~ bendecir la mesa;
graceful elegante; **gracious**
person amable; *style* elegante
grade [greɪd] **1** *n quality* grado
m; EDU curso *m*; *(mark)* nota
f **2** *v/t* clasificar; **grade**
crossing paso *m* a nivel;

grade school escuela *f* primaria
gradient ['greɪdɪənt] pendiente *f*
gradual ['grædʒʊəl] gradual;
gradually gradualmente,
poco a poco
graduate 1 ['grædʒʊət] *n* licenciado(-a) *m(f)*; *from high
school* bachiller *m/f* **2**
['grædʒʊeɪt] *v/i from university* licenciarse, *L.Am.* egresarse; *from high school* sacar
el bachillerato; **graduation**
graduación *f*
graffiti [grəˈfiːtiː] graffiti *m*
graft [græft] **1** *n* BOT, MED injerto *m*; *corruption* corrupción *f* **2** *v/t* BOT, MED injertar
grain [greɪn] grano *m*; *in wood*
veta *f*
gram [græm] gramo *m*
grammar ['græmər] gramática *f*; **grammatical** gramatical

grand [grænd] **1** *adj* grandioso; F *(very good)* estupendo,
genial **2** *n* F *($1000)* mil dólares; **grandchild** nieto(-a)
m(f); **granddaughter** nieta
f; **grandeur** grandiosidad *f*;
grandfather abuelo *m*;
grand jury jurado *m* de acusación, gran jurado; **grandmother** abuela *f*; **grandparents** abuelos *mpl*; **grand piano** piano *m* de cola; **grandson** nieto *m*
granite ['grænɪt] granito *m*
grant [grænt] **1** *n money* subvención *f* **2** *v/t* conceder

granule ['grænjuːl] gránulo *m*

grape [greɪp] uva *f*; **grapefruit** pomelo *m*, *L.Am.* toronja *f*

graph [græf] gráfico *m*, gráfica *f*; **graphic 1** *adj* (*vivid*) gráfico **2** *n* COMPUT gráfico *m*

◆ **grapple with** ['græpl] *attacker* forcejear con; *problem etc* enfrentarse a

grasp [græsp] **1** *n physical* asimiento *m*; *mental* comprensión *f* **2** *v/t physically* agarrar; (*understand*) comprender

grass [græs] hierba *f*, **grasshopper** saltamontes *m inv*; **grass roots** *people* bases *fpl*; **grassy** lleno de hierba

grate¹ [greɪt] *n metal* parrilla *f*, reja *f*

grate² [greɪt] **1** *v/t in cooking* rallar **2** *v/i of sound* rechinar

grateful ['greɪtfəl] agradecido; **gratefully** con agradecimiento

gratify ['grætɪfaɪ] satisfacer

grating ['greɪtɪŋ] **1** *n* reja *f* **2** *adj* *sound*, *voice* chirriante

gratitude ['grætɪtuːd] gratitud *f*

grave¹ [greɪv] *n* tumba *f*

grave² [greɪv] *adj* grave

gravel ['grævl] gravilla *f*

'**gravestone** lápida *f*; **graveyard** cementerio *m*

gravity ['grævətɪ] PHYS gravedad *f*

gray [greɪ] gris; **gray-haired** canoso

graze¹ [greɪz] *v/i of cow etc* pastar, pacer

graze² [greɪz] **1** *v/t arm etc* rozar **2** *n* rozadura *f*

grease [griːs] grasa *f*; **greasy** *food*, *hands*, *plate* grasiento; *hair*, *skin* graso

great [greɪt] grande, *before singular noun* gran; F (*very good*) estupendo, genial F; **Great Britain** Gran Bretaña; **greatly** muy; **greatness** grandeza *f*

Greece [griːs] Grecia

greed [griːd] *for money* codicia *f*; *for food* glotonería *f*; **greedily** con codicia; *eat* con glotonería; **greedy** *for food* glotón; *for money* codicioso

Greek [griːk] **1** *adj* griego **2** *n* griego(-a) *m(f)*; *language* griego *m*

green [griːn] verde; *environmentally also* ecologista; **green beans** judías *fpl* verdes, *L.Am.* porotos *mpl* verdes, *Mex* ejotes *mpl*; **green belt** cinturón *m* verde; **green card** (*work permit*) permiso *m* de trabajo; **greenhouse effect** efecto *m* invernadero; **greens** verduras *f*

greet [griːt] saludar; **greeting** saludo *m*

grenade [grɪ'neɪd] granada *f*

grey *Br* → **gray**

grid [grɪd] reja, rejilla *f*; **gridiron** SP *campo de fútbol americano*; **gridlock** *in traffic* paralización *f* del tráfico

grunt

grief [griːf] dolor *m*, aflicción *f*; **grief-stricken** afligido; **grievance** queja *f*; **grieve** sufrir; **~ for s.o.** llorar por alguien

grill [grɪl] **1** *n* on window reja *f* **2** *v/t* (*interrogate*) interrogar

grille [grɪl] reja *f*

grim [grɪm] *face* severo; *prospects* desolador; *surroundings* lúgubre

grimace ['grɪməs] gesto *m*, mueca *f*

grime [graɪm] mugre *f*; **grimy** mugriento

grin [grɪn] **1** *n* sonrisa *f* (amplia) **2** *v/i* sonreír abiertamente

grind [graɪnd] *coffee* moler; *meat* picar

grip [grɪp] agarrar; **gripping** apasionante

gristle ['grɪsl] cartílago *m*

grit [grɪt] **1** *n* (*dirt*) arenilla *f*; *for roads* gravilla *f* **2** *v/t*: **~ one's teeth** apretar los dientes; **gritty** F *movie etc* duro F

groan [groʊn] **1** *n* gemido *m* **2** *v/i* gemir

groceries ['groʊsərɪz] comestibles *mpl*; **grocery store** tienda *f* de comestibles *or* Mex abarrotes

groggy ['grɑːgɪ] F grogui F

groin [grɔɪn] ANAT ingle *f*

groom [gruːm] **1** *n* for bride novio *m*; for horse mozo *m* de cuadra **2** *v/t* horse almohazar; (*train, prepare*) preparar

groove [gruːv] ranura *f*

grope [groʊp] **1** *v/i* in the dark caminar a tientas **2** *v/t* sexually manosear

gross [groʊs] (*coarse, vulgar*) grosero; *exaggeration* tremendo; *error* craso; FIN bruto

ground [graʊnd] **1** *n* suelo *m*; (*reason*) motivo *m*; ELEC tierra *f* **2** *v/t* ELEC conectar a tierra; **grounding** in subject fundamento *m*; **groundless** infundado; **ground meat** carne *f* picada; **groundwork** trabajos *mpl* preliminares

group [gruːp] **1** *n* grupo *m* **2** *v/t* agrupar; **groupie** F grupi *f* F

grouse [graʊs] **1** *n* F queja *f* **2** *v/i* F quejarse, refunfuñar

grovel ['grɑːvl] *fig* arrastrarse

grow [groʊ] **1** *v/i* crecer; **~ old / tired** envejecer / cansarse **2** *v/t flowers* cultivar

◆ **grow up** crecer

growl [graʊl] **1** *n* gruñido *m* **2** *v/i* gruñir

'grown-up 1 *n* adulto(-a) *m(f)* **2** *adj* maduro

growth [groʊθ] crecimiento *m*; (*increase*) incremento *m*; MED bulto *m*

grudge [grʌdʒ] rencor *m*; **grudging** rencoroso; **grudgingly** de mala gana

grueling, *Br* **gruelling** ['gruːəlɪŋ] agotador

gruff [grʌf] seco, brusco

grumble ['grʌmbl] murmurar; **grumbler** quejica *m/f*

grunt [grʌnt] **1** *n* gruñido *m* **2**

v/i gruñir

guarantee [gærən'tiː] **1** *n* garantía *f* **2** *v/t* garantizar; **guarantor** garante *m/f*

guard [gɑːrd] **1** *n (security ~)* guardia *m/f*, guarda *m/f*; MIL guardia *f; in prison* guardián (-ana) *m(f)* **2** *v/t* guardar; **guard dog** perro *m* guardián; **guarded** *reply* cauteloso; **guardian** LAW tutor(a) *m(f)*

Guatemala [gwætə'mɑːlə] Guatemala; **Guatemalan 1** *adj* guatemalteco **2** *n* guatemalteco(-a) *m(f)*

guerrilla [gə'rɪlə] guerrillero(-a) *m(f)*; **guerrilla warfare** guerra *f* de guerrillas

guess [ges] **1** *n* conjetura *f*, suposición *f* **2** *v/t the answer* adivinar; *I ~ so* me imagino que sí **3** *v/i* adivinar; **guesswork** conjeturas *fpl*

guest [gest] invitado(-a) *m(f)*; **guestroom** habitación *f* para invitados

guidance ['gaɪdəns] orientación *f*; **guide 1** *n person* guía *m/f*; *book* guía *f* **2** *v/t* guiar; **guidebook** guía *f*; **guided missile** misil *m* teledirigido; **guided tour** visita *f* guiada; **guidelines** directrices *fpl*

guilt [gɪlt] culpa *f*, culpabilidad *f*; LAW culpabilidad *f*; **guilty** *also* LAW culpable

guinea pig ['gɪnɪpɪg] *also fig* conejillo *m* de Indias

guitar [gɪ'tɑːr] guitarra *f*; **guitarist** guitarrista *m/f*

gulf [gʌlf] golfo *m; fig* abismo *m*; **Gulf of Mexico** Golfo *m* de México

gull [gʌl] *bird* gaviota *f*

gullet ['gʌlɪt] ANAT esófago *m*

gullible ['gʌlɪbl] crédulo

gulp [gʌlp] **1** *n of water etc* trago *m* **2** *v/i in surprise* tragar saliva

◆ **gulp down** *drink* tragar; *food* engullir

gum[1] [gʌm] *in mouth* encía *f*

gum[2] [gʌm] *(glue)* pegamento *m*, cola *f*; *(chewing ~)* chicle *m*

gun [gʌn] *pistola f; rifle* rifle *m; cannon* cañón *m*

◆ **gun down** matar a tiros

'gunfire disparos *mpl*; **gunman** hombre *m* armado; **gunshot** disparo *m*; **gunshot wound** herida *f* de bala

gurgle ['gɜːrgl] *of baby* gorjear; *of drain* gorgotear

guru ['guːruː] *fig* gurú *m*

gush [gʌʃ] *of liquid* manar

gust [gʌst] ráfaga *f*

gusto ['gʌstəu] entusiasmo *m*

gusty ['gʌstɪ] con viento racheado

gut [gʌt] **1** *n* intestino *m*; F *(stomach)* tripa *f* **2** *v/t (destroy)* destruir; **guts** F *(courage)* agallas *fpl* F; **gutsy** F *(brave)* valiente, con muchas agallas F

gutter ['gʌtər] *on sidewalk* cuneta *f*; *on roof* canal *m*

guy [gaɪ] F tipo *m* F, *Span* tío *m* F

guzzle ['gʌzl] tragar; *drink* engullir

gym [dʒɪm] gimnasio *m*; **gymnast** gimnasta *m/f*; **gymnastics** gimnasia *f*

gynecology, *Br* **gynaecology** [gaɪnɪ'kɑːlədʒɪ] ginecología *f*

gypsy ['dʒɪpsɪ] gitano(-a) *m(f)*

H

habit ['hæbɪt] hábito *m*, costumbre *m*

habitable ['hæbɪtəbl] habitable; **habitat** hábitat *m*

habitual [hə'bɪtʊəl] habitual

hacker ['hækər] COMPUT pirata *m/f* informático(-a)

hackneyed ['hæknɪd] manido

haemorrhage *Br* ☞ **hemorrhage**

haggard ['hægərd] demacrado

haggle ['hægl] regatear

hail [heɪl] granizo *m*

hair [her] pelo *m*, cabello *m*; *single* pelo *m*; *(body ~)* vello *m*; **hairbrush** cepillo *m*; **haircut** corte *m* de pelo; **have a ~** cortarse el pelo; **hairdo** peinado *m*; **hairdresser** peluquero(-a) *m(f)*; **hairdryer** secador *m* (de pelo); **hairpin** horquilla *f*; **hairpin curve** curva *f* muy cerrada; **hair-raising** espeluznante; **hair remover** depilatorio *m*; **hair-splitting** sutilezas *fpl*; **hairstyle** peinado *m*; **hairstylist** estilista *m/f*, peluquero(-a) *m(f)*; **hairy** *arm, animal* peludo; *F (frightening)* espeluznante

half [hæf] **1** *n* mitad *f*; **~ past ten, ~ after ten** las diez y media; **~ an hour** media hora **2** *adj* medio **3** *adv* a medias; **half-hearted** desganado; **half time** SP descanso *m*; **halfway 1** *adj* stage, point intermedio **2** *adv* a mitad de camino

hall [hɔːl] *large room* sala *f*; *(hallway)* vestíbulo *m*

Halloween [hæloʊ'wiːn] víspera de Todos los Santos

halo ['heɪloʊ] halo *m*

halt [hɔːlt] **1** *v/i* detenerse **2** *v/t* detener **3** *n* alto *m*

halve [hæv] *input, costs* reducir a la mitad; *apple* partir por la mitad

ham [hæm] jamón *m*; **hamburger** hamburguesa *f*

hammer ['hæmər] **1** *n* martillo *m* **2** *v/i*: **~ at the door** golpear la puerta

hammock ['hæmək] hamaca *f*

hamper¹ ['hæmpər] *n for food* cesta *f*

hamper² ['hæmpər] *v/t (obstruct)* estorbar, obstaculizar

hand [hænd] mano *f*; *of clock* manecilla *f*; *(worker)* brazo *m*; **at ~, to ~** a mano; **on**

the one ~ ..., *on the other ~*
por una parte..., por otra
parte; *on your right* ~ a mano derecha; *give s.o. a ~*
echar una mano a alguien
◆ **hand down** transmitir
◆ **hand out** repartir
◆ **hand over** entregar
'**handbag** *Br* bolso *m*, *L.Am.*
cartera *f*; **hand baggage**
equipaje *m* de mano; **hand-
cuff** esposar; **handcuffs** esposas *fpl*
handicap ['hændikæp] desventaja *f*; **handicapped** *physically* minusválido
handkerchief ['hæŋkərtʃif]
pañuelo *m*
handle ['hændl] 1 *n* of door
manilla *f*; of suitcase asa *f*;
of pan, knife mango *m* 2 *v/t*
goods, person manejar; case,
deal llevar; **handlebars** manillar *m*, *L.Am.* manubrio *m*
'**hand luggage** equipaje *m* de
mano; **handmade** hecho a
mano; **hands-free** manos libres; **handshake** apretón *m*
de manos
handsome ['hænsəm] guapo,
atractivo
'**handwriting** caligrafía *f*;
handwritten escrito a mano;
handy *device* práctico
hang [hæŋ] colgar
◆ **hang on** *(wait)* esperar
◆ **hang up** TELEC colgar
hangar ['hæŋər] hangar *m*
hanger ['hæŋər] for clothes
percha *f*
'**hang glider** person piloto *m*

de ala delta; *device* ala *f* delta; **hang gliding** ala *f* delta;
hangover resaca *f*
hankie, hanky ['hæŋki] F pañuelo *m*
haphazard [hæp'hæzərd] descuidado
happen ['hæpn] ocurrir, pasar
happily ['hæpɪlɪ] alegremente; *(luckily)* afortunadamente; **happiness** felicidad *f*;
happy feliz, contento; *coincidence* afortunado; **happy-
-go-lucky** despreocupado
harass [hə'ræs] acosar; *enemy*
asediar, hostigar; **harassed**
agobiado; **harassment** acoso *m*
harbor, *Br* **harbour** ['hɑːrbər]
1 *n* puerto *m* 2 *v/t criminal*
proteger; *grudge* albergar
hard [hɑːrd] 1 *adj* duro; *(difficult)* difícil; *facts, evidence* real; *(difficult)* difícil; *work*
duro; *try ~* esforzarse; **hardback** libro *m* de tapas duras;
hard-boiled egg duro; **hard
copy** copia *f* impresa; **hard
core** *(pornography)* porno
m duro; **hard currency** divisa *f* fuerte; **hard disk** disco
m duro; **harden 1** *v/t* endurecer 2 *v/i* of glue, attitude endurecerse; **hard hat** casco
m; *(construction worker)*
obrero(-a) *m(f)* (de la construcción); **hardheaded**
pragmático; **hardhearted**
insensible; **hard line** línea *f*
dura; **hardliner** partida-
rio(-a) *m(f)* de la línea dura

hardly ['hɑːrdlɪ] apenas
hardness ['hɑːrdnɪs] dureza f; (difficulty) dificultad f; **hardship** privación f; **hardware** ferretería f; COMPUT hardware m; **hardware store** ferretería f; **hard-working** trabajador; **hardy** resistente
harm [hɑːrm] **1** n daño m **2** v/t hacer daño a, dañar; **harmful** dañino, perjudicial; **harmless** inofensivo; fun inocente
harmonious [hɑːr'moʊnɪəs] armonioso; **harmonize** armonizar; **harmony** MUS, fig armonía f
harsh [hɑːʃ] words duro, severo; color chillón; light potente; **harshly** con dureza
harvest ['hɑːrvɪst] cosecha f
hash browns [hæʃ] Span patatas fpl or L.Am. papas fpl fritas; **hash mark** almohadilla f, el signo '#'
haste [heɪst] prisa f; **hastily** precipitadamente; **hasty** precipitado
hat [hæt] sombrero m
hatch [hætʃ] for serving trampilla f; on ship escotilla f
◆ **hatch out** of eggs romperse; of chicks salir del cascarón
hatchet ['hætʃɪt] hacha f
hate [heɪt] **1** n odio m **2** v/t odiar; **hatred** odio m
haul [hɔːl] **1** n of fish captura f; from robbery botín m **2** v/t (pull) arrastrar; **haulage**

transporte m
haunch [hɔːntʃ] of person trasero m; of animal pierna f
haunt [hɔːnt] **1** n lugar m favorito **2** v/t: **this place is ...ed** en este lugar hay fantasmas
Havana [hə'vænə] La Habana
have [hæv] **1** v/t (own) tener; breakfast, lunch tomar; **can I ... a coffee?** ¿me da un café?; ... (**got**) **to** tener que; **I'll ... it repaired** haré que me lo arreglen; **I had my hair cut** me corté el pelo; **2** v/aux (past tense): **I ... eaten** he comido
◆ **have on** (wear) llevar puesto
haven ['heɪvn] fig refugio m
hawk [hɔːk] also fig halcón m
hay [heɪ] heno m; **hay fever** fiebre f del heno
hazard ['hæzərd] peligro m; **hazard lights** MOT luces fpl de emergencia; **hazardous** peligroso
haze [heɪz] neblina f; **hazy** image, memories vago
he [hiː] él; **... is a doctor** es médico
head [hed] **1** n cabeza f; (boss, leader) jefe(-a) m(f); Br: of school director(a) m(f); on beer espuma f **2** v/t (lead) estar a la cabeza de; ball cabecear
◆ **head for** dirigirse hacia
headache dolor m de cabeza; **headband** cinta f para la cabeza; **header** in soccer cabezazo m; in document en-

cabezamiento m; **headhunter** COM cazatalentos m/f inv; **heading** in list encabezamiento m; **headlamp** faro m; **headline** in newspaper titular m; **head office** of company central f; **head-on 1** adv crash de frente **2** adj crash frontal; **headphones** auriculares mpl; **headquarters** sede f; of army cuartel m general; **headrest** reposacabezas f inv; **headroom** under bridge gálibo m; in car espacio m vertical; **headscarf** pañuelo m (para la cabeza); **headstrong** cabezudo; **head waiter** maître m; **heady** wine etc que se sube a la cabeza

heal [hiːl] curar
health [helθ] salud f; **health food store** tienda f de comida integral; **health insurance** seguro m de enfermedad; **healthy** person sano; food, lifestyle, economy saneado

heap [hiːp] montón m
◆ **hear** from (have news from) tener noticias de
hearing [ˈhɪrɪŋ] oído m; LAW vista f; **hearing aid** audífono m

hearse [hɜːrs] coche m fúnebre
heart [hɑːrt] also fig corazón m; of problem meollo m; **know sth by ~** saber algo de memoria; **heart attack** infarto m; **heartbreaking**

desgarrador; **heartbroken** descorazonado; **heartburn** acidez f (de estómago)
hearth [hɑːrθ] chimenea f
heartless [ˈhɑːrtlɪs] despiadado; **hearty** appetite voraz; meal copioso; person cordial
heat [hiːt] calor m
◆ **heat up** calentar
heated [ˈhiːtɪd] pool climatizado; discussion acalorado; **heater** in room estufa f; **heating** calefacción f; **heatproof** resistente al calor; **heatwave** ola f de calor
heave [hiːv] v/t (lift) subir
heaven [ˈhevn] cielo m; **heavenly** F divino F
heavy [ˈhevɪ] pesado; cold, rain, accent fuerte; smoker empedernido; loss of life grande; bleeding abundante; **heavy-duty** resistente; **heavyweight** SP de los pesos pesados
hectic [ˈhektɪk] frenético
hedge [hedʒ] seto m
heel [hiːl] talón m; of shoe tacón m; **heel bar** zapatería f
hefty [ˈheftɪ] weight pesado; person robusto
height [haɪt] altura f; **heighten** tension intensificar
heir [er] heredero m; **heiress** heredera f
helicopter [ˈhelɪkɑːptər] helicóptero m
hell [hel] infierno m; **what the ~ are you doing?** F ¿qué demonios estás haciendo? F; **go to ~!** F ¡vete a paseo!

hierarchy

hello [həˈlou] hola; TELEC ¿sí?, *Span* ¿diga?, *S. Am.* ¿aló?, *Rpl* ¿oigo?, *Mex* ¿bueno?

helmet [ˈhelmɪt] casco *m*

help [help] **1** *n* ayuda *f* **2** *v/t* ayudar; **just ~ yourself** *to food* toma lo que quieras; **I can't ~ it** no puedo evitarlo; **helper** ayudante *m/f;* **helpful** *advice* útil; *person* servicial; **helping** *of food* ración *f;* **helpless** *(unable to cope)* indefenso; *(powerless)* impotente; **helplessness** impotencia *f*

hem [hem] *of dress etc* dobladillo *m*

hemisphere [ˈhemɪsfɪr] hemisferio *m*

'hemline bajo *m*

hemorrhage [ˈhemərɪdʒ] **1** *n* hemorragia *f* **2** *v/i* sangrar

hen [hen] gallina *f;* **hen party** despedida *f* de soltera

hepatitis [hepəˈtaɪtɪs] hepatitis *f*

her [hɜːr] **1** *adj* su **2** *pron direct object* la; *indirect object* le; *after prep* ella; **I know ~** la conozco; **I gave ~ the keys** le di las llaves; **I sold it to ~** se lo vendí; **this is for ~** esto es para ella; **that's ~** es ella

herb [ɜːrb] hierba *f;* **herb(al) tea** infusión *f*

herd [hɜːrd] rebaño *m*

here [hɪr] aquí; **over ~** aquí; **~'s to you!** *as toast* ¡a tu salud!; **~ you are giving sth** ¡aquí tienes!

hereditary [həˈredɪterɪ] hereditario; **heredity** herencia *f;* **heritage** patrimonio *m*

hero [ˈhɪrou] héroe *m;* **heroic** heroico; **heroically** heroicamente

heroin [ˈherouɪn] heroína *f*

heroine [ˈherouɪn] heroína *f*

heroism [ˈherouɪzm] heroísmo *m*

herpes [ˈhɜːrpiːz] herpes *m*

hers [hɜːrz] el suyo, la suya; **that ticket is ~** esa entrada es suya; **a cousin of ~** un primo suyo

herself [hɜːrˈself] *reflexive* se; *emphatic* ella misma; **she hurt ~** se hizo daño

hesitant [ˈhezɪtənt] indeciso; **hesitantly** con indecisión; **hesitate** dudar, vacilar; **hesitation** vacilación *f*

heterosexual [hetərouˈsekʃuəl] heterosexual

hi [haɪ] ¡hola!

hibernate [ˈhaɪbərneɪt] hibernar

hiccup [ˈhɪkʌp] hipo *m;* (*minor problem*) tropiezo *m*

hidden [ˈhɪdn] oculto

hide[1] [haɪd] **1** *v/t* esconder **2** *v/i* esconderse

hide[2] [haɪd] *n of animal* piel *f*

'hide-and-seek escondite *m;* **hideaway** escondite *m*

hideous [ˈhɪdɪəs] horrendo; *person* repugnante

hiding [ˈhaɪdɪŋ] (*beating*) paliza *f;* **hiding place** escondite *m*

hierarchy [ˈhaɪrɑːrkɪ] jerarguía f

high [haɪ] **1** *adj* alto; *wind*
fuerte; *(on drugs)* colocado
P **2** *n* MOT directa f; *in statistics* máximo *m*; EDU escuela
f secundaria, *Span* instituto
m; **highbrow** intelectual;
highchair trona *f*; **high-
-class** de categoría; **high-
-frequency** de alta frecuencia; **high-grade** de calidad
superior; **high-handed** des-
pótico; **high-heeled** de tacón alto; **high jump** salto
m de altura; **high-level** de
alto nivel; **highlight 1** *n
(main event)* momento *m*
cumbre; *in hair* reflejo *m* **2**
v/t with pen resaltar; COM-
PUT seleccionar, resaltar;
highlighter *pen* fluorescente *m*; **highly** *desirable, likely*
muy; **think ~ of s.o.** tener
una buena opinión de al-
guien; **high performance**
drill, battery de gran rendimiento; **high-pitched** agudo; **high point** *of career* punto *m* culminante; **high-pow-
ered** *engine* potente; *intellectual* de alto(s) vuelo(s); **high
pressure** *weather* altas presiones *fpl*; **high-pressure**
TECH a gran presión; *salesman* agresivo; *lifestyle* muy
estresante; **high school** escuela f secundaria, *Span* instituto *m*; **high-strung** muy
nervioso; **high tech 1** *n* alta
f tecnología **2** *adj* de alta tecnología; **highway** autopista

f

hijack ['haɪdʒæk] **1** *v/t* secuestrar **2** *n* secuestro *m*; **hijack-
er** secuestrador(a) *m(f)*

hike¹ [haɪk] **1** *n* caminata *f* **2**
v/i caminar

hike² [haɪk] *n in prices* subida
f

hiker ['haɪkər] senderista *m/f*;
hiking senderismo *m*

hilarious [hɪ'leɪrɪəs] divertidí-
simo, graciosísimo

hill [hɪl] colina *f*; *(slope)* cuesta
f; **hillside** ladera *f*; **hilltop**
cumbre *f*; **hilly** con colinas

hilt [hɪlt] puño *m*

him [hɪm] *direct object* lo; *indirect object* le; *after prep* él; **I
know ~** lo conozco; **I gave
~ the keys** le di las llaves; **I
sold it to ~** se lo vendí; **this
is for ~** esto es para él; **it's ~**
es él; **himself** *reflexive* se;
emphatic él mismo; **he hurt
~** se hizo daño

hinder ['hɪndər] obstaculizar;
~ s.o. from doing sth impedir a alguien hacer algo; **hindrance** obstáculo *m*

hinge [hɪndʒ] bisagra *f*

hint [hɪnt] *(clue)* pista *f*; *(piece
of advice)* consejo *m*; *(suggestion)* indirecta *f*; *of red, sadness etc* rastro *m*

hip [hɪp] cadera *f*; **hip pocket**
bolsillo *m* trasero

hire [haɪr] alquilar

his [hɪz] **1** *adj* su **2** *pron* el suyo, la suya; **that ticket is ~**
esa entrada es suya; **a cousin of ~** un primo suyo

Hispanic [hɪˈspænɪk] **1** *n* hispano(-a) *m(f)* **2** *adj* hispano, hispánico

hiss [hɪs] silbar

historian [hɪˈstɔːrɪən] historiador(a) *m(f)*; **historic** histórico; **historical** histórico; **history** historia *f*

hit [hɪt] **1** *v/t* golpear; (*collide with*) chocar contra **2** *n* (*blow*) golpe *m*; MUS, (*success*) éxito *m*; *on website* acceso *m*

hitch [hɪtʃ] **1** *n* (*problem*) contratiempo *m* **2** *v/t* (*fix*) enganchar; **hitchhike** hacer autostop; **hitchhiker** autoestopista *m/f*

'hi-tech *m* (= *virus m inv* de la tecnología *f*)
'hi-tech *m* de alta tecnología

'hitman asesino *m* a sueldo; **hit-or-miss** a la buena ventura

HIV [eɪtʃaɪˈviː] (= *human immunodeficiency virus*) VIH *m* (= *virus m inv* de la inmunodeficiencia humana)

hive [haɪv] *for bees* colmena *f*

HIV'-positive seropositivo

hoard [hɔːrd] **1** *n* reserva *f* **2** *v/t* hacer acopio de; *money* acumular

hoarse [hɔːrs] ronco

hoax [hoʊks] bulo *m*, engaño *m*

hobble [ˈhɑːbl] cojear

hobby [ˈhɑːbɪ] hobby *m*

hobo [ˈhoʊboʊ] F vagabundo(-a) *m(f)*

hockey [ˈhɑːkɪ] (*ice ~*) hockey *m* sobre hielo

hog [hɑːg] (*pig*) cerdo *m*, *L.Am.* chancho *m*

hoist [hɔɪst] **1** *n* montacargas *m inv*; *manual* elevador *m* **2** *v/t* (*lift*) levantar; *flag* izar

hold [hoʊld] **1** *v/t in hand* llevar; (*support, keep in place*) sostener; *passport, license* tener; *prisoner* retener; (*contain*) contener; *post* ocupar; **~ the line, please** espere, por favor **2** *n in ship, plane* bodega *f*; **take ~ of sth** agarrar algo

◆ **hold back** *crowds* contener; *facts* guardar

◆ **hold out 1** *v/t hand* tender; *prospect* ofrecer **2** *v/i of supply* durar; (*survive*) resistir

◆ **hold up** *hand* levantar; *bank etc* atracar; (*make late*) retrasar

holder [ˈhoʊldər] (*container*) receptáculo *m*; *of passport, ticket etc* titular *m/f*; *of record* poseedor(a) *m(f)*; **holding company** holding *m*; **holdup** (*robbery*) atraco *m*; (*delay*) retraso *m*

hole [hoʊl] agujero *m*; *in ground* hoyo *m*

holiday [ˈhɑːlədeɪ] día *m* de fiesta; *Br: period* vacaciones *fpl*

Holland [ˈhɑːlənd] Holanda *f*

hollow [ˈhɑːloʊ] hueco; *cheeks* hundido; *promise* vacío

holocaust [ˈhɑːləkɔːst] holocausto *m*

hologram [ˈhɑːləgræm] holograma *m*

holster ['hoʊlstər] pistolera *f*

holy ['hoʊlɪ] santo; **Holy Spirit** Espíritu *m* Santo

home [hoʊm] **1** *n* casa *f*; *(native country)* tierra *f*; *for old people* residencia *f*; **at ~** also SP en casa; *(in country)* en mi / su / nuestra tierra; **make yourself at ~** ponte cómodo **2** *adv* a casa; **go ~** ir a casa; *to country* ir a mi / tu / su tierra; *to town, part of country* ir a mi / tu / su ciudad; **home address** domicilio *m*; **home banking** telebanca *f*, banca *f* electrónica; **homecoming** vuelta *f* a casa; **home computer** Span ordenador *m*, L.Am. computadora *f* doméstica; **home game** partido *m* en casa; **homeless 1** *adj* sin casa **2** *npl:* **the ~** los sin casa; **homeloving** hogareño; **homely** *(homeloving)* hogareño; *(not good-looking)* feúcho; **homemade** casero; **home page** página *f* inicial; **homesick** nostálgico; **be ~** tener morriña; **home town** ciudad *f* natal; **homeward** *to own house* a casa; *to own country* a mi / tu / su país; **homework** EDU deberes *mpl*

homicide ['hɑːmɪsaɪd] homicidio *m*; *department* brigada *f* de homicidios

homophobia [hɑːmə'foʊbɪə] homofobia *f*

homosexual [hɑːmə'sekʃʊəl] **1** *adj* homosexual **2** *n* homosexual *m/f*

Honduran [hɑːn'dʊrən] **1** *adj* hondureño **2** *n* hondureño(-a) *m(f)*; **Honduras** Honduras

honest ['ɑːnɪst] honrado; **honestly** honradamente; **~!** ¡desde luego!; **honesty** honradez *f*

honey ['hʌnɪ] miel *f*; F *(darling)* cariño *m*; **honeymoon** luna *f* de miel

honk [hɑːŋk] *horn* tocar

honor ['ɑːnər] **1** *n* honor *m* **2** *v/t* honrar; **honorable** honorable; **honour** Br ☞ **honor**

hood [hʊd] *over head* capucha *f*; *over cooker* campana *f* extractora; MOT capó *m*; F *(gangster)* matón(-ona) *m(f)*

hook [hʊk] gancho *m*; *for coat etc* colgador *m*; *for fishing* anzuelo *m*; **off the ~** TELEC descolgado; **hooked** enganchado *(on a)*; **hooker** F fulana *f* F

hoot [huːt] **1** *v/t horn* tocar **2** *v/i of car* dar bocinazos; *of owl* ulular

hop [hɑːp] saltar

hope [hoʊp] **1** *n* esperanza *f* **2** *v/i* esperar; **I~ so** espero que sí **3** *v/t:* **I~ you like it** espero que te guste; **hopeful** prometedor; **hopefully** *say, wait* esperanzadamente; **~ ...** *(let's hope)* esperemos que...; **hopeless** *position* desesperado; *(useless: per-*

hubcap

son) inútil

horizon [həˈraɪzn] horizonte *m*; **horizontal** horizontal

hormone [ˈhɔːrmoʊn] hormona *f*

horn [hɔːrn] *of animal* cuerno *m*; MOT bocina *f*

hornet [ˈhɔːrnɪt] avispón *m*

horny [ˈhɔːrnɪ] F *sexually* cachondo F

horrible [ˈhɑːrɪbl] horrible; *person* muy antipático; **horrify** horrorizar; **horrifying** horroroso; **horror** horror *m*

horse [hɔːrs] caballo *m*; **horse race** carrera *f* de caballos; **horseshoe** herradura *f*

horticulture [ˈhɔːrtɪkʌlʃər] horticultura *f*

hose [hoʊz] manguera *f*

hospitable [hɑːˈspɪtəbl] hospitalario

hospital [ˈhɑːspɪtl] hospital *m*; **hospitality** hospitalidad *f*

host [hoʊst] *at party* anfitrión *m*; *of TV program* presentador(a) *m(f)*

hostage [ˈhɑːstɪdʒ] rehén *m*; **hostage taker** persona que toma rehenes

hostel [ˈhɑːstl] *for students* residencia *f*; (*youth* ~) albergue *m*

hostess [ˈhoʊstɪs] *at party* anfitriona *f*; *on airplane* azafata *f*; *in bar* camarera *f*

hostile [ˈhɑːstl] hostil; **hostility** hostilidad *f*; **hostilities** hostilidades

hot [hɑːt] caliente; *weather* caluroso; (*spicy*) picante; **it's** ~

of weather hace calor; **I'm** ~ tengo calor; **hot dog** perrito *m* caliente

hotel [hoʊˈtel] hotel *m*

hour [aʊr] hora *f*

house [haʊs] casa *f*; **housebreaking** allanamiento *m* de morada; **household** hogar *m*; **household name** nombre *m* conocido; **housekeeper** ama *f* de llaves; **House of Representatives** Cámara *f* de Representantes; **housewarming** (party) fiesta *f* de estreno de una casa; **housewife** ama *f* de casa; **housework** tareas *fpl* domésticas; **housing** vivienda *f*; TECH cubierta *f*

hovel [ˈhʌvl] chabola *f*

hover [ˈhʌvər] *of bird* cernerse; *of helicopter* permanecer inmóvil en el aire

how [haʊ] cómo; ~ **are you?** ¿cómo estás?; ~ **about …?** ¿qué te parece…?; ~ **about a drink?** ¿te apetece tomar algo?; ~ **much?** ¿cuánto?; ~ **much is it?** *cost* ¿cuánto vale o cuesta?; ~ **many?** ¿cuántos?; ~ **often?** ¿con qué frecuencia?; ~ **sad!** ¡qué triste!; **however** sin embargo; ~ **big they are** independientemente de lo grandes que sean

howl [haʊl] *of dog* aullido *m*; *of pain* alarido *m*; *with laughter* risotada *f*

hub [hʌb] *of wheel* cubo *m*; **hubcap** tapacubos *m inv*

◆ **huddle together** ['hʌdl] apiñarse, acurrucarse

hug [hʌg] abrazar

huge [hju:dʒ] enorme

hull [hʌl] of ship casco m

hum [hʌm] tararear; of machine zumbar

human ['hju:mən] 1 n humano m 2 adj humano; **human being** ser m humano

humane [hju:'meɪn] humano

humanitarian [hju:mænɪ'teriən] humanitario

humanity [hju:'mænətɪ] humanidad f; **human race** raza f humana; **human resources** recursos mpl humanos

humble ['hʌmbl] humilde

humdrum ['hʌmdrʌm] monótono, anodino

humid ['hju:mɪd] húmedo; **humidifier** humidificador m; **humidity** humedad f

humiliate [hju:'mɪlɪeɪt] humillar; **humiliating** humillante; **humiliation** humillación f; **humility** humildad f

humor ['hju:mər] humor m; **humorous** gracioso; **humour** Br → **humor**

hunch [hʌntʃ] (idea) presentimiento m, corazonada f

hundred ['hʌndrəd] cien m; a ~ **and one** ciento uno; **two ~** doscientos; **hundredth** centésimo

hunger ['hʌngər] hambre f

hung-over: be ~ tener resaca

hungry ['hʌngrɪ] hambriento; **I'm ~** tengo hambre

hunk [hʌŋk] cacho m; F man cachas m inv F

hunt [hʌnt] 1 n caza f 2 v/t cazar; **hunter** cazador(a) m(f); **hunting** caza f

hurdle ['hɜːrdl] SP valla f; fig obstáculo m

hurl [hɜːrl] lanzar

hurray [hʊ'reɪ] ¡hurra!

hurricane ['hʌrɪkən] huracán m

hurried ['hʌrɪd] apresurado; **hurry** 1 n prisa f; **be in a ~** tener prisa 2 v/i darse prisa

◆ **hurry up** 1 v/i darse prisa; **hurry up!** ¡date prisa! 2 v/t meter prisa a

hurt [hɜːrt] 1 v/i doler 2 v/t hacer daño a; emotionally herir; **I've ~ my hand** me he hecho daño en la mano

husband ['hʌzbənd] marido m

hush [hʌʃ] silencio m

◆ **hush up** scandal etc acallar

husky ['hʌskɪ] voice áspero

hut [hʌt] cabaña f; workman's cobertizo m

hybrid ['haɪbrɪd] híbrido m

hydrant ['haɪdrənt] hidrante m de incendios

hydraulic [haɪ'drɔ:lɪk] hidráulico

hydroelectric [haɪdroʊ'lektrɪk] hidroeléctrico

hydrogen ['haɪdrədʒən] hidrógeno m

hygiene ['haɪdʒi:n] higiene f; **hygienic** higiénico

hymn [hɪm] himno m

hype [haɪp] bombo m

hyperactive [haɪpər'æktɪv] hiperactivo; **hypersensitive** hipersensible; **hypertext** COMPUT hipertexto *m*

hypnosis [hɪp'nəʊsɪs] hipnosis *f*; **hypnotize** hipnotizar

hypocrisy [hɪ'pɒkrəsɪ] hipocresía *f*; **hypocrite** hipócrita *m/f*; **hypocritical** hipócrita

hypothesis [haɪ'pɒθəsɪs] hipótesis *f inv*; **hypothetical** hipotético

hysterectomy [hɪstə'rektəmɪ] histerectomía *f*

hysteria [hɪ'stɪrɪə] histeria *f*; **hysterical** histérico; F (*very funny*) tronchante F; **hysterics** ataque *f* de histeria; (*laughter*) ataque *f* de risa

I

I [aɪ] yo; **~ am a student** soy estudiante

ice [aɪs] hielo *m*; **icebox** nevera *f*, *Rpl* heladera *f*; **ice cream** helado *m*; **ice cube** cubito *m* de hielo; **iced** *drink* helado; **ice hockey** hockey *m* sobre hielo; **ice rink** pista *f* de hielo; **ice skate** patín *m* de cuchilla; **ice skating** patinaje *m* sobre hielo

icon ['aɪkɒn] *also* COMPUT icono *m*

icy ['aɪsɪ] *road* con hielo; *surface* helado; *welcome* frío

ID [aɪ'diː] (= *identity*) documentación *f*

idea [aɪ'dɪə] idea *f*; **ideal** ideal; **idealistic** idealista

identical [aɪ'dentɪkl] idéntico; **identification** identificación *f*; *papers etc* documentación *f*; **identify** identificar; **identity** identidad *f*; **~ card** carné *m* de identidad

ideological [aɪdɪə'lɒːdʒɪkl] ideológico; **ideology** ideolo-

gía *f*

idiomatic [ɪdɪə'mætɪk] *natural* natural

idiot ['ɪdɪət] idiota *m/f*; **idiotic** idiota

idle ['aɪdl] **1** *adj not working* desocupado; (*lazy*) vago; *threat* vano; *machinery* inactivo **2** *v/i of engine* funcionar al ralentí

idol ['aɪdl] ídolo *m*; **idolize** idolatrar

if [ɪf] si

ignite [ɪg'naɪt] inflamar; **ignition** *in car* encendido *m*; **~ key** llave *m* de contacto

ignorance ['ɪgnərəns] ignorancia *f*; **ignorant** ignorante; (*rude*) maleducado; **ignore** ignorar; COMPUT omitir

ill [ɪl] enfermo; **fall ~**, **be taken ~** caer enfermo

illegal [ɪ'liːgl] ilegal

illegible [ɪ'ledʒəbl] ilegible

illegitimate [ɪlɪ'dʒɪtɪmət] *child* ilegítimo

illicit [ɪ'lɪsɪt] ilícito

illiterate [ɪˈlɪtərət] analfabeto

illness [ˈɪlnɪs] enfermedad f

illogical [ɪˈlɒdʒɪkl] ilógico

illtreat maltratar

illuminating [ɪˈluːmɪneɪtɪŋ] *remarks* iluminador

illusion [ɪˈluːʒn] ilusión f

illustrate [ˈɪləstreɪt] ilustrar; illustration ilustración f; illustrator ilustrador(a) m(f)

image [ˈɪmɪdʒ] imagen f

imaginary [ɪˈmædʒɪnərɪ] imaginario; imagination imaginación f; imaginative imaginativo; imagine imaginar, imaginarse; **you're imagining things** son imaginaciones tuyas

IMF [aɪemˈef] (= *International Monetary Fund*) FMI m (= Fondo m Monetario Internacional)

imitate [ˈɪmɪteɪt] imitar; imitation imitación f

immaculate [ɪˈmækjʊlət] inmaculado

immature [ɪməˈtʃʊər] inmaduro

immediate [ɪˈmiːdɪət] inmediato; immediately inmediatamente

immense [ɪˈmens] inmenso

immerse [ɪˈmɜːs] sumergir

immigrant [ˈɪmɪgrənt] inmigrante m/f; immigrate inmigrar; immigration inmigración f

imminent [ˈɪmɪnənt] inminente

immobilize [ɪˈmoʊbɪlaɪz] *factory* paralizar; *person, car* inmovilizar

immoderate [ɪˈmɒdərət] desmedido, exagerado

immoral [ɪˈmɒrəl] inmoral; immorality inmoralidad f

immortal [ɪˈmɔːrtl] inmortal; immortality inmortalidad f

immune [ɪˈmjuːn] *to illness* inmune; *from ruling* con inmunidad; immune system MED sistema m inmunológico; immunity inmunidad f

impact [ˈɪmpækt] impacto m

impair [ɪmˈper] dañar

impartial [ɪmˈpɑːrʃl] imparcial

impassable [ɪmˈpæsəbl] *road* intransitable

impassioned [ɪmˈpæʃnd] *speech, plea* apasionado

impatience [ɪmˈpeɪʃəns] impaciencia f; impatient impaciente; impatiently impacientemente

impeccable [ɪmˈpekəbl] impecable

impede [ɪmˈpiːd] dificultar; impediment *in speech* defecto m del habla

impending [ɪmˈpendɪŋ] inminente

imperative [ɪmˈperətɪv] **1** *adj* imprescindible **2** *n* GRAM imperativo m

imperfect [ɪmˈpɜːrfekt] **1** *adj* imperfecto **2** *n* GRAM imperfecto m

impersonal [ɪmˈpɜːrsənl] impersonal; impersonate *as a joke* imitar; *illegally* hacerse pasar por impertinence [ɪmˈpɜːrtɪnəns] impertinencia f; **impertinent** impertinente

impervious [ɪmˈpɜːrvɪəs]: ~ **to** inmune a

impetuous [ɪmˈpetʃʊəs] impetuoso

impetus [ˈɪmpɪtəs] *of campaign etc* ímpetu m

implement **1** [ˈɪmplɪmənt] *n* utensilio m **2** [ˈɪmplɪment] *v/t* poner en práctica

implicate [ˈɪmplɪkeɪt] implicar; **implication** consecuencia f

implore [ɪmˈplɔːr] implorar

imply [ɪmˈplaɪ] implicar

impolite [ɪmpəˈlaɪt] maleducado

import [ˈɪmpɔːrt] **1** *n* importación f **2** *v/t* importar

importance [ɪmˈpɔːrtəns] importancia f; **important** importante

importer [ɪmˈpɔːrtər] importador(a) m(f)

impose [ɪmˈpəʊz] *tax* imponer; **imposing** imponente

impossibility [ɪmpɑːsɪˈbɪlɪtɪ] imposibilidad f; **impossible** imposible

impotence [ˈɪmpətəns] impotencia f; **impotent** impotente

impractical [ɪmˈpræktɪkəl] poco práctico

impress [ɪmˈpres] impresionar; **impression** impresión f; (*impersonation*) imitación f; **impressive** impresionante

imprint [ˈɪmprɪnt] *of credit card* impresión f

imprison [ɪmˈprɪzn] encarcelar; **imprisonment** encarcelamiento m

improbable [ɪmˈprɑːbəbəl] improbable

improve [ɪmˈpruːv] mejorar; **improvement** mejora f, mejoría f

improvise [ˈɪmprəvaɪz] improvisar

impudent [ˈɪmpjʊdənt] insolente, desvergonzado

impulse [ˈɪmpʌls] impulso m; **impulsive** impulsivo

in [ɪn] **1** *prep* en; ~ **two hours** *from now* dentro de dos horas; (*over period of*) en dos horas; ~ **the morning** por la mañana; ~ **yellow** de amarillo; ~ **crossing the road** (*while*) al cruzar la calle; ~ **agreeing to this** (*by virtue of*) al expresar acuerdo con esto; **one** ~ **ten** uno de cada diez **2** *adv* dentro; **is he** ~? *at home* ¿está en casa?; ~ **here** aquí dentro **3** *adj* (*fashionable*) de moda

inability [ɪnəˈbɪlɪtɪ] incapacidad f

inaccurate [ɪnˈækjʊrət] inexacto

inadequate [ɪnˈædɪkwət] insuficiente

inadvisable [ɪnədˈvaɪzəbl] poco aconsejable

inanimate [ɪnˈænɪmət] inanimado

inappropriate [ɪnəˈprəʊprɪət]

inadecuado, improcedente; *choice* inapropiado

inaudible [ɪnˈɔːdəbl] inaudible

inaugural [ɪˈnɔːgjʊrəl] *speech* inaugural; **inaugurate** inaugurar

inborn [ˈɪnbɔːrn] innato

Inc. (= *Incorporated*) S.A. (= sociedad *f* anónima)

incalculable [ɪnˈkælkjʊləbl] *damage* incalculable

incapable [ɪnˈkeɪpəbl] 1 incapaz

incentive [ɪnˈsentɪv] incentivo *m*

incessant [ɪnˈsesnt] incesante; **incessantly** incesantemente

incest [ˈɪnsest] incesto *m*

inch [ɪntʃ] pulgada *f*

incident [ˈɪnsɪdənt] incidente *m*; **incidental** sin importancia; **~ expenses** gastos *mpl* varios; **incidentally** a propósito

incision [ɪnˈsɪʒn] incisión *f*; **incisive** incisivo

incite [ɪnˈsaɪt] incitar

inclination [ɪnklɪˈneɪʃn] inclinación *f*

inclose ☞ **enclose**

include [ɪnˈkluːd] incluir; **including** incluyendo; **inclusive 1** *adj price* total, global **2** *prep*: **~ of** incluyendo, incluido **3** *adv*: **from Monday to Thursday ~** de lunes al jueves, ambos inclusive; **$1000 ~** 1.000 dólares todo incluido

incoherent [ɪnkoʊˈhɪrənt] incoherente

income [ˈɪnkʌm] ingresos *mpl*; **income tax** impuesto *m* sobre la renta

incomparable [ɪnˈkɑːmpərəbl] incomparable

incompatibility [ɪnkəmpætɪˈbɪlɪtɪ] incompatibilidad *f*; **incompatible** incompatible

incompetence [ɪnˈkɑːmpɪtəns] incompetencia *f*; **incompetent** incompetente

incomplete [ɪnkəmˈpliːt] incompleto

incomprehensible [ɪnkɑːmprɪˈhensɪbl] incomprensible

inconceivable [ɪnkənˈsiːvəbl] inconcebible

inconsiderate [ɪnkənˈsɪdərət] desconsiderado

inconsistent [ɪnkənˈsɪstənt] incoherente, inconsecuente; *player* irregular

inconspicuous [ɪnkənˈspɪkjʊəs] discreto

inconvenience [ɪnkənˈviːnɪəns] inconveniencia *f*; **inconvenient** inconveniente

incorporate [ɪnˈkɔːrpəreɪt] incorporar

incorrect [ɪnkəˈrekt] incorrecto

increase 1 [ɪnˈkriːs] *v/t & v/i* aumentar **2** [ˈɪnkriːs] *n* aumento *m*; **increasing** creciente; **increasingly** cada vez más

incredible [ɪnˈkredɪbl] increíble

incur [ɪnˈkɜːr] *costs* incurrir
en; *debts* contraer; *anger*
provocar

incurable [ɪnˈkjʊərəbl] incurable

indecent [ɪnˈdiːsnt] indecente

indecisive [ɪndɪˈsaɪsɪv] indeciso; **indecisiveness** indecisión *f*

indeed [ɪnˈdiːd] (*in fact*) ciertamente, efectivamente; *yes, agreeing* ciertamente, en efecto

indefinable [ɪndɪˈfaɪnəbl] indefinible

indefinite [ɪnˈdefɪnɪt] indefinido; **indefinitely** indefinidamente

indelicate [ɪnˈdelɪkət] poco delicado

independence [ɪndɪˈpendəns] independencia *f*; **Independence Day** Día *m* de la Independencia; **independent** independiente

indescribable [ɪndɪˈskraɪbəbl] indescriptible

index [ˈɪndeks] *for book* índice *m*

India [ˈɪndɪə] (la) India; **Indian 1** *adj* indio **2** *n from India* indio(-a) *m(f)*, hindú *m/f*; *American* indio(-a) *m(f)*

indicate [ˈɪndɪkeɪt] **1** *v/t* indicar **2** *v/i Br when driving* poner el intermitente; **indication** indicio *m*

indict [ɪnˈdaɪt] acusar

indifference [ɪnˈdɪfrəns] indiferencia *f*; **indifferent** indiferente; (*mediocre*) mediocre

indigestion [ɪndɪˈdʒestʃn] indigestión *f*

indignant [ɪnˈdɪɡnənt] indignado; **indignation** indignación *f*

indirect [ɪndɪˈrekt] indirecto; **indirectly** indirectamente

indiscreet [ɪndɪˈskriːt] indiscreto

indiscriminate [ɪndɪˈskrɪmɪnət] indiscriminado

indispensable [ɪndɪˈspensəbl] indispensable

indisposed [ɪndɪˈspoʊzd] (*not well*) indispuesto

indisputable [ɪndɪˈspjuːtəbl] indiscutible

indistinct [ɪndɪˈstɪŋkt] indistinto, impreciso

indistinguishable [ɪndɪˈstɪŋgwɪʃəbl] indistinguible

individual [ɪndɪˈvɪdʒʊəl] **1** *n* individuo *m* **2** *adj* individual; **individually** individualmente

indoctrinate [ɪnˈdɑːktrɪneɪt] adoctrinar

Indonesia [ɪndəˈniːʒə] Indonesia; **Indonesian 1** *adj* indonesio **2** *n person* indonesio(-a) *m(f)*

indoor [ˈɪndɔːr] *activities* de interior; *sport* de pista cubierta; *arena* cubierto; **indoors** dentro

indorse ☞ **endorse**

indulgent [ɪnˈdʌldʒənt] indulgente

industrial [ɪnˈdʌstrɪəl] industrial; **industrial dispute** conflicto *m* laboral; **industrialist** industrial *m/f*; **industrious** trabajador, aplicado; **industry** industria *f*

ineffective [ɪnɪˈfektɪv] ineficaz

inefficient [ɪnɪˈfɪʃənt] ineficiente

inept [ɪˈnept] inepto

inequality [ɪnɪˈkwɒlɪtɪ] desigualdad *f*

inescapable [ɪnɪˈskeɪpəbl] inevitable

inevitable [ɪnˈevɪtəbl] inevitable; **inevitably** inevitablemente

inexcusable [ɪnɪksˈkjuːzəbl] inexcusable

inexhaustible [ɪnɪɡzɔːstəbl] *supply* inagotable

inexpensive [ɪnɪkˈspensɪv] barato, económico

inexperienced [ɪnɪkspɪərɪənst] inexperto

inexplicable [ɪnɪkˈsplɪkəbl] inexplicable

infallible [ɪnˈfælɪbl] infalible

infamous [ˈɪnfəməs] infame

infancy [ˈɪnfənsɪ] infancia *f*; **infant** bebé *m*; **infantile** *pej* infantil

infantry [ˈɪnfəntrɪ] infantería *f*

infect [ɪnˈfekt] infectar; **infection** infección *f*; **infectious** infeccioso; *laughter* contagioso

infer [ɪnˈfɜːr] inferir (**from** de)

inferior [ɪnˈfɪərɪər] inferior (**to** a); **inferiority** inferioridad *f*; **inferiority complex** complejo *m* de inferioridad

infertile [ɪnˈfɜːtl] *woman, plant* estéril; *soil* estéril, yermo; **infertility** esterilidad *f*

infidelity [ɪnfɪˈdelɪtɪ] infidelidad *f*

infinite [ˈɪnfɪnət] infinito; **infinitive** infinitivo *m*; **infinity** infinidad *f*

inflammable [ɪnˈflæməbl] inflamable; **inflammation** MED inflamación *f*

inflatable [ɪnˈfleɪtəbl] *dinghy* hinchable, inflable; **inflate** *tire, dinghy* hinchar, inflar; *economy* inflar; **inflation** inflación *f*; **inflationary** inflacionario, inflacionista

inflexible [ɪnˈfleksɪbl] inflexible

inflict [ɪnˈflɪkt] infligir (**on** a)

influence [ˈɪnfluəns] **1** *n* influencia *f* **2** *v/t* influir en, influenciar; **influential** influyente

inform [ɪnˈfɔːm] **1** *v/t* informar **2** *v/i*: ~ **on s.o.** delatar a alguien

informal [ɪnˈfɔːml] informal; **informality** informalidad *f*

informant [ɪnˈfɔːmənt] confidente *m/f*; **information** información *f*; **information technology** tecnología *fpl* de la información; **informative** informativo; **informer** confidente *m/f*

infra-red [ɪnfrəˈred] infrarrojo

infrastructure ['ɪnfrətrʌktʃər] infraestructura *f*

infrequent [ɪn'fri:kwənt] poco frecuente

infuriate [ɪn'fjʊrɪeɪt] enfurecer, exasperar; **infuriating** exasperante

ingenious [ɪn'dʒi:nɪəs] ingenioso

ingot ['ɪŋgət] lingote *m*

ingratitude [ɪn'grætɪtu:d] ingratitud *f*

ingredient [ɪn'gri:dɪənt] *also fig* ingrediente *m*

inhabit [ɪn'hæbɪt] habitar; **inhabitant** habitante *m/f*

inhale [ɪn'heɪl] **1** *v/t* inhalar **2** *v/i when smoking* tragarse el humo

inherit [ɪn'herɪt] heredar; **inheritance** herencia *f*

inhibited [ɪn'hɪbɪtɪd] inhibido, cohibido; **inhibition** inhibición *f*

inhospitable [ɪnhɑ:'spɪtəbl] *person* inhospitalario; *city, climate* inhóspito

inhuman [ɪn'hju:mən] inhumano

initial [ɪ'nɪʃl] **1** *adj* inicial **2** *n* inicial *f* **3** *v/t* (*write ~s on*) poner las iniciales en; **initially** inicialmente; **initiate** iniciar; **initiation** iniciación *f*, inicio *m*; **initiative** iniciativa *f*

inject [ɪn'dʒekt] inyectar; **injection** inyección *f*

injure ['ɪndʒər] lesionar; **injury** lesión *f*; *wound* herida *f*

injustice [ɪn'dʒʌstɪs] injusti-

cia *f*

ink [ɪŋk] tinta *f*

inland ['ɪnlənd] interior; *mail* nacional

in-laws ['ɪnlɔ:z] familia *f* política

inmate ['ɪnmeɪt] *of prison* recluso(-a) *m(f)*; *of mental hospital* paciente *m/f*

inn [ɪn] posada *f*, mesón *m*

inner ['ɪnər] interior

innate ['ɪneɪt] innato

innocence ['ɪnəsns] inocencia *f*; **innocent** inocente

innocuous [ɪ'nɑ:kjʊəs] inocuo

innovation [ɪnə'veɪʃn] innovación *f*; **innovative** innovador; **innovator** innovador(a) *m(f)*

inoculate [ɪ'nɑ:kjʊleɪt] inocular; **inoculation** inoculación *f*

inoffensive [ɪnə'fensɪv] inofensivo

'in-patient paciente *m/f* interno(-a)

input ['ɪnpʊt] **1** *n into project etc* contribución *f*; COMPUT entrada *f* **2** *v/t into project* contribuir; COMPUT introducir

inquest ['ɪnkwest] investigación *f* (*into* sobre)

inquire [ɪn'kwaɪr] preguntar; **inquiry** consulta *f*, pregunta *f*; *into rail crash etc* investigación *f*

inquisitive [ɪn'kwɪzətɪv] curioso, inquisitivo

insane [ɪn'seɪn] *person* loco,

396

demente; *idea* descabellado
insanitary [ɪnˈsænɪtərɪ] antihigiénico
insanity [ɪnˈsænɪtɪ] locura *f*,
demencia *f*
inscription [ɪnˈskrɪpʃn] inscripción *f*
insect [ˈɪnsekt] insecto *m*; **in-**
secticide insecticida *f*
insecure [ɪnsɪˈkjʊr] inseguro;
insecurity inseguridad *f*
insensitive [ɪnˈsensɪtɪv] insensible
insert 1 [ˈɪnsɜːrt] *n in maga-*
zine etc encarte *m* **2** [ɪnˈsɜːrt]
v/t introducir, meter; *extra*
text insertar
inside [ɪnˈsaɪd] **1** *n* interior *m*;
~ out del revés **2** *prep* dentro
de; **~ of 2 hours** dentro de 2
horas **3** *adv stay, remain* dentro; *go, carry* adentro; **we**
went ~ entramos **4** *adj*: **~ in-**
formation información *f*
confidencial; **~ lane** SP calle
f de dentro; **inside pocket**
bolsillo *m* interior; **insider**
persona *con acceso a informa-*
ción confidencial; **inside**
trading FIN uso *m* de información privilegiada; **~ sides**
(*stomach*) tripas *fpl*
insignificant [ɪnsɪɡˈnɪfɪkənt]
insignificante
insincere [ɪnsɪnˈsɪr] poco sincero, falso; **insincerity** falta
f de sinceridad
insinuate [ɪnˈsɪnjueɪt] (*imply*)
insinuar
insist [ɪnˈsɪst] insistir (**on** en);
insistent insistente

insolent [ˈɪnsələnt] insolente
insolvent [ɪnˈsɑːlvənt] insol-
vente
insomnia [ɪnˈsɑːmnɪə] insomnio *m*
inspect [ɪnˈspekt] inspeccionar; **inspection** inspección
f; **inspector** *in factory* ins-
pector(a) *m(f)*
inspiration [ɪnspəˈreɪʃn] inspiración *f*; **inspire** *respect*
etc inspirar
instability [ɪnstəˈbɪlɪtɪ] ines-
tabilidad *f*
install [ɪnˈstɔːl] instalar; **in-**
stallation instalación *f*; **in-**
stallment, *Br* **instalment**
of story etc episodio *m*; *pay-*
ment plazo *m*; **installment**
plan compra *f* a plazos
instance [ˈɪnstəns] ejemplo
m; **for ~** por ejemplo
instant [ˈɪnstənt] **1** *adj* instantáneo **2** *n* instante *m*; **in-**
stantaneous instantáneo;
instant coffee café *m* instantáneo; **instantly** al instante
instead [ɪnˈsted]: **would you**
like coffee ~? ¿preferiría
mejor café?; **~ of me** en mi
lugar; **~ of going** en vez de
ir, en lugar de ir
instinct [ˈɪnstɪŋkt] instinto *m*;
instinctive instintivo
institute [ˈɪnstɪtuːt] **1** *n* instituto *m* **2** *v/t new law* establecer; *inquiry* iniciar; **institu-**
tion institución *f*; (*setting*
up) iniciación *f*
instruct [ɪnˈstrʌkt] (*order*) dar

instrucciones a; (*teach*) instruir; **instruction** instrucción *f*; **instructive** instructivo; **instructor** instructor(a) *m(f)*

instrument ['ɪnstrəmənt] instrumento *m*

insubordinate [ɪnsə'bɔ:rdɪnət] insubordinado

insufficient [ɪnsə'fɪʃnt] insuficiente

insulate ['ɪnsəleɪt] aislar; **insulation** aislamiento *m*

insulin ['ɪnsəlɪn] insulina *f*

insult 1 ['ɪnsʌlt] *n* insulto *m* **2** [ɪn'sʌlt] *v/t* insultar

insurance [ɪn'ʃurəns] seguro *m*; **insurance company** compañía *f* de seguros, aseguradora *f*; **insurance policy** póliza *f* de seguros; **insurance premium** prima *f* (del seguro); **insure** asegurar

insurmountable [ɪnsər'maʊntəbl] insuperable

intact [ɪn'tækt] intacto

integrate ['ɪntɪgreɪt] integrar (*into* en); **integrity** (*honesty*) integridad *f*; **a man of ~** un hombre íntegro

intellect ['ɪntəlekt] intelecto *m*; **intellectual 1** *adj* intelectual **2** *n* intelectual *m/f*

intelligence [ɪn'telɪdʒəns] inteligencia *f*; (*information*) información *f* secreta; **intelligent** inteligente

intelligible [ɪn'telɪdʒəbl] inteligible

intend [ɪn'tend]: **~ to do sth**

tener la intención de hacer algo

intense [ɪn'tens] intenso; *personality* serio; **intensify 1** *v/t* intensificar **2** *v/i* intensificarse; **intensity** intensidad *f*; **intensive** intensivo; **intensive care** cuidados *mpl* intensivos

intention [ɪn'tenʃn] intención *f*; **intentional** intencionado; **intentionally** a propósito, adrede

interaction [ɪntər'ækʃn] interacción *f*; **interactive** interactivo

intercept [ɪntər'sept] interceptar

interchange ['ɪntərtʃeɪndʒ] *of highways* nudo *m* vial; **interchangeable** intercambiable

intercom ['ɪntərkɑ:m] interfono *m*; *for front door* portero *m* automático

intercourse ['ɪntərkɔ:rs] *sexual* coito *m*

interdependent [ɪntərdɪ'pendənt] interdependiente

interest ['ɪntrəst] **1** *n also* FIN interés *m* **2** *v/t* interesar; **interested** interesado; **interesting** interesante; **interest rate** tipo *m* de interés

interface ['ɪntərfeɪs] **1** *n* interface *m*, interfaz *f* **2** *v/i* relacionarse

interfere [ɪntər'fɪr] interferir; **interference** intromisión *f*; *on radio* interferencia *f*

interior [ɪn'tɪrɪər] **1** *adj* interior **2** n interior m; **interior design** interiorismo m; **interior designer** interiorista m/f

interlude ['ɪntərluːd] at theater, concert intermedio m; (period) intervalo m

intermediary [ɪntər'miːdɪərɪ] intermediario m; **intermediate** intermedio m

intermission [ɪntər'mɪʃn] in theater intermedio m

internal [ɪn'tɜːrnl] interno m; **internally** internamente; **Internal Revenue (Service)** Hacienda f, Span Agencia f Tributaria

international [ɪntər'næʃnl] internacional; **internationally** internacionalmente

Internet ['ɪntərnet] Internet f; **on the ~** en Internet

interpret [ɪn'tɜːrprɪt] interpretar; **interpretation** interpretación f; **interpreter** intérprete m/f

interrogate [ɪn'terəgeɪt] interrogar; **interrogation** interrogatorio m; **interrogator** interrogador(a) m(f)

interrupt [ɪntər'rʌpt] interrumpir; **interruption** interrupción f

intersect [ɪntər'sekt] **1** v/t cruzar **2** v/i cruzarse; **intersection** of roads intersección f

interstate [ɪntər'steɪt] autopista f interestatal

interval ['ɪntərvl] intervalo m; in theater intermedio m

intervene [ɪntər'viːn] intervenir; **intervention** intervención f

interview ['ɪntərvjuː] **1** n entrevista f **2** v/t entrevistar; **interviewer** entrevistador(a) m(f)

intimate ['ɪntɪmət] íntimo

intimidate [ɪn'tɪmɪdeɪt] intimidar; **intimidation** intimidación f

into ['ɪntu] en; **translate ~ English** traducir al inglés; **he's ~ classical music** F (likes) le gusta or Span le va mucho la música clásica; **he's ~ local politics** F (is involved with) está muy metido en el mundillo de la política local

intolerable [ɪn'tɑːlərəbl] intolerable; **intolerant** intolerante

intoxicated [ɪn'tɑːksɪkeɪtɪd] ebrio, embriagado

intravenous [ɪntrə'viːnəs] intravenoso

intricate ['ɪntrɪkət] intrincado

intrigue 1 ['ɪntriːg] n intriga f **2** [ɪn'triːg] v/t intrigar; **intriguing** intrigante

introduce [ɪntrə'duːs] presentar; new technique etc introducir; **introduction** to person presentación f; to a new food, sport etc iniciación f; in book, of new techniques etc introducción f

intrude [ɪn'truːd] molestar; **intruder** intruso(-a) m(f); **intrusion** intromisión f

irreverent

intuition [ɪntuːˈɪʃn] intuición f

invade [ɪnˈveɪd] invadir

invalid¹ [ɪnˈvælɪd] *adj* nulo

invalid² [ˈɪnvəlɪd] n MED minusválido(-a) m(f)

invalidate [ɪnˈvælɪdeɪt] invalidar

invaluable [ɪnˈvæljʊbl] inestimable

invariably [ɪnˈveɪriəblɪ] (*always*) invariablemente

invasion [ɪnˈveɪʒn] invasión f

invent [ɪnˈvent] inventar; **invention** *action* invención f; *thing invented* invento m; **inventive** inventivo; **inventor** inventor(a) m(f)

inventory [ˈɪnvəntɔːrɪ] inventario m

invert [ɪnˈvɜːrt] invertir

invest [ɪnˈvest] invertir

investigate [ɪnˈvestɪgeɪt] investigar; **investigation** investigación f

investment [ɪnˈvestmənt] inversión f; **investor** inversor(a) m(f)

invincible [ɪnˈvɪnsəbl] invencible

invisible [ɪnˈvɪzɪbl] invisible

invitation [ɪnvɪˈteɪʃn] invitación f; **invite** invitar

invoice [ˈɪnvɔɪs] **1** n factura f **2** v/t *customer* enviar la factura a

involuntary [ɪnˈvɑːləntərɪ] involuntario

involve [ɪnˈvɑːlv] *work, expense* involucrar, entrañar; **what does it ~?** ¿en qué consiste?; **involved** (*complex*) complicado (*plex*); **involvement** *in project, crime* participación f, intervención f

invulnerable [ɪnˈvʌlnərəbl] invulnerable

inward [ˈɪnwərd] **1** *adj feeling, smile* interior **2** *adv* hacia dentro; **inwardly** por dentro

IQ [aɪˈkjuː] (= *intelligence quotient*) cociente m intelectual

Iran [ɪˈrɑːn] Irán f; **Iranian 1** *adj* iraní **2** n *iraní* m/f

Iraq [ɪˈræk] Iraq, Irak; **Iraqi 1** *adj* iraquí **2** n *iraquí* m/f

Ireland [ˈaɪrlənd] Irlanda f; **Irish** irlandés

iron [ˈaɪərn] **1** n hierro m; *for clothes* plancha f **2** v/t planchar

ironic(al) [aɪˈrɑːnɪk(l)] irónico

'ironing board tabla f de planchar

irony [ˈaɪrənɪ] ironía f

irrational [ɪˈræʃənl] irracional

irreconcilable [ɪrekənˈsaɪləbl] irreconciliable

irregular [ɪˈregjʊlər] irregular

irrelevant [ɪˈreləvənt] irrelevante

irreplaceable [ɪrɪˈpleɪsəbl] irreemplazable

irrepressible [ɪrɪˈpresəbl] *sense of humor* incontenible; *person* irreprimible

irresistible [ɪrɪˈzɪstəbl] irresistible

irresponsible [ɪrɪˈspɑːnsəbl] irresponsable

irreverent [ɪˈrevərənt] irreve-

rente
irrevocable [ɪˈrevəkəbl] irrevocable
irrigate [ˈɪrɪgeɪt] regar; **irrigation** riego m
irritable [ˈɪrɪtəbl] irritable; **irritate** irritar; **irritating** irritante; **irritation** irritación f
Islam [ˈɪzlɑːm] (el) Islam; **Islamic** islámico
island [ˈaɪlənd] isla f
isolate [ˈaɪsəleɪt] aislar; **isolated** aislado; **isolation** aislamiento m
ISP [aɪesˈpiː] (= *Internet service provider*) proveedor m de (acceso a) Internet
Israel [ˈɪzreɪl] Israel; **Israeli** [ɪzˈreɪlɪ] **1** *adj* israelí **2** *n person* israelí m/f
issue [ˈɪʃuː] **1** *n (matter)* tema m, asunto m; *of magazine* número m **2** *v/t coins* emitir; *passport etc* expedir; *warning* dar

IT [aɪˈtiː] (= *information technology*) tecnologías fpl de la información
it [ɪt] *as object* lo m, la f; **what color is ~?** - **~ is red** ¿de qué color es? - es rojo; **~'s raining** llueve; **~'s me / him** soy yo / es él; **that's ~!** *(that's right)* ¡eso es!; *(finished)* ¡ya está!
Italian [ɪˈtæljən] **1** *adj* italiano **2** *n person* italiano(-a) m(f); *language* italiano m
italics [ɪˈtælɪks] cursiva f
Italy [ˈɪtəlɪ] Italia
itch [ɪtʃ] **1** *n* picor m **2** *v/i* picar
item [ˈaɪtəm] artículo m; *on agenda* punto m; *of news* noticia f; **itemize** *invoice* detallar
itinerary [aɪˈtɪnərərɪ] itinerario m
its [ɪts] su
it's [ɪts] ☞ **it is**; **it has**
itself [ɪtˈself] *reflexive* se; **by ~** *(alone, automatically)* solo

J

jab [dʒæb] clavar
jack [dʒæk] MOT gato m; *in cards* jota f
jacket [ˈdʒækɪt] chaqueta f; *of book* sobrecubierta f
jackpot [ˈdʒækpɒt] gordo m
jagged [ˈdʒægɪd] accidentado
jaguar [ˈdʒægjuər] jaguar m
jail [dʒeɪl] cárcel f
jam¹ [dʒæm] *n for bread* mermelada f

jam² [dʒæm] **1** *n* mot atasco m; F *(difficulty)* aprieto m **2** *v/t (ram)* meter, embutir; *(cause to stick)* atascar **3** *v/i (stick)* atascarse
janitor [ˈdʒænɪtər] portero(-a) m(f)
January [ˈdʒænjʊərɪ] enero m
Japan [dʒəˈpæn] Japón; **Japanese 1** *adj* japonés **2** *n* japonés(-esa) m(f); *language*

japonés *m*; **the ~** los japone- ses

jar [dʒɑːr] *container* tarro *m*

jargon ['dʒɑːrɡən] jerga *f*

jaw [dʒɔː] mandíbula *f*

jaywalker ['dʒeɪwɔːkər] peatón(-ona) *m(f)* imprudente

jazz [dʒæz] jazz *m*

jealous ['dʒeləs] celoso; **jealousy** celos *mpl*; *of possessions* envidia *f*

jeans [dʒiːnz] vaqueros *mpl*, jeans *mpl*

jeep [dʒiːp] jeep *m*

jeer [dʒɪr] **1** *n* abucheo *m* **2** *v/i* abuchear

Jello® ['dʒelou] gelatina *f*

jelly ['dʒeli] mermelada *f*; **jellyfish** medusa *f*

jeopardize ['dʒepərdaɪz] poner en peligro

jerk¹ [dʒɜːrk] **1** *n* sacudida *f* **2** *v/t* dar un tirón a

jerk² [dʒɜːrk] brusco

jerky ['dʒɜːrki] brusco

Jesus ['dʒiːzəs] Jesús

jet [dʒet] *(airplane)* reactor *m*; *of water* chorro *m*; *(nozzle)* boquilla *f*; **jetlag** desfase *m* horario, jet lag *m*; **jettison** tirar por la borda

jetty ['dʒeti] malecón *m*

Jew [dʒuː] judío(-a) *m(f)*

jewel ['dʒuːəl] *also fig* joya *f*; **jeweler**, *Br* **jeweller** joyero(-a) *m(f)*; **jewellery** *Br*, **jewelry** joyas *fpl*

Jewish ['dʒuːɪʃ] judío

jigsaw ['dʒɪɡsɔː] rompecabe-

zas *m inv*, puzzle *m*

jilt [dʒɪlt] dejar plantado

jingle ['dʒɪŋɡl] **1** *n song* melodía *f* publicitaria **2** *v/i of keys, coins* tintinear

jinx [dʒɪŋks] gafe *m*; **there's a ~ on this project** este proyecto está gafado

jittery ['dʒɪtəri] *F* nervioso

job [dʒɑːb] trabajo *m*; **jobless** desempleado, *Span* parado

jockey ['dʒɑːki] jockey *m/f*

jog [dʒɑːɡ] *as exercise* hacer jogging *or* footing; **jogger** persona *f* que hace jogging *or* footing; **jogging**: **go ~** ir a hacer jogging *or* footing

john [dʒɑːn] *P (toilet)* baño *m*, váter *m*

join [dʒɔɪn] **1** *n* juntura *f* **2** *v/t of roads, rivers* juntarse; *(become a member)* hacerse socio **3** *v/i (connect)* unir; *person* unirse a; *club* hacerse socio de; *of road* desembocar en

♦ **join in** participar

joint [dʒɔɪnt] ANAT articulación *f*; *in woodwork* junta *f*; *of meat* pieza *f*; **joint account** cuenta *f* conjunta; **joint venture** empresa *f* conjunta

joke [dʒouk] **1** *n* chiste *m*; *(practical ~)* broma *f* **2** *v/i* bromear; **joker** bromista *m/f*; *in cards* comodín *m*; **jokingly** en broma

jostle ['dʒɑːsl] empujar

journal ['dʒɜːrnl] *(magazine)*

revista f; (diary) diario m;
journalism periodismo m;
journalist periodista m/f

journey ['dʒɜːrnɪ] viaje m

joy [dʒɔɪ] alegría f, gozo m

jubilant ['dʒuːbɪlənt] jubiloso;
jubilation júbilo m

judge [dʒʌdʒ] **1** n juez m/f **2**
v/t juzgar; (estimate) calcular
3 v/i juzgar; **judg(e)ment**
LAW fallo m; (opinion) juicio
m; **Judg(e)ment Day** Día m
del Juicio Final

judicial [dʒuːˈdɪʃl] judicial

juggle ['dʒʌgl] also fig hacer
malabarismos con

juice [dʒuːs] Span zumo m,
L.Am. jugo m; **juicy** also
fig jugoso

July [dʒuˈlaɪ] julio m

jumbo (jet) ['dʒʌmboʊ] jumbo m; **jumbo(-sized)** gigante

jump [dʒʌmp] **1** n salto m; (increase) incremento m, subida
f **2** v/i saltar; (increase) dispararse **3** v/t fence etc saltar; F
(attack) asaltar; **~ the lights**
saltarse el semáforo

◆ **jump at** opportunity no dejar escapar

jumper ['dʒʌmpər] dress pichi
m; **jumpy** nervioso

June [dʒuːn] junio m

jungle ['dʒʌŋgl] selva f, jungla
f

junior ['dʒuːnjər] **1** adj de rango inferior; (younger) más
joven **2** n in rank subalter-

no(-a) m(f); **junior high** escuela f secundaria (para
alumnos de entre 12 y 14
años)

junk [dʒʌŋk] trastos mpl; **junk
food** comida f basura; **junk-
ie** F drogota m/f F; **junk mail**
propaganda f postal

jurisdiction [dʒʊrɪsˈdɪkʃn] jurisdicción f

juror ['dʒʊrər] miembro m del
jurado; **jury** jurado m

just [dʒʌst] **1** adj cause justo **2**
adv (barely) justo; (exactly)
justo, justamente; (only) sólo, solamente; **have ~ done
sth** acabar de hacer algo; **~
about** (almost) casi; **I was ~
about to leave when ...** estaba a punto de salir cuando...; **~ now** (at the moment)
ahora mismo; **I saw her ~
now** a few moments ago la
acabo de ver

justice ['dʒʌstɪs] justicia f

justifiable [dʒʌstɪˈfaɪəbl] jus-
tificable; **justifiably** justifi-
cadamente; **justification**
justificación f; **justify** also
text justificar

justly ['dʒʌstlɪ] (fairly) con
justicia; (rightly) con razón

◆ **jut out** [dʒʌt] sobresalir

juvenile ['dʒuːvənl] crime juvenil; court de menores; pej
infantil; **juvenile delin-
quent** delincuente m/f juvenil

K

k [keɪ] (= **kilobyte**) k (= kilobyte m); (= **thousand**) mil

keel [kiːl] NAUT quilla f

keen [kiːn] *interest* gran

keep [kiːp] **1** *n* guardar; *(not lose)* conservar; *(detain)* entretener; *family* mantener; *animals* tener, criar; **~ trying!** ¡sigue intentándolo!; **don't ~ interrupting!** ¡deja de interrumpirme!; **~ sth from s.o.** ocultar algo a alguien **2** *v/i of food, milk* aguantar; **~ calm!** ¡tranquilízate!

◆ **keep back** *(hold in check)* contener; *information* ocultar

◆ **keep down** *voice* bajar; *costs etc* reducir; *food* retener

◆ **keep to** *path* seguir; *rules* cumplir, respetar

◆ **keep up 1** *v/i when walking, running etc* seguir el ritmo (**with** de) **2** *v/t pace* seguir, mantener; *payments* estar al corriente de; *bridge, pants* sujetar

'keepsake recuerdo m

kennel ['kenl] caseta f del perro; **kennels** residencia f canina

kerosene ['kerəsiːn] queroseno m

ketchup ['ketʃʌp] ketchup m

kettle ['ketl] hervidor m

key [kiː] **1** *n* llave f; *on keyboard, piano* tecla f; *of piece of music* clave f; *on map* leyenda f **2** *adj (vital)* clave **3** *v/t & v/i* COMPUT teclear

◆ **key in** *data* teclear

'keyboard COMPUT, MUS teclado m; **keyboarder** COMPUT operador(a) m(f), teclista m/f; **keycard** tarjeta f (de hotel); **keyed-up** nervioso; **keyring** llavero m

kick [kɪk] **1** *n* patada f **2** *v/t* dar una patada a; F *habit* dejar **3** *v/i of horse* cocear

◆ **kick around** *ball* dar patadas a; F *(discuss)* comentar

◆ **kick off** comenzar, sacar de centro; F *(start)* empezar

◆ **kick out** *of home, company* echar; *of country* expulsar

'kickback F *(bribe)* soborno m; **kickoff** SP saque m

kid [kɪd] F **1** *n (child)* crío m F, niño m **2** *v/t* tomar el pelo a F **3** *v/i* bromear

kidnap ['kɪdnæp] secuestrar; **kidnapper** secuestrador m; **kidnapping** secuestro m

kidney ['kɪdnɪ] ANAT riñón m; *in cooking* riñones mpl

kill [kɪl] matar; **killer** *(murderer)* asesino m; **killing** asesinato m

kiln [kɪln] horno m

kilo ['kiːloʊ] kilo m; **kilobyte** kilobyte m; **kilogram** kilogramo *m*; **kilometer**, *Br* **kilometre** kilómetro *m*

kind¹ [kaɪnd] *adj* amable

kind² [kaɪnd] *n* (*sort*) tipo *m*; (*make, brand*) marca *f*; **~ of** ... *sad, lonely etc* un poco...

kind-hearted [kaɪnd'hɑːrtɪd] agradable, amable; **kindly** amable, agradable; **kindness** amabilidad *f*

king [kɪŋ] rey *m*; **kingdom** reino *m*

kinky ['kɪŋkɪ] F vicioso

kiosk ['kiːɑːsk] quiosco *m*

kiss [kɪs] **1** *n* beso *m* **2** *v/t* besar **3** *v/i* besarse

kit [kɪt] (*equipment*) equipo *m*

kitchen ['kɪtʃɪn] cocina *f*

kitten ['kɪtn] gatito *m*

kitty ['kɪtɪ] *money* fondo *m*

klutz [klʌts] F (*clumsy person*) manazas *m* F

knack [næk] habilidad *f*

knee [niː] rodilla *f*; **kneecap** rótula *f*

kneel [niːl] arrodillarse

knee-length hasta la rodilla

knife [naɪf] *for food* cuchillo *m*; *carried outside* navaja *f*

knit [nɪt] **1** *v/t* tejer **2** *v/i* tricotar; **knitwear** prendas *fpl* de punto

knob [nɑːb] *on door* pomo *m*; *on drawer* tirador *m*; *of butter* nuez *f*

knock [nɑːk] **1** *n* golpe *m* **2** *v/t* (*hit*) golpear; F (*criticize*) criticar **3** *v/i* *on door* llamar

◆ **knock down** *of car* atropellar; *building* tirar; *object* tirar al suelo; F (*reduce price of*) rebajar

◆ **knock out** dejar K.O.; *of medicine* dejar para el arrastre F; (*eliminate*) eliminar

◆ **knock over** tirar; *of car* atropellar

knockout [nɑːkaʊt] K.O. *m*

knot [nɑːt] **1** *n* nudo *m* **2** *v/t* anudar

know [noʊ] **1** *v/t* saber; *person, place* conocer; (*recognize*) reconocer **2** *v/i* saber; **I don't ~** no (lo) sé; **knowhow** pericia *f*; **knowing** cómplice; **knowingly** *smile etc* con complicidad; **know-it-all** F sabiondo *m*; **knowledge** conocimiento *m*; **to the best of my ~** por lo que sé

knuckle ['nʌkl] nudillo *m*

Koran [kəˈræn] Corán *m*

Korea [kəˈriːə] Corea; **Korean 1** *adj* coreano **2** *n* coreano(a) *m(f)*; *language* coreano *m*

kosher ['koʊʃər] REL kosher; F legal *m*

kudos ['kjuːdɑːs] prestigio *m*

L

lab [læb] laboratorio *m*
label ['leɪbl] **1** *n* etiqueta *f* **2** *v/t* etiquetar
labor ['leɪbər] trabajo *m*; *in pregnancy* parto *m*
laboratory ['læbrətɔːrɪ] laboratorio *m*
labored ['leɪbərd] *style, speech* elaborado; **laborer** obrero(-a) *m(f)*; **laborious** laborioso; **labor union** sindicato *m*; **labour** *Br* ☞ **labor**
lace [leɪs] encaje *m*; *for shoe* cordón *m*
lack [læk] **1** *n* falta *f*, carencia *f* **2** *v/t* carecer de; **he ~s confidence** le falta confianza
lacquer ['lækər] laca *f*
ladder ['lædər] escalera *f* (de mano)
laden ['leɪdn] cargado (**with** de)
ladies room ['leɪdɪːz] servicio *m* de señoras
lady ['leɪdɪ] señora *f*; **ladybug** mariquita *f*; **ladylike** femenino
lager ['lɑːgər] *Br* cerveza *f* rubia
laidback [leɪd'bæk] tranquilo, despreocupado
lake [leɪk] lago *m*
lamb [læm] cordero *m*
lame [leɪm] *excuse* pobre
laminated ['læmɪneɪtɪd] laminado; *paper* plastificado
lamp [læmp] lámpara *f*; **lamp-**

post farola *f*; **lampshade** pantalla *f* (de lámpara)
land [lænd] **1** *n* tierra *f*; **by ~** por tierra **2** *v/t airplane* aterrizar; *job* conseguir **3** *v/i of airplane* aterrizar; *of ball* caer; **landing** *of airplane* aterrizaje *m*; *of staircase* rellano *m*; **landing strip** pista *f* de aterrizaje; **landlady** *of hostel etc* dueña *f*; *of rented room* casera *f*; *Br: of bar* patrona *f*; **landlord** *of hostel etc* dueño *m*; *of rented room* casero *m*; *Br: of bar* patrón *m*; **landmark** punto *m* de referencia; *fig* hito *m*; **land owner** terrateniente *m/f*; **landscape 1** *n* (*also painting*) paisaje *m* **2** *adv print* en formato apaisado; **landslide** corrimiento *m* de tierras; **landslide victory** victoria *f* arrolladora
lane [leɪn] *in country* camino *m*; (*alley*) callejón *m*; MOT carril *m*
language ['læŋgwɪdʒ] lenguaje *m*; *of nation* idioma *m*, lengua *f*; **language lab** laboratorio *m* de idiomas
lap[1] [læp] *of track* vuelta *f*
lap[2] [læp] *of water* chapoteo *m*
lap[3] [læp] *of person* regazo *m*
lapel [lə'pel] solapa *f*
lapse [læps] **1** *n* (*mistake*) desliz *m*; *of time* lapso *m* **2** *v/i of membership* vencer

laptop ['læpta:p] COMPUT ordenador *m* portátil, *L.Am.* computadora *f* portátil

larceny ['lɑ:rsənɪ] latrocinio *m*

larder ['lɑ:rdər] despensa *f*

large [lɑ:rdʒ] grande; *(mainly)* en gran parte, principalmente

laryngitis [lærɪn'dʒaɪtɪs] laringitis *f*

laser ['leɪzər] láser *m*; **laser printer** impresora *f* láser

lash[1] [læʃ] *v/t with whip* azotar

lash[2] [læʃ] *n (eyelash)* pestaña *f*

last[1] [læst] **1** *adj in series* último; *(preceding)* anterior; **~ Friday** el viernes pasado; **~ night** anoche **2** *adv* **at ~** por fin, al fin

last[2] [læst] *v/i* durar; **lasting** duradero; **lastly** por último

late [leɪt] **1** *adj:* **be ~** *of person, bus etc* llegar tarde; **it's ~** at night es tarde **2** *adv arrive, leave* tarde; **lately** últimamente, recientemente; **later** más tarde; **latest** último

Latin America Latinoamérica, América Latina; **Latin American 1** *n* latinoamericano(-a) *m(f)* **2** *adj* latinoamericano

Latino [læ'ti:nou] **1** *adj* latino **2** *n* latino(-a)

latitude ['lætɪtu:d] latitud *f*; *(freedom)* libertad *f*

latter ['lætər] último

laugh [læf] **1** *n* risa *f* **2** *v/i* reírse

♦ **laugh at** reírse de

laughter ['læftər] risas *fpl*

launch [lɔ:ntʃ] **1** *n small boat* lancha *f; of ship* botadura *f; of rocket, product* lanzamiento *m* **2** *v/t rocket, product* lanzar; *ship* botar

launder ['lɔ:ndər] *clothes* lavar (y planchar); *money* blanquear; **laundromat** lavandería *f* L.Am.; **laundry** *place* lavadero *m; dirty clothes* ropa *f* sucia; *clean clothes* ropa *f* lavada

lavatory ['lævətɔ:rɪ] *place* cuarto *m* de baño, lavabo *m; equipment* retrete *m*

lavish ['lævɪʃ] espléndido

law [lɔ:] ley *f; subject* derecho *m;* **be against the ~** estar prohibido; **law-abiding** respetuoso con la ley; **law court** juzgado *m;* **lawful** legal; *wife* legítimo; **lawless** sin ley

lawn [lɔ:n] césped *m;* **lawn mower** cortacésped *m*

lawsuit pleito *m;* **lawyer** abogado(-a) *m(f)*

lax [læks] poco estricto

laxative ['læksətɪv] laxante *m*

lay [leɪ] *(put down)* dejar, poner; *eggs* poner; V *sexually* tirarse a V

♦ **lay off** *workers* despedir

♦ **lay out** *objects* colocar; *page* diseñar, maquetar

layer ['leɪər] estrato *m; of soil, paint* capa *f*

'layman laico *m*

'lay-out diseño *m*

lazy ['leɪzɪ] *person* holgazán, perezoso; *day* ocioso

lb (= *pound*) libra *f* (*de peso*)

lead¹ [liːd] **1** *v/t procession* ir al frente de; *company* dirigir; (*guide*, *take*) conducir **2** *v/i in race*, *competition* ir en cabeza; (*provide leadership*) tener el mando

lead² [liːd] *n for dog* correa *f*

lead³ [led] *n substance* plomo *m*; **leaded** gas con plomo

leader ['liːdər] líder *m*; **leadership** liderazgo *m*

lead-free ['ledfriː] *gas* sin plomo

leading ['liːdɪŋ] *runner* en cabeza; *company*, *product* puntero; **leading-edge** *company* en la vanguardia; *technology* de vanguardia

leaf [liːf] hoja *f*

◆ **leaf through** hojear

leaflet ['liːflət] folleto *m*

league [liːg] liga *f*

leak [liːk] **1** *n in roof* gotera *f*; *in pipe* agujero *m*; *of air*, *gas* fuga *f*; *of information* filtración *f* **2** *v/i of boat* hacer agua; *of pipe* tener un agujero; *of liquid*, *gas* fugarse

lean¹ [liːn] **1** *v/i* estar inclinado; ~ *against sth* apoyarse en algo **2** *v/t* apoyar

lean² [liːn] *adj meat* magro

leap [liːp] **1** *n salto m* **2** *v/i* saltar; **leap year** año *m* bisiesto

learn [lɜːrn] **1** *v/t* aprender **2** *v/i* aprender; ~ *about* (*hear about*) enterarse de; **learner** estudiante *m/f*; **learning**

(*knowledge*) conocimientos *mpl*; *act* aprendizaje *m*

lease [liːs] **1** *n* arrendamiento *m* **2** *v/t* arrendar

◆ **lease out** arrendar

leash [liːʃ] *for dog* correa *f*

least [liːst] **1** *adj* (*slightest*) menor **2** *adv* menos **3** *n* lo menos; *at* ~ por lo menos

leather ['leðər] **1** *n* piel *f*, cuero *m* **2** *adj* de piel, de cuero

leave [liːv] **1** *n* (*vacation*) permiso *m* **2** *v/t city*, *place* marcharse de, irse de; *person*, *food*, *memory*, (*forget*) dejar; ~ *s.o.* / *sth alone* dejar a alguien / algo en paz; *be left* quedar **3** *v/i of person* marcharse, irse; *of plane*, *train*, *bus* salir

◆ **leave behind** *intentionally* dejar; (*forget*) dejarse

◆ **leave out** omitir; (*not put away*) no guardar

leaving party ['liːvɪŋ] fiesta *f* de despedida

lecture ['lektʃər] **1** *n* clase *f*; *to general public* conferencia *f* **2** *v/i at university* dar clases (*in* de); **lecturer** profesor(a) *m(f)*

ledge [ledʒ] *of window* alféizar *f*; *on rock face* saliente *m*; **ledger** COM libro *m* mayor

left [left] **1** *adj* izquierdo **2** *n also* POL izquierda *f*; *on* / *to the* ~ a la izquierda (*in* de); **3** *adv* a la izquierda; *turn*, *look* a la izquierda; **left-hand** de la izquierda; **left-handed** zurdo; **left lug-**

gage (office) *Br* consigna *f*;
left-overs *food* sobras *fpl*;
left-wing POL izquierdista,
de izquierdas
leg [leg] *of person* pierna *f*; *of
animal, table* pata *f*
legacy ['legəsi] legado *m*
legal ['liːɡl] legal; **legal adviser** asesor(a) *m(f)* jurídi-
co(-a); **legality** legalidad *f*;
legalize legalizar
legend ['ledʒənd] leyenda *f*;
legendary legendario
legible ['ledʒəbl] legible
legislate ['ledʒɪsleɪt] legislar;
legislation legislación *f*;
legislative legislativo; **legislature** POL legislativo *m*
legitimate [lɪ'dʒɪtɪmət] legítimo
'leg room espacio *m* para las
piernas
leisure ['liːʒər] ocio *m*; **lei-
surely** tranquilo, relajado
lemon ['lemən] limón *m*; **lemonade** limonada *f*
lend [lend] prestar
length [leŋθ] longitud *f*;
(piece: of material etc) pedazo
m; **at ~** *describe* detallada-
mente; *(finally)* finalmente;
lengthen alargar; **lengthy**
largo
lenient ['liːnɪənt] indulgente,
poco severo
lens [lenz] *of camera* objetivo
m, lente *f*; *of eyeglasses* cristal *m*; *of eye* cristalino *m*;
(contact ~) lente *m* de contacto, *Span* lentilla *f*
Lent [lent] REL Cuaresma *f*

leotard ['liːəʊtɑːrd] malla *f*
lesbian ['lezbɪən] **1** *n* lesbiana
f **2** *adj* lésbico, lesbiano
less [les] menos; **~** *than $200*
menos de 200 dólares; **les-
sen** disminuir
lesson ['lesn] lección *f*
let [let] *(allow)* dejar, permitir;
Br house alquilar; **~** *me go!*
¡déjame!; **~'s go** vamos; **~'s
stay** vaquedémonos; **~** *go
of sth* soltar algo
♦ **let down** *hair* soltarse;
blinds bajar; *(disappoint)* decepcionar
♦ **let in** *to house* dejar pasar
♦ **let out** *from room, building*
dejar salir; *jacket etc* agrandar; *groan* soltar; *Br room* alquilar, *Mex* rentar
♦ **let up** *(stop)* amainar
lethal ['liːθl] letal
lethargic [lɪ'θɑːrdʒɪk] aletar-
gado; **lethargy** sopor *m*
letter ['letər] *of alphabet* letra
f; *in mail* carta *f*; **~box**
Br buzón *m*; **letterhead**
(heading) membrete *m*;
(headed paper) papel *m* con
membrete
lettuce ['letɪs] lechuga *f*
leukemia [luː'kiːmɪə] leuce-
mia *f*
level ['levl] **1** *adj surface* nive-
lado, llano; *in competition*
igualado **2** *n* nivel *m*; **on
the ~** F *(honest)* honrado;
level-headed ecuánime
lever ['levər] palanca *f*; **lever-
age** apalancamiento *m*; *(influence)* influencia *f*

levy ['levi] *taxes* imponer
liability [laɪə'bɪlətɪ] responsabilidad *f*; (*likeliness*) propensión *f* (**to** a); (*likeable*) responsable (**for** de); **be ~ to** (*likely*) ser propenso a
◆ **liaise** [lɪ'eɪz] actuar de enlace con
liaison [lɪ'eɪzɒn] (*contacts*) contacto *m*, enlace *m*
liar [laɪr] mentiroso(-a) *m(f)*
libel ['laɪbl] **1** *n* calumnia *f* **2** *v/t* calumniar
liberal ['lɪbərəl] liberal; *portion etc* abundante
liberate ['lɪbəreɪt] liberar; **liberated** liberado; **liberation** liberación *f*; **liberty** libertad *f*
librarian [laɪ'breərɪən] bibliotecario(-a) *m(f)*; **library** biblioteca *f*
Libya ['lɪbɪə] Libia; **Libyan 1** *adj* libio **2** *n* libio(-a) *m(f)*
licence *Br* → **license** *n*
license ['laɪsns] **1** *n* permiso *m*, licencia *f* **2** *v/t* autorizar; **license number** (número *m* de) matrícula *f*; **license plate** *of car* (placa *f* de) matrícula *f*
lick [lɪk] lamer
lid [lɪd] (*top*) tapa *f*
lie[1] [laɪ] **1** *n* (*untruth*) mentira *f* **2** *v/i* mentir
lie[2] [laɪ] *v/i of person* estar tumbado; *of object* estar; (*be situated*) estar, encontrarse
◆ **lie down** tumbarse
lieutenant [lu'tenənt] tenien-

te *m/f*
life [laɪf] vida *f*; **life expectancy** esperanza *f* de vida; **lifeguard** socorrista *m/f*; **life imprisonment** cadena *f* perpetua; **life insurance** seguro *m* de vida; **life jacket** chaleco *m* salvavidas; **lifeless** sin vida; **lifelike** realista; **lifelong** de toda la vida; **life-sized** de tamaño natural; **life support** máquina *f* de respiración asistida; **life-threatening** que puede ser mortal; **lifetime** vida *f*; **in my ~** durante mi vida
lift [lɪft] **1** *v/t* levantar **2** *v/i of fog* disiparse **3** *n Br* (*elevator*) ascensor *m*; **give s.o. a ~** llevar a alguien (en coche); **lift-off** *of rocket* despegue *m*
ligament ['lɪgəmənt] ligamento *m*
light[1] [laɪt] **1** *n* luz *f*; **do you have a ~?** ¿tienes fuego? **2** *v/t fire, cigarette* encender; (*illuminate*) iluminar **3** *adj color, sky* claro; *room* luminoso
light[2] [laɪt] *adj* (*not heavy*) ligero
◆ **light up 1** *v/t* iluminar **2** *v/i* (*start to smoke*) encender un
'**light bulb** bombilla *f*
lighten[1] ['laɪtn] *color* aclarar
lighten[2] ['laɪtn] *load* aligerar
lighter ['laɪtər] *for cigarettes* encendedor *m*, *Span* mechero *m*; **light-headed** mareado; **lighting** iluminación *f*; **lightness** *of room, color* cla-

ridad *f*; *in weight* ligereza *f*;
lightning: *a flash of ~* un
relámpago; **lightweight** *in
boxing* peso *m* ligero; **light
year** año *m* luz

like¹ [laɪk] **1** *prep* como; *what
is she~?* ¿cómo es?; *it's not
~ him* (*not his character*) no
es su estilo **2** *conj* como; *~
I said* como dije

like² [laɪk] *v/t*: *I ~ it* / *her* me
gusta; *I would ~ ...* querría
...; *I would ~ to ...* me gustaría...; *would you ~ ...?*
¿querrías...?; *she ~s to
swim* le gusta nadar; *if you
~* si quieres

likeable ['laɪkəbl] simpático;
likelihood probabilidad *f*;
likely probable; **likeness**
(*resemblance*) parecido *m*;
likewise igualmente; **liking**
afición *f* (*for* a)

limb [lɪm] *n* miembro *m*

lime¹ [laɪm] *fruit, tree* lima *f*

lime² [laɪm] *substance* cal *f*

limit ['lɪmɪt] **1** *n* límite *m* **2** *v/t*
limitar; **limitation** limitación
f; **limited company** *Br*
sociedad *f* limitada

limousine ['lɪməziːn] limusi-
na *f*

limp¹ [lɪmp] *adj* flojo

limp² [lɪmp] *n*: *he has a ~* co-
jea

line¹ [laɪn] *n* línea *f*; *of trees* fila *f*; *of people* fila *f*, cola *f*;
the ~ is busy está ocupado;
Span está comunicando;
stand in ~ hacer cola

line² [laɪn] *v/t with lining* fo-

rrar

linear ['lɪnɪər] lineal

linen ['lɪnɪn] *material* lino *m*;
(*sheets etc*) ropa *f* blanca

liner ['laɪnər] *ship* transatlántico *m*

linesman *SP* juez
m de línea, linier *m*

linger ['lɪŋgər] *of person* entretenerse; *of pain* persistir

lingerie ['lænʒəriː] lencería *f*

linguist ['lɪŋgwɪst] lingüista
m/f; **linguistic** lingüístico

lining ['laɪnɪŋ] *of clothes* forro
m; *of brakes, pipe* revestimiento *m*

link [lɪŋk] **1** *n* conexión *f*; *between countries* vínculo *m*;
in chain eslabón *m*; *in Internet* enlace *m* **2** *v/t* conectar

lion ['laɪən] león *m*

lip [lɪp] labio *m*

liposuction ['lɪpoʊsʌkʃn] liposucción *f*

lipread leer los labios; **lipstick** barra *f* de labios

liqueur [lɪ'kjʊr] licor *m*

liquid ['lɪkwɪd] **1** *n* líquido *m* **2**
adj líquido; **liquidate** *assets*
liquidar; F (*kill*) cepillarse
a F; **liquidation** liquidación
f; *go into ~* ir a la quiebra;
liquidity FIN liquidez *f*; **liq-
uidize** licuar; **liquidizer** licuadora *f*

liquor ['lɪkər] bebida *f* alcohólica; **liquor store** tienda *f* de
bebidas alcohólicas

lisp [lɪsp] **1** *n* ceceo *m* **2** *v/i* cecear

list [lɪst] **1** *n* lista *f* **2** *v/t* enume-

rar
listen ['lɪsn] escuchar
◆ **listen to** escuchar
listener ['lɪsnər] *to radio* oyente *m/f*
listless ['lɪstlɪs] apático
liter ['liːtər] litro *m*
literal ['lɪtərəl] literal; **literally** literalmente
literary ['lɪtərerɪ] literario; **literature** literatura *f; about product* folletos *mpl*
litre *Br* ☞ **liter**
litter ['lɪtər] basura *f; of animal* camada *f*
little ['lɪtl] **1** *adj* pequeño **2** *n* poco *m; a ~ wine* un poco de vino **3** *adv* poco; *a ~ bigger* un poco más grande
live¹ [lɪv] *v/i* vivir
◆ **live up to** *expectations* responder a; *reputation* estar a la altura de
live² [laɪv] *adj broadcast* en directo; *ammunition* real; *wire* con corriente
livelihood ['laɪvlɪhʊd] vida *f*, sustento *m;* **liveliness** vivacidad *f; of debate* lo animado; **lively** animado
liver ['lɪvər] hígado *m*
livestock ['laɪvstɑːk] ganado *m*
livid ['lɪvɪd] (*angry*) enfurecido, furioso
living ['lɪvɪŋ] **1** *adj* vivo **2** *n* vida *f;* **living room** sala *f* de estar, salón *m*
lizard ['lɪzərd] lagarto *m*
load [loʊd] **1** *n* carga *f* **2** *v/t car, truck, gun* cargar; *camera po-*

ner el carrete a; *software* cargar (en memoria)
loaf [loʊf] pan *m*
◆ **loaf around** F gandulear F
loafer ['loʊfər] *shoe* mocasín *m*
loan [loʊn] **1** *n* préstamo *m*, *on ~* prestado **2** *v/t* prestar
loathe [loʊð] detestar, aborrecer; **loathing** odio *m*, aborrecimiento *m*
lobby ['lɑːbɪ] *in hotel, theater* vestíbulo *m;* POL lobby *m*
lobe [loʊb] *of ear* lóbulo *m*
lobster ['lɑːbstər] langosta *f*
local ['loʊkl] **1** *adj* local **2** *n are you a ~?* ¿eres de aquí?; **local call** TELEC llamada *f* local; **local elections** elecciones *fpl* municipales; **local government** administración *f* municipal; **locality** localidad *f;* **localize** localizar; **locally** *live, work* cerca, en la zona; **local time** hora *f* local
locate [loʊ'keɪt] *new factory etc* emplazar, ubicar; (*identify position of*) situar; *be ~d* encontrarse; **location** (*siting*) emplazamiento *m;* (*identifying position of*) localización *f; on ~ movie* en exteriores
lock¹ [lɑːk] *n of hair* mechón *m*
lock² [lɑːk] **1** *n on door* cerradura *f* **2** *v/t door* cerrar (con llave)
◆ **lock up** *in prison* encerrar
locker ['lɑːkər] taquilla *f;* **locker room** vestuario *m*

locust

locust ['loukəst] langosta f

lodge [lɑːdʒ] **1** v/t complaint presentar **2** v/i of bullet alojarse

lofty ['lɑːftɪ] elevado

log [lɑːg] wood tronco m; written record registro m

◆ **log in** entrar

◆ **log off** salir

◆ **log on** entrar (**to** a)

◆ **log off** salir

'log cabin cabaña f

logic ['lɑːdʒɪk] lógica f; **logical** lógico; **logically** lógicamente

logistics [lə'dʒɪstɪks] logística f

logo ['lougou] logotipo m

loiter ['lɔɪtər] holgazanear

lollipop ['lɑːlɪpɑːp] piruleta f

London ['lʌndən] Londres

loneliness ['lounlɪnɪs] soledad f; **lonely** person solo; place solitario; **loner** solitario(-a) m(f)

long[1] [lɔːŋ] **1** adj largo **2** adv mucho tiempo; **that was ~ ago** eso fue hace mucho tiempo; **how ~ will it take?** ¿cuánto se tarda?; **we can't wait any ~er** no podemos esperar más tiempo; **so ~ as** (provided) siempre que ; **so ~!** ¡hasta la vista!

long[2] [lɔːŋ] v/i: **~ for sth** home echar en falta algo; change anhelar algo; **be ~ing to do sth** anhelar hacer algo; **long-distance** race de fondo; flight, call de larga distancia; **longevity** longevi-

dad f; **longing** anhelo m; **longitude** longitud f; **long jump** salto m de longitud; **long-range** missile de largo alcance; forecast a largo plazo; **long-sleeved** de manga larga; **long-standing** antiguo; **long-term** a largo plazo **loo** [luː] Br F baño m

look [luk] **1** n (appearance) aspecto m; (glance) mirada f; **~s** (beauty) atractivo m, guapura f **2** v/i mirar; (search) buscar; (seem) parecer

◆ **look after** children cuidar (de); property proteger

◆ **look ahead** fig mirar hacia el futuro

◆ **look around 1** v/i mirar **2** v/t museum, city dar una vuelta por

◆ **look at** mirar; (examine) estudiar; (consider) considerar

◆ **look back** mirar atrás

◆ **look down on** mirar por encima del hombro a

◆ **look for** buscar

◆ **look into** (investigate) investigar

◆ **look onto** garden etc dar a

◆ **look out** through window etc mirar; (pay attention) tener cuidado

◆ **look over** translation revisar; house inspeccionar

◆ **look through** magazine, notes echar un vistazo a

◆ **look up 1** v/i from paper etc levantar la mirada; (improve) mejorar **2** v/t word, phone number buscar; (visit) visitar

◆ **look up to** (*respect*) admirar

'lookout *person* centinela *m*

loop [lu:p] bucle *m*; **loophole** *in law etc* vacío *m* legal

loose [lu:s] *connection, clothes* suelto; *morals* disoluto; *wording* impreciso; *loosely worded* vagamente; **loosen** aflojar

loot [lu:t] **1** *n* botín *m* **2** *v/i* saquear; **looter** saqueador(a) *m(f)*

lop-sided [lɑ:p'saɪdɪd] torcido

Lord [lɔ:rd] (*God*) Señor *m*

lorry ['lɒrɪ] *Br* camión *m*

lose [lu:z] **1** *v/t* perder **2** *v/i SP* perder; *of clock* retrasarse; **loser** perdedor(a) *m(f)*; *F in life* fracasado(-a) *m(f)*

loss [lɑ:s] pérdida *f*

lost [lɑ:st] perdido; **lost-and-found**, *Br* **lost property** (*office*) oficina *f* de objetos perdidos

lot [lɑ:t]: **a ~** (*of*), **~s** (*of*) mucho, muchos; **a ~ easier** mucho más fácil

lotion ['loʊʃn] loción *f*

lottery ['lɑ:tərɪ] lotería *f*

loud [laʊd] fuerte; *color* chillón; **loudspeaker** altavoz *m*, *L.Am.* altoparlante *m*

louse [laʊs] piojo *m*; **lousy** *F* asqueroso *F*

lout [laʊt] gamberro *m*

lovable ['lʌvəbl] adorable, encantador; **love 1** *n* amor *m*; *in tennis* nada *f*; **fall in ~** enamorarse (**with** de); **make**

~ hacer el amor 2 *v/t* amar; **love affair** aventura *f* amorosa; **lovely** *face, hair, color, tune* precioso, lindo; *person, character* encantador; *holiday, weather, meal* estupendo; **lover** amante *m/f*; **loving** cariñoso; **lovingly** con cariño

low [loʊ] **1** *adj* bajo **2** *n in weather* zona *f* de bajas presiones; *in statistics* mínimo *m*; **lowbrow** poco intelectual; **low-calorie** bajo en calorías; **low-cut** escotado; **lower** *to the ground, hemline, price* bajar; *flag* arriar; *pressure* reducir; **low-fat** de bajo contenido graso; **lowkey** discreto

loyal ['lɔɪəl] leal (**to** a); **loyally** lealmente, con lealtad (**to** a); **loyalty** lealtad *f* (**to** a)

lozenge ['lɑ:zɪndʒ] *shape* rombo *m*; *tablet* pastilla *f*

Ltd (= *limited*) S.L. (= sociedad *f* limitada)

lubricant ['lu:brɪkənt] lubricante *m*; **lubricate** lubricar; **lubrication** lubricación *f*

lucid ['lu:sɪd] lúcido

luck [lʌk] suerte *f*; **good ~!** ¡buena suerte!; **luckily** por suerte; **lucky** *person, coincidence* afortunado; *day, number* de la suerte; **you were ~** tuviste suerte!

lucrative ['lu:krətɪv] lucrativo

ludicrous ['lu:dɪkrəs] ridículo

lug [lʌg] arrastrar

luggage ['lʌgɪdʒ] equipaje *m*

lukewarm ['luːkwɔːrm] tibio; *reception* indiferente

lull [lʌl] *in storm, fighting* tregua *f*; *in conversation* pausa *f*

lumber ['lʌmbər] *(timber)* madera *f*

luminous ['luːmɪnəs] luminoso

lump [lʌmp] *of sugar, earth* terrón *m*; *(swelling)* bulto *m*; **lump sum** pago *m* único; **lumpy** *liquid, sauce* grumoso; *mattress* lleno de bultos

lunacy ['luːnəsɪ] locura *f*

lunar ['luːnər] lunar

lunatic ['luːnətɪk] lunático(-a) *m(f)*

lunch [lʌntʃ] almuerzo *m*, comida *f*; **have** ∼ almorzar, comer; **lunch box** fiambrera *f*;

lunch break pausa *f* para el almuerzo; **lunchtime** hora *f* del almuerzo

lung [lʌŋ] pulmón *m*

lurch [lɜːrtʃ] *of drunk* tambalearse; *of ship* dar sacudidas

lure [lʊr] **1** *n* atractivo *m* **2** *v/t* atraer

lurid ['lʊrɪd] *color* chillón; *details* espeluznante

lurk [lɜːrk] *of person* estar oculto

lush [lʌʃ] *vegetation* exuberante

lust [lʌst] lujuria *f*

luxurious [lʌɡ'ʒʊrɪəs] lujoso; **luxuriously** lujosamente; **luxury 1** *n* lujo *m* **2** *adj* de lujo

lynch [lɪntʃ] linchar

lyrics ['lɪrɪks] letra *f*

M

ma'am [mæm] señora *f*

machine [mə'fiːn] máquina *f*; **machine gun** ametralladora *f*; **machinery** maquinaria *f*

machismo [mə'kɪzmoʊ] machismo *m*

macho ['mætʃoʊ] macho

macro ['mækroʊ] COMPUT macro *m*

mad [mæd] *(insane)* loco; F *(angry)* enfadado; **madden** *(infuriate)* sacar de quici; **maddening** exasperante; **madhouse** *fig* casa *f* de locos; **madman** loco *m*; **madness** locura *f*

Madonna [mə'dɑːnə] madona *f*

Mafia ['mɑːfɪə] *the* ∼ la mafia

magazine [mæɡə'ziːn] *printed* revista *f*

Magi ['meɪdʒaɪ] REL: *the* ∼ los Reyes Magos

magic ['mædʒɪk] **1** *n* magia *f* **2** *adj* mágico; **magical** mágico; **magician** *performer* mago(-a) *m(f)*

magnanimous [mæɡ'nænɪməs] magnánimo

magnet ['mæɡnɪt] imán *m*; **magnetic** magnético; *fig: personality* cautivador; **mag-**

netism *of person* magnetismo *m*

magnificence [mæg'nɪfɪsəns] magnificencia *f*; **magnificent** magnífico

magnify ['mægnɪfaɪ] aumentar; *difficulties* magnificar; **magnifying glass** lupa *f*

magnitude ['mægnɪtuːd] magnitud *f*

maid [meɪd] (*servant*) criada *f*; *in hotel* camarera *f*

maiden name ['meɪdn] apellido *m* de soltera

mail [meɪl] **1** *n* correo *m* **2** *v/t letter* enviar (por correo); **mailbox** *also* COMPUT buzón *m*; **mailing list** lista *f* de direcciones; **mailman** cartero *m*; **mailshot** mailing *m*

maim [meɪm] mutilar

main [meɪn] principal; **main course** plato *m* principal; **mainframe** *Span* ordenador *m* central, *L.Am.* computadora *f* central; **mainly** principalmente; **main road** carretera *f* general; **main street** calle *f* principal

maintain [meɪn'teɪn] mantener; **maintenance** mantenimiento *m*

majestic [mə'dʒestɪk] majestuoso

major ['meɪdʒər] **1** *adj* (*significant*) importante, principal **2** *n* MIL comandante *m*

♦ **major in** especializarse en

majority [mə'dʒɒːrətɪ] *also* POL mayoría *f*

make [meɪk] **1** *n* (*brand*) mar-

ca *f* **2** *v/t* hacer; *cars* fabricar, producir; *movie* rodar; *speech* pronunciar; *decision* tomar; (*earn*) ganar; MATH hacer; **two and two** ~ **four** dos y dos son cuatro; ~ **s.o. do sth** obligar a alguien a hacer algo; (*cause to*) hacer que alguien haga algo; ~ **s.o. happy / angry** hacer feliz / enfadar a alguien; ~ **it** (*catch bus, train*) llegar a tiempo; (*come*) ir; (*succeed*) tener éxito; (*survive*) sobrevivir; **what time do you** ~ **it?** ¿qué hora llevas?; ~ **do with** conformarse con; **what do you** ~ **of it?** ¿qué piensas?

♦ **make out** *list* hacer, elaborar; *check* extender; (*see*) distinguir; (*imply*) pretender

♦ **make up 1** *v/i of woman, actor* maquillarse; *after quarrel* reconciliarse **2** *v/t story* inventar; *face* maquillar; (*constitute*) suponer, formar

♦ **make up for** compensar por

'make-believe ficción *f*, fantasía *f*

maker ['meɪkər] (*manufacturer*) fabricante *m*; **makeshift** improvisado; **make-up** (*cosmetics*) maquillaje *m*

maladjusted [mælə'dʒʌstɪd] inadaptado

male [meɪl] **1** *adj* masculino; *animal* macho **2** *n man* hombre *m*, varón *m*; *animal, bird* macho *m*; **male chauvinism**

machismo *m*; **male chauvin-ist pig** machista *m*

malevolent [mə'levələnt] malévolo

malfunction [mæl'fʌŋkʃn] **1** *n* fallo *m* (**in** de) **2** *v/i* fallar

malice ['mælɪs] malicia *f*; **malicious** malicioso

malignant [mə'lɪgnənt] *tumor* maligno

mall [mɔːl] (*shopping* ~) centro *m* comercial

malnutrition [mælnuː'trɪʃn] desnutrición *f*

maltreat [mæl'triːt] maltratar; **maltreatment** maltrato *m*

mammal ['mæml] mamífero *m*

man [mæn] **1** *n* hombre *m*; (*humanity*) el hombre; *in checkers* ficha *f* **2** *v/t* *telephones, front desk* atender; *spacecraft* tripular

manage ['mænɪdʒ] **1** *v/t* *business* dirigir; *money* gestionar; *suitcase* poder con; ~ **to** ... conseguir... **2** *v/i* (*cope*) arreglárselas; **manageable** (*easy to handle*) manejable; (*feasible*) factible; **management** (*managing*) gestión *f*, administración *f*; (*managers*) dirección *f*; **management consultant** consultor(a) *m(f)* en administración de empresas; **manager** *of hotel, company* director(a) *m(f)*; *of shop, restaurant* encargado(a) *m(f)*; **managerial** de gestión; **managing director** director(a) *m(f)* ge-

rente

mandate ['mændeɪt] (*authority*) mandato *m*; (*task*) tarea *f*; **mandatory** obligatorio

maneuver [mə'nuːvər] **1** *n* maniobra *f* **2** *v/t* maniobrar

mangle ['mæŋgl] (*crush*) destrozar

manhandle ['mænhændl] mover a la fuerza

manhood ['mænhʊd] madurez *f*; (*virility*) virilidad *f*; **manhunt** persecución *f*

mania ['meɪnɪə] (*craze*) pasión *f*; **maniac** F chiflado(-a) *m(f)* F

manicure ['mænɪkjʊr] manicura *f*

manifest ['mænɪfest] **1** *adj* manifiesto **2** *v/t* manifestar

manipulate [mə'nɪpjəleɪt] *person, bones* manipular; **manipulation** *of person, bones* manipulación *f*; **manipulative** manipulador

man'kind la humanidad; **manly** (*brave*) de hombres; (*strong*) varonil; **man-made** *materials* sintético; *structure* artificial

manner ['mænər] *of doing sth* manera *f*, modo *m*; (*attitude*) actitud *f*; **manners** modales *mpl*; **good** / **bad** ~ buena / mala educación

manoeuvre *Br* → **maneuver**

'manpower (*workers*) mano *f* de obra; *for other tasks* recursos *mpl* humanos

manual ['mænjʊəl] **1** *adj* manual **2** *n* manual *m*; **manually a mano

manufacture [mænjʊˈfæktʃər] **1** *n* fabricación *f* **2** *v/t equipment* fabricar; **manufacturer** fabricante *m*; **manufacturing** *industry* manufacturero

manure [məˈnʊr] estiércol *m*

manuscript [ˈmænjʊskrɪpt] manuscrito *m*

many [ˈmenɪ] **1** *adj* muchos; **take as ~ apples as you like** toma todas las manzanas que quieras; **too ~ problems** demasiados problemas **2** *pron* muchos; **a great ~, a good ~** muchos; **how ~ do you need?** ¿cuántos necesitas?; **as ~ as 200** hasta 200

map [mæp] mapa *m*

maple [ˈmeɪpl] arce *m*

mar [mɑːr] empañar

marathon [ˈmærəθən] *race* maratón *m* o *f*

marble [ˈmɑːbl] *material* mármol *m*

March [mɑːtʃ] marzo *m*

march [mɑːtʃ] **1** *n* marcha *f* **2** *v/i* marchar; *marcher* manifestante *m/f*

Mardi Gras [ˈmɑːrdɪgrɑː] martes *m inv* de Carnaval

margin [ˈmɑːdʒɪn] *also* COM margen *m*; **marginal** (*slight*) marginal; **marginally** (*slightly*) ligeramente

marihuana, marijuana [mærɪˈhwɑːnə] marihuana *f*

marina [məˈriːnə] puerto *m* deportivo

marine [məˈriːn] **1** *adj* marino

2 *n* MIL marine *m/f*, infante *m/f* de marina

marital [ˈmærɪtl] marital; **marital status** estado *m* civil

maritime [ˈmærɪtaɪm] marítimo

mark [mɑːk] **1** *n* señal *f*, marca *f*; (*stain*) marca *f*, mancha *f*; (*sign, token*) signo *m*, señal *f*; (*trace*) señal *f*; *Br* EDU nota *f* **2** *v/t* (*stain*) manchar; *Br* EDU calificar; (*indicate, commemorate*) marcar **3** *v/i of fabric* mancharse; **marked** (*definite*) marcado, notable; **marker** (*highlighter*) rotulador *m*

market [ˈmɑːkɪt] **1** *n* mercado *m*; (*stock ~*) bolsa *f* **2** *v/t* comercializar; **marketable** comercializable; **market economy** economía *f* de mercado; **marketing** marketing *m*; **market leader** líder *m* del mercado; **marketplace** *in town* plaza *f* del mercado; *for commodities* mercado *m*; **market research** investigación *f* de mercado; **market share** cuota *f* de mercado

mark-up [ˈmɑːkʌp] margen *m*

marriage [ˈmærɪdʒ] matrimonio *m*; *event* boda *f*; **marriage certificate** certificado *m* de matrimonio; **married** casado; **be ~ to ...** estar casado con ...; **married life** vida *f* matrimonial; **marry** casarse con; *of priest* casar; **get mar-**

ried casarse

marsh ['mɑːrʃ] *Br* pantano *m*, ciénaga *f*

marshal ['mɑːrʃl] *in police* jefe(-a) *m(f)* de policía; *in security service* miembro *m* del servicio de seguridad

martial 'law ley *f* marcial

martyr ['mɑːrtər] mártir *m/f*

marvel ['mɑːrvl] maravilla *f*; **marvelous**, *Br* **marvellous** maravilloso

Marxism ['mɑːrksɪzm] marxismo *m*; **Marxist 1** *adj* marxista **2** *n* marxista *m/f*

mascara [mæˈskærə] rímel *m*

mascot ['mæskət] mascota *f*

masculine ['mæskjʊlɪn] masculino *m*; **masculinity** (*virility*) masculinidad *f*

mash [mæʃ] hacer puré de, majar

mask [mæsk] **1** *n* máscara *f*; *to cover mouth, nose* mascarilla *f* **2** *v/t feelings* enmascarar

masochism ['mæsəkɪzm] masoquismo *m*; **masochist** masoquista *m/f*

mass[1] [mæs] **1** *n* (*great amount*) gran cantidad *f*; (*body*) masa *f*; **~es of** *F* un montón de *F* **2** *v/i* concentrarse

mass[2] [mæs] *n* REL misa *f*

massacre ['mæsəkər] **1** *n* masacre *f*, matanza *f*; *F in sport* paliza *f* **2** *v/t* masacrar; *F in sport* dar una paliza a

massage ['mæsɑːʒ] **1** *n* masaje *m* **2** *v/t* dar un masaje en; *figures* maquillar

massive ['mæsɪv] enorme; *heart attack* muy grave

mass 'media medios *mpl* de comunicación; **mass-produce** fabricar en serie; **mass production** fabricación *f* en serie

mast [mæst] *of ship* mástil *m*; *for radio signal* torre *f*

master ['mæstər] **1** *n of dog* dueño *m*, amo *m*; *of ship* patrón *m* **2** *v/t skill* dominar; **master bedroom** dormitorio *m* principal; **master key** llave *f* maestra; **masterly** magistral; **mastermind 1** *n* cerebro *m* **2** *v/t* dirigir, organizar; **masterpiece** obra *f* maestra; **master's** (*degree*) máster *m*; **mastery** dominio *m*

mat [mæt] *for floor* estera *f*; *for table* salvamanteles *m inv*

match[1] [mætʃ] *for cigarette* cerilla *f*, fósforo *m*

match[2] [mætʃ] **1** *n* SP partido *m*; *in chess* partida *f* **2** *v/t* (*be the same as*) coincidir con; (*be in harmony with*) hacer juego con; (*equal*) igualar **3** *v/i of colors* hacer juego; **matching** a juego; **match stick** cerilla *f*, fósforo *m*

mate [meɪt] **1** *n of animal* pareja *f*; NAUT oficial *m/f* **2** *v/i* aparearse

material [məˈtɪrɪəl] **1** *n* (*fabric*) tejido *m*; (*substance*) material *m* **2** *adj* material; **materialism** materialismo *m*; **materialist** materialista *m/f*; **materialistic** materialista; **materialize** (*appear*) aparecer; (*come into existence*) hacerse realidad

maternal [mə'tɜːrnl] maternal; **maternity** maternidad *f*; **maternity leave** baja *f* por maternidad

math [mæθ] matemáticas *fpl*; **mathematical** matemático; **mathematician** matemático(-a) *m(f)*

maths *Br* → **math**

matinée ['mætɪneɪ] sesión *f* de tarde

matriarch ['meɪtrɪɑːrk] matriarca *f*

matrimony ['mætrəmoʊnɪ] matrimonio *m*

matt [mæt] mate

matter ['mætər] **1** *n* (*affair*) asunto *m*; PHYS materia *f*; **what's the ~?** ¿qué pasa? **2** *v/i* importar; **it doesn't ~** no importa; **matter-of-fact** tranquilo

mattress ['mætrɪs] colchón *m*

mature [mə'tʃʊr] **1** *adj* maduro **2** *v/i* of person madurar; of insurance policy vencer; **maturity** madurez *f*

maximize ['mæksɪmaɪz] maximizar; **maximum 1** *adj* máximo **2** *n* máximo *m*

May [meɪ] mayo *m*

may [meɪ] *v/aux* ◇ *possibility*: **it ~ rain** puede que llueva; **you ~ be right** puede que tengas razón; **it not happen** puede que no ocurra ◇ *permission* poder; **~ I**

help? ¿puedo ayudar

maybe ['meɪbiː] quizás, tal vez

mayo, mayonnaise ['meɪoʊ, meɪə'neɪz] mayonesa *f*

mayor [mer] alcalde *m*

maze [meɪz] laberinto *m*

MB (= **megabyte**) MB (= megabyte *m*)

MBA [embiː'eɪ] (= **Master of Business Administration**) MBA *m* (= Máster *m* en Administración de Empresas)

MD [em'diː] (= **Doctor of Medicine**) Doctor(a) *m(f)* en Medicina; (= **managing director**) director(a) *m(f)* gerente

me [miː] *object* me; *after prep* mí; **he knows ~** me conoce; **he sold it to ~** me lo vendió; **this is for ~** esto es para mí; **with ~** conmigo; **it's ~** soy yo; **taller than ~** más alto que yo

meadow ['medoʊ] prado *m*

meager, *Br* **meagre** ['miːgər] escaso, exiguo

meal [miːl] comida *f*

mean[1] [miːn] *adj with money* tacaño; (*nasty*) malo, cruel

mean[2] [miːn] *v/t* (*intend to say*) querer decir; (*signify*) querer decir, significar; **be ~t for** ser para; *of remark* ir dirigido a; **meaning** *of word* significado *m*; **meaningful** (*comprehensible*) con sentido; (*constructive*), *glance* significativo; **meaningless** sin sentido

means [miːnz] *financial* medios *mpl*; (*way*) medio *m*;

by all ~ (*certainly*) por supuesto; **by ~ of** mediante
meantime ['mi:ntaɪm] mientras tanto
measles ['mi:zlz] sarampión *m*
measure ['meʒər] **1** *n* (*step*) medida *f* **2** *v/t & v/i* medir
♦ **measure up** estar a la altura (**to** de)
measurement ['meʒərmənt] medida *f*; **measuring tape** cinta *f* métrica
meat [mi:t] carne *f*; **meatball** albóndiga *f*
mechanic [mɪ'kænɪk] mecánico(-a) *m(f)*; **mechanical** *also fig* mecánico; **mechanical engineer** ingeniero(-a) *m(f)* industrial; **mechanically** *also fig* mecánicamente; **mechanism** mecanismo *m*; **mechanize** mecanizar
medal ['medl] medalla *f*; **medalist**, *Br* **medallist** medallista *m/f*
meddle ['medl] entrometerse
media ['mi:dɪə]: **the ~** los medios de comunicación; **media coverage** cobertura *f* informativa
median strip [mi:dɪən'strɪp] mediana *f*
'media studies ciencias *fpl* de la información
mediate ['mi:dɪeɪt] mediar; **mediation** mediación *f*; **mediator** mediador(a) *m(f)*
medical ['medɪkl] **1** *adj* médico **2** *n* reconocimiento *m* médico; **medicated** medici-

nal; **medication** medicamento *m*, medicina *f*; **medicinal** medicinal; **medicine science** medicina *f*; (*medication*) medicina *f*, medicamento *m*
medieval [medɪ'i:vl] medieval
mediocre [mi:dɪ'oʊkər] mediocre; **mediocrity** *of work etc, person* mediocridad *f*
meditate ['medɪteɪt] meditar; **meditation** meditación *f*
Mediterranean [medɪtə'reɪnɪən] **1** *adj* mediterráneo **2** *n*: **the ~** el Mediterráneo
medium ['mi:dɪəm] **1** *adj* (*average*) medio; *steak* a punto **2** *n size* talla *f* media; (*means*) medio *m*; (*spiritualist*) médium *m/f*
medley ['medlɪ] (*assortment*) mezcla *f*
meet [mi:t] **1** *v/t by appointment* encontrarse con, reunirse con; *by chance, of eyes* encontrarse con; (*get to know*) conocer; (*collect*) ir a buscar; *in competition* enfrentarse con; (*satisfy*) satisfacer **2** *v/i* encontrarse; *in competition* enfrentarse **3** *n SP* reunión *f*; *by chance* encuentro *m*; *in business* reunión *f*
megabyte ['megəbaɪt] *COMPUT* megabyte *m*
mellow ['meloʊ] **1** *adj* suave **2** *v/i of person* suavizarse, sosegarse

melodious [mɪˈloʊdɪəs] melodioso

melodramatic [melədrəˈmætɪk] melodramático

melody [ˈmelədɪ] melodía f

melon [ˈmelən] melón m

melt [melt] 1 v/i fundirse, derretirse 2 v/t fundir, derretir; melting pot fig crisol m

member [ˈmembər] miembro m; Member of Congress diputado(-a) m(f); membership afiliación f; number of members número m de miembros

membrane [ˈmembreɪn] membrana f

memento [meˈmentoʊ] recuerdo m

memo [ˈmemoʊ] nota f

memoirs [ˈmemwɑːrz] memorias fpl

memorable [ˈmemərəbl] memorable

memorial [mɪˈmɔːrɪəl] 1 adj conmemorativo 2 n monumento m conmemorativo; Memorial Day Día m de los Caídos

memorize [ˈmeməraɪz] memorizar; memory [ˈmemərɪ] (recollection) recuerdo m; (power of recollection), COMPUT memoria f

men [men] pl ☞ man

menace [ˈmenɪs] 1 n amenaza f; person peligro m 2 v/t amenazar; menacing amenazador

mend [mend] reparar; clothes coser, remendar; shoes re

mendar

menial [ˈmiːnɪəl] ingrato, penoso

menopause [ˈmenəpɔːz] menopausia f

'men's room servicio m de caballeros

menstruate [ˈmenstrueɪt] menstruar

mental [ˈmentl] mental; F (crazy) chiflado F, pirado F; mental hospital hospital m psiquiátrico; mental illness enfermedad f mental; mentality mentalidad f; mentally mentalmente

mention [ˈmenʃn] 1 n mención f 2 v/t mencionar; don't ~ it (you're welcome) no hay de qué

mentor [ˈmentɔːr] mentor(a) m(f)

menu [ˈmenuː] for food, COMPUT menú m

mercenary [ˈmɜːrsɪnərɪ] 1 adj mercenario 2 n MIL mercenario(-a) m(f)

merchandise [ˈmɜːrtʃəndaɪz] mercancías fpl, L.Am. mercadería f

merchant [ˈmɜːrtʃənt] comerciante m/f

merciful [ˈmɜːrsɪfəl] compasivo, piadoso; mercifully (thankfully) afortunadamente; merciless despiadado; mercy clemencia f, compasión f

mere [mɪr] mero, simple; merely meramente, simplemente

merge [mɜːrdʒ] *of two lines etc* juntarse, unirse; *of companies* fusionarse; **merger** COM fusión *f*

merit ['merɪt] **1** *n (worth)* mérito *m*; *(advantage)* ventaja *f* **2** *v/t* merecer

mesh [meʃ] malla *f*

mess [mes] *(untidiness)* desorden *m*; *(trouble)* lío *m*

message ['mesɪdʒ] *also of movie etc* mensaje *m*

messenger ['mesɪndʒər] *(courier)* mensajero(-a) *m(f)*

messy ['mesɪ] *room, person* desordenado; *job* sucio; *divorce* desagradable

metabolism [məˈtæbəlɪzm] metabolismo *m*

metal ['metl] **1** *n* metal *m* **2** *adj* metálico; **metallic** metálico

metaphor ['metəfər] metáfora *f*

meteor ['miːtɪər] meteoro *m*; **meteoric** *fig* meteórico; **meteorite** meteorito *m*

meteorological [miːtɪrəˈlɑːdʒɪkl] meteorológico; **meteorologist** meteorólogo(-a) *m(f)*; **meteorology** meteorología *f*

meter¹ ['miːtər] *for gas, electricity* contador *m*; *(parking ~)* parquímetro *m*

meter² ['miːtər] *unit of length* metro *m*

method ['meθəd] método *m*; **methodical** metódico

meticulous [məˈtɪkjʊləs] meticuloso, minucioso

metre *Br* ☞ **meter²**

metropolis [mɪˈtrɑːpəlɪs] metrópolis *f inv*; **metropolitan** metropolitano

mew [mjuː] ☞ **miaow**

Mexican ['meksɪkən] **1** *adj* mexicano, mejicano **2** *n* mexicano(-a) *m(f)*, mejicano(-a) *m(f)*; **Mexico** México *m*, Méjico; **Mexico City** Ciudad *f* de México, *Mex* México, *Mex* el Distrito Federal, *Mex* el D.F.

miaow [miaʊ] **1** *n* maullido *m* **2** *v/i* maullar

mice [maɪs] *pl* ☞ **mouse**

'microchip microchip *m*; **microclimate** microclima *m*; **microcosm** microcosmos *m inv*; **microorganism** microorganismo *m*; **microphone** micrófono *m*; **microprocessor** microprocesador *m*; **microscope** microscopio *m*; **microscopic** microscópico; **microwave** *oven* microondas *m inv*

midday [mɪdˈdeɪ] mediodía *m*

middle ['mɪdl] **1** *adj* del medio **2** *n* medio *m*; **be in the ~ of doing sth** estar ocupado haciendo algo; **middle-aged** de mediana edad; **middle--class** de clase media; **middle class(es)** clase(s) *fpl* medias; **Middle East** Oriente *m* Medio; **middleman** intermediario *m*; **middle name** segundo nombre *m*; **middleweight** *boxer* peso *m* medio

midfielder [mɪdˈfiːldər] centrocampista *m/f*

midget ['mɪdʒɪt] en miniatura

midnight ['mɪdnaɪt] medianoche f; *midsummer* pleno verano m; *midweek* a mitad de semana; *Midwest* Medio Oeste m (de Estados Unidos); *midwife* comadrona f; *midwinter* pleno invierno m

might¹ [maɪt] v/aux poder, ser posible que; *I ~ be late* puede or es posible que llegue tarde; *you ~ have told me!* ¡me lo podías haber dicho!

might² [maɪt] n (power) poder m, fuerza f

mighty ['maɪti] 1 adj poderoso 2 adv F (extremely) muy, cantidad de F

migraine ['mi:greɪn] migraña f

migrant worker ['maɪgrənt] trabajador(a) m(f) itinerante; *migrate* emigrar; *migration* emigración f

mike [maɪk] F micro m F

mild [maɪld] *weather* apacible; *cheese, voice* suave; *curry etc* no muy picante; *mildly say sth* con suavidad; *spicy ligeramente*; *mildness of weather, voice* suavidad f

mile [maɪl] milla f; *milestone fig* hito m

militant ['mɪlɪtənt] 1 adj militante 2 n militante m/f

military ['mɪlɪterɪ] 1 adj militar 2 n: *the ~* el ejército, las fuerzas armadas

militia [mɪ'lɪʃə] milicia f

milk [mɪlk] 1 n leche f 2 v/t ordeñar; *milk chocolate* cho-

colate m con leche; *milkshake* batido m

mill [mɪl] *for grain* molino m; *for textiles* fábrica f de tejidos

millennium [mɪ'lenɪəm] milenio m

milligram ['mɪlɪgræm] miligramo m

millimeter, Br millimetre ['mɪlɪmi:tər] milímetro m

million ['mɪljən] millón m; *millionaire* millonario(-a) m(f)

mime [maɪm] representar con gestos

mimic ['mɪmɪk] 1 n imitador(a) m(f) 2 v/t imitar

mince [mɪns] picar

mind [maɪnd] 1 n mente f; *bear or keep sth in ~* recordar algo; *change one's ~* cambiar de opinión; *make up one's ~* decidirse; *have something on one's ~* tener algo en la cabeza; *keep one's ~ on sth* concentrarse en algo 2 v/t (look after) cuidar (de); (heed) prestar atención a; *I don't ~ what we do* no me importa lo que hagamos; *do you ~ if I smoke?* ¿le importa que fume? 3 v/i: *never ~!* ¡no importa!; *I don't ~* no me importa, me da igual; *mind-boggling* increíble; *mindless violence* gratuito

mine¹ [maɪn] pron el mío, la mía; *that book is ~* eso libro es mío; *a cousin of ~* un primo mío

mine² [main] *n for coal etc* mina *f*

mine³ [main] **1** *n* (*explosive*) mina *f* **2** *v/t* minar

'minefield MIL campo *m* de minas; *fig* campo *m* minado; **miner** minero(-a) *m(f)*

mineral ['minərəl] mineral *m*; **mineral water** agua *f* mineral

'minesweeper NAUT dragaminas *m inv*

mingle ['mingl] *of sounds etc* mezclarse; *at party* alternar

mini ['mini] *skirt* minifalda *f*

miniature ['minitʃər] en miniatura

minimal ['miniməl] mínimo; **minimalism** minimalismo *m*; **minimize** minimizar; **minimum** **1** *adj* mínimo **2** *n* mínimo *m*

mining ['mainin] minería *f*

'miniskirt minifalda *f*

minister ['ministər] POL ministro(-a) *m(f)*; REL ministro(-a) *m(f)*, pastor(a) *m(f)*; **ministerial** ministerial

'minivan monovolumen *m*

mink [miŋk] visón *m*; *coat* abrigo *m* de visón

minor ['mainər] **1** *adj problem, setback menor, pequeño; operation, argument* de poca importancia; *aches and pains* leve **2** *n* LAW menor *m/f* de edad; **minority** minoría *f*

mint [mint] *herb* menta *f*; *chocolate* pastilla *f* de chocolate con sabor a menta; *hard candy* caramelo *m* de menta

minus ['mainəs] **1** *n* (~ *sign*) (signo *m* de) menos *m* **2** *prep* menos

minuscule ['minəskju:l] minúsculo

minute¹ ['minit] *n of time* minuto *m*

minute² [mai'nu:t] *adj* (*tiny*) diminuto, minúsculo; (*detailed*) minucioso

'minute hand ['minit] minutero *m*

minutely [mai'nu:tli] *in detail* minuciosamente; (*very slightly*) mínimamente

minutes ['minits] *of meeting* acta(s) *f(pl)*

miracle ['mirəkl] milagro *m*; **miraculous** milagroso; **miraculously** milagrosamente

mirror ['mirər] **1** *n* espejo *m*; MOT (*espejo m*) retrovisor *m* **2** *v/t* reflejar

misanthropist [mi'zænθrəpist] misántropo(-a) *m(f)*

misbehave [misbə'heiv] portarse mal; **misbehavior,** *Br* **misbehaviour** mal comportamiento *m*

miscalculate [mis'kælkjuleit] calcular mal; **miscalculation** error *m* de cálculo

miscarriage ['miskæridʒ] MED aborto *m* (espontáneo)

miscellaneous [misə'leiniəs] diverso

mischief ['mistʃif] (*naughtiness*) travesura *f*, trastada *f*; **mischievous** (*naughty*) travieso; (*malicious*) malicioso

misconception [miskən'sepʃn] idea *f* equivocada

misconduct [mɪs'kɑ:ndʌkt] mala conducta *f*

misconstrue [mɪskən'stru:] malinterpretar

misdemeanor, *Br* **misdemeanour** [mɪsdə'mi:nər] falta *f*, delito *m* menor

miser ['maɪzər] avaro(-a) *m(f)*

miserable ['mɪzrəbl] (*unhappy*) triste, infeliz; *weather*, *performance* horroroso

miserly ['maɪzərli] *person* avaro

misery ['mɪzəri] (*unhappiness*) tristeza *f*, infelicidad *f*; (*wretchedness*) miseria *f*

misfire [mɪs'faɪr] *of joke*, *scheme* salir mal

misfit ['mɪsfɪt] *in society* inadaptado(-a) *m(f)*

misfortune [mɪs'fɔ:rtʃən] desgracia *f*

misguided [mɪs'gaɪdɪd] *person* equivocado; *attempt*, *plan* desacertado

mishandle [mɪs'hændl] *situation* llevar mal

misinform [mɪsɪn'fɔ:rm] informar mal

misinterpret [mɪsɪn'tɜ:rprɪt] malinterpretar; **misinterpretation** mala interpretación *f*

misjudge [mɪs'dʒʌdʒ] *person*, *situation* juzgar mal

mislay [mɪs'leɪ] perder

mislead [mɪs'li:d] engañar; **misleading** engañoso

mismanage [mɪs'mænɪdʒ]

gestionar mal; **mismanagement** mala gestión *f*

misprint ['mɪsprɪnt] errata *f*

mispronounce [mɪsprə'naʊns] pronunciar mal; **mispronunciation** pronunciación *f* incorrecta

misread [mɪs'ri:d] *word*, *figures* leer mal; *situation* malinterpretar

misrepresent [mɪsreprɪ'zent] deformar, tergiversar

miss¹ [mɪs]: **Miss Smith** la señorita Smith; **~!** ¡señorita!

miss² [mɪs] **1** *n* SP fallo *m* **2** *v/t target* no dar en; *emotionally* echar de menos; *bus*, *train* perder; (*not notice*) pasar por alto; (*not be present at*) perderse; **~ a class** faltar a una clase **3** *v/i* fallar

misshapen [mɪs'ʃeɪpən] deforme

missile ['mɪsəl] misil *m*; (*sth thrown*) arma *f* arrojadiza

missing ['mɪsɪŋ] desaparecido; **be ~** *of person*, *plane* haber desaparecido

mission ['mɪʃn] *task* misión *f*; *people* delegación *f*

misspell [mɪs'spel] escribir incorrectamente

mist [mɪst] neblina *f*

mistake [mɪ'steɪk] **1** *n* error *m*, equivocación *f*; **make a ~** cometer un error, equivocarse; *v/t* confundir; **~ X for Y** confundir X con Y; **mistaken** erróneo, equivocado; **be ~** estar equivocado

mister ['mɪstər] ☞ **Mr**

mistress

mistress ['mɪstrɪs] *lover* amante *f*, querida *f*; *of servant* ama *f*; *of dog* dueña *f*, ama *f*

mistrust [mɪs'trʌst] **1** *n* desconfianza *f* (**of** en) **2** *v/t* desconfiar de

misunderstand [mɪsʌndər'stænd] entender mal; **misunderstanding** (*mistake*) malentendido *m*; (*argument*) desacuerdo *m*

misuse 1 [mɪs'juːs] *n* uso *m* indebido **2** [mɪs'juːz] *v/t* usar indebidamente

mitigating circumstances ['mɪtɪgeɪtɪŋ] circunstancias *fpl* atenuantes

mitt [mɪt] *in baseball* guante *m* de béisbol; **mitten** mitón *m*

mix [mɪks] **1** *n* (*mixture*) mezcla *f*, *cooking: ready to use* preparado *m* **2** *v/t* mezclar; *cement* preparar **3** *v/i socially* relacionarse

♦ **mix up** (*confuse*) confundir (**with** con); (*put in wrong order*) revolver, desordenar; **be mixed up in** estar metido en

mixed [mɪkst] *feelings* contradictorio; *reviews* variado; **mixer** *for food* batidora *f*; *drink* refresco *m* (*para mezclar con bebida alcohólica*); **mixture** mezcla *f*; *medicine* preparado *m*; **mix-up** confusión *f*

moan [moʊn] **1** *n of pain* gemido *m* **2** *v/i in pain* gemir

mob [mɑːb] **1** *n* muchedumbre *f* **2** *v/t* asediar, acosar

mobile ['moʊbəl] **1** *adj person*

con movilidad; (*that can be moved*) móvil **2** *n* móvil *m*; **mobile home** casa *f* caravana; **mobile phone** *Br* teléfono *m* móvil; **mobility** movilidad *f*

mobster ['mɑːbstər] gángster *m*

mock [mɑːk] **1** *adj* fingido, simulado **2** *v/t* burlarse de; **mockery** (*derision*) burlas *fpl*; (*travesty*) farsa *f*

mode [moʊd] (*form*), COMPUT modo *m*

model ['mɑːdl] **1** *adj employee, husband* modélico, modelo **2** *n miniature* maqueta *f*, modelo *m*; (*pattern*) modelo *m*; (*fashion ~*) modelo *m/f* **3** *v/t for designer* trabajar de modelo; *for artist, photographer* posar

modem ['moʊdem] módem *m*

moderate 1 ['mɑːdərət] *adj* moderado **2** ['mɑːdərət] *n* POL moderado(-a) *m(f)* **3** ['mɑːdəreɪt] *v/t* moderar; **moderately** medianamente, razonablemente; **moderation** moderación *f*

modern ['mɑːdn] moderno; **modernization** modernización *f*; **modernize 1** *v/t* modernizar **2** *v/i of business, country* modernizarse

modest ['mɑːdɪst] modesto; **modesty** modestia *f*

modification [mɑːdɪfɪ'keɪʃn] modificación *f*; **modify** modificar

module ['mɑːduːl] módulo *m*

moist [mɔɪst] húmedo; moisten humedecer; moisture humedad *f*; moisturizer *for skin* crema *f* hidratante

molasses [mə'læsɪz] melaza *f*

mold¹ [mould] *n on food* moho *m*

mold² [mould] **1** *n* molde *m* **2** *v/t clay, character* moldear

moldy ['mouldɪ] *food* mohoso

molecule ['mɑːlɪkjuːl] molécula *f*

molest [mə'lest] *child, woman* abusar sexualmente de

mollycoddle ['mɑːlɪkɑːdl] *F* mimar, consentir

molten ['moultən] fundido

mom [mɑːm] *F* mamá *f*

moment ['moumənt] momento *m*; **at the ~** en estos momentos, ahora mismo; momentarily *(for a moment)* momentáneamente; *(in a moment)* de un momento a otro; momentary momentáneo; momentous trascendental, muy importante

momentum [mə'mentəm] impulso *m*

monarch ['mɑːnərk] monarca *m/f*

monastery ['mɑːnəsterɪ] monasterio *m*; monastic monástico

Monday ['mʌndeɪ] lunes *m inv*

monetary ['mɑːnɪterɪ] monetario

money ['mʌnɪ] dinero *m*; money belt faltriquera *f*;

money market mercado *m* monetario; money order giro *m* postal

mongrel ['mʌŋgrəl] perro *m* cruzado

monitor ['mɑːnɪtər] **1** *n* COMPUT monitor *m* **2** *v/t* controlar

monk [mʌŋk] monje *m*

monkey ['mʌŋkɪ] mono *m*; F *child* diablillo *m* F; monkey wrench llave *f* inglesa

monolog, *Br* monologue ['mɑːnəlɑːg] monólogo *m*

monopolize [mə'nɑːpəlaɪz] monopolizar; monopoly monopolio *m*

monotonous [mə'nɑːtənəs] monótono; monotony monotonía *f*

monster ['mɑːnstər] monstruo *m*; monstrosity monstruosidad *f*

month [mʌnθ] mes *m*; monthly **1** *adj* mensual **2** *adv* mensualmente **3** *n magazine* revista *f* mensual

monument ['mɑːnʊmənt] monumento *m*

mood [muːd] *(frame of mind)* humor *m*; *(bad ~)* mal humor *m*; *of meeting, country* atmósfera *f*; moody temperamental; *(bad-tempered)* malhumorado

moon [muːn] luna *f*; moonlight luz *f* de luna; moonlit iluminado por la luna

moor [mʊr] *boat* atracar

moose [muːs] alce *m* americano

mop [mɑːp] **1** *n for floor* fregona *f*; *for dishes* estropajo *m* (con mango) **2** *v/t floor* fregar; *face* limpiar
◆ **mop up** limpiar; MIL acabar con

moral ['mɔːrəl] **1** *adj* moral; *person, behavior* moralista **2** *n of story* moraleja *f*; **~s** moral *f*, moralidad *f*

morale [məˈræl] moral *f*

morality [məˈrælətɪ] moralidad *f*

morbid ['mɔːrbɪd] morboso

more [mɔːr] **1** *adj* más; **there are no ~ eggs** no quedan huevos; **some ~ tea?** ¿más té?; **~ and ~ students** cada vez más estudiantes **2** *adv* más; **~ important** más importante; **~ and ~** cada vez más; **~ or less** más o menos; **once ~** una vez más; **~ than $ 100** más de 100 dólares; **he earns ~ than I do** gana más que yo; **I don't live there any ~** ya no vivo allí **3** *pron* más; **a little ~** un poco más; **moreover** además

morgue [mɔːrg] depósito *m* de cadáveres

morning ['mɔːrnɪŋ] mañana *f*; **in the ~** por la mañana; **tomorrow ~** mañana por la mañana; **good ~** buenos días

moron ['mɔːrɑːn] F imbécil *m/f* F, subnormal *m/f* F

morphine ['mɔːrfiːn] morfina *f*

mortal ['mɔːrtl] **1** *adj* mortal **2** *n* mortal *m/f*; **mortality** mor-

talidad *f*

mortar ['mɔːrtər] MIL, *cement* mortero *m*

mortgage ['mɔːrgɪdʒ] **1** *n* hipoteca *f* **2** *v/t* hipotecar

mosaic [moʊˈzeɪɪk] mosaico *m*

Moscow ['mɑːskaʊ] Moscú *f*

Moslem ['muːzlɪm] **1** *adj* musulmán **2** *n* musulmán(-ana) *m(f)*

mosque [mɑːsk] mezquita *f*

mosquito [mɑːsˈkiːtoʊ] mosquito *m*

moss [mɑːs] musgo *m*

most [moʊst] **1** *adj* la mayoría de **2** *adv* (*very*) muy, sumamente; **the ~ beautiful** el más hermoso; **that's the one I like ~** ése es el que más me gusta; **~ of all** sobre todo **3** *pron* la mayoría de; **~ of her novels** la mayoría de sus novelas; **at (the) ~** como mucho; **make the ~ of** aprovechar al máximo; **mostly** principalmente, sobre todo

motel [moʊˈtel] motel *m*

moth [mɑːθ] mariposa *f* nocturna; (*clothes* ~) polilla *f*

mother ['mʌðər] **1** *n* madre *f* **2** *v/t* mimar; **motherhood** maternidad *f*; **Mothering Sunday** ☞ *Mother's Day*; **mother-in-law** suegra *f*; **motherly** maternal; **Mother's Day** Día *m* de la Madre; **mother tongue** lengua *f* materna

motif [moʊˈtiːf] motivo *m*

motion ['moʊʃn] (*movement*) movimiento *m*; (*proposal*)

moción f; motionless inmóvil

motivate ['moʊtɪveɪt] *person* motivar; motivation motivación f; motive motivo *m*

motor ['moʊtər] motor *m*; motorbike moto f; motorcycle motocicleta f; motorcyclist motociclista *m/f*; motor home autocaravana f; motor mechanic mecánico(-a) *m(f)* (de automóviles); motor racing carreras *fpl* de coches; motor vehicle vehículo *m* de motor

motto ['mɑːtoʊ] lema *m*

mould *etc Br* ☞ **mold** *etc*

mound [maʊnd] montículo *m*

mount [maʊnt] **1** *n* (*mountain*) monte *m*; (*horse*) montura f **2** *v/t steps* subir; *horse, bicycle* montar en; *campaign, photo* montar **3** *v/i* aumentar, crecer

◆ mount up acumularse

mountain ['maʊntɪn] montaña f; mountaineer montañero(-a) *m(f)*, alpinista *m/f*, *L.Am.* andinista *m/f*; mountaineering montañismo *m*, alpinismo *m*, *L.Am.* andinismo *m*; mountainous montañoso

mourn [mɔːrn] llorar; mourner doliente *m/f*; mournful *voice, face* triste

mouse [maʊs] (*pl* mice [maɪs]) *also* COMPUT ratón *m*; mouse mat alfombrilla f

moustache ☞ **mustache**

mouth [maʊθ] boca f; *of river* desembocadura f; mouthful *of food* bocado *m*; *of drink* trago *m*; mouthpiece *of instrument* boquilla f; (*spokesperson*) portavoz *m/f*; mouthwash enjuague *m* bucal; mouthwatering apetitoso

move [muːv] **1** *n in chess, checkers* movimiento *m*; (*step, action*) paso *m*; (*change of house*) mudanza f **2** *v/t object* mover; (*transfer*) trasladar; *emotionally* conmover; **~ house** mudarse de casa **3** *v/i* moverse; (*transfer*) trasladarse

◆ move around *in room* andar; *from place to place* trasladarse, mudarse

◆ move in *to house, neighborhood* mudarse; *to office* trasladarse

movement ['muːvmənt] *also organization,* MUS movimiento *m*; movers firm empresa f de mudanzas; (*men*) empleados *mpl* de una empresa de mudanzas

movie ['muːvɪ] película f; **go to a / the ~s** ir al cine; moviegoer aficionado(a) *m/f* al cine; movie theater cine *m*, sala f de cine

moving ['muːvɪŋ] movible; *emotionally* conmovedor

mow [moʊ] *grass* cortar; mower cortacésped *m*

mph [empiːeɪtʃ] (= *miles per hour*) millas *fpl* por hora

Mr ['mɪstər] Sr.

Mrs ['mɪsɪz] Sra.

Ms [mɪz] Sra. *(casada o no casada)*

much [mʌtʃ] **1** *adj* mucho; *so* **~ money** tanto dinero; *as* **... as ...** tanto... como **2** *adv* mucho; **~ too large** demasiado grande; *very* **~** mucho; *thank you* **~** muchas gracias; *I love you* **~** te quiero muchísimo; *too* **~** demasiado **3** *pron* mucho; *what did she say? - nothing* **~** ¿qué dijo? - no demasiado; *as* **~** *as* **...** tanto... como...

mud [mʌd] barro *m*

muddle ['mʌdl] **1** *n* lío *m* **2** *v/t person* liar

muddy ['mʌdɪ] embarrado

muffin ['mʌfɪn] magdalena *f*

muffle ['mʌfl] ahogar, amortiguar; *muffler* MOT silenciador *m*

mug¹ [mʌg] *n* taza *f*; F *(face)* jeta *f* F, *Span* careto *m* F

mug² [mʌg] *v/t (attack)* atracar

mugger ['mʌgər] atracador(a) *m(f)*; *mugging* atraco *m*; *muggy* bochornoso

mule [mjuːl] *animal* mulo(-a) *m(f)*; *(slipper)* pantufla *f*

multicultural [mʌltɪ'kʌltʃərəl] multicultural; **multilateral** POL multilateral; **multimedia 1** *n* multimedia *f* **2** *adj* multimedia; **multinational 1** *adj* multinacional **2** *n* COM multinacional *f*

multiple ['mʌltɪpl] múltiple;

multiple sclerosis esclerosis *f* múltiple

multiplex ['mʌltɪpleks] *movie theater* (cine *m*) multisalas *m inv*, multicine *m*

multiplication [mʌltɪplɪ'keɪʃn] multiplicación *f*; **multiply 1** *v/t* multiplicar **2** *v/i* multiplicarse

multi-tasking [mʌltɪtæskɪŋ] multitarea *f*

mumble ['mʌmbl] **1** *n* murmullo *m* **2** *v/t* farfullar **3** *v/i* hablar entre dientes

munch [mʌntʃ] mascar

municipal [mjuː'nɪsɪpl] municipal

mural ['mjʊrəl] mural *m*

murder ['mɜːrdər] **1** *n* asesinato *m* **2** *v/t person* asesinar, matar; *song* destrozar; *murderer* asesino(-a) *m(f)*

murky ['mɜːrkɪ] *water* turbio, oscuro; *fig* turbio

murmur ['mɜːrmər] **1** *n* murmullo *m* **2** *v/t* murmurar

muscle ['mʌsl] músculo *m*; *muscular pain* muscular; *person* musculoso

museum [mjuː'zɪəm] museo *m*

mushroom ['mʌʃrʊm] **1** *n* seta *f*, hongo *m*; *(button ~)* champiñón *m* **2** *v/i* crecer rápidamente

music ['mjuːzɪk] música *f*; *in written form* partitura *f*; *musical* **1** *adj* musical; *person* con talento para la música **2** *n* musical *m*; *musician* músico(-a) *m(f)*

mussel ['mʌsl] mejillón *m*

must [mʌst] *v/aux* ◇ *necessity* tener que, deber; **I ~ be on time** tengo que *or* debo llegar a la hora; **I ~n't be late** no tengo que llegar tarde, no debo llegar tarde ◇ *probability* deber de; **it ~ be about 6 o'clock** deben de ser las seis

mustache [mə'stæʃ] bigote *m*

mustard ['mʌstərd] mostaza *f*

musty ['mʌstɪ] *room* que huele a humedad; *smell* a humedad

mutilate ['mju:tɪleɪt] mutilar

mutiny ['mju:tɪnɪ] **1** *n* motín

m **2** *v/i* amotinarse

mutter ['mʌtər] murmurar

mutual ['mju:tʃʊəl] mutuo

muzzle ['mʌzl] **1** *n of animal* hocico *m*; *for dog* bozal *m* **2** *v/t* poner un bozal a; **~ the press** amordazar a la prensa

my [maɪ] mi; myself *reflexive* me; *emphatic* yo mismo(-a); **I hurt ~** me hizo daño

mysterious [mɪ'stɪrɪəs] misterioso; mysteriously misteriosamente; mystery misterio *m*; mystify dejar perplejo

myth [mɪθ] *also fig* mito *m*; mythical mítico

N

nag [næg] *of person* dar la lata; nagging *person* quejica; *doubt* persistente; *pain* continuo

nail [neɪl] *for wood* clavo *m*; *on finger, toe* uña *f*; nail polish esmalte *m* de uñas; nail polish remover quitaesmaltes *m inv*

naive [naɪ'iːv] ingenuo

naked ['neɪkɪd] desnudo

name [neɪm] **1** *n* nombre *m*; **what's your ~?** ¿cómo te llamas? **2** *v/t* llamar; namely *adv* a saber; namesake tocayo(-a) *m(f)*, homónimo(-a) *m(f)*

nanny ['nænɪ] niñera *f*

nap [næp] cabezada *f*

napkin ['næpkɪn] *(table ~)* ser-

villeta *f*; *(sanitary ~)* compresa *f*

narcotic [nɑːr'kɑːtɪk] narcótico *m*, estupefaciente *m*

narrate [nə'reɪt] narrar; narrative **1** *n (story)* narración *f* **2** *adj poem, style* narrativo; narrator narrador(a) *m(f)*

narrow ['nærəʊ] estrecho; *views, mind* cerrado; narrowly *win* por poco; narrow-minded cerrado

nasty ['næstɪ] *person, smell* desagradable; *thing to say* malintencionado; *weather* horrible; *cut, wound* feo; *disease* serio

nation ['neɪʃn] nación *f*; national **1** *adj* nacional **2** *n* ciudadano(-a) *m(f)*; **national anthem** himno *m* nacional; **national debt** deuda *f* pública; **nationalism** nacionalismo *m*; **nationality** nacionalidad *f*; **nationalize** *industry etc* nacionalizar

native ['neɪtɪv] **1** *adj* nativo **2** *n* nativo(-a) *m(f)*, natural *m/f*; **tribesman** nativo(-a) *m(f)*, indígena *m/f*; **Native American** indio(-a) *m (f)* americano(-a)

NATO ['neɪtəʊ] (= **North Atlantic Treaty Organization**) OTAN *f* (= Organización *f* del Tratado del Atlántico Norte)

natural ['næʧrəl] natural; **naturalist** naturalista *m/f*; **naturalize**: **become ~d** naturalizarse, nacionalizarse; **naturally** (*of course*) naturalmente; *behave, speak* con naturalidad; (*by nature*) por naturaleza

nature naturaleza *f*; **nature reserve** reserva *f* natural

naughty ['nɔːtɪ] travieso, malo; *photograph, word etc* picante

nausea ['nɔːzɪə] náusea *f*; **nauseate** dar náuseas a; **nauseating** *smell, taste* nauseabundo; *person* repugnante; **nauseous**: **feel ~** tener náuseas

nautical ['nɔːtɪkl] náutico

naval ['neɪvl] naval

navel ['neɪvl] ombligo *m*

navigate ['nævɪgeɪt] navegar;

in car hacer de copiloto; **navigation** navegación *f*; *in car* direcciones *fpl*; **navigator** *on ship* oficial *m* de derrota; *in airplane* navegante *m/f*; *in car* copiloto *m/f*

navy ['neɪvɪ] armada *f*, marina *f* (de guerra); **navy blue 1** *n* azul *m* marino **2** *adj* azul marino

near [nɪr] **1** *adv* cerca **2** *prep* cerca de **3** *adj* cercano, próximo; **nearby** cerca; **nearly** casi; **near-sighted** miope

neat [niːt] ordenado; *whiskey* solo, seco; *solution* ingenioso; F (*terrific*) genial F

neck [nek] cuello *m*; **necklace** collar *m*; **neckline** *of dress* escote *m*; **necktie** corbata *f*

née [neɪ] de soltera

need [niːd] **1** *n* necesidad *f*; **if ~ be** si fuera necesario **2** *v/t* necesitar; **you don't ~ to wait** no hace falta que esperes; **I ~ to talk to you** necesito hablar contigo

needle ['niːdl] aguja *f*; **needlework** costura *f*

needy ['niːdɪ] necesitado

negative ['negətɪv] negativo

neglect [nɪ'glekt] **1** *n* abandono *m*, descuido *m* **2** *v/t garden, health* descuidar, desatender; **neglected** *garden* abandonado, descuidado;

author olvidado

negligence ['neglɪdʒəns] negligencia *f*; **negligent** negligente; **negligible** *amount* insignificante

negotiable [nɪ'gouʃəbl] negociable; **negotiate 1** *v/i* negociar **2** *v/t deal* negociar; *obstacles* franquear, salvar; *bend in road* tomar; **negotiation** negociación *f*; **negotiator** negociador(a) *m(f)*

neighbor ['neɪbər] vecino(-a) *m(f)*; **neighborhood** vecindario *m*, barrio *m*; **neighboring** *house, state* vecino, colindante; **neighborly** amable

neighbour *etc Br* ☞ **neighbor** *etc*

neither ['niːðər] **1** *adj* ninguno; **~ player** ninguno de los candidatos **2** *pron* ninguno(-a) *m(f)*; **3** *adv*: **~ ... nor** ... ni ... ni ... **4** *conj*: **~ do I** yo tampoco; **~ can I** yo tampoco

neon light ['niːɑːn] luz *f* de neón

nephew ['nefjuː] sobrino *m*

nerve [nɜːrv] nervio *m*; *(courage)* valor *m*; *(impudence)* descaro *m*; **nerve-racking** angustioso, exasperante; **nervous** nervioso; **nervous breakdown** crisis *f inv* nerviosa; **nervousness** nerviosismo *m*; **nervy** *(fresh)* descarado

nest [nest] nido *m*

net¹ [net] *n* red *f*; **the ~** COMPUT la Red; **on the ~** en In-

ternet

net² [net] *adj price, weight* neto

nettle ['netl] ortiga *f*

'network *of contacts, cells,* COMPUT red *f*

neurologist [nuː'rɑːlədʒɪst] neurólogo(-a) *m(f)*

neurosis [nuː'rousɪs] neurosis *f inv*; **neurotic** neurótico

neuter ['nuːtər] *animal* castrar; **neutral 1** *adj country* neutral; *color* neutro **2** *n gear* punto *m* muerto; **neutrality** neutralidad *f*; **neutralize** neutralizar

never ['nevər] nunca; **you're ~ going to believe this** no te vas a creer esto; **nevertheless** sin embargo, no obstante

new [nuː] nuevo; **newborn** recién nacido; **newcomer** recién llegado(-a) *m(f)*; **newly** *(recently)* recientemente, recién; **newly-weds** recién casados *mpl*

news [nuːz] *also* RAD noticias *fpl*; **on TV** noticias *fpl*, telediario *m*; **newscast** TV noticias *fpl*, telediario *m*; **on radio** noticias *fpl*; **newscaster** TV presentador(a) *m(f)* de informativos; **news flash** flash *m* informativo; **newspaper** periódico *m*; **newsreader** TV *etc* presentador(a) *m(f)* de informativos; **news report** reportaje *m*; **newsstand** quiosco *m*; **newsvendor** vendedor(a) *m(f)* de períodicos

New Year año *m* nuevo; *Happy ~!* ¡Feliz Año Nuevo!; New Year's Day Día *m* de Año Nuevo; New Year's Eve Nochevieja *f*; New York 1 *n*: ~ (*City*) Nueva York 2 *adj* neoyorquino; New Yorker neoyorquino(-a) *m(f)*; New Zealand ['zi:lənd] Nueva Zelanda; New Zealander neozelandés(-esa) *m(f)*

next [nekst] 1 *adj* in time próximo, siguiente; in space siguiente 2 *adv* luego, después; *~ to* (*beside*) al lado de; (*in comparison with*) en comparación con; next-door 1 *adj* neighbor de al lado 2 *adv* live al lado; next of kin pariente *m* más cercano

nibble ['nɪbl] mordisquear

Nicaragua [nɪkə'rɑːgwə] Nicaragua; Nicaraguan 1 *adj* nicaragüense 2 *n* nicaragüense *mf*

nice [naɪs] *trip*, *house*, *hair* bonito, *L.Am.* lindo; *person* agradable, simpático; *weather* bueno, agradable; *meal*, *food* bueno, rico; *nicely written*, *presented* bien; (*pleasantly*) amablemente

niche [niːʃ] *in market* hueco *m*, nicho *m*; (*special position*) hueco *m*

nick [nɪk] (*cut*) muesca *f*, mella *f*

nickel ['nɪkl] níquel *m*; (*coin*) moneda de cinco centavos

nickname apodo *m*, mote *m*

niece [niːs] sobrina *f*

night [naɪt] noche *f*; *tomorrow ~* mañana por la noche; *11 o'clock at ~* las 11 de la noche; *during the ~* por la noche; *good ~* buenas noches; nightcap *drink* copa *f* (*tomada antes de ir a dormir*); nightclub club *m* nocturno, discoteca *f*; nightdress camisón *m*; night flight vuelo *m* nocturno; nightlife vida *f* nocturna; nightly todas las noches; nightmare *also fig* pesadilla *f*; night porter portero *m* de noche; night school escuela *f* nocturna; night shift turno *m* de noche; nightshirt camisa *f* de dormir; nightspot local *m* nocturno; nighttime: *at ~*, *in the ~* por la noche

nimble ['nɪmbl] ágil

nine [naɪn] nueve; nineteen diecinueve; nineteenth decimonoveno; ninetieth nonagésimo; ninety noventa; ninth noveno

nip [nɪp] (*pinch*) pellizco *m*; (*bite*) mordisco *m*

nipple ['nɪpl] pezón *m*

nitrogen ['naɪtrədʒn] nitrógeno *m*

no [noʊ] 1 *adv* no 2 *adj*: *there's ~ coffee left* no queda café; *I have ~ money* no tengo dinero; *I'm ~ expert* no soy un experto; *~ smoking* prohibido fumar

noble ['noʊbl] noble

nobody ['noʊbədɪ] nadie

no-brainer [noʊ'breɪnər] juego *m* de niños; *the math test was a ~* la prueba de matemáticas estaba chupada

nod [nɑːd] 1 *n* movimiento *m* de la cabeza 2 *v/i* asentir con la cabeza

noise [nɔɪz] ruido *m*; noisy ruidoso

nominal ['nɑːmɪnl] simbólico

nominate ['nɑːmɪneɪt] (*appoint*) nombrar; nomination nombramiento *m*; (*proposal*) nominación *f*; nominee candidato/-a *m(f)*

nonalco'holic sin alcohol

noncommissioned officer ['nɑːnkəmɪʃnd] suboficial *m/f*

noncommittal [nɑːnkə'mɪtl] evasivo

nondescript ['nɑːndɪskrɪpt] anodino

none [nʌn]: *~ of the students* ninguno de los estudiantes; *~ of the water* nada del agua; *there are ~ left* no queda ninguno; *there is ~ left* no queda nada

nonentity [nɑː'nentɪtɪ] nulidad *f*

none'xistent inexistente

non'fiction no ficción *f*

noninter'ference no intervención *f*

noninter'vention no intervención *f*

no-'nonsense *approach* directo

non'payment impago *m*

nonpol'luting que no conta-

mina

non'resident no residente *m/f*

nonsense ['nɑːnsəns] disparate *m*, tontería *f*

non'smoker no fumador(a) *m(f)*

non'standard no estándar

non'stop 1 *adj flight* directo, sin escalas; *chatter* ininterrumpido 2 *adv travel* directamente; *chatter* sin parar

non'union no sindicado

non'violence no violencia *f*; nonviolent no violento

noodles ['nuːdlz] tallarines *mpl* (chinos)

noon [nuːn] mediodía *m*

'no-one ☞ *nobody*

noose [nuːs] lazo *m* corredizo

nor [nɔːr] ni; *~ do I* yo tampoco, ni yo

norm [nɔːrm] norma *f*; normal normal; normality normalidad *f*; normally normalmente

north [nɔːrθ] 1 *n* norte *m* 2 *adj* norte 3 *adv travel* al norte; North America América del Norte, Norteamérica; North American 1 *n* norteamericano/(-a) *m(f)* 2 *adj* norteamericano; northeast nordeste *m*, noreste *m*; northerly norte, del norte; northern norteño, del norte; northerner norteño/(-a) *m(f)*; North Korea Corea del Norte; North Korean 1 *adj* norcoreano 2 *n* norcoreano/(-a) *m(f)*; North Pole

Polo *m* Norte; **northward** *travel* hacia el norte; **northwest** noroeste *m*

Norway ['nɔːrweɪ] Noruega; **Norwegian** ['nɔːwiːdʒ] **1** *adj* noruego **2** *n person* noruego(-a) *m(f); language* noruego *m*

nose [nəʊz] nariz *m; of animal* hocico *m*

◆ **nose around** F husmear

nostalgia [nɑːˈstældʒə] nostalgia *f;* **nostalgic** nostálgico

nostril ['nɑːstrəl] ventana *f* de la nariz

nosy ['nəʊzɪ] F entrometido

not [nɑːt] no; ~ *this one, that one* éste no, ése; ~ *now* ahora no; ~ *there* para mí no, gracias; *I don't know* no lo sé; *he didn't help* no ayudó

notable ['nəʊtəbl] notable

notch [nɑːtʃ] muesca *f*, mella *f*

note [nəʊt] *written,* MUS nota *f;* **notebook** cuaderno *m,* libreta *f;* COMPUT *Span* ordenador *m* portátil, *L.Am.* computadora *f* portátil; **noted** destacado; **notepad** bloc *m* de notas; **notepaper** papel *m* de carta

nothing ['nʌθɪŋ] nada; ~ *but* sólo; ~ *much* no mucho; *for* ~ (*for free*) gratis; (*for no reason*) por nada

notice ['nəʊtɪs] **1** *n on bulletin board* cartel *m,* letrero *m;* (*advance warning*) aviso *m; in newspaper* anuncio *m; at*

short ~ con poca antelación; *until further* ~ hasta nuevo aviso; **hand in one's** ~ *to employer* presentar la dimisión; **take no** ~ *of* no hacer caso de **2** *v/t* notar, fijarse en; **noticeable** apreciable, evidente

notify ['nəʊtɪfaɪ] notificar, informar

notion ['nəʊʃn] noción *f,* idea *f*

notorious [nəʊˈtɔːrɪəs] de mala fama

noun [naʊn] nombre *m,* sustantivo *m*

nourishing ['nʌrɪʃɪŋ] nutritivo; **nourishment** alimento *m,* alimentación *f*

novel ['nɑːvl] novela *f;* **novelist** novelista *m/f;* **novelty** (*being new*) lo novedoso; (*sth new*) novedad *f*

November [nəʊˈvembər] noviembre *m*

novice ['nɑːvɪs] principiante *m/f*

now [naʊ] ahora; ~ *and again,* ~ *and then* de vez en cuando; *by* ~ ya; *nowadays* hoy en día

nowhere ['nəʊwer] en ningún lugar; *it's* ~ *near finished* no está acabado ni mucho menos; *he was* ~ *to be seen* no se le veía en ninguna parte

nuclear ['nuːklɪər] nuclear; **nuclear energy** energía *f* nuclear; **nuclear power** energía *f* nuclear; POL po-

oblique

tencia *f* nuclear; **nuclear power station** central *f* nuclear; **nuclear reactor** reactor *m* nuclear

nude [nuːd] **1** *adj* desnudo **2** *in painting* desnudo *m*

nudge [nʌdʒ] dar un toque con el codo a; *parked car* dar un empujoncito a

nudist ['nuːdɪst] nudista *m/f*

nuisance ['nuːsns] incordio *m*, molestia *f*; **make a ~ of o.s.** dar la lata

null and 'void [nʌl] nulo y sin efecto

numb [nʌm] entumecido; *emotionally* insensible

number ['nʌmbər] **1** *n* número *m* **2** *v/t* (*put a ~ on*) numerar

numeral ['nuːmərəl] número

m

numerous ['nuːmərəs] numeroso

nun [nʌn] monja *f*

nurse [nɜːrs] enfermero(-a) *m(f)*; **nursery** guardería *f*; *for plants* vivero *m*; **nursery rhyme** canción *f* infantil; **nursery school** parvulario *m*, jardín *m* de infancia; **nursing** enfermería *f*; **nursing home** *for old people* residencia *f*

nut [nʌt] nuez *f*; *for bolt* tuerca *f*; **nutcrackers** cascanueces *m inv*

nutrient ['nuːtriənt] nutriente *m*; **nutrition** nutrición *f*; **nutritious** nutritivo

nuts [nʌts] F (*crazy*) chalado F, pirado F

O

oar [ɔːr] remo *m*

oasis [ou'eɪsɪs] *also fig* oasis *m inv*

oath [ouθ] LAW, (*swearword*) juramento *m*

'oatmeal harina *f* de avena

obedience [ou'biːdɪəns] obediencia *f*; **obedient** obediente; **obediently** obedientemente

obese [ou'biːs] obeso; **obesity** obesidad *f*

obey [ou'beɪ] obedecer

obituary [ə'bɪtueri] necrología *f*, obituario *m*

object¹ ['ɑːbdʒɪkt] *n also*

gram objeto *m*; (*aim*) objetivo *m*

object² [əb'dʒekt] *v/i* oponerse

objection [əb'dʒekʃn] objeción *f*; **objectionable** (*unpleasant*) desagradable; **objective** **1** *adj* objetivo **2** *n* objetivo *m*; **objectively** objetivamente; **objectivity** objetividad *f*

obligation [ɑːblɪ'geɪʃn] obligación *f*; **obligatory** obligatorio; **obliging** atento, servicial

oblique [ə'bliːk] **1** *adj* refer-

ence indirecto **2** *n in punctuation* barra *f* inclinada

obliterate [ə'blitəreit] *city* arrasar; *memory* borrar

oblivion [ə'bliviən] olvido *m*

oblong ['ɑːblɒŋ] rectangular

obscene [ɑːb'siːn] obsceno; *salary, poverty* escandaloso; **obscenity** obscenidad *f*

obscure [əb'skjur] oscuro; **obscurity** oscuridad *f*

observant [əb'zɜːrvnt] observador; **observation** observación *f*; **observe** observar; **observer** observador(a) *m(f)*

obsess [əb'ses] obsesionar; **obsession** obsesión *f*

obsolete ['ɑːbsəliːt] obsoleto

obstacle ['ɑːbstəkl] obstáculo *m*

obstetrician [ɑːbstə'trɪʃn] obstetra *m/f*, tocólogo(-a) *m(f)*; **obstetrics** obstetricia *f*, tocología *f*

obstinacy ['ɑːbstɪnəsɪ] obstinación *f*; **obstinate** obstinado

obstruct [əb'strʌkt] *road* obstruir; *investigation, police* obstaculizar; **obstruction** *on road etc* obstrucción *f*; **obstructive** *behavior* obstruccionista

obtain [əb'teɪn] obtener, lograr; **obtainable** *products* disponible

obtuse [əb'tuːs] *fig* duro de mollera

obvious ['ɑːbvɪəs] obvio, evidente; **obviously** obviamen-

te

occasion [ə'keɪʒn] ocasión *f*; **occasional** ocasional, esporádico; **occasionally** ocasionalmente

occupant ['ɑːkjupənt] ocupante *m/f*; **occupation** ocupación *f*; **occupy** ocupar

occur [ə'kɜːr] ocurrir, suceder; **occurrence** acontecimiento *m*

ocean ['oʊʃn] océano *m*

o'clock [ə'klɑːk]: *at five ~* a las cinco

October [ɑːk'toʊbər] octubre *m*

odd [ɑːd] (*strange*) raro, extraño; (*not even*) impar; **oddball** F bicho *m* raro F; **odds and ends** *objects* cacharros *mpl*; *things to do* cosillas *fpl*; **odds-on** *favorite* indiscutible

odometer [oʊ'dɑːmətər] cuentakilómetros *m inv*

odor, *Br* **odour** ['oʊdər] olor *m*

of [ɑːv] de; *the name ~ the street / hotel* el nombre de la calle / del hotel; *five minutes ~ twelve* las doce menos cinco, *L.Am* cinco para los doce; *die ~ cancer* morir de cáncer; *love ~ money* amor por el dinero

off [ɑːf] **1** *prep*: *~ the main road* (*away from*) apartado de la carretera principal; (*leading off*) saliendo de la carretera principal; *$20 ~ the price* una rebaja en el precio de 20 dólares; **he's ~ his food** no come nada, está desganado **2** *adv*: **be ~ of** *light, TV, machine* estar apagado; *of brake, lid, top* no estar puesto; *not at work* faltar; *on vacation* estar de vacaciones; *canceled* estar cancelado; **we're ~ tomorrow** *leaving* nos vamos mañana; **take a day ~** tomarse un día de fiesta; **it's 3 miles ~** está a tres millas de distancia; **it's a long way ~** *in distance* está muy lejos; **in future** todavía queda mucho tiempo **3** *adj*: **the ~ switch** el interruptor or apagado

offence *Br* ☞ **offense**

offend [ə'fend] (*insult*) ofender; **offender** LAW delincuente *m/f*; **offense** LAW delito *m*; **take ~ at sth** ofenderse por algo; **offensive 1** *adj behavior, remark* ofensivo; *smell* repugnante **2** *n* (MIL: *attack*) ofensiva *f*

offer ['ɒːfər] **1** *n* oferta *f* **2** *v/t* ofrecer

off'hand *attitude* brusco

office ['ɒːfɪs] *building* oficina *f*; *room* oficina *f*, despacho *m*; *position* cargo *m*; *officer* MIL oficial *m/f*; *in police* agente *m/f*; **official 1** *adj* oficial **2** *n* funcionario(-a) *m(f)*; **officially** oficialmente; **officious** entrometido

off-line *work* fuera de línea; **go ~** desconectarse

offpeak *rates* en horas valle,

fuera de las horas punta

off-season temporada *f* baja

offset *losses* compensar

offshore *drilling* rig cercano a la costa; *investment* en el exterior

offside SP fuera de juego

offspring *of person* vástagos *mpl*, hijos *mpl*; *of animal* crías *fpl*

off-the-'record confidencial

often ['ɒːfn] a menudo, frecuentemente

oil [ɔɪl] **1** *n* aceite *m*; *petroleum* petróleo *m* **2** *v/t hinges, bearings* engrasar; **oil change** cambio *m* del aceite; **oil company** compañía *f* petrolera; **oilfield** yacimiento *m* petrolífero; **oil painting** óleo *m*; **oil refinery** refinería *f* de petróleo; **oil rig** plataforma *f* petrolífera; **oil slick** marea *f* negra; **oil tanker** petrolero *m*; **oil well** pozo *m* petrolífero; **oily** grasiento

ointment ['ɔɪntmənt] ungüento *m*, pomada *f*

ok [oʊ'keɪ]: **can I? – ~** ¿puedo? – de acuerdo or *Span* vale; **is it ~ with you if ...?** ¿te parecería bien si...?; **are you ~?** (*well, not hurt*) ¿estás bien?

old [oʊld] *also: (previous)* anterior, antiguo; **how ~ is he?** ¿cuántos años tiene?; **old age** vejez *f*; **old-fashioned** anticuado

olive ['ɒːlɪv] aceituna *f*, oliva *f*; **olive oil** aceite *m* de oliva

Olympic 'Games [ə'lɪmpɪk] Juegos *mpl* Olímpicos

omelet, *Br* **omelette** ['ɑːmlɪt] tortilla *f* (francesa)

ominous ['ɑːmɪnəs] siniestro

omission [oʊ'mɪʃn] omisión *f*; **omit** omitir

on [ɑːn] **1** *prep* en; **~ the table** en la mesa; **~ TV** en la televisión; **~ Sunday** el domingo; **~ the 1st of ...** el uno de...; **this is ~ me** (*I'm paying*) invito yo; **have you any money ~ you?** ¿llevas dinero encima?; **~ his arrival** cuando llegue; **~ hearing this** al escuchar esto **2** *adv*: **be ~** *of light, TV, computer etc* estar encendido *o L.Am.* prendido; *of brake, lid* estar puesto; *of meeting etc:* **be scheduled to happen** haber sido acordado; **what's ~ tonight?** *on TV etc* ¿qué dan *o Span* ponen esta noche?; (*what's planned?*) ¿qué planes hay para esta noche?; **with his hat ~** con el sombrero puesto; **you're ~** (*I accept*) trato hecho; **~ you go** (*go ahead*) adelante; **~** talk seguir hablando; **and so ~** etcétera; **~ and ~** *talk etc* sin parar **3** *adj*: **the ~ switch** el interruptor de encendido

once [wʌns] **1** *adv* (*one time, formerly*) una vez; **~ again**, **~ more** una vez más; **at ~** (*immediately*) de inmediato **2** *conj* una vez que; **~ you have finished** una vez que hayas

acabado

one [wʌn] **1** *n number* uno *m* **2** *adj* un(a); **~ day** un día **3** *pron* uno(-a); **which ~?** ¿cuál?; **~ by ~** uno por uno; **we help ~ another** nos ayudamos mutuamente; **what can ~ say?** ¿qué puede uno decir?; **the little ~s** los pequeños; **I for ~** yo personalmente; **what can ~ say?** ¿qué puede uno decir?; **one-parent family** familia *f* monoparental; **oneself** uno(-a) mismo(-a) *m(f)*; **do sth by ~** hacer algo sin ayuda; **look after ~** cuidarse; **be by ~** estar solo; **one-way street** calle *f* de sentido único; **one-way ticket** billete *m* de ida

onion ['ʌnjən] cebolla *f*

'on-line en línea; **go ~ to** conectarse a; **on-line banking** banca *f* electrónica; **on-line dating** encuentros *mpl* on-line; **on-line shopping** compras *fpl* online

onlooker ['ɑːnlʊkər] espectador(a) *m(f)*, curioso(-a) *m(f)*

only ['oʊnlɪ] **1** *adv* sólo, solamente; **not ~ ... but ...** *also* no sólo... sino también... **2** *adj* único

'onset comienzo *m*

on-the-job 'training formación *f* continua

opaque [oʊ'peɪk] opaco

open ['oʊpən] **1** *adj also honest* abierto; **in the ~ air** al aire libre **2** v/t abrir **3** v/i of door, shop abrir; of flower abrirse; **open-air** meeting, concert al aire libre; **pool** descubierto; **open day** jornada f de puertas abiertas; **open-ended** contract etc abierto; **opening** in wall abertura f; of film, novel etc comienzo m; (job) puesto m vacante; **openly** (honestly, frankly) abiertamente; **open-minded** de mentalidad abierta; **open ticket** billete m abierto

opera ['ɑːpərə] ópera f; **opera house** (teatro m de la) ópera f; **opera singer** cantante m/f de ópera

operate ['ɑːpəreɪt] **1** v/i operar; of machine funcionar (**on** con) **2** v/t machine manejar

♦ **operate on** MED operar

'**operating room** MED quirófano m; **operating system** COMPUT sistema m operativo; **operation** MED operación f; of machine manejo m; **operator** TELEC operador(a) m(f); of machine operario(-a) m(f); (tour ~) operador m turístico

opinion [əˈpɪnjən] opinión f; **opinion poll** encuesta f de opinión

opponent [əˈpoʊnənt] oponente m/f, adversario(-a) m(f)

opportunist [ɑːpərˈtuːnɪst] oportunista m/f; **opportunity** oportunidad f

oppose [əˈpoʊz] oponerse a; **be ~d to ...** estar en contra de...

opposite ['ɑːpəzɪt] **1** adj contrario; views, meaning opuesto **2** adv enfrente; **the house ~** la casa de enfrente **3** prep enfrente de; **opposite number** homólogo(-a) m(f)

opposition [ɑːpəˈzɪʃn] to plan, POL oposición f

oppress [əˈpres] the people oprimir; oppressive rule opresor; weather agobiante

optician [ɑːpˈtɪʃn] óptico(-a) m(f)

optimism ['ɑːptɪmɪzm] optimismo m; **optimist** optimista m/f; **optimistic** optimista; **optimistically** con optimismo

optimum ['ɑːptɪməm] óptimo m

option ['ɑːpʃn] opción f; **optional** optativo

or [ɔːr] o; before a word beginning with the letter o u

oral ['ɔːrəl] oral; hygiene bucal

orange ['ɔːrɪndʒ] **1** adj naranja **2** n fruit naranja f; color naranja m; **orange juice** Span zumo m or L.Am. jugo m de naranja

orator ['ɔːrətər] orador(a) m(f)

orbit ['ɔːrbɪt] **1** n of earth órbita f **2** v/t the earth girar alrededor de

orchard ['ɔːrtʃərd] huerta f (de frutales)

orchestra ['ɔːrkɪstrə] orquesta f

orchid ['ɔːrkɪd] orquídea f
ordain [ɔːr'deɪn] ordenar
ordeal [ɔːr'diːl] calvario m,
experiencia f penosa
order ['ɔːrdər] **1** n (command,
sequence) orden m; for goods
pedido m; **an ~ of fries** unas
patatas fritas; **in ~ to** para;
out of ~ (not functioning) estropeado; (not in sequence)
desordenado **2** v/t (put in sequence, proper layout) ordenar; goods, meal pedir; **~
s.o. to do sth** ordenar a alguien hacer algo or que haga
algo **3** v/i in restaurant pedir;
orderly 1 adj lifestyle ordenado, metódico **2** n in hospital celador(a) m(f)
ordinarily [ɔːrdɪ'nerɪlɪ] (as a
rule) normalmente; ordinary común, normal
ore [ɔːr] mineral m, mena f
organ ['ɔːrgən] ANAT, MUS órgano m; **organic food** ecológico, biológico; fertilizer
orgánico; **organically grown**
ecológicamente, biológicamente; **organism** organismo m
organization [ɔːrgənaɪ'zeɪʃn]
organización f; **organize** organizar; **organizer** person
organizador(a) m(f)
orient ['ɔːrɪənt] (direct) orientar; **Oriental** oriental
origin ['ɑːrɪdʒɪn] origen m;
original 1 adj original **2** n
painting etc original m; originality originalidad f; origi-
nally originalmente; origi-

nate **1** v/t idea crear **2** v/i of
idea, belief originarse; of
family proceder
ornamental [ɔːrnə'mentl] ornamental
ornate [ɔːr'neɪt] recargado
orphan ['ɔːrfn] huérfano(-a)
m(f)
orthodox ['ɔːrθədɑːks] ortodoxo
orthopedic [ɔːrθə'piːdɪk] ortopédico
ostensibly [ɑː'stensəblɪ] aparentemente
ostentatious [ɑːsten'teɪʃəs]
ostentoso
ostracize ['ɑːstrəsaɪz] condenar al ostracismo
other ['ʌðər] **1** adj otro; **the ~
day** (recently) el otro día; **every ~ day** cada dos días **2** n:
the ~s los otros; **the ~s** los otros
otherwise ['ʌðərwaɪz] **1** conj
si no **2** adv (differently) de
manera diferente
ought [ɔːt]: **I / you ~ to know**
debo / debes saberlo; **you ~
to have done it** deberías haberlo
hecho
ounce [aʊns] onza f
our [aʊr] nuestro(-a)
ours [aʊrz] el nuestro, la
nuestra; **that book is ~** ese
libro es nuestro; **a friend of
~** un amigo nuestro; **ourselves** reflexive nos; emphatic nosotros mismos mpl,
nosotras mismas fpl; **we hurt
~** nos hicimos daño
oust [aʊst] from office derrocar

out [aʊt]: **be ~** *of light, fire* estar apagado; *of flower* estar en flor; *(not at home), of sun* haber salido; *of calculations* estar equivocado; *(be published)* haber sido publicado; *(no longer in competition)* estar eliminado; *(no longer in fashion)* estar pasado de moda; **I'm ~ in Dallas** aquí en Dallas; **(get) ~!** ¡vete!; **(get) ~ of my room!** ¡fuera de mi habitación!; **that's ~!** *(out of the question)* ¡eso es imposible!; **he's ~ to win** *(fully intends to)* va por la victoria

'outbreak estallido *m*

'outcast paria *m/f*

'outcome resultado *m*

'outcry protesta *f*

out'dated anticuado

out'do superar

'outdoor *toilet, life* al aire libre; **out'doors** fuera

outer ['aʊtər] *wall etc* exterior

'outfit *(clothes)* traje *m*, conjunto *m*; *(company, organization)* grupo *m*

out'last durar más que

'outlet *of pipe* desagüe *m*; *for sales* punto *m* de venta; ELEC enchufe *m*

'outline **1** *n of person, building etc* perfil *m*, contorno *m*; *of plan, novel* resumen *m* **2** *v/t plans etc* resumir

out'live sobrevivir a

'outlook *(prospects)* perspectivas *fpl*

out'number superar en número

out of ◇ *motion* fuera de; **run ~ the house** salir corriendo de la casa; ◇ *position:* **100 miles ~ Detroit** a 100 millas de Detroit ◇ *cause* por; **~ curiosity** por curiosidad ◇ *without:* **we're ~ gas** no nos queda gasolina ◇ *from a group* de cada **2 ~ 10** 2 de cada 10

out-of-'date anticuado, desfasado

'output 1 *n of factory* producción *f*; COMPUT salida *f* **2** *v/t (produce)* producir

'outrage 1 *n feeling* indignación *f*; *act* ultraje *m* **2** *v/t* indignar, ultrajar; **outrageous** *acts* atroz; *prices* escandaloso

out'right 1 *adj winner* absoluto **2** *adv win* completamente; *kill* en el acto

out'set principio *m*

out'shine eclipsar

out'side 1 *adj wall* exterior; *lane* de fuera **2** *adv sit, go* fuera **3** *prep* fuera de; *(apart from)* aparte de **4** *n of building, case etc* exterior *m*

out'size *clothing* de talla especial

'outskirts afueras *fpl*

out'smart ☞ **outwit**

out'source subcontratar

out'standing *quality* destacado; *writer, athlete* excepcional; FIN pendiente

outstretched ['aʊtstretʃt] *hands* extendido

outward ['aʊtwərd] *appearance* externo; ~ *journey* viaje *m* de ida; **outwardly** aparentemente

out'weigh pesar más que

out'wit mostrar más listo que

oval ['oʊvl] oval, ovalado

oven ['ʌvn] horno *m*

over ['oʊvər] 1 *prep* (*above*) sobre, encima de; (*across*) al otro lado de; (*more than*) más de; (*during*) durante; **she walked ~ the street** cruzó la calle; **travel all ~ Brazil** viajar por todo Brasil; **we're ~ the worst** lo peor ya ha pasado; ~ **and above** además de 2 *adv*: **be** ~ (*finished*) haber acabado; **there were just 6** ~ sólo quedaban seis; ~ **in Japan** allá en Japón; ~ **here / there** por aquí / allá; **it hurts all** ~ me duele por todas partes; **painted white all** ~ pintado todo de blanco; **it's all** ~ se ha acabado; ~ **and ~ again** una y otra vez; **do sth** ~ (*again*) volver a hacer algo; **overall** (*in general*) en general; **overalls** *Span* mono *m*, *L.Am.* overol *m*

over'awe intimidar

over'balance perder el equilibrio

over'bearing dominante

'overcast *day* nublado; *sky* cubierto

over'charge *customer* cobrar de más a

'overcoat abrigo *m*

over'come *difficulties* superar, vencer

over'crowded *train* atestado; *city* superpoblado

over'do (*exaggerate*) exagerar; *in cooking* recocer, cocinar demasiado; **over'done** *meat* demasiado hecho

'overdose sobredosis *f inv*

'overdraft descubierto *m*; **overdraw** *account* dejar al descubierto

over'dressed demasiado trajeado

over'estimate sobreestimar

over'expose sobreexponer

'overflow¹ *n pipe* desagüe *m*, rebosadero *m*

over'flow² *v/i of water* desbordarse

over'haul revisar

'overhead 1 *adj lights, railway* elevado 2 *n* FIN gastos *mpl* generales

over'hear oír por casualidad

over'heated recalentado

over'joyed [oʊvər'dʒɔɪd] contentísimo, encantado

'overland 1 *adj route* terrestre 2 *adv travel* por tierra

over'lap *of tiles etc* solaparse; *of periods of time* coincidir; *of theories* tener puntos en común

over'load sobrecargar

over'look *of tall building etc* dominar; (*not see*) pasar por alto

overly ['oʊvərlɪ] excesivamente, demasiado

'overnight *travel* por la noche; *fig change etc* de la noche a la mañana

'overpass paso *m* elevado

over'power *physically* dominar

overpriced [oʊvər'praɪst] demasiado caro

overrated [oʊvə'reɪtɪd] sobrevalorado

over'ride anular; overriding *concern* primordial

over'rule *decision* anular

over'seas 1 *adv* live, work en el extranjero; *go* al extranjero 2 *adj* extranjero

over'see supervisar

over'shadow *fig* eclipsar

'oversight descuido *m*

over'sleep quedarse dormido

over'state exagerar; overstatement exageración *f*

over'take *in work, development* adelantarse a; *Br* MOT adelantar

over'throw¹ *v/t* derrocar

'overthrow² *n* derrocamiento *m*

'overtime 1 *n* SP: *in ~* en la prórroga 2 *adv*: *work ~* hacer horas extras

over'turn 1 *v/t vehicle* volcar; *object* dar la vuelta a; *government* derribar 2 *v/i of vehicle* volcar

'overview visión *f* general

overwhelming [oʊvər'welmɪŋ] *feeling* abrumador; *majority* aplastante

over'work 1 *n* exceso *m* de trabajo 2 *v/i* trabajar en exceso

owe [oʊ] deber; owing to debido a

owl [aʊl] búho *m*

own¹ [oʊn] *v/t* poseer

own² [oʊn] 1 *adj* propio; 2 *pron*: *an apartment of my ~* mi propio apartamento; *on my ~* yo solo

◆ own up confesar

owner ['oʊnər] dueño(-a) *m(f)*, propietario(-a) *m(f)*; ownership propiedad *f*

oxygen ['ɑːksɪdʒən] oxígeno *m*

oyster ['ɔɪstər] ostra *f*

ozone ['oʊzoʊn] ozono *m*; ozone layer capa *f* de ozono

P

PA [piː'eɪ] (= *personal assistant*) secretario(-a) *m(f)* personal

pace [peɪs] *(step)* paso *m*; *(speed)* ritmo *m*; pacemaker MED marcapasos *m inv*; SP liebre *f*

Pacific [pə'sɪfɪk]: *the ~ (Ocean)* el (Océano) Pacífico

pacifier ['pæsɪfaɪər] *for baby* chupete *m*; pacifism pacifismo *m*; pacifist pacifista *m/f*; pacify tranquilizar; *country* pacificar

pack [pæk] **1** *n* (*back~*) mochila *f*; *of food, cigarettes* paquete *m* **2** *v/t item of clothing etc* meter en una maleta; *goods* empaquetar; *groceries* meter en una bolsa; **~ one's bag** hacer la bolsa **3** *v/i* hacer la maleta; **package 1** *n* paquete *m* **2** *v/t in packs* embalar; *idea* presentar; **packaging** *of product* embalaje *m*; *of idea* presentación *f*; **packet** paquete *m*

pact [pækt] pacto *m*

pad¹ [pæd] **1** *n for protection* almohadilla *f*; *for absorbing liquid* compresa *f*; *for writing* bloc *m* **2** *v/t with material* acolchar; *speech, report* meter paja en

pad² [pæd] *v/i (move quietly)* caminar silenciosamente

padding ['pædɪŋ] *material* relleno *m*; *in speech etc* paja *f*

paddle ['pædəl] **1** *n for canoe* canalete *m*, remo *m* **2** *v/i in canoe* remar; *in water* chapotear

paddock ['pædək] potrero *m*

padlock ['pædlɑːk] candado *m*

page¹ [peɪdʒ] *n of book etc* página *f*

page² [peɪdʒ] *v/t (call)* llamar; *by PA* llamar por megafonía; *by beeper* llamar por el buscapersonas or *Span* busca

pager ['peɪdʒər] buscapersonas *m inv*, *Span* busca *m*

paid employment [peɪd] em-

pleo *m* remunerado

pain [peɪn] dolor *m*; **be in ~** sentir dolor; painful dolorido; *blow, condition, subject* doloroso; *(laborious)* difícil; painfully *(extremely, acutely)* extremadamente; painkiller analgésico *m*; painless indoloro; painstaking meticuloso

paint [peɪnt] **1** *n* pintura *f* **2** *v/t* pintar; **paintbrush** *large* brocha *f*; *small* pincel *m*; **painter** *decorator* pintor(a) *m(f)* (de brocha gorda); *artist* pintor(a) *m(f)*; **painting** *activity* pintura *f*; *picture* cuadro *m*; **paintwork** pintura *f*

pair [per] *of shoes etc* par *m*; *of people, animals* pareja *f*; **a ~ of pants** unos pantalones

pajamas [pəˈdʒɑːməz] pijama *m*

Pakistan [pɑːkɪˈstɑːn] Paquistán, Pakistán; **Pakistani 1** *n* paquistaní *m/f*, pakistaní *m/f* **2** *adj* paquistaní, pakistaní

pal [pæl] F *(friend)* amigo(-a) *m(f)*, *Span* colega *m/f* F

palace ['pæləs] palacio *m*

palate ['pælət] paladar *m*

palatial [pəˈleɪʃl] palaciego *m*

pale [peɪl] *person* pálido; **she went ~** palideció

Palestine ['pæləstaɪn] Palestina; **Palestinian 1** *n* palestino(-a) *m(f)* **2** *adj* palestino

pallet ['pælɪt] palé *m*

pallor ['pælər] palidez *f*

palm [pɑːm] *of hand* palma *f*;

palm tree palmera *f*

paltry ['pɔːltrɪ] miserable

pamper ['pæmpər] mimar

pamphlet ['pæmflɪt] *for information* folleto *m*; *political* panfleto *m*

pan *for cooking* cacerola *f*; *for frying* sartén *f*

Panama ['pænəmɑ:] Panamá;
Panama Canal: **the** ~ el Canal de Panamá; Panama City Ciudad *f* de Panamá;
Panamanian 1 *adj* panameño 2 *n* panameño(-a) *m(f)*

pancake ['pænkeɪk] crepe *m*, *L.Am.* panqueque *m*

pandemonium [pændɪˈmouniəm] pandemónium *m*

pane [peɪn] *of glass* hoja *f*

panel ['pænl] panel *m*; *people* grupo *m*, panel *m*; paneling, *Br* panelling paneles *mpl*

panic ['pænɪk] 1 *n* pánico *m* 2 *v/i* ser preso del pánico; panic-stricken preso del pánico

panorama [pænəˈrɑ:mə] panorama *m*; panoramic panorámico

pant [pænt] jadear

panties ['pæntɪz] *Span* bragas *fpl*, *L.Am.* calzones *mpl*

pantihose ☞ **pantyhose**

pants [pænts] pantalones *mpl*

pantyhose ['pæntɪhouz] medias *fpl*, pantis *mpl*

papal ['peɪpəl] papal

paparazzi [pæpəˈrætsi:] paparazzi *mpl*

paper ['peɪpər] 1 *n* papel *m*; *(news~)* periódico *m*; *academic* estudio *m*; *at confer-*ence ponencia *f*; *(examination* ~*)* examen *m*; ~**s** *(documents)* documentos *mpl*; *of vehicle, (identity* ~*s)* documentación *f* 2 *adj* de papel 3 *v/t room* empapelar; paperback libro *m* en rústica; paper clip clip *m*; paperwork papeleo *m*

parachute ['pærəʃu:t] 1 *n* paracaídas *m inv* 2 *v/i* saltar en paracaídas 3 *v/t troops, supplies* lanzar en paracaídas

parade [pəˈreɪd] 1 *n* *in procession* desfile *m* 2 *v/i* desfilar; *(walk about)* pasearse

paradise ['pærədaɪs] paraíso *m*

paradox ['pærədɑ:ks] paradoja *f*; paradoxical paradójico; paradoxically paradójicamente

paragraph ['pærəgræf] párrafo *m*

Paraguay ['pærəgwaɪ] Paraguay; Paraguayan 1 *adj* paraguayo 2 *n* paraguayo(-a) *m(f)*

parallel ['pærəlel] 1 *n* paralela *f*; GEOG paralelo *m*; *fig* paralelismo *m* 2 *adj* paralelo; estar paralelo 3 *v/t (match)* equipararse a

paralysis [pəˈræləsɪs] parálisis *f*; paralyze *also fig* paralizar

paramedic [pærəˈmedɪk] auxiliar *m/f* sanitario(-a)

parameter [pəˈræmɪtər] parámetro *m*

paramilitary [pærəˈmɪlɪterɪ] 1

adj paramilitar **2** *n* paramilitar *m/f*

paranoia [pærə'nɔɪə] paranoia *f*; **paranoid** paranoico

paraphrase ['pærəfreɪz] parafrasear

parasite ['pærəsaɪt] *also fig* parásito *m*

parasol ['pærəsɒl] sombrilla *f*

paratrooper ['pærətruːpər] paracaidista *m/f* (*militar*)

parcel ['pɑːrsl] paquete *m*

pardon ['pɑːrdn] **1** *n* LAW indulto *m*; **I beg your ~?** (*what did you say?*) ¿cómo ha dicho?; **I beg your ~** (*I'm sorry*) discúlpeme **2** *v/t* perdonar; LAW indultar; **~ me?** ¿perdón?

parent ['perənt] *father* padre *m*; *mother* madre *f*; **my ~s** mis padres; **parental** de los padres; **parent company** empresa *f* matriz; **parent-teacher association** asociación *f* de padres y profesores

parish ['pærɪʃ] parroquia *f*

park¹ [pɑːrk] parque *m*

park² [pɑːrk] *v/t & v/i* mot estacionar, *Span* aparcar; **parking** MOT estacionamiento *m*, *Span* aparcamiento *m*; **parking brake** freno *m* de mano; **parking garage** párking *m*, *Span* aparcamiento *m*; **parking lot** estacionamiento *m*, *Span* aparcamiento *m* (*al aire libre*); **parking meter** parquímetro *m*; **parking ticket** multa *f*

de estacionamiento

parliament ['pɑːrləmənt] parlamento *m*

parole [pə'roʊl] **1** *n* libertad *f* condicional **2** *v/t* poner en libertad condicional

parrot ['pærət] loro *m*

part [pɑːrt] **1** *n* parte *f*; *of machine* pieza *f* (de repuesto); *in movie* papel *m*; *in hair* raya *f*; **take ~ in** tomar parte en **2** *adv* (*partly*) en parte **3** *v/i* separarse; **partial** (*incomplete*) parcial; **partially** parcialmente

participant [pɑːr'tɪsɪpənt] participante *m/f*; **participate** participar; **participation** participación *f*

particular [pər'tɪkjələr] (*specific*) particular, concreto; (*demanding*) exigente; *about friends etc* selectivo; *pej* especial, quisquilloso; **particularly** particularmente

partition [pɑːr'tɪʃn] (*screen*) tabique *m*; *of country* partición *f*, división *f*

partly ['pɑːrtlɪ] en parte

partner ['pɑːrtnər] COM socio(-a) *m(f)*; *in relationship* compañero(-a) *m(f)*; *in tennis, dancing* pareja *f*; **partnership** COM sociedad *f*; *in particular activity* colaboración *f*

'part-time a tiempo parcial

party ['pɑːrtɪ] **1** *n* (*celebration*) fiesta *f*; POL partido *m*; (*group of people*) grupo *m* **2** *v/i* F salir de marcha F

pass [pæs] **1** *n for entry*, SP pase *m*; *in mountains* desfiladero *m* **2** *v/t* (*hand*) pasar; (*go past*) pasar por delante de; (*overtake*) adelantar; (*go beyond*) sobrepasar; (*approve*) aprobar **3** *v/i of time* pasar; *in exam* aprobar; (*go away*) pasarse

♦ **pass away** *euph* fallecer, pasar a mejor vida

♦ **pass on 1** *v/t information, book* pasar **2** *v/i* (*euph: die*) fallecer, pasar a mejor vida

♦ **pass out** (*faint*) desmayarse

♦ **pass up** *opportunity* dejar pasar

passable ['pæsəbl] *road* transitable; (*acceptable*) aceptable

passage ['pæsɪdʒ] (*corridor*) pasillo *m*; *from book* pasaje *m*; *of time* paso *m*

passenger ['pæsɪndʒər] pasajero(-a) *m(f)*

passer-by [pæsər'baɪ] transeúnte *m/f*

passion ['pæʃn] pasión *f*; **passionate** *lover* apasionado; (*fervent*) fervoroso

passive ['pæsɪv] **1** *adj* pasivo **2** *n* GRAM (voz *f*) pasiva *f*; **passive smoking** (el) fumar pasivamente

'**passport** pasaporte *m*; **passport control** control *m* de pasaportes; **password** contraseña *f*

past [pæst] **1** *adj* (*former*) pasado; **the ~ few days** los úl-

timos días **2** *n* pasado **3** *prep in position* después de; *it's half ~ two* son las dos y media **4** *adv*: *run / walk ~* pasar

pasta ['pæstə] pasta *f*

paste [peɪst] **1** *n* (*adhesive*) cola *f* **2** *v/t* (*stick*) pegar

pastime ['pæstaɪm] pasatiempo *m*

past par'ticiple GRAM participio *m* pasado

pastry ['peɪstrɪ] *for pie* masa *f*; *small cake* pastel *m*

'**past tense** GRAM (tiempo *m*) pasado *m*

pasty ['peɪstɪ] *face* pálido

pat [pæt] **1** *n* palmadita *f* **2** *v/t* dar palmaditas a

patch [pætʃ] **1** *n on clothing* parche *m*; (*area*) mancha *f*; *a bad ~ of time* un mal momento, una mala racha **2** *v/t* *clothing* remendar

♦ **patch up** (*repair*) hacer un remiendo a, arreglar a medias; *quarrel* solucionar

patchy ['pætʃɪ] *quality* desigual; *work* irregular

patent ['peɪtnt] **1** *adj* patente, evidente **2** *n for invention* patente *f* **3** *v/t invention* patentar

paternal [pə'tɜːrnl] *relative* paterno; *pride, love* paternal; **paternalism** paternalismo *m*; **paternalistic** paternalista; **paternity** paternidad *f*

path [pæθ] *also fig* camino *m*

pathetic [pə'θetɪk] *invoking pity* patético; F (*very bad*) lamentable F

pathological [pæθəˈlɑːdʒɪkl] patológico

patience [ˈpeɪʃns] paciencia *f*; **patient 1** *n* paciente *m/f* **2** *adj* paciente; **patiently** pacientemente

patio [ˈpætɪoʊ] *Br* patio *m*

patriot [ˈpeɪtrɪət] patriota *m/f*; **patriotic** patriótico; **patriotism** patriotismo *m*

patrol [pəˈtroʊl] **1** *n* patrulla *f* **2** *v/t streets, border* patrullar; **patrol car** coche *m* patrulla; **patrolman** policía *m*, patrullero *m*; **patrol wagon** furgón *m* policial

patron [ˈpeɪtrən] *of store, movie theater* cliente *m/f*; *of artist, charity etc* patrocinador(a) *m(f)*; **patronize** *person* tratar con condescendencia; **patronizing** condescendiente; **patron saint** santo(-a) *m(f)* patrón(-ona), patrón(-ona) *m(f)*

pattern [ˈpætərn] *on fabric* estampado *m*; *for sewing* diseño *m*; *(model)* modelo *m*; *in behavior, events* pauta *f*

paunch [pɔːntʃ] barriga *f*

pause [pɔːz] **1** *n* pausa *f* **2** *v/i* parar; *when speaking* hacer una pausa **3** *v/t tape* poner en pausa

pave [peɪv] *with concrete* pavimentar; *with slabs* adoquinar; **pavement** *(roadway)* calzada *f*; *Br (sidewalk)* acera *f*

paw [pɔː] **1** *n of animal* pata *f*; *F (hand)* pezuña *f* **2** *v/t* F

sobar F

pawn [pɔːn] *in chess* peón *m*; *fig* títere *m*

pay [peɪ] **1** *n* paga *f*, sueldo *m* **2** *v/t* pagar; ~ **attention** prestar atención **3** *v/i* pagar; *(be profitable)* ser rentable; ~ **for** *purchase* pagar

◆ **pay back** *person* devolver el dinero a; *loan* devolver

◆ **pay off 1** *v/t debt* liquidar; *(bribe)* sobornar **2** *v/i (be profitable)* valer la pena

◆ **pay up** pagar

payable [ˈpeɪəbl] pagadero; **pay check**, *Br* **pay cheque** cheque *m* del sueldo; **pay-day** día *m* de paga; **payee** beneficiario(-a) *m(f)*; **payment** pago *m*; **pay phone** teléfono *m* público

PC [piːˈsiː] (= *personal computer*) PC *m*, *Span* ordenador *m* or *L.Am.* computadora personal; (= *politically correct*) políticamente correcto

pea [piː] *Span* guisante *m*, *L.Am.* arveja *f*, *Mex* chícharo *m*

peace [piːs] *pact f*; *(quietness)* tranquilidad; **peaceful** tranquilo; *demonstration* pacífico; **peacefully** pacíficamente

peach [piːtʃ] *fruit* melocotón *m*, *L.Am.* durazno *m*; *tree* melocotonero *m*, *L.Am.* duraznero *m*

peak [piːk] **1** *n of mountain* cima *f*; *mountain* pico *m*; *fig*

penitence

clímax *m* **2** *v/i* alcanzar el máximo; **peak hours** horas *fpl* punta

peanut ['piːnʌt] cacahuete *m*, *L.Am.* maní *m*, *Mex* cacahuate *m*; **get paid ~s** F cobrar una miseria F; **peanut butter** crema *f* de cacahuete

pear [per] pera *f*

pearl [pɜːrl] perla *f*

pecan ['piːkən] pacana *f*

peck [pek] **1** *n* bite picotazo *m*; *kiss* besito *m* **2** *v/t* bite picotear; *kiss* dar un besito a

peculiar [pɪ'kjuːljər] (*strange*) raro; **peculiarity** rareza *f*; (*special feature*) peculiaridad *f*

pedal ['pedl] **1** *n* of bike pedal *m* **2** *v/i* pedalear; (*cycle*) recorrer en bicicleta

peddle ['pedl] *drugs* traficar con

pedestrian [pɪ'destrɪən] peatón(-ona) *m(f)*

pediatric [piːdɪ'ætrɪk] pediátrico; **pediatrician** pediatra *m/f*; **pediatrics** pediatría *f*

pedicure ['pedɪkjʊr] pedicura *f*

pedigree ['pedɪɡriː] **1** *n* of animal pedigrí; of person linaje *m* **2** *adj* con pedigrí

pee [piː] F hacer pis F

peek [piːk] **1** *n* ojeada *f* **2** *v/i* echar una ojeada

peel [piːl] **1** *n* piel *f* **2** *v/t* fruit, vegetables pelar **3** *v/i* of nose, shoulders pelarse; of paint levantarse

peep [piːp] ☞ **peek**; **peep-**

peer[1] [pɪr] (*equal*) igual *m*

peer[2] [pɪr] *v/i* mirar

peg [peg] for hat, coat percha *f*; for tent clavija *f*; **off the ~** de confección

pejorative [pɪ'dʒɔːrətɪv] peyorativo

pellet ['pelɪt] pelotita *f*; (*bullet*) perdigón *m*

pen[1] [pen] (*ballpoint ~*) bolígrafo *m*

pen[2] [pen] (*enclosure*) corral *m*

pen[3] [pen] ☞ **penitentiary**

penalize ['piːnəlaɪz] penalizar

penalty ['penltɪ] sanción *f*; SP penalti *m*; **penalty area** SP área *f* de castigo; **penalty clause** LAW cláusula *f* de penalización; **penalty kick** (lanzamiento *m* de) penalti *m*

pencil ['pensl] lápiz *m*; **pencil sharpener** sacapuntas *m inv*

pendant ['pendənt] *necklace* colgante *m*

penetrate ['penɪtreɪt] (*pierce*) penetrar; *market* penetrar en; **penetration** penetración *f*; of defenses incursión *f*; of market entrada *f*

penguin ['peŋgwɪn] pingüino *m*

penicillin [penɪ'sɪlɪn] penicilina *f*

peninsula [pə'nɪnsələ] península *f*

penitence ['penɪtəns] (*re-*

morse) arrepentimiento *m*;
penitentiary prisión *f*, cárcel *f*

'**pen name** seudónimo *m*

pennant ['penənt] banderín *f*

penniless ['penɪlɪs] sin un centavo

'**pen pal** amigo(-a) *m(f)* por correspondencia

pension ['penʃn] pensión *f*
◆ **pension off** jubilar

pensive ['pensɪv] pensativo

Pentagon ['pentəgɑːn]: **the ~** el Pentágono

pentathlon [pen'tæθlən] pentatlón *m*

penthouse ['penthaʊs] ático *m (de lujo)*

pent-up ['pentʌp] reprimido

penultimate [pe'nʌltɪmət] penúltimo

people ['piːpl] gente *f*; *(individuals)* personas *fpl*; *(race, tribe)* pueblo *m*; **the ~** *(citizens)* el pueblo, los ciudadanos; **~ say** … se dice que…

pepper ['pepər] *spice* pimienta *f*; *vegetable* pimiento *m*; **peppermint** *candy* caramelo *m* de menta

per [pɜːr] por; **~ annum** al año, por año

perceive [pər'siːv] percibir; *(view, interpret)* interpretar

percent [pər'sent] por ciento; **percentage** porcentaje *m*, tanto *m* por ciento

perceptible [pər'septəbl] perceptible; **perceptibly** visiblemente; **perception through senses** percepción *f*;

of situation apreciación *f*; *(insight)* perspicacia *f*; **perceptive** perceptivo

percolate ['pɜːrkəleɪt] *of coffee* filtrarse; **percolator** cafetera *f* de filtro

perfect 1 ['pɜːrfɪkt] *n* GRAM pretérito *m* perfecto **2** ['pɜːrfɪkt] *adj* perfecto **3** [pər'fekt] *v/t* perfeccionar; **perfection** perfección *f*; **perfectionist** perfeccionista *m/f*; **perfectly** perfectamente; *(totally)* completamente

perforated ['pɜːrfəreɪtɪd] *line* perforado

perform [pər'fɔːrm] **1** *v/t (carry out)* realizar; *of actors etc* interpretar **2** *v/i of actor, musician, dancer* actuar; *of machine* funcionar; **performance** *by actor etc* actuación *f*, interpretación *f*; *of play* representación *f*; *of employee* rendimiento *m*; *of official, company, in sport* actuación *f*; *of machine* rendimiento *m*; **performer** intérprete *m/f*

perfume ['pɜːrfjuːm] perfume *m*

perfunctory [pər'fʌŋktərɪ] superficial

perhaps [pər'hæps] quizá(s), tal vez

peril ['perəl] peligro *m*

perimeter [pə'rɪmɪtər] perímetro *m*

period ['pɪrɪəd] período *m*, período *m*; *(menstruation)* período *m*, regla *f*; *punctuation mark* punto *m*; **periodic**

periódico; **periodical** publicación *f* periódica

peripheral [pəˈrɪfərəl] **1** *adj* (*not crucial*) secundario **2** *n* COMPUT periférico *m*; **periphery** periferia *f*

perish [ˈperɪʃ] *of rubber* estropearse; *of person* perecer; *perishable food* perecedero

perjure [ˈpɜːrdʒər]: ~ *o.s.* perjurar; **perjury** perjurio *m*

perm [pɜːrm] **1** *n* permanente *f* **2** *v/t* hacer la permanente

permanent [ˈpɜːrmənənt] permanente; **permanently** permanentemente

permeate [ˈpɜːrmɪeɪt] impregnar

permissible [pərˈmɪsəbl] permisible; **permission** permiso *m*; permisivo; **permissive** permisivo; **permit 1** *n* licencia *f* **2** *v/t* permitir

perpendicular [pɜːrpənˈdɪkjələr] perpendicular

perpetual [pərˈpetʃuəl] perpetuo; *interruptions* continuo; **perpetually** constantemente

perplex [pərˈpleks] dejar perplejo; **perplexity** perplejidad *f*

persecute [ˈpɜːrsɪkjuːt] perseguir; (*hound*) acosar; **persecution** persecución *f*; (*harassment*) acoso *m*; **persecutor** perseguidor(a) *m(f)*

perseverance [pɜːrsɪˈvɪrəns] perseverancia *f*; **persevere** perseverar

persist [pərˈsɪst] persistir;

persistent *person, questions* perseverante; *rain, unemployment etc* persistente; **persistently** (*continually*) constantemente

person [ˈpɜːrsn] persona *f*; **personal** (*private*) personal; *life* privado; **personal computer** Span ordenador *m* personal, *L.Am.* computadora *f* personal; **personality** personalidad *f*; **personally** (*for my part*) personalmente; (*in person*) en persona; **personal organizer** organizador *m* personal; **personal stereo** walkman *m* ®; **personify** *of person* personificar

personnel [pɜːrsəˈnel] personal *m*

perspective [pərˈspektɪv] *in art* perspectiva *f*; *get sth into* ~ poner algo en perspectiva

perspiration [pɜːrspɪˈreɪʃn] sudor *m*, transpiración *f*; **perspire** sudar, transpirar

persuade [pərˈsweɪd] persuadir; **persuasion** persuasión *f*; **persuasive** persuasivo

perturb [pərˈtɜːrb] perturbar; **perturbing** perturbador

Peru [pəˈruː] Perú; **Peruvian 1** *adj* peruano **2** *n* peruano(-a) *m(f)*

pervasive [pərˈveɪsɪv] *influence, ideas* dominante

perversion [pərˈvɜːrʃn] *sexual* perversión *f*; **pervert** *sexual* pervertido(-a) *m(f)*

pessimism [ˈpesɪmɪzm] pesimismo *m*; **pessimist** pesimista *m/f*; **pessimistic** pesimista

pest [pest] plaga *f*; F *person* tostón *m* F

pester ['pestər] acosar; **~ s.o. to do sth** dar la lata a alguien para que haga algo

pesticide ['pestısaıd] pesticida *f*

pet [pet] **1** *n* animal *m* doméstico; (*favorite*) preferido(-a) *m(f)* **2** *adj* preferido **3** *v/t animal* acariciar **4** *v/i of couple* magrearse F

petite [pə'tiːt] chiquito(-a); *size* menudo

petition [pə'tıʃn] petición *f*

petrify ['petrıfaı] dejar petrificado

petrochemical [petrou'kemıkl] petroquímico

petrol ['petrl] *Br* gasolina *f*, *Arg* nafta *f*

petroleum [pı'trouliəm] petróleo *m*

petting ['petıŋ] magreo *m* F

petty ['petı] *person, behavior* mezquino; *details* sin importancia

pew [pjuː] banco *m* (*de iglesia*)

pharmaceutical [faːrmə'suːtıkl] farmacéutico; **pharmaceuticals** fármacos *mpl*

pharmacist ['faːrməsıst] *in store* farmacéutico(-a) *f*; **pharmacy** *store* farmacia *f*

phase [feız] fase *f*

phenomenal [fı'naːmınl] fenomenal; **phenomenon** fenómeno *m*

philanthropic [fılən'θraːpık] filantrópico; **philanthropist** filántropo(-a) *m(f)*; **philanthropy** filantropía *f*

Philippines ['fılıpiːnz]: **the ~** las Filipinas

philosopher [fı'laːsəfər] filósofo(-a) *m(f)*; **philosophical** filosófico; **philosophy** filosofía *f*

phobia ['foubıə] fobia *f*

phone [foun] **1** *n* teléfono *m* **2** *v/t* llamar (por teléfono) a **3** *v/i* llamar (por teléfono); **phone book** guía *f* (de teléfonos); **phone booth** cabina *f* (de teléfonos); **phonecall** llamada *f* (telefónica); **phone card** tarjeta *f* telefónica; **phone number** número *m* de teléfono

phon(e)y ['founı] F falso

photo ['foutou] foto *f*; **photocopier** fotocopiadora *f*; **photocopy 1** *n* fotocopia *f* **2** *v/t* fotocopiar; **photogenic** fotogénico; **photograph 1** *n* fotografía *f* **2** *v/t* fotografiar; **photographer** fotógrafo(-a) *m(f)*; **photography** fotografía *f*

phrase [freız] **1** *n* frase *f* **2** *v/t* expresar

physical ['fızıkl] **1** *adj* físico **2** *n* MED reconocimiento *m* médico; **physically** físicamente

physician [fı'zıʃn] médico(-a) *m(f)*

physicist ['fızısıst] físico(-a) *m(f)*; **physics** física *f*

physiotherapist [fɪzɪoʊˈθerə-pɪst] fisioterapeuta *m/f*; **physiotherapy** fisioterapia *f*

physique [fɪˈziːk] físico *m*

pianist [ˈpɪənɪst] pianista *m/f*; **piano** piano *m*

pick [pɪk] (*choose*) escoger, elegir; *flowers, fruit* recoger

◆ **pick up 1** *v/t* recoger, *Span* coger; *habit* adquirir, *Span* coger; *illness* contraer, *Span* coger; *telephone* descolgar; *language, skill* aprender; (*buy*) comprar; *sexually* ligar con **2** *v/i* (*improve*) mejorar

picket [ˈpɪkɪt] **1** *n of strikers* piquete *m* **2** *v/t* hacer piquete delante de

'pickpocket carterista *m/f*

pick-up (truck) [ˈpɪkʌp] camioneta *f*

picky [ˈpɪkɪ] F tiquismiquis F

picnic [ˈpɪknɪk] **1** *n* picnic *m* **2** *v/i* ir de picnic

picture [ˈpɪktʃər] **1** *n* (*photo*) fotografía *f*; (*painting*) cuadro *m*; (*illustration*) dibujo *m*; (*movie*) película *f*; *on TV* imagen *f* **2** *v/t* imaginar

picturesque [pɪktʃəˈresk] pintoresco

pie [paɪ] pastel *m*

piece [piːs] (*fragment*) fragmento *m*; (*component*, *in game*) pieza *f*; *a ~ of advice* un consejo; *take to ~s* desmontar

◆ **piece together** *broken plate* recomponer; *evidence* reconstruir

piecemeal [ˈpiːsmiːl] poco a poco

pier [pɪr] *Br at seaside* malecón *m*

pierce [pɪrs] (*penetrate*) perforar; *ears* agujerear; **piercing** *scream* desgarrador; *gaze* penetrante; *wind* cortante

pig [pɪg] *also fig* cerdo *m*; *greedy* glotón(-a) *m/f*

pigeon [ˈpɪdʒɪn] paloma *f*; **pigeonhole** casillero *m*

pigheaded [pɪgˈhedɪd] F cabezota F; **pigpen** *also fig* pocilga *f*

pile [paɪl] montón *m*, pila *f*

◆ **pile up 1** *v/i of work, bills* acumularse **2** *v/t* amontonar

pile-up [ˈpaɪlʌp] MOT choque *m* múltiple

pilfering [ˈpɪlfərɪŋ] hurtos *mpl*

pill [pɪl] pastilla *f*; *be on the ~* tomar la píldora

pillar [ˈpɪlər] pilar *m*

pillow [ˈpɪloʊ] almohada *f*; **pillowcase** funda *f* de almohada

pilot [ˈpaɪlət] **1** *n of airplane* piloto *m/f*; *for ship* práctico *m* **2** *v/t airplane* pilotar

pimp [pɪmp] proxeneta *m*, *Span* chulo *m* F

pimple [ˈpɪmpl] grano *m*

PIN [pɪn] (= *personal identification number*) PIN *m* (= número *m* de identificación personal)

pin [pɪn] **1** *n for sewing* alfiler *m*; *in bowling* bolo *m*; (*badge*) pin *m*; ELEC clavija *f* **2** *v/t* (*hold down*) mantener (*attach*) sujetar

◆ **pin up** *notice* sujetar con chinchetas

pincers ['pɪnsərz] *of crab* pinzas *fpl*; *tool* tenazas *fpl*

pinch [pɪntʃ] **1** *n* pellizco *m*; *of salt etc* pizca *f* **2** *v/t* pellizcar **3** *v/i of shoes* apretar

pine [paɪn] *tree, wood* pino *m*; **pineapple** piña *f*, *L.Am.* ananá(s) *f*

pink [pɪŋk] rosa

pinnacle ['pɪnəkl] *fig* cima *f*

'pinpoint determinar; **pins and needles** hormigueo *m*; **pin-up** modelo *m/f* de revista

pioneer [paɪə'nɪr] **1** *n* pionero(-a) *m(f)* **2** *v/t* ser pionero en; **pioneering** *work* pionero

pious ['paɪəs] piadoso

pip [pɪp] *Br of fruit* pepita *f*

pipe [paɪp] **1** *n* tubería *f*; *for smoking* pipa *f*; **2** *v/t* conducir por tuberías; **pipeline** *for oil* oleoducto *m*; *for gas* gasoducto *m*

pirate ['paɪrət] **1** *n* pirata *m/f* **2** *v/t software* piratear

pissed [pɪst] P (*annoyed*) cabreado P; *Br* P (*drunk*) borracho, pedo P

pistol ['pɪstl] pistola *f*

piston ['pɪstən] pistón *m*

pit [pɪt] (*hole*) hoyo *m*; (*coal mine*) mina *f*; *in fruit* hueso *m*

pitch¹ [pɪtʃ] *n* MUS tono *m*

pitch² [pɪtʃ] **1** *v/i in baseball* lanzar la pelota **2** *v/t tent* montar; *ball* lanzar

pitcher¹ ['pɪtʃər] *baseball player* lanzador(a) *m(f)*, pítcher *m/f*

pitcher² ['pɪtʃər] *container* jarra *f*

pitfall ['pɪtfɔːl] dificultad *f*

pitiful ['pɪtɪfəl] *sight* lastimoso; *excuse, attempt* lamentable; *pitiless* despiadado

pittance ['pɪtns] miseria *f*

pity ['pɪtɪ] **1** *n* pena *f*, lástima *f*; **what a ~!** ¡qué pena! **2** *v/t person* compadecerse de

pizza ['piːtsə] pizza *f*

placard ['plækɑːrd] pancarta *f*

place [pleɪs] **1** *n* sitio *m*, lugar *m*; *in race, competition* puesto *m*; (*seat*) sitio *m*; **at my / his ~** en mi / su casa; **in ~ of** en lugar de; **take ~** tener lugar **2** *v/t* (*put*) poner, colocar; *order* hacer

placid ['plæsɪd] apacible

plagiarism ['pleɪdʒərɪzm] plagio *m*; **plagiarize** plagiar

plain¹ [pleɪn] *n* llanura *f*

plain² [pleɪn] **1** *adj* (*clear, obvious*) claro; (*not fancy*) simple; (*not pretty*) feíllo; (*not patterned*) liso; (*blunt*) directo **2** *adv* verdaderamente; **plainly** (*clearly*) evidentemente; (*bluntly*) directamente; (*simply*) con sencillez; **plain spoken** directo

plaintive ['pleɪntɪv] quejumbroso

plan [plæn] **1** *n* plan *m*; (*drawing*) plano *m* **2** *v/t* planear; (*design*) hacer los planos de **3** *v/i* hacer planes

plane¹ [pleɪn] (*airplane*) avión
m

plane² [pleɪn] *tool* cepillo *m*

planet ['plænɪt] planeta *f*

plank [plæŋk] *of wood* tablón
m; *fig: of policy* punto *m*

planning ['plænɪŋ] planificación *f*

plant¹ [plænt] **1** *n* planta *f* **2** *v/t*
plantar

plant² [plænt] *of* (*factory*)
fábrica *f*, planta *f*; (*equipment*) maquinaria *f*

plantation [plæn'teɪʃn] plantación *f*

plaque [plæk] *on wall, teeth*
placa *f*

plaster ['plæstər] **1** *n* yeso *m* **2**
v/t enyesar

plastic ['plæstɪk] **1** *n* plástico
m **2** *adj* (*made of* ~) de plástico; plastic (*money*) plástico
m, tarjetas *fpl* de pago; plastic surgeon cirujano(-a)
m(f) plástico(-a); plastic
surgery cirugía *f* estética

plate [pleɪt] plato *m*; *of metal*
chapa *f*

plateau ['plætou] meseta *f*

platform ['plætfɔːrm] (*stage*)
plataforma *f*; *of railroad station* andén *m*; *fig: political*
programa *m*

platinum ['plætɪnəm] **1** *n* platino *m* **2** *adj* de platino

platonic [plə'tɑːnɪk] platónico

platoon [plə'tuːn] *of soldiers*
sección *f*

plausible ['plɔːzəbl] plausible

play [pleɪ] **1** *n* juego *m*; *in the-*

ater, on TV obra *f* (de teatro)
2 *v/i* jugar; *of musician* tocar
3 *v/t* MUS tocar; *game* jugar;
tennis, football jugar a; *opponent* jugar contra; (*perform: Macbeth etc*) representar;
particular role interpretar

◆ **play around** F (*be unfaithful*) acostarse con otras personas

◆ **play down** quitar importancia a

player ['pleɪər] SP jugador(a)
m(f); (*musician*) intérprete
m/f; (*actor*) actor *m*, actriz
f; playful *punch etc* de broma; playground zona *f* de
juegos; playing card carta
f; playwright autor(a) *m(f)*

plaza ['plɑːzə] *for shopping*
centro *m* comercial

plc [piːel'siː] *Br* (= *public limited company*) S.A. *f* (= sociedad *f* anónima)

plea [pliː] súplica *f*

plead [pliːd]: ~ *guilty / not
guilty* declararse culpable / inocente; ~ *with* suplicar

pleasant ['pleznt] agradable

please [pliːz] **1** *adv* por favor;
~ *do* claro que sí, por supuesto **2** *v/t* complacer; ~
yourself! ¡haz lo que quieras!; pleased contento, (*satisfied*) satisfecho; ~ *to meet
you* encantado de conocerle; pleasing agradable;
pleasure satisfacción *f*; *as
opposed to work* placer *m*;
with ~ faltaría más

pleat [pliːt] *in skirt* tabla f
pledge [pledʒ] **1** n (*promise*) promesa f; (*guarantee*) compromiso m; (*money*) donación f; *Pledge of Allegiance* juramento de lealtad a la bandera estadounidense **2** v/t (*promise*) prometer; (*guarantee*) comprometerse; *money* donar
plentiful [ˈplentɪfəl] abundante; **plenty** abundancia f; *~ of books / food* muchos libros / mucha comida
pliable [ˈplaɪəbl] flexible
pliers [ˈplaɪərz] alicates mpl
plight [plaɪt] situación f difícil
plod [plɑːd] (*walk*) arrastrarse
plot¹ [plɑːt] n (*land*) terreno m
plot² [plɑːt] **1** n (*conspiracy*) complot m; *of novel* argumento m **2** v/t tramar **3** v/i conspirar
plotter [ˈplɑːtər] conspirador(a) m(f); COMPUT plóter m
plow, *Br* **plough** [plaʊ] **1** n arado m **2** v/t & v/i arar

♦ **plow back** *profits* reinvertir

pluck [plʌk] *eyebrows* depilar; *chicken* desplumar
plug [plʌg] **1** n *for sink, bath* tapón m; *electrical* enchufe m; (*spark ~*) bujía f **2** v/t *hole* tapar; *new book etc* hacer publicidad de

♦ **plug in** enchufar

plumage [ˈpluːmɪdʒ] plumaje m

plumber [ˈplʌmər] *Span* fontanero(-a) m(f), *L.Am.* plomero(-a) m(f); **plumbing** *pipes* tuberías fpl
plummet [ˈplʌmɪt] caer en picado
plump [plʌmp] rellenito
plunge [plʌndʒ] **1** n salto m; *in prices* caída f **2** v/i precipitarse; *of prices* caer en picado **3** v/t hundir; (*into water*) sumergir; **plunging** *neckline* escotado
plural [ˈplʊərəl] plural m
plus [plʌs] **1** prep más **2** adj más de **3** n *symbol* signo m más; (*advantage*) ventaja f **4** conj (*moreover, in addition*) además
plush [plʌʃ] lujoso
plywood [ˈplaɪwʊd] madera f contrachapada
PM [piːˈem] *Br* (= *Prime Minister*) Primer(a) m(f) Ministro(a)
p.m. [piːˈem] (= *post meridiem*) p.m.; *at 2 ~* a las 2 de la tarde; *at 11 ~* a las 11 de la noche
pneumonia [nuːˈmoʊnɪə] pulmonía f, neumonía f
poach¹ [poʊtʃ] *cook* hervir
poach² [poʊtʃ] (*hunt*) cazar furtivamente; *fish* pescar furtivamente
poached egg [poʊtʃˈteg] huevo m escalfado
P.O. Box [piːˈoʊbɑːks] apartado m de correos
pocket [ˈpɑːkɪt] **1** n bolsillo m **2** adj *radio, dictionary* de bol-

sillo **3** *v/t* meter en el bolsillo; **pocketbook** *(purse)* bolso *m*; *(billfold)* cartera *f*; **book** libro *m* de bolsillo; **pocket calculator** calculadora *f* de bolsillo

podium ['pəudiəm] podio *m*

poem ['pəuɪm] poema *m*; **poet** poeta *m/f*, poetisa *f*; **poetic** poético; **poetry** poesía *f*

poignant ['pɔɪnjənt] conmovedor

point [pɔɪnt] **1** *n* of pencil, knife punta *f*; *in competition* punto *m*; *(purpose)* objetivo *m*; *(moment)* momento *m*; *in decimals* coma *f*; **what's the ~ of telling him?** ¿qué se consigue diciéndoselo?; **that's beside the ~** eso no viene a cuento; **be on the ~ of** estar a punto de; **get to the ~** ir al grano **2** *v/i* señalar con el dedo

◆ **point out** *sights* indicar; *advantages* fig destacar

◆ **point to** señalar con el dedo; fig *(indicate)* indicar

pointed ['pɔɪntɪd] *remark* mordaz; **pointer** *for teacher* puntero *m*; *(hint)* consejo *m*; *(sign, indication)* indicador *m*; **pointless** inútil; **point of view** punto *m* de vista

poise [pɔɪz] confianza *f*; **poised** *person* con aplomo

poison ['pɔɪzn] **1** *n* veneno *m* **2** *v/t* envenenar; **poisonous** venenoso

poke [pəuk] **1** *n* empujón *m* **2**

v/t *(prod)* empujar; *(stick)* clavar

◆ **poke around** F husmear

poker ['pəukər] *game* póquer *m*

polar ['pəulər] polar

pole[1] [pəul] *for support* poste *m*; *for tent, pushing things* palo *m*

pole[2] [pəul] *of earth* polo *m*

police [pə'liːs] policía *f*; **police car** coche *m* de policía; **policeman** policía *m*; **police state** estado *m* policial; **police station** comisaría *f* (de policía); **policewoman** (mujer *f*) policía *f*

policy[1] ['pɑːlɪsɪ] política *f*

policy[2] ['pɑːlɪsɪ] *(insurance ~)* póliza *f*

polio ['pəulɪəu] polio *f*

polish ['pɑːlɪʃ] **1** *n* abrillantador *m*; *(nail ~)* esmalte *m* de uñas **2** *v/t* dar brillo a; *speech* pulir; **polished** *performance* brillante

polite [pə'laɪt] educado; **politely** educadamente; **politeness** educación *f*

political [pə'lɪtɪkl] político; **politically correct** políticamente correcto; **politician** político(-a) *m(f)*; **politics** política *f*

poll [pəul] **1** *n (survey)* encuesta *f*, sondeo *m*; **go to the ~s** *(vote)* acudir a las urnas **2** *v/t people* sondear; *votes* obtener

pollen ['pɑːlən] polen *m*

pollster ['pəulstər] encuestador(a) m(f)

pollutant [pə'luːtənt] contaminante m; **pollute** contaminar; **pollution** contaminación f

'polo shirt polo m

polyester [pɑːlɪ'estər] poliéster m

polystyrene [pɑːlɪ'staɪriːn] poliestireno m

polyunsaturated [pɑːlɪʌn'sætʃəreɪtəd] poliinsaturado

pond [pɑːnd] estanque m

pontiff ['pɑːntɪf] pontífice m

pony ['pəʊnɪ] poni m; **ponytail** coleta f

pool¹ [puːl] n (swimming ~) piscina f, L.Am. pileta f, Mex alberca f of water, blood charco m

pool² [puːl] n game billar m americano

pool³ [puːl] **1** n (common fund) bote m, fondo m común **2** v/t resources juntar

'pool hall sala f de billares

'pool table mesa f de billar americano

poop [puːp] F caca f F

pooped [puːpt] F hecho polvo F

poor [pʊr] **1** adj pobre; (not good) mediocre, malo **2** npl: **the ~** los pobres; **poorly** mal

pop¹ [pɑːp] MUS pop m

pop² [pɑːp] F (father) papá m

'popcorn palomitas fpl de maíz

pope [pəʊp] papa m

Popsicle® ['pɑːpsɪkl] polo m (helado)

popular ['pɑːpjʊlər] popular; **popularity** popularidad f

populate ['pɑːpjʊleɪt] poblar; **population** población f

porch [pɔːrtʃ] porche m

pork [pɔːrk] cerdo m

porn [pɔːrn] F porno m F; **pornographic** pornográfico; **pornography** pornografía f

port¹ [pɔːrt] n puerto m

port² [pɔːrt] adj (left-hand) a babor

portable ['pɔːrtəbl] **1** adj portátil **2** n COMPUT portátil m; TV televisión f portátil

porter ['pɔːrtər] for luggage mozo(-a) m(f)

portion ['pɔːrʃn] parte f; of food ración f

portrait ['pɔːrtreɪt] **1** n retrato m **2** adv print en formato vertical; **portray** of artist retratar; of actor interpretar; of author describir

Portugal ['pɔːrtʃʊgl] Portugal; **Portuguese 1** adj portugués **2** n person portugués(-esa) m(f); language portugués m

pose [pəʊz] **1** n (pretense) pose f **2** v/i for artist posar **3** v/t problem, threat representar

position [pə'zɪʃn] **1** n posición f; (stance, point of view) postura f; (job) puesto m **2** v/t situar, colocar

positive ['pɑːzətɪv] positivo; **positively** (decidedly) verdaderamente; (*definitely*) claramente

possess [pə'zes] poseer; **possession** posesión *f*; **possessive** posesivo

possibility [pɑːsɪ'bɪlətɪ] posibilidad *f*; **possible** posible; **possibly** (*perhaps*) puede ser, quizás

post¹ [pəʊst] **1** *n* of wood, metal poste *m* **2** *v/t* notice pegar; *on bulletin board* tener; *profits* presentar

post² [pəʊst] **1** *n* (*place of duty*) puesto *m* **2** *v/t* soldier, employee destinar; *guards* apostar

post³ [pəʊst] Br **1** *n* (*mail*) correo *m* **2** *v/t* letter echar al correo

postage ['pəʊstɪdʒ] franqueo *m*; **postage stamp** *fml* sello *m*, L.Am. estampilla *f*, Mex timbre *m*; **postal** postal; **postcard** (tarjeta *f*) postal *f*; **postdate** posfechar

poster ['pəʊstər] póster *m*, L.Am. afiche *m*

postgraduate ['pəʊstgrædʒʊət] posgraduado(-a) *m(f)*

posthumous ['pɑːstʊməs] póstumo

posting ['pəʊstɪŋ] (*assignment*) destino *m*

'postmark matasellos *m inv*

post-mortem [pəʊst'mɔːrtəm] autopsia *f*

'post office oficina *f* de correos

postpone [pəʊst'pəʊn] posponer, aplazar; **postpone-**

ment aplazamiento *m*

pot¹ [pɑːt] *for cooking* olla *f*; *for coffee* cafetera *f*; *for tea* tetera *f*; *for plant* maceta *f*

pot² [pɑːt] F (*marijuana*) maría *f* F

potato [pə'teɪtəʊ] Span patata *f*, L.Am. papa *f*; **potato chips**, Br **potato crisps** Span patatas *fpl* fritas, L.Am. papas *fpl* fritas

potent ['pəʊtənt] potente

potential [pə'tenʃl] **1** *adj* potencial **2** *n* potencial *m*; **potentially** potencialmente

pothole ['pɑːthəʊl] *in road* bache *m*

potter ['pɑːtər] alfarero(-a) *m(f)*; **pottery** alfarería *f*

pouch [paʊtʃ] *bag* bolsa *f*; *for mail* saca *f*

poultry ['pəʊltrɪ] *birds* aves *fpl* de corral; *meat* carne *f* de ave

pound¹ [paʊnd] *n weight* libra *f* (453.6 gr)

pound² [paʊnd] *n for strays* perrera *f*; *for cars* depósito *m*

pound³ [paʊnd] *v/i of heart* palpitar con fuerza

pour [pɔːr] **1** *v/t into a container* verter; (*spill*) derramar **2** *v/i*: **it's ~ing (with rain)** está lloviendo a cántaros

◆ **pour out** *liquid* servir; *troubles* contar

poverty ['pɑːvərtɪ] pobreza *f*

powder ['paʊdər] **1** *n* polvo *m*; *for face* polvos *mpl* **2** *v/t face* empolvarse

power ['paʊər] (*strength*) fuerza f; *of engine* potencia; *(authority)* poder m; *(energy)* energía f; *(electricity)* electricidad f; **power cut** apagón m; **power failure** apagón m; **powerful** poderoso; *car* potente; *drug* fuerte; **powerless** impotente; **power line** línea f de conducción eléctrica; **power outage** apagón m; **power station** central f eléctrica; **power steering** dirección f asistida

PR [piː'ɑːr] (= *public relations*) relaciones fpl públicas

practical ['præktɪkl] práctico; *layout* funcional; **practically** de manera práctica; *(almost)* prácticamente

practice ['præktɪs] **1** n práctica f; *(rehearsal)* ensayo m; *(custom)* costumbre f **2** v/i practicar; *of musician* ensayar; *of footballer* entrenar **3** v/t practicar; *law, medicine* ejercer

practise Br ☞ **practice** v/i & v/t

prairie ['preri] pradera f

praise [preɪz] **1** n elogio m, alabanza f **2** v/t elogiar; **praiseworthy** elogiable

pray [preɪ] rezar; **prayer** oración f

preach [priːtʃ] **1** v/i predicar; *(moralize)* sermonear **2** v/t *sermon* predicar; **preacher** predicador(a) m(f)

precaution [prɪ'kɔːʃn] precaución f; **precautionary**

measure preventivo

precede [prɪ'siːd] preceder; *(walk in front of)* ir delante de; **precedent** precedente m; **preceding** anterior

precious ['preʃəs] preciado; *gem* precioso

precise [prɪ'saɪs] preciso; **precisely** exactamente; **precision** precisión f

preconceived ['priːkənsiːvd] *idea* preconcebido

precondition [priːkən'dɪʃn] condición f previa

predator ['predətər] *animal* depredador(a) m(f); **predatory** depredador

predecessor ['priːdɪsesər] *in job* predecesor(a) m(f); *machine* modelo m anterior

predicament [prɪ'dɪkəmənt] apuro m

predict [prɪ'dɪkt] predecir, pronosticar; **prediction** predicción f, pronóstico m

predominant [prɪ'dɑːmɪnənt] predominante; **predominantly** predominantemente

prefabricated [priː'fæbrɪkeɪtɪd] prefabricado

preface ['prefɪs] prólogo m, prefacio m

prefer [prɪ'fɜːr] preferir; **preferable** preferible; **preferably** preferentemente; **preference** preferencia f; **preferential** preferente

pregnancy ['pregnənsɪ] embarazo m; **pregnant** embarazada; *animal* preñada

prehistoric [priːhɪs'tɑːrɪk]

prehistórico

prejudice ['predʒʊdɪs] 1 *n* prejuicio *m* 2 *v/t person* predisponer, influir; *chances* perjudicar; **prejudiced** parcial, predispuesto

preliminary [prɪ'lɪmɪnerɪ] preliminar

premarital [priː'mærɪtl] prematrimonial

premature ['priːmətʊr] prematuro

premier ['premɪr] (*Prime Minister*) primer(a) ministro(-a) *m(f)*

première ['premɪer] estreno *m*

premises ['premɪsɪz] local *m*

premium ['priːmɪəm] *in insurance* prima *f*

prenatal [priː'neɪtl] prenatal

preoccupied [prɪ'ɑːkjʊpaɪd] preocupado

preparation [prepə'reɪʃn] preparación *f*; **~s** preparativos *mpl*; **prepare 1** *v/t* preparar; **be ~d to do sth** be willing estar dispuesto a hacer algo **2** *v/i* prepararse

preposition [prepə'zɪʃn] preposición *f*

prerequisite [priː'rekwɪzɪt] requisito *m* previo

prescribe [prɪ'skraɪb] MED recetar; **prescription** MED receta *f*

presence ['prezns] presencia *f*

present¹ ['preznt] **1** *adj* (*current*) actual; **be ~** estar presente **2** *n*: **the ~** *also* gram

el presente

present² ['preznt] *n* (*gift*) regalo *m*

present³ [prɪ'zent] *v/t* presentar; *award* entregar

presentation [prezn'teɪʃn] presentación *f*; **present--day** actual; **presenter** presentador(a) *m(f)*; **presently** (*at the moment*) actualmente; (*soon*) pronto

preservative [prɪ'zɜːrvətɪv] conservante *m*; **preserve 1** *n* (*domain*) dominio *m* **2** *v/t standards, peace etc* mantener; *food, wood* conservar

preside [prɪ'zaɪd] presidir; **presidency** presidencia *f*; **president** presidente(-a) *m(f)*; **presidential** presidencial

press [pres] **1** *n*: **the ~** la prensa **2** *v/t button* pulsar, presionar; (*urge*) presionar; (*squeeze*) apretar; *clothes* planchar; **pressing** urgente; **pressure 1** *n* presión *f* **2** *v/t* presionar

prestige [pre'stiːʒ] prestigio *m*; **prestigious** prestigioso

presumably [prɪ'zuːməblɪ] presumiblemente; **presume** suponer; **presumption** *of innocence, guilt* presunción *f*

presuppose [priːsə'poʊs] presuponer

pre-tax ['priːtæks] antes de impuestos

pretence *Br* ☞ **pretense**

pretend [prɪ'tend] **1** *v/t* fingir, hacer como si; *claim* pretender **2** v/i fingir; **pretense** far-sa f; **pretentious** pretencio-so

pretext ['pri:tekst] pretexto m

pretty ['prɪtɪ] **1** adj village, house, fabric etc bonito, lin-do; child, woman guapo, lin-do **2** adv (quite) bastante

prevail [prɪ'veɪl] (triumph) prevalecer; **prevailing** pre-dominante

prevent [prɪ'vent] impedir, evitar; **prevention** preven-ción f; **preventive** preventi-vo

preview ['pri:vju:] **1** n of mov-ie etc preestreno m **2** v/t ha-cer la presentación previa de

previous ['pri:vɪəs] anterior, previo; **previously** anterior-mente, antes

prey [preɪ] presa f

price [praɪs] **1** n precio m **2** v/t COM poner precio a; **price-less** que no tiene precio

prick[1] [prɪk] **1** n pain punzada f **2** v/t (jab) pinchar

prick[2] [prɪk] n V (penis) polla f V, carajo m V; V person Qué gilipollas m inv V, L.Am. pendejo m V

prickle ['prɪkl] on plant espina f; **prickly** beard, plant que pincha; (irritable) irritable

pride [praɪd] in person, achievement orgullo m; (self-respect) amor m propio

priest [pri:st] sacerdote m; (parish ~) cura m

primarily [praɪ'merɪlɪ] princi-palmente; **primary 1** adj

principal 2 n POL elecciones fpl primarias

prime 'minister primer(a) ministro m(f)

primitive ['prɪmɪtɪv] primiti-vo

prince [prɪns] príncipe m; **princess** princesa f

principal ['prɪnsəpl] **1** adj principal **2** n of school direc-tor(a) m(f); of university rec-tor(a) m(f); **principally** prin-cipalmente

principle ['prɪnsəpl] principio m; **on ~** por principios; **in ~** en principio

print [prɪnt] **1** n in book etc le-tra f; (photograph) grabado m; **out of ~** agotado **2** v/t im-primir; (use block capitals) escribir en mayúsculas; **printer** person impresor(a) m(f); machine impresora f; company imprenta f; **print-out** copia f impresa

prior [praɪr] **1** adj previo **2** prep: **~ to** antes de

prioritize [praɪ'ɔːrətaɪz] (put in order of priority) ordenar atendiendo a las priorida-des; (give priority to) dar prioridad a; **priority** priori-dad f

prison ['prɪzn] prisión f, cárcel f; **prisoner** prisione-ro(-a) m(f); **take s.o. ~** hacer prisionero a alguien; **pris-oner of war** prisionero(-a) m(f) de guerra

privacy ['prɪvəsɪ] intimidad f; **private 1** adj privado **2** n MIL soldado *m/f* raso; **privately** (*in private*) en privado; **with one other** a solas; (*inwardly*) para sí

privilege ['prɪvəlɪdʒ] (*special treatment*) privilegio *m*; (*honor*) honor *m*; **privileged** privilegiado

prize [praɪz] **1** *n* premio *m* **2** *v/t* apreciar, valorar; **prize-winner** premiado(-a) *m(f)*; **prizewinning** premiado

probability [prɑːbəˈbɪlətɪ] probabilidad *f*; **probable** probable; **probably** probablemente

probation [prəˈbeɪʃn] *in job* período *m* de prueba; LAW libertad *f* condicional

probe [proʊb] **1** *n* (*investigation*) investigación *f*; *scientific* sonda *f* **2** *v/t* examinar; (*investigate*) investigar

problem ['prɑːbləm] problema *m*; **no ~!** ¡claro!

procedure [prəˈsiːdʒər] procedimiento *m*; **proceed** (*go: of people*) dirigirse; *of work etc* proseguir, avanzar; **proceedings** (*events*) actos *mpl*; **proceeds** recaudación *f*

process ['prɑːses] **1** *n* proceso *m* **2** *v/t food* tratar; *raw materials, data* procesar; *application* tramitar; **procession** desfile *m*; *religious* procesión *f*; **processor** procesador *m*

prod [prɑːd] **1** *n* empujoncito *m* **2** *v/t* dar un empujoncito

a; **with elbow** dar un codazo a

prodigy ['prɑːdɪdʒɪ]: (**child**) **~** niño(-a) *m(f)* prodigio

produce[1] ['prɑːduːs] *n* productos *mpl* del campo

produce[2] [prəˈduːs] *v/t* producir; (*manufacture*) fabricar; (*bring out*) sacar

producer [prəˈduːsər] productor(a) *m(f)*; (*manufacturer*) fabricante *m/f*; **product** producto *m*; **production** producción *f*; **productive** productivo; **productivity** productividad *f*

profess [prəˈfes] manifestar; **profession** profesión *f*; **professional 1** *adj* profesional **2** *n* profesional *m/f*; **professionally** *play sport* profesionalmente; (*well, skillfully*) con profesionalidad

professor [prəˈfesər] catedrático(-a) *m(f)*

proficient [prəˈfɪʃnt] competente; (*skillful*) hábil

profile ['proʊfaɪl] *of face* perfil *m*; *biographical* reseña *f*

profit ['prɑːfɪt] **1** *n* beneficio *m* **2** *v/i*: **~ from** beneficiarse de; **profitability** rentabilidad *f*; **profitable** rentable

profound [prəˈfaʊnd] profundo

prognosis [prɑːgˈnoʊsɪs] pronóstico *m*

program ['proʊgræm] **1** *n* programa *m* **2** *v/t* COMPUT programar; **programme** *Br* ☞ **program**; **programmer**

progress 466

programador(a) m(f)
progress 1 ['prəʊgres] n progreso m **2** [prə'gres] v/i (advance in time) avanzar; (move on) pasar; (make ∼) progresar; **progressive** (enlightened) progresista; (which progresses) progresivo; **progressively** progresivamente
prohibit [prə'hıbıt] prohibir; **prohibitive** prices prohibitivo
project [1] ['prɒdʒekt] n proyecto m; edu trabajo m; (housing area) barriada f de viviendas sociales
project [2] [prə'dʒekt] **1** v/t movie proyectar; figures, sales calcular **2** v/t (stick out) sobresalir
projection [prə'dʒekʃn] (forecast) previsión f; projector for slides proyector m
prolog, Br **prologue** ['prəʊlɒg] prólogo m
prolong [prə'lɒŋ] prolongar
prominent ['prɒmınənt] nose, chin prominente; (significant) destacado
promiscuity [prɒmı'skjuːətı] promiscuidad f; **promiscuous** promiscuo
promise ['prɒmıs] **1** n promesa f **2** v/t prometer; **promising** prometedor
promote [prə'məʊt] employee ascender; (encourage, foster) promover; COM promocionar; **promoter** of sports event promotor(a) m(f); **promotion** of employee ascenso

m; of scheme, idea, COM promoción f
prompt [prɒmpt] **1** adj (on time) puntual; (speedy) rápido **2** v/t (cause) provocar; actor apuntar; **promptly** (on time) puntualmente; (immediately) inmediatamente
prone [prəʊn]: **be ∼ to** ser propenso a
pronoun ['prəʊnaʊn] pronombre m
pronounce [prə'naʊns] word pronunciar; (declare) declarar
pronto ['prɒntoʊ] F ya, en seguida
pronunciation [prənʌnsı'eıʃn] pronunciación f
proof [pruːf] prueba(s) f(pl)
prop [prɒp] THEA accesorio m
♦ **prop up** apoyar
propaganda [prɒpə'gændə] propaganda f
propel [prə'pel] propulsar; **propeller** hélice f
proper ['prɒpər] (real) de verdad; (correct, fitting) adecuado; **properly** (correctly) bien; (fittingly) adecuadamente; **property** propiedad f; (land) propiedad(es) f(pl)
proportion [prə'pɔːrʃn] proporción f; **proportional** proporcional
proposal [prə'pəʊzl] propuesta f; of marriage proposición f; **propose 1** v/t sugerir, proponer; (plan) proponerse **2** v/i (make offer of

marriage) pedir la mano (**to** a); **proposition 1** *n* propuesta *f* **2** *v/t woman* hacer proposiciones a

proprietor [prə'praɪətər] propietario(-a) *m(f)*

prosecute ['prɑːsɪkjuːt] LAW procesar; **prosecution** LAW procesamiento *m*; *lawyers* acusación *f*

prospect ['prɑːspekt] (*chance, likelihood*) probabilidad *f*; (*thought of something in the future*) perspectiva *f*; **~s** perspectivas *fpl* (de futuro); **prospective** potencial

prosper ['prɑːspər] prosperar; **prosperity** prosperidad *f*; **prosperous** próspero

prostitute ['prɑːstɪtuːt] prostituta *f*; *male* **~** prostituto *m*; **prostitution** prostitución *f*

protect [prə'tekt] proteger; **protection** protección *f*; **protective** protector; **protector** protector(a) *m(f)*

protein ['prəʊtiːn] proteína *f*

protest 1 ['prəʊtest] *n* protesta *f* **2** [prə'test] *v/t* protestar, quejarse de; (*object to*) protestar contra **3** [prə'test] *v/i* protestar

Protestant ['prɑːtɪstənt] **1** *n* protestante *m/f* **2** *adj* protestante

protester [prə'testər] manifestante *m/f*

prototype ['prəʊtətaɪp] prototipo *m*

protrude [prə'truːd] sobresa-

lir; **protruding** saliente; *ears, teeth* prominente

proud [praʊd] orgulloso; **proudly** con orgullo, orgullosamente

prove [pruːv] demostrar, probar

proverb ['prɑːvɜːrb] proverbio *m*, refrán *m*

provide [prə'vaɪd] proporcionar; **~d** (*that*) (*on condition that*) con la condición de que, siempre que

province ['prɑːvɪns] provincia *f*; **provincial** *city* provincial; *pej: attitude* de pueblo, provinciano

provision [prə'vɪʒn] (*supply*) suministro *m*; *of law, contract* disposición *f*; **provisional** provisional

provocation [prɑːvə'keɪʃn] provocación *f*; **provocative** provocador; *sexually* provocativo; **provoke** provocar

prowl [praʊl] merodear; **prowler** merodeador(a) *m(f)*

proximity [prɑːk'sɪmətɪ] proximidad *f*

proxy ['prɑːksɪ] (*authority*) poder *m*; *person* apoderado(-a) *m(f)*

prudence ['pruːdns] prudencia *f*; **prudent** prudente

pry [praɪ] entrometerse

PS ['piːes] (= *postscript*) PD (= posdata *f*)

pseudonym ['suːdənɪm] pseudónimo *m*

psychiatric [saɪkɪ'ætrɪk] psiquiátrico; **psychiatrist** psiquiatra *m/f*; **psychiatry** psiquiatría *f*

psychoanalysis [saɪkəʊ-ˈænælɪsɪs] psicoanálisis *m*; **psychoanalyst** psicoanalista *m/f*; **psychoanalyze** psicoanalizar

psychological [saɪkəˈlɒdʒ-ɪkl] psicológico; **psychologist** psicólogo(-a) *m(f)*; **psychology** psicología *f*

psychopath [ˈsaɪkəʊpæθ] psicópata *m/f*

psychosomatic [saɪkəʊsə-ˈmætɪk] psicosomático

pub [pʌb] *Br* bar *m*

public [ˈpʌblɪk] **1** *adj* público **2** *n:* **the ~** el público

publication [pʌblɪˈkeɪʃn] publicación *f*

public 'holiday día *m* festivo

publicity [pʌbˈlɪsətɪ] publicidad *f*; **publicize** (*make known*) publicar, hacer público; *COM* dar publicidad a

publicly [ˈpʌblɪklɪ] públicamente

'public school colegio *m* público; *Br* colegio *m* privado

publish [ˈpʌblɪʃ] publicar; **publisher** *person* editor(a) *m(f)*; *company* editorial *f*; **publishing industria** *f* editorial; **publishing company** editorial *f*

Puerto Rican [pwer-toʊˈriːkən] **1** *adj* portorriqueño, puertorriqueño **2** *n* portorriqueño(-a) *m(f)*, puertorriqueño(-a) *m(f)*;

Puerto Rico Puerto Rico

puff [pʌf] **1** *n* *of wind* racha *f*; *from cigarette* calada *f*; *of smoke* bocanada *f* **2** *v/i* (*pant*) resoplar; **puffy** *eyes, face* hinchado

pull [pʊl] **1** *n* *on rope* tirón *m*; F (*appeal*) gancho *m* F; F (*influence*) enchufe *m* F **2** *v/t* (*drag*) arrastrar; (*tug*) tirar de; *tooth* sacar **3** *v/i* tirar

♦ **pull ahead** *in race* adelantarse

♦ **pull down** (*lower*) bajar; (*demolish*) derribar

♦ **pull in** *of bus, train* llegar

♦ **pull up 1** *v/t* (*raise*) subir; *item of clothing* subirse; *weeds* arrancar **2** *v/i of car etc* parar

pulley [ˈpʊlɪ] polea *f*

pulsate [pʌlˈseɪt] *of heart* palpitar; *of music* vibrar

pulse [pʌls] pulso *m*

pulverize [ˈpʌlvəraɪz] pulverizar

pump [pʌmp] **1** *n* bomba *f*; (*gas* ~) surtidor *m* **2** *v/t* bombear

pumpkin [ˈpʌmpkɪn] calabaza *f*

pun [pʌn] juego *m* de palabras

punch [pʌntʃ] **1** *n blow* puñetazo *m*; *implement* perforadora *f* **2** *v/t with fist* dar un puñetazo a; *hole, ticket* agujerear

punctual [ˈpʌŋktʃʊəl] puntual; **punctuality** puntualidad *f*

punctuation [pʌŋktʃʊˈeɪʃn]

puntuación f

puncture ['pʌŋktʃər] **1** n perforación f **2** v/t perforar

punish ['pʌnɪʃ] castigar; **punishing** schedule exigente; pace fuerte; **punishment** castigo m

puny ['pjuːnɪ] person enclenque

pup [pʌp] cachorro m

pupil[1] ['pjuːpl] of eye pupila f

pupil[2] ['pjuːpl] (student) alumno(-a) m(f)

puppet ['pʌpɪt] also fig marioneta f

purchase[1] ['pɜːtʃəs] **1** n adquisición f, compra f **2** v/t adquirir, comprar

purchase[2] ['pɜːtʃəs] n (grip) agarre m

purchaser ['pɜːtʃəsər] comprador(a) m(f)

pure [pjʊr] puro; **purely** puramente

purge [pɜːrdʒ] **1** n of political party purga f **2** v/t purgar

purify ['pjʊrɪfaɪ] water depurar

puritan ['pjʊrɪtən] puritano(-a) m(f)

purity ['pjʊrɪtɪ] pureza f

purpose ['pɜːrpəs] (aim, object) propósito m, objeto m; **on ~** a propósito; **purposely** decididamente

purr [pɜːr] of cat ronronear

purse [pɜːrs] (pocket book) bolso m; Br for money monedero m

pursue [pər'suː] person perseguir; career ejercer; course of action proseguir; **pursuer** perseguidor(a) m(f); **pursuit** (chase) persecución f; of happiness persecución f; (activity) actividad f

push [pʊʃ] **1** n empujón m **2** v/t (shove) empujar; button apretar, pulsar; (pressurize) presionar; F drugs pasar F **3** v/i empujar; **pusher** F of drugs camello m F; **push-up** flexión f (de brazos); **pushy** F avasallador, agresivo

puss, pussy (cat) [pʊs, 'pʊsɪ (kæt)] F minino m F

put [pʊt] poner; question hacer; **~ the cost at** estimar el costo en

◆ **put across** idea etc hacer llegar

◆ **put aside** money apartar; work dejar a un lado

◆ **put away** in closet etc guardar; in institution encerrar; F (consume) cepillarse F; money apartar; animal sacrificar

◆ **put back** (replace) volver a poner

◆ **put down** dejar; deposit entregar; rebellion reprimir; (belittle) dejar en mal lugar

◆ **put forward** idea etc proponer, presentar

◆ **put in** meter; time dedicar; request, claim presentar

◆ **put off** light, TV apagar; (postpone) posponer, aplazar; (deter) desalentar; (repel) desagradar

◆ **put on** light, TV encender,

L.Am. prender; *tape, music* poner; *jacket, eye glasses* ponerse; *(perform)* representar; *(assume)* fingir
♦ **put out** *hand* extender; *fire, light* apagar
♦ **put together** *(assemble, organize)* montar
♦ **put up** *hand, building* levantar; *person for the night* alojar; *prices* subir; *poster* colocar; *money* aportar
♦ **put up with** aguantar
putty ['pʌtɪ] masilla *f*

puzzle ['pʌzl] **1** *n (mystery)* enigma *m; game* pasatiempos *mpl; (jigsaw)* puzzle *m; (crossword)* crucigrama *m* **2** *v/t* desconcertar; **puzzling** desconcertante
PVC [pi:vi:'si:] (= *polyvinyl chloride*) PVC *m* (= cloruro *m* de polivinilo)
pyjamas *Br* ☞ **pajamas**
pylon ['paɪlən] torre *f* de alta tensión
Pyrenees [pɪrə'ni:z]: **the** ~ los Pirineos

Q

quadrangle ['kwɑ:dræŋgl] cuadrángulo *m; courtyard* patio *m*
quadruped ['kwɑ:druped] cuadrúpedo *m*
quail [kweɪl] temblar (**at** ante)
quaint [kweɪnt] *cottage* pintoresco; *ideas etc* extraño
quake [kweɪk] **1** *n (earthquake)* terremoto *m* **2** *v/i of earth, with fear* temblar
qualification [kwɑːlɪfɪ'keɪʃn] *from university etc* título *m; (restricted)* limitado; **qualify** *v/t of degree, course etc* habilitar; *remark etc* matizar **2** *v/i (get degree etc)* titularse, *L.Am.* egresar; *in competition* calificarse
quality ['kwɑːlətɪ] calidad *f; (characteristic)* cualidad *f;* **quality control** control *m*

de calidad
quandary ['kwɑ:ndərɪ] dilema *m*
quantify ['kwɑ:ntɪfaɪ] cuantificar
quantity ['kwɑ:ntətɪ] cantidad *f*
quarantine ['kwɑ:rənti:n] cuarentena *f*
quarrel ['kwɑ:rəl] **1** *n* pelea *f* **2** *v/i* pelearse
quarry[1] ['kwɑ:rɪ] *in hunt* presa *f*
quarry[2] ['kwɑ:rɪ] *for mining* cantera *f*
quart [kwɔ:rt] cuarto *m* de galón *(0,946 litre)*
quarter ['kwɔ:rtər] cuarto *m* 25 cents cuarto *m* de dólar; *part of town* barrio *m;* **a ~ of an hour** un cuarto de hora; **a ~ of 5** las cinco menos cuarto, *L.Am.* un cuarto pa-

quote

ra las cinco; **a ~ after 5** las
cinco y cuarto; **quarter-final**
cuarto *m* de final; **quarter-finalist** cuartofinalista *m/f*;
quarterly 1 *adj* trimestral **2**
adv trimestralmente; **quarters** MIL alojamiento *m*;
quartet MUS cuarteto *m*

quartz [kwɔːrts] cuarzo *m*

quash [kwɑːʃ] *rebellion* aplastar, sofocar; *court decision*
revocar

quaver ['kweɪvər] **1** *n in voice*
temblor *m* **2** *v/i of voice* temblar

queasy ['kwiːzɪ] mareado

queen [kwiːn] reina *f*

queer [kwɪr] *(peculiar)* raro,
extraño

quell [kwel] *protest* acallar; *riot* aplastar, sofocar

quench [kwentʃ] *thirst* apagar,
saciar; *flames* apagar

query ['kwɪrɪ] **1** *n* duda *f*, pregunta *f* **2** *v/t (express doubt
about)* cuestionar; *(check)*
comprobar

quest [kwest] busca *f*

question ['kwestʃn] **1** *n* pregunta *f*; *(matter)* cuestión *f*,
asunto *m* **2** *v/t person* preguntar a; LAW interrogar;
(doubt) cuestionar; **questionable** cuestionable;
questioning 1 *adj look* inquisitivo **2** *n* interrogatorio
m; **question mark** signo *m*
de interrogación; **questionnaire** cuestionario *m*

queue [kjuː] **1** *n Br* cola *f* **2** *v/i*
hacer cola

quibble ['kwɪbl] discutir *(por
algo insignificante)*

quick [kwɪk] rápido; **be ~!**
¡date prisa!; **quickly** rápidamente, rápido, deprisa;
quickwitted agudo

quiet ['kwaɪət] tranquilo; *in engine* silencioso; **~!** ¡silencio!;
quietly *(not loudly)* silenciosamente; *(without fuss)* discretamente; *(peacefully)*
tranquilamente; **speak ~** hablar en voz baja; **quietness**
of voice suavidad *f*; *of night,
street* silencio *m*, calma *f*

quilt [kwɪlt] *on bed* edredón *m*

quinine ['kwɪniːn] quinina *f*

quip [kwɪp] **1** *n joke* broma *f*;
remark salida *f* **2** *v/i* bromear

quirk [kwɜːrk] peculiaridad *f*,
rareza *f*; **quirky** peculiar, raro

quit [kwɪt] **1** *v/t job* dejar,
abandonar **2** *v/i (leave job)*
dimitir; COMPUT salir

quite [kwaɪt] *(fairly)* bastante;
(completely) completamente; **~ a lot** bastante

quiver ['kwɪvər] estremecerse

quiz [kwɪz] **1** *n concurso m (de
preguntas y respuestas)* **2** *v/t*
interrogar *(about* sobre)

quota ['kwoʊtə] cuota *f*

quotation [kwoʊ'teɪʃn] *from
author* cita *f*; *(price)* presupuesto *m*; **quotation marks**
comillas *fpl*; **quote 1** *n from
author* cita *f*; *(price)* presupuesto *m*; *(quotation mark)*
comilla *f*; **in ~s** entre comillas **2** *v/t text* citar; *price* dar

R

rabbit ['ræbɪt] conejo *m*

rabble ['ræbl] chusma *f*, multitud *f*; **rabble-rouser** agitador(a) *m(f)*

rabies ['reɪbiːz] rabia *f*

raccoon [rə'kuːn] mapache *m*

race¹ [reɪs] *n of people* raza *f*

race² [reɪs] **1** *n* SP carrera *f* **2** *v/i (run fast)* correr **3** *v/t* correr contra; **I'll ~ you** te echo una carrera

'racecourse hipódromo *m*; **racehorse** caballo *m* de carreras; **race riot** disturbios *mpl* raciales; **racetrack** circuito *m*; *for horses* hipódromo *m*

racial ['reɪʃl] racial

racing ['reɪsɪŋ] carreras *fpl*

racism ['reɪsɪzm] racismo *m*; **racist 1** *n* racista *m/f* **2** *adj* racista

rack [ræk] **1** *n for bags on train* portaequipajes *m inv; for CDs* mueble *m* **2** *v/t*: **~ one's brains** devanarse los sesos

racket¹ ['rækɪt] SP raqueta *f*

racket² ['rækɪt] *(noise)* jaleo *m; (criminal activity)* negocio *m* sucio

radar ['reɪdɑːr] radar *m*

radiance ['reɪdɪəns] esplendor *m*; **radiant** *smile* resplandeciente; **radiate** *of heat, light* irradiar; **radiation** PHYS radiación *f*; **radiator** radiador *m*

radical ['rædɪkl] **1** *adj* radical **2** *n* POL radical *m/f*; **radicalism** POL radicalismo *m*; **radically** radicalmente

radio ['reɪdɪoʊ] radio *f*; **radioactive** radiactivo; **radioactivity** radiactividad *f*; **radio alarm** radio *m* despertador; **radiographer** técnico(-a) *m(f)* de rayos X; **radiography** radiografía *f*; **radio station** emisora *f* de radio

radius ['reɪdɪəs] radio *m*

raft [ræft] balsa *f*

rafter ['ræftər] viga *f*

rag [ræg] *for cleaning etc* trapo *m*

rage [reɪdʒ] **1** *n* ira *f*, cólera *f* **2** *v/i of storm* bramar

ragged ['rægɪd] andrajoso

raid [reɪd] **1** *n by troops,* FIN incursión *f; by police* redada *f; by robbers* atraco *m* **2** *v/t of troops* realizar una incursión en; *of police* realizar una redada en; *of robbers* atracar; *fridge* saquear; **raider** *on bank etc* atracador(a) *m(f)*

rail [reɪl] *on track* riel *m*, carril *m; (hand~)* pasamanos *m inv*, baranda *f; for towel* barra *f;* **by ~** en tren; **railings** *around park etc* verja *f;* **railroad** ferrocarril *m;* **track** vía *f* férrea; **railroad station** estación *f* de ferrocarril *or* de tren; **railway** *Br* ferrocarril *m; track* vía *f* férrea

rain [reɪn] **1** *n* lluvia *f* **2** *v/i* llover; *it's ~ing* llueve; **rainbow** arco *m* iris; **raincheck: can I take a ~ on that?** F ¿lo podríamos aplazar para algún otro momento?; **raincoat** impermeable *m*; **raindrop** gota *f* de lluvia; **rainfall** pluviosidad *f*; **rain forest** selva *f*; **rainproof** *fabric* impermeable; **rainstorm** tormenta *f*, aguacero *m*; **rainy** lluvioso

raise [reɪz] **1** *n in salary* aumento *m* de sueldo **2** *v/t shelf etc* levantar; *offer* incrementar; *children* criar; *question* plantear; *money* reunir

rake [reɪk] *for garden* rastrillo *m*

rally ['rælɪ] (*meeting, reunion*) concentración *f*; *political mitin m*; MOT rally *m*; *in tennis* peloteo *m*

RAM [ræm] COMPUT (= *random access memory*) RAM *f* (= memoria *f* de acceso aleatorio)

ram [ræm] **1** *n* carnero *m* **2** *v/t ship, car* embestir

ramble ['ræmbl] **1** *n walk* caminata *f* **2** *v/i walk* caminar; *in speaking* divagar; (*talk incoherently*) hablar sin decir nada coherente; *rambling speech* inconexo

ramp [ræmp] rampa *f*; *for raising vehicle* elevador *m*

rampant ['ræmpənt] *inflation* galopante

rampart ['ræmpɔːrt] muralla *f*

ramshackle ['ræmʃækl] destartalado, desvencijado

ranch [ræntʃ] rancho *m*; **rancher** ranchero(-a) *m(f)*; **ranchhand** peón(-ona) *m(f)*

rancid ['rænsɪd] rancio

rancor, *Br* **rancour** ['ræŋkər] rencor *m*

R & D [ɑːrən'diː] (= *research and development*) I+D *f* (= investigación *f* y desarrollo *m*)

random ['rændəm] **1** *adj* al azar; ~ *sample* muestra *f* aleatoria;**2** *n*: **at ~** al azar

range [reɪndʒ] **1** *n of products* gama *f*; *of gun, airplane* alcance *m*; *of voice* registro *m*; *of mountains* cordillera *f*; **at close ~** de cerca **2** *v/i*: ~ *from X to Y* ir desde X a Y; **ranger** guardabosques *m/f inv*

rank [ræŋk] **1** *n* MIL, *in society* rango *m* **2** *v/t* clasificar

♦ **rank among** figurar entre

ransack ['rænsæk] saquear

ransom ['rænsəm] rescate *m*

rap [ræp] **1** *n at door etc* golpe *m*; MUS rap *m* **2** *v/t table etc* golpear

rape¹ [reɪp] **1** *n* violación *f* **2** *v/t* violar

rape² [reɪp] *n* BOT colza *f*

rapid ['ræpɪd] rápido; **rapidity** rapidez *f*; **rapidly** rápidamente; **rapids** rápidos *mpl*

rapist ['reɪpɪst] violador(a) *m(f)*

rare [rer] raro; *steak* poco hecho; **rarely** raramente, raras veces; **rarity** rareza *f*

rash[1] [ræʃ] *n* MED sarpullido *m*, erupción *f* cutánea

rash[2] [ræʃ] *adj* act precipitado; **rashly** precipitadamente

rat [ræt] rata *f*

rate [reɪt] *of exchange* tipo *m*; *of pay* tarifa *f*; *(price)* tarifa *f*, precio *m*; *(speed)* ritmo *m*; **at this ~** *(at this speed)* a este ritmo; *(if we carry on like this)* si seguimos así; **at any ~** *(anyway)* en todo caso; *(at least)* por lo menos

rather ['rɑːðər] *(fairly, quite)* bastante; **I would ~ stay here** preferiría quedarme aquí

ratification [rætɪfɪ'keɪʃn] ratificación *f*; **ratify** ratificar

ratings ['reɪtɪŋz] índice *m* de audiencia

ratio ['reɪʃɪəʊ] proporción *f*

ration ['ræʃn] **1** *n* ración *f* **2** *v/t supplies* racionar

rational ['ræʃnl] racional; **rationality** racionalidad *f*; **rationalization** racionalización *f*; **rationalize 1** *v/t* racionalizar **2** *v/i* buscar una explicación racional; **rationally** racionalmente

rattle ['rætl] **1** *n noise* traqueteo *m*; *toy* sonajero *m* **2** *v/t chains etc* entrechocar **3** *v/i of chains etc* entrechocarse; *of crates* traquetear; **rattlesnake** serpiente *f* de cascabel

raucous ['rɔːkəs] estridente

rave [reɪv] **1** *v/i (talk delir-*

iously) delirar; *(talk wildly)* desvariar; **~ about sth** *(be very enthusiastic)* estar muy entusiasmado con algo **2** *n party* fiesta *f* techno

ravenous ['rævənəs] famélico

ravine [rə'viːn] barranco *m*

raw [rɔː] *meat, vegetable* crudo; *sugar* sin refinar; *iron* sin tratar; **raw materials** materias *fpl* primas

ray [reɪ] rayo *m*

razor ['reɪzər] maquinilla *f* de afeitar; **razor blade** cuchilla *f* de afeitar

re [riː] COM con referencia a

reach [riːtʃ] **1** *n*: **within ~** al alcance; **out of ~** fuera del alcance **2** *v/t* llegar a; *decision, agreement* alcanzar

react [rɪ'ækt] reaccionar; **reaction** reacción *f*; **reactionary 1** *n* POL reaccionario(-a) *m(f)* **2** *adj* POL reaccionario; **reactor** *nuclear* reactor *m*

read [riːd] leer

◆ **read out** *aloud* leer en voz alta

readable ['riːdəbl] *writing* legible; *book* ameno; **reader** *person* lector(a) *m(f)*

readily ['redɪlɪ] *admit, agree* de buena gana

reading ['riːdɪŋ] lectura *f*

readjust [riːə'dʒʌst] **1** *v/t* reajustar **2** *v/i to conditions* volver a adaptarse

ready ['redɪ] *(prepared)* listo, preparado; *(willing)* dispuesto; **get sth ~** preparar algo;

ready cash dinero *m* contante y sonante; **ready-made** *stew etc* precocinado; *solution* ya hecho; **ready-to-wear** de confección

real [riːl] real; *surprise, genius* auténtico; **real estate** bienes *mpl* inmuebles; **real estate agent** agente *m/f* inmobiliario(-a); **realism** realismo *m*; **realist** realista *m/f*; **realistic** realista; **realistically** realísticamente; **reality** realidad *f*; **realize** darse cuenta de; FIN (*yield*) producir; (*sell*) realizar, liquidar; *really in truth* de verdad; *big, small* muy; *I am ~ sorry* lo siento en el alma; **real time** COMPUT tiempo *m* real; **real-time** COMPUTen tiempo real

realtor ['riːltər] agente *m/f* inmobiliario(-a); **realty** bienes *mpl* inmuebles

reappear [riːə'pɪr] reaparecer; **reappearance** reaparición *f*

rear [rɪr] **1** *n* parte *f* de atrás **2** *adj legs* de atrás; *seats, wheels, lights* trasero

rearm [riː'ɑːrm] **1** *v/t* rearmar **2** *v/i* rearmarse

rearrange [riːə'reɪnʒ] *flowers* volver a colocar; *furniture* reordenar; *schedule* cambiar

rear-view 'mirror espejo *m* retrovisor

reason ['riːzn] razón *f*; **reasonable** razonable; **reasonably** *act* razonablemente; (*quite*) bastante; **reasoning**

razonamiento *m*

reassure [riːə'ʃur] tranquilizar; **reassuring** tranquilizador

rebate ['riːbeɪt] *money back* reembolso *m*

rebel 1 [rebl] *n* rebelde *m/f* **2** [rɪ'bel] *v/i* rebelarse; **rebellion** rebelión *f*; **rebellious** rebelde; **rebelliousness** rebeldía *f*

rebound [rɪ'baund] *of ball etc* rebotar

rebuild ['riːbɪld] reconstruir

recall [rɪ'kɔːl] *goods* retirar del mercado; (*remember*) recordar

recap ['riːkæp] recapitular

recapture [riː'kæptʃər] MIL reconquistar; *criminal* volver a detener

recede [rɪ'siːd] *of flood waters* retroceder

receipt [rɪ'siːt] *for purchase* recibo *m*; ~**s** FIN ingresos *mpl*; **receive** recibir; **receiver** *of letter* destinatario(-a) *m(f)*; TELEC auricular *m*; *for radio* receptor *m*; **receivership**: *be in* ~ estar en suspensión de pagos

recent ['riːsnt] reciente; **recently** recientemente

reception [rɪ'sepʃn] recepción *f*; (*welcome*) recibimiento *m*; **reception desk** recepción *f*; **receptionist** recepcionista *m/f*; **receptive**: *be* ~ *to sth* ser receptivo a algo

recess ['riːses] *in wall etc* hueco *m*; EDU recreo *m*; *of legislature* periodo *m* vacacional; **recession** *economic* recesión *f*

recharge [riː'tʃɑːrdʒ] *battery* recargar

recipe ['resəpɪ] receta *f*

recipient [rɪ'sɪpɪənt] *of parcel etc* destinatario(-a) *m(f)*; *of payment* receptor(a) *m(f)*

reciprocal [rɪ'sɪprəkl] recíproco

recite [rɪ'saɪt] *poem* recitar; *details, facts* enumerar

reckless ['reklɪs] imprudente; *driving* temerario; **recklessly** con imprudencia; *drive* con temeridad

reckon ['rekən] (*think, consider*) estimar, considerar

◆ **reckon on** contar con

reclaim [rɪ'kleɪm] *land from sea* ganar, recuperar; *lost property, rights* reclamar

recline [rɪ'klaɪn] reclinarse; **recliner** *chair* sillón *m* reclinable

recluse [rɪ'kluːs] solitario(-a) *m(f)*

recognition [rekəg'nɪʃn] *of state, achievements* reconocimiento *m*; **recognizable** reconocible; **recognize** reconocer

recoil [rɪ'kɔɪl] echarse atrás

recollect [rekə'lekt] recordar; **recollection** recuerdo *m*

recommend [rekə'mend] recomendar; **recommendation** recomendación *f*

recompense ['rekəmpens]

recompensa *f*

reconcile ['rekənsaɪl] *people* reconciliar; *differences, facts* conciliar; **reconciliation** *of people* reconciliación *f*; *of differences, facts* conciliación *f*

recondition [riːkən'dɪʃn] reacondicionar

reconnaissance [rɪ'kɒːnɪsns] MIL reconocimiento *m*

reconsider [riːkən'sɪdər] reconsiderar

reconstruct [riːkən'strʌkt] reconstruir

record[1] ['rekɔːrd] *n* MUS disco *m*; SP etc récord *m*; *written document, in database* registro *m*; **~s** archivos *mpl*; **have a criminal ~** tener antecedentes penales

record[2] [rɪ'kɔːrd] *v/t electronically* grabar; *in writing* anotar

'record-breaking *inv*; **record holder** plusmarquista *m/f*

recording [rɪ'kɔːrdɪŋ] grabación *f*

recount [rɪ'kaʊnt] (*tell*) relatar

re-count ['riːkaʊnt] **1** *n of votes* segundo recuento *m* **2** *v/t* (*count again*) volver a contar

recoup [rɪ'kuːp] *financial losses* resarcirse de

recover [rɪ'kʌvər] **1** *v/t sth lost* recuperar; *composure* recobrar **2** *v/i from illness* recuperarse; **recovery** recuperación f

recreation [rekrɪ'eɪʃn] ocio m; **recreational** done for pleasure recreativo

recruit [rɪ'kruːt] **1** n MIL recluta m/f; to company nuevo(-a) trabajador(a) **2** v/t new staff contratar; **recruitment** MIL reclutamiento m; to company contratación f

rectangle ['rektæŋgl] rectángulo m; **rectangular** rectangular

rectify ['rektɪfaɪ] rectificar

recuperate [rɪ'kuːpəreɪt] recuperarse

recur [rɪ'kɜːr] of event repetirse; of symptoms reaparecer; **recurrent** recurrente

recycle [riː'saɪkl] reciclar; **recycling** reciclado m

red [red] rojo; **in the ~** en números rojos; **Red Cross** Cruz f Roja

redecorate [riː'dekəreɪt] paint volver a pintar; paper volver a empapelar

redeem [rɪ'diːm] debt amortizar; REL redimir

redevelop [riːdɪ'veləp] part of town reedificar

'redhead pelirrojo(-a) m(f); **red light** at traffic light semáforo m (en) rojo; **red light district** zona f de prostitución; **red meat** carne f roja; **redneck** F individuo racista y reaccionario, normalmente de clase trabajadora; **red tape** F burocracia f, papeleo m

reduce [rɪ'duːs] reducir; price rebajar; **reduction** reducción f; in price rebaja f

reek [riːk] apestar (**of** a)

reel [riːl] of film rollo m; of thread carrete m

re-e'lect reelegir; **re-election** reelección f

re-'entry of spacecraft reentrada f

ref [ref] F árbitro(-a) m(f)
◆ **refer to** referirse a; dictionary etc consultar

referee [refə'riː] SP árbitro(-a) m(f); for job: person que pueda dar referencias; **reference** referencia f; **reference book** libro m de consulta; **reference number** número m de referencia

referendum [refə'rendəm] referéndum m

refill ['riːfɪl] volver a llenar

refine [rɪ'faɪn] refinar; technique perfeccionar; **refinement** to process, machine mejora f; **refinery** refinería f

reflect [rɪ'flekt] **1** v/t light reflejar **2** v/i (think) reflexionar; **reflection** in water, glass etc reflejo m; (consideration) reflexión f

reflex ['riːfleks] in body reflejo m

reform [rɪ'fɔːrm] **1** n reforma f **2** v/t reformar; **reformer** reformador(a) m(f)

refresh [rɪ'freʃ] refrescar; **refreshing** drink refrescante; experience reconfortante; **refreshments** refrigerio m

refrigerate [rɪ'frɪdʒəreɪt] refrigerar; **refrigerator** frigorífico *m*, refrigerador *m*

refuel [riːˈfjuːəl] **1** *v/t airplane* reabastecer de combustible a **2** *v/i of airplane* repostar

refuge [ˈrefjuːdʒ] refugio *m*; **take ~** *from storm etc* refugiarse; **refugee** refugiado(-a) *m(f)*

refund 1 [ˈriːfʌnd] *n* reembolso *m* **2** [rɪˈfʌnd] *v/t* reembolsar

refusal [rɪˈfjuːzl] negativa *f*; **refuse 1** *v/i* negarse **2** *v/t help, food* rechazar; **~ to do sth** negarse a hacer algo

regain [rɪˈgeɪn] recuperar

regard [rɪˈgɑːrd] **1** *n*: **with~ to** con respecto a; **(kind) ~s** saludos; **with no ~ for** sin tener en cuenta **2** *v/t*: **~ as** con respecto a; **regardless** con respecto a; **regardless a pesar de todo**; **~ of** sin tener en cuenta

regime [reɪˈʒiːm] *(government)* régimen *m*

regiment [ˈredʒɪmənt] regimiento *m*

region [ˈriːdʒən] región *f*; regional regional

register [ˈredʒɪstər] **1** *n* registro *m*; *at school* lista **2** *v/t birth, death* registrar; *vehicle* matricular; *letter* certificar; *emotion* mostrar **3** *v/i at university* matricularse; *with police* registrarse; **registered letter** carta *f* certificada; **registration** registro *m*; *at*

university matriculación *f*

regret [rɪˈgret] **1** *v/t* lamentar, sentir **2** *n* arrepentimiento *m*, pesar *m*; **regretful** arrepentido; **regrettable** lamentable

regular [ˈregjʊlər] **1** *adj* regular; *(normal)* normal **2** *n at bar etc* habitual *m/f*; **regularity** regularidad *f*; **regularly** regularmente

rehearsal [rɪˈhɜːrsl] ensayo *m*; **rehearse** ensayar

reign [reɪn] **1** *n* reinado *m* **2** *v/i* reinar

reimburse [riːɪmˈbɜːrs] reembolsar

reinforce [riːɪnˈfɔːrs] *structure* reforzar; *beliefs* reafirmar; **reinforced concrete** hormigón *m* armado; **reinforcements** MIL refuerzos *mpl*

reinstate [riːɪnˈsteɪt] *in office* reincorporar; *in text* volver a colocar

reject [rɪˈdʒekt] rechazar; **rejection** rechazo *m*

relapse [ˈriːlæps] MED recaída *f*

related [rɪˈleɪtɪd] *by family* emparentado; *events, ideas etc* relacionado; **relation in family** pariente *m/f*; *(connection)* relación *f*; **relationship** relación *f*; **relative 1** *n* pariente *m/f* **2** *adj* relativo; rel-

rehabilitate [riːəˈbɪlɪteɪt] *ex-criminal* rehabilitar

atively relativamente

relax [rɪˈlæks] **1** v/i relajarse **2** v/t muscle, pace relajar; **~!** ¡tranquilízate!; **relaxation** relajación f; **relaxed** relajado; **relaxing** relajante

relay 1 [rɪˈleɪ] v/t message pasar; radio, TV signals retransmitir **2** [ˈriːleɪ] n: **~** (race) carrera f de relevos

release [rɪˈliːs] **1** n from prison liberación f; of CD etc lanzamiento m; CD, record trabajo m **2** v/t prisoner liberar; parking brake soltar; information hacer público

relegate [ˈreliɡeɪt] relegar

relent [rɪˈlent] ablandarse; **relentless** (determined) implacable; rain etc que no cesa

relevance [ˈreləvəns] pertinencia f; **relevant** pertinente

reliability [rɪlaɪəˈbɪlətɪ] fiabilidad f; **reliable** fiable; **reliance** confianza f, dependencia f

relic [ˈrelɪk] reliquia f

relief [rɪˈliːf] alivio m; **relieve** pain aliviar; (take over from) relevar

religion [rɪˈlɪdʒən] religión f; **religious** religioso

relinquish [rɪˈlɪŋkwɪʃ] renunciar a

relish [ˈrelɪʃ] **1** n sauce salsa f; (enjoyment) goce m **2** v/t idea, prospect gozar con

relive [riːˈlɪv] event revivir

relocate [riːləˈkeɪt] of business, employee trasladarse

reluctance [rɪˈlʌktəns] reti-

cencia f; **reluctant** reticente, reacio

◆ **rely on** [rɪˈlaɪ] depender de; **rely on s.o. to do sth** contar con alguien para hacer algo

remain [rɪˈmeɪn] (be left) quedar; (stay) permanecer; **remainder** also MATH resto m; **remaining** restante; **remains** of body restos mpl (mortales)

remake [ˈriːmeɪk] of movie nueva versión f

remark [rɪˈmɑːrk] **1** n comentario m, observación f **2** v/t comentar, observar; **remarkable** extraordinario; **remarkably** extraordinariamente

remarry [riːˈmærɪ] volver a casarse

remedy [ˈremədɪ] MED, fig remedio m

remember [rɪˈmembər] **1** v/t recordar, acordarse de **2** v/i recordar, acordarse

remind [rɪˈmaɪnd]: **~ s.o. of sth** recordar algo a alguien; **~ s.o. of s.o.** recordar alguien a alguien; **~ s.o. to do sth** recordar a alguien que haga algo; **reminder** recordatorio m

reminisce [remɪˈnɪs] contar recuerdos

remission [rɪˈmɪʃn] remisión f; **go into ~** MED remitir

remnant [ˈremnənt] resto m

remorse [rɪˈmɔːrs] remordimientos mpl; **remorseless** person despiadado; pace, de-

mands implacable

remote [rɪˈmout] *village, possibility* remoto; *(aloof)* distante; *ancestor* lejano; **remote control** control *m* remoto; *for TV* mando *m* a distancia; **remotely** remotamente

removable [rɪˈmuːvəbl] de quita y pon; **removal** eliminación *f*; **remove** eliminar; *lid* quitar; *coat etc* quitarse; *doubt, suspicion* despejar; *growth, organ* extirpar

rename [riːˈneɪm] cambiar el nombre a

rendez-vous [ˈrɑːndeɪvuː] *romantic* cita *f*; MIL encuentro *m*

renew [rɪˈnuː] *contract* renovar; *discussions* reanudar; **renewal** *of contract etc* renovación *f*; *of discussions* reanudación *f*

renounce [rɪˈnaʊns] renunciar a

renovate [ˈrenəveɪt] renovar; **renovation** renovación *f*

rent [rent] **1** *n* alquiler *m*; **for ~** se alquila **2** *v/t* alquilar, *Mex* rentar; **rental** *for apartment, TV* alquiler *m*, *Mex* renta *f*; **rental car** coche *m* de alquiler; **rent-free** sin pagar alquiler

reopen [riːˈoʊpn] **1** *v/t* reabrir; *negotiations* reanudar **2** *v/i* *of theater etc* volver a abrir

reorganization [riːɔːrgə-naɪˈzeɪʃn] reorganización *f*; **reorganize** reorganizar

repaint [riːˈpeɪnt] repintar

repair [rɪˈper] **1** *v/t* reparar; *shoes* arreglar **2** *n* reparación *f*; *of shoes* arreglo *m*; **repairman** técnico *m*

repatriate [riːˈpætrieɪt] repatriar; **repatriation** repatriación *f*

repay [riːˈpeɪ] *money* devolver; *person* pagar; **repayment** devolución *f*; *installment* plazo *m*

repeal [rɪˈpiːl] *law* revocar

repeat [rɪˈpiːt] **1** *v/t* repetir **2** *n* TV *program* repetición *f*; **repeatedly** repetidamente, repetidas veces

repel [rɪˈpel] *attack* rechazar; *insects* repeler, ahuyentar; *(disgust)* repeler, repugnar; **repellent 1** *n* (*insect ~*) repelente *m* **2** *adj* repelente

repercussions [riːpərˈkʌʃnz] repercusiones *fpl*

repertoire [ˈrepərtwɑːr] repertorio *m*

repetition [repɪˈtɪʃn] repetición *f*; **repetitive** repetitivo

replace [rɪˈpleɪs] (*put back*) volver a poner; (*take place of*) reemplazar, sustituir; **replacement** *person* sustituto(-a) *m(f)*; *thing* recambio *m*, reemplazo *m*; **replacement part** (pieza *f* de) recambio *m*

replay [ˈriːpleɪ] **1** *n recording* repetición *f* (de la jugada); *match* repetición *f* (del partido) **2** *v/t match* repetir

replenish [rɪˈplenɪʃ] *container*

rellenar; *supplies* reaprovisionar

replica ['replɪkə] réplica *f*

reply [rɪ'plaɪ] **1** *n* respuesta *f*, contestación *f* **2** *v/t & v/i* responder, contestar

report [rɪ'pɔːrt] **1** *n* (*account*) informe *m*; *by journalist* reportaje *m* **2** *v/t facts* informar; *to authorities* informar de **3** *v/i of journalist* informar; (*present o.s.*) presentarse (**to** ante); **reporter** reportero(-a) *m(f)*

repossess [riːpə'zes] COM embargar

represent [reprɪ'zent] representar; **representative 1** *n* representante *m/f*; POL representante *m/f*, diputado(-a) *m(f)* **2** *adj* (*typical*) representativo

repress [rɪ'pres] *revolt* reprimir; *feelings, laughter* reprimir, controlar; **repression** POL represión *f*; **repressive** POL represivo

reprieve [rɪ'priːv] **1** *n* LAW indulto *m*; *fig* aplazamiento *m* **2** *v/t prisoner* indultar

reprimand ['reprɪmænd] reprender

reprint ['riːprɪnt] **1** *n* reimpresión *f* **2** *v/t* reimprimir

reprisal [rɪ'praɪzl] represalia *f*

reproach [rɪ'prəʊtʃ] **1** *n* reproche *m* **2** *v/t*: **~ s.o. for sth** reprochar algo a alguien; **reproachful** de reproche

reproduce [riːprə'duːs] **1** *v/t atmosphere, mood* reprodu-

cir **2** *v/i* BIO reproducirse; **reproduction** reproducción *f*; **reproductive** reproductivo

reptile ['reptaɪl] reptil *m*

republic [rɪ'pʌblɪk] república *f*; **republican** *n* republicano(-a) *m(f)*

repulsive [rɪ'pʌlsɪv] repulsivo

reputable ['repjʊtəbl] reputado, acreditado; **reputation** reputación *f*

request [rɪ'kwest] **1** *n* petición *f*, solicitud *f*; **on ~** por encargo **2** *v/t* pedir, solicitar

require [rɪ'kwaɪr] (*need*) requerir, necesitar; **required** (*necessary*) necesario; **requirement** (*need*) necesidad *f*; (*condition*) requisito *m*

requisition [rekwɪ'zɪʃn] requisar

re-route [riː'ruːt] desviar

rerun ['riːrʌn] **1** *n of TV program* reposición *f* **2** *v/t tape* volver a poner

reschedule [riː'ʃeduːl] volver a programar

rescue ['reskjuː] **1** *n* rescate *m* **2** *v/t* rescatar

research [rɪ'sɜːrtʃ] investigación *f*; **research and development** investigación *f* y desarrollo; **researcher** investigador(a) *m(f)*

resemblance [rɪ'zembləns] parecido *m*, semejanza *f*; **resemble** parecerse a

resent [rɪ'zent] estar molesto por; **resentful** resentido; **resentment** resentimiento *m*

reservation [rezər'veɪʃn] reserva *f*; **reserve 1** *n* reserva *f*; SP reserva *m/f* **2** *v/t* reserve; *judgment* reservarse; **reserved** *table, manner* reservado

reservoir ['rezərvwɑ:r] *for water* embalse *m*

residence ['rezidəns] *fml: house* etc residencia *f*; *(stay)* estancia *f*; **resident** residente *m/f*; **residential** residencial

residue ['rezidu:] residuo *m*

resign [rɪ'zaɪn] **1** *v/t position* dimitir de; **~ o.s. to** resignarse a **2** *v/i from job* dimitir; **resignation** *from job* dimisión *f*; *mental* resignación *f*

resilient [rɪ'zɪliənt] *personality* fuerte; *material* resistente

resist [rɪ'zɪst] **1** *v/t* resistir; *new measures* oponer resistencia a **2** *v/i* resistir; **resistance** resistencia *f*; **resistant** *material* resistente

resolution [rezə'lu:ʃn] resolución *f*; *at New Year etc* propósito *m*

resort [rɪ'zɔ:rt] *place* centro *m* turístico; **as a last ~** como último recurso

◆ **resort to** recurrir a

◆ **resound with** [rɪ'zaʊnd] resonar con

resounding [rɪ'zaʊndɪŋ] *success, victory* clamoroso

resource [rɪ'sɔ:rs] recurso *m*; **resourceful** *person* lleno de recursos; *approach* ingenioso

respect [rɪ'spekt] **1** *n* respeto *m*; **in this / that ~** en cuanto a esto / eso; **in many ~s** en muchos aspectos **2** *v/t* respetar; **respectability** respetabilidad *f*; **respectable** respetable; **respectful** respetuoso; **respective** respectivo; **respectively** respectivamente

respiration [respɪ'reɪʃn] respiración *f*; **respirator** MED respirador *m*

respond [rɪ'spɑ:nd] responder; **response** respuesta *f*

responsibility [rɪspɑ:nsɪ'bɪlətɪ] responsabilidad *f*; **responsible** *(for* de); *job* de responsabilidad

rest¹ [rest] **1** *n* descanso *m* **2** *v/i* descansar **3** *v/t (lean, balance)* apoyar

rest² [rest]: **the ~** el resto

restaurant ['restrɑ:nt] restaurante *m*

restful ['restfəl] tranquilo; **rest home** residencia *f* de ancianos; **restless** inquieto; **restlessly** sin descanso

restoration [restə'reɪʃn] restauración *f*; **restore** *building etc* restaurar; *(bring back)* devolver

restrain [rɪ'streɪn] contener; **restraint** *(moderation)* moderación *f*

restrict [rɪ'strɪkt] restringir; **restricted** *view* limitado; **restriction** restricción *f*

'rest room aseo *m*, servicios *mpl*

result [rɪ'zʌlt] resultado m; **as a ~ of this** como resultado de esto

resume [rɪ'zuːm] **1** v/t reanudar **2** v/i continuar

résumé ['rezumeɪ] currículum m (vitae)

resumption [rɪ'zʌmpʃn] reanudación f

resurface [riː'sɜːfɪs] **1** v/t roads volver a asfaltar **2** v/i (reappear) reaparecer

resurrection [rezə'rekʃn] REL resurrección f

retail ['riːteɪl] **1** adv: **sell sth ~** vender algo al por menor **2** v/i: **it ~s at** su precio de venta al público es de; retailer minorista m/f

retain [rɪ'teɪn] conservar; heat retener; retainer FIN anticipo m

retaliate [rɪ'tælɪeɪt] tomar represalias; retaliation represalias fpl

rethink [riː'θɪŋk] replantear

reticence ['retɪsns] reserva f; reticent reservado

retire [rɪ'taɪr] from work jubilarse; retired jubilado; retirement jubilación f; retiring retraído

retort [rɪ'tɔːrt] **1** n réplica f **2** v/t replicar

retract [rɪ'trækt] claws retraer; undercarriage replegar; statement retirar

're-train reciclarse

retreat [rɪ'triːt] **1** v/i retirarse **2** n MIL retirada f; place retiro m

retrieve [rɪ'triːv] recuperar

retroactive [retrou'æktɪv] retroactivo; retroactively con retroactividad

retrograde ['retrəgreɪd] retrógrado

retrospective [retrə'spektɪv] retrospectiva f

return [rɪ'tɜːrn] **1** n to a place vuelta f, regreso m; (giving back) devolución f; COMPUT retorno m; in tennis resto m; (profit) rendimiento m; Br ticket billete m or L.Am. boleto m de ida y vuelta; **many happy ~s (of the day)** feliz cumpleaños; **in ~ for** a cambio de **2** v/t devolver; (put back) volver a colocar **3** v/i (go back, come back) volver, regresar; of good times, doubts volver

reunification [riːjuːnɪfɪ'keɪʃn] reunificación f

reunion [riː'juːnjən] reunión f; reunite reunir

reusable [riː'juːzəbl] reutilizable; reuse reutilizar

◆ rev up [rev] engine revolucionar

revaluation [riːvæljuː'eɪʃn] revaluación f

reveal [rɪ'viːl] revelar; revealing remark revelador; dress insinuante, atrevido; revelation revelación f

revenge [rɪ'vendʒ] venganza f, **take one's ~** vengarse

revenue ['revənuː] ingresos mpl

reverberate [rɪ'vɜːrbəreɪt] of

sound reverberar

revere [rɪ'vɪr] reverenciar; **reverence** reverencia *f*; **reverent** reverente

reverse [rɪ'vɜːrs] **1** *adj* sequence inverso **2** *n* (*back*) dorso *m*; MOT marcha atrás; **the ~** (*the opposite*) lo contrario **3** *v/i* MOT hacer marcha atrás

review [rɪ'vjuː] **1** *n* of book, movie reseña *f*; of troops revista *f*; of situation etc revisión *f* **2** *v/t* book, movie reseñar; troops pasar revista a; situation etc revisar; EDU repasar; **reviewer** of book, movie crítico(-a) *m(f)*

revise [rɪ'vaɪz] opinion, text revisar; **revision** revisión *f*

revival [rɪ'vaɪvl] of custom, old style resurgimiento *m*; of patient reanimación *f*; **revive 1** *v/t* custom, old style hacer resurgir; patient reanimar **2** *v/i* of business, exchange rate etc reactivarse

revoke [rɪ'voʊk] law derogar; license revocar

revolt [rɪ'voʊlt] **1** *n* rebelión *f* **2** *v/i* rebelarse; **revolting** repugnante; **revolution** POL, (*turn*) revolución *f*; **revolutionary 1** *n* POL revolucionario(-a) *m(f)* **2** *adj* revolucionario; **revolutionize** revolucionar

revolve [rɪ'vɑːlv] girar (**around** en torno a); **revolver** revólver *m*

revulsion [rɪ'vʌlʃn] repug-

nancia *f*

reward [rɪ'wɔːrd] **1** *n* recompensa *f* **2** *v/t* financially recompensar; **rewarding** experience gratificante

rewind [riː'waɪnd] film, tape rebobinar

rewrite [riː'raɪt] reescribir

rhetoric ['retərɪk] retórica *f*

rhyme [raɪm] **1** *n* rima *f* **2** *v/i* rimar

rhythm ['rɪðm] ritmo *m*

rib [rɪb] ANAT costilla *f*

ribbon ['rɪbən] cinta *f*

rice [raɪs] arroz *m*

rich [rɪtʃ] **1** *adj* rico; food sabroso **2** *npl*: **the ~** los ricos

ricochet ['rɪkəʃeɪ] rebotar

rid [rɪd]: **get ~ of** deshacerse de

ride [raɪd] **1** *n* on horse, in vehicle paseo *m*, vuelta *f*; (*journey*) viaje *m*; **do you want a ~ into town?** ¿quieres que te lleve al centro? **2** *v/t* horse montar a; bike montar en **3** *v/i* on horse montar; **rider** on horse jinete *m*, amazona *f*; on bicycle ciclista *m/f*; on motorbike motorista *m/f*

ridge [rɪdʒ] borde *m*; of mountain cresta *f*; of roof caballete *m*

ridicule ['rɪdɪkjuːl] **1** *n* burlas *fpl* **2** *v/t* ridiculizar; **ridiculous** ridículo; **ridiculously** expensive, difficult terriblemente

riding ['raɪdɪŋ] on horseback equitación *f*

rifle ['raɪfl] rifle *m*

rift [rɪft] *in earth* grieta *f*; *in party etc* escisión *f*

rig [rɪg] **1** *n* (*oil* ~) plataforma *f* petrolífera; (*truck*) camión *m* **2** *v/t elections* amañar

right [raɪt] **1** *adj* (*correct*) correcto; (*suitable*) adecuado, apropiado; (*not left*) derecho; **be** ~ *of answer* estar correcto; *of person* tener razón; *of clock* ir bien; **put things** ~ arreglar las cosas; **that's all** ~ *doesn't matter* no te preocupes; *when s.o. says thank you* de nada; *is quite good* está bastante bien; **I'm all** ~ *not hurt* estoy bien; *have got enough* no, gracias **2** *adv* (*directly*) justo; (*correctly*) correctamente; (*not left*) a la derecha; ~ **now** ahora mismo **3** *n civil, legal etc* derecho *m*; *not left, POL* derecha *f*; **be in the** ~ tener razón

right-'angle ángulo *m* recto; **rightful** *owner etc* legítimo; **right-handed** *person* diestro; **right-hand man** mano *f* derecha; **right of way** *in traffic* preferencia *f*; *across land* derecho *m* de paso; **right wing** POL derecha *f*; *SP* banda *f* derecha; **right-wing** de derechas

rigid ['rɪdʒɪd] rígido

rigor ['rɪgər] rigor *m*; **rigorous** riguroso; **rigorously** *check* rigurosamente

rigour *Br* → **rigor**

rile [raɪl] F fastidiar, *Span* mosquear F

rim [rɪm] *of wheel* llanta *f*; *of cup* borde *m*; *of eye glasses* montura *f*

ring[1] [rɪŋ] *n* (*circle*) círculo *m*; *on finger* anillo *m*; *in boxing* cuadrilátero *m*, ring *m*; *at circus* pista *f*

ring[2] [rɪŋ] **1** *n of bell* timbrazo *m*; *of voice* tono *m* **2** *v/t bell* hacer sonar; *Br* TELEC llamar **3** *v/i of bell* sonar

'ringleader cabecilla *m* / *f*; **ring-pull** anilla *f*

rink [rɪŋk] pista *f* de patinaje

rinse [rɪns] **1** *n for hair color* reflejo *m* **2** *v/t* aclarar

riot ['raɪət] **1** *n* disturbio *m* **2** *v/i* causar disturbios; **rioter** alborotador(a) *m(f)*; **riot police** policía *f* antidisturbios

rip [rɪp] **1** *n in cloth etc* rasgadura *f* **2** *v/t cloth* rasgar

◆ **rip off** F *customers* robar

ripe [raɪp] *fruit* maduro; **ripen** *of fruit* madurar; **ripeness** madurez *f*

'rip-off F robo *m* F

ripple ['rɪpl] *on water* onda *f*

rise [raɪz] **1** *v/i from chair etc* levantarse; *of sun* salir; *of rocket* ascender, subir; *of price, temperature, water* subir **2** *n in price, temperature* subida *f*, aumento *m*; *in water level* subida *f*; *in salary* aumento *m*

risk [rɪsk] **1** *n* riesgo *m*; **take a** ~ arriesgarse **2** *v/t* arriesgar; **risky** arriesgado

ritual ['rɪtʊəl] **1** *n* ritual *m* **2** *adj* ritual

rival ['raɪvl] **1** *n* rival *m/f* **2** *v/t* rivalizar con; **rivalry** rivalidad *f*

river ['rɪvər] río *m*; **riverbank** ribera *f*; **riverbed** lecho *m*; **River Plate:** *the* **~** el Río de la Plata); **riverside 1** *adj* a la orilla del río **2** *n* ribera *f*, orilla *f* del río

riveting ['rɪvɪtɪŋ] fascinante

road [roʊd] *in country* carretera *f*; *in city* calle *f*; **roadblock** control *m* de carretera; **road-holding** *of vehicle* adherencia *f*; **road map** mapa *m* de carreteras; **road safety** seguridad *f* vial; **roadsign** señal *f* de tráfico; **roadway** calzada *f*; **roadworthy** en condiciones de circular

roam [roʊm] vagar

roar [rɔːr] **1** *n* *of traffic* estruendo *m*; *of lion* rugido *m*; *of person* grito *m*, bramido *m* **2** *v/i of engine, lion* rugir; *of person* gritar, bramar

roast [roʊst] **1** *n* *of beef* asado *m* **2** *v/t* asar **3** *v/i of food* asarse; **roast beef** rosbif *m*

rob [rɑːb] *person* robar a; *bank* atracar, robar; **robber** atracador(a) *m(f)*; **robbery** atraco *m*, robo *m*

robe [roʊb] *of judge* toga *f*; *of priest* sotana *f*; *(bath~)* bata *f*

robot ['roʊbɑːt] robot *m*

robust [roʊ'bʌst] robusto; *material* resistente

rock [rɑːk] **1** *n* roca *f*; MUS rock *m* **2** *v/t baby* acunar; *cra-*

dle mecer; *(surprise)* impactar **3** *v/i on chair* mecerse; *of boat* balancearse; **rock-bottom** *prices* mínimo; **rock climber** escalador(a) *m(f)*; **rock climbing** escalada *f* (en roca)

rocket ['rɑːkɪt] **1** *n* cohete *m* **2** *v/i of prices etc* dispararse

rocking chair ['rɑːkɪŋ] mecedora *f*; **rock 'n' roll** rock and roll *m*; **rocky** *beach* pedregoso

rod [rɑːd] vara *f*; *for fishing* caña *f*

rodent ['roʊdnt] roedor *m*

rogue [roʊg] granuja *m/f*

role [roʊl] papel *m*; **role model** ejemplo *m*

roll [roʊl] **1** *n* *(bread ~)* panecillo *m*; *of film* rollo *m*; *(list, register)* lista *f* **2** *v/i of ball etc* rodar

♦ **roll over 1** *v/i* darse la vuelta **2** *v/t person, object* dar la vuelta a; *(renew)* renovar; *(extend)* refinanciar

'**roll-call** lista *f*; **roller** *for hair* rulo *m*; **roller blade**® patín *m* en línea; **roller coaster** montaña *f* rusa; **roller skate** patín *m* (de ruedas)

ROM [rɑːm] COMPUT *(= read only memory)* ROM *f* *(= memoria f de sólo lectura)*

Roman 'Catholic 1 *n* REL católico(-a) *m(f)* romano(-a) **2** *adj* católico romano

romance [rə'mæns] *(affair)* aventura *f* (amorosa); *novel* novela *f* rosa; *movie* película *f* romántica; **romantic** *f* romántico

roof [ru:f] techo *m*, tejado *m*; **roof-rack** MOT baca *f*

rookie ['ruki] F novato(-a) *m(f)*

room [ru:m] habitación *f*; (*space*) espacio *m*, sitio *m*; **room clerk** recepcionista *m/f*; **roommate** compañero(-a) *m(f)* de habitación; **sharing apartment** compañero(-a) *m(f)* de piso; **room service** servicio *m* de habitaciones; **room temperature** temperatura *f* ambiente; **roomy** *car etc* espacioso; *clothes* holgado

root [ru:t] raíz *f*

rope [roup] cuerda *f*; *thick* soga *f*

rosary ['rouzəri] REL rosario *m*

rose [rouz] BOT rosa *f*

roster ['rɑːstər] turnos *mpl*; *actual document* calendario *m* con los turnos

rostrum ['rɑːstrəm] estrado *m*

rosy ['rouzi] *cheeks* sonrosado; *future or future de* color de rosa

rot [rɑːt] **1** *n in wood* putrefacción *f* **2** *v/i of food, wood* pudrirse; *of teeth* cariarse

rotate [rou'teɪt] *v/i* girar **2** *v/t* hacer girar; *crops* rotar; **rotation** rotación *f*

rotten ['rɑːtn] *food, wood etc* podrido; F *weather, luck* horrible

rough [rʌf] **1** *adj surface, ground* accidentado; *hands,*

skin áspero; *voice* ronco; (*violent*) bruto; *crossing* movido; *seas* bravo; (*approximate*) aproximado **2** *n in golf* rough *m*; **roughage** *in food* fibra *f*; **roughly** (*approximately*) aproximadamente; (*harshly*) brutalmente

roulette [ru:'let] ruleta *f*

round [raund] **1** *adj* redondo **2** *n of mailman, drinks, competition* ronda *f*; *in boxing* round *m*, asalto *m* **3** *v/t corner* doblar **4** *adv* & *prep* → **around**

◆ **round up** *figure* redondear (hacia la cifra más alta); *suspects, criminals* detener

roundabout ['raundəbaut] **1** *adj* indirecto **2** *n Br on road* rotonda *f*, *Span* glorieta *f*; **round-the-world** alrededor del mundo; **round trip** viaje *m* de ida y vuelta; **round-up** *of cattle* rodeo *m*; *of suspects* redada *f*; *of news* resumen *m*

rouse [rauz] *from sleep* despertar; *emotions* excitar; **rousing** emocionante

route [raut] ruta *f*, recorrido *m*

routine [ru:'ti:n] **1** *adj* habitual **2** *n* rutina *f*

row¹ [rou] *n* (*line*) hilera *f* **3 days in a ~** 3 días seguidos

row² [rou] *v/i in boat* remar

rowboat bote *m* de remos

rowdy ['raudi] alborotador, *Span* follonero

royal ['rɔɪəl] real; **royalty** realeza *f*; *on book etc* derechos *mpl* de autor

rub [rʌb] frotar

rubber ['rʌbər] **1** *n material* goma *f*, caucho *m* **2** *adj* de goma *or* caucho; **rubber band** goma *f* elástica

rubble ['rʌbl] escombros *mpl*

ruby ['ruːbɪ] *jewel* rubí *m*

rudder ['rʌdər] timón *m*

ruddy ['rʌdɪ] *face* rubicundo

rude [ruːd] *person, behavior* maleducado, grosero; *language* grosero; **rudely** *(impolitely)* groseramente; **rudeness** mala *f* educación, grosería *f*

rudimentary [ruːdɪ'mentərɪ] rudimentario; **rudiments** rudimentos *mpl*

rueful ['ruːfl] arrepentido; **ruefully** con arrepentimiento

ruffian ['rʌfɪən] rufián *m*

ruffle ['rʌfl] **1** *n on dress* volante *m* **2** *v/t hair* despeinar; *clothes* arrugar; *person* alterar

rug [rʌg] alfombra *f*; *(blanket)* manta *f* (de viaje)

rugby ['rʌgbɪ] rugby *m*

rugged ['rʌgɪd] *scenery* escabroso; *face* de rasgos duros; *resistance* decidido

ruin ['ruːɪn] **1** *n* ruina *f* **2** *v/t* arruinar

rule [ruːl] **1** *n* regla *f*; *of monarch* reinado *m*; **as a ~** por regla general **2** *v/t country* gobernar **3** *v/i of monarch* reinar; **ruler** *for measuring* regla *f*; *of state* gobernante

m/f; **ruling 1** *n* fallo *m*, decisión *f* **2** *adj party* gobernante, en el poder

rum [rʌm] *drink* ron *m*

rumble ['rʌmbl] *of stomach* gruñir; *of thunder* retumbar

rumor, *Br* **rumour** ['ruːmər] **1** *n* rumor *m* **2** *v/t*: **be ~ed that ...** se rumorea que...

rump [rʌmp] *of animal* cuartos *mpl* traseros

rumple ['rʌmpl] arrugar

rump 'steak filete *m* de lomo

run [rʌn] **1** *n on foot, in pantyhose* carrera *f*; *Br: in car* viaje *m*; THEA: *of play* temporada *f*; **in the short / long ~** a corto / largo plazo **2** *v/i of river* correr, discurrir; *of paint, make-up* correrse; *of play* estar en cartel; *of engine, software* funcionar; *in election* presentarse; **~ for President** presentarse a las elecciones presidenciales **3** *v/t race* correr; *business etc* dirigir; *software* usar; *car* tener; *(use)* usar

◆ **run away** salir corriendo, huir; *from home* escaparse

◆ **run down 1** *v/t (knock down)* atropellar; *(criticize)* criticar; *stocks* reducir **2** *v/i of battery* agotarse

◆ **run off 1** *v/i* salir corriendo **2** *v/t (print off)* tirar

◆ **run out** *of contract* vencer; *of supplies* agotarse

◆ **run out of** quedarse sin

◆ **run over 1** *v/t (knock down)* atropellar **2** *v/i of water etc* desbordarse

◆ **run up** *debts* acumular

runaway ['rʌnəweɪ] *persona que se ha fugado de casa;* **run-down** *person* débil; *part of town* ruinoso

rung [rʌŋ] *of ladder* peldaño *m*

runner ['rʌnər] *athlete* corredor(a) *m(f);* **runner beans** judías *fpl* verdes, *L.Am.* porotos *mpl* verdes, *Mex* ejotes *mpl;* **runner-up** subcampeón(-ona) *m(f);* **running 1** *n* SP el correr; *(jogging)* footing *m; of business* gestión *f* **2** *adj:* **for two days ~** durante dos días seguidos; **running water** agua *f* corriente; **runny** *mixture* fluido; *nose* que moquea; **run-up** SP élan *m;* **in the ~** SP en el período previo a; **runway** pista *f* (de aterrizaje / despegue)

rupture ['rʌptʃər] **1** *n* ruptura *f* **2** *v/i of pipe etc* romperse

rural ['ruərəl] rural

ruse [ruːz] artimaña *f*

rush [rʌʃ] **1** *n* prisa *f; of person* meter prisa a; *meal* comer a toda prisa **3** *v/i* darse prisa; **rush hour** hora *f* punta

Russia ['rʌʃə] Rusia; **Russian 1** *adj* ruso **2** *n* ruso(-a) *m(f); language* ruso *m*

rust [rʌst] **1** *n* óxido *m* **2** *v/i* oxidarse; **rust-proof** inoxidable; **rusty** oxidado

rut [rʌt] *in road* rodada *f;* **be in a ~** *fig* estar estancado

ruthless ['ruːθlɪs] implacable, despiadado; **ruthlessly** sin compasión, despiadadamente; **ruthlessness** falta *f* de compasión

rye [raɪ] centeno *m;* **rye bread** pan *m* de centeno

S

sabotage ['sæbətɑːʒ] **1** *n* sabotaje *m* **2** *v/t* sabotear; **saboteur** saboteador(a) *m(f)*

sachet ['sæʃeɪ] sobrecito *m*

sack [sæk] **1** *n bag* saco *m; for groceries* bolsa *f* **2** *v/t* F echar

sacred ['seɪkrɪd] sagrado

sacrifice ['sækrɪfaɪs] **1** *n* sacrificio *m* **2** *v/t* sacrificar

sacrilege ['sækrɪlɪdʒ] sacrilegio *m*

sad [sæd] triste; *state of affairs* lamentable

saddle ['sædl] **1** *n* silla *f* de montar **2** *v/t horse* ensillar

sadism ['seɪdɪzm] sadismo *m;* **sadist** sádico(-a) *m(f);* **sadistic** sádico

sadly ['sædlɪ] con tristeza; *(regrettably)* lamentablemente; **sadness** tristeza *f*

safe [seɪf] **1** *adj* seguro; *driver* prudente; *(not in danger)* a salvo **2** *n* caja *f* fuerte; **safeguard 1** *n* garantía *f* **2** *v/t* salvaguardar; **safely** *arrive* sin

percances; *drive* prudentemente; *assume* con certeza;
safety seguridad *f*; **safety
pin** imperdible *m*

sag [sæg] *v/i of ceiling* combarse;
of rope destensarse; *of tempo*
disminuir

saga ['sɑːgə] saga *f*

sage [seɪdʒ] *herb* salvia *f*

sail [seɪl] **1** *n of boat* vela *f*; *trip*
viaje *m* (en barco) **2** *v/i* navegar; (*depart*) zarpar; **sail-
board 1** *n* tabla *f* de windsurf **2** *v/i* hacer windsurf;
sailboarding windsurf *m*;
sailboat barco *m* de vela,
velero *m*; **sailing** SP vela *f*;
sailor marinero(-a) *m(f)*;
in the navy marino *m/f*

saint [seɪnt] santo *m*

sake [seɪk]: **for my ~** por mí

salad ['sæləd] ensalada *f*

salary ['sæləri] sueldo *m*, salario *m*

sale [seɪl] venta *f*; *reduced
prices* rebajas *fpl*; **be on ~** estar a la venta; *at reduced
prices* estar de rebajas; **sales
department** ventas *fpl*; **sales
clerk** dependiente(-a) *m(f)*;
sales figures cifras *fpl* de
ventas; **salesman** vendedor
m; **saleswoman** vendedora
f

salient ['seɪliənt] sobresaliente, destacado

saliva [sə'laɪvə] saliva *f*

salmon ['sæmən] salmón *m*

saloon [sə'luːn] (*bar*) bar *m*;
Br MOT turismo *m*

salt [sɔːlt] sal *f*; **salty** salado

salute [sə'luːt] **1** *n* MIL saludo
2 *v/t & v/i* MIL saludar

Salvador(e)an [sælvə'dɔːrən]
1 *adj* salvadoreño **2** *n* salva-
doreño(-a) *m(f)*

salvage ['sælvɪdʒ] *from wreck*
rescatar

salvation [sæl'veɪʃn] *also fig*
salvación *f*

same [seɪm] **1** *adj* mismo **2**
pron: **the ~** lo mismo; **Happy
New Year – the ~ to you** Feliz Año Nuevo – igualmente;
all the ~ (*even so*) aun así **3**
adv: **the ~** igual

sample ['sæmpl] muestra *f*

sanction ['sæŋkʃn] **1** *n* (*approval*) consentimiento *m*;
(*penalty*) sanción *f* **2** *v/t* (*approve*) sancionar

sand [sænd] **1** *n* arena *f* **2** *v/t
with sandpaper* lijar

sandal ['sændl] sandalia *f*

sandbag saco *m* de arena;
sand dune duna *f*; **sander**
tool lijadora *f*; **sandpaper
1** *n* lija *f* **2** *v/t* lijar

sandwich ['sænwɪdʒ] *Span* bocadillo *m*, *L.Am.* sandwich
m

sandy ['sændɪ] *soil* arenoso;
feet, towel etc lleno de arena;
hair rubio oscuro; **~ beach**
playa *f* de arena

sane [seɪn] cuerdo

sanitarium [sænɪ'teriəm] sanatorio *m*

sanitary ['sænɪterɪ] salubre,
higiénico; **sanitary napkin**
compresa *f*; **sanitation** instalaciones *fpl* sanitarias; (*re-*

moval of waste) saneamiento *m*

sanity ['sænətɪ] razón *f*, juicio *m*

Santa Claus ['sæntəklɔ:z] Papá Noel *m*, Santa Claus *m*

sap [sæp] **1** *n in tree* savia *f* **2** *v/t s.o.'s energy* consumir

sapphire ['sæfaɪr] zafiro *m*

sarcasm ['sɑ:rkæzm] sarcasmo *m*; **sarcastic** sarcástico; **sarcastically** sarcásticamente

sardine [sɑ:r'di:n] sardina *f*

sardonic [sɑ:r'dɑ:nɪk] sardónico

satellite ['sætəlaɪt] satélite *m*; **satellite dish** antena *f* parabólica; **satellite TV** televisión *f* por satélite

satin ['sætɪn] satín *m*

satire ['sætaɪr] sátira *f*; **satirical** satírico; **satirize** satirizar

satisfaction [sætɪs'fækʃn] satisfacción *f*; **satisfactory** satisfactorio; *(just good enough)* suficiente; **satisfy** satisfacer; *conditions* cumplir

Saturday ['sætərdeɪ] sábado *m*

sauce [sɔ:s] salsa *f*; **saucepan** cacerola *f*; **saucer** plato *m* (*de taza*)

Saudi Arabia [saʊdɪə'reɪbɪə] Arabia Saudí *or* Saudita; **Saudi Arabian 1** *adj* saudita, saudí **2** *n* saudita *m/f*, saudí *m/f*

sausage ['sɔ:sɪdʒ] salchicha *f*

savage ['sævɪdʒ] **1** *adj* salva-

je; *criticism* feroz **2** *n* salvaje *m/f*; **savagery** crueldad *f*

save [seɪv] **1** *v/t (rescue)* rescatar, salvar; *money, time* guardar; COMPUT guardar; *goal* parar; REL salvar **2** *v/i (put money aside)* ahorrar; SP hacer una parada **3** *n* SP parada *f*; **saver** *person* ahorrador(a) *m(f)*; **savings** ahorros *mpl*; **savings account** cuenta *f* de ahorros; **savings and loan** caja *f* de ahorros; **savings bank** caja *f* de ahorros

savior, *Br* **saviour** ['seɪvjər] REL salvador *m*

savor ['seɪvər] saborear; **savory** *not sweet* salado

savour *etc Br* ☞ **savor** *etc*

saw [sɔ:] **1** *n tool* serrucho *m*, sierra *f* **2** *v/t* aserrar; **sawdust** serrín *m*, aserrín *m*

saxophone ['sæksəfoʊn] saxofón *m*

say [seɪ] decir; *that is to* ~ es decir; **saying** dicho *m*

scab [skæb] *on skin* costra *f*

scaffolding ['skæfəldɪŋ] *on building* andamiaje *m*

scald [skɔ:ld] escaldar

scale[1] [skeɪl] *n on fish* escama *f*

scale[2] [skeɪl] **1** *n (size)* escala *f*, tamaño *m*; *on thermometer, map*, MUS escala *f* **2** *v/t cliffs etc* escalar

scales [skeɪlz] *for weighing* báscula *f*, peso *m*

scallop ['skæləp] *shellfish* vieira *f*

scalp [skælp] cuero m cabelludo

scalpel ['skælpl] bisturí m

scam [skæm] F chanchullo m F

scampi ['skæmpɪ] gambas fpl rebozadas

scan [skæn] **1** v/t horizon otear; page ojear; COMPUT escanear **2** n of brain escáner m; of fetus ecografía f
◆ **scan in** COMPUT escanear

scandal ['skændl] escándalo m; **scandalize** escandalizar; **scandalous** escandaloso

scanner ['skænər] MED, COMPUT escáner m; for fetus ecógrafo m

scanty ['skæntɪ] skirt cortísimo; bikini mínimo

scapegoat ['skeɪpɡəʊt] cabeza f de turco

scar [skɑːr] **1** n cicatriz f **2** v/t cicatrizar

scarce [skers] in short supply escaso; scarcely **~ anything** casi nada; **I ~ know her** apenas la conozco; **scarcity** escasez f

scare [sker] **1** v/t asustar, **be ~d of** tener miedo de **2** n (panic, alarm) miedo m, temor m; **scaremonger** alarmista m/f

scarf [skɑːrf] pañuelo m; woollen bufanda f

scarlet ['skɑːrlət] escarlata

scary ['skerɪ] espeluznante

scathing ['skeɪðɪŋ] feroz

scatter ['skætər] **1** v/t leaflets esparcir; seeds diseminar **2** v/i of people dispersarse; **scattered** disperso

scavenge ['skævɪndʒ] rebuscar; **scavenger** carroñero m; (person) persona que busca comida entre la basura

scenario [sɪ'nɑːrɪəʊ] situación f

scene [siːn] escena f; of accident, crime etc lugar m; (argument) escena f, número m; **behind the ~s** entre bastidores; **scenery** paisaje m; THEA escenario m

scent [sent] olor m; Br (perfume) perfume m, fragancia f

sceptic etc Br ☞ **skeptic** etc

schedule ['skedjuːl] **1** n of events, work programa m; of exams calendario m; for train, work, of lessons horario m; **be on ~** of work ir según lo previsto; of train ir a la hora prevista; **be behind ~** ir con retraso **2** v/t (put on ~) programar; **scheduled flight** vuelo m regular

scheme [skiːm] **1** n (plan) plan m; (plot) confabulación f **2** v/i (plot) confabularse; **scheming** maquinador

schizophrenia [skɪtsə'friːnɪə] esquizofrenia f; **schizophrenic 1** n esquizofrénico(-a) m(f) **2** adj esquizofrénico

scholar ['skɑːlər] erudito(-a) m(f); **scholarly** erudito; **scholarship** work estudios mpl; financial award beca f

school [sku:l] escuela *f*, colegio *m*; (*university*) universidad *f*; **school bag** cartera *f*; **schoolchildren** escolares *mpl*

science ['saɪəns] ciencia *f*; **scientific** científico; **scientist** científico(-a) *m(f)*

scissors ['sɪzərz] tijeras *fpl*

scoff[1] [skɒf] F (*eat fast*) zamparse F

scoff[2] [skɒf] (*mock*) burlarse, mofarse

scold [skəuld] regañar

scoop [sku:p] *implement* cuchara *f*; *story* exclusiva *f*

scooter ['sku:tər] *with motor* escúter *m*; *child's* patinete *m*

scope [skəup] alcance *m*; (*freedom, opportunity*) oportunidad *f*

scorch [skɔ:rtʃ] quemar; **scorching** abrasador

score [skɔ:r] **1** *n* SP resultado *m*; *in competition* puntuación *f*; (*written music*) partitura *f*; *of movie etc* banda *f* sonora **2** *v/t goal, line* marcar; *point* anotar **3** *v/i* marcar; (*keep the ~*) llevar el tanteo; **scoreboard** marcador *m*; **scorer** *of goal* goleador(a) *m(f)*; *of point* anotador(a) *m(f)*

scorn [skɔ:rn] **1** *n* desprecio *m* **2** *v/t idea* despreciar; **scornful** despreciativo; **scornfully** con desprecio

Scot [skɒt] escocés(-esa) *m(f)*; **Scotch** (*whiskey*) whisky *m* escocés; **Scotch**

tape® celo *m*, *L.Am.* Durex® *m*; **Scotland** Escocia *f*; **Scottish** escocés

scoundrel ['skaʊndrəl] canalla *m / f*

scour ['skaʊər] (*search*) rastrear, peinar

scowl [skaʊl] **1** *n* ceño *m* **2** *v/i* fruncir el ceño

scramble ['skræmbl] **1** *n* (*rush*) prisa *f* **2** *v/t message* cifrar **3** *v/i* (*climb*) trepar; **scrambled eggs** huevos *mpl* revueltos

scrap [skræp] **1** *n metal* chatarra *f*; (*fight*) pelea *f*; *of food* trocito *m*; *of common sense* pizca *f* **2** *v/t plan* abandonar; *paragraph* borrar

scrape [skreɪp] **1** *n on paintwork etc* arañazo *m* **2** *v/t paintwork* rayar

'scrap metal chatarra *f*

scrappy ['skræpɪ] *work, play* desorganizado

scratch [skrætʃ] **1** *n mark* marca *f*; **start from ~** empezar desde cero; **not up to ~** insuficiente **2** *v/t* (*mark: skin*) arañar; (*mark: paint*) rayar; *because of itch* rascarse **3** *v/i of cat etc* arañar; *because of itch* rascarse

scrawl [skrɔ:l] **1** *n* garabato *m* **2** *v/t* garabatear

scrawny ['skrɔ:nɪ] escuálido

scream [skri:m] **1** *n* grito *m* **2** *v/i* gritar

screech [skri:tʃ] **1** *n of tires* chirrido *m*; (*scream*) chillido *m* **2** *v/i of tires* chirriar;

(*scream*) chillar

screen [skri:n] **1** *n in room, hospital* mampara *f; protective* cortina *f; in movie theater,* COMPUT pantalla *f* **2** *v/t* (*protect, hide*) ocultar; *movie* proyectar; *for security reasons* investigar; **screenplay** guión *m;* **screen saver** COMPUT salvapantallas *m inv;* **screen test** prueba *f*

screw [skru:] **1** *n* tornillo *m* **2** *v/t* atornillar (**to** a); V (*have sex with*) echar un polvo con V; F (*cheat*) timar F; **screwdriver** destornillador *m;* **screwed up** F acomplejado; **screwy** F chiflado F; *idea, film* descabellado F

scribble ['skrɪbl] **1** *n* garabato *m* **2** *v/t & v/i* garabatear

script [skrɪpt] *for play* guión *m; form of writing* caligrafía *f;* **scripture:** **the** (**Holy**) **Scriptures** las Sagradas Escrituras; **scriptwriter** guionista *m / f*

◆ **scroll down** [skroʊl] COMPUT avanzar

◆ **scroll up** COMPUT retroceder

scrounge [skraʊndʒ] gorronear; **scrounger** gorrón (-ona) *m(f)*

scrub [skrʌb] *floors* fregar; *hands* frotar

scruples ['skru:plz] escrúpulos *mpl;* **scrupulous** *with moral principles* escrupuloso; (*thorough*) meticuloso; *attention to detail* minucioso;

scrupulously (*meticulously*) minuciosamente

scrutinize ['skru:tɪnaɪz] estudiar, examinar; **scrutiny** escrutinio *m*

scuba diving ['sku:bə] submarinismo *m*

scuffle ['skʌfl] riña *f*

sculptor ['skʌlptər] escultor(a) *m(f);* **sculpture** escultura *f*

scum [skʌm] *on liquid* película *f* de suciedad; *pej: people* escoria *f*

sea [si:] mar *m;* **seabird** ave *f* marina; **seafood** marisco *m;* **seagull** gaviota *f*

seal¹ [si:l] *n animal* foca *f*

seal² [si:l] **1** *n on document, tech* sello *m* **2** *v/t container* sellar

'**sea level:** **above ~** sobre el nivel del mar; **below ~** bajo el nivel del mar

seam [si:m] *on garment* costura *f; of ore* filón *m*

'**seaman** marinero *m;* **seaport** puerto *m* marítimo

search [sɜːrtʃ] **1** *n* búsqueda *f* **2** *v/t* registrar

◆ **search for** buscar

searching ['sɜːrtʃɪŋ] *look* escrutador; *question* difícil; **searchlight** reflector *m*

'**seashore** orilla *f;* **seasick** mareado; **get ~** marearse; **seaside** costa *f*, playa *f*

season ['si:zn] *estación f; for tourism etc* temporada *f;* **seasonal** *fruit, vegetables* del tiempo; *employment* temporal; **seasoned** *wood* seco; *traveler, campaigner* experimentado; **seasoning** condimento *m*; **season ticket** abono *m*

seat [si:t] asiento *m*; *in theater* butaca *f; of pants* culera *f*; *please take a ~* por favor, siéntese; **seat belt** cinturón *m* de seguridad

'seaweed alga(s) *f(pl)*

secluded [sr'klu:dɪd] apartado

second ['sekənd] **1** *n of time* segundo *m* **2** *adj* segundo **3** *adv come in* en segundo lugar **4** *v/t motion* apoyar; **secondary** secundario; **second floor** primer piso *m*, *Br* segundo piso *m*; **second-hand** de segunda mano; **secondly** en segundo lugar; **second-rate** inferior

secrecy ['si:krəsɪ] secretismo *m*; **secret 1** *n* secreto *m* **2** *adj* secreto

secretarial [sekrə'terɪəl] de secretario; **secretary** secretario(-a) *m(f)*; POL ministro(-a) *m(f)*; **Secretary of State** *in USA* Secretario(-a) *m(f)* de Estado

secretive ['si:krətɪv] reservado; **secretly** en secreto

sect [sekt] secta *f*

section ['sekʃn] sección *f; of building* zona *f; of apple* parte *f*

sector ['sektər] sector *m*

secular ['sekjələr] laico

secure [sr'kjʊr] **1** *adj shelf etc*

seguro; *job, contract* fijo **2** *v/t shelf etc* asegurar; *help* conseguir; **se'curities market** FIN mercado *m* de valores; **security** seguridad *f; for investment* garantía *f*; **security alert** alerta *f*; **security forces** fuerzas *fpl* de seguridad; **security guard** guardia *m/f* de seguridad; **security risk person** peligro *m* (para la seguridad)

sedan [sr'dæn] MOT turismo *m*

sedate [sr'deɪt] sedar

sedative ['sedətɪv] sedante *m*

sedentary ['sedəntrɪ] *job* sedentario

sediment ['sedɪmənt] sedimento *m*

seduce [sr'du:s] seducir; **seduction** seducción *f*; **seductive** *dress* seductor; *offer* tentador

see [si:] ver; *~ you!* F ¡hasta la vista!, ¡chao! F

♦ **see off** *at airport etc* despedir; *(chase away)* espantar

seed [si:d] semilla *f; in tennis* cabeza *f* de serie; **seedy** *bar, district* de mala calaña

seeing 'eye dog ['si:ɪŋ] perro *m* lazarillo; **seeing (that)** dado que, ya que

seek [si:k] buscar

seem [si:m] parecer; **seemingly** aparentemente

seesaw ['si:sɔ:] subibaja *m*

'see-through transparente

segment ['segmənt] segmento *m*

segregate ['segrɪgeɪt] segregar; **segregation** segregación *f*

seismology [saɪz'mɑːlədʒɪ] sismología *f*

seize [siːz] *s.o., s.o.'s arm* agarrar; *opportunity* aprovechar; *of Customs, police etc* incautarse de; **seizure** MED ataque *m*; *of drugs etc* incautación *f*; *amount seized* alijo *m*

seldom ['seldəm] raramente, casi nunca

select [sɪ'lekt] **1** *v/t* seleccionar **2** *adj* (*exclusive*) selecto; **selection** selección *f*; (*choosing*) elección *f*; **selective** selectivo

self [self] ego *m*; **self-assurance** confianza *f* en sí mismo; **self-assured** seguro de sí mismo; **self-centered**, *Br* **self-centred** egoísta; **self-confidence** confianza *f* en sí mismo; **self-confident** seguro de sí mismo; **self-conscious** tímido; **self-consciousness** timidez *f*; **self-control** autocontrol *m*; **self-defence** *Br*, **self-defense** autodefensa *f*; **in ~** en defensa propia; **self-employed** autónomo; **self-evident** obvio; **self-expression** autoexpresión *f*; **self-government** autogobierno *m*; **self-interest** interés *m* propio; **selfish** egoísta; **selfless** desinteresado; **self-made man** hombre *m* hecho a sí mismo; **self-pity** autocom-

pasión *f*; **self-portrait** autorretrato *m*; **self-reliant** autosuficiente; **self-respect** amor *m* propio; **self-satisfied** *pej* pagado de sí mismo; **self-service** de autoservicio; **self-service restaurant** (*restaurante m*) autoservicio *m*; **self-taught** autodidacta

sell [sel] **1** *v/t* vender **2** *v/i* of products venderse; **sell-by date** fecha *f* límite de venta; **seller** vendedor(a) *m(f)*; **selling** COM ventas *fpl*; **selling point** COM ventaja *f*

Sellotape® ['seləteɪp] *Br* celo *m*, *L.Am.* Durex® *m*

semester [sɪ'mestər] semestre *m*

semi ['semɪ] *truck* camión *m* semirremolque; **semicircle** semicírculo *m*; **semiconductor** ELEC semiconductor *m*; **semifinal** semifinal *f*; **semifinalist** semifinalista *m/f*

seminar ['semɪnɑːr] seminario *m*

semi-skilled semicualificado

senate ['senət] senado *m*; **senator** senador(a) *m(f)*

send [send] enviar, mandar
◆ **send back** devolver
◆ **send for** mandar buscar

sender ['sendər] *of letter* remitente *m* / *f*

senile ['siːnaɪl] senil; **senility** senilidad *f*

senior ['siːnjər] (*older*) mayor; *in rank* superior; **senior citizen** persona *f* de la tercera

edad; **seniority** in job antigüedad f

sensation [sen'seɪʃn] sensación f; **sensational** sensacional

sense [sens] **1** n (meaning,
point, hearing etc) sentido
m; (feeling) sentimiento m;
(common sense) sentido m
común, sensatez f; **come
to one's ~s** entrar en razón;
it doesn't make ~ no tiene
sentido **2** v/t s.o.'s presence
sentir, notar; **senseless**
(pointless) absurdo

sensible ['sensəbl] sensato;
shoes etc práctico, apropiado; **sensibly** con sensatez

sensitive ['sensətɪv] sensible;
sensitivity sensibilidad f

sensor ['sensər] sensor m

sensual ['senʃʊəl] sensual;
sensuality sensualidad f

sensuous ['senʃʊəs] sensual

sentence ['sentəns] **1** n GRAM
oración f; LAW sentencia f **2**
v/t LAW sentenciar, condenar

sentiment ['sentɪmənt] (senti-
mentality) sentimentalismo
m; (opinion) opinión f; **sentimental** sentimental; **senti-
mentality** sentimentalismo
m

sentry ['sentrɪ] centinela m

separate 1 ['sepərət] adj separado **2** ['sepəreɪt] v/t separar **3** ['sepəreɪt] v/i of couple
separarse; **separated** couple
separado; **separately** pay,
treat por separado; **separation** separación f

September [sep'tembər] septiembre m

septic ['septɪk] séptico

sequel ['siːkwəl] continuación f

sequence ['siːkwəns] secuen-
cia f

serene [sɪ'riːn] sereno

sergeant ['saːrdʒənt] sargento m / f

serial ['sɪrɪəl] serie f, serial m;
in magazine novela f por en-
tregas; **serialize** novel on TV
emitir en forma de serie; in
newspaper publicar por en-
tregas; **serial number** of
product número m de serie

series ['sɪriːz] serie f

serious ['sɪrɪəs] situation,
damage, illness grave; (person: earnest) serio; company
serio; **seriously injured** gravemente; **take s.o. ~** tomar
a alguien en serio; **seriousness** of person seriedad f; of
situation seriedad f, gravedad f; of illness gravedad f

sermon ['sɜːrmən] sermón m

servant ['sɜːrvənt] sirvien-
te(-a) m(f)

serve [sɜːrv] **1** n in tennis servicio m, saque m **2** v/t food,
meal servir; customer in shop
atender; one's country servir
a **3** v/i servir; in tennis servir,
sacar; **server** in tennis juga-
dor(a) m(f) al servicio; COM-
PUT servidor m; **service 1** n
to customers, community servicio m; for vehicle, machine
revisión f; in tennis servicio

m, saque *m*; ~**s** (~ *sector*) el sector servicios **2** *v/t vehicle, machine* revisar; **service charge** servicio *m* (*tarifa*); **serviceman** MIL militar *m*; **service station** estación *f* de servicio; **serving** *of food* ración *f*

session ['seʃn] sesión *f*; *with boss etc* reunión *f*

set [set] **1** *of tools* juego *m*; *of books* colección *f*; (*group of people*) grupo *m*; MATH conjunto *m*; (THEA: *scenery*) decorado *m*; *in tennis* set *m* **2** *v/t* (*place*) colocar; *movie, novel etc* ambientar; *date, time, limit* fijar; *alarm* poner; *clock* poner en hora; *broken limb* recomponer; *jewel* engastar; ~ **the table** poner la mesa **3** *v/i of sun* ponerse; *of glue* solidificarse **4** *adj* (*ready*) preparado
◆ **set off 1** *v/i on journey* salir **2** *v/t bomb* hacer explotar; *chain reaction* desencadenar; *alarm* activar
◆ **set out 1** *v/i on journey* salir (**for** hacia) **2** *v/t ideas, goods* exponer
◆ **set up 1** *v/t company* establecer; *equipment, machine* instalar; *market stall* montar; *meeting* organizar; F (*frame*) tender una trampa a **2** *v/i in business* emprender un negocio

'setback contratiempo *m*

settee [se'tiː] *Br* sofá *m*

setting ['setɪŋ] *of novel etc* escenario *m*; *of house* ubicación *f*

settle ['setl] **1** *v/i of bird, dust* posarse; *of building* hundirse; *to live* establecerse **2** *v/t dispute, uncertainty* resolver; *debts* saldar; *nerves, stomach* calmar
◆ **settle down** (*stop being noisy*) tranquilizarse; (*stop wild living*) sentar la cabeza; *in an area* establecerse
◆ **settle for** (*accept*) conformarse con

settled ['setld] *weather* estable; **settlement** *of claim* resolución *f*; *of debt* liquidación *f*; *of dispute* acuerdo *m*; (*payment*) suma *f*; *of building* hundimiento *m*; **settler** *in new country* colono *m*

'set-up (*structure*) estructura *f*; (*relationship*) relación *f*; F (*frame-up*) trampa *f*

seven ['sevn] siete; **seventeen** diecisiete; **seventeenth** décimoséptimo; **seventh** séptimo; **seventieth** septuagésimo; **seventy** setenta

sever ['sevər] cortar; *relations* romper

several ['sevrl] **1** *adj* varios **2** *pron* varios(-as) *mpl* (*fpl*)

severe [sɪ'vɪr] *illness* grave; *penalty, winter, weather* severo; *teacher* estricto; **severely** *injured, disrupted* gravemente; **severity** severidad *f*; *of illness* gravedad *f*

Seville [sə'vɪl] Sevilla

sew [sou] coser

sewage ['su:ɪdʒ] aguas *fpl* residuales; **sewer** alcantarilla *f*, cloaca *f*

sewing ['souɪŋ] *skill* costura *f*; *that being sewn* labor *f*

sex [seks] sexo *m*; **have ~ with** tener relaciones sexuales con; **sexist 1** *adj* sexista **2** *n* sexista *m* / *f*; **sexual** sexual; **sexuality** sexualidad *f*; **sexually** sexualmente; **~ transmitted disease** enfermedad *f* de transmisión sexual; **sexy** sexy *inv*

shabbily ['ʃæbɪlɪ] *dressed* con desaliño; *treat* muy mal; **shabby** *coat etc* desgastado; *treatment* malo

shack [ʃæk] choza *f*

shade [ʃeɪd] **1** *n for lamp* pantalla *f*; *of color* tonalidad *f*; *on window* persiana *f*; **in the ~** a la sombra **2** *v/t from sun, light* proteger de la luz

shadow ['ʃædou] sombra *f*

shady ['ʃeɪdɪ] *spot* umbrío; *character* sospechoso

shaft [ʃæft] TECH eje *m*, árbol *m*; *of mine* pozo *m*

shake [ʃeɪk] **1** *n* sacudida *f* **2** *v/t* agitar; *emotionally* conmocionar; **he shook his head** negó con la cabeza; **~ hands** estrechar *or* dar la mano a alguien **3** *v/i of voice, building* temblar; **shaken** *emotionally* conmo-

cionado; **shake-up** reestructuración *f*; **shaky** *table etc* inestable; *after illness* débil; *after shock* conmocionado; *grasp of sth* flojo; *voice, hand* tembloroso

shall [ʃæl] ◇ *future:* **I ~ do my best** haré todo lo que pueda ◇ *suggesting:* **~ we go?** ¿nos vamos?

shallow ['ʃælou] *water* poco profundo; *person* superficial

shame [ʃeɪm] **1** *n* vergüenza *f*, Col, Mex, Ven pena *f*; **what a ~!** ¡qué pena *or* lástima! **2** *v/t* avergonzar, Col, Mex, Ven apenar; **shameful** vergonzoso; **shameless** desvergonzado

shampoo [ʃæm'pu:] champú *m*

shanty town ['ʃæntɪ] *Span* barrio *m* de chabolas, *L.Am.* barriada *f*, *Arg* villa *f* miseria, *Chi* callampa *f*, *Mex* ciudad *f* perdida, *Urug* cantegril *m*

shape [ʃeɪp] **1** *n* forma *f* **2** *v/t clay* modelar; *character* determinar; *the future* dar forma a; **shapeless** *dress etc* amorfo; **shapely** *figure* esbelto

share [ʃer] **1** *n* parte *f*; FIN acción *f* **2** *v/t & v/i* compartir; **shareholder** accionista *m* / *f*

shark [ʃɑːrk] tiburón *m*

sharp [ʃɑːrp] **1** *adj knife* afilado; *mind* vivo; *pain* agudo; *taste* ácido **2** *adv* MUS demasiado alto; *at 3 o'clock* ~ a las tres en punto; **sharpen** *knife* afilar; *skills* perfeccionar

shatter ['ʃætər] **1** *v/t glass* hacer añicos; *illusions* destrozar **2** *v/i of glass* hacerse añicos; **shattered** F destrozado F; **shattering** *news* demoledor

shave [ʃeɪv] **1** *v/t* afeitar **2** *v/i* afeitarse **3** *n* afeitado m; **shaven** *head* afeitado m; **shaver** *electric* máquinilla *f* de afeitar (eléctrica)

shawl [ʃɔːl] chal m

she [ʃiː] ella; ~ *is a student* es estudiante

sheath [ʃiːθ] *for knife* funda *f*; *contraceptive* condón m

shed¹ [ʃed] *v/t blood, tears* derramar; *leaves* perder

shed² [ʃed] *n* cobertizo m

sheep [ʃiːp] oveja *f*; **sheepdog** perro m pastor; **sheep-herder** pastor m; **sheepish** avergonzado

sheer [ʃɪr] *verdadero*; *cliffs* escarpado

sheet [ʃiːt] sábana *f*; *of paper, glass* hoja *f*; *of metal* chapa *f*

shelf [ʃelf] estante m; **shelves** estanterías *fpl*

shell [ʃel] **1** *n of mussel etc* concha *f*; *of egg* cáscara *f*; *of tortoise* caparazón m; MIL proyectil m **2** *v/t peas* pelar; MIL bombardear (*con artillería*); **shellfire** fuego m de artillería; **shellfish** marisco m

shelter ['ʃeltər] **1** *n* refugio m; (*bus* ~) marquesina *f* **2** *v/i* refugiarse **3** *v/t* (*protect*) proteger; **sheltered** *place* resguardado; *lead a* ~ *life* llevar una vida protegida

shelve [ʃelv] *fig* posponer

shepherd ['ʃepərd] pastor m

sheriff ['ʃerɪf] sheriff *m/f*

shield [ʃiːld] **1** *n* escudo m; TECH placa *f* protectora; *of policeman* placa *f* **2** *v/t* (*protect*) proteger

shift [ʃɪft] **1** *n cambio m*; *at work* turno m **2** *v/t* (*move*) mover; *stains etc* eliminar **3** *v/i* (*move*) moverse; (*change*) trasladarse; *of wind* cambiar; **shifty** *pej* sospechoso

shin [ʃɪn] espinilla *f*

shine [ʃaɪn] *fig* brillar; *fig: of student etc* destacar (*at* en) **2** *n on shoes etc* brillo m; **shiny** brillante

ship [ʃɪp] **1** *n* barco m, buque m **2** *v/t* (*send*) enviar; **3** *v/i of new product* distribuirse; **shipment** envío m; **shipowner** naviero(-a) *m(f)*, armador(a) *m(f)*; **shipping** (*sea traffic*) navíos *mpl*, buques *mpl*; (*sending*) envío m; **shipwreck** naufragio m; **shipyard** astillero m

shirt [ʃɜːrt] camisa *f*

shit [ʃɪt] **1** *n* P mierda *f* P **2** *v/i* P cagar P **3** *int* P mierda P; **shitty** F asqueroso F

shiver ['ʃɪvər] tiritar

shock [ʃɑːk] **1** *n* shock m, impresión *f*; ELEC descarga *f*;

be in ~ MED estar en estado de shock **2** v/t impresionar, dejar boquiabierto; **shock absorber** MOT amortiguador m; **shocking** escandaloso; F weather, spelling terrible

shoddy ['ʃɑːdɪ] goods de mala calidad; behavior vergonzoso

shoe [ʃuː] zapato m; **shoelace cordón** m zapato; **shoemaker** zapatero(-a) m(f); **shoe mender** zapatero(-a) m(f) remendón(-ona); **shoestore** zapatería f

shoot [ʃuːt] **1** n BOT brote m **2** v/t disparar; and kill matar de un tiro; movie rodar
◆ **shoot down** airplane derribar; fig: suggestion echar por tierra
◆ **shoot up** of prices dispararse; of children crecer mucho; of new buildings etc aparecer de repente

shooting star ['ʃuːtɪŋ] estrella f fugaz

shop [ʃɑːp] **1** n tienda f **2** v/i comprar; **go ~ping** ir de compras; **shopkeeper** tendero(-a) m(f); **shoplifter** ladrón(-ona) m(f) (en tienda); **shoplifting** hurtos mpl (en tiendas); **shopper** comprador(-a) m(f); **shopping** items compra f; **shopping bag** bolsa f de la compra; **shopping list** lista f de la compra; **shopping mall** centro m comercial

shore [ʃɔːr] orilla f

short [ʃɔːrt] **1** adj corto; in height bajo; **we're ~ of fuel** nos queda poco combustible **2** adv: **cut ~** interrumpir; **go ~ of** pasar sin; **in ~** en resumen; **shortage** escasez f, falta f; **shortcoming** defecto m; **shortcut** atajo m; **shorten** dress, hair, vacation acortar; chapter, article abreviar; work day reducir; **shortfall** déficit m; **short-lived** efímero; **shortly** (soon) pronto; ~ **before / after** justo antes / después; **shortness** of visit brevedad f; in height baja f estatura; **shorts** pantalones mpl cortos, shorts mpl; underwear calzoncillos mpl; **shortsighted** fig: corto de miras; **short-sleeved** de manga corta; **short-tempered** irascible; **short-term** a corto plazo

shot [ʃɑːt] from gun disparo m; (photo) fotografía f; (injection) inyección f; **shotgun** escopeta f

should [ʃʊd]: **what ~ I do?** ¿qué debería hacer?; **you ~n't do that** no deberías hacer eso; **you ~ have heard him!** ¡tendrías que haberle oído!

shoulder ['ʃoʊldər] ANAT hombro m

shout [ʃaʊt] **1** n grito m **2** v/t & v/i gritar; **shouting** griterío m

shove [ʃʌv] **1** n empujón m **2**

v/t & v/i empujar

shovel ['ʃʌvl] pala *f*

show [ʃəʊ] **1** *n* THEA espectáculo *m*; *TV* programa *m*; *of emotion* muestra *f* **2** *v/t* mostrar; *at exhibition* exponer; *movie* proyectar **3** *v/i* (*be visible*) verse

◆ **show in** hacer pasar a

◆ **show off 1** *v/t skills* mostrar **2** *v/i pej* presumir, alardear

◆ **show up 1** *v/t shortcomings etc* poner de manifiesto **2** *v/i* (*be visible*) verse; F (*arrive*) aparecer

'**show business** el mundo del espectáculo; **showcase** vitrina *f*; *fig* escaparate *m*; **showdown** enfrentamiento *m*

shower ['ʃaʊər] **1** *n of rain* chaparrón *m*; *to wash* ducha *f*; *Mex* regadera *f*; (*party*) fiesta con motivo de un bautizo, una boda etc., en la que los invitados llevan obsequios; **take a ~** ducharse **2** *v/i* ducharse

'**show-off** *pej* fanfarrón(-ona) *m(f)*; **showroom** sala *f* de exposición *f*; **showy** llamativo

shred [ʃred] **1** *n of paper etc* trozo *m*; *of fabric* jirón *m* **2** *v/t paper* hacer trizas; *in cooking* cortar en tiras; **shredder** *for documents* trituradora *f* (*de documentos*)

shrewd [ʃruːd] *person* astuto; *investment* inteligente;

shrewdness *of person* astucia *f*; *of decision* inteligencia *f*

shriek [ʃriːk] **1** *n* alarido *m*, chillido *m* **2** *v/i* chillar

shrill [ʃrɪl] estridente, agudo

shrimp [ʃrɪmp] gamba *f*; *larger Span* langostino *m*, *L.Am.* camarón *m*

shrine [ʃraɪn] santuario *m*

shrink[1] [ʃrɪŋk] *v/i of material* encoger(se); *of support etc* reducirse

shrink[2] [ʃrɪŋk] *n* F (*psychiatrist*) psiquiatra *m/f*

shrivel ['ʃrɪvl] *of skin* arrugarse; *of leaves* marchitarse

shrub [ʃrʌb] arbusto *m*; **shrubbery** arbustos *mpl*

shrug [ʃrʌg]: **~** (*one's shoulders*) encoger los hombros

shudder ['ʃʌdər] **1** *n of fear, disgust* escalofrío *m*; *of earth* temblor *m* **2** *v/i with fear, disgust* estremecerse; *of earth* temblar

shuffle ['ʃʌfl] **1** *v/t cards* barajar **2** *v/i in walking* arrastrar los pies

shun [ʃʌn] rechazar

shut [ʃʌt] cerrar

◆ **shut down 1** *v/t business* cerrar; *computer* apagar **2** *v/i of business* cerrarse; *of computer* apagarse

◆ **shut up** F (*be quiet*) callarse; **shut up!** ¡cállate!

shutter ['ʃʌtər] *on window* contraventana *f*; PHOT obturador *m* 'shuttlebus *at airport* autobús *m* de conexión

shy [ʃaɪ] tímido; shyness timidez *f*

sick [sɪk] enfermo; *sense of humor* morboso, macabro; be ~ *Br* (*vomit*) vomitar; sicken 1 *v/t* (*disgust*) poner enfermo; (*make ill*) hacer enfermar 2 *v/i*: be ~ing for sth estar incubando algo; sickening *stench* nauseabundo; *crime* repugnante; sick leave baja *f* (por enfermedad); sickness enfermedad *f*; (*vomiting*) vómitos *mpl*

side [saɪd] lado *m*; *of mountain* ladera *f*; *of person* costado *m*; *SP* equipo *m*; take ~s (*favor one*) tomar partido (with por); ~ by ~ uno al lado del otro; side effect efecto *m* secundario; sidestep *fig* evadir; side street bocacalle *f*; sidewalk acera *f*, *Rpl* vereda *f*, *Mex* banqueta *f*; sideways de lado

siege [siːdʒ] sitio *m*

sieve [sɪv] tamiz *m*

sift [sɪft] tamizar; *data* examinar a fondo

sigh [saɪ] 1 *n* suspiro *m* 2 *v/i* suspirar

sight [saɪt] vista *f*, ~s *of city* lugares *mpl* de interés; know by ~ conocer de vista; sightseeing: go ~ hacer turismo; sightseer turista *m/f*

sign [saɪn] 1 *n* señal *f*; *outside shop* cartel *m*, letrero *m* 2 *v/t*

& *v/i* firmar

signal ['sɪgnl] 1 *n* señal *f* 2 *v/i* *of driver* poner el intermitente

signatory ['sɪgnətɔːrɪ] signatario(-a) *m(f)*, firmante *m/f*

signature ['sɪgnətʃər] firma *f*

significance [sɪg'nɪfɪkəns] importancia *f*, relevancia *f*; significant *event etc* importante, relevante; (*quite large*) considerable; significantly *larger, more expensive* considerablemente

signify ['sɪgnɪfaɪ] significar, suponer

'sign language lenguaje *m* por señas; signpost señal *f*

silence ['saɪləns] 1 *n* silencio *m* 2 *v/t* hacer callar; silent silencioso

silhouette [sɪluː'et] silueta *f*

silicon ['sɪlɪkən] silicio *m*

silicone ['sɪlɪkoʊn] silicona *f*

silk [sɪlk] 1 *n* seda *f* 2 *adj shirt etc* de seda; silky sedoso

silliness ['sɪlɪnɪs] tontería *f*; silly tonto

silo ['saɪloʊ] silo *m*

silver ['sɪlvər] 1 *n* plata *f* 2 *adj ring* de plata; *hair* canoso; silverware plata *f*

similar ['sɪmɪlər] parecido, similar; similarity parecido *m*, similitud *f*; similarly de la misma manera

simple ['sɪmpl] sencillo; *person* simple; simple-minded *pej* simplón; simplicity sencillez *f*, simplicidad *f*; simplify simplificar; simplistic

simplista; **simply** sencilla-
mente

simultaneous [saiml'teiniəs]
simultáneo; **simulta-
neously** simultáneamente

sin [sin] **1** n pecado m **2** v/i pecar

since [sins] **1** prep desde **2** adv
desde entonces **3** conj in expressions of time desde que;
(seeing that) ya que, dado
que

sincere [sin'siər] sincero; **sin-
cerely** sinceramente; **Sin-
cerely Yours** ~ atentamente; **sincerity** sinceridad f

sinful ['sinfəl] person pecador; things pecaminoso

sing [siŋ] cantar

singe [sindʒ] chamuscar

singer ['siŋər] cantante m/f

single ['siŋɡl] **1** adj único;
(not married) soltero m **2** n
MUS sencillo m; (~ room) habitación f individual; person
soltero(-a) m(f); Br ticket billete m or L.Am. boleto m de
ida; **~s** in tennis individuales
mpl; **single-handed** en solitario; **single-minded** determinado, resuelto; **single
parent** padre m / madre f
soltero(-a); **single parent
family** familia f monoparental; **single room** habitación
f individual

singular ['siŋɡjʊlər] GRAM **1**
adj singular **2** n singular m

sinister ['sinistər] siniestro;
sky amenazador

sink [siŋk] **1** n in kitchen frega-

dero m; in bathroom lavabo
m **2** v/i of ship, object hundirse; of sun ponerse; of interest
rates etc descender, bajar **3**
v/t ship hundir; funds invertir

sinner ['sinər] pecador(a)
m(f)

sip [sip] **1** n sorbo m **2** v/t sorber

sir [sɜːr] señor m; **excuse me**,
~ perdone, caballero

siren ['sairən] sirena f

sirloin ['sɜːrlɔin] solomillo m

sister ['sistər] hermana f; **sister-in-law** cuñada f

sit [sit] estar sentado;
(~ down) sentarse

♦ **sit down** sentarse

sitcom ['sitkɑːm] telecomedia f, comedia f de situación

site [sait] **1** n emplazamiento
m; of battle lugar m **2** v/t new
offices etc situar

sitting ['sitiŋ] of committee,
for artist sesión f; for meals
turno m; **sitting room** sala
f de estar, salón m

situated ['sitʃueitid] situado;
situation situación f

six [siks] seis; **sixteen** dieciséis; **sixteenth** decimosexto;
sixth sexto; **sixtieth** sexagé-
simo; **sixty** sesenta

size [saiz] tamaño m; of loan
importe m; of jacket talla f;
of shoes número m; **sizeable**
house, order considerable;
meal copioso

skate [skeit] **1** n patín m **2** v/i
patinar; **skateboard** mono-
patín m; **skateboarding** pa-

tinaje *m* en monopatín; **skater** patinador(a) *m(f)*; **skating** patinaje *m*; **skating rink** pista *f* de patinaje

skeleton ['skelitn] esqueleto *m*

skeptic ['skeptik] escéptico(-a) *m(f)*; **skeptical** escéptico; **skepticism** escepticismo *m*

sketch [sketʃ] **1** *n* boceto *m*, esbozo *m*; THEA sketch *m* **2** *v/t* bosquejar; **sketchy** *knowledge etc* básico, superficial

ski [skiː] **1** *n* esquí *m* **2** *v/i* esquiar

skid [skɪd] **1** *n of car* patinazo *m*; *of person* resbalón *m* **2** *v/i of car* patinar; *of person* resbalar

skier ['skiːər] esquiador(a) *m(f)*; **skiing** esquí *m*

skilful *etc Br* ☞ **skillful** *etc*

skill [skɪl] destreza *f*, habilidad *f*; **skilled** capacitado; **skillful** hábil, habilidoso; **skillfully** con habilidad *or* destreza

skim [skɪm] *surface* rozar; *milk* desnatar, descremar

skimpy ['skɪmpɪ] *account etc* superficial; *dress* cortísimo; *bikini* mínimo

skin [skɪn] **1** *n* piel *f* **2** *v/t* despellejar, desollar; **skin diving** buceo *m*; **skinny** escuálido; **skin-tight** ajustado

skip [skɪp] **1** *n (little jump)* brinco *m*, saltito *m* **2** *v/i* brincar **3** *v/t (omit)* pasar por al-

to; **skipper** capitán(-ana) *m(f)*

skirt [skɜːrt] falda *f*

skull [skʌl] cráneo *m*

skunk [skʌŋk] mofeta *f*

sky [skaɪ] cielo *m*; **skylight** claraboya *f*; **skyline** horizonte *m*; **skyscraper** rascacielos *m inv*

slab [slæb] *of stone* losa *f*; *of cake etc* trozo *m* grande

slack [slæk] *rope* flojo; *work* descuidado; *period* tranquilo; **slacken** *rope, pace* aflojar; **slacks** pantalones *mpl*

slam [slæm] **1** *v/t door* cerrar de un golpe **2** *v/i of door* cerrarse de golpe

slander ['slændər] **1** *n* difamación *f* **2** *v/t* difamar; **slanderous** difamatorio

slang [slæŋ] argot *m*, jerga *f*; *of a specific group* jerga *f*

slant [slænt] **1** *v/i* inclinarse **2** *n* inclinación *f*; *given to a story* enfoque *m*; **slanting** *roof* inclinado; *eyes* rasgado

slap [slæp] **1** *n (blow)* bofetada *f* **2** *v/t* dar una bofetada a

slash [slæʃ] **1** *n cut* corte *m*, raja *f*; *in punctuation* barra *f* **2** *v/t skin etc* cortar; *prices* recortar drásticamente

slaughter ['slɔːtər] **1** *n of animals* sacrificio *m*; *of people, troops* matanza *f* **2** *v/t animals* sacrificar; *people, troops* masacrar; **slaughterhouse** matadero *m*

slave [sleɪv] esclavo(-a) *m(f)*

slay [sleɪ] asesinar; **slaying**

(*murder*) asesinato *m*

sleaze [sli:z] POL corrupción *f*; *sleazy bar* sórdido; *person* de mala calaña

sleep [sli:p] **1** *n* sueño *m*; **go to ~** dormirse **2** *v/i* dormir
◆ **sleep with** (*have sex with*) acostarse con

sleeping bag ['sli:pɪŋ] saco *m* de dormir; **sleeping car** RAIL coche *m* cama; **sleeping pill** somnífero *m*, pastilla *f* para dormir; **sleepwalker** sonámbulo(-a) *m(f)*; **sleepwalking** sonambulismo *m*; **sleepy** adormilado, somnoliento; *town* tranquilo; **I'm ~** tengo sueño

sleet [sli:t] aguanieve *f*

sleeve [sli:v] manga *f*; **sleeveless** sin mangas

slender ['slendər] *figure, arms* esbelto; *margin* escaso; *chance* remoto

slice [slaɪs] **1** *n of bread* rebanada *f*; *of cake* trozo *m*; *of salami, cheese* loncha *f*; *fig: of profits etc* parte *f* **2** *v/t loaf etc* cortar en rebanadas

slick [slɪk] **1** *adj performance* muy logrado; (*pej: cunning*) con mucha labia **2** *n of oil* marea *f* negra

slide [slaɪd] **1** *n for kids* tobogán *m*; PHOT diapositiva *f* **2** *v/i* deslizarse; *of exchange rate etc* descender **3** *v/t* deslizar

slight [slaɪt] *person, figure* menudo; (*small*) pequeño; *accent* ligero; **no, not in the**

~est no, en absoluto; **slightly** un poco

slim [slɪm] delgado; *fig* remoto

slime [slaɪm] (*mud*) lodo *m*; *of slug etc* baba *f*; **slimy** *liquid* viscoso; *river bed* lleno de lodo

sling [slɪŋ] **1** *n for arm* cabestrillo *m* **2** *v/t* F (*throw*) tirar

slip [slɪp] **1** *n* (*mistake*) desliz *m* **2** *v/i on ice etc* resbalar; *of quality etc* empeorar
◆ **slip up** (*make mistake*) equivocarse

slipped 'disc [slɪpt] hernia *f* discal

slipper ['slɪpər] zapatilla *f* (*de estar por casa*)

slippery ['slɪpərɪ] *surface, road* resbaladizo; *fish* escurridizo

'slip-up (*mistake*) error *m*

slit [slɪt] **1** *n* (*tear*) raja *f*; (*hole*) rendija *f*; *in skirt* corte *m* **2** *v/t* abrir

sliver ['slɪvər] trocito *m*; *of wood, glass* astilla *f*

slob [slɑːb] *pej* dejado(-a) *m/f*, guarro(-a) *m/f*

slog [slɑːg] paliza *f*

slogan ['sloʊgən] eslogan *m*

slop [slɑːp] derramar

slope [sloʊp] **1** *n of roof* inclinación *f*; *of mountain* ladera *f* **2** *v/i* inclinarse

sloppy ['slɑːpɪ] descuidado; *too sentimental* sensiblero

slot [slɑːt] **1** *n* ranura *f*; *in schedule* hueco *m*; **slot machine** *for cigarettes, food* máquina f expendedora; *for gambling* máquina f tragaperras

slovenly ['slʌvnlɪ] descuidado

slow [sləu] lento; *be ~ of clock* ir retrasado

◆ **slow down 1** *v/t work, progress* restrasar; *traffic, production* ralentizar **2** *v/i in walking, driving* reducir la velocidad; *of production etc* relentizarse

'slowdown *in production* ralentización f; **slowly** despacio, lentamente; **slowness** lentitud f

sluggish ['slʌgɪʃ] lento

slum [slʌm] suburbio m, arrabal

slump [slʌmp] **1** *n in trade* desplome m **2** *v/i economically, of person* desplomarse

slur [slɜːr] **1** *n on character* difamación f **2** *v/t words* arrastrar

slush [slʌʃ] nieve f derretida; *(pej: sentimental stuff)* sensiblería f; **slush fund** fondo m para corruptelas

slut [slʌt] *pej* fulana f

sly [slaɪ] ladino

small [smɔːl] pequeño, *L.Am.* chico

smart¹ [smɑːrt] *adj* elegante; *(intelligent)* inteligente; *pace* rápido

smart² [smɑːrt] *v/i (hurt)* escocer

'smart card tarjeta f inteligente; **smartly** *dressed* con elegancia

smash [smæʃ] **1** *n noise* estruendo m; *(car crash)* choque m; *in tennis* smash m **2** *v/t break* hacer pedazos or añicos **3** *v/i break* romperse

smattering ['smætərɪŋ] *of a language* nociones fpl

smear [smɪr] **1** *n of ink* borrón m; *of paint* mancha f; *Br* MED citología f; *on character* difamación f **2** *v/t character* difamar

smell [smel] **1** *n* olor m; **sense of~** sentido m del olfato **2** *v/t* oler **3** *v/i unpleasantly* oler (mal); *(sniff)* olfatear; **smelly** apestoso

smile [smaɪl] **1** *n* sonrisa f **2** *v/i* sonreír

smirk [smɜːrk] sonrisa f maligna

smoke [sməuk] **1** *n* humo m **2** *v/t cigarettes* fumar; *bacon* ahumar **3** *v/i of person* fumar; **smoke-free** *zone* de no fumadores; **smoker** fumador(-a) m(f); **smoking: no ~** prohibido fumar; **smoky** lleno de humo

smolder, *Br* **smoulder** ['sməuldər] *of fire* arder

smooth [smuːð] **1** *adj surface, skin* liso, suave; *sea* en calma; *(peaceful)* tranquilo; *ride, drive* sin vibraciones; *transition* sin problemas; *pej: person* meloso **2** *v/t hair* alisar; **smoothly** *without problems* sin incidentes

smother ['smʌðər] *flames* sofocar; *person* asfixiar

smudge [smʌdʒ] **1** *n of paint* mancha *f*; *of ink* borrón *m* **2** *v/t ink* emborronar; *paint* difuminar

smug [smʌg] engreído

smuggle ['smʌgl] pasar de contrabando; **smuggler** contrabandista *m/f*; **smuggling** contrabando *m*

smutty ['smʌtɪ] *joke* obsceno

snack [snæk] tentempié *m*, aperitivo *m*

snag [snæg] (*problem*) inconveniente *m*, pega *f*

snake [sneɪk] serpiente *f*

snap [snæp] **1** *n* chasquido *m*; PHOT foto *f* **2** *v/t break* romper **3** *v/i break* romperse **4** *adj decision, judgment* rápido, súbito; **snappy** *person, mood* irascible; *decision* rápido; (*elegant*) elegante; **snapshot** foto *f*

snarl [snɑːrl] **1** *n of dog* gruñido *m* **2** *v/i* gruñir

snatch [snætʃ] arrebatar; (*steal*) robar; (*kidnap*) secuestrar

snazzy ['snæzɪ] F vistoso, *Span* chulo F

sneakers ['sniːkərz] zapatillas *fpl* de deporte

sneaky ['sniːkɪ] F (*crafty*) ladino, cuco F

sneer [snɪːr] **1** *n* mueca *f* desdeñosa **2** *v/i* burlarse (*at* de)

sneeze [sniːz] **1** *n* estornudo *m* **2** *v/i* estornudar

snicker ['snɪkər] reírse (*en voz baja*)

sniff [snɪf] **1** *v/i to clear nose*

sorberse los mocos; *of dog* olfatear **2** *v/t* (*smell*) oler; *of dog* olfatear

sniper ['snaɪpər] francotirador(a) *m(f)*

snitch [snɪtʃ] F **1** *n* (*telltale*) chivato(-a) *m(f)* **2** *v/i* chivarse

snivel ['snɪvl] gimotear

snob [snɑːb] presuntuoso(-a) *m(f)*; **snobbery** presuntuosidad *f*; **snobbish** presuntuoso

snoop [snuːp] fisgón(-ona) *m(f)*

snooty ['snuːtɪ] presuntuoso

snooze [snuːz] **1** *n* cabezada *f* **2** *v/i* echar una cabezada

snore [snɔːr] roncar; **snoring** ronquidos *mpl*

snorkel ['snɔːrkl] snórkel *m*, tubo *m* para buceo

snort [snɔːrt] *of bull, person* bufar, resoplar

snow [snoʊ] **1** *n* nieve *f* **2** *v/i* nevar; **snowball** bola *f* de nieve; **snowdrift** nevero *m*; **snowman** muñeco *m* de nieve; **snowplow** quitanieves *f inv*; **snowstorm** tormenta *f* de nieve; **snowy** *weather* de nieve; *hills* nevado

snub [snʌb] **1** *n* desaire *m* **2** *v/t* desairar; **snub-nosed** con la nariz respingona

snug [snʌg] (*tight-fitting*) ajustado

so [soʊ] **1** *adv* tan; *it was ~ easy* fue tan fácil; *I'm ~ cold* tengo tanto frío; *that was ~*

kind of you fue muy amable
de tu parte; ***not ~ much*** no
tanto; ***~ much easier*** mucho
más fácil; ***you shouldn't
drink ~ much*** no deberías
beber tanto; ***I miss you ~***
te echo tanto de menos; ***~
am / do I*** yo también; ***~ is
she / does she*** ella también; ***and ~ on*** etcétera **2**
pron: ***I hope / think ~*** eso espero / creo; ***you didn't tell
me – I did*** no me lo dijiste
– sí que lo hice; ***15 or ~*** unos
15 **3** *conj for that reason* así
que; *in order that* para que;
~ (that) I could come too
para que yo también pudiera
venir; ***~ what?*** F ¿y qué?

soak [souk] *(steep)* poner en
remojo; *of water* empapar;
soaked empapado

soap [soup] *for washing* jabón
m; **soap** *(opera)* telenovela
f; **soapy** jabonoso

soar [soːr] *of rocket etc* elevarse; *of prices* dispararse

sob [saːb] **1** *n* sollozo *m* **2** *v/i*
sollozar

sober ['soubər] sobrio; *(serious)* serio

so-'called *(referred to as)* así
llamado; *(incorrectly referred
to as)* mal llamado

soccer ['saːkər] fútbol *m*

sociable ['souʃəbl] sociable

social ['souʃl] social; **social
democrat** socialdemócrata
m/f; **socialism** socialismo
m; **socialist 1** *adj* socialista
2 *n* socialista *m/f*; **socialize**

socializar; **social worker**
asistente(-a) *m(f)* social

society [sə'saɪətɪ] sociedad *f*

sociologist [sousɪ'aːlədʒɪst]
sociólogo(-a) *m(f)*; **sociology** sociología *f*

sock¹ [saːk] *n for wearing* calcetín *m*

sock² [saːk] *v/t (punch)* dar un
puñetazo a

socket ['saːkɪt] *for light bulb*
casquillo *m*; *of arm* cavidad
f; *of eye* cuenca *f*; Br ELEC
enchufe *m*

soda ['soudə] *(~ water)* soda *f*;
(soft drink) refresco *m*; *(ice-
cream ~)* refresco de soda
con helado

sofa ['soufə] sofá *m*

soft [saːft] *voice, light, skin*
suave; *pillow, attitude* blando; **soften** *position* ablandar;
impact, blow amortiguar;
softly suavemente; **software** software *m*

soggy ['saːgɪ] empapado

soil [sɔɪl] **1** *n (earth)* tierra *f* **2**
v/t ensuciar

solar 'energy ['soulər] energía *f* solar

soldier ['souldʒər] soldado *m*

sole¹ [soul] *n of foot* planta *f*;
of shoe suela *f*

sole² [soul] *adj* único

solely ['soulɪ] únicamente

solemn ['saːləm] solemne;
solemnity solemnidad *f*;
solemnly solemnemente

solicit [sə'lɪsɪt] *of prostitute*
abordar clientes

solid ['saːlɪd] sólido; *(without*

holes) compacto; *gold, silver* macizo; **solidarity** solidaridad *f*; **solidify** solidificarse; **solidly** *built* sólidamente; *in favor of* unánimente

solitaire [sɑːlˈter] *card game* solitario *m*

solitary [ˈsɑːlɪteri] *life* solitario; (*single*) único; **solitude** soledad *f*

solo [ˈsoʊloʊ] **1** *n* MUS solo *m* **2** *adj* en solitario; **soloist** solista *m/f*

soluble [ˈsɑːljubl] *substance, problem* soluble; **solution** *also mixture* solución *f*

solve [sɑːlv] *problem* solucionar, resolver; *mystery* resolver; **solvent** *financially* solvente

somber, *Br* **sombre** [ˈsɑːmbər] (*dark*) oscuro; (*serious*) sombrío

some [sʌm] **1** *adj*: *would you like ~ water / cookies?* ¿quieres agua / galletas?; *~ countries* algunos países; *I gave him ~ money* le di (algo de) dinero; *~ people say that ...* hay quien dice... **2** *pron*: *~ of the group* parte del grupo; *would you like ~?* ¿quieres? **3** *adv* (*a bit*): *we'll have to wait ~* tendremos que esperar algo *or* un poco; **somebody** alguien; **someday** algún día; **somehow** (*by one means or another*) de alguna manera; (*for some unknown reason*) por alguna razón; **someone** ☞

somebody; **someplace** ☞ **somewhere**

somersault [ˈsʌmərsɔːlt] **1** *n* voltereta *f* **2** *v/i of vehicle* dar una vuelta de campana

something algo; **sometime**: *~ last year* en algún momento del año pasado; **sometimes** a veces; **somewhat** un tanto; **somewhere 1** *adv* en alguna parte *or* algún lugar **2** *pron*: *let's go ~ quiet* vamos a algún sitio tranquilo; *~ to park* un sitio donde aparcar

son [sʌn] hijo *m*

song [sɒŋ] canción *f*

son-in-law yerno *m*; **son of a bitch** V hijo *m* de puta P

soon [suːn] pronto; *as ~ as* tan pronto como; *as ~ as possible* lo antes posible; *~er or later* tarde o temprano; *the ~er the better* cuanto antes mejor

soothe [suːð] calmar

sophisticated [səˈfɪstɪkeɪtɪd] sofisticado; **sophistication** sofisticación *f*

sophomore [ˈsɑːfəmɔːr] estudiante *m/f* de segundo año

soprano [səˈprænoʊ] *singer* soprano *m/f*; *voice* voz *f* de soprano

sordid [ˈsɔːrdɪd] sórdido

sore [sɔːr] **1** *adj* (*painful*) dolorido; F (*angry*) enojado, *Span* mosqueado F; *is it ~?* ¿duele? **2** *n* llaga *f*

sorrow [ˈsɑːroʊ] pena *f*

sorry [ˈsɑːri] *day, sight, (sad)*

spare

triste; (**I'm**) **~!** *apologizing* ¡lo siento!

sort [sɔːrt] **1** *n* clase *f*, tipo *m*; **~ of** F un poco, algo **2** *v/t* ordenar, clasificar; COMPUT ordenar

SOS [esouˈes] SOS *m*; *fig* llamada *f* de auxilio

so-'so F así así F

soul [soʊl] REL, *fig* alma *f*; *character* personalidad *f*

sound[1] [saʊnd] **1** *adj* (*sensible*) sensato; (*healthy*) sano; *sleep* profundo **2** *adv*: **be ~ asleep** estar profundamente dormido

sound[2] [saʊnd] **1** *n* sonido *m*; (*noise*) ruido *m* **2** *v/i* parecer; *that* **~s** *interesting* parece interesante

soundly ['saʊndli] *sleep* profundamente; *beaten* rotundamente; **soundproof** insonorizado; **soundtrack** banda *f* sonora

soup [suːp] sopa *f*

sour [saʊr] agrio

source [sɔːrs] fuente *f*; *of river* nacimiento *m*

south [saʊθ] **1** *adj* sur, del sur **2** *n* sur *m* **3** *adv* al sur; **South Africa** Sudáfrica; **South African 1** *adj* sudafricano **2** *n* sudafricano(-a) *m(f)*; **South America** Sudamérica, América del Sur; **South American 1** *adj* sudamericano **2** *n* sudamericano(-a) *m(f)*; **south-east 1** *n* sudeste *m*, sureste *m* **2** *adj* sudeste, sureste **3** *adv* al sudeste or su-

reste; **southeastern** del sudeste; **southerly** *wind* sur, del sur; *direction* sur; **southern** sureño; **southerner** sureño(-a) *m(f)*; **southernmost** más al sur; **South Pole** Polo *m* Sur; **southward** hacia el sur; **southwest 1** *n* sudoeste *m*, suroeste *m* **2** *adj* sudoeste, suroeste **3** *adv* al sudoeste or suroeste; **southwestern** del sudoeste or suroeste

souvenir [suːvəˈnɪr] recuerdo *m*

sovereign ['sɑːvrɪn] *state* soberano; **sovereignty** *of state* soberanía *f*

sow[1] [saʊ] *n* (*female pig*) cerda *f*, puerca *f*

sow[2] [soʊ] *v/t seeds* sembrar

space [speɪs] espacio *m*; **space shuttle** transbordador *m* espacial; **space station** estación *f* espacial; **spacious** espacioso

spade [speɪd] pala *f*; **~s** *in card game* picas *fpl*

spaghetti [spəˈgeti] espaguetis *mpl*

Spain [speɪn] España

spam [spæm] COMPUT propaganda *f* electrónica

span [spæn] abarcar; *of bridge* cruzar

Spaniard ['spænjərd] español(a) *m(f)*; **Spanish 1** *adj* español **2** *n language* español *m*; **the ~** los españoles

spanner ['spænər] *Br* llave *f*

spare [sper] **1** *v/t*: *can you* **~**

me $50? ¿me podrías dejar 50 dólares?; **can you ~ the time?** ¿tienes tiempo? **2** *adj* pair of glasses, set of keys de repuesto **3** *n* recambio *m*, repuesto *m*; **spare part** pieza *f* de recambio *or* repuesto; **spare ribs** costillas *fpl* de cerdo; **spare room** habitación *f* de invitados; **spare time** tiempo *m* libre; **spare wheel** MOT rueda *f* de recambio; **sparing** moderado; **sparingly** con moderación

spark [spɑːrk] chispa *f*

sparkle ['spɑːrkl] destellar; **sparkling wine** vino *m* espumoso; **spark plug** bujía *f*

sparse [spɑːrs] *vegetation* escaso

spartan ['spɑːrtn] *room* espartano

spasmodic [spæz'mɑːdɪk] intermitente

spate [speɪt] *fig* oleada *f*

spatial ['speɪʃl] espacial

speak [spiːk] **1** *v/i* hablar (**to**, **with** con); (*make a speech*) dar una charla; **~ing** TELEC al habla **2** *v/t* foreign language hablar; **speaker** at *conference* conferenciante *m/f*; (*orator*) orador(a) *m(f)*; *of sound system* altavoz *m*, *L.Am.* altoparlante *m*; *of language* hablante *m/f*

special ['speʃl] especial; **specialist** especialista *m/f*; **specialize** especializarse (**in** en); **specially** *☞* **especially**; **specialty** especialidad *f*

species ['spiːʃiːz] especie *f*

specific [spə'sɪfɪk] específico; **specifically** específicamente; **specifications** especificaciones *fpl*; **specify** especificar

specimen ['spesɪmən] muestra *f*

spectacular [spek'tækjʊlər] espectacular

spectator [spek'teɪtər] espectador(a) *m(f)*

spectrum ['spektrəm] *fig* espectro *m*

speculate ['spekjʊleɪt] *also* FIN especular; **speculation** *also* FIN especulación *f*; **speculator** FIN especulador(a) *m(f)*

speech [spiːtʃ] (*address*) discurso *m*; *in play* parlamento *m*; (*ability to speak*) habla *f*, dicción *f*; (*way of speaking*) forma *f* de hablar; **speechless** sin habla

speed [spiːd] **1** *n* velocidad *f*, (*promptness*) rapidez *f* **2** *v/i* run correr; *drive too quickly* sobrepasar el límite de velocidad; **speedboat** motora *f*, planeadora *f*; **speed bump** resalto *m* (*para reducir la velocidad del tráfico*), Arg despertador *m*, Mex tope *m*; **speed-dial button** botón *m* de marcado rápido; **speedily** con rapidez; **speeding**: **fined for ~** multado por exceso de velocidad; **speed limit** límite *m* de velocidad; **speedometer** velocímetro *m*; **speedy** rápido

spell[1] [spel] **1** *v/t word* deletrear; **how do you~...?** ¿cómo se escribe... ? **2** *v/i* deletrear

spell[2] [spel] *n of time* periodo *m*, temporada *f*

spelling ['spelɪŋ] ortografía *f*

spend [spend] *money* gastar; *time* pasar; **spendthrift** *pej* derrochador(a) *m(f)*

sperm [spɜːm] espermatozoide *m*; *(semen)* esperma *f*

sphere [sfɪr] *also fig* esfera *f*

spice [spaɪs] *(seasoning)* especia *f*; **spicy** *food* con especias; *(hot)* picante

spider ['spaɪdər] araña *f*; **spiderweb** telaraña *f*

spike [spaɪk] pincho *m*; *on running shoe* clavo *m*

spill [spɪl] **1** *v/t* derramar **2** *v/i* derramarse **3** *n* derrame *m*

spin[1] [spɪn] **1** *n (turn)* giro *m* **2** *v/t (turn)* hacer girar **3** *v/i of wheel* girar

spin[2] [spɪn] *v/t cotton* hilar; *web* tejer

spinach ['spɪnɪdʒ] espinacas *fpl*

spinal ['spaɪnl] de la columna vertebral; **spinal column** columna *f* vertebral; **spinal cord** médula *f* espinal; **spine** *of person, animal* columna *f* vertebral; *of book* lomo *m*; *on plant, hedgehog* espina *f*; **spineless** *(cowardly)* débil

'spin-off producto *m* derivado

spiny ['spaɪnɪ] espinoso

spiral ['spaɪrəl] **1** *n* espiral *f* **2** *v/i (rise quickly)* subir vertiginosamente

spire [spaɪr] aguja *f*

spirit ['spɪrɪt] espíritu *m*; *(courage)* valor *m*; *(energetic)* enérgico; **spirits** *(morale)* la moral; **be in good / poor ~** tener la moral alta / baja; **spiritual** espiritual

spit [spɪt] *of person* escupir

spite [spaɪt] rencor *m*; **in ~ of** a pesar de; **spiteful** malo, malicioso; **spitefully** con maldad *or* malicia

splash [splæʃ] **1** *n small amount of liquid* chorrito *m*; *of color* mancha *f* **2** *v/t person* salpicar **3** *v/i* chapotear; *of water* salpicar

◆ **splash down** *of spacecraft* amerizar

splendid ['splendɪd] espléndido; **splendor**, *Br* **splendour** esplendor *m*

splint [splɪnt] MED tablilla *f*

splinter ['splɪntər] **1** *n* astilla *f* **2** *v/i* astillarse

split [splɪt] **1** *n damage* raja *f*; *(disagreement)* escisión *f*; *(division, share)* reparto *m* **2** *v/t damage* rajar; *logs* partir en dos; *(cause disagreement in)* escindir; *(share)* repartir **3** *v/i (tear)* rajarse; *(disagree)* escindirse

◆ **split up** *of couple* separarse

spoil [spɔɪl] estropear, arruinar; **spoilsport** F aguafiestas *m/f inv* F; **spoilt** *child* consentido, mimado

spoke [spəʊk] *of wheel* radio *m*

spokesperson ['spəʊks-pɜːrsən] portavoz *m/f*

sponge [spʌndʒ] esponja *f*; **sponger** F gorrón(-ona) *m(f)* F

sponsor ['spɒnsər] **1** *n* patrocinador *m* **2** *v/t* patrocinar; **sponsorship** patrocinio *m*

spontaneous [spɒn'teɪnɪəs] espontáneo; **spontaneously** espontáneamente

spool [spuːl] carrete *m*

spoon [spuːn] cuchara *f*; **spoonful** cucharada *f*

sporadic [spə'rædɪk] esporádico

sport [spɔːrt] deporte *m*; **sporting** deportivo; **sports car** (coche *m*) deportivo *m*; **sportsman** deportista *m*; **sportswoman** deportista *f*; **sporty** *person* deportista; *clothes* deportivo

spot¹ [spɒt] *n* (*pimple etc*) grano *m*; (*in pattern*) lunar *m*

spot² [spɒt] *n* (*place*) lugar *m*, sitio *m*

spot³ [spɒt] *v/t* (*notice*) ver

'spot check control *m* al azar; **spotless** inmaculado; **spotlight** foco *m*; **spotty** *with pimples* con granos

spouse [spaʊs] *fml* cónyuge *m/f*

spout [spaʊt] **1** *n* pitorro *m* **2** *v/i of liquid* chorrear **3** *v/t* F

soltar F

sprain [spreɪn] **1** *n* esguince *m* **2** *v/t* hacerse un esguince en

sprawl [sprɔːl] despatarrarse; *of city* expandirse; **sprawling** *city* extendido

spray [spreɪ] **1** *n of sea* water rociada *f*; *for hair* spray *m*; *container* aerosol *m*, spray *m* **2** *v/t* rociar; **spraygun** pistola *f* pulverizadora

spread [spred] **1** *n of disease, religion etc* propagación *f*; F (*big meal*) comilona *f* **2** *v/t* (*lay*) extender; *butter* untar; *rumor* difundir; *disease* propagar; *arms, legs* extender **3** *v/i of disease, fire* propagarse; *of rumor, news* difundirse; **spreadsheet** COMPUT hoja *f* de cálculo

sprightly ['spraɪtlɪ] lleno de energía

spring¹ [sprɪŋ] *n season* primavera *f*

spring² [sprɪŋ] *n device* muelle *m*

spring³ [sprɪŋ] **1** *n* (*jump*) salto *m*; (*stream*) manantial *m* **2** *v/i* saltar

'springboard trampolín *m*; **springtime** primavera *f*

sprinkle ['sprɪŋkl] espolvorear; **sprinkler** *for garden* aspersor *m*; *in ceiling* rociador *m* contra incendios

sprint [sprɪnt] **1** *n* esprint *m*; SP carrera *f* de velocidad **2** *v/i* (*run fast*) correr a toda velocidad; *of runner* esprintar; **sprinter** SP esprínter *m/f*, velocista m/f

spy [spaɪ] **1** n espía m/f **2** v/i
espiar **3** v/t (see) ver

◆ **spy on** espiar

squabble ['skwɑːbl] **1** n riña f
2 v/i reñir

squalid ['skwɒːlɪd] inmundo,
miserable; **squalor** inmun-
dicia f

squander ['skwɒːndər] money despilfarrar

square [skwer] **1** adj in shape
cuadrado; **~ miles** millas
cuadradas **2** n also MATH
cuadrado m; in town plaza
f; in board game casilla f

squash¹ [skwɑːʃ] n vegetable
calabacera f

squash² [skwɑːʃ] n game
squash m

squash³ [skwɑːʃ] v/t (crush)
aplastar

squat [skwɑːt] **1** adj person
chaparro; figure, buildings
bajo **2** v/i sit agacharse

squeak [skwiːk] **1** n of mouse
chillido m; of hinge chirrido
m **2** v/i of mouse chillar; of
hinge chirriar

squeal [skwiːl] **1** n chillido **2**
v/i chillar; of brakes armar
un estruendo

squeamish   ['skwiːmɪʃ]
aprensivo

squeeze [skwiːz] (press) apretar; (remove juice from) exprimir

squid [skwɪd] calamar m

squirm [skwɜːrm] retorcerse

St (= **saint**) Sto; Sta (= santo
m; santa f); (= **street**) c/ (=

calle f)

stab [stæb] apuñalar

stability [stə'bɪlətɪ] estabilidad f; **stabilize 1** v/t prices,
boat estabilizar **2** v/i of prices
etc estabilizarse; **stable 1** adj
estable; patient's condition
estacionario **2** n for horses
establo m

stack [stæk] **1** n (pile) pila f **2**
v/t apilar

stadium ['steɪdɪəm] estadio m

staff [stæf] (employees) personal m; (teachers) profesorado
m

stage¹ [steɪdʒ] n in project etapa f

stage² [steɪdʒ] **1** n THEA escenario m **2** v/t play escenificar; demonstration llevar a
cabo

stagger ['stægər] **1** v/i tambalearse **2** v/t (amaze) dejar
anonadado; coffee breaks
etc escalonar; **staggering**
asombroso

stagnant ['stægnənt] also fig
estancado; **stagnate** fig estancarse

'stag party despedida f de
soltero

stain [steɪn] **1** n (dirty mark)
mancha f; for wood tinte m
2 v/t (dirty) manchar; wood
teñir; **stained-glass window** vidriera f; **stainless
steel** acero m inoxidable

stair [ster] escalón m; **the ~s**
la(s) escalera(s); **staircase**
escalera(s) f(pl)

stake [steɪk] **1** n of wood estaca *f*; *when gambling* apuesta *f*; *(investment)* participación *f*; **be at ~** estar en juego **2** *v/t money* apostar; *reputation* jugarse; *person* ayudar *(económicamente)*

stale [steɪl] *bread* rancio; *air* viciado; *fig: news* viejo

stalk[1] [stɔːk] *n of fruit, plant* tallo *m*

stalk[2] [stɔːk] *v/t (follow)* acechar; *person* seguir

stall[1] [stɔːl] *n at market* puesto *m*; *for cow, horse* casilla *f*

stall[2] [stɔːl] **1** *v/i of engine* calarse; *(play for time)* intentar ganar tiempo **2** *v/t engine* calar; *person* retener

stalls [stɔːlz] *patio m de butacas*

stalwart ['stɔːlwərt] *support* incondicional

stamina ['stæmɪnə] resistencia *f*

stammer ['stæmər] **1** *n* tartamudeo *m* **2** *v/i* tartamudear

stamp[1] [stæmp] **1** *n for letter* sello *m*, *L.Am.* estampilla *f*, *Mex* timbre *m*; *device* tampón *m*; *mark made with device* sello *m* **2** *v/t* sellar

stamp[2] [stæmp] *v/t:* **~ one's feet** patear

stance [stæns] *(position)* postura *f*

stand [stænd] **1** *n at exhibition* puesto *m*, stand *m*; *(witness ~)* estrado *m*; *(support, base)* soporte *m*; **take the ~** LAW subir al estrado **2** *v/i of building* encontrarse, hallarse; *as*

opposed to sit estar de pie; *(rise)* ponerse de pie **3** *v/t (tolerate)* soportar; *(put)* colocar

◆ **stand by 1** *v/i (not take action)* quedarse sin hacer nada; *(be ready)* estar preparado **2** *v/t person* apoyar; *decision* atenerse a

◆ **stand down** *(withdraw)* retirarse

◆ **stand for** *(tolerate)* aguantar; *(represent)* significar

◆ **stand out** destacar

◆ **stand up 1** *v/i* levantarse **2** *v/t* F plantar F

◆ **stand up for** defender

◆ **stand up to** hacer frente a

standard ['stændərd] **1** *adj (usual)* habitual **2** *n (level)* nivel *m*; TECH estándar *m*; **standardize** normalizar; **standard of living** nivel *m* de vida

'standby *fly* con un billete stand-by; **standing** *in society etc* posición *f*; *(repute)* reputación *f*; **standoffish** distante; **standpoint** punto *m* de vista; **standstill**: **be at a ~** estar paralizado; **bring to a ~** paralizar

staple[1] ['steɪpl] *n foodstuff* alimento *m* básico

staple[2] ['steɪpl] **1** *n (fastener)* grapa *f* **2** *v/t* grapar

stapler ['steɪplər] grapadora *f*

star [stɑːr] **1** *n also person* estrella *f* **2** *v/t of movie* estar protagonizado por; **starboard** de estribor

stare ['steɪr] mirar fijamente; **~ at** mirar fijamente

stark [stɑːrk] **1** *adj landscape* desolado; *reminder, picture etc* desolador **2** *adv*: **~ naked** completamente desnudo

starry ['stɑːrɪ] *night* estrellado; **Stars and Stripes** la bandera estadounidense

start [stɑːrt] **1** *n* comienzo *m*, principio *m*; *of race* salida *f* **2** *v/t & v/i* empezar, comenzar; *of engine* arrancar; **~ing from tomorrow** a partir de mañana **3** *v/t business* montar; **starter** *(of meal)* entrada *f*; *of car* motor *m* de arranque

startle ['stɑːrtl] sobresaltar; **startling** sorprendente

starvation [stɑːr'veɪʃn] inanición *f*, hambre *f*; **starve** pasar hambre; **I'm starving** F me muero de hambre F

state¹ [steɪt] **1** *n (condition, country)* estado *m*; **the States** (los) Estados Unidos **2** *adj capital etc* estatal; *banquet etc* de estado

state² [steɪt] *v/t* declarar

'State Department Departamento *m* de Estado, *Ministerio de Asuntos Exteriores*; **statement** declaración *f*; *(bank ~)* extracto *m*; **state of emergency** estado *m* de emergencia; **state-of-the--art** modernísimo; **statesman** hombre *m* de estado

static (elec'tricity) ['stætɪk] electricidad *f* estática

station ['steɪʃn] **1** *n* RAIL estación *f*; RAD emisora *f*; TV canal *m* **2** *v/t guard etc* apostar; **stationary** parado

stationery ['steɪʃənerɪ] artículos *mpl* de papelería

'station wagon ranchera *f*

statistical [stə'tɪstɪkl] estadístico; **statistically** estadísticamente; **statistician** estadístico(-a) *m(f)*; **statistics** *science* estadística *f*; *figures* estadísticas *fpl*

statue ['stætʃuː] estatua *f*; **Statue of Liberty** Estatua *f* de la Libertad

status ['stætəs] categoría *f*, posición *f*; **status symbol** símbolo *m* de estatus

statute ['stætuːt] estatuto *m*

staunch [stɔːntʃ] *supporter* incondicional; *friend* fiel

stay [steɪ] **1** *n* estancia *f*, *L.Am.* estadía *f* **2** *v/i in a place* quedarse; *in a condition* permanecer; **~ in a hotel** alojarse en un hotel

◆ **stay behind** quedarse

◆ **stay up** *(not go to bed)* quedarse levantado

steadily ['stedɪlɪ] *improve etc* constantemente; **steady 1** *adj (not shaking)* firme; *(continuous)* continuo; *beat* regular; *boyfriend* estable **2** *adv*: **they've been going ~ for two years** llevan saliendo dos años **3** *v/t* afianzar; *voice* calmar

steak [steɪk] filete *m*

steal [stiːl] **1** *v/t* robar **2** *v/i (be*

a thief) robar; **~ in / out** entrar / salir furtivamente

stealthy ['stelθɪ] sigiloso

steam [stiːm] **1** *n* vapor *m* **2** *v/t food* cocinar al vapor; **steamed up** *F* (*angry*) enojado, *Span* mosqueado *F*; **steamer** *for cooking* olla *f* para cocinar al vapor

steel [stiːl] **1** *n* acero *m* **2** *adj* (*made of ~*) de acero; **steelworker** trabajador(a) *m(f)* del acero

steep[1] [stiːp] *adj hill etc* empinado; *F prices* caro

steep[2] [stiːp] *v/t* (*soak*) poner en remojo

steer[1] [stɪr] *n animal* buey *m*

steer[2] [stɪr] *v/t car* conducir, *L.Am.* manejar; *boat* gobernar; *person* guiar; *conversation* llevar; **steering** MOT dirección *f*; **steering wheel** volante *m*, *S.Am.* timón *m*

stem[1] [stem] *n of plant* tallo *m*; *of glass* pie *m*; *of word* raíz *f*

stem[2] [stem] *v/t* (*block*) contener

stench [stentʃ] *n* peste *f*

stencil ['stensɪl] **1** *n* plantilla *f* **2** *v/t pattern* estarcir

step [step] **1** *n* (*pace*) paso *m*; (*stair*) escalón *m*; (*measure*) medida *f* **2** *v/i*: **~ on sth** pisar algo

◆ **step down** *from post etc* dimitir

◆ **step up** (*increase*) incrementar

'stepbrother hermanastro *m*;

stepdaughter hijastra *f*;

stepfather padrastro *m*;

stepladder escalera *f* de tijera; **stepmother** madrastra *f*; **stepsister** hermanastra *f*; **stepson** hijastro *m*

stereo ['steriou] (*sound system*) equipo *m* de música;

stereotype estereotipo *m*

sterile ['sterail] estéril; **sterilize** esterilizar

sterling ['stɜːrlɪŋ] FIN libra *f* esterlina

stern[1] [stɜːrn] *adj* severo

stern[2] [stɜːrn] *n* NAUT popa *f*

sternly con severidad

steroids ['sterɔɪdz] esteroides *mpl*

stew [stuː] *n* guiso *m*

steward ['stuːərd] *on plane* auxiliar *m* de vuelo; *on ship* camarero *m*; *at demonstration* miembro *m* de la organización; **stewardess** *on plane* auxiliar *f* de vuelo; *on ship* camarera *f*

stick[1] [stɪk] *n* palo *m*; *of policeman* porra *f*; (*walking ~*) bastón *m*

stick[2] [stɪk] **1** *v/t with adhesive* pegar; *F* (*put*) meter **2** *v/i* (*jam*) atascarse; (*adhere*) pegarse

◆ **stick by** *F* apoyar, no abandonar

◆ **stick to** *of sth sticky* pegarse a; *F plan etc* seguir; *F* (*trail, follow*) pegarse a *F*

◆ **stick up for** *F* defender

sticker ['stɪkər] pegatina *f*; **stick-in-the-mud** *F* aburrido(-a) *m(f)* F; **sticky** pegajoso; *label* adhesivo

stiff [stɪf] *board, manner* rígido; *brush, penalty, competition* duro; *muscle* agarrotado; *drink* cargado; **stiffness** *of muscles* agarrotamiento *m*; *of manner* rigidez *f*

stifle ['staɪfl] reprimir; **stifling** sofocante

stigma ['stɪgmə] estigma *m*

still[1] [stɪl] **1** *adj (not moving)* quieto; *with no wind* sin viento **2** *adv:* **keep ~!** ¡estáte quieto!

still[2] [stɪl] *adv (yet)* todavía, aún; *(nevertheless)* de todas formas

'**stillborn: be ~** nacer muerto; **still life** naturaleza *f* muerta

stilted ['stɪltɪd] forzado

stimulant ['stɪmjʊlənt] estimulante *m*; **stimulate** estimular; **stimulating** estimulante; **stimulation** estimulación *f*; **stimulus** *(incentive)* estímulo *m*

sting [stɪŋ] **1** *n from bee, jellyfish* picadura *f*; *of bee, jellyfish* picar **3** *v/i of eyes, scratch* escocer; **stinging** *criticism* punzante

stink [stɪŋk] **1** *n (bad smell)* peste *f*; F *(fuss)* escándalo F **2** *v/i (smell bad)* apestar; F *(be very bad)* dar asco

stipulate ['stɪpjʊleɪt] estipular; **stipulation** estipulación *f*

stir [stɜːr] **1** *v/t* remover, dar vueltas a **2** *v/i of sleeping per-*

son moverse; **stirring** *music, speech* conmovedor

stitch [stɪtʃ] **1** *n in sewing* puntada *f*; *in knitting* punto *m*; **~es** MED puntos *mpl* **2** *v/t sew* coser; **stitching** *(stitches)* cosido *m*

stock [staːk] **1** *n (reserves)* reservas *fpl*; COM *of store* existencias *fpl*; *(animals)* ganado *m*; FIN acciones *fpl*; *for soup etc* caldo *m*; **in ~** en existencias; **out of ~** agotado **2** *v/t* COM *(have)* tener en existencias; COM *(sell)* vender; **stockbreeder** ganadero(-a) *m(f)*; **stockbroker** corredor(a) *m(f)* de bolsa; **stock exchange** bolsa *f* (de valores); **stockholder** accionista *m/f*; **stockist** distribuidor(a) *m(f)*; **stock market** mercado *m* de valores; **stockpile 1** *n of food, weapons* reservas *fpl* **2** *v/t* acumular

stocky ['staːkɪ] bajo y robusto

stodgy ['staːdʒɪ] *food* pesado

stoical ['stoʊɪkl] estoico; **stoicism** estoicismo *m*

stomach ['stʌmək] **1** *n* estómago *m*, tripa *f* **2** *v/t (tolerate)* soportar

stone [stoʊn] piedra *f*; **stoned** F *(on drugs)* colocado F

stool [stuːl] *(seat)* taburete *m*

stoop[1] [stuːp] *v/i (bend down)* agacharse

stoop[2] [stuːp] *n (porch)* porche *m*

stop [staːp] **1** *n for train, bus*

stop

parada f **2** v/t (put an end to)
poner fin a; (prevent) impedir; (cease), person in street
parar; car, bus, train: of driver
detener; check bloquear; ~
doing sth dejar de hacer algo **3** v/i (come to a halt) pararse, detenerse; in a particular
place: of bus, train parar
♦ **stop over** hacer escala
'stopgap solución f interme-
dia; (traffic light)
stoplight semáforo m; (brake light)
luz m de freno; **stopover** parada f; in air travel escala f;
stopper for bottle tapón m;
stop sign señal f de stop
m; **stopwatch** cronómetro
m
storage ['stɔːrɪdʒ] almacena-
miento m; **store 1** n tienda f;
(stock) reserva f; (storehouse)
almacén m **2** v/t almacenar;
COMPUT guardar; **storefront**
fachada f de tienda; **store-
keeper** tendero(-a) m(f);
store window escaparate
m, L.Am. vidriera f, Mex
aparador m
storey Br ☞ **story²**
storm [stɔːrm] tormenta f;
stormy tormentoso
story¹ ['stɔːrɪ] (tale) cuento m;
(account) historia f; (newspaper article) artículo m; F (lie)
cuento m
story² ['stɔːrɪ] of building piso
m, planta f
stout [staʊt] person relleno,
corpulento
stove [stoʊv] for cooking co-

cina f, Col, Mex, Ven estufa
f; for heating estufa f
stow [stoʊ] guardar
♦ **stow away** viajar de polizón
'stowaway polizón m
straight [streɪt] **1** adj line,
back recto; hair liso; (honest,
direct) franco; whiskey solo;
(tidy) en orden; (conservative) serio; (not homosexual)
heterosexual **2** adv (in a
straight line) recto; (directly,
immediately) directamente;
(clearly) con claridad; **go ~**
F of criminal reformarse;
~away, **~ off** en seguida; **~
out** directamente; **~ up** without ice solo; **~ ahead** be situated todo derecho; walk,
drive todo recto; look hacia
delante; **straighten** enderezar; **straightforward** (honest, direct) franco; (simple)
simple
strain¹ [streɪn] **1** n on rope
tensión f; on engine, heart esfuerzo m; on person agobio
m **2** v/t finances crear presión
en; **~ one's back** hacerse daño en la espalda
strain² [streɪn] v/t vegetables
escurrir; oil, fat etc colar
strained [streɪnd] relations tirante; **strainer** for vegetables
etc colador m
strait [streɪt] estrecho m;
straitlaced mojigato
strange [streɪndʒ] (odd, curious) extraño, raro; (un-
known, foreign) extraño;

strike

strangely (*oddly*) de manera extraña; ~ **enough** aunque parezca extraño; **stranger** (*person you don't know*) extraño(-a) *m(f)*, desconocido(-a) *m(f)*; *I'm a ~ here myself* yo tampoco soy de aquí
strangle ['stræŋgl] strangular
strap [stræp] *of purse, watch* correa *f*; *of bra, dress* tirante *m*; *of shoe* tira *f*; **strapless** sin tirantes
strategic [strə'ti:dʒɪk] estratégico; **strategy** estrategia *f*
straw [strɔ:] paja *f*; *for drink* pajita *f*; **strawberry** fresa *f*, *S.Am.* frutilla *f*
stray [streɪ] **1** *adj animal* callejero; *bullet* perdido **2** *n dog* perro *m* callejero; *cat* gato *m* callejero **3** *v/i* extraviarse, perderse; *fig: of eyes, thoughts* desviarse
streak [stri:k] **1** *n of dirt, paint* raya *f*; *in hair* mechón *m*; *fig: of nastiness etc* vena *f* **2** *v/i move quickly* pasar disparado
stream [stri:m] riachuelo *m*; *fig: of people* oleada *f*; **streamline** *fig* racionalizar; **streamlined** *car, plane* aerodinámico; *organization* racionalizado
street [stri:t] calle *f*; **streetcar** tranvía *m*; **streetlight** farola *f*; **street people** los sin techo; **street value** *of drugs* valor *m* en la calle
strength [streŋθ] fuerza *f*; *fig*

(*strong point*) punto *m* fuerte; *of friendship etc* solidez *f*; *of emotion* intensidad *f*; *of currency* fortaleza *f*; **strengthen 1** *v/t muscles, currency* fortalecer; *bridge* reforzar; *country, relationship* consolidar **2** *v/i of bonds, ties* consolidarse; *of currency* fortalecerse
strenuous ['strenjʊəs] agotador; **strenuously** *deny* tajantemente
stress [stres] **1** *n* (*emphasis*) énfasis *m*; (*tension*) estrés *m*; *on syllable* acento *m* **2** *v/t syllable* acentuar; *importance etc* hacer hincapié en; **stressed out** *F* estresado; **stressful** estresante
stretch [stretʃ] **1** *n of land, water* extensión *f*; *of road* tramo *m* **2** *adj fabric* elástico **3** *v/t material, income* estirar; *F rules* ser flexible con **4** *v/i to relax, reach* estirarse; (*spread*) extenderse; **stretcher** camilla *f*
strict [strɪkt] estricto; **strictly** con rigor; *it is ~ forbidden* está terminantemente prohibido
stride [straɪd] **1** *n* zancada *f* **2** *v/i* caminar dando zancadas
strident ['straɪdnt] estridente
strike [straɪk] **1** *n of workers* huelga *f*; *in baseball* strike *m*; *of oil* descubrimiento *m*; *be on* ~ estar en huelga **2** *v/i of workers* hacer huelga; (*attack*) atacar; *of disaster* so-

brevenir; *of clock* dar las horas **3** *v/t* (*hit*) golpear; *of disaster* sacudir; *match* encender; *oil* descubrir

◆ **strike out** (*delete*) tachar; *in baseball* eliminar a, *L.Am.* ponchar

'strikebreaker esquirol(a) *m(f)*; **striker** (*person on strike*) huelguista *m | f*; *in soccer* delantero(-a) *m(f)*; **striking** (*marked*) sorprendente, llamativo; (*eye-catching*) deslumbrante

string [strɪŋ] cuerda *f*; **stringed instrument** instrumento *m* de cuerda

stringent ['strɪndʒənt] riguroso

strip [strɪp] **1** *n of land* franja *f*; (*comic ~*) tira *f* cómica **2** *v/t* (*remove*) quitar; (*undress*) desnudar; *of stripper* hacer striptease; **strip club** club *m* de striptease

stripe [straɪp] raya *f*; *indicating rank* galón *m*; **striped** a rayas

stripper ['strɪpər] artista *m/f* de striptease; **striptease** striptease *m*

stroke [strouk] **1** *n* MED derrame *m* cerebral; *in painting* pincelada *f*; (*style of swimming*) estilo *m* **2** *v/t* acariciar

stroll [stroul] **1** *n* paseo *m* **2** *v/i* caminar; **stroller** *for baby* silla *f* de paseo

strong [strɔːŋ] fuerte; *structure* resistente; *candidate* cla-

ro, con muchas posibilidades; *support, supporter, views, objection* firme; **strongly** fuertemente; **strong-minded** decidido; **strong point** (*punto m*) fuerte *m*; **strongroom** cámar *f* acorazada; **strong-willed** tenaz

structural ['strʌktʃərəl] estructural; **structure 1** *n* (*something built*) construcción *f*; *of novel, argument etc* estructura *f* **2** *v/t* estructurar

struggle ['strʌɡl] **1** *n* lucha *f* **2** *v/i with a person* forcejear; (*have a hard time*) luchar

strut [strʌt] pavonearse

stub [stʌb] *of cigarette* colilla *f*; *of check* matriz *f*; *of ticket* resguardo *m*

stubborn ['stʌbərn] *person* testarudo, terco; *defense, refusal* tenaz, pertinaz

stubby ['stʌbɪ] regordete

stuck [stʌk] F: **be ~ on s.o.** estar colado por alguien F

student ['stuːdnt] estudiante *m/f*; *at high school* alumno(-a) *m(f)*

studio ['stuːdɪoʊ] estudio *m*

studious ['stuːdɪəs] estudioso; **study 1** *n* estudio *m* **2** *v/t & v/i* estudiar

stuff [stʌf] **1** *n* (*things*) cosas *fpl*; **what's that ~?** ¿qué es eso? **2** *v/t turkey* rellenar; **~ sth into sth** meter algo dentro de algo; **stuffing** relleno *m*; **stuffy** *room* cargado; *person* estirado

stumble ['stʌmbl] tropezar;

523   **subsidiary**

stumbling-block escollo *m*
stump [stʌmp] **1** *n of tree* tocón *m* **2** *v/t of question* dejar perplejo
stun [stʌn] *of blow* dejar sin sentido; *of news* dejar atonito; **stunning** *(amazing)* increíble; *(very beautiful)* imponente
stunt [stʌnt] *for publicity* truco *m*; *in movie* escena *f* peligrosa; **stuntman** *in movie* doble *m*, especialista *m*
stupefy [ˈstuːpɪfaɪ] dejar perplejo
stupendous [stuːˈpendəs] extraordinario
stupid [ˈstuːpɪd] estúpido; **stupidity** estupidez *f*
sturdy [ˈstɜːrdɪ] *person* robusto; *table, plant* resistente
stutter [ˈstʌtər] tartamudear
style [staɪl] estilo *m*; *(fashion)* moda *f*; **stylish** elegante; **stylist** *(hair ~)* estilista *m/f*
subcommittee [ˈsʌbkəmɪtɪ] subcomité *m*
subconscious [sʌbˈkɑːnʃəs] subconsciente; **subconsciously** inconscientemente
subcontract [sʌbkɑːnˈtrækt] subcontratar; **subcontractor** subcontratista *m/f*
subdivide [sʌbdɪˈvaɪd] subdividir
subdue [səbˈduː] someter
subheading [ˈsʌbhedɪŋ] subtítulo *m*
subhuman [sʌbˈhjuːmən] inhumano

subject 1 [ˈsʌbdʒɪkt] *n (topic)* tema *m*; *(branch of learning)* asignatura *f*, materia *f*; GRAM sujeto *m*; *of monarch* súbdito(-a) *m(f)* **2** [ˈsʌbdʒɪkt] *adj*: **be ~ to** have tendency to ser propenso a; *be regulated by* estar sujeto a **3** [səbˈdʒekt] *v/t* someter; **subjective** subjetivo
sublet [ˈsʌblet] realquilar
submachine gun [sʌbməˈʃiːngʌn] metralleta *f*
submarine [ˈsʌbməriːn] submarino *m*
submission [səbˈmɪʃn] *(surrender)* sumisión *f*; *to committee etc* propuesta *f*; **submissive** sumiso; **submit 1** *v/t plan* presentar **2** *v/i* someterse
subordinate 1 [səˈbɔːrdɪnət] *adj position* subordinado **2** *n* subordinado(-a) *m(f)*
subpoena [səˈpiːnə] **1** *n* citación *f* **2** *v/t person* citar
◆ **subscribe to** [səbˈskraɪb] *magazine etc* suscribirse a; *theory* suscribir
subscriber [səbˈskraɪbər] *to magazine* suscriptor(a) *m(f)*; **subscription** suscripción *f*
subsequent [ˈsʌbsɪkwənt] posterior
subside [səbˈsaɪd] *of waters* bajar; *of winds* amainar; *of building* hundirse; *of fears* calmarse
subsidiary [səbˈsɪdɪerɪ] filial *f*

subsidize ['sʌbsɪdaɪz] subvencionar; **subsidy** subvención f

substance ['sʌbstəns] sustancia f

substandard [sʌb'stændəd] deficiente

substantial [səb'stænʃl] sustancial, considerable; **substantially** (*considerably*) considerablemente; (*in essence*) sustancialmente

substantive [səb'stæntɪv] significativo

substitute ['sʌbstɪtuːt] **1** *n* sustituto m; SP suplente m/f **2** v/t sustituir; **~ X for Y** sustituir Y por X; **substitution** sustitución f

subtitle ['sʌbtaɪtl] subtítulo m

subtle ['sʌtl] sutil

subtract [səb'trækt] restar

suburb ['sʌbɜːrb] zona f residencial de la periferia; **suburban** de la periferia; *attitudes, lifestyle* aburguesado

subversive [səb'vɜːrsɪv] **1** *adj* subversivo **2** *n* subversivo(-a) m/f

subway ['sʌbweɪ] metro m

succeed [sək'siːd] **1** v/i tener éxito; **~ to the throne** suceder en el trono; **~ in doing sth** conseguir hacer algo **2** v/t (*come after*) suceder; **success** éxito m; **successful** *person* con éxito; **be ~ in doing sth** lograr hacer algo; **successfully** con éxito; **successive** sucesivo; **suc-**

cessor sucesor(a) m(f)

succinct [sək'sɪŋkt] sucinto

succumb [sə'kʌm] (*give in*) sucumbir

such [sʌtʃ] **1** *adj* (*of that kind*) tal; **~ men are dangerous** los hombres así son peligrosos; **don't make ~ a fuss** no armes tanto alboroto; **~ as** como; **there is no ~ word as ...** no existe la palabra... **2** *adv* tan; **as ~** como tal; **~ a nice day** un día tan bueno;

suck [sʌk] **1** v/t *candy etc* chupar **2** v/i F: **it ~s** es una mierda P; **sucker** F (*person*) primo(-a) m/f F; F (*lollipop*) pirulета f; **suction** succión f

sudden ['sʌdn] repentino; **suddenly** de repente

sue [suː] demandar

suede [sweɪd] ante m

suffer ['sʌfər] **1** v/i sufrir; (*deteriorate*) deteriorarse **2** v/t *loss, setback* sufrir; **suffering** sufrimiento m

sufficient [sə'fɪʃnt] suficiente; **sufficiently** suficientemente

suffocate ['sʌfəkeɪt] **1** v/i asfixiarse **2** v/t asfixiar; **suffocation** asfixia f

sugar ['ʃʊgər] **1** *n* azúcar m or f **2** v/t echar azúcar a

suggest [sə'dʒest] sugerir; **suggestion** sugerencia f

suicide ['suːɪsaɪd] suicidio m

suit [suːt] **1** *n* traje m; *in cards* palo m **2** v/t *of clothes, color* sentar bien a; **suitable** apropiado; **suitably** apropiadamente; **suitcase** maleta f, L.Am. valija f

suite [swiːt] of rooms, MUS suite f; furniture tresillo m

sulk [sʌlk] enfurruñarse; **sulky** enfurruñado

sullen ['sʌlən] malhumorado, huraño

sultry ['sʌltrɪ] sofocante, bochornoso; sexually sensual

sum [sʌm] (total), in arithmetic suma f; (amount) cantidad f ◆ **sum up 1** v/t (summarize) resumir; (assess) catalogar **2** v/i LAW recapitular

summarize ['sʌməraɪz] resumir; **summary** resumen m

summer ['sʌmər] verano m

summit ['sʌmɪt] also POL cumbre f

summon ['sʌmən] llamar; meeting convocar; **summons** LAW citación f

sun [sʌn] sol m; **sunbathe** tomar el sol; **sunbed** cama f de rayos UVA; **sunblock** crema f solar de alta protección; **sunburn** quemadura f (del sol); **sunburnt** quemado (por el sol); **Sunday** domingo m; **sunglasses** gafas fpl or L.Am. anteojos mpl de sol; **sunny** soleado; disposition radiante; it's ~ hace sol; **sunrise** amanecer m; **sunset** atardecer m, puesta f de sol; **sunshade** sombrilla f; **sunshine** sol m; **sunstroke** insolación f; **suntan** bronceado m

super ['suːpər] **1** adj F genial

F, estupendo F **2** n (janitor) portero(-a) m(f)

superb [suˈpɜːrb] excelente

superficial [suːpərˈfɪʃl] superficial

superfluous [suːˈpɜːrfluəs] superfluo

superintendent [suːpərɪnˈtendənt] of apartment block portero(-a) m(f)

superior [suːˈpɪrɪər] **1** adj (better) superior; pej: attitude arrogante **2** n in organization superior m

superlative [suːˈpɜːrlətɪv] **1** adj excelente **2** n GRAM superlativo m

'supermarket supermercado m

'superpower POL superpotencia f

supersonic [suːpərˈsɑːnɪk] supersónico

superstition [suːpərˈstɪʃn] superstición f; **superstitious** supersticioso

supervise ['suːpərvaɪz] class vigilar; workers supervisar; activities dirigir; **supervisor** at work supervisor(a) m(f)

supper ['sʌpər] cena f, L.Am. comida f

supplement ['sʌplɪmənt] (extra payment) suplemento m

supplier [səˈplaɪər] COM proveedor m; **supply** n suministro m, abastecimiento m; **supplies** of food provisiones fpl; ~ **and demand** la oferta y la demanda **2** v/t goods suministrar

support [sə'pɔːrt] **1** *n for structure* soporte *m*; *(backing)* apoyo *m* **2** *v/t structure* soportar; *financially* mantener; *(back)* apoyar; **supporter** partidario(-a) *m(f)*; *of football team etc* seguidor(a) *m(f)*; **supportive** comprensivo; **be ~** apoyar (**toward**, **of a**)

suppose [sə'pəʊz] *(imagine)* suponer; **you are not ~d to ...** *(not allowed to)* no deberías...; **supposing** ..., y si...; **supposedly** supuestamente

suppress [sə'pres] reprimir, sofocar; **suppression** represión *f*

supremacy [suː'preməsɪ] supremacía *f*; **supreme** supremo; **Supreme Court** Tribunal *m* Supremo, *L.Am.* Corte *f* Suprema

surcharge ['sɜːrtʃɑːrdʒ] recargo *m*

sure [ʃʊr] **1** *adj* seguro; **make ~ that ...** asegurarse de que... **2** *adv*: **~ enough** efectivamente; **it ~ is hot today** F vaya calor que hace F; **~!** F ¡claro!; **surety** *for loan* fianza *f*

surf [sɜːrf] **1** *n* surf *m* **2** *v/t*: **~ the Net** navegar por Internet

surface ['sɜːrfɪs] **1** *n* superficie *f* **2** *v/i from water* salir a la superficie; *(appear)* aparecer; **surface mail** correo *m* terrestre

'surfboard tabla *f* de surf; **surfer** surfista *m/f*; **surfing**

surf *m*; **go ~** ir a hacer surf

surge [sɜːrdʒ] *in electric current* sobrecarga *f*; *in demand etc* incremento *m* repentino

surgeon ['sɜːrdʒən] cirujano(-a) *m(f)*; **surgery** cirugía *f*; **surgical** quirúrgico; **surgically** quirúrgicamente

surly ['sɜːrlɪ] arisco, hosco

surmount [sər'maʊnt] *difficulties* superar

surname ['sɜːrneɪm] apellido *m*

surpass [sər'pæs] superar

surplus ['sɜːrpləs] **1** *n* excedente *m* **2** *adj* excedente

surprise [sər'praɪz] **1** *n* sorpresa *f* **2** *v/t* sorprender; **be / look ~d** quedarse / parecer sorprendido; **surprising** sorprendente; **surprisingly** sorprendentemente

surrender [sə'rendər] **1** *v/i of army* rendirse **2** *v/t weapons etc* entregar **3** *n* rendición *f*; *(handing in)* entrega *f*

surrogate 'mother ['sʌrəgət] madre *f* de alquiler

surround [sə'raʊnd] **1** *v/t* rodear **2** *n of picture etc* marco *m*; **surrounding** circundante; **surroundings** *of village etc* alrededores *mpl*; *(environment)* entorno *m*

survey 1 ['sɜːrveɪ] *n of modern literature etc* estudio *m*; *Br: of building* tasación *f*, peritaje; *poll* encuesta *f* **2** [sər'veɪ] *v/t (look at)* contemplar; *Br: building* tasar, peritar; **surveyor** *Br* tasador(a) *m(f)* or perito (-a) *m(f)* de la propiedad

survival [sər'vaɪvl] supervivencia *f*; **survive 1** *v/i* sobrevivir **2** *v/t accident etc* sobrevivir a; *(outlive)* sobrevivir; **survivor** superviviente *m/f*

suspect 1 ['sʌspekt] *n* sospechoso(-a) *m(f)* **2** [sə'spekt] *v/t person* sospechar de; *(suppose)* sospechar; **suspected** *murderer* presunto; *cause, heart attack etc* supuesto

suspend [sə'spend] colgar; *from office* suspender; **suspenders** *for pants* tirantes *mpl*, *S.Am.* suspensores *mpl*; *Br: for stockings* liga *f*

suspense [sə'spens] *Span* suspense *m*, *L.Am.* suspenso *m*; **suspension** MOT, *from duty* suspensión *f*

suspicion [sə'spɪʃn] sospecha *f*; **suspicious** *(causing suspicion)* sospechoso; *(feeling suspicion)* receloso; **suspiciously** *behave* de manera sospechosa; *ask* con recelo

sustain [sə'steɪn] sostener; **sustainable** sostenible

SUV [esjuː'viː] (= *sport utility vehicle*) SUV *m*, todoterreno *m* ligero

swab [swɑːb] *material* torunda *f*; *test* muestra *f*

swallow[1] ['swɑːloʊ] *v/t* & *v/i* tragar

swallow[2] ['swɑːloʊ] *n bird* golondrina *f*

swamp [swɑːmp] **1** *n* pantano *m* **2** *v/t*: **be ~ed with** estar

inundado de; **swampy** *pantanoso*

swap [swɑːp] **1** *v/t* cambiar **2** *v/i* hacer un cambio

swarm [swɔːrm] **1** *n of bees* enjambre *m* **2** *v/i*: **the town was ~ing with ...** la ciudad estaba abarrotada de...

swarthy ['swɔːrðɪ] moreno

swat [swɑːt] *insect* aplastar

sway [sweɪ] **1** *n (influence)* dominio *m* **2** *v/i* tambalearse

swear [swer] **1** *v/i (use swearword)* decir palabrotas *or* tacos **2** *v/t (promise)*, LAW jurar
◆ **swear** *in witnesses etc* tomar juramento a

'swearword palabrota *f*, taco *m*

sweat [swet] **1** *n* sudor *m* **2** *v/i* sudar; **sweatband** banda *f* (en la frente); *on wrist* muñequera *f*; **sweater** suéter *m*, *Span* jersey *m*; **sweatshirt** sudadera *f*; **sweaty** sudoroso

Swede [swiːd] sueco(-a) *m(f)*; **Sweden** Suecia; **Swedish 1** *adj* sueco **2** *n* sueco *m*

sweep [swiːp] **1** *v/t floor, leaves* barrer **2** *n (long curve)* curva *f*; **sweeping** *statement* demasiado generalizado; *changes* radical

sweet [swiːt] dulce; F *(kind)* amable; F *(cute)* mono; **sweetcorn** maíz *m*, *S.Am.* choclo *m*; **sweeten** endulzar; **sweetheart** novio(-a) *m(f)*

swell [swel] **1** *v/i of wound,*

limb hincharse **2** *adj* F (*good*) genial F **3** *n of the sea* oleaje *m*; **swelling** MED hinchazón *f*

swerve [swɜːrv] *of driver, car* girar bruscamente

swift [swɪft] rápido

swim [swɪm] **1** *v/i* nadar **2** *n* baño *m*; **go for a ~** ir a darse un baño; **swimmer** nadador(a) *m(f)*; **swimming** natación *f*; **swimming pool** piscina *f*, *Mex* alberca *f*, *Rpl* pileta *f*; **swimsuit** traje *m* de baño, bañador *m*

swindle [ˈswɪndl] **1** *n* estafa *f* **2** *v/t* estafar; **~ s.o. out of sth** estafar algo a alguien

swing [swɪŋ] **1** *n* oscilación *f*; *for child* columpio *m* **2** *v/t* balancear; *hips* menear **3** *v/i* balancearse; (*turn*) girar; *of opinion etc* cambiar

Swiss [swɪs] **1** *adj* suizo **2** *n person* suizo(-a) *m(f)*; **the ~** los suizos

switch [swɪtʃ] **1** *n for light* interruptor *m*; (*change*) cambio *m* **2** *v/t* (*change*) cambiar de **3** *v/i* (*change*) cambiar

◆ **switch off** apagar

◆ **switch on** encender, *L.Am.* prender

Switzerland [ˈswɪtsərlənd] Suiza

swivel [ˈswɪvl] girar

swollen [ˈswoʊlən] hinchado

swordfish pez *f* espada

syllabus [ˈsɪləbəs] plan *m* de estudios

symbol [ˈsɪmbəl] símbolo *m*;

symbolic simbólico; **symbolism** simbolismo *m*; **symbolist** simbolista *m/f*; **symbolize** simbolizar

symmetrical [sɪˈmetrɪkl] simétrico; **symmetry** simetría *f*

sympathetic [sɪmpəˈθetɪk] (*showing pity*) compasivo; (*understanding*) comprensivo

◆ **sympathize with** [ˈsɪmpəθaɪz] comprender

sympathizer [ˈsɪmpəθaɪzər] POL simpatizante *m/f*; **sympathy** (*pity*) compasión *f*; (*understanding*) comprensión *f*

symphony [ˈsɪmfənɪ] sinfonía *f*

symptom [ˈsɪmptəm] *also fig* síntoma *f*

synchronize [ˈsɪŋkrənaɪz] sincronizar

synonym [ˈsɪnənɪm] sinónimo *m*; **synonymous** sinónimo

synthesizer [ˈsɪnθəsaɪzər] MUS sintetizador *m*; **synthetic** sintético

syphilis [ˈsɪfɪlɪs] sífilis *f*

Syria [ˈsɪrɪə] Siria; **Syrian 1** *adj* sirio **2** *n* sirio(-a) *m(f)*

syringe [sɪˈrɪndʒ] jeringuilla *f*

syrup [ˈsɪrəp] almíbar *m*

system [ˈsɪstəm] sistema *m*; **systematic** sistemático; **systematically** sistemáticamente; **systems analyst** COMPUT analista *m/f* de sistemas

T

table ['teɪbl] 1 *n* (*nail*) mesa *f*; *of figures* cuadro *m*; **tablecloth** mantel *m*; **table lamp** lámpara *f* de mesa; **table of contents** índice *m* (de contenidos); **tablespoon** *object* cuchara *f* grande; *quantity* cucharada *f* grande

tablet ['tæblɪt] MED pastilla *f*

tabloid ['tæblɔɪd] *newspaper* periódico *m* sensacionalista (*de tamaño tabloide*)

taboo [tə'buː] tabú *inv*

tacit ['tæsɪt] tácito

tack [tæk] 1 *n* (*nail*) tachuela *f* 2 *v/t* (*sew*) hilvanar 3 *v/i of yacht* dar bordadas

tackle ['tækl] 1 *n* (*equipment*) equipo *m*; SP entrada *f* 2 *v/t* SP entrar a; *problem* abordar; *intruder* hacer frente a

tacky ['tækɪ] *glue* pegajoso; F (*poor quality*) chabacano, *Span* hortera F; *behavior* impresentable

tact [tækt] tacto *m*; **tactful** diplomático; **tactfully** diplomáticamente

tactical ['tæktɪkl] táctico; **tactics** táctica *f*

tactless ['tæktlɪs] indiscreto

tag [tæg] (*label*) etiqueta *f*

tail [teɪl] cola *f*; **tail light** luz *f* trasera

tailor ['teɪlər] sastre *m*; **tailor-made** *also fig* hecho a medida

'tailpipe *of car* tubo *m* de escape

take [teɪk] (*remove*) llevarse, *Span* coger; (*steal*) llevarse; (*transport, accompany*) llevar; (*accept: money, credit cards*) aceptar; (*study: math, French*) hacer, estudiar; *photograph, photocopy* hacer, sacar; *exam, degree* hacer; *shower* darse; *stroll* dar; *medicine, s.o.'s temperature, taxi* tomar; (*endure*) aguantar

◆ **take after** parecerse a

◆ **take away** *pain* hacer desaparecer; *object* quitar; MATH restar

◆ **take back** (*return: object*) devolver; *person* llevar de vuelta; (*accept back: husband etc*) dejar volver

◆ **take down** *from shelf* bajar; *scaffolding* desmontar; *trousers* bajarse; (*write down*) anotar, apuntar

◆ **take in** (*take indoors*) recoger; (*give accommodation to*) acoger; (*make narrower*) meter; (*deceive*) engañar; (*include*) incluir

◆ **take off** 1 *v/t clothes, hat* quitarse; *10% etc* descontar; (*mimic*) imitar; (*cut off*) cortar 2 *v/i of airplane* despegar, *L.Am.* decolar; (*become popular*) empezar a cuajar

◆ **take on** *job* aceptar; *staff*

contratar

♦ **take out** *from bag, from bank, tooth* sacar; *word from text* quitar; *insurance* suscribir; *he took her out to dinner* la llevó a cenar

♦ **take over 1** *v/t company etc* adquirir **2** *v/i of new management etc* asumir el cargo; *of new government* asumir el poder; *(do sth in s.o.'s place)* tomar el relevo

♦ **take up** *carpet etc* levantar; *(carry up)* subir; *(shorten: dress etc)* acortar; *hobby* empezar a hacer; *subject* empezar a estudiar; *offer* aceptar; *new job* comenzar; *space, time* ocupar

'**takeoff** *of airplane* despegue *m*, *L.Am.* decolaje *m*; *(impersonation)* imitación *f*; **takeover** COM adquisición *f*; **takeover bid** oferta *f* pública de adquisición, OPA *f*; **takings** recaudación *f*

tale [teɪl] cuento *m*, historia *f*

talent ['tælənt] talento *m*; **talented** con talento; **talent scout** cazatalentos *m inv*

talk [tɔːk] **1** *v/t* & *v/i* hablar; **~ business** hablar de negocios **2** *n (conversation)* charla *f*, *C.Am.*, *Mex* plática *f*; *(lecture)* conferencia *f*, **~s** negociaciones *fpl*

♦ **talk back** responder, contestar

talkative ['tɔːkətɪv] hablador; **talk show** programa *m* de entrevistas

tall [tɔːl] alto

tally ['tælɪ] **1** *n* cuenta *f* **2** *v/i* cuadrar, encajar

tame [teɪm] *animal* manso, domesticado; *joke etc* soso

♦ **tamper with** ['tæmpər] *lock* intentar forzar; *brakes* tocar

tampon ['tæmpɑːn] tampón *m*

tan [tæn] **1** *n from sun* bronceado *m*; *(color)* marrón *m* claro **2** *v/i in sun* broncearse **3** *v/t leather* curtir

tangent ['tændʒənt] MATH tangente *f*

tangible ['tændʒɪbl] tangible

tangle ['tæŋgl] lío *m*

tango ['tæŋgoʊ] tango *m*

tank [tæŋk] *for water* depósito *m*, tanque *m*; *for fish* pecera *f*; MOT depósito *m*; MIL, *for skin diver* tanque *m*; **tanker** *truck* camión *m* cisterna; *ship* buque *m* cisterna; *for oil* petrolero *m*

tanned [tænd] moreno, bronceado

tantalizing ['tæntəlaɪzɪŋ] sugerente

tantrum ['tæntrəm] rabieta *f*

tap [tæp] **1** *n Br (faucet)* grifo *m*, *L.Am.* llave *f* **2** *v/t (knock)* dar un golpecito en; *phone* intervenir

tape [teɪp] **1** *n* cinta *f* **2** *v/t conversation etc* grabar; *with sticky tape* pegar con cinta adhesiva; **tape deck** pletina *f*; **tape drive** COMPUT unidad *f* de cinta; **tape meas-**

ure cinta f métrica

taper ['teɪpər] estrecharse

'tape recorder magnetofón m, L.Am. grabador m; tape recording grabación f (magnetofónica)

tar [tɑːr] alquitrán m

tardy ['tɑːrdɪ] tardío

target ['tɑːrgɪt] 1 n in shooting blanco m; for sales, production objetivo m 2 v/t market apuntar a; target audience audiencia f objetivo; target date fecha f fijada; target market mercado m objetivo

tariff ['tærɪf] (price) tarifa f; (tax) arancel m

tarmac ['tɑːrmæk] for road surface asfalto m; at airport pista f

tarnish ['tɑːrnɪʃ] metal deslucir; reputation empañar

tarpaulin [tɑːr'pɔːlɪn] lona f (impermeable)

tart [tɑːrt] tarta f, pastel m

task [tæsk] tarea f; task force for a special job equipo m de trabajo; MIL destacamento m

taste [teɪst] 1 n gusto m; of food etc sabor m 2 v/t also fig probar 3 v/i: it ~s like ... sabe a...; tasteful of buen gusto; tastefully con buen gusto; tasteless food insípido; remark de mal gusto; tasting of wine cata f, degustación f; tasty sabroso, rico

tattered ['tætərd] clothes andrajoso; book destrozado

tattoo [tə'tuː] tatuaje m

taunt [tɔːnt] 1 n pulla f 2 v/t mofarse de

taut [tɔːt] tenso

tax [tæks] 1 n impuesto m 2 v/t people cobrar impuestos a; product gravar; taxable income ingresos mpl gravables; taxation (act of taxing) imposición f de impuestos; (taxes) fiscalidad f, impuestos mpl; tax bracket banda f impositiva; tax-deductible desgravable; tax evasion evasión f fiscal; tax-free libre de impuestos; tax haven paraíso m fiscal

taxi ['tæksɪ] taxi m; taxi driver taxista m/f

taxing ['tæksɪŋ] difícil

'taxi stand, Br 'taxi rank parada f de taxis

'taxpayer contribuyente m/f; tax return declaración f de la renta; tax year año m fiscal

TB [tiː'biː] (= tuberculosis) tuberculosis f

tea [tiː] drink té m; meal merienda f; teabag bolsita f de té

teach [tiːtʃ] 1 v/t enseñar 2 v/i: he always wanted to ~ siempre quiso ser profesor; teacher at primary school maestro(-a) m(f); at secondary school, university profesor(a) m(f); teaching profession enseñanza f, docencia f

'tea-cup taza f de té

teak [tiːk] teca f

team [ti:m] equipo *m*; **team spirit** espíritu *m* de equipo; **teamster** camionero(-a) *m(f)*; **teamwork** trabajo *m* en equipo

'teapot tetera *f*

tear¹ [ter] **1** *n in cloth etc* desgarrón *m*, rotura *f* **2** *v/t paper, cloth* rasgar **3** *v/i (run fast, drive fast)* ir a toda velocidad

◆ tear down *poster* arrancar; *building* derribar

◆ tear out *page* arrancar

◆ tear up romper

tear² [tɪr] *n in eye* lágrima *f*; **be in ~s** estar llorando; **tearful** lloroso; **tear gas** *m* lacrimógeno

tease [ti:z] tomar el pelo a; *animal* hacer rabiar

'teaspoon *cuchara cucharilla f*; *quantity* cucharadita *f*

technical ['teknɪkl] técnico; **technically** técnicamente; **technician** técnico(-a) *m(f)*; **technique** técnica *f*

technological [teknə'lɑːdʒɪkl] tecnológico; **technology** tecnología *f*; **technophobia** rechazo *m* de las nuevas tecnologías

teddy bear ['tedɪber] osito *m* de peluche

tedious ['ti:dɪəs] tedioso

tee [ti:] *in golf* tee *m*

teenage ['ti:neɪdʒ] *fashions* adolescente, juvenil; **teenager** adolescente *m/f*

teens [ti:nz] adolescencia *f*

teeny ['ti:nɪ] F chiquitín F

teeth [ti:θ] *pl* ☞ tooth

teethe [ti:ð] echar los dientes

telecommunications [telɪkəmjuːnɪ'keɪʃnz] telecomunicaciones *fpl*

telegraph pole ['telɪgræf] *Br* poste *m* telegráfico

telepathic [telɪ'pæθɪk] telepático; **telepathy** telepatía *f*

telephone ['telɪfoʊn] **1** *n* teléfono *m* **2** *v/t & v/i* telefonear; **telephone book** guía *f* telefónica, listín *m* telefónico; **telephone booth** cabina *f* telefónica; **telephone call** llamada *f* telefónica; **telephone conversation** conversación *f* por teléfono *or* telefónica; **telephone directory** guía *f* telefónica, listín *m* telefónico; **telephone number** número *m* de teléfono

telephoto lens [telɪ'foʊtoʊlenz] teleobjetivo *m*

telesales ['telɪseɪlz] televentas *fpl*

telescope ['telɪskoʊp] telescopio *m*

televise ['telɪvaɪz] televisar

television ['telɪvɪʒn] televisión *f*; **on ~** en la televisión; **television program**, *Br* **television programme** programa *m* televisivo; **television studio** estudio *m* de televisión

tell [tel] **1** *v/t* contar; **I can't ~ the difference** no veo la diferencia; **~ s.o. sth** decir algo a alguien; **~ s.o. to do sth** decir a alguien que haga algo 2 v/i (have effect) hacerse notar; **teller** in bank cajero(-a) m(f); **telling off** regañina f; **telltale** adj signs revelador 2 n chivato(-a) m(f)

temp [temp] 1 n employee trabajador(a) m(f) temporal 2 v/i hacer trabajo temporal

temper ['tempər] (bad ~) mal humor m; **lose one's ~** perder los estribos

temperament ['tempərəmənt] temperamento m; **temperamental** (moody) temperamental

temperate ['tempərət] templado

temperature ['temprətʃər] temperatura f; (fever) fiebre f

temple[1] ['templ] REL templo m

temple[2] ['templ] ANAT sien f

tempo ['tempou] tempo m

temporarily [tempə'rerılı] temporalmente; **temporary** temporal

tempt [tempt] tentar; **temptation** tentación f; **tempting** tentador

ten [ten] diez

tenacious [tı'neıʃəs] tenaz; **tenacity** tenacidad f

tenant ['tenənt] of building inquilino(-a) m(f); of land arrendatario(-a) m(f)

tend[1] [tend] v/t (look after) cuidar (de)

tend[2] [tend] v/i: ~ **to do sth** soler hacer algo

tendency ['tendənsı] tendencia f

tender[1] ['tendər] adj (sore) sensible(o); (affectionate) cariñoso, tierno; **steak** tierno

tender[2] ['tendər] n COM oferta f

tenderness ['tendərnıs] (soreness) dolor m; of kiss etc cariño m, ternura f

tendon ['tendən] tendón m

tennis ['tenıs] tenis m; **tennis ball** pelota f de tenis; **tennis court** pista f de tenis, cancha f de tenis; **tennis player** tenista m/f

tenor ['tenər] MUS tenor m

tense[1] [tens] n gram tiempo m

tense[2] [tens] adj muscle, voice tenso

tension ['tenʃn] tensión f

tent [tent] tienda f

tentative ['tentətıv] move, offer provisional

tenth [tenθ] 1 adj décimo 2 n décimo m; of second, degree décima f

tepid ['tepıd] tibio

term [tɜːrm] in office etc mandato m; Br EDU trimestre m; (condition, word) término m; **be on good / bad ~s with s.o.** llevarse bien / mal con alguien; **in the long / short ~** a largo / corto plazo

terminal ['tɜːrmınl] 1 n at airport, for buses terminal f; ELEC, COMPUT terminal m; of battery polo m 2 adj illness terminal; **terminally: ~ ill** en la fase terminal de una en-

fermedad; **terminate 1** *v/t*
contract rescindir; *pregnancy*
interrumpir **2** *v/i* finalizar;
termination *of contract* rescisión *f*; *of pregnancy* interrupción *f*
terminus ['tɜːrmɪnəs] *for buses* final *m* de trayecto; *for trains* estación *f* terminal
terrace ['terəs] terraza *f*
terrain [te'reɪn] terreno *m*
terrible ['terəbl] terrible; **terribly** (*very*) tremendamente
terrific [tə'rɪfɪk] estupendo; **terrifically** (*very*) tremendamente
terrify ['terɪfaɪ] aterrorizar; **terrifying** aterrador
territorial [terɪ'tɔːrɪəl] territorial; **territory** territorio *m*
terror ['terər] terror *m*; **terrorism** terrorismo *m*; **terrorist** terrorista *m/f*; **terrorist attack** atentado *m* terrorista; **terrorize** aterrorizar
terse [tɜːrs] tajante, seco
test [test] **1** *n* prueba *f*; *academic, for driving* examen *m* **2** *v/t* probar; **test-drive** *car* probar en carretera
testicle ['testɪkl] testículo *m*
testify ['testɪfaɪ] LAW testificar, prestar declaración
testimony ['testɪmənɪ] LAW testimonio *m*
testy ['testɪ] irritable
tetanus ['tetənəs] tétanos *m*
text [tekst] **1** *n* texto *m*; (*~ message*) mensaje *m* **2** *v/t* mandar un mensaje a; **textbook** libro *m* de texto

textile ['tekstəl] textil *m*
text message mensaje *m* de texto
texture ['tekstʃər] textura *f*
than [ðæn] *que*; *with numbers* de; *bigger ~ me* más grande que yo
thank [θæŋk] dar las gracias a; *~ you* gracias; **thankful** agradecido; **thankfully** (*luckily*) afortunadamente; **thankless** *task* ingrato; **thanks** *fpl* gracias; **Thanksgiving (Day)** Día *m* de Acción de Gracias
that [ðæt] **1** *adj* ese *m*, esa *f*; *more remote* aquel *m*, aquella; *~ one* ése **2** *pron* ése *m*, ésa; *more remote* aquél *m*, aquélla *f*; *what is ~?* ¿qué es eso?; *who is ~?* ¿quién es ése?; *~'s tea* es té; *~'s very kind* qué amable; **3** *rel pron* que; *the car ~ you see* el coche que ves **4** *conj* que; *I think ~ ...* creo que ... **5** *adv* (*so*) tan; *~ expensive* tan caro
thaw [θɔː] *of snow* derretirse, fundirse; *of frozen food* descongelarse
the [ðə] el, la; *plural* los, las; *~ sooner ~ better* cuanto antes, mejor
theater, *Br* **theatre** ['θɪətər] teatro *m*; **theatrical** *also fig* teatral
theft [θeft] robo *m*
their [ðer] su; **theirs** el suyo, la suya; *that book is ~* ese libro es suyo; *a friend of ~* un ami-

go suyo

them [ðem] *direct object* los *mpl*, las *fpl*; *indirect object* les; *after prep* ellos *mpl*, ellas *fpl*; **I know ~ los** / las conozco; **I gave ~ the keys** les di las llaves; **I sold it to ~** se lo vendí; **with ~** con ellos / ellas; **it's ~** son ellos / ellas; **if a person asks for help, you should help ~** si una persona pide ayuda, hay que ayudarla

theme [θiːm] tema *m*; **theme park** parque *m* temático

themselves [ðemˈselvz] *reflexive* se; *emphatic* ellos mismos *mpl*, ellas mismas *fpl*; **they hurt ~** se hicieron daño

then [ðen] (*at that time, deducing*) entonces; (*after that*) luego, después; **by ~** para entonces

theoretical [θɪəˈretɪkl] teórico; **theoretically** en teoría; **theory** teoría *f*

therapeutic [θerəˈpjuːtɪk] terapéutico; **therapist** terapeuta *m/f*; **therapy** terapia *f*

there [ðer] allí, ahí, allá; **down ~** allí *or* ahí *or* allá abajo; **~ is** / **are ...** hay...; **~ is** / **are not ...** no hay...; **~ you are** giving sth aquí tienes; **finding** sth aquí está; **completing** sth ya está; **~ and back** ida y vuelta; **it's 5 miles ~ and back** entre ida y vuelta hay cinco millas; **~ he is!** ¡ahí está!; **~, ~!** ¡venga!; **thereabouts** aproximadamente;

therefore por (lo) tanto

thermometer [θərˈmɑːmɪtər] termómetro *m*

thermos flask [ˈθɜːrməs] termo *m*

these [ðiːz] **1** *adj* estos(-as) **2** *pron* éstos *mpl*, éstas *fpl*

thesis [ˈθiːsɪs] tesis *f inv*

they [ðeɪ] ellos *mpl*, ellas *fpl*; **~ are Mexican** son mexicanos; **if anyone looks at this, ~ will see that ...** si alguien mira esto, verá que...; **~ say that ...** dicen que...

thick [θɪk] *soup* espeso; *fog* denso; *wall*, *book* grueso; *hair* poblado; F (*stupid*) corto; **thicken** *sauce* espesar; **thickskinned** *fig* insensible

thief [θiːf] ladrón(-ona) *m(f)*

thigh [θaɪ] muslo *m*

thin [θɪn] *person* delgado; *hair* ralo, escaso; *soup* claro; *coat*, *line* fino

thing [θɪŋ] cosa *f*

think [θɪŋk] pensar; **hold an opinion** pensar, creer; **I ~ so** creo que sí; **I don't ~ so** creo que no; **what do you ~ of it?** ¿qué te parece

◆ **think over** reflexionar sobre

◆ **think through** pensar bien

◆ **think up** *plan* idear

'think tank grupo *m* de expertos

thin-skinned [θɪnˈskɪnd] sensible

third [θɜːrd] **1** *adj* tercero **2** *n* tercero(a) *m(f)*; *fraction* tercio *m*, tercera parte *f*; **thirdly**

en tercer lugar; **third party** tercero *m*; **third-party insurance** seguro *m* a terceros; **Third World** Tercer Mundo *m*

thirst [θɜːrst] sed *f*; **thirsty** sediento; **be ~** tener sed

thirteen [θɜːrˈtiːn] trece; **thirteenth** decimotercero; **thirtieth** trigésimo; **thirty** treinta

this [ðɪs] **1** *adj* este *m*, esta *f*; **~ one** éste **2** *pron* esto *m*, esta *f*; **~ is good** esto es bueno; **~ is ...** *introducing s.o.* éste es / ésta es...; TELEC soy... **3** *adv*: **~ high** así de alto

thorn [θɔːrn] espina *f*; **thorny** *also fig* espinoso

thorough [ˈθɜːrou] *search* minucioso; *be* ~ tener una paliza a
◆ **thrash out** *solution* alcanzar

thrashing [ˈθræʃɪŋ] *also* SP paliza *f*

thread [θred] **1** *n* hilo *m*; *of screw* rosca *f* **2** *v/t needle* enhebrar; *beads* ensartar; **threadbare** raído

threat [θret] amenaza *f*; **threaten** amenazar; **threatening** amenazador

three [θriː] tres; **three-quarters** tres cuartos *mpl*

threshold [ˈθreʃhould] *of house, new age* umbral *m*

thrifty [ˈθrɪftɪ] ahorrativo

thrill [θrɪl] **1** *n* emoción *f*, estremecimiento *m* **2** *v/t*: *be ~ed* estar entusiasmado; **thriller** *movie* película *f* de Span suspense or L.Am. suspenso; *novel* novela *f* de Span suspense or L.Am. suspenso; **thrilling** emocionante

thrive [θraɪv] *of plant* medrar; *of business* prosperar

throat [θrout] garganta *f*; **throat lozenge** pastilla *f* para la garganta

throb [θrɑːb] **1** *n of heart* latido *m*; *of music* zumbido *m* **2** *v/i of heart* latir; *of music* zumbar

throne [θroun] trono *m*

throttle [ˈθrɑːtl] **1** *n on motorbike* acelerador *m*; *on boat*

person concienzudo; **thoroughbred** *horse* purasangre *m*; **thoroughly** completamente; *clean up* a fondo; *search* minuciosamente

those [ðouz] **1** *adj* esos *mpl*, esas *fpl*; *more remote* aquellos *mpl*, aquellas *fpl* **2** *pron* ésos *mpl*, ésas *fpl*; *more remote* aquéllos *mpl*, aquéllas *mpl*

though [ðou] **1** *conj* (*although*) aunque; *as* **~** como si **2** *adv* sin embargo

thought [θɔːt] *single* idea *f*; *collective* pensamiento *m*; **thoughtful** pensativo; *book* serio; (*considerate*) atento; **thoughtless** desconsiderado

thousand [ˈθauznd] mil *m*; **thousandth** milésimo

thrash [θræʃ] *also* SP dar una paliza a

palanca f del gas **2** v/t (strangle) estrangular

through [θruː] **1** prep ◇ (across) a través de; **go ~ the city** atravesar la ciudad ◇ (during) durante; **Monday – Friday** de lunes a viernes ◇ (by means of) por medio de; **arranged ~ him** acordado por él **2** adv: **wet ~** completamente mojado **3** adj: **be ~** of couple haber terminado; **I'm ~ with ...** (finished with) he terminado con...; **throughout 1** prep durante; a lo largo de **2** adv (in all parts) en su totalidad

throw [θroʊ] **1** v/t tirar; (disconcert) desconcertar; party dar **2** n lanzamiento m
♦ **throw away** tirar, L.Am. botar
♦ **throw out** old things tirar, L.Am. botar; from bar, job, home echar; from country expulsar; plan rechazar
♦ **throw up 1** v/t ball lanzar hacia arriba **2** v/i (vomit) vomitar

'throw-away remark insustancial, pasajero; (disposable) desechable; **throw-in** SP saque m de banda

thru [θruː] ☞ **through**
thrust [θrʌst] v/t (push hard) empujar; knife hundir
thud [θʌd] golpe m sordo
thug [θʌɡ] matón m
thumb [θʌm] **1** n pulgar m **2** v/t: **~ a ride** hacer autostop;

thumbtack chincheta f
thunder ['θʌndər] truenos mpl; **thunderous** applause tormenta f; **thunderstorm** tormenta f (con truenos); **thunderstruck** atónito; **thundery** weather tormentoso

Thursday ['θɜːrzdeɪ] jueves m inv
thus [ðʌs] (in this way) así
thwart [θwɔːrt] frustrar
tick [tɪk] **1** n of clock tic-tac m; Br (checkmark) señal f de visto bueno **2** v/i of clock hacer tic-tac
ticket ['tɪkɪt] for bus, train, lottery billete m, L.Am. boleto m; for airplane billete m, L.Am. pasaje m; for theater, museum entrada f, L.Am. boleto m; for speeding etc multa f; **ticket machine** máquina f expendedora de billetes; **ticket office** at station ostrador m de venta de billetes; THEA taquilla f, L.Am. boletería f
ticking ['tɪkɪŋ] noise tic-tac m
tickle ['tɪkl] **1** v/t person hacer cosquillas a **2** v/i of material hacer cosquillas
tidal wave ['taɪdlweɪv] maremoto m (ola)
tide [taɪd] marea f
tidiness ['taɪdɪnɪs] orden m; tidy ordenado
♦ **tidy up 1** v/t ordenar; **tidy o.s. up** arreglarse **2** v/i recoger

tie [taɪ] **1** n (necktie) corbata f;

SP (*even result*) empate *m*; **he doesn't have any ~s** no está atado a nada **2** *v/t knot, hands* atar **3** *v/i* SP empatar
◆ **tie down** *also fig* atar
◆ **tie up** *person, laces* atar; *boat* amarrar; *hair* recoger

tier [tɪr] *of hierarchy* nivel *m*; *in stadium* grada *f*

tight [taɪt] **1** *adj clothes* ajustado, estrecho; *security* estricto; (*hard to move*) apretado; (*properly shut*) cerrado; (*not leaving much time*) justo de tiempo; F (*drunk*) como una cuba **F 2** *adv hold* fuerte; *shut* bien; **tighten screw** apretar; *control* endurecer; *security* intensificar; **tight-fisted** agarrado; **tight**: *tightrope* cuerda *f* floja; **tights** Br medias *fpl*, pantis *mpl*

tile [taɪl] *on floor* baldosa *f*; *on wall* azulejo *m*; *on roof* teja *f*

till¹ [tɪl] → **until**

till² [tɪl] (*cash register*) caja *f* (registradora)

tilt [tɪlt] **1** *v/t* inclinar **2** *v/i* inclinarse

timber ['tɪmbər] madera *f* (de construcción)

time [taɪm] **1** *n* tiempo *m*; (*occasion*) vez *f*; **have a good ~** pasarlo bien; **what's the ~?** ¿qué hora es?; **the first ~** la primera vez; **all the ~** todo el rato; **at the same ~** *speak, reply etc* a la vez; (*however*) al mismo tiempo; **on ~** puntual; **in ~** con tiempo **2** *v/t*

cronometrar; **time bomb** bomba *f* de relojería; **time difference** diferencia *f* horaria; **time-lag** intervalo *m*; **time limit** plazo *m*; **timely** oportuno; **time out** SP tiempo *m* muerto; **timer** *device* temporizador *m*; **timesaving** ahorro *m* de tiempo; **timescale** *of project* plazo *m* (de tiempo); **time switch** temporizador *m*; **time zone** huso *m* horario

timid ['tɪmɪd] tímido

tin [tɪn] *metal* estaño *m*; Br (*can*) lata *f*; **tinfoil** papel *m* de aluminio

tinge [tɪndʒ] matiz *m*

tingle ['tɪŋgl] hormigueo *m*

tinkle ['tɪŋkl] *of bell* tintineo *m*

tinsel ['tɪnsl] espumillón *m*

tint [tɪnt] **1** *n of color* matiz *m*; *in hair* tinte *m* **2** *v/t hair* teñir; **tinted** *glasses* con un tinte; *paper* coloreado

tiny ['taɪnɪ] diminuto, minúsculo

tip¹ [tɪp] *n of stick, finger* punta *f*; *of mountain* cumbre *f*; *of cigarette* filtro *m*

tip² [tɪp] **1** *n advice* consejo *m*; *money* propina *f* **2** *v/t waiter etc* dar propina a
◆ **tip off** avisar

tip-off soplo *m*

tipped [tɪpt] *cigarettes* con filtro

tippy-toe ['tɪpɪtoʊ]: **on ~** de puntillas

tipsy ['tɪpsɪ] achispado

tire¹ [taɪr] *n* neumático *m*, *L.Am.* llanta *f*

tire² [taɪr] **1** *v/t* cansar, fatigar **2** *v/i* cansarse, fatigarse

tired [taɪrd] cansado, fatigado; **tiredness** cansancio *m*, fatiga *f*; **tireless** *efforts* incansable, infatigable; **tiresome** (*annoying*) pesado; **tiring** agotador

tissue ['tɪʃuː] ANAT tejido *m*; (*handkerchief*) pañuelo de papel, Kleenex® *m*; **tissue paper** papel *m* de seda

title ['taɪtl] título *m*; LAW título *m* de propiedad; **titleholder** SP campeón(-ona) *m(f)*

to [tuː] **1** *prep* a; *~ Japan / Chicago* a Japón / Chicago; *~ the north of …* al norte de…; *give sth ~ s.o.* dar algo a alguien; *from Monday ~ Wednesday* de lunes a miércoles; *from 10 ~ 15 people* de 10 a 15 personas; *with verbs:* *~ speak* hablar; *learn ~ swim* aprender a nadar; *too heavy ~ carry* demasiado pesado para llevarlo **2** *adv:* *~ and fro* de un lado para otro

toast [toʊst] **1** *n* pan *m* tostado; *when drinking* brindis *m inv* **2** *v/t when drinking* brindar por; **toaster** tostador(a) *m(f)*

tobacco [tə'bækoʊ] tabaco *m*

today [tə'deɪ] hoy

toddler ['taːdlər] niño *m* pequeño

to-do [tə'duː] F revuelo *m*

toe [toʊ] dedo *m* del pie; *of shoe* puntera *f*; **toenail** uña *f* del pie

together [tə'geðər] juntos (-as); (*at the same time*) a la vez

toilet ['tɔɪlt] *place* cuarto *m* de baño, servicio *m*; *equipment* retrete *m*; **toilet paper** papel *m* higiénico; **toiletries** artículos *mpl* de tocador

token ['toʊkən] (*sign*) muestra *f*; *Br* (*gift* ~) vale *m*; (*disk*) ficha *f*

tolerable ['taːlərəbl] *pain etc* soportable; (*quite good*) aceptable; **tolerance** tolerancia *f*; **tolerant** tolerante; **tolerate** tolerar

toll¹ [toʊl] *v/i of bell* tañer

toll² [toʊl] *n* (*deaths*) mortandad *f*

toll³ [toʊl] *n for bridge, road* peaje *m*; *telec* tarifa *f*; **'toll booth** cabina *f* de peaje; **toll-free** TELEC gratuito

tomato [tə'meɪtoʊ] tomate *m*, *Mex* jitomate *m*; **tomato ketchup** ketchup *m*

tomb [tuːm] tumba *f*; **tombstone** lápida *f*

tomcat ['taːmkæt] gato *m*

tomorrow [tə'mɔːroʊ] mañana; *the day after ~* pasado mañana; *~ morning* mañana por la mañana

ton [tʌn] tonelada *f* (*907 kg*)

tone [toʊn] *of color, conversation* tono *m*; *of musical instrument* timbre *m*; *of neigh-*

borhood nivel *m*; **toner** tóner *m*

tongue [tʌŋ] lengua *f*

tonic ['tɑːnɪk] MED tónico *m*; **tonic (water)** (agua *f*) tónica *f*

tonight [tə'naɪt] esta noche

too [tuː] **1** *of* (*also*) también; (*excessively*) demasiado; **me ~** yo también; **~ much rice** demasiado arroz

tool [tuːl] herramienta *f*

tooth [tuːθ] diente *m*; **toothache** dolor *m* de muelas; **toothbrush** cepillo *m* de dientes; **toothpaste** pasta *f* de dientes, dentífrico *m*; **toothpick** palillo *m*

top [tɑːp] **1** *n of mountain* cima *f*; *of tree* copa *f*; *of wall, screen, page* parte *f* superior; (*lid: of bottle etc*) tapón *m*; *of pen* capucha *f*; *clothing* camiseta *f*, top *m*; (MOT: *gear*) directa *f*; **on ~ of** encima de, sobre; **be ~ of the league** ser el primero de la liga; **get to the ~ of** *company, mountain* llegar a la cumbre **2** *adj branches* superior; *floor* de arriba, último; *management, official* alto; *player* mejor; *speed, note* máximo

topic ['tɑːpɪk] tema *m*; **topical** de actualidad

topless ['tɑːplɪs] en topless; **topmost** superior; **topping** *on pizza* ingrediente *m*

topple ['tɑːpl] **1** *v/i* derrumbarse **2** *v/t government* derrocar

top 'secret altamente confidencial

topsy-turvy [tɑːpsɪ'tɜːrvɪ] (*in disorder*) desordenado; *world* al revés

torment 1 ['tɔːrment] *n* tormento *m* **2** [tɔːr'ment] *v/t* atormentar

tornado [tɔːr'neɪdoʊ] tornado *m*

torpedo [tɔːr'piːdoʊ] **1** *n* torpedo *m* **2** *v/t also fig* torpedear

torrent ['tɑːrənt] *also fig* torrente *m*; *of lava* colada *f*

torture ['tɔːrtʃər] **1** *n* tortura *f* **2** *v/t* torturar

toss [tɑːs] *ball* lanzar; *rider* desmontar; *salad* remover

total ['toʊtl] **1** *n* total *m* **2** *adj amount; disaster, stranger* completo; *idiot* de tomo y lomo; **totalitarian** totalitario; **totally** totalmente

totter ['tɑːtər] tambalearse

touch [tʌtʃ] **1** *n* toque *m*; *sense* tacto *m*; **lose ~ with s.o.** perder el contacto con alguien; **in ~** SP fuera **2** *v/t tocar; emotionally* conmover **3** *v/i tocar; of two lines etc* tocarse

◆ **touch down** *of airplane* aterrizar; SP marcar un ensayo

'touchdown *of airplane* aterrizaje *m*; SP touchdown *m*, ensayo *m*; **touching** conmovedor; **touchline** SP línea *f* de banda; **touch screen** pantalla *f* táctil; **touchy** *person* susceptible

tough [tʌf] *person, meat, punishment* duro; *question, exam* difícil; *material* resistente, fuerte

tour [tʊr] **1** *n of museum etc* recorrido *m*; *of area* viaje *m* (**of** por); *of band etc* gira *f* **2** *v/t area* recorrer **3** *v/i of band etc* estar de gira; *tour guide* guía *m/f* turístico(-a); **tourism** turismo *m*; **tourist** turista *m/f*; **tourist industry** industria *f* turística; **tourist (information) office** oficina *f* de turismo

tournament ['tʊrnəmənt] torneo *m*

'**tour operator** operador *m* turístico

tow [toʊ] remolcar

◆ **tow away** *car* llevarse

toward [tɔːrd] hacia

towel ['taʊəl] toalla *f*

tower ['taʊər] torre *m*

town [taʊn] ciudad *f*; *small* pueblo *m*; **town center**, *Br* **town centre** centro *m* de la ciudad / del pueblo; **town council** ayuntamiento *m*; **town hall** ayuntamiento *m*

toxic ['taːksɪk] tóxico; **toxin** toxina *f*

toy [tɔɪ] juguete *m*

trace [treɪs] **1** *n of substance* resto *m* **2** *v/t* (*find*) localizar; (*follow: footsteps etc*) seguir el rastro a; (*draw*) trazar

track [træk] *n (path)* senda *f*, camino *m*; *for horses* hipódromo *m*; *for cars* circuito *m*; *for athletics* pista *f*; *on CD* canción

f, corte *m*; RAIL vía *f*; **keep ~ of sth** llevar la cuenta de algo

◆ **track down** localizar

'**tracksuit** *Br* chándal *m*

tractor ['træktər] tractor *m*

trade [treɪd] **1** *n* (*commerce*) comercio *m*; (*profession, craft*) oficio *m* **2** *v/i* (*do business*) comerciar **3** *v/t* (*exchange*) intercambiar; **trade fair** feria *f* de muestras; **trademark** marca *f* registrada; **trade mission** misión *f* comercial; **trader** comerciante *m*

tradition [trə'dɪʃn] tradición *f*; **traditional** tradicional; **traditionally** tradicionalmente

traffic ['træfɪk] tráfico *m*

◆ **traffic in** *drugs* traficar con

'**traffic circle** rotonda *f*, *Span* glorieta; **traffic cop** F poli *m* de tráfico F; **traffic jam** atasco *m*; **traffic light** semáforo *m*; **traffic sign** señal *f* de tráfico

tragedy ['trædʒədɪ] tragedia *f*; **tragic** tragico

trail [treɪl] **1** *n* (*path*) camino *m*, senda *f*; *of blood* rastro *m* **2** *v/t* (*follow*) seguir la pista de; (*tow*) arrastrar **3** *v/i* (*lag behind*) ir a la zaga; **trailer** *pulled by vehicle* remolque *m*; (*mobile home*) caravana *f*; *of movie* avance *m*, tráiler *m*

train¹ [treɪn] *n* tren *m*

train² [treɪn] **1** *v/t team, athlete* entrenar; *employee* formar;

dog adiestrar **2** *v/i of team, athlete* entrenarse; *of teacher etc* formarse

trainee aprendiz(a) *m(f)*; **trainer** SP entrenador(a) *m(f)*; *of dog* adiestrador(a) *m(f)*; **~s** *Br: shoes* zapatillas *fpl* de deporte; **training** *of staff* formación *f*; SP entrenamiento *m*

'**train station** estación *f* de tren

traitor ['treɪtər] traidor(a) *m(f)*

♦ **trample on** pisotear

trampoline ['træmpəliːn] cama *f* elástica

tranquil ['træŋkwɪl] tranquilo; **tranquility**, *Br* **tranquillity** tranquilidad *f*; **tranquilizer**, *Br* **tranquillizer** tranquilizante *m*

transaction [trænˈzækʃn] *action* transacción *f*; *deal* negociación *f*

transatlantic [trænzətˈlæntɪk] transatlántico

transcript ['trænskrɪpt] transcripción *f*

transfer 1 [trænsˈfɜːr] *v/t* transferir **2** [trænsˈfɜːr] *v/i in traveling* hacer transbordo **3** ['trænsfɜːr] *n also of money* transferencia *f*; *in travel* transbordo *m*; **transferable ticket** transferible; **transfer fee** *for football player* traspaso *m*

transform [trænsˈfɔːrm] transformar; **transformation** transformación *f*;

transformer ELEC transformador *m*

transfusion [trænsˈfjuːʒn] transfusión *f*

transit ['trænzɪt]: **in ~** en tránsito; **transition** transición *f*; **transitional** de transición; **transit lounge** *at airport* sala *f* de tránsito; **transit passenger** pasajero *m* en tránsito

translate [trænsˈleɪt] traducir; **translation** traducción *f*; **translator** traductor(a) *m(f)*

transmission [trænzˈmɪʃn] *of news, program* emisión *f*; *of disease,* MOT transmisión *f*; **transmit** *program* emitir; *disease* transmitir; **transmitter** *for radio, TV* emisora *f*

transparency [trænsˈpærənsɪ] PHOT diapositiva *f*; **transparent** transparente; (*obviously*) obvio

transplant MED **1** [trænsˈplænt] *v/t* trasplantar **2** ['trænsplænt] *n* trasplante *m*

transport 1 [trænˈspɔːrt] *v/t* transportar **2** ['trænspɔːrt] *n* transporte *m*; **transportation** transporte *m*

transvestite [trænsˈvestaɪt] travestí *m*, travesti *m*

trap [træp] **1** *n* trampa *f* **2** *v/t* atrapar; **trappings** *of power* parafernalia *f*

trash [træʃ] (*garbage*) basura *f*; (*poor product*) bazofia *f*; (*despicable person*) escoria *f*; **trashcan** cubo *m* de la basura; **trashy** *goods* barato

traumatic [trɔ'mætɪk] **traumático**; **traumatize** traumatizar

travel ['trævl] **1** *n* viajes *mpl* **2** *v/t & v/i* viajar; **travel agency** agencia *f* de viajes; **travel agent** agente *m* de viajes; **traveler**, *Br* **traveller** viajero(-a) *m(f)*; **traveler's check**, *Br* **traveller's cheque** cheque *m* de viaje; **travel expenses** gastos *mpl* de viaje; **travel insurance** seguro *m* de asistencia en viaje

trawler ['trɔːlər] (barco *m*) arrastrero *m*

tray [treɪ] bandeja *f*

treacherous ['tretʃərəs] traicionero; **treachery** traición *f*

tread [tred] **1** *n* pasos *mpl*; *of staircase* huella *f* (del peldaño); *of tire* dibujo *m* **2** *v/i* andar

treason ['triːzn] traición *f*

treasure ['treʒər] **1** *n also person* tesoro *m* **2** *v/t gift etc* apreciar mucho; **treasurer** tesorero(-a) *m(f)*; **Treasury Department** Ministerio *m* de Hacienda

treat [triːt] **1** *n* placer; *it's my ~ (I'm paying)* yo invito **2** *v/t* tratar; *~ s.o. to sth* invitar a alguien a algo; **treatment** tratamiento *m*

treaty ['triːtɪ] tratado *m*

treble ['trebl] **1** *adv*: *~ the price* el triple del precio **2** *v/i* triplicarse

tree [triː] árbol *m*

tremble ['trembl] temblar

tremendous [trɪ'mendəs] *(very good)* estupendo; *(enormous)* enorme; **tremendously** *(very)* tremendamente; *(a lot)* enormemente

tremor ['tremər] *of earth* temblor *m*

trench [trentʃ] trinchera *f*

trend [trend] tendencia *f*; *(fashion)* moda *f*; **trendy** de moda; *views* moderno

trespass ['trespæs] entrar sin autorización; *no ~ing* prohibido el paso; **trespasser** intruso(-a) *m(f)*

trial ['traɪəl] LAW juicio *m*; *of equipment* prueba *f*; *be on ~* LAW estar siendo juzgado

triangle ['traɪæŋgl] triángulo *m*; **triangular** triangular

tribe [traɪb] tribu *f*

tribunal [traɪ'bjuːnl] tribunal *m*

tributary ['trɪbjətərɪ] *of river* afluente *m*

trick [trɪk] **1** *n (to deceive, knack)* truco *m* **2** *v/t* engañar; **trickery** engaños *mpl*

trickle ['trɪkl] **1** *n* hilo *m*, reguero *m*; *of money* goteo *m* **2** *v/i* gotear

tricky ['trɪkɪ] *(difficult)* difícil

trifling ['traɪflɪŋ] insignificante

trigger ['trɪgər] *on gun* gatillo *m*

♦ **trigger off** desencadenar

trim [trɪm] **1** *adj (neat)* muy

cuidado; *figure* delgado **2** *v/t hair, costs* recortar; *(decorate: dress)* adornar **3** *n (light cut)* recorte *m*

trinket ['trɪŋkɪt] baratija *f*

trip [trɪp] **1** *n (journey)* viaje *m* **2** *v/i (stumble)* tropezar **3** *v/t (make fall)* poner la zancadilla a

◆ **trip up 1** *v/t (make fall)* poner la zancadilla a; *(cause to go wrong)* confundir **2** *v/i (stumble)* tropezar; *(make a mistake)* equivocarse

triple ['trɪpl] ☞ **treble**

trite [traɪt] manido

triumph ['traɪəmf] triunfo *m*

trivial ['trɪvɪəl] trivial; **triviality** trivialidad *f*

trolley ['trɑːlɪ] *(streetcar)* tranvía *m*

troops [truːps] tropas *fpl*

trophy ['troʊfɪ] trofeo *m*

tropic ['trɑːpɪk] trópico *m*; **tropical** tropical; **tropics** trópicos *mpl*

trot [trɑːt] trotar

trouble ['trʌbl] **1** *n (difficulties)* problema *m*, problemas *mpl*; *(inconvenience)* molestia *f*; *(disturbance)* conflicto *m*; **get into ~** meterse en líos **2** *v/i (worry)* preocupar; *(bother, disturb)* molestar; **troublemaker** alborotador(a) *m(f)*; **troubleshooting** resolución *f* de problemas; **troublesome** problemático

trousers ['traʊzərz] *Br* pantalones *mpl*

trout [traʊt] trucha *f*

truant ['truːənt]: *play ~* hacer novillos, *Mex* irse de pinta, *S.Am.* hacerse la rabona

truce [truːs] tregua *f*

truck [trʌk] camión *m*; **truck driver** camionero(-a) *m(f)*; **truck stop** restaurante *m* de carretera

trudge [trʌdʒ] **1** *v/i* caminar fatigosamente **2** *n* caminata *f*

true [truː] verdadero, cierto; *friend, American* auténtico; **come ~** of hopes, dream hacerse realidad; **truly** verdaderamente; **Yours ~** le saluda muy atentamente

trumpet ['trʌmpɪt] trompeta *f*

trunk [trʌŋk] *of tree, body* tronco *m*; *of elephant* trompa *f*; *(large case)* baúl *m*; *of car* maletero *m*, *C.Am.*, *Mex* cajuela *f*, *Rpl* baúl *m*

trust [trʌst] **1** *n* confianza *f*; FIN fondo *m* de inversión **2** *v/t* confiar en; **trusted** de confianza; **trustee** fideicomisario(-a) *m(f)*; **trustful**, **trusting** confiado; **trustworthy** de confianza

truth [truːθ] verdad *f*; **truthful** sincero; *account* verdadero

try [traɪ] probar; LAW juzgar; **~ to do sth** intentar hacer algo, tratar de hacer algo; **trying** *(annoying)* molesto

T-shirt ['tiːʃɜːrt] camiseta *f*

tub [tʌb] *(bath)* bañera *f*, *L.Am.* tina *f*; *for liquid* cuba *f*; *of yoghurt* envase *m*; **tubby**

turn

rechoncho

tube [tu:b] tubo *m*; **tubeless tire** sin cámara de aire

Tuesday ['tu:zdeɪ] martes *m inv*

tuft [tʌft] *of hair* mechón *m*; *of grass* mata *f*

tug [tʌg] 1 *n* (*pull*) tirón *m*; NAUT remolcador *m* 2 *v/t* (*pull*) tirar de

tuition [tu:'ɪʃn] clases *fpl*

tumble ['tʌmbl] caer, caerse; tumbledown destartalado; tumbler *for drink* vaso *m*; *in circus* acróbata *m* / *f*

tummy ['tʌmɪ] F tripa *f* F, barriga *f* F; tummy ache dolor *m* de tripa *or* barriga

tumor, *Br* tumour ['tu:mər] tumor *m*

tumult ['tu:mʌlt] tumulto *m*; tumultuous tumultuoso

tuna ['tu:nə] atún *m*

tune [tu:n] 1 *n* melodía *f* 2 *v/t instrument* afinar

◆ tune up 1 *v/i of orchestra* afinar 2 *v/t engine* poner a punto

tuneful ['tu:nfəl] melodioso; tune-up *of engine* puesta *f* a punto

tunnel ['tʌnl] túnel *m*

turbine ['tɜ:rbaɪn] turbina *f*

turbulence ['tɜ:rbjələns] *in air travel* turbulencia *f*; turbulent turbulento

turf [tɜ:rf] césped *m*; *piece* tepe *m*

turkey ['tɜ:rkɪ] pavo *m*

turmoil ['tɜ:rmɔɪl] desorden *m*, agitación *f*

turn [tɜ:rn] 1 *n* (*rotation*) vuelta *f*; *in road* curva *f*; *junction* giro *m*; *in vaudeville* número *m*; **take ~s in doing sth** turnarse para hacer algo; *it's my* ~ me toca a mí 2 *v/t wheel* girar; *corner* dar la vuelta a 3 *v/i of driver, car, wheel* girar; *of person:* turn around volverse; *it has* ~**ed cold** se ha enfriado

◆ turn around 1 *v/t object* dar la vuelta a; *company* dar un vuelco a; COM (*deal with*) procesar 2 *v/i of person* volverse; *of driver* dar la vuelta

◆ turn away 1 *v/t* (*send away*) rechazar 2 *v/i* (*walk away*) marcharse; (*look away*) desviar la mirada

◆ turn back 1 *v/t edges* doblar 2 *v/i of walkers etc* volver; *in course of action* echarse atrás

◆ turn down *offer* rechazar; *volume, heating* bajar; *edge* doblar

◆ turn off 1 *v/t TV, engine* apagar; *faucet* cerrar; *heater* apagar 2 *v/i of car, driver* doblar

◆ turn on 1 *v/t TV, engine, heating* encender, *L.Am.* prender; *faucet* abrir; F *sexually* excitar F 2 *v/i of machine* encenderse, *L.Am.* prenderse

◆ turn over 1 *v/i in bed* darse la vuelta; *of vehicle* volcar 2 *v/t* (*put upside down*) dar la vuelta a; *page* pasar; FIN facturar

◆ **turn up 1** *v/t* collar subirse; *volume, heating* subir **2** *v/i* (*arrive*) aparecer

turning ['tɜ:rnɪŋ] giro *m*; **turning point** punto *m* de inflexión; **turnout** *of people* asistencia *f*; **turnover** FIN facturación *f*; **turnpike** autopista *f* de peaje; **turn signal** *on car* intermitente *m*

turquoise ['tɜ:rkwɔɪz] turquesa

turtle ['tɜ:rtl] tortuga *f* (marina); **turtleneck sweater** suéter *m* de cuello alto

tusk [tʌsk] colmillo *m*

tutor ['tu:tər] *Br: at university* tutor *m*; (*private*) ~ profesor(a) *m(f)* particular

tuxedo [tʌk'si:dou] esmoquin *m*

TV [ti:'vi:] televisión *f*; **on** ~ en la televisión; **TV dinner** menú *m* precocinado; **TV guide** guía *f* televisiva; **TV program**, *Br* **TV programme** programa *m* de televisión

twang [twæŋ] **1** *n in voice* entonación *f* nasal **2** *v/t guitar string* puntear

tweezers ['twi:zərz] pinzas *fpl*

twelfth [twelfθ] duodécimo; **twelve** doce

twentieth ['twentɪəθ] vigésimo; **twenty** veinte

twice [twaɪs] dos veces; ~ *as much* el doble

twig [twɪg] ramita *f*

twilight ['twaɪlaɪt] crepúsculo *m*

twin [twɪn] gemelo *m*; **twin beds** camas *fpl* gemelas

twinge [twɪndʒ] *of pain* punzada *f*

twinkle ['twɪŋkl] *of stars* parpadeo *m*; *of eyes* brillo *m*

twin 'room habitación *f* con camas gemelas

twirl [twɜ:rl] **1** *v/t* hacer girar **2** *n of cream etc* voluta *f*

twist [twɪst] **1** *v/t* retorcer; ~ *one's ankle* torcerse el tobillo **2** *v/i of road, river* serpentear **3** *n in rope, road* vuelta *f*; *in plot* giro *m* inesperado; **twisty road** serpenteante

twitch [twɪtʃ] *nervous* tic *m*

twitter ['twɪtər] gorjear

two [tu:] dos; *the ~ of them* los dos, ambos

tycoon [taɪ'ku:n] magnate *m*

type [taɪp] **1** *n* (*sort*) tipo *m*, clase *f* **2** *v/i* (*use a keyboard*) escribir a máquina **3** *v/t with a typewriter* escribir a máquina

typhoon [taɪ'fu:n] tifón *m*

typhus ['taɪfəs] tifus *m*

typical ['tɪpɪkl] típico; **typically** típicamente

typist ['taɪpɪst] mecanógrafo(-a) *m(f)*

tyrannical [tɪ'rænɪkl] tiránico; **tyrannize** tiranizar; **tyranny** tiranía *f*; **tyrant** tirano(-a) *m(f)*

tyre *Br* ☞ *tire*[1]

U

ugly ['ʌglɪ] feo
UK [juː'keɪ] (= **United Kingdom**) RU m (= Reino m Unido)
ulcer ['ʌlsər] úlcera f; in mouth llaga f
ultimate ['ʌltɪmət] (final) final; (fundamental) esencial; **ultimately** (in the end) en última instancia
ultimatum [ʌltɪ'meɪtəm] ultimátum m
ultrasound ['ʌltrəsaʊnd] MED ultrasonido m; (scan) ecografía f
ultraviolet [ʌltrə'vaɪələt] ultravioleta
umbrella [ʌm'brelə] paraguas m inv
umpire ['ʌmpaɪr] árbitro m; in tennis juez m/f de silla
UN [juː'en] (= **United Nations**) ONU f (= Organización f de las Naciones Unidas)
unable [ʌn'eɪbl]: **be ~ to do sth** not know how no saber hacer algo; not be in a position no poder hacer algo
unacceptable [ʌnək'septəbl] inaceptable
unaccountable [ʌnə'kaʊntəbl] inexplicable
un-American [ʌnə'merɪkən] poco americano; activities antiamericano
unanimous [juː'nænɪməs]

verdict unánime; **unanimously** unánimemente
unapproachable [ʌnə'prəʊtʃəbl] person inaccesible
unarmed [ʌn'ɑːrmd] person desarmado
unassuming [ʌnə'suːmɪŋ] sin pretensiones
unattached [ʌnə'tætʃt] without a partner sin compromiso, sin pareja
unattended [ʌnə'tendɪd] desatendido
unauthorized [ʌn'ɔːθəraɪzd] no autorizado
unavoidable [ʌnə'vɔɪdəbl] inevitable
unbalanced [ʌn'bælənst] also PSYCH desequilibrado
unbearable [ʌn'berəbl] insoportable
unbeatable [ʌn'biːtəbl] team invencible; quality insuperable
unbeaten [ʌn'biːtn] team invicto
unbelievable [ʌnbɪ'liːvəbl] also F increíble
unbias(s)ed [ʌn'baɪəst] imparcial
unblock [ʌn'blɑːk] pipe desatascar
unbreakable [ʌn'breɪkəbl] plates irrompible; world record inalcanzable
unbutton [ʌn'bʌtn] desabotonar

uncanny [ʌn'kænɪ] *resemblance* increíble; *skill* inexplicable; (*worrying: feeling*) extraño, raro

unceasing [ʌn'siːsɪŋ] incesante

uncertain [ʌn'sɜːrtn] *future, origins* incierto; *uncertainty* incertidumbre *f*

uncle ['ʌŋkl] tío *m*

uncomfortable [ʌn'kʌmftəbl] *chair* incómodo

uncommon [ʌn'kɑːmən] poco corriente, raro

uncompromising [ʌn'kɑːmprəmaɪzɪŋ] inflexible

unconditional [ʌnkən'dɪʃnl] incondicional

unconscious [ʌn'kɑːnʃəs] MED, PSYCH inconsciente

uncontrollable [ʌnkən'troʊləbl] incontrolable

unconventional [ʌnkən'venʃnl] poco convencional

uncooperative [ʌnkoʊ'ɑːpərətɪv] *be* ~ no estar dispuesto a colaborar

uncover [ʌn'kʌvər] *remove cover from* destapar; *plot, remains* descubrir

undamaged [ʌn'dæmɪdʒd] intacto

undecided [ʌndɪ'saɪdɪd] *question* sin resolver; *be* ~ *about* estar indeciso sobre

undeniable [ʌndɪ'naɪəbl] innegable

under ['ʌndər] debajo de, bajo; (*less than*) menos de; *it is* ~ *investigation* está siendo investigado

'undercarriage tren *m* de aterrizaje

'undercover *agent* secreto

under'cut COM vender más barato que

under'done *meat* poco hecho

under'estimate subestimar

under'fed malnutrido

under'go *surgery* ser sometido a; *experiences* sufrir

under'graduate estudiante *m/f* universitario(-a) (*todavía no licenciado(a)*)

'underground 1 *adj* subterráneo; POL clandestino 2 *adv work* bajo tierra

under'hand (*devious*) poco honrado

under'line *text* subrayar

under'lying subyacente

under'mine *position* minar

underneath [ʌndər'niːθ] 1 *prep* debajo de, bajo 2 *adv* debajo

'underpants calzoncillos *mpl*

'underpass *for pedestrians* paso *m* subterráneo

underprivileged [ʌndər'prɪvɪlɪdʒd] desfavorecido

under'rate subestimar

understaffed [ʌndər'stæft] sin suficiente personal

under'stand entender, comprender; *language* comprender; understandable comprensible; understandably comprensiblemente; understanding 1 *adj person* com-

prensivo **2** *n* interpretación *f*; *(agreement)* acuerdo *m*
under'take *task* emprender; **~ to do sth** *(agree to)* encargarse de hacer algo; **undertaking** *(enterprise)* proyecto *m*, empresa *f*
under'value infravalorar
'underwear ropa *f* interior
'underworld *criminal* hampa *f*; *in mythology* Hades *m*
under'write FIN asegurar
undeserved [ʌndɪ'zɜːrvd] inmerecido
undesirable [ʌndɪ'zaɪrəbl] *features* no deseado; *person* indeseable
undisputed [ʌndɪ'spjuːtɪd] *champion* indiscutible
undo [ʌn'duː] *parcel* abrir; *buttons, shirt* desabrochar; *shoelaces* desatar; *s.o.'s work* deshacer
undoubtedly [ʌn'daʊtɪdlɪ] indudablemente
undress [ʌn'dres] **1** *v/t* desvestir; **get ~ed** desvestirse **2** *v/i* desvestirse
undue [ʌn'duː] *(excessive)* excesivo; **unduly** injustamente; *(excessively)* excesivamente
unearth [ʌn'ɜːrθ] descubrir; *remains* desenterrar
uneasy [ʌn'iːzɪ] *relationship, peace* tenso
uneatable [ʌn'iːtəbl] incomible
uneconomic [ʌniːkə'nɒmɪk] antieconómico
uneducated [ʌn'edʒəkeɪtɪd]

inculto, sin educación
unemployed [ʌnɪm'plɔɪd] desempleado, *Span* parado; **unemployment** desempleo *m*, *Span* paro *m*
unequal [ʌn'iːkwəl] desigual
unerring [ʌn'erɪŋ] *judgement, instinct* infalible
uneven [ʌn'iːvn] *quality* desigual; *surface* irregular
uneventful [ʌnɪ'ventfʊl] *day, journey* sin incidentes
unexpected [ʌnɪk'spektɪd] inesperado; **unexpectedly** inesperadamente
unfair [ʌn'fer] injusto
unfaithful [ʌn'feɪθfʊl] *husband, wife* infiel; **be ~ to s.o.** ser infiel a alguien
unfamiliar [ʌnfə'mɪljər] desconocido, extraño
unfasten [ʌn'fæsn] *belt* desabrochar
unfavorable, Br unfavourable [ʌn'feɪvərəbl] desfavorable
unfinished [ʌn'fɪnɪʃt] inacabado
unfold [ʌn'fəʊld] **1** *v/t letter* desdoblar; *arms* descruzar **2** *v/i of story etc* desarrollarse; *of view* abrirse
unforeseen [ʌnfɔːr'siːn] imprevisto
unforgettable [ʌnfər'getəbl] inolvidable
unforgivable [ʌnfər'gɪvəbl] imperdonable
unfortunate [ʌn'fɔːrtʃənət] desafortunado; *event* desgraciado; **unfortunately** des-

graciadamente
unfounded [ʌnˈfaʊndɪd] infundado

unfriendly [ʌnˈfrendlɪ] *person* antipático; *place* desagradable; *welcome* hostil

ungrateful [ʌnˈgreɪtfəl] desagradecido

unhappiness [ʌnˈhæpɪnɪs] infelicidad *f*; **unhappy** infeliz; *day* triste; *customer etc* descontento

unharmed [ʌnˈhɑːrmd] ileso

unhealthy [ʌnˈhelθɪ] enfermizo; *food, economy* poco saludable

unheard-of [ʌnˈhɜːrdəv] inaudito

unhygienic [ʌnhaɪˈdʒiːnɪk] antihigiénico

unification [juːnɪfɪˈkeɪʃn] unificación *f*

uniform [ˈjuːnɪfɔːrm] **1** *n* uniforme *m* **2** *adj* uniforme

unify [ˈjuːnɪfaɪ] unificar

unilateral [juːnɪˈlætərəl] unilateral

unimaginable [ʌnɪˈmædʒɪnəbl] inimaginable

unimaginative [ʌnɪˈmædʒɪnətɪv] sin imaginación

unimportant [ʌnɪmˈpɔːrtənt] poco importante

uninhabitable [ʌnɪnˈhæbɪtəbl] inhabitable; **uninhabited** *building* deshabitado; *region* desierto

unintentional [ʌnɪnˈtenʃnl] no intencionado; **unintentionally** sin querer

uninteresting [ʌnˈɪntrəstɪŋ] sin interés

uninterrupted [ʌnɪntəˈrʌptɪd] ininterrumpido

union [ˈjuːnjən] POL unión *f*; (*labor* ~) sindicato *m*

unique [juːˈniːk] único

unit [ˈjuːnɪt] unidad *f*

unite [juːˈnaɪt] **1** *v/t* unir **2** *v/i* unirse; **united** unido; **United Kingdom** Reino *m* Unido; **United Nations** Naciones *fpl* Unidas; **United States (of America)** Estados *mpl* Unidos (de América)

unity [ˈjuːnɪtɪ] unidad *f*

universal [juːnɪˈvɜːrsl] universal; **universe** universo *m*

university [juːnɪˈvɜːrsətɪ] universidad *f*

unjust [ʌnˈdʒʌst] injusto

unkind [ʌnˈkaɪnd] desagradable, cruel

unknown [ʌnˈnoʊn] desconocido

unleaded [ʌnˈledɪd] sin plomo

unless [ənˈles] a menos que, a no ser que

unlikely [ʌnˈlaɪklɪ] improbable; *explanation* inverosímil

unlimited [ʌnˈlɪmɪtɪd] ilimitado

unload [ʌnˈloʊd] descargar

unlock [ʌnˈlɑːk] abrir

unluckily [ʌnˈlʌkɪlɪ] desgraciadamente, por desgracia; **unlucky** *day* aciago, funesto; *person* sin suerte; *that was so ~ for you!* ¡qué mala suerte tuviste!

unmanned [ʌnˈmænd] *space-*

craft no tripulado

unmarried [ʌnˈmærɪd] soltero

unmistakable [ʌnmɪˈsteɪkəbl] inconfundible

unnatural [ʌnˈnætʃrəl] anormal

unnecessary [ʌnˈnesəserɪ] innecesario

unnerving [ʌnˈnɜːrvɪŋ] desconcertante

unobtainable [ʌnəbˈteɪnəbl] *goods* no disponible; TELEC desconectado

unobtrusive [ʌnəbˈtruːsɪv] discreto

unoccupied [ʌnˈɑːkjʊpaɪd] *building* desocupado; *post* vacante

unofficial [ʌnəˈfɪʃl] no oficial; **unofficially** extraoficialmente

unorthodox [ʌnˈɔːrθədɑːks] poco ortodoxo

unpack [ʌnˈpæk] **1** *v/t* deshacer **2** *v/i* deshacer el equipaje

unpaid [ʌnˈpeɪd] *work* no remunerado

unpleasant [ʌnˈpleznt] desagradable

unplug [ʌnˈplʌg] *TV, computer* desenchufar

unpopular [ʌnˈpɑːpjələr] impopular

unprecedented [ʌnˈpresɪdentɪd] sin precedentes

unpredictable [ʌnprɪˈdɪktəbl] imprevisible, impredecible

unpretentious [ʌnprɪˈtenʃəs] modesto, sin pretensiones

unproductive [ʌnprəˈdʌktɪv]

meeting infructuoso; *soil* improductivo

unprofessional [ʌnprəˈfeʃnl] poco profesional

unprofitable [ʌnˈprɑːfɪtəbl] no rentable

unprovoked [ʌnprəˈvoʊkt] *attack* no provocado

unqualified [ʌnˈkwɑːlɪfaɪd] sin titulación

unquestionably [ʌnˈkwestʃnəbli] indiscutiblemente; **unquestioning** *attitude* incondicional

unreadable [ʌnˈriːdəbl] *book* ilegible

unrealistic [ʌnrɪəˈlɪstɪk] poco realista

unreasonable [ʌnˈriːznəbl] irrazonable

unrelated [ʌnrɪˈleɪtɪd] *issues* no relacionado; *people* no emparentado

unrelenting [ʌnrɪˈlentɪŋ] implacable

unreliable [ʌnrɪˈlaɪəbl] *machine* poco fiable; *person* informal

unrest [ʌnˈrest] malestar *m*; *(rioting)* disturbios *mpl*

unrestrained [ʌnrɪˈstreɪnd] *emotions* incontrolado

unroll [ʌnˈroʊl] desenrollar

unruly [ʌnˈruːlɪ] revoltoso

unsanitary [ʌnˈsænɪterɪ] insalubre

unsatisfactory [ʌnsætɪsˈfæktərɪ] insatisfactorio

unscathed [ʌnˈskeɪðd] *(not injured)* ileso; *(not damaged)* intacto

unscrew [ʌnˈskruː] *top* desenroscar; *hooks* desatornillar

unscrupulous [ʌnˈskruːpjələs] sin escrúpulos

unselfish [ʌnˈselfɪʃ] generoso

unsettled [ʌnˈsetld] *issue* sin decidir; *weather, lifestyle* inestable; *bills* sin pagar

unshaven [ʌnˈʃeɪvn] sin afeitar

unskilled [ʌnˈskɪld] no cualificado

unsophisticated [ʌnsəˈfɪstɪkeɪtɪd] sencillo; *equipment* simple

unstable [ʌnˈsteɪbl] inestable

unsteady [ʌnˈstedɪ] *hand* tembloroso; *ladder* inestable

unsuccessful [ʌnsəkˈsesfəl] *writer etc* fracasado; *candidate* perdedor; *party, attempt* fallido; **unsuccessfully** sin éxito

unsuitable [ʌnˈsuːtəbl] inadecuado; *thing to say* inoportuno

unswerving [ʌnˈswɜːrvɪŋ] *loyalty* inquebrantable

unthinkable [ʌnˈθɪŋkəbl] impensable

untidy [ʌnˈtaɪdɪ] *room, desk* desordenado; *hair* revuelto

untie [ʌnˈtaɪ] desatar

until [ənˈtɪl] **1** *prep* hasta; **not ~ Friday** no antes del viernes **2** *conj* hasta que; **can you wait ~ I'm ready?** ¿puedes esperar hasta que esté listo?

untiring [ʌnˈtaɪrɪŋ] *efforts* incansable

untold [ʌnˈtoʊld] *suffering* indecible; *riches* inconmensurable; *story* nunca contado

untrue [ʌnˈtruː] falso

unused [ʌnˈjuːzd] *goods* sin usar

unusual [ʌnˈjuːʒl] poco corriente; **it is ~** es raro *or* extraño...; **unusually** inusitadamente

unveil [ʌnˈveɪl] *statue etc* desvelar

unwell [ʌnˈwel] indispuesto, mal

unwilling [ʌnˈwɪlɪŋ] poco dispuesto, reacio; **unwillingly** de mala gana

unwind [ʌnˈwaɪnd] *of story* irse desarrollando; (*relax*) relajarse

unwise [ʌnˈwaɪz] imprudente

unwrap [ʌnˈræp] desenvolver

unzip [ʌnˈzɪp] abrir la cremallera de; COMPUT descomprimir

up [ʌp] **1** *adv position* arriba; *movement* hacia arriba; **~ here / there** aquí / allí arriba; **be ~** (*out of bed*) estar levantado; *of sun* haber salido; *of temperature* haber subido; (*have expired*) haberse acabado; **what's ~?** F ¿qué pasa?; **~ to 1989** hasta el año 1989; **he came ~ to me** se me acercó; **what are you ~ to these days?** ¿qué es de tu vida?; **be ~ to something** (*bad*) estar tramando algo; **I don't feel ~ to it** no me siento en condiciones de hacerlo; *it's ~ to you* tú decides; *it is ~ to them to solve it* (*their duty*) les corresponde a ellos resolverlo **2** *prep:* *further ~ the mountain* más arriba de la montaña; *they ran ~ the street* corrieron por la calle; *we traveled ~ to Chicago* subimos hasta Chicago **3** *n:* *~s and downs* altibajos *mpl*

'up·bring·ing educación *f*

'up·date *file* actualizar

up·grade modernizar; *~ s.o. to business class* cambiar a alguien a clase ejecutiva

up·heav·al [ʌpˈhiːvl] *emotional* conmoción *f*; *physical* trastorno *m*; *political, social* sacudida *f*

up·hold *rights* defender, conservar; (*vindicate*) confirmar

'up·keep mantenimiento *m*

'up·load COMPUT cargar

up·mar·ket *Br restaurant, hotel* de categoría

up·on [əˈpɑːn] ☞ **on**

up·per [ˈʌpər] superior

'up·right **1** *adj citizen* honrado **2** *adv sit* derecho; **upright** (*piano*) piano *m* vertical

'up·ris·ing levantamiento *m*

'up·roar alboroto *m*; (*protest*) tumulto *m*

'up·set **1** *v/t* tirar; *emotionally* disgustar **2** *adj emotionally* disgustado; **upsetting** triste

up·side down boca abajo

up·stairs **1** *adv* arriba **2** *adj room* de arriba

'up·stream río arriba

up·tight F (*nervous*) tenso; (*inhibited*) estrecho

up·to·date *information* actualizada

'up·turn *in economy* mejora *f*

up·ward [ˈʌpwərd] hacia arriba; *~ of 100* más de 100

u·ra·ni·um [jʊˈreɪniəm] uranio *m*

ur·ban [ˈɜːrbən] urbano

urge [ɜːrdʒ] **1** *n* impulso *m* **2** *v/t:* *~ s.o. to do sth* rogar a alguien que haga algo; **urgency** urgencia *f*; **urgent** urgente

u·ri·nate [ˈjʊrəneɪt] orinar; **urine** orina *f*

U·ru·guay [ˈjʊrəgwaɪ] Uruguay; **Uruguayan 1** *adj* uruguayo **2** *n* uruguayo(-a) *m(f)*

US [juːˈes] (= *United States*) EE.UU. *mpl* (= Estados *mpl* Unidos)

us [ʌs] nos; *after prep* nosotros (-as); *that's for ~* eso es para nosotros; *who's that? – it's ~* ¿quién es? – ¡somos nosotros!

USA [juːesˈeɪ] (= *United States of America*) EE.UU. *mpl* (= Estados *mpl* Unidos)

us·age [ˈjuːzɪdʒ] uso *m*

use **1** [juːz] *v/t tool, word* utilizar, usar; *skills, car* usar; *a lot of gas* consumir; *pej: person* utilizar **2** [juːs] *n* uso *m*, utilización *f*; *it's no ~ waiting* no sirve de nada esperar

◆ use up agotar

used[1] [juːzd] *adj car etc* de segunda mano

used² [juːst]: **be ~ to** estar acostumbrado a; **get ~ to** acostumbrarse a

used³ [juːst]: **I ~ to like him** antes me gustaba; **they ~ to meet every Saturday** solían verse todos los sábados

useful ['juːsfʊl] útil; **usefulness** utilidad *f*; **useless** inú-

til; *machine* inservible; **user** usuario(-a) *m(f)*; **user--friendly** de fácil manejo

usual ['juːʒl] habitual; **as ~** como de costumbre; **usually** normalmente

utensil [juːˈtensl] utensilio *m*

utilize ['juːtɪlaɪz] utilizar

utter ['ʌtər] **1** *adj* completo **2** *v/t sound* decir; **utterly** completamente

V

vacant ['veɪkənt] *building* vacío; *position* vacante; *look* vago, distraído; **vacantly** distraídamente; **vacate** *room* desalojar

vacation [vərˈkeɪʃn] vacaciones *fpl*; **be on ~** estar de vacaciones

vaccinate ['væksɪneɪt] vacunar; **vaccination** *action* vacunación *f*; *(vaccine)* vacuna *f*; **vaccine** vacuna *f*

vacuum ['vækjʊəm] **1** *n* vacío *m* **2** *v/t floors* aspirar

vagrant ['veɪɡrənt] vagabundo(-a) *m(f)*

vague [veɪɡ] vago; **vaguely** vagamente

vain [veɪn] **1** *adj* vanidoso; *hope* vano **2** *n*: **in ~** en vano

valiant ['væljənt] valiente

valid ['vælɪd] válido; **validate** *with official stamp* sellar; *alibi* dar validez a; **validity** validez *f*

valley ['vælɪ] valle *m*

valuable ['væljʊbl] **1** *adj* valioso **2** *n*: **~s** objetos *mpl* de valor; **valuation** tasación *f*, valoración *f*; **value 1** *n* valor *m* **2** *v/t* valorar

valve [vælv] válvula *f*

van [væn] camioneta *f*, furgoneta *f*

vandal ['vændl] vándalo *m*; **vandalism** vandalismo *m*; **vandalize** destrozar *(intencionadamente)*

vanilla [vəˈnɪlə] **1** *n* vainilla *f* **2** *adj* de vainilla

vanish ['vænɪʃ] desaparecer

vanity ['vænətɪ] vanidad *f*

vapor ['veɪpər] vapor *m*; **vaporize** vaporizar; **vapour** *Br* ☞ **vapor**

variable ['verɪəbl] **1** *adj* variable **2** *n* variable *f*; **variant** *f*; **variation** variación *f*; **varied** variado *m*; **variety** variedad *f*; **various** *(several)* varios; *(different)* diversos

varnish ['vɑːrnɪʃ] **1** *n* for

wood barniz *m; for finger-nails* esmalte *m* **2** *v/t wood* barnizar

vary ['veri] variar; *it varies* depende

vase [veiz] jarrón *m*

vast [væst] vasto; *number, improvement* enorme; **vastly** enormemente

Vatican ['vætikən]: *the* ~ el Vaticano

vault[1] [vɔːlt] *n in roof* bóveda *f;* ~**s** *(cellar)* sótano *m; of bank* cámara *f* acorazada

vault[2] [vɔːlt] **1** *n* SP salto *m* **2** *v/t beam etc* saltar

VCR [viːsiːˈɑːr] *(= video cassette recorder)* aparato *m* de *Span* vídeo *or L.Am.* video

veal [viːl] ternera *f*

veer [vɪr] girar, torcer

vegetable ['vedʒtəbl] hortaliza *f;* ~**s** verduras *fpl;* **vegetarian 1** *n* vegetariano(-a) *m(f)* **2** *adj* vegetariano; **vegetation** vegetación *f*

vehement ['viːəmənt] vehemente

vehicle ['viːikl] vehículo *m*

veil [veil] velo *m*

vein [vein] ANAT vena *f*

velocity [vɪˈlɑːsəti] velocidad *f*

velvet ['velvit] terciopelo *m*

vendetta [venˈdetə] vendetta *f*

vending machine ['vendiŋ] máquina *f* expendedora; **vendor** LAW parte *f* vendedora

veneer [vəˈnɪr] *on wood* chapa *f; of politeness etc* apariencia *f*

venerable ['venərəbl] venerable; **veneration** veneración *f*

venereal disease [vɪˈnɪriəl] enfermedad *f* venérea

venetian 'blind [vəˈniːʃn] persiana *f* veneciana

Venezuela [venɪzˈweilə] Venezuela; **Venezuelan 1** *adj* venezolano **2** *n* venezolano(-a) *m(f)*

venom ['venəm] veneno *m*

ventilate ['ventileit] ventilar; **ventilation** ventilación *f;* **ventilator** ventilador *m;* MED respirador *m*

venture ['ventʃər] **1** *n (undertaking)* iniciativa *f;* COM empresa *f* **2** *v/i* aventurarse

venue [venjuː] *for meeting* lugar *m; for concert* local *m*, sala *f*

veranda [vəˈrændə] porche *m*

verb [vɜːrb] verbo *m;* **verbal** *(spoken)* verbal; **verbally** *by* palabra

verdict ['vɜːrdɪkt] veredicto *m*

verge [vɜːrdʒ] *of road* arcén *m;* **be on the** ~ **of** *ruin* estar al borde de; *tears* estar a punto de

verification [verɪfɪˈkeiʃn] *(checking)* verificación *f; (confirmation)* confirmación *f;* **verify** *(check)* verificar; *(confirm)* confirmar

vermin ['vɜːrmɪn] bichos *mpl*, alimañas *fpl*

vermouth [vɜːrˈmuːθ] vermut *m*

versatile [ˈvɜːrsətəl] polifacético, versátil; **versatility** polivalencia *f*, versatilidad *f*

verse [vɜːrs] verso *m*

version [ˈvɜːrʃn] versión *f*

versus [ˈvɜːrsəs] contra

vertical [ˈvɜːrtɪkl] vertical

vertigo [ˈvɜːrtɪɡoʊ] vértigo *m*

very [ˈveri] **1** *adv* muy; **the ~ best** el mejor de todos **2** *adj*: **at that ~ moment** en ese mismo momento; **that's the ~ thing I need** eso es precisamente lo que necesito

vessel [ˈvesl] NAUT buque *m*

vest [vest] chaleco *m*; *Br* camiseta *f* interior

vestige [ˈvestɪdʒ] vestigio *m*

vet¹ [vet] *n* (*veterinary surgeon*) veterinario(-a) *m(f)*

vet² [vet] *v/t applicants etc* examinar, investigar

vet³ [vet] *n* mil veterano(-a) *m(f)*

veteran [ˈvetərən] **1** *n* veterano(-a) *m(f)* **2** *adj* veterano

veterinarian [vetərɪˈneriən] veterinario(-a) *m(f)*

veto [ˈviːtoʊ] **1** *n* veto *m* **2** *v/t* vetar

via [ˈvaɪə] vía

viable [ˈvaɪəbl] viable

vibrate [vaɪˈbreɪt] vibrar; **vibration** vibración *f*

vice¹ [vaɪs] *n* vicio *m*

vice² [vaɪs] *Br* ☞ **vise**

vice 'president vicepresidente(-a) *m(f)*

vice versa [vaɪsˈvɜːrsə] viceversa

vicious [ˈvɪʃəs] *dog* fiero; *attack, temper* feroz; **viciously** con brutalidad

victim [ˈvɪktɪm] víctima *f*; **victimize** tratar injustamente

victorious [vɪkˈtɔːriəs] victorioso; **victory** victoria *f*

video [ˈvɪdioʊ] **1** *n Span* vídeo *m*, *L.Am.* video *m*; *v/t* grabar en *Span* vídeo *or L.Am.* video; **video camera** videocámara *f*; **video cassette** videocasete *m*; **video recorder** aparato *m* de *Span* vídeo *or L.Am.* video; **videotape** cinta *f* de *Span* vídeo *or L.Am.* video

vie [vaɪ] competir

Vietnam [vietˈnɑːm] Vietnam; **Vietnamese 1** *adj* vietnamita **2** *n* vietnamita *m/f*; *language* vietnamita *m*

view [vjuː] **1** *n* vista *f*; *of situation* opinión *f*; **in ~ of** teniendo en cuenta **2** *v/t* ver **3** *v/i* (*watch TV*) ver la televisión; **viewer** TV telespectador(a) *m(f)*; **viewpoint** punto *m* de vista

vigor [ˈvɪɡər] vigor *m*; **vigorous** vigoroso; *person* enérgico; *denial* rotundo; **vigorously** con vigor; *deny, defend* rotundamente; **vigour** *Br* ☞ **vigor**

village [ˈvɪlɪdʒ] pueblo *m*; **villager** aldeano(-a) *m(f)*

villain [ˈvɪlən] malo(-a) *m(f)*

vindicate [ˈvɪndɪkeɪt] (*show*

to be correct) dar la razón a; (*show to be innocent*) vindicar

vindictive [vɪnˈdɪktɪv] vengativo

vine [vaɪn] vid *f*

vinegar [ˈvɪnɪɡər] vinagre *m*

vineyard [ˈvɪnjɑːrd] viñedo *m*

vintage [ˈvɪntɪdʒ] **1** *n of wine* cosecha *f* **2** *adj* clásico *m*

violate [ˈvaɪəleɪt] violar; violation violación *f*; (*traffic* ∼) infracción *f*

violence [ˈvaɪələns] violencia *f*; violent violento

violin [vaɪəˈlɪn] violín *m*; violinist violinista *m/f*

VIP [viːaɪˈpiː] (= *very important person*) VIP *m*

viral [ˈvaɪrəl] vírico, viral

virgin [ˈvɜːrdʒɪn] virgen *m/f*; virginity virginidad *f*

virile [ˈvɪrəl] viril; virility virilidad *f*

virtual [ˈvɜːrtʃuəl] virtual; virtually (*almost*) virtualmente

virtue [ˈvɜːrtjuː] virtud *f*; virtuous virtuoso

virus [ˈvaɪrəs] virus *m inv*

visa [ˈviːzə] visa *f*, visado *m*

vise [vaɪs] torno *m* de banco

visibility [vɪzəˈbɪlətɪ] visibilidad *f*; visible visible; anger evidente

vision [ˈvɪʒn] visión *f*

visit [ˈvɪzɪt] **1** *n* visita *f* **2** *v/t* visitar; visitor visita *f*; (*tourist*), *to museum etc* visitante *m/f*

visor [ˈvaɪzər] visera *f*

visual [ˈvɪʒuəl] visual; visualize visualizar; (*foresee*) prever; visually visualmente

vital [ˈvaɪtl] (*essential*) vital; vitality vitalidad *f*; vitally: ∼ *important* de importancia vital

vitamin [ˈvaɪtəmɪn] vitamina *f*; vitamin pill pastilla *f* vitamínica

vivacious [vɪˈveɪʃəs] vivaz; vivacity vivacidad *f*

vivid [ˈvɪvɪd] color vivo; *imagination* vívido; vividly (*brightly*) vivamente; (*clearly*) vívidamente

V-neck [ˈviːnek] cuello *m* de pico

vocabulary [vouˈkæbjulərɪ] vocabulario *m*

vocal [ˈvoukl] vocal; *expressing opinions* ruidoso; vocalist MUS vocalista *m/f*

vocation [vəˈkeɪʃn] vocación *f*; (*profession*) profesión *f*; vocational *guidance* profesional

vodka [ˈvɑːdkə] vodka *m*

vogue [voug] moda *f*; be in ∼ estar en boga

voice [vɔɪs] **1** *n* voz *f* **2** *v/t opinions* expresar; voicemail correo *m* de voz

volcano [vɑːlˈkeɪnou] volcán *m*

volley [ˈvɑːlɪ] *of shots* ráfaga *f*; *in tennis* volea *f*

volt [voult] voltio *m*; voltage voltaje *m*

volume [ˈvɑːljəm] volumen *m*; *of container* capacidad *f*

voluntarily [vɑːlənˈterɪlɪ] voluntariamente; . **voluntary**

voluntario; **volunteer 1** *n*
voluntario(-a) *m(f)* **2** *v/i*
ofrecerse voluntariamente

vomit ['vɑ:mɪt] **1** *n* vómito *m*
2 *v/i* vomitar

voracious [və'reɪʃəs] voraz

vote [vəʊt] **1** *n* voto *m* **2** *v/i*
POL votar; **~ for / against**
votar a favor / en contra;
voter POL votante *m/f*; **voting** POL votación *f*

◆ **vouch for** [vaʊtʃ] *truth* dar
fe de; *person* responder por

vow [vaʊ] **1** *n* voto *m* **2** *v/t*: **~ to
do** prometer hacer

vowel [vaʊl] vocal *f*

voyage ['vɔɪɪdʒ] viaje *m*

vulgar ['vʌlgər] vulgar, grosero

vulnerable ['vʌlnərəbl] vulnerable

vulture ['vʌltʃər] buitre *m*

W

waddle ['wɑ:dl] *of duck* caminar; *of person* anadear

wade [weɪd] caminar en el
agua

wafer ['weɪfər] *cookie* barquillo *m*; REL hostia *f*

waffle ['wɑ:fl] *to eat* gofre *m*

wag [wæg] **1** *v/t* menear **2** *v/i*
of tail menearse

wages ['weɪdʒɪz] salario *m*,
sueldo *m*

waggle ['wægl] *hips* menear;
loose screw etc mover

wail [weɪl] *of person* gemir; *of
siren* sonar, aullar

waist [weɪst] cintura *f*

wait [weɪt] **1** *n* espera *f* **2** *v/i*
esperar

◆ **wait for** esperar

◆ **wait on** *(serve)* servir; *(wait
for)* esperar

◆ **wait up** esperar levantando

waiter ['weɪtər] camarero *m*;
waiting list lista *f* de espera;
waiting room sala *f* de espera; **waitress** camarera *f*

waive [weɪv] *right* renunciar;
requirement no aplicar

wake [weɪk] **1** *v/i*: **~ (up)** despertarse **2** *v/t*: **~ (up)** despertar

walk [wɔ:k] **1** *n* paseo *m*; *longer* caminata *f*; *(path)* camino
m; **go for a ~** salir a dar un
paseo **2** *v/i* caminar, andar;
as opposed to driving ir a
pie **3** *v/t dog* sacar a pasear

◆ **walk out** *of spouse* marcharse; *from theater etc* salir;
(go on strike) declararse en
huelga

walker ['wɔ:kər] *(hiker)* ex-
cursionista *m/f*; *for baby,
old person* andador *m*; **walking** *(hiking)* excursionismo
m; **walkout** *(strike)* huelga
f; **walkover** *(easy win)* paseo
m

wall [wɔ:l] muro *m*; *inside* pared *f*

wallet ['wɑ:lɪt] *(billfold)* cartera *f*

'wallpaper 1 *n* papel *m* pintado 2 *v/t* empapelar; **wall-to--wall carpet** *Span* moqueta *f*, *L.Am.* alfombra *f*

waltz [woːlts] vals *m*

wan [wɑːn] *face* pálido *m*

wander ['wɑːndər] (*roam*) vagar, deambular; (*stray*) extraviarse

wangle ['wæŋgl] F agenciarse F

want [wɑːnt] 1 *n*: **for ~ of** por falta de 2 *v/t* querer; (*need*) necesitar; **~ to do sth** querer hacer algo; **I ~ to stay here** quiero quedarme aquí; **she ~s you to go back** quiere que vuelvas 3 *v/i*: **he ~s for nothing** no le falta nada; **wanted** *by police* buscado por la policía

war [wɔːr] *also fig* guerra *f*

ward [wɔːrd] *in hospital* sala *f*; *child* pupilo(-a) *m(f)*

◆ **ward off** *blow* parar; *attacker* rechazar; *cold* evitar

warden ['wɔːrdn] *of prison* director(-a) *m(f)*; *Br of hostel* vigilante *m/f*

'**wardrobe** *for clothes* armario *m*; (*clothes*) guardarropa *m*

warehouse ['werhaus] almacén *m*

'**warfare** guerra *f*; **warhead** ojiva *f*

warily ['werɪlɪ] cautelosamente

warm [wɔːrm] *hands, room, water* caliente; *weather, welcome* cálido; *coat* de abrigo

◆ **warm up** 1 *v/t* calentar 2 *v/i* calentarse; *of athlete etc* calentar

warmly ['wɔːrmlɪ] calurosamente; **warmth** calor *m*; **warm-up** SP calentamiento *m*

warn [wɔːrn] advertir, avisar; **warning** advertencia *f*, aviso *m*

warp [wɔːrp] *of wood* combarse; **warped** *fig* retorcido

warrant ['wɔːrənt] 1 *n* orden *f* judicial 2 *v/t* justificar; **warranty** garantía *f*

warrior ['wɔːrɪər] guerrero(-a) *m(f)*

wart [wɔːrt] verruga *f*

wary ['werɪ] cauto

wash [wɑːʃ] 1 *n* lavado *m*; **have a ~** lavarse 2 *v/t* lavar 3 *v/i* lavarse

◆ **wash up** (*wash one's hands and face*) lavarse

washable ['wɑːʃəbl] lavable; **washbasin, washbowl** lavabo *m*; **washcloth** toallita *f*; **washed out** agotado; **washer** *for faucet etc* arandela *f*; **washing** (*clothes washed*) ropa *f* limpia; (*dirty clothes*) ropa *f* sucia; **do the ~** lavar la ropa; **washing machine** lavadora *f*; **washroom** lavabo *m*, aseo *m*

wasp [wɑːsp] avispa *f*

waste [weɪst] 1 *n* desperdicio *m*; *from industrial process* desechos *mpl*; **it's a ~ of time / money** es una pérdida de tiempo / dinero 2 *adj* residual 3 *v/t* derrochar;

money gastar; *time* perder; **waste basket** papelera *f*; **waste disposal (unit)** trituradora *f* de basuras; **wasteful** derrochador; **wasteland** erial *m*; **wastepaper** papel *m* usado

watch [wɔːtʃ] **1** *n timepiece* reloj *m*; **keep ~** hacer la guardia, vigilar **2** *v/t film, TV* ver; *(look after)* vigilar **3** *v/i* mirar, observar; **watchful** vigilante

water ['wɔːtər] **1** *n* agua *f* **2** *v/t plant* regar **3** *v/i*: **my mouth is ~ing** se me hace la boca agua; **watercolor**, *Br* **watercolour** acuarela *f*; **watered down** *fig* dulcificado; **waterfall** cascada *f*; **waterline** línea *f* de flotación; **waterlogged** anegado; *boat* lleno de agua; **watermelon** sandía *f*; **waterproof** impermeable; **waterside** orilla *f*; **waterskiing** esquí *m* acuático; **watertight** *compartment* estanco; *fig* irrefutable; **waterway** curso *m* de agua navegable; **watery** aguado

watt [wɔːt] vatio *m*

wave[1] [weɪv] *n in sea* ola *f*

wave[2] [weɪv] **1** *n of hand* saludo *m* **2** *v/i with hand* saludar con la mano **3** *v/t flag etc* agitar

'wavelength RAD longitud *f* de onda; **be on the same ~** *fig* estar en la misma onda

waver ['weɪvər] vacilar

wavy ['weɪvɪ] ondulado

wax [wæks] cera *f*

way [weɪ] *(method)* manera *f*; *(manner also)* modo *m*; *(route)* camino *m*; **this ~** *(like this)* así; *(in this direction)* por aquí; **by the ~** *(incidentally)* a propósito; **in a ~** *(in certain respects)* en cierto sentido; **lose one's ~** perderse; **be in the ~** *(be an obstruction)* estar en medio; **no ~!** ¡ni hablar!; **way in** entrada *f*; **way of life** modo *m* de vida; **way out** salida *f*

we [wiː] nosotros *mpl*, nosotras *fpl*; **~ are the best** somos los mejores

weak [wiːk] débil; *tea, coffee* poco cargado; **weaken 1** *v/t* debilitar **2** *v/i* debilitarse; **weakness** debilidad *f*

wealth [welθ] riqueza *f*; **wealthy** rico

weapon ['wepən] arma *f*

wear [wer] **1** *n*: **~ (and tear)** desgaste *m* **2** *v/t (have on)* llevar; *(damage)* desgastar **3** *v/i (wear out)* desgastarse; *(last)* durar

♦ **wear down** agotar

♦ **wear off** *of effect* pasar

♦ **wear out 1** *v/t (tire)* agotar; *shoes* desgastar **2** *v/i of shoes, carpet* desgastarse

wearily ['wɪrɪlɪ] cansinamente; **weary** cansado

weather ['weðər] **1** *n tiempo m* **2** *v/t crisis* capear, superar; **weather-beaten** curtido; **weather forecast** pronóstico *m* del tiempo; **weather-**

man hombre *m* del tiempo

weave [wiːv] **1** *v/t* tejer **2** *v/i move* zigzaguear

web [web] *of spider* tela *f*; **the Web** COMPUT la Web; **web page** página *f* web; **web site** sitio *m* web

wedding ['wedɪŋ] boda *f*; **wedding anniversary** aniversario *m* de boda; **wedding day** día *m* de la boda; **wedding dress** vestido *m* de boda *or* novia; **wedding ring** anillo *m* de boda

wedge [wedʒ] cuña *f*; *of cheese etc* trozo *m*

Wednesday ['wenzdeɪ] miércoles *m inv*

weed [wiːd] **1** *n* mala hierba **2** *v/t* escardar; **weed-killer** herbicida *m*; **weedy** *F* esmirriado, enclenque

week [wiːk] semana *f*; **a ~ tomorrow** de mañana en una semana; **weekday** día *m* de la semana; **weekend** fin *m* de semana; **on the ~** el fin de semana; **weekly 1** *adj* semanal **2** *n magazine* semanario *m* **3** *adv* semanalmente

weep [wiːp] llorar

wee-wee ['wiːwiː] *F* pipí *m*; **do a ~** hacer pipí

weigh [weɪ] pesar

♦ **weigh up** (*assess*) sopesar

weight [weɪt] peso *m*; **weightlessness** ingravidez *f*; **weightlifter** levantador(a) *m(f)* de pesas; **weightlifting** halterofilia *f*, levantamiento *m* de pesas; **weighty** *fig* (*im-*

portant) serio

weir [wɪr] presa *f* (*rebasadero*)

weird [wɪrd] extraño, raro; **weirdo** F bicho *m* raro F

welcome ['welkəm] **1** *adj* bienvenido; **you're ~!** ¡de nada! **2** *n* bienvenida *f* **3** *v/t guests etc* dar la bienvenida a; *decision etc* acoger positivamente

weld [weld] soldar

welfare ['welfer] bienestar *m*; *financial assistance* subsidio *m* estatal; **welfare check** cheque con el importe del subsidio estatal; **welfare state** estado *m* del bienestar; **welfare worker** asistente *m/f* social

well[1] [wel] *n for water, oil* pozo *m*

well[2] [wel] **1** *adv* bien; **as ~** (*too*) también; **as ~ as** (*in addition to*) así como; **very ~** muy bien; **~, ~!** *surprise* ¡caramba!; **~ ... uncertainty** bueno... **2** *adj*: **be ~** estar bien; **well-balanced** equilibrado; **well-behaved** educado; **well-being** bienestar *m*; **well-done** *meat* muy hecho; **well-dressed** bien vestido; **well-earned** merecido; **well-heeled** F adinerado, *Span* con pasta F; **well-informed** bien informado; **well-known** conocido; **well-meaning** bienintencionado; **well-off** acomodado; **well-timed** oportuno; **well-wisher** admirador(a) *m(f)*

west [west] **1** n oeste m; **the West** (*Western nations*) el Occidente; (*western part of a country*) el oeste **2** *adj* del oeste **3** *adv travel* hacia el oeste; **westerly** *wind* del oeste; *direction* hacia el oeste; **western 1** *adj* occidental **2** n *movie* western m, película f del oeste; **Westerner** occidental m/f; **westernized** occidentalizado; **West Indian 1** *adj* antillano **2** n antillano(-a) m(f); **West Indies: the ~** las Antillas; **westward** hacia el oeste

wet [wet] mojado; (*damp*) húmedo; (*rainy*) lluvioso; **wet suit** traje m de neopreno

whack [wæk] F (*blow*) porrazo m F

whale [weɪl] ballena f

what [wɒt] **1** *pron* qué; **~ is it?** (*what do you want*) ¿qué quieres?; **~ about heading home?** ¿y si nos fuéramos a casa?; **~ for?** (*why*) ¿para qué?; **so ~?** ¿y qué?; **take ~ you need** toma lo que te haga falta **2** *adj* qué; **~ color is the car?** ¿de qué color es el coche?; **whatever: ~ the season** en cualquier estación; **ok ~** vale, lo que tú digas

wheat [wiːt] trigo m

wheel [wiːl] **1** n rueda f; (*steering ~*) volante m; **wheelchair** silla f de ruedas; **wheel clamp** Br cepo m

wheeze [wiːz] resoplido m

when [wen] **1** *adv* cuándo; **~ do you open?** ¿a qué hora abren? **2** *conj* cuando; **~ I was a child** cuando era niño; **whenever** (*each time*) cada vez que; **~ you like** cuando quieras

where [wer] **1** *adv* dónde; **~ from?** ¿de dónde?; **~ to?** ¿a dónde? **2** *conj* donde; **this is ~ I used to live** aquí es donde vivía antes; **whereas** mientras que; **wherever 1** *conj* dondequiera que; **sit ~ you like** siéntate donde prefieras **2** *adv* dónde; **~ can it be?** ¿dónde puede estar?

whet [wet] *appetite* abrir

whether ['weðər] si; **~ you approve or not** te parezca bien o no

which [wɪtʃ] **1** *adj* qué; **~ one is yours?** ¿cuál es tuyo? **2** *pron interrogative* cuál; *relative* que; **take one, it doesn't matter ~** toma uno, no importa cuál

whiff [wɪf] (*smell*) olorcillo m

while [waɪl] **1** *conj* mientras; (*although*) si bien **2** n rato m

whim [wɪm] capricho m

whimper ['wɪmpər] gimotear

whine [waɪn] *of dog* gimotear; F (*complain*) quejarse

whip [wɪp] **1** n látigo m **2** *v/t* (*beat*) azotar; *cream* batir; F (*defeat*) dar una paliza a F

whirlpool ['wɜːrlpuːl] *in river* remolino m; *for relaxation* bañera f de hidromasaje

563   **will**

whisk [wɪsk] **1** *n kitchen implement* batidora *f* **2** *v/t eggs* batir

whiskey ['wɪskɪ] whisky *m*

whisper ['wɪspər] susurrar

whistle ['wɪsl] **1** *n sound* silbido *m*; *device* silbato *m* **2** *v/t & v/i* silbar

white [waɪt] **1** *n* blanco *m*; *of egg* clara *f*; *person* blanco(-a) *m(f)* **2** *adj* blanco; **white-collar worker** persona que trabaja en una oficina; **White House** Casa *f* Blanca; **white lie** mentira *f* piadosa; **whitewash 1** *n* cal *f*; *fig* encubrimiento *m* **2** *v/t* encalar; **white wine** vino *m* blanco

whittle ['wɪtl] *wood* tallar

◆ **whittle down** reducir

whizzkid ['wɪzkɪd] F joven *m/f* prodigio

who [huː] *interrogative* ¿quién?; *relative* que; **~ do you want to speak to?** ¿con quién quieres hablar?; **whoever** quienquiera

whole [hoʊl] **1** *adj* entero; **the ~ country** todo el país **2** *n* totalidad *f*; **on the ~** en general; **whole-hearted** incondicional; **wholesale** *al por mayor*; *fig* indiscriminado; **wholesaler** mayorista *m/f*; **wholesome** saludable, sano; **wholly** completamente

whom [huːm] *for* a quién

whore [hɔːr] prostituta *f*

whose [huːz] *interrogative* de quién; *relative* cuyo(-a); **~ is this?** ¿de quién es esto?; *a*

country ~ economy ... un país cuya economía…

why [waɪ] por qué

wicked ['wɪkɪd] malvado

wicker ['wɪkər] de mimbre

wicket ['wɪkɪt] *in station, bank etc* ventanilla *f*

wide [waɪd] ancho; *experience, range* amplio; **be 12 feet ~** tener 12 pies de ancho; **widely** ampliamente; **widen 1** *v/t* ensanchar **2** *v/i* ensancharse; **wide-open** abierto de par en par; **wide-ranging** amplio; **widespread** extendido

widow ['wɪdoʊ] viuda *f*; **widower** viudo *m*

width [wɪdθ] anchura *f*, ancho *m*

wield [wiːld] *weapon* empuñar; *power* detentar

wife [waɪf] mujer *f*, esposa *f*

wig [wɪg] peluca *f*

wiggle ['wɪgl] menear

wild [waɪld] *animal* salvaje; *flower* silvestre; *teenager, party* descontrolado; *(crazy: scheme)* descabellado; *applause* arrebatado

wilderness ['wɪldərnɪs] desierto *m*, yermo *m*

'wildlife flora *f* y fauna *f*

wilful *Br* ☞ **willful**

will¹ [wɪl] *n* law testamento *m*

will² [wɪl] *n (willpower)* voluntad *f*

will³ [wɪl] *v/aux*: **I ~ let you know tomorrow** te lo diré mañana; **the car won't start** el coche no arranca; **~ you**

tell her that ...? ¿le quieres decir que...?; **~ you stop that!** ¡basta ya!

willful ['wɪlfəl] *person* tozudo, obstinado; *action* deliberado, intencionado; **willing** dispuesto; **willingly** gustosamente; **willingness** buena disposición *f*; **willpower** fuerza *f* de voluntad

willy-nilly [wɪlɪ'nɪlɪ] *(at random)* a la buena de Dios

wilt [wɪlt] *of plant* marchitarse

wily ['waɪlɪ] astuto

wimp [wɪmp] F enclenque *m/f* F, blandengue *m/f* F

win [wɪn] **1** *n* victoria *f*, triunfo *m* **2** *v/t & v/i* ganar

wince [wɪns] hacer una mueca de dolor

wind¹ [wɪnd] *n* viento *m*; *(flatulence)* gases *mpl*

wind² [waɪnd] **1** *v/i* serpentear **2** *v/t* enrollar

◆ **wind up 1** *v/t* clock dar cuerda a; *car window* subir, cerrar; *speech* finalizar; *business* concluir; *company* cerrar **2** *v/i* (finish) concluir

'wind-bag F cotorra *f* F; **windfall** *fig* dinero *m* inesperado

winding ['waɪndɪŋ] serpenteante

window ['wɪndoʊ] *also* COMPUT ventana *f*; **in the ~ of** store en el escaparate or *L.Am.* la vidriera; **window seat** asiento *m* de ventana; **window-shop: go ~ping** ir de escaparates or *L.Am.* vi-

drieras; **windowsill** alféizar *m*; **windshield**, *Br* **windscreen** parabrisas *m inv*; **windshield wiper** limpiaparabrisas *m inv*; **windsurfer** windsurfista *m/f*; *board* tabla *f* de windsurf; **windsurfing** el windsurf; **windy** ventoso

wine [waɪn] vino *m*; **wine cellar** bodega *f*; **wine list** lista *f* de vinos; **winery** bodega *f*

wing [wɪŋ] ala *f*; SP lateral *m/f*, extremo *m/f*; **wingspan** envergadura *f*

wink [wɪŋk] *of person* guiñar, hacer un guiño

winner ['wɪnər] ganador(a) *m(f)*, vencedor(a) *m(f)*; *of lottery* acertante *m/f*; **winning** ganador; **winning post** meta *f*; **winnings** ganancias *fpl*

winter ['wɪntər] invierno *m*; **winter sports** deportes *mpl* de invierno; **wintry** invernal

wipe [waɪp] limpiar; *tape* borrar

wiper ['waɪpər] ☞ **windshield wiper**

wire [waɪr] alambre *m*; ELEC cable *m*; **wireless phone** teléfono *m* inalámbrico; **wiring** ELEC cableado *m*; **wiry** *person* fibroso

wisdom ['wɪzdəm] *of person* sabiduría *f*; *of action* prudencia *f*, sensatez *f*

wise [waɪz] sabio; *action, decision* prudente, sensato; **wisecrack** F chiste *m*; **wise-**

ly *act* prudentemente, sensatamente

wish [wɪʃ] **1** *n* deseo *m*; *best ~es* un saludo cordial **2** *v/t* desear

◆ **wish for** desear

wisp [wɪsp] *of hair* mechón *m*; *of smoke* voluta *f*

wistful ['wɪstfəl] nostálgico; **wistfully** con nostalgia

wit [wɪt] ingenio *m*; *person* ingenioso(-a) *m(f)*

witch [wɪtʃ] bruja *f*; **witchhunt** *fig* caza *f* de brujas

with [wɪð] con; *shivering ~ fear* temblando de miedo; *a girl ~ brown eyes* una chica de ojos castaños; *are you ~ me?* (*do you understand*) ¿me sigues?; *~ no money* sin dinero

withdraw [wɪð'drɔː] **1** *v/t* retirar **2** *v/i* retirarse; **withdrawal** retirada *f*; *of money* reintegro *m*; **withdrawal symptoms** síndrome *m* de abstinencia; **withdrawn** *person* retraído

wither ['wɪðər] marchitarse

with'hold *information* ocultar; *payment* retener; *consent* negar

with'in dentro de; *in expressions of time* en menos de

with'out sin

with'stand resistir, soportar

witness ['wɪtnɪs] **1** *n* testigo *m/f* **2** *v/t* ser testigo de

witticism ['wɪtɪsɪzm] comentario *m* gracioso; **witty** ingenioso, agudo

---

wobble ['wɑːbl] tambalearse; **wobbly** tambaleante

wolf [wʊlf] **1** *n* lobo *m* **2** *v/t*: *~ (down)* engullir

woman ['wʊmən] mujer *f*; **womanizer** mujeriego(-a) *m(f)*; **womanly** femenino

womb [wuːm] matriz *f*, útero *m*

women ['wɪmɪn] *pl* ☞ **woman**; **women's lib** liberación de la mujer

wonder ['wʌndər] **1** *n* (*amazement*) asombro *m*; *no ~!* ¡no me sorprende! **2** *v/i* preguntarse; *I ~ if you could help* ¿le importaría ayudarme?; **wonderful** maravilloso; **wonderfully** maravillosamente

won't [woʊnt] ☞ **will not**

wood [wʊd] madera *f*; *for fire* leña *f*; (*forest*) bosque *m*; **wooded** arbolado; **wooden** (*made of wood*) de madera; **woodpecker** pájaro *m* carpintero; **woodwork** carpintería *f*

wool [wʊl] lana *f*; **woolen**, *Br* **woollen 1** *adj* de lana **2** *n* prenda *f* de lana

word [wɜːrd] **1** *n* palabra *f* **2** *v/t letter* redactar; **word processor** procesador de textos

work [wɜːrk] **1** *n* trabajo *m*; *out of ~* desempleado, *Span* en el paro **2** *v/i of person* trabajar; *of machine*, (*succeed*) funcionar

◆ **work out 1** *v/t problem* resolver; *solution* encontrar **2** *v/i* *at gym* hacer ejercicios; *of relationship etc* funcionar, ir bien

workable ['wɜːrkəbl] *solution* viable; **workaholic** F *persona adicta al trabajo;* **workday** (*hours of work*) jornada *f* laboral; (*not a holiday*) día *m* de trabajo; **worker** trabajador(a) *m(f);* **workforce** trabajadores *mpl;* **work hours** horas *fpl* de trabajo; **working class** clase *f* trabajadora; **working-class** de clase trabajadora; **working hours** ☞ **workhours;** **workload** cantidad *f* de trabajo; **workman** obrero *m;* **workmanlike** competente; **workmanship** factura *f*, confección *f;* **work of art** obra *f* de arte; **workout** sesión *f* de ejercicios; **work permit** permiso *m* de trabajo; **workshop** *also seminar* taller *m*

world ['wɜːrld] mundo *m;* **world-class** de categoría mundial; **World Cup** Mundial *m*, Copa *f* del Mundo; **world-famous** mundialmente famoso; **worldly** mundano; **world record** récord *m* mundial *or* del mundo; **World War** guerra *f* mundial; **worldwide 1** *adj* mundial **2** *adv* en todo el mundo

worn-'out gastado; *person* agotado

worried ['wʌrɪd] preocupado; **worry 1** *n* preocupación *f* **2**

v/t preocupar **3** *v/i* preocuparse; **worrying** preocupante

worse [wɜːrs] peor; **get ~** empeorar; **worsen** empeorar

worship ['wɜːrʃɪp] **1** *n* culto *m* **2** *v/t* adorar

worst [wɜːrst] peor

worth [wɜːrθ]: **be ~ ...** valer...; **be ~ it** valer la pena; **worthwhile** que vale la pena

worthy ['wɜːrðɪ] digno; *cause* justo

would [wʊd]: *I ~ help if I could* te ayudaría si pudiera; *~ you like to go to the movies?* ¿te gustaría ir al cine?; *~ you close the door?* ¿podrías cerrar la puerta?

wound [wuːnd] **1** *n* herida *f* **2** *v/t* herir

wow [waʊ] ¡hala!

wrap [ræp] envolver; **wrapping** envoltorio *m;* **wrapping paper** papel *m* de envolver

wrath [ræθ] ira *f*

wreath [riːθ] corona *f* de flores

wreck [rek] **1** *n* restos *mpl* **2** *v/t ship* hundir; *car* destrozar; *plans, marriage* arruinar; **wreckage** *of car, plane* restos *mpl; of marriage, career* ruina *f;* **wrecker** grúa *f*

wrench [rentʃ] **1** *n tool* llave *f* **2** *v/t* (*pull*) arrebatar

wrestle ['resl] luchar; **wrestler** luchador(a) *m(f)* (de lucha libre); **wrestling** lucha *f* libre

wriggle ['rɪgl] (*squirm*) menearse; *along the ground* arrastrarse; *into small space* escurrirse

wrinkle ['rɪŋkl] arruga *f*

wrist [rɪst] muñeca *f*; **wristwatch** reloj *m* de pulsera

write [raɪt] escribir; *check* extender

◆ **write off** *debt* cancelar; *car* destrozar

writer ['raɪtər] escritor(a) *m(f)*; *of book, song* autor(a) *m(f)*; **write-up** reseña *f*

writhe [raɪð] retorcerse

writing ['raɪtɪŋ] *words, text* escritura *f*; (*hand-~*) letra *f*; **in ~** por escrito; **writing paper** papel *m* de escribir

wrong [rɔːŋ] **1** *adj answer* equivocado; *decision* erróneo; **be ~** *of person* estar equivocado; *of answer* ser incorrecto; *morally* ser injusto; **what's ~?** ¿qué pasa?; **you have the ~ number** TELEC se ha equivocado **2** *adv* mal **3** *n* mal *m*; **wrongful** ilegal; **wrongly** erróneamente

wry [raɪ] socarrón

X

xenophobia [zenoʊ'foʊbɪə] xenofobia *f*

X-ray ['eksreɪ] **1** *n picture* radiografía *f* **2** *v/t* radiografiar

Y

yacht [jɑːt] yate *m*; **yachting** vela *f*

Yank [jæŋk] F yanqui *m/f*

yank [jæŋk] tirar de

yard[1] [jɑːrd] *of prison etc* patio *m*; *behind house* jardín *m*; *for storage* almacén *m* (*al aire libre*)

yard[2] [jɑːrd] *measurement* yarda *f*

'yardstick patrón *m*

yarn [jɑːrn] (*thread*) hilo *m*; F (*story*) batallita *f* F

yawn [jɔːn] **1** *n* bostezo *m* **2** *v/i* bostezar

year [jɪr] año *m*; **be six ~s old** tener seis años (de edad); **yearly 1** *adj* anual **2** *adv* anualmente

yeast [jiːst] levadura *f*

yell [jel] **1** *n* grito *m* **2** *v/t & v/i* gritar

yellow ['jeloʊ] amarillo

yelp [jelp] **1** *n* aullido *m* **2** *v/i* aullar

yes [jes] sí; **yes man** *pej* pelotillero *m*

yesterday ['jestərdeɪ] ayer; **the day before ~** anteayer

yet [jet] **1** *adv* todavía, aún; **have you finished ~?** ¿has acabado ya?; **he hasn't ar-**

rived ~ todavía *or* aún no ha llegado **2** *conj* (however) sin embargo

yield [jiːld] **1** *n from fields etc* cosecha *f*; *from investment* rendimiento *m* **2** *v/t fruit, good harvest* proporcionar; *interest* rendir **3** *v/i* (give way) ceder; *of driver* ceder el paso

yoga ['jəʊgə] yoga *m*

yoghurt ['jɒgərt] yogur *m*

yolk [jəʊk] yema *f*

you [juː] ◇ *as subject, singular* tú, *L.Am.* usted, *Rpl, C.Am.* vos; *formal* usted; *plural: Span* vosotros, vosotras, *L.Am.* ustedes; *formal* ustedes; **do** ~ **know him?** ¿lo conoces / conoce?

◇ *as object, singular* te, *L.Am.* le; *formal* le; *plural: Span* os, *L.Am.* les; *formal* les

◇ *with preps, singular* ti (*other forms as subject*)

◇ *people, one:* ~ **never know** nunca se sabe; ~ **have to pay** hay que pagar; **exercise is good for** ~ es bueno hacer ejercicio

young [jʌŋ] joven; **youngster** joven *m/f*

your [jʊr] *singular* tu, *L.Am.* su; *formal* su; *plural: Span*

vuestro, *L.Am.* su; *formal* su

yours [jʊrz] *singular* el tuyo, la tuya, *L.Am.* el suyo, la suya; *formal* el suyo, la suya; *plural* el vuestro, la vuestra, *L.Am.* el suyo, la suya; *formal* el suyo, la suya; **it's** ~ es tuyo etc; **a friend of** ~ un amigo tuyo / suyo / vuestro; ~ **at end of letter** un saludo

yourself [jʊr'self] *reflexive* te, *L.Am.* se; *formal* se; *emphatic* tú mismo *m*, tú misma *f*, *L.Am.* usted mismo, usted misma; *Rpl, C.Am.* vos mismo, vos misma; *formal* usted mismo, usted misma; **did you hurt** ~? ¿te hiciste / se hizo daño?; **yourselves** *reflexive* os, *L.Am.* se; *formal* se; *emphatic* vosotros mismos *mpl*, vosotras mismas *fpl*, *L.Am.* ustedes mismos, ustedes mismas; *formal* ustedes mismos, ustedes mismas; **did you hurt** ~? ¿os hicisteis / se hicieron daño?

youth [juːθ] juventud *f*; (young man) joven *m/f*; **youth club** club *m* juvenil; **youthful** joven; *fashion, idealism* juvenil

yuppie ['jʌpɪ] F yupi *m/f*

Z

zap [zæp] F (COMPUT: *delete*) borrar; (*kill*) liquidar F; (*hit*) golpear; (*send*) enviar
zeal [ziːl] celo *m*
zero ['zɪrəʊ] cero *m*
zest [zest] entusiasmo *m*
zigzag ['zɪgzæg] **1** *n* zigzag *m* **2** *v/i* zigzaguear
zilch [zɪltʃ] F nada de nada
zip [zɪp] *Br* cremallera *f*
♦ **zip up** *dress, jacket* cerrar la cremallera de; COMPUT compactar
'zip code código *m* postal;
zipper cremallera *f*
zit [zɪt] F *on face* grano *m*
zone [zəʊn] zona *f*
zonked [zɑːŋkt] P (*exhausted*) molido P
zoo [zuː] zoo *m*
zoology [zuː'ɑːlədʒɪ] zoología *f*
'zoom lens zoom *m*
zucchini [zuː'kiːnɪ] calabacín *m*

Los verbos irregulares ingleses

Se citan las tres partes principales de cada verbo: infinitivo, pretérito, participio del pasado.

arise – arose – arisen

awake – awoke – awoken, awaked

be (am, is, are) – was (were) – been

bear – bore – borne

beat – beat – beaten

become – became – become

begin – began – begun

bend – bent – bent

bet – bet, betted – bet, betted

bid – bid – bid

bind – bound – bound

bite – bit – bitten

bleed – bled – bled

blow – blew – blown

break – broke – broken

breed – bred – bred

bring – brought – brought

broadcast – broadcast – broadcast

build – built – built

burn – burnt, burned – burnt, burned

burst – burst – burst

buy – bought – bought

cast – cast – cast

catch – caught – caught

choose – chose – chosen

cling – clung – clung

come – came – come

cost (v/i) – cost – cost

creep – crept – crept

cut – cut – cut

deal – dealt – dealt

dig – dug – dug

dive – dived, dove [doʊv] (1) – dived

do – did – done

draw – drew – drawn

dream – dreamt, dreamed – dreamt, dreamed

drink – drank – drunk

drive – drove – driven

eat – ate – eaten

fall – fell – fallen

feed – fed – fed

feel – felt – felt

fight – fought – fought

find – found – found

flee – fled – fled

fling – flung – flung

fly – flew – flown

forbid – forbad(e) – forbidden

forecast – forecast(ed) – forecast(ed)

forget – forgot – forgotten

forgive – forgave – forgiven

freeze – froze – frozen

get – got – got, gotten (2)

give – gave – given

go – went – gone

grind – ground – ground

grow – grew – grown

hang – hung, hanged – hung, hanged (3)

have – had – had

hear – heard – heard

hide – hid – hidden

hit – hit – hit

hold – held – held

hurt – hurt – hurt

keep – kept – kept

kneel – knelt, kneeled – knelt, kneeled

know – knew – known

lay – laid – laid

lead – led – led

lean – leaned, leant – leaned, leant (4)

leap – leaped, leapt – leaped, leapt (4)

learn – learned, learnt – learned, learnt (4)

leave – left – left

lend – lent – lent

let – let – let

lie – lay – lain

light – lighted, lit – lighted, lit

lose – lost – lost

make – made – made

mean – meant – meant

meet – met – met

mow – mowed – mowed, mown

pay – paid – paid

plead – pleaded, pled – pleaded, pled (5)

prove – proved – proved, proven

put – put – put

quit – quit(ted) – quit(ted)

read – read [red] – read [red]

ride – rode – ridden

ring – rang – rung

rise – rose – risen

run – ran – run

saw – sawed – sawn, sawed

say – said – said

see – saw – seen

seek – sought – sought

sell – sold – sold

send – sent – sent

set – set – set

sew – sewed – sewed, sewn

shake – shook – shaken

shed – shed – shed

shine – shone – shone

shit – shit(ted), shat – shit(ted), shat

shoot – shot – shot

show – showed – shown

shrink – shrank – shrunk

shut – shut – shut

sing – sang – sung

sink – sank – sunk

sit – sat – sat

slay – slew – slain

sleep – slept – slept

slide – slid – slid

sling - slung - slung
slit - slit - slit
smell - smelt, smelled - smelt, smelled
sow - sowed - sown, sowed
speak - spoke - spoken
speed - sped, speeded - sped, speeded
spell - spelt, spelled - spelt, spelled (4)
spend - spent - spent
spill - spilt, spilled - spilt, spilled
spin - spun - spun
spit - spat - spat
split - split - split
spoil - spoiled, spoilt - spoiled, spoilt
spread - spread - spread
spring - sprang, sprung - sprung
stand - stood - stood
steal - stole - stolen
stick - stuck - stuck
sting - stung - stung
stink - stunk, stank - stunk

stride - strode - stridden
strike - struck - struck
swear - swore - sworn
sweep - swept - swept
swell - swelled - swollen
swim - swam - swum
swing - swung - swung
take - took - taken
teach - taught - taught
tear - tore - torn
tell - told - told
think - thought - thought
thrive - throve - thriven, thrived (6)
throw - threw - thrown
thrust - thrust - thrust
tread - trod - trodden
wake - woke, waked - woken, waked
wear - wore - worn
weave - wove - woven (7)
weep - wept - wept
win - won - won
wind - wound - wound
write - wrote - written

(1) **dove** no se usa en inglés británico
(2) **gotten** no se usa en inglés británico
(3) **hung** para un cuadro; **hanged** para un ajusticiado
(4) en inglés americano se suele emplear la forma terminada en **-ed**
(5) **pled** se usa en inglés americano y escocés
(6) **thrived** es la forma más común
(7) aunque **weaved** en la acepción *zigzaguear*

Numbers – Numerales

Cardinal Numbers – Números cardinales

0	cero *zero*, Br tb *nought*
1	uno, una *one*
2	dos *two*
3	tres *three*
4	cuatro *four*
5	cinco *five*
6	seis *six*
7	siete *seven*
8	ocho *eight*
9	nueve *nine*
10	diez *ten*
11	once *eleven*
12	doce *twelve*
13	trece *thirteen*
14	catorce *fourteen*
15	quince *fifteen*
16	dieciséis *sixteen*
17	diecisiete *seventeen*
18	dieciocho *eighteen*
19	diecinueve *nineteen*
20	veinte *twenty*
21	veintiuno *twenty-one*
22	veintidós *twenty-two*
30	treinta *thirty*
31	treinta y uno *thirty-one*
40	cuarenta *forty*
50	cincuenta *fifty*
60	sesenta *sixty*
70	setenta *seventy*

574

80	ochenta *eighty*
90	noventa *ninety*
100	cien(to) *a hundred, one hundred*
101	ciento uno *a hundred and one*
110	ciento diez *a hundred and ten*
200	doscientos, -as *two hundred*
300	trescientos, -as *three hundred*
324	trescientos, -as venticuatro *three hundred and twenty-four*
400	cuatrocientos, -as *four hundred*
500	quinientos, -as *five hundred*
600	seiscientos, -as *six hundred*
700	setecientos, -as *seven hundred*
800	ochocientos, -as *eight hundred*
900	novecientos, -as *nine hundred*
1000	mil *a thousand, one thousand*
1959	mil novecientos cincuenta y nueve *one thousand nine hundred and fifty-nine*
2000	dos mil *two thousand*
1 000 000	un millón *a million, one million*
2 000 000	dos millones *two million*

Notes:

i) In Spanish numbers a comma is used for decimals:
1,25 **one point two five** uno coma veinticinco

ii) A period is used where, in English, we would use a comma:
1.000.000 = 1,000,000

Numbers like this can also be written using a space instead of a comma:
1 000 000 = 1,000,000

Ordinal Numbers – Números ordinales

1°	primero	1st	*first*
2°	segundo	2nd	*second*
3°	tercero	3rd	*third*
4°	cuarto	4th	*fourth*
5°	quinto	5th	*fifth*
6°	sexto	6th	*sixth*
7°	séptimo	7th	*seventh*
8°	octavo	8th	*eighth*
9°	noveno, nono	9th	*ninth*
10°	décimo	10th	*tenth*
11°	undécimo	11th	*eleventh*
12°	duodécimo	12th	*twelfth*
13°	decimotercero	13th	*thirteenth*
14°	decimocuarto	14th	*fourteenth*
15°	decimoquinto	15th	*fifteenth*
16°	decimosexto	16th	*sixteenth*
17°	decimoséptimo	17th	*seventeenth*
18°	decimoctavo	18th	*eighteenth*
19°	decimonoveno, decimonono	19th	*nineteenth*
20°	vigésimo	20th	*twentieth*
21°	vigésimo prim(er)o	21st	*twenty-first*
22°	vigésimo segundo	22nd	*twenty-second*
30°	trigésimo	30th	*thirtieth*
31°	trigésimo prim(er)o	31st	*thirty-first*
40°	cuadragésimo	40th	*fortieth*
50°	quincuagésimo	50th	*fiftieth*
60°	sexagésimo	60th	*sixtieth*
70°	septuagésimo	70th	*seventieth*
80°	octogésimo	80th	*eightieth*
90°	nonagésimo	90th	*ninetieth*

100°	centésimo	**100th**	*hundredth*
101°	centésimo primero	**101st**	*hundred and first*
110°	centésimo décimo	**110th**	*hundred and tenth*
200°	ducentésimo	**200th**	*two hundredth*
300°	tricentésimo	**300th**	*three hundredth*
400°	cuadringentésimo	**400th**	*four hundredth*
500°	quingentésimo	**500th**	*five hundredth*
600°	sexcentésimo	**600th**	*six hundredth*
700°	septingentésimo	**700th**	*seven hundredth*
800°	octingentésimo	**800th**	*eight hundredth*
900°	noningentésimo	**900th**	*nine hundredth*
1000°	milésimo	**1000th**	*thousandth*
2000°	dos milésimo	**2000th**	*two thousandth*
1 000 000°	millonésimo	**1,000,000th**	*millionth*
2 000 000°	dos millonésimo	**2,000,000th**	*two millionth*

Note:

Spanish ordinal numbers are ordinary adjectives and consequently must agree:

her 13th granddaughter
su decimotercera nieta

Dates – Fechas

1996	mil novecientos noventa y seis	*nineteen ninety-six*
2005	dos mil cinco	*two thousand (and) five*

el diez de noviembre, el 10 de noviembre
(on) November 10, *Br* (on) the 10th of November

el uno de marzo, *L.Am.* **el primero de marzo, el 1° de marzo**
(on) March 1, *Br* (on) the 1st of March